विवेकानन्द साहित्य

सप्तम खंड

अद्वैत आश्रम
(प्रकाशन विभाग)
५ डिही एण्टाली रोड • कोलकाता ७०००१४

प्रकाशक
स्वामी शुद्धिदानन्द
अध्यक्ष, अद्वैत आश्रम
मायावती, चम्पावत, उत्तराखण्ड, भारत
कोलकाता स्थित प्रकाशन केन्द्र द्वारा प्रकाशित
Email: mail@advaitaashrama.org
Website: www.advaitaashrama.org

प्रथम संस्करण, १९६२
त्रयोदश पुनर्मुद्रण, अप्रैल २०२३
2M2C

ISBN 978-81-7505-155-3 (अजिल्द सेट)
ISBN 978-81-7505-162-1 (अजिल्द खंड ७)
ISBN 978-81-7505-166-9 (सजिल्द सेट)
ISBN 978-81-7505-173-7 (सजिल्द खंड ७)

मुद्रक
क्रिएशन
कोलकाता ७०० ०१४

विषय-सूची

*संकेत-लिपि द्वारा आलिखित ये सब भाषण अपूर्ण मिले थे। कहीं-कहीं स्पष्टीकरणार्थ अतिरिक्त सामग्री कोष्ठक में रखी गयी है, और जहाँ विवरण उपलब्ध नहीं हुआ है, वहाँ तीन बिन्दु से चिह्नित किया गया है। सं०।

देववाणी

लन्दन में, १८९६

देववाणी

(एक शिष्या, कुमारी एस० ई० वाल्डो द्वारा आलिखित)

बुधवार जून, १८९५

[यह वह दिवस है जब स्वामी विवेकानन्द ने थाउज़ेंड आइलैंड पार्क में अपने शिष्यों को नियमित रूप से उपदेश देना प्रारंभ किया। उस समय तक हम सभी लोग एकत्र नहीं हो पाये थे; किन्तु गुरुदेव का हृदय सदैव अपने कार्य में ही लगा रहता था, अतः उन्होंने जो तीन-चार लोग उनके साथ थे, उन्हींको तत्काल उपदेश करना आरंभ कर दिया। इस प्रथम प्रभात में स्वामी जी बाइबिल की एक पुस्तक हाथ में लेकर छात्रों के समक्ष उपस्थित हुए, एवं उसके नये व्यवस्थान (New Testament) के सन्त जॉन द्वारा संकलित उपदेशों को खोलकर बोले, "जब तुम लोग सभी ईसाई हो, तो ईसाई शास्त्र से ही शुरू करना ठीक होगा।"]

(जॉन के ग्रंथ के प्रारम्भ में ही यह उपदेश है—) 'आदि में शब्द मात्र था, वह शब्द ब्रह्म के साथ विद्यमान था और वह शब्द ही ब्रह्म है।'

हिन्दू लोग इस (शब्द) को माया या ब्रह्म का व्यक्त भाव कहते हैं, क्योंकि यह ब्रह्म की ही शक्ति है। जब उस निरपेक्ष ब्रह्मसत्ता को हम माया के आवरण में से देखते हैं, तब हम उसे 'प्रकृति' कहते हैं। 'शब्द' की अभिव्यक्तियाँ द्विविध हैं, एक है यह प्रकृति—यह है साधारण अभिव्यक्ति। और इसकी विशेष अभिव्यक्तियाँ हैं कृष्ण, बुद्ध, ईसा, रामकृष्ण आदि सब अवतार-पुरुष। उस निर्गुण ब्रह्म की विशेष अभिव्यक्ति—ईसा—को हम जानते हैं, वे हमारे लिए ज्ञेय हैं। किन्तु निर्गुण ब्रह्म को हम नहीं जान सकते। हम परम पिता[१] को नहीं जान सकते, उसके पुत्र[२] को जान सकते हैं। निर्गुण ब्रह्म को हम केवल 'मानवत्व रूपी रंग' के, ईसा के माध्यम से ही देख सकते हैं।

जॉन-रचित ग्रन्थ के प्रथम पाँच श्लोकों में ईसाई धर्म का सार निहित है। इसका प्रत्येक श्लोक गम्भीरतम दार्शनिक तथ्य से परिपूर्ण है।

पूर्ण कभी अपूर्ण नहीं होता। अंधकार के मध्य रहते हुए भी वह अंधकार

---

१. God the Father २. God the Son

से अस्पृष्ट रहता है। ईश्वर की दया सभी के ऊपर रहती है, किन्तु उनका (मनुष्यों का) पाप उसे छू नहीं सकता। हम नेत्ररोग से ग्रसित हो सूर्य को अन्य प्रकार का देख सकते हैं, किन्तु सूर्य जैसा पहले था वैसा ही रहता है। जॉन के उनतीसवें श्लोक में जो लिखा है—'जगत् का पाप दूर करते हैं'—उसका अभिप्राय यह है कि ईसा हमें पूर्णता प्राप्त करने का पथ दिखला देंगे। ईश्वर ने ईसा होकर जन्म लिया—मनुष्य को उसके प्रकृत स्वरूप को दिखला देने और यह समझा देने के लिए कि वह भी वस्तुतः ब्रह्मस्वरूप ही है। हम लोग हैं देवत्व के ऊपर मनुष्यत्व का आवरण मात्र, किन्तु देवभावापन्न मनुष्य की दृष्टि से ईसा और हम अभिन्न हैं।

त्रित्ववादियों[1] (Trinitarians) के ईसा हमसे बहुत ही उच्च स्तर पर स्थित हैं। एकत्ववादियों (Unitarians) के ईसा एक साधु पुरुष मात्र हैं। इन दोनों में कोई भी हमारी सहायता नहीं कर सकता। किन्तु जो ईसा ईश्वर के अवतार हैं, जो अपने ईश्वरत्व को नहीं भूलते, वे ईसा ही हमारी सहायता कर सकते हैं। उनमें किसी प्रकार की अपूर्णता नहीं है। इन सभी अवतारों को अपने ईश्वरत्व का ज्ञान सदैव रहता है, और वह उन्हें अपने जन्मकाल से ही रहता है। वे उन अभिनेताओं के समान हैं, जिनका अपना अभिनय समाप्त हो चुका है, जिनका निजी अन्य कोई प्रयोजन नहीं है तो भी जो दूसरों को आनंद देने के लिए रंगमंच पर बारम्बार आते रहते हैं। इन महापुरुषों को संसार की कोई वस्तु नहीं छू पाती। वे हमें कुछ काल तक शिक्षा देने भर के लिए हमारा रूप और सीमाएँ धारण करके आते हैं, वे ऐसा अभिनय करते हैं, मानो वे हमारे ही सदृश बद्ध हैं, किन्तु वास्तव में वे सीमित नहीं होते, वे सर्वदा मुक्तस्वभाव ही रहते हैं।

* * *

'शुभ' यद्यपि सत्य के समीपवर्ती है, फिर भी वह सत्य नहीं है; 'अशुभ' हमें विचलित न कर सके, यह सीखने के बाद हमें यह सीखना होगा कि 'शुभ' भी हमें सुखी न कर सके। हमें जानना होगा कि हम शुभ और अशुभ, दोनों के परे हैं, उनका समायोजन कैसे होता है, और वे दोनों ही आवश्यक हैं।

---

१. त्रित्ववादी (Trinitarians) के मत में पिता, पुत्र और पवित्रात्मा के भेद से एक ही ईश्वर तीन हैं। दूसरे सम्प्रदाय इस बात को स्वीकार नहीं करते, वे कहते हैं ईसा मनुष्य मात्र थे।

द्वैतवाद का भाव प्राचीन ईरानियों[१] से आया है। वास्तव में शुभ और अशुभ दोनों एक ही हैं और हमारे मन पर अवलंबित हैं। मन जब स्थिर और शान्त रहता है, तब शुभाशुभ कुछ भी उसे स्पर्श नहीं कर पाता। शुभ और अशुभ दोनों के बंधन को काटकर संपूर्ण रूप से मुक्त हो जाओ, तब इन दोनों में से कोई भी तुम्हें स्पर्श नहीं कर सकेगा और तुम मुक्त होकर परम आनंद का अनुभव करोगे। अशुभ मानो लोहे की जंज़ीर है और शुभ सोने की, किन्तु जंज़ीर दोनों ही हैं। मुक्त हो जाओ और सदा के लिए यह जान लो कि कोई भी जंज़ीर तुम्हें बाँध नहीं सकती। सोने की जंज़ीर की सहायता से लोहे की जंज़ीर को ढीली कर दो और फिर दोनों को फेंक दो। अशुभ रूपी काँटा हमारे शरीर में चुभा हुआ है; उसी वृक्ष का एक और काँटा (शुभ रूपी) लेकर पहले काँटे को निकाल लो, फिर दोनों को फेंक दो और मुक्त हो जाओ।

* * *

संसार में सर्वदा दाता का आसन ग्रहण करो। सर्वस्व दे दो, पर बदले में कुछ न चाहो। प्रेम दो, सहायता दो, सेवा दो; इनमें से जो तुम्हारे पास देने के लिए है, वह दे डालो; किन्तु सावधान रहो, उनके बदले में कुछ लेने की इच्छा कभी न करो। किसी तरह की कोई शर्त मत रखो। ऐसा करने पर तुम्हारे लिए भी कोई किसी तरह की शर्त नहीं रखेगा। अपनी हार्दिक दानशीलता के कारण ही हम देते चलें—ठीक उसी प्रकार जिस प्रकार ईश्वर हमें देता है।

एक मात्र ईश्वर ही देनेवाला है, संसार के अन्य सभी लोग दूकानदार मात्र हैं।...उसीके हस्ताक्षरवाले चेक को प्राप्त करने का यत्न करो; उसे लेकर जहाँ जाओगे, वहीं तुम्हारा स्वागत होगा।

'ईश्वर अनिर्वचनीय प्रेमस्वरूप है', उपलब्धि की वस्तु है; किन्तु 'इति' 'इति' शब्द से वह कभी निर्दिष्ट नहीं हो सकता।

* * *

हम जब किसी दुःख या संघर्ष में फँसते हैं, तब संसार हमें अत्यन्त भयावह प्रतीत होने लगता है। किन्तु जैसे हम कुत्ते के दो बच्चों को आपस में खेल करते हुए या एक दूसरे को काटते हुए देखकर पहले तो उस ओर ध्यान ही नहीं देते, समझते हैं ये दोनों आपस में खेल कर रहे हैं; इतना ही नहीं, बीच बीच में यदि

---

१. जरथुस्त्र के अनुयायी प्राचीन ईरानियों का विश्वास था कि समस्त सृष्टि की उत्पत्ति दो मूल तत्त्वों से हुई है, जिनमें एक है (शुभ तत्त्व) अहुर्मज्द, और दूसरा है (अशुभ तत्त्व) अहिर्मन।

कभी वे एक दूसरे को ज़रा गहराई से काट लें तो भी हम समझते हैं कि इससे इनका कोई विशेष अनिष्ट नहीं होगा, उसी प्रकार हम लोगों के संघर्ष भी ईश्वर की दृष्टि में खेल मात्र हैं। यह संपूर्ण जगत् केवल खेल के लिए है—भगवान् को इसमें आनन्द ही आता है। संसार में कुछ भी क्यों न हो, उन्हें क्रोध नहीं आता।

* * *

'माँ, इस जीवन-समुद्र में मेरी नौका डूब रही है।
भ्रमजाल की आँधी और मोह-ममता का प्रचण्ड झंझावात प्रति क्षण बढ़ता जा रहा है।
मेरे पाँचों माँझी (पंचेन्द्रियाँ) मूर्ख हैं और कर्णधार (मन) दुर्बल है।
मेरी स्थिति डाँवाडोल है, मेरी नाव डूब रही है।
माँ, मझे बचा!'

'माँ, तेरा प्रकाश केवल साधुओं में ही नहीं, पापियों में भी है; वह प्रेमियों के भीतर जसे रहता है, वैसे ही हत्यारों के भीतर भी विद्यमान है। माँ ही सभी रूपों में स्वयं को अभिव्यक्त कर रही है। आलोक अशुद्ध वस्तु पर पड़ने से अशुद्ध नहीं होता, इसी तरह शुद्ध वस्तु पर पड़ने से उसके गुण में वृद्धि नहीं होती। आलोक नित्यशुद्ध, सदा अपरिणामी है। सभी प्राणियों के भीतर वही सौम्यात्सौम्यतरा, नित्यशुद्धस्वभावा, सदा अपरिणामिनी माँ विराजमान है।' 'जो माँ समस्त प्राणियों में प्रकाश रूप में विद्यमान है, उसको मैं प्रणाम करता हूँ।'[१]

वह दुःख-दर्द में, भूख-प्यास में उसी प्रकार विद्यमान है, जिस प्रकार सुख में तथा उदात्त भावों में। 'यह भ्रमर जो मधुपान कर रहा है, वह दूसरा कोई नहीं है, वह स्वयं प्रभु ही इस भ्रमररूप में मधुपान कर रहा है।' ईश्वर ही सबके भीतर है, यह जानकर ज्ञानी व्यक्ति निन्दा, स्तुति दोनों का परित्याग करते हैं। जान लो, कोई भी तुम्हारा अनिष्ट नहीं कर सकता। कैसे कर सकेगा? क्या तुम मुक्त नहीं हो? क्या तुम आत्मा नहीं हो? वह हमारे प्राणों का भी प्राण, चक्षु का भी चक्षु और श्रोत्र का भी श्रोत्र है।[२]

हम लोग संसार के बीच इस प्रकार भागे चले जा रहे हैं मानो हमें कोई सिपाही पकड़ने आ रहा हो—इसीलिए हमें जगत् के सौन्दर्य का लेश मात्र ही

---

१. या देवी सर्वभूतेषु चेतनेत्यभिधीयते।
नमस्तस्यै नमस्तस्यै नमस्तस्यै नमो नमः॥

२. श्रोत्रस्य श्रोत्रं . . . स उ प्राणस्य प्राणः। चक्षुषश्चक्षुः . . . ॥
—केनोपनिषद् ॥१।२॥

आभास मिलता है। हमें यह जो इतना भय हो रहा है उसका कारण है जड़ को सत्य समझकर उसमें विश्वास करना। जड़ की जो कुछ तथाकथित सत्ता प्रतीत हो रही है, वह हमारे मन के ही कारण है। हम जो कुछ देख रहे हैं, वह प्रकृति के बीच से अपने को अभिव्यक्त कर रहा ईश्वर ही है।[1]

२३ जून, रविवार

साहसी और निष्कपट बनो। उसके बाद जिस मार्ग पर चाहो अपनी इच्छानुसार भक्तिपूर्वक अग्रसर होओ। निश्चय ही तुम उस पूर्ण वस्तु को प्राप्त करोगे। यदि एक बार किसी तरह जंज़ीर की एक कड़ी पकड़ सको तो पूरी जंज़ीर को क्रमशः अपने पास खींच लाने में समर्थ हो सकोगे। वृक्ष की जड़ में यदि जल डाला जाय, (अर्थात् प्रभु को प्राप्त कर लिया जाय) तो समस्त वृक्ष जल प्राप्त कर लेता है। यदि हम भगवान् को पा सकें तो सब कुछ पा लेंगे।

एकांगी भाव ही जगत् के लिए अति अनिष्टकर वस्तु है। तुम अपने अंदर जितने विविध पक्षों को विकसित कर सकोगे, उतनी ही आत्माएँ तुमको उपलब्ध होंगी और जगत् को तुम समस्त आत्माओं के माध्यम से, कभी भक्त के, कभी ज्ञानी के माध्यम से, देख सकोगे। पहले अपने स्वभाव को ठीक ठीक पहचान लो, फिर उसीमें दृढ़ रहो। आरंभ करनेवाले के लिए निष्ठा (एक भाव में दृढ़ रहना) ही एकमात्र उपाय है, निष्ठा और ईमानदारी ही तुमको सब कुछ प्राप्त करा देगी। गिरजा, मंदिर, मतमतान्तर, विविध अनुष्ठान आदि तो पौधे की रक्षा के लिए लगाये गये घेरे के समान हैं। यदि पौधे को बढ़ाना चाहते हो तो अन्त में इस घेरे को हटाना ही पड़ेगा। इसी प्रकार विभिन्न धर्म, वेद, बाइबिल, मतमतान्तर— ये सभी पौधों के गमलों के सदृश हैं, किन्तु इन गमलों से उन्हें एक न एक दिन बाहर निकलना ही पड़ेगा। निष्ठा भी-पौधे के गमले के समान ही अपने पथ में संघर्षरत साधक की रक्षा करती है।

* * *

एक एक तरंग को नहीं, सारे समुद्र को देखो; चींटी और देवता में भेद-दृष्टि मत रखो। प्रत्येक कीट-पतंग तक प्रभु ईसा का भाई है। फिर एक को बड़ा, एक को छोटा कैसे कहते हो? अपने अपने स्थान पर सभी बड़े हैं। हम जिस प्रकार यहाँ रहते हैं उसी प्रकार सूर्य, चंद्र और तारों में भी रहते हैं। आत्मा देश-कालातीत और सर्वव्यापी है। जिस मुख से भी उस प्रभु का गुणगान हो रहा है, वह हमारा

---

१. यहाँ प्रकृति से अभिप्राय जड़ तत्त्व और मन है।

ही मुख है; जो भी आँख वस्तु को देख रही है, वह हमारी आँख है। हम किसी निर्दिष्ट स्थान में सीमाबद्ध नहीं हैं, हम देह नहीं हैं, समग्र ब्रह्माण्ड हमारी देह है। हम एक जादूगर के समान जादू का डंडा घुमाते हैं और अपने सम्मुख इच्छानुसार नाना प्रकार के दृश्यों की सृष्टि करते हैं। हम एक ऐसी मकड़ी के समान स्वनिर्मित विशाल जाल के बीच रहते हैं जो अपनी इच्छानुसार जाल के किसी भी तार पर जा सकती है। आज वह जिस स्थान में रहती है, उतने को ही जान पाती है, परन्तु बाद में वह समस्त जाल को जान सकेगी। आज हमारा शरीर जिस स्थान में है, उसी स्थान में हम अपनी सत्ता का अनुभव करते हैं। इस समय हम केवल एक मस्तिष्क का व्यवहार कर पाते हैं, किन्तु जब हम पूर्ण ज्ञान अथवा पराचेतन अवस्था में पहुँचेंगे, तब हम सब कुछ जान लेंगे, हम सब मस्तिष्कों का उपयोग कर सकेंगे। आज भी हम अपनी वर्तमान चेतना को धक्का देकर इस प्रकार ठेल सकते हैं कि वह आगे बढ़ जाय और ज्ञानातीत या पूर्ण ज्ञान की भूमि में कार्य करने लगे।

हम केवल 'अस्ति'-स्वरूप, सत्स्वरूप होने की ही चेष्टा कर रहे हैं, और कुछ नहीं, उसमें 'अहं' भी नहीं रहेगा, शुद्ध स्फटिक के समान उसमें समग्र जगत् का केवल प्रतिबिम्ब पड़ेगा, किन्तु वह जैसा है वैसा ही रहेगा। यह अवस्था प्राप्त होने पर क्रिया नहीं रहती, शरीर केवल यंत्रवत् हो जाता है; वह सर्वदा शुद्ध भावयुक्त ही रहता है, उसकी शुद्धि के लिए चेष्टा नहीं करनी पड़ती, वह अपवित्र हो ही नहीं सकता।

अपने को वही अनंत स्वरूप समझो, ऐसा करने से भय बिल्कुल चला जायगा। सर्वदा कहो—"मैं और मेरे पिता (ईश्वर) एक हैं।"[1]

* * *

अंगूर की लता पर जिस प्रकार गुच्छों में अंगूर फलते हैं, उसी प्रकार भविष्य में सैकड़ों ईसाओं का आविर्भाव होगा। उस समय संसार का खेल समाप्त हो जायेगा। सभी संसार-चक्र से बाहर निकल जायँगे और मुक्त हो जायँगे। मान लो, एक पतीली में पानी रखा गया है; उबलने से पहले पानी में एक के बाद एक बुलबुले उठते हैं, कोई बड़ा, कोई छोटा; क्रमशः इन बुलबुलों की संख्या बढ़ने लगती है। अन्त में सभी पानी एक आवाज़ के साथ खौलने लगता है और भाप बनकर बाहर निकल जाता है। बुद्ध और ईसा भी इस जगत् में सर्वापेक्षा बड़े बुलबुले हैं। मूसा एक छोटे बुलबुले थे, उसके बाद और भी कई बड़े बड़े बुलबुले उठे। इसी प्रकार एक समय ऐसा आयेगा जब संपूर्ण जगत् बुलबुले होकर भाप

---

१. I and my Father are one. —बाइबिल

के समान अदृश्य हो जायगा। परन्तु सृष्टि-प्रवाह अविरत चलता ही रहेगा, फिर नूतन जल की सृष्टि होगी ही; और वह सृष्टि भी फिर इसी प्रक्रिया के अनुसार चलती रहेगी।

२४ जून, सोमवार

(आज स्वामी जी ने नारदीय भक्तिसूत्र के विशेष स्थलों को पढ़कर उनकी व्याख्या की।)

'भक्ति ईश्वर के प्रति परम प्रेमरूप है, अमृतस्वरूप है, जिसे पाकर मनुष्य पूर्ण परितृप्त हो जाता है, किसी हानि के निमित्त शोक नहीं करता, कभी ईर्ष्या नहीं करता, और जिसे जान कर वह उन्मत्त हो जाता है।'[१]

मेरे गुरुदेव कहा करते थे—'यह जगत् एक विशाल पागलखाना है। यहाँ तो सभी पागल हैं—कोई धन के लिए, कोई स्त्री के लिए, कोई नाम और यश के लिए और कुछ मनुष्य ऐसे भी हैं जो ईश्वर के लिए पागल हैं। मैं अन्यान्य वस्तुओं के लिए पागल न होकर ईश्वर के लिए पागल होना सबसे उत्तम समझता हूँ। ईश्वर है पारस मणि। उसके स्पर्श से मनुष्य एक ही क्षण में सोना बन जाता है; यद्यपि आकार पूर्ववत् ही रहता है, किन्तु प्रकृति बदल जाती है—मनुष्य का आकार रहता है, किन्तु उससे किसीका भी अनिष्ट नहीं होता, उससे अन्याय का कोई कार्य हो ही नहीं सकता।'

'ईश्वर का चिन्तन करते करते कोई रोने लगता है, कोई हँसने लगता है; कोई गाता है, कोई नाचता है; और किसीके मुख से अद्‌भुत बातें निकलने लगती हैं। किन्तु सब उस एक ईश्वर की ही बातें करते हैं।'[२]

पैग़म्बर धर्म का प्रचार करते हैं, किन्तु ईसा, बुद्ध, रामकृष्ण आदि के समान अवतार-पुरुष ही धर्म प्रदान करते हैं। उनका एक स्पर्श मात्र, एक

---

१. सा त्वस्मिन् परमप्रेमरूपा। अमृतस्वरूपा च। यल्लब्ध्वा पुमान् सिद्धो भवति, अमृतो भवति, तृप्तो भवति। यत्प्राप्य न किञ्चिद्वाञ्छति न शोचति न द्वेष्टि न रमते नोत्साही भवति। यज्ज्ञात्वा मत्तो भवति स्तब्धो भवति आत्मारामो भवति। नारदभक्तिसूत्र ॥१।२ – ६॥

२. निम्नलिखित श्लोक में इस भाव का वर्णन है:

क्वचिद्रुदन्त्यच्युतचिन्तया क्वचिद्धसन्ति नन्दन्ति वदन्त्यलौकिकाः।
नृत्यन्ति गायन्त्यनुशीलयन्त्यजं भवन्ति तूष्णीं परमेत्य निर्वृताः॥

—श्रीमद्‌भागवत ॥११।३।३२॥

दृक्पात मात्र पर्याप्त होता है। ईसाई धर्म में इसीको पवित्रात्मा (Holy Ghost) की शक्ति कहते हैं—इसी कार्य को लक्ष्य करके 'हस्तस्पर्श' (The laying on of hands) की कथा बाइबिल में कही गयी है। प्रभु ईसा ने अपने शिष्यों के भीतर सचमुच शक्ति संचार किया था। इसीको 'गुरुपरंपरागत शक्ति' कहते हैं। यही यथार्थ बप्तिस्मा (Baptism—दीक्षा) है और अनादि काल से चली आ रही है।

'भक्ति को किसी कामना की पूर्ति का साधन नहीं बनाया जा सकता, क्योंकि भक्ति तो समस्त कामनाओं का निरोध है।'[1] नारद ने भक्ति का लक्षण इस प्रकार बतलाया है—'जब समस्त मन, समस्त वचन और समस्त कर्म उनके प्रति अर्पित हो जाते हैं और क्षण मात्र के लिए भी उनकी विस्मृति हृदय में परम व्याकुलता उत्पन्न कर देती है, तभी यथार्थ भक्ति का उदय समझना चाहिए।'[2]

यह भक्ति प्रेम की सर्वोच्च अवस्था है; क्योंकि इसमें पारस्परिकता की कामना नहीं है, जो समस्त मानवीय प्रेम में होती है।[3]

'जो व्यक्ति समस्त लौकिक और वैदिक कर्मों का त्याग कर देता है वह संन्यासी है। जब आत्मा पूर्णरूपेण ईश्वर की ओर उन्मुख होती है और केवल ईश्वर में ही शरण लेती है, तब हम कह सकते हैं कि अब हमें इस प्रकार का प्रेम प्राप्त होनेवाला है।'[4]

जब तक शास्त्र-विधियों का पालन छोड़ देने का सामर्थ्य न प्राप्त हो, तब तक इन सबको मानते चलो, किन्तु उसके बाद तुम्हें शास्त्र के परे जाना होगा। शास्त्र चरम लक्ष्य नहीं है। आध्यात्मिक सत्य का एकमात्र प्रमाण है—सत्यानुसन्धान। प्रत्येक को स्वयं परीक्षा करके देखना होगा कि यह सत्य है या नहीं। जो धर्माचार्य यह कहते हैं कि मैंने इस सत्य का दर्शन किया है, किन्तु तुम कभी नहीं कर सकते, उनकी बात पर विश्वास मत करो; किन्तु जो यह कहते हैं कि तुम भी चेष्टा करने पर दर्शन पा सकोगे, केवल उन्हींकी बात पर विश्वास करो।

---

१. सा न कामयमाना निरोधरूपत्वात्॥ नारदभक्तिसूत्र ॥२।७॥

२. नारदस्तु तदर्पिताखिलाचारता तद्विस्मरणे परमव्याकुलतेति ॥
ना० भ० ॥३।१९॥

३. नास्त्येव तस्मिंस्तत्सुखसुखित्वम् ॥ना० भ० ॥३।२४॥

४. निरोधस्तु लोकवेदव्यापारन्यासः।
तस्मिन्ननन्यता तद्विरोधिषूदासीनता च ॥ना० भ० ॥२।८-९॥

इस संसार में सभी युगों के, सभी देशों के सभी शास्त्र और सभी सत्य वेद हैं; क्योंकि ये सभी सत्य अनुभवगम्य हैं और सभी लोग इन सब सत्यों की उपलब्धि कर सकते हैं।

जब प्रेम का सूर्य क्षितिज पर उदित होने लगता है, तब हम सभी कर्मों को ईश्वरार्पण कर देना चाहते हैं; और उसकी एक क्षण की भी विस्मृति से हमें बड़े क्लेश का अनुभव होता है।

ईश्वर और उनके प्रति तुम्हारी भक्ति—दोनों के बीच कोई भी अन्य वस्तु नहीं होनी चाहिए। उनकी भक्ति करो, उनकी भक्ति करो, उनसे प्रेम करो। लोग कुछ भी कहें, कहने दो, उसकी परवाह मत करो। प्रेम (भक्ति) तीन प्रकार का होता है—पहला वह जो माँगना ही जानता है, देना नहीं; दूसरा है विनिमय; और तीसरा है प्रतिदान के विचार मात्र से भी रहित, प्रेम-दीपक के प्रति पतंग के प्रेम के सदृश।[1]

'यह भक्ति कर्म, ज्ञान और योग से भी श्रेष्ठ है।'[2]

कर्म के द्वारा केवल कर्म करनेवाले का ही प्रशिक्षण होता है, उससे दूसरों का कुछ उपकार नहीं होता। हमें अपनी समस्या को स्वयं ही सुलझाना है, महापुरुष तो हमारा केवल पथ-प्रदर्शन करते हैं। और 'जो तुम विचार करते हो, वह तुम बन भी जाते हो।' ईसा के श्री चरणों में यदि तुम अपने को समर्पित कर दोगे तो तुम्हें सर्वदा उनका चिन्तन करना होगा और इस चिन्तन के फलस्वरूप तुम तद्वत् बन जाओगे, इस प्रकार तुम उनसे 'प्रेम' करते हो।

'पराभक्ति और पराविद्या दोनों एक ही हैं।'

किन्तु ईश्वर के सम्बन्ध में केवल नानाविध मत-मतान्तरों की आलोचना करने से काम नहीं चलेगा। ईश्वर से प्रेम करना होगा और साधना करनी होगी। संसार और सांसारिक विषयों का त्याग विशेषत: तब करो जब 'पौधा' सुकुमार रहता है। दिन-रात ईश्वर का चिन्तन करो; जहाँ तक हो सके दूसरे विषयों का चिन्तन छोड़ दो। सभी आवश्यक दैनंदिन विचारों का चिन्तन ईश्वर के माध्यम से किया जा सकता है। ईश्वर को अर्पित करके खाओ, उसको अर्पित करके पिओ, उसको अर्पित करके सोओ, सबमें उसीको देखो। दूसरों से उसकी चर्चा करो, यह सबसे अधिक उपयोगी है।

---

१. इन प्रेमा भक्ति के रूपों को क्रमशः साधारणी, समंजसा तथा समर्था कहा गया है।

२. सा तु कर्मज्ञानयोगेभ्योऽप्यधिकतरा।। नारदभक्तिसूत्र ।।४।२५।।

भगवान् की कृपा अथवा उनकी योग्यतम सन्तान महापुरुषों की कृपा प्राप्त कर लो।[1] ये ही दो भगवत्प्राप्ति के प्रधान उपाय हैं। ऐसे महापुरुषों का संग-लाभ होना बहुत ही कठिन है, पाँच मिनट भी उनका ठीक ठीक संग-लाभ हो जाय तो सारा जीवन ही बदल जाता है।[2] यदि तुम इन महापुरुषों की संगति के सचमुच इच्छुक हो तो तुम्हें किसी न किसी महापुरुष का संगलाभ अवश्य होगा। ये भक्त, ये महापुरुष जहाँ रहते हैं, वह स्थान पवित्र हो जाता है, 'प्रभु की सन्तानों का ऐसा ही माहात्म्य है।' वे स्वयं प्रभु हैं, वे जो कहते हैं वही शास्त्र हो जाता है। ऐसा है उनका माहात्म्य![3] वे जिस स्थान पर निवास करते हैं, वह उनके देहनिःसृत पवित्र शक्ति-स्पन्दन से परिपूर्ण हो जाता है; जो कोई उस स्थान पर जाता है, वही उस स्पन्दन का अनुभव करता है और इसी कारण उसके भीतर भी पवित्र बनने की प्रवृत्ति जग उठती है।

'इस प्रकार के प्रेमियों में जाति, विद्या, रूप, कुल, धन आदि का भेद नहीं रहता, क्योंकि वे उनके (ईश्वर के) हैं।'[4]

कुसंग पूर्ण रूप से छोड़ दो, विशेषतः प्रारम्भिक अवस्था में। विषयी लोगों का संग कभी न करो, क्योंकि उनकी संगति से चित्त चंचल हो जाता है। 'मैं' और 'मेरा' के भाव को सर्वथा छोड़ दो। जिसके लिए जगत् में 'मेरा' कुछ भी नहीं है, उसीके निकट भगवान् आविर्भूत होते हैं। सभी प्रकार के मायिक प्रेम के बन्धनों को काट डालो। आलस्य का त्याग करो, और 'मेरा क्या होगा' इस प्रकार की चिन्ता कभी न करो। तुमने जो कुछ काम किया है, उसका फलाफल जानने के लिए पीछे की ओर मुड़कर मत देखो। भगवान् को समर्पण कर कर्म करते चलो, फलाफल की कुछ भी चिन्ता न करो। जब मन और प्राण अवि-

---

१. मुख्यतस्तु महत्कृपयैव भगवत्कृपालेशाद्वा ॥ नारद भक्ति० ॥५।३८॥

२. महत्सङ्गस्तु दुर्लभोऽगम्योऽमोघश्च ॥नार० भक्ति० ॥५।३९॥

३. तीर्थीकुर्वन्ति तीर्थानि सुकर्मीकुर्वन्ति कर्माणि सच्छास्त्रीकुर्वन्ति शास्त्राणि।
तन्मयाः ॥ ना० भ० ॥९।६९-७० ॥

४. नास्ति तेषु जातिविद्यारूपकुलधनक्रियादिभेदः।
यतस्तदीयाः ॥ ना० भ० ॥९।७२-३ ॥

५. दुःसङ्गः सर्वथैव त्याज्यः। कामक्रोधमोहस्मृतिभ्रंशबुद्धिनाशसर्वनाश-कारणत्वात्। तरङ्गायिता अपीमे सङ्गात्समुद्रायन्ति। कस्तरति कस्तरति मायाम्? यः सङ्गांस्त्यजति यो महानुभावं सेवते, निर्ममो भवति। यो विविक्त-स्थानं सेवते, यो लोकबन्धमुन्मूलयति, निस्त्रैगुण्यो भवति, योगक्षेमं त्यजति। यः

च्छिन्न प्रवाह के रूप में भगवान् की ओर जाते हैं, जब रुपये-पैसे या नाम-यश की प्राप्ति के लिए समय नहीं बचता, भगवान् को छोड़ अन्य किसीके चिन्तन का अवसर नहीं मिलता, तभी हृदय में उस अपार अपूर्व प्रेमानन्द का उदय होता है। वासनाएँ तो शीशे की गुरियों के समान असार हैं। प्रकृत प्रेम या भक्ति नित्य नूतन और प्रतिक्षण वर्धिष्णु है, और है सूक्ष्म अनुभवस्वरूप। अनुभव के द्वारा ही इसे समझना होता है, व्याख्या के द्वारा यह नहीं समझायी जा सकती।[1] भक्ति ही सबसे सहज साधन है। भक्ति स्वाभाविक है, इसमें किसी युक्ति या तर्क की अपेक्षा नहीं; भक्ति स्वयं प्रमाण है, इसके लिए और किसी प्रमाण की आवश्यकता नहीं।[2] युक्ति-तर्क क्या है? अपने मन के द्वारा किसी विषय को सीमाबद्ध करना ही युक्ति-तर्क है। हम मानो अपने मन का जाल फैलाकर किसी विषय को पकड़ते हैं और कहते हैं कि हमने इस विषय को प्रमाणित किया है। किन्तु ईश्वर को हम जाल के द्वारा पकड़ नहीं सकते—कभी भी नहीं।

भक्ति अहैतुकी होनी चाहिए। हम जब प्रेम के अयोग्य किसी वस्तु या व्यक्ति से प्यार करते हैं, तब वह प्रेम भी उसी प्रकृत प्रेम और प्रकृत आनन्द की अभिव्यक्ति मात्र है। प्रेम को चाहे जिस रूप से व्यवहार में क्यों न लाओ, प्रेम स्वभाव से ही शान्ति और आनन्दस्वरूप है।[3] हत्यारा जब अपने शिशु का चुम्बन करता है, उस समय वह प्रेम को छोड़ अन्य सब कुछ भूल जाता है। 'अहं' का बिल्कुल नाश कर डालो। काम-क्रोध का त्याग करो—अपना सर्वस्व ईश्वर को समर्पित कर दो। **नाहं नाहं, त्वमेव त्वमेव**—'मैं नहीं हूँ, मैं नहीं हूँ, तू ही है, तू ही है'—'मैं' मर गया, रहे हो केवल 'तुम' ही। 'मैं तुम ही हूँ'। किसीकी निन्दा मत करो। यदि दुःख-विपत्ति आये, तो समझो ईश्वर तुम्हारे साथ खेल कर रहे हैं—और यही समझकर दुःख में भी परम सुखी रहो।

प्रेम देशकालातीत है, वह पूर्णस्वरूप है।

कर्मफलं त्यजति, कर्माणि संन्यस्यति ततो निर्द्वन्द्वो भवति। वेदानपि संन्यस्यति केवलमविच्छिन्नानुरागं लभते। ना० भ० ॥६।४३–९॥

१. गुणरहितं कामनारहितं प्रतिक्षणवर्धमानमविच्छिन्नं सूक्ष्मतरमनुभवरूपम् ॥ ना० भ० ॥७।५४॥

२. अन्यस्मात् सौलभ्यं भक्तौ। प्रमाणान्तरस्यानपेक्षत्वात् स्वयंप्रमाणत्वात् ॥ ना० भ० ॥८।५८-९॥

३. शान्तिरूपात्परमानन्दरूपाच्च। ना० भ० ॥८।६०॥

२५ जून, मंगलवार

प्रत्येक सुखोपभोग के बाद दुःख आता है—यह दुःख उसी क्षण आ सकता है, अथवा सम्भव है, कुछ देर में आये। जो आत्मा जितनी उन्नत है, उसे सुख के बाद दुःख भी उतना ही शीघ्र प्राप्त होता है। हमें सुख-दुःख दोनों ही नहीं चाहिए। ये दोनों ही हमारे प्रकृत स्वरूप को भुला देते हैं। दोनों ही जंज़ीर हैं—एक लोहे की, दूसरी सोने की। इन दोनों के पीछे ही आत्मा है —उसमें न सुख है, न दुःख। सुख-दुःख दोनों ही अवस्था विशेष हैं और प्रत्येक अवस्था सदा परिवर्तनशील होती है। परन्तु आत्मा आनन्दस्वरूप, अपरिणामी और शान्तिस्वरूप है। हमें आत्मा की प्राप्ति नहीं करनी है, वह तो हमारा प्रकृत रूप ही है, केवल मैल को धो डालो, तभी उसका दर्शन होगा।

इस आत्मस्वरूप में प्रतिष्ठित होकर ही हम जगत् से ठीक ठीक प्रेम कर सकेंगे। खूब उच्च भाव में अपने को प्रतिष्ठित करो, 'मैं अनन्त आत्मस्वरूप हूँ', यह समझकर हमें जगत्प्रपंच की ओर सम्पूर्ण शान्त भाव से दृष्टिपात करना होगा। यह जगत् तो एक छोटे बच्चे के खिलौने के समान है; हम जब उसे समझ लेंगे तब जगत् में कुछ भी क्यों न हो, वह हमें चंचल न कर सकेगा। यदि प्रशंसा से मन प्रसन्न होगा तो निन्दा से वह अवश्य ही विषण्ण हो जायगा। केवल इन्द्रियों का ही नहीं, मन का भी समस्त सुख अनित्य है; किन्तु हमारे भीतर ही वह निरपेक्ष सुख रहता है, जो किसी और के ऊपर निर्भर नहीं रहता। यह सुख पूरी तरह स्वायत्त और आनन्दस्वरूप है। सुख के लिए आभ्यन्तरिक आत्मा पर हम जितना निर्भर रहेंगे, उतना ही हम आध्यात्मिक होंगे। इस आत्मानन्द को ही जगत् में धर्म कहते हैं।

अन्तर्जगत्—जो कि वास्तविक सत्य है—बहिर्जगत् की अपेक्षा अनन्त गुना श्रेष्ठ है। बहिर्जगत् तो उस सत्य अन्तर्जगत् का छायामय प्रक्षेप मात्र है। वह जगत् न तो सत्य है, न मिथ्या। यह तो सत्य की छाया मात्र है। कवि कहते हैं, 'यह कल्पना सत्य की स्वर्णिम छाया है।'

हम जब जगत् में प्रवेश करते हैं, तभी वह हमारे लिए सजीव हो उठता है। हम यदि अलग कर दिये जायँ, तो जगत् अचेतन, मृत और जड़ पदार्थ मात्र रह जाता है। हम ही जगत् के पदार्थसमूह को जीवन दान करते हैं, किन्तु एक निर्बोध जीव के समान इस तथ्य को भूलकर कभी हम उनसे भयभीत हो जाते हैं और कभी उनका उपभोग करने लगते हैं। मछली की टोकरी यदि पास में न रहे तो नींद नहीं आयेगी—यह जैसे उन मछली बेचनेवाली औरतों को हुआ था वैसा ही तुम लोगों को कहीं न हो : कुछ मछलीवाली सिर पर मछली की टोक-

रियाँ लेकर बाज़ार से घर लौट रही थीं। उसी समय खूब ज़ोर से वर्षा होने लगी। घर जाने में असमर्थ हो उन्होंने रास्ते में अपनी पहचान की एक मालिन के बगीचे में आश्रय लिया। मालिन ने रात में सोने के लिए जो कोठरी उन्हें दी, ठीक उसके पास ही फूलों का बगीचा था। हवा के कारण बगीचे के सुन्दर सुन्दर फूलों की महक उन औरतों की नाक में आने लगी, किन्तु वह महक उनके लिए इतनी असह्य हो उठी कि वे किसी तरह भी न सो सकीं। अन्त में उनमें से एक ने सुझाव दिया—'आओ, हम मछली की टोकरियों को भिगोकर सिर के पास रख लें।' वैसा करने पर जब उन टोकरियों से मछलियों की गन्ध उनकी नाक में आने लगी, तब वे आराम से खर्राटे भरने लगीं !

यह संसार भी हमारे लिए उस मछली की टोकरी के समान है—हमें सुख-भोग के लिए उस पर निर्भर न रहना चाहिए। जो उस पर निर्भर रहते हैं, वे तामस प्रकृति अथवा बद्ध जीव हैं। उनके बाद राजस प्रकृति के लोग हैं; उनका अहंकार खूब प्रबल होता है, वे सर्वदा 'मैं-मैं' कहते रहते हैं। कभी कभी वे सत्कार्य भी करते हैं, चेष्टा करने पर वे धार्मिक भी हो सकते हैं। किन्तु सात्त्विक-प्रकृतिवाले ही सर्वश्रेष्ठ हैं, वे सर्वदा अन्तर्मुख और आत्मनिष्ठ रहते हैं। प्रत्येक व्यक्ति में सत्त्व, रज और तमोगुण हैं। एक एक समय में मनुष्य में एक एक गुण का प्राधान्य होता है।

सृष्टि का अर्थ कुछ निर्माण करना या बनाना नहीं है; सृष्टि का अर्थ है—जो साम्य भाव नष्ट हो गया है, उसीको पुनः प्राप्त करने की चेष्टा—जैसे यदि एक काग को टुकड़े-टुकड़े कर उसे पानी के नीचे फेंक दें तो वे सब टुकड़े अलग अलग या एक साथ मिलकर पानी के ऊपर आने की चेष्टा करते हैं। जीवन अशुभ है और अशुभ सदा उसके साथ रहता है। किंचित् अशुभ से ही जगत् की सृष्टि हुई है। जगत् में जो थोड़ा बहुत अशुभ है, उसे अच्छा ही कहना चाहिए; क्योंकि साम्य भाव आने पर यह जगत् ही नष्ट हो जायगा। साम्य और विनाश दोनों एक ही हैं। जितने दिनों तक यह जगत् चल रहा है, उतने दिनों तक साथ ही साथ शुभ और अशुभ भी चलते रहेंगे, किन्तु जब हम जगत् के परे चले जाते हैं, तब शुभाशुभ दोनों से अतीत हो जाते हैं अर्थात् परमानन्द प्राप्त कर लेते हैं।

जगत् में दुःखविरहित सुख, अशुभविरहित शुभ पाने की संभावना कदापि नहीं है; क्योंकि जीवन का अर्थ ही है साम्य भाव की विच्युति। हमें चाहिए मुक्ति; जीवन, सुख अथवा शुभ कुछ भी नहीं। सृष्टि-प्रवाह अनन्त काल से चल रहा है—न उसका आदि है, न अन्त—एक अनन्त सागर के ऊपर की निरन्तर गतिशील तरंग के समान है। इसमें कुछ ऐसे गहरे स्थल हैं, जहाँ हम अब भी नहीं पहुँचे

हैं, और ऐसे भी कुछ स्थल हैं, जहाँ साम्य भाव पुनः स्थापित हो चुका है, किन्तु ऊपर की सतह पर तरंग सर्वदा ही उठती रहती है, वहाँ पर अनन्त काल से इस साम्यावस्था को प्राप्त करने की चेष्टा चलती ही रहती है। जीवन और मृत्यु एक ही वस्तु के विभिन्न नाम मात्र हैं, एक ही सिक्के के दो पहलू हैं। दोनों ही माया है—यह अवस्था स्पष्ट रूप से समझी नहीं जा सकती—एक समय जीवित रहने की चेष्टा होती है, तो दूसरे ही क्षण विनाश या मृत्यु की। हमारा यथार्थ स्वरूप आत्मा इन दोनों से परे है। जब हम ईश्वर का अस्तित्व स्वीकार करते हैं तो ईश्वर, और कुछ नहीं, वास्तव में आत्मा ही है, जिससे हमने अपने को अलग कर लिया है और जिसे हम अपने से अलग मानकर पूजते हैं; किन्तु वास्तव में यह उपासना उसीकी है जो चिर काल से एकमात्र ईश्वरपदवाच्य हमारा अन्तरात्मा ही है।

उस नष्ट साम्यावस्था को पुनः प्राप्त करने के लिए पहले हमें रजस् द्वारा तमस् को और सत्त्व द्वारा रजस् को जीतना होगा। सत्त्व का अभिप्राय उस प्रकार की स्थिर, धीर, प्रशान्त अवस्था से है, जिसके धीरे धीरे बढ़ने पर अन्त में अन्यान्य भाव अर्थात् रजस् और तमस् सर्वथा लुप्त हो जाते हैं। बन्धन काट डालो, मुक्त बनो, यथार्थ 'पुत्र' बनो, तभी ईसा के समान 'पिता को देख सकोगे।' धर्म और ईश्वर कहने से अनन्त शक्ति और अनन्त वीर्य समझा जाता है। दुर्बलता और दासत्व का त्याग करो। जब तुम मुक्त स्वभाव हो, केवल तभी तुम आत्मा हो; यदि तुम मुक्तस्वभाव हो, तभी अमृतत्व तुम्हारे करतलगत है; तभी ईश्वर वास्तव में है, यदि वह मुक्तस्वभाव है।

* * *

जगत् मेरे लिए है, मैं जगत् के लिए कदापि नहीं हूँ! शुभ-अशुभ सभी मेरे दास हैं; मैं उनका दास कदापि नहीं हूँ। जिस अवस्था में पड़ा है, उसी अवस्था में पड़े रहना पशु का स्वभाव है; मनुष्य का स्वभाव है—अशुभ छोड़कर शुभ प्राप्त करने की चेष्टा करना; और शुभाशुभ किसीके लिए भी चेष्टा न करना—सर्वदा सब अवस्थाओं में आनन्दमय होकर रहना ईश्वर का स्वभाव है। हमें ईश्वर होना होगा। हृदय को समुद्र के समान महान् बना लो, संसार के क्षुद्र भावों के परे चले जाओ, इतना ही नहीं, अशुभ आने पर भी आनंद से उन्मत्त हो जाओ; जगत् को एक तस्वीर के समान देखो; और यह जान कर कि जगत् में तुम्हें कोई भी वस्तु विचलित नहीं कर सकती, जगत् के सौन्दर्य का उपभोग करो। जगत् के सुख इस प्रकार हैं, जैसे छोटे छोटे लड़के खेल करते करते कीचड़ में काँच की गुरिया पा जाते हैं। जगत् के सुख-दुःख के ऊपर शान्त भाव से

दृष्टिपात करो; शुभ और अशुभ दोनों को एक दृष्टि से देखो—दोनों ही भगवान् के खेल हैं, इसलिए सभी में आनन्द का अनुभव करो।

* * *

मेरे गुरुदेव कहते थे—'सभी नारायण हैं, किन्तु बाघ नारायण से दूर रहना होता है; सभी जल नारायण हैं, तो भी गन्दा जल नहीं पिया जाता।'

'आकाशरूपी थाली में रवि-चन्द्र रूपी दीपक जलते हैं—फिर अन्य मन्दिरों की क्या आवश्यकता? सभी नेत्र तेरे नेत्र हैं, फिर भी तेरा एक भी नेत्र नहीं है; सभी हाथ तेरे हाथ हैं, फिर भी तेरा एक भी हाथ नहीं है।'[1]

न कुछ पाने की चेष्टा करो, न कुछ छोड़ने की चेष्टा करो, यदृच्छालाभ से सन्तुष्ट बनो। किसी भी विषय से तुम विचलित न हो, तभी समझो कि तुमने मुक्ति या स्वाधीनता प्राप्त कर ली। केवल सहन करने से न होगा—बिल्कुल अनासक्त बनो। उस साँड़ की कहानी मन में रखो जिसके सींग पर एक मच्छर बहुत समय तक बैठा रहा—इतनी देर बैठने के बाद उसकी औचित्य बुद्धि जाग्रत हो उठी; यह सोचकर कि सम्भव है साँड़ के सींग पर मेरे बैठने से उसे बहुत कष्ट हो रहा हो, वह साँड़ को सम्बोधित कर कहने लगा, "भाई साँड़! मैं बहुत देर से तुम्हारे सींग पर बैठा हुआ हूँ। मालूम होता है तुम्हें बहुत असुविधा हो रही है, मुझे क्षमा करना। यह लो, मैं उड़ जाता हूँ।" साँड़ बोला—"नहीं, नहीं, तुम सपरिवार आकर भी मेरे सींग पर निवास करो न। मेरा उससे कुछ न बिगड़ेगा।"

२६ जून, बुधवार

जब हमारा 'अहंज्ञान' नहीं रहता, तभी हम अपना सर्वोत्तम कार्य कर सकते हैं, दूसरों को सर्वाधिक प्रभावित कर पाते हैं। सभी महान् प्रतिभाशाली व्यक्ति इस बात को जानते हैं। उस दिव्य कर्ता के प्रति अपना हृदय खोल दो, तुम स्वयं कुछ भी करने मत जाओ। श्री कृष्ण गीता में कहते हैं—'हे अर्जुन, त्रिलोक में मेरे लिए कर्तव्य नामक कुछ भी नहीं है।' उनके ऊपर सम्पूर्णतया निर्भर रहो, सम्पूर्ण रूप से अनासक्त होओ, ऐसा होने पर ही तुम्हारे द्वारा कुछ यथार्थ कार्य हो सकता है। जिस शक्ति के द्वारा ये सभी कार्य होते हैं, उसे हम देख नही पाते, हम केवल उसका फलमात्र देख पाते हैं। अहं को निकाल डालो, उसका नाश कर डालो, उसे भूल जाओ; अपने द्वारा ईश्वर को कार्य करने दो—यह उन्हींका

---

१. अपाणिपादो जवनो ग्रहीता पश्यत्यचक्षुः स शृणोत्यकर्णः॥ श्वेताश्वतर उप० ॥३।१९॥

कार्य है, उन्हें करने दो। हमें और कुछ नहीं करना होगा—केवल स्वयं हटकर उन्हें काम करने देना होगा। हम जितना दूर हटते जायेंगे, ईश्वर उतना ही हमारे भीतर आयेगा। 'तुच्छ अहं' को नष्ट कर डालो—केवल 'महत् अहं' रहने दो। हम अभी जो कुछ हैं, वह सब अपने चिन्तन का ही फल है। इसलिए तुम क्या चिन्तन करते हो, इस विषय में विशेष ध्यान रखो। शब्द तो गौण वस्तु है। चिन्तन ही बहुकाल-स्थायी है और उसकी गति भी बहु-दूरव्यापी है। हम जो कुछ चिन्तन करते हैं, उसमें हमारे चरित्र की छाप लग जाती है; इस कारण साधु पुरुषों की हँसी या गाली में भी उनके हृदय का प्रेम और पवित्रता रहती है और उससे हमारा कल्याण ही होता है।

कुछ भी कामना मत करो। ईश्वर का चिन्तन करो, किन्तु किसी भी फल की कामना मत करो। जो कामनाशून्य होते हैं, उन्हींका कार्य फलप्रद होता है। भिक्षाजीवी संन्यासी द्वार द्वार पर धर्म का सन्देश लेकर जाते हैं, किन्तु वे मन में सोचते हैं, हम कुछ भी नहीं करते। वे किसी प्रकार की अपनी अधिकार-सत्ता भी नहीं दर्शाते, उनका कार्य उनके अनजान में हो जाता है। यदि वे (ऐहिक) ज्ञानरूपी वृक्ष का फल[1] खायँ तो उन्हें अहंकार आ जाय, फिर वे जो कुछ लोक-कल्याण करेंगे—सब नष्ट हो जायगा। जब हम 'मैं मैं' कहते हैं, तब हम मूर्ख से बन जाते हैं, और कहते जाते हैं—हमने 'ज्ञान' लाभ कर लिया है, किन्तु वास्तव में तो हम 'आँख बँधे बैल' के समान कोल्हू में ही लगातार घूमते रहते हैं। भगवान् खूब अच्छी तरह अपने को छिपाकर रखते हैं, इसीलिए उनका कार्य भी सर्वोत्तम है। इसी प्रकार जो अपने को सम्पूर्ण रूप से छिपाकर रख सकते हैं, वे ही सबकी अपेक्षा अधिक कार्य कर पाते हैं। पहले अपने को जीत लो, फिर सम्पूर्ण जगत् तुम्हारे पैरों के नीचे आ जायगा।

सत्त्व गुण में अवस्थित होने पर हम सभी वस्तुओं के असली रूप को देख पाते हैं, उस समय हम पंचेन्द्रियों और बुद्धि के अतीत प्रदेश में चले जाते हैं। 'अहं' ही वह वज्रदृढ़ प्राचीर है, जिसने हमें बद्ध कर रखा है—सत्य के मुक्त वायु-मण्डल में वह हमें नहीं जाने देता—सभी विषयों में, सभी कार्यों में इसीसे 'मैं, मेरा'

---

१. बाइबिल में इस प्रकार वर्णन है : ईश्वर ने आदम और हव्वा नामक प्रथम सृष्ट पुरुष और स्त्री को नन्दन वन में रख दिया और उनको वहाँ के ज्ञानवृक्ष का फल खाने के लिए मना कर दिया। किन्तु वे शैतान की प्रेरणा से उसे खाकर अपने पूर्व के निष्पाप स्वभाव से भ्रष्ट हो गये। यहाँ पर ज्ञान का अर्थ सुख-दुःख, शुभाशुभ आदि सापेक्षिक ज्ञान समझना चाहिए।

यह भाव आता है—हम सोचते हैं, मैं यह कार्य करता हूँ, वह कार्य करता हूँ, इत्यादि। इस क्षुद्र अहंभाव को दूर कर डालो, हममें यह जो अहंरूप पैशाचिक भाव रहता है, उसे बिल्कुल नष्ट कर डालो। **नाहं नाहं, त्वमेव त्वमेव,** इस मन्त्र का उच्चारण करो, हृदय से उसे अनुभव करो, समग्र जीवन उससे अनुप्राणित कर दो। जब तक हम इस अहंभाव-गठित जगत् का परित्याग नहीं कर पाते, तब तक हम स्वर्ग-राज्य में कभी भी प्रवेश नहीं कर सकेंगे—न कोई कभी कर सका है और न कर सकेगा। संसार त्याग करने का अर्थ है—इस अहंभाव को बिल्कुल भूल जाना, अहंभाव की ओर कभी भी ध्यान न देना; देह में वास करना, लेकिन देह का न होना। इस दुष्ट अहंभाव को बिल्कुल नष्ट कर डालना होगा। लोग जब तुम्हारी बुराई करें, तो तुम उन्हें आशीर्वाद दो; सोचकर देखो, वे तुम्हारा कितना उपकार करते हैं; अनिष्ट यदि किसीका होता है, तो केवल उनका अपना ही होता है। ऐसे स्थान पर जाओ, जहाँ लोग तुमसे घृणा करें; तुम अपनी अहंता को उन्हें मार मार कर अपने भीतर से बाहर निकाल फेंकने दो—ऐसा होने पर तुम भगवान् के सन्निकट पहुँच जाओगे। बँदरिया जैसे अपने बच्चे को गोद में दबाये रहती है, किन्तु अन्त में बाध्य होने पर उसको हटाकर फेंक देती है, उसे कुचल डालने में भी पीछे नहीं रहती, उसी प्रकार हम भी संसार को जितने दिन तक सम्भव होता है, छाती से चिपकाये रहते हैं, किन्तु अन्त में जब हम उसे पददलित करने पर बाध्य होते हैं, तभी हम ईश्वर के समीप जाने के अधिकारी होते हैं। धर्म के लिए यदि दूसरों का अत्याचार सहन करना पड़े तो हम धन्य हो जायँगे; यदि हम लिखना-पढ़ना न जाने तो हम धन्य हैं, क्योंकि ईश्वर के सान्निध्य से दूर करनेवाली अनेक बातें उससे कम हो जाती हैं।

भोग है लाख फनवाला साँप—हमें उसे कुचलना ही होगा। हम भोगों को त्यागकर अग्रसर होने लगें; कुछ भी न पाने पर सम्भव है हम निराश हो जायँ; किन्तु लगे रहो, लगे रहो—कभी छोड़ो मत। यह संसार एक पिशाच के समान है। यह संसार मानो एक राज्य है—हमारा क्षुद्र अहं मानो उसका राजा है। उसे दूरकर दृढ़ होकर खड़े हो जाओ। काम-कांचन, नाम-यश को छोड़कर दृढ़ भाव से ईश्वर की शरण लो, अन्त में हम सुख-दुःख में सम्पूर्ण उदासीनता लाभ करेंगे। इन्द्रियचरितार्थता ही सुख है—यह धारणा सम्पूर्ण जड़वादात्मक है। उसमें एक बिन्दु मात्र भी यथार्थ सुख नहीं है। उसमें जो कुछ सुख है, वह वास्तविक आनन्द का प्रतिबिम्ब मात्र है।

जिन्होंने ईश्वर के श्रीचरणों में आत्मसमर्पण किया है, वे जगत् के लिए उन तथाकथित कर्मियों की अपेक्षा अनेक गुना अधिक कार्य करते हैं। जिसने

स्वयं को सम्पूर्ण रूप शुद्ध बना लिया है वह सैकड़ों धर्म-प्रचारकों की अपेक्षा अधिक कार्य करता है। चित्तशुद्धि और मौन से ही वाणी में शक्ति आती है।

लिली फूल के सदृश बनो—एक ही स्थान में रहो, अपनी पंखड़ियों को मुकुलित करो, मधुमक्खियाँ स्वयं ही आ जुटेंगी। श्रीयुत केशवचन्द्र सेन और श्री रामकृष्ण के बीच एक बड़ा अन्तर था। श्री रामकृष्ण देव जगत् में पाप या अशुभ नहीं देख पाते थे—वे जगत् में कुछ भी अशुभ नहीं देख पाते थे, और वे उस अशुभ को दूर करने के लिए चेष्टा करने का भी कोई प्रयोजन नहीं देखते थे। और केशवचन्द्र एक महान् धर्मसंस्कारक, नेता एवं भारतवर्षीय ब्राह्म समाज के प्रतिष्ठाता थे। बारह वर्ष के पश्चात् इन शान्त दक्षिणेश्वरवासी महापुरुष ने केवल भारत में ही नहीं, वरन् समग्र संसार में एक क्रान्ति कर दी। ये सभी नीरव महापुरुष वास्तव में महाशक्ति के आगार हैं—वे जीते हैं, प्रेम करते हैं और फिर अपने व्यक्तित्व को खींच लेते हैं। वे कभी भी, 'मैं, मेरा' नहीं कहते। वे अपने को ईश्वर का यन्त्र-स्वरूप समझकर ही अपने को धन्य मानते हैं। ऐसे व्यक्ति ईसा और बुद्ध आदि के निर्माता हैं। वे सदैव ईश्वर के साथ सम्पूर्ण भाव से तादात्म्य लाभ करके एक आदर्श जगत् में निवास करते हैं। वे कुछ नहीं चाहते और अहंभाव से कुछ भी नहीं करते। वे ही वस्तुतः प्रेरकस्वरूप हैं—वे जीवन्मुक्त एवं बिल्कुल अहंशून्य हैं। उनका क्षुद्र अहंज्ञान पूर्ण रूप से नष्ट हो गया है, उन्हें महत्त्वाकांक्षा बिल्कुल नहीं है। उनका व्यक्तित्व पूर्ण रूप से लुप्त हो गया है, वे निराकार तत्त्वस्वरूप हैं।

२७ जून, बृहस्पतिवार

(स्वामी जी आज बाइबिल का नया व्यवस्थान लेकर आये तथा दूसरी बार बाइबिल में जॉन के ग्रन्थ की व्याख्या की।)

मुहम्मद इस बात का दावा करते थे कि वे वही शान्तिदाता हैं, जिन्हें भेजने का ईसा मसीह ने वचन दिया था। स्वामी जी के मत से इस बात को स्वीकार करने की कुछ भी आवश्यकता नहीं है कि ईसा मसीह का अलौकिक भाव से जन्म हुआ था। सभी युगों में, सभी देशों में इस प्रकार का दावा देखने में आता है। सभी बड़ लोगों ने दावा किया है कि उनका जन्म देवताओं से हुआ है।

ज्ञान सापेक्षिक मात्र है। हम ईश्वर हो सकते हैं, किन्तु उन्हें कभी जान नहीं सकते। ज्ञान एक निम्नतर अवस्था मात्र है। तुम्हारी बाइबिल में भी है, आदम ने जब ज्ञानलाभ किया उसी समय उनका पतन हो गया। उससे पहले वे स्वयं सत्यस्वरूप, पवित्रतास्वरूप एवं ईश्वरस्वरूप थे। हमारा मुख हमसे कोई भिन्न वस्तु

नहीं है, किन्तु हम कभी भी असली मुख को देख नहीं पाते, हम केवल उसका प्रतिबिम्ब ही देख सकते हैं। हम स्वयं प्रेमस्वरूप हैं, किन्तु जब हम इस प्रेम के सम्बन्ध में सोचने लगते हैं तो देखते हैं कि हमें एक कल्पना का आश्रय ग्रहण करना पड़ता है; इसीसे यह प्रमाणित होता है कि हम जिसे जड़ कहते हैं, वह तो चित् की बहिरभिव्यक्ति मात्र है। क्योंकि ज्ञाता अपने प्रतिबिम्ब को ही जान सकता है, स्वयं को नहीं, वह सदा अज्ञेय है। अतः ज्ञान ज्ञाता से भिन्न और पृथक् होता है। इस प्रकार वह बाह्यीकृत विचार है अथवा एक पृथक् वस्तु के रूप में ज्ञाता से बाहर स्थित विचार। चूंकि ज्ञाता आत्मा के नाम से विख्यात है, जो उससे भिन्न और पृथक् है उसे जड़ या भौतिक तत्त्व कहा जाना चाहिए। 'इसीलिए स्वामी जी कहते हैं कि 'जड़ या भौतिक तत्त्व बाह्यीकृत विचार है।'

निवृत्ति का अर्थ है संसार से विमुख हो जाना। हिन्दुओं के पुराण में है, प्रथम सृष्ट चार ऋषियों को[1] हंस रूपी भगवान् ने शिक्षा दी थी कि जगत्-प्रपंच गौण मात्र है; इसलिए ऋषियों ने सृष्टि नहीं की। इसका तात्पर्य यह है कि अभिव्यक्ति का अर्थ ही अवनति है; क्योंकि आत्मा अभिव्यक्ति शब्द के द्वारा साधित होती है, और 'शब्द भाव को नष्ट कर डालता है।'[2] फिर भी तत्त्व जड़ावरण से आवृत हुए बिना नहीं रह सकता, यद्यपि हम जानते हैं कि अन्त में इस प्रकार के आवरण की ओर ध्यान रखते रखते हम असल को भी खो बैठते हैं। सभी महान् आचार्य इस बात को जानते हैं और इसीलिए पैगम्बर पुनः पुनः आकर हमें मूल तत्त्व समझा देते हैं और तत्कालोपयोगी उसका एक और नवीन आवरण दे जाते हैं। मेरे गुरुदेव कहते थे—धर्म एक है; सभी पैग़म्बरों की शिक्षा वही होती है, किन्तु उस तत्त्व को प्रकाशित करने के लिए सभी को उसे कोई न कोई आकार देना पड़ा। इसलिए उन्होंने उसके पुरातन आकार को त्यागकर उसे नये आकार में हमारे सामने रखा है। जब हम नाम-रूप से, विशेषतः देह से मुक्त होते हैं, जब हमारे लिए भली-बुरी किसी भी देह का प्रयोजन नहीं रहता, तभी हम बन्धन-मुक्त हो सकते हैं। अनन्त उन्नति का अर्थ है, अनन्त काल के लिए बन्धन; उसकी अपेक्षा सभी प्रकार के आकार का ध्वंस ही वांछनीय है। हमें सभी प्रकार की देह से, देवता-देह से भी मुक्त होना है। ईश्वर ही एकमात्र यथार्थ सत्य वस्तु है, दो सत्य पदार्थ एक साथ कभी नहीं रह सकते। एकमात्र आत्मा ही है और मैं ही वह हूँ।

---

१. सनक, सनातन, सनन्दन और सनत्कुमार।

२. The letter killeth—बाइबिल ॥२ करि० ३।६॥

शुभ कर्म का मूल्य केवल इतना ही है कि वह मुक्ति-लाभ का सहायक है। उसके द्वारा कर्ता का ही कल्याण होता है, दूसरे का नहीं।

ज्ञान का अर्थ है वर्गीकरण। हम एक ही जाति के अनेक पदार्थों को देखते हैं तो उन सबको कोई एक नाम दे देते हैं। इसीसे हमारा मन शान्त हो गया। हम केवल तथ्यों का ही आविष्कार करते हैं, 'क्यों' का नहीं। हम अंधकार के ही कुछ विस्तृत क्षेत्र में अधिक घूम-फिरकर यह सोचने लगते हैं कि हमने सचमुच कुछ ज्ञान लाभ कर लिया है। इस जगत् में 'क्यों' का कुछ भी उत्तर नहीं हो सकता। 'क्यों' का उत्तर पाने के लिए हमें ईश्वर के समीप जाना होगा। जो सभी के ज्ञाता हैं, उन्हें कभी भी प्रकाशित नहीं किया जा सकता। यह ऐसा ही है, जैसे नमक का कण सागर में प्रवेश करते ही गलकर उसमें मिल जाता है।

वैषम्य ही सृष्टि का मूल है---एकरसता या साम्य ही ईश्वर है। इस वैषम्य भाव के परे चले जाओ; ऐसा करने पर ही जीवन और मृत्यु दोनों को जीत लोगे एवं अनन्त समत्व में पहुँच जाओगे। तभी तुम ब्रह्म में प्रतिष्ठित होगे, स्वयं ब्रह्मस्वरूप हो जाओगे। मुक्ति प्राप्त करने की चेष्टा करो, उसमें प्राण जायँ, वह भी स्वीकार करो। एक पुस्तक के साथ उसके पृष्ठों का जो सम्बन्ध हैं, वही हमारे साथ हमारे जन्मों का भी है; किन्तु हम अपरिणामी, साक्षिस्वरूप और आत्मस्वरूप हैं; और इसी आत्मा के ऊपर जन्म-जन्मान्तर की छाया पड़ती है, जैसे एक मशाल को खूब ज़ोर ज़ोर से घुमाओ तो नेत्र के सामने वृत्ताकार प्रतीत होने लगता है। आत्मा में ही समस्त व्यक्तित्वों का एकत्व है; और चूंकि आत्मा अनन्त, अपरिणामी और अचंचल है, अतः आत्मा ब्रह्मस्वरूप है। आत्मा को जीवन नहीं कहा जा सकता, किन्तु उससे समुदय जीवन गठित होता है; उसे सुख नहीं कहा जा सकता, किन्तु उससे सुख की उत्पत्ति होती है।

आजकल संसार ईश्वर को छोड़ रहा है, क्योंकि वह संसार के लिए पर्याप्त कुछ कर नहीं रहा है। अतः वे कहते हैं---"उससे हमें क्या लाभ है?" क्या हमें ईश्वर का 'चिन्तन' केवल एक नगरपालिका के अधिकारी के रूप में करना होगा? हम इतना तो कर सकते हैं कि हम अपनी सभी वासना, ईर्ष्या, घृणा और भेदबुद्धि दूर कर दें, 'क्षुद्र अहं' को नष्ट कर डालें, एक प्रकार की मानसिक आत्महत्या जैसी कर डालें। शरीर और मन को पवित्र और स्वस्थ रखो---किन्तु केवल ईश्वर लाभ करने के यन्त्ररूप में; इतना ही उनका एकमात्र यथार्थ प्रयोजन है। केवल सत्य के लिए सत्य का अनुसन्धान करो; इस बात को मत सोचो कि उसके द्वारा आनन्द लाभ होगा। आनन्द स्वयं आ सकता है, किन्तु इसलिए उसे अपने सत्य लाभ का प्रेरक मत बनाओ। ईश्वर लाभ को छोड़कर और किसी प्रकार का उद्देश्य मत

रखो। सत्य लाभ करने के लिए यदि नरक होकर जाना पड़े तो भी पीछे मत हटो।

*   *   *

२८ जून, शुक्रवार

[आज हम सब लोग स्वामी जी के साथ एक स्थान में वनगोष्ठी के लिए गये। जहाँ कहीं स्वामी जी रहते थे, वहीं उनका लगातार उपदेश चलता था और उसके नोट्स लिये जाते थे, किन्तु आज के उपदेश नहीं लिखे गये और इस कारण उनका कोई आलेख उपलब्ध नहीं है।]

परन्तु बाहर निकलने के पहले सबेरे जलपान के समय उन्होंने यह कहा:

सभी प्रकार के अन्न के लिए भगवान् के प्रति कृतज्ञ होओ—अन्न ब्रह्मस्वरूप है। उनकी सर्वव्यापिनी शक्ति ही हमारी व्यष्टि-शक्ति में परिणत होकर हमारे सभी प्रकार के कार्य करने में सहायक होती है।

२९ जून, शनिवार

(आज स्वामी जी गीता हाथ में लेकर उपस्थित हुए।)

गीता में हृषीकेश अर्थात् जीवात्माओं के ईश्वर, गुडाकेश अर्थात् निद्रा के अधीश्वर अथवा निद्राजयी अर्जुन को उपदेश दे रहे हैं। यह जगत् ही 'धर्मक्षेत्र' कुरुक्षेत्र है। पंच पाण्डव (अर्थात् धर्म) शत कौरवों के साथ (हम जिन सभी विषयों में आसक्त रहते हैं और जिनके साथ हमारा सतत विरोध चलता रहता है) युद्ध कर रहे हैं। पंच पाण्डवों के मध्य सर्वश्रेष्ठ वीर अर्जुन (अर्थात् प्रबुद्ध जीवात्मा) सेनापति है। हमें समस्त इन्द्रिय-सुखों के साथ—जिन सभी वस्तुओं में हम अत्यन्त आसक्त हैं उनके साथ—युद्ध करना होगा, उन्हें मार डालना होगा। हमें निःसंग होकर खड़े होना होगा। हम ब्रह्मस्वरूप हैं, इस भाव में हमें अन्य सब भावों को तिरोहित कर देना होगा।

श्री कृष्ण सब प्रकार के कर्म करते थे, किन्तु सभी प्रकार की आसक्ति से रहित होकर। वे संसार में थे अवश्य, किन्तु कभी संसारी नहीं थे। सभी कर्म करो, किन्तु अनासक्त होकर करो; कर्म के लिए ही कर्म करो; अपने लिए कभी मत करो।

*   *   *

कोई भी नाम-रूपात्मक पदार्थ कभी भी मुक्तस्वभाव नहीं हो सकता। हम (पात्र) इस नाम-रूप की मिट्टी से ही बने हैं; फिर नाम-रूप सीमित है और मुक्त नहीं है, अतः जो सापेक्ष है, उसे मुक्त नहीं कहा जा सकता। घट जब तक

घट है, तब तक अपने को कभी भी मुक्त नहीं कह सकता; जब वह नाम-रूप से अतीत हो जाता है, तभी मुक्त हो जाता है। समग्र जगत् ही आत्मस्वरूप है—यही आत्मा विभिन्न रूपों में अभिव्यक्त है, जैसे एक सुर से अनेक प्रकार के सुरों की अभिव्यक्ति। यदि ऐसा न हो तो सभी एक ही प्रकार के हो जायँ, सभी एकसुरे हो जायँ। समय समय पर बेसुर बजता है अवश्य, परन्तु बाद में परवर्ती सुरों का ऐक्य तो और भी मधुर लगता है। महान् विश्व-संगीत में तीन भावों का विशेष प्रकाश दिखायी देता है—साम्य, बल और स्वाधीनता।

यदि तुम्हारी स्वाधीनता के कारण दूसरे की कुछ क्षति होती है, तो तुम्हें समझना होगा कि वह वास्तविक स्वाधीनता नहीं है। दूसरे की किसी प्रकार की क्षति कभी मत करो।

मिल्टन कहते हैं—'दुर्बल होना ही क्लेश भोगना है।' कर्म और फलभोग—इन दोनों का अविच्छिन्न सम्बन्ध है। (अधिकतर देखा जाता है कि जो अधिक हँसता है, उसीको उतना रोना होता है—जितनी हँसी उतना रोना।) **कर्मण्येवाधिकारस्ते मा फलेषु कदाचन**—'कर्म में ही तुम्हारा अधिकार है, फल में नहीं।'

* * *

स्थूल दृष्टि से देखने पर कुविचारों को रोगबीजाणु कहा जा सकता है। हमारा शरीर मानो एक लोहपिण्ड है और हमारा प्रत्येक विचार मानो धीरे धीरे उसके ऊपर हथौड़ी की चोट मारना है—उसके द्वारा हम अपने शरीर का गढ़न इच्छानुसार करते हैं। हम जगत् के सम्पूर्ण शुभ विचारों के उत्तराधिकारी-स्वरूप हैं—यदि हम अपने को उनके प्रति मुक्त कर दें।

शास्त्र तो सब हमारे ही भीतर हैं। 'मूर्ख, क्या तू सुन नहीं रहा है, तेरे हृदय के भीतर दिन-रात वही अनंत संगीत ध्वनित हो रहा है—**सच्चिदानन्दः सच्चिदानन्दः, सोऽहं सोऽहं?**'

हममें से प्रत्येक के भीतर—क्या क्षुद्र पिपीलिका और क्या स्वर्ग के देवता—सभी के भीतर अनन्त ज्ञान का स्रोत विद्यमान है। यथार्थ धर्म एक है; हम उसके विभिन्न रूपों, विभिन्न प्रतीकों और उसके विभिन्न दृष्टान्तों को लेकर व्यर्थ में झगड़ा करके मरते रहते हैं। जो यह जानता है कि किस प्रकार खोजना चाहिए, उसके लिए सत्य युग तो सदा ही विद्यमान रहता है। हम स्वयं नष्ट हो गये हैं, इसलिए जगत् को नष्ट समझते हैं।

इस जगत् में पूर्ण शक्ति का कोई कार्य नहीं रहता; उसे केवल 'अस्ति' या 'सत्' मात्र कहा जाता है, उसका कोई कार्य नहीं रहता।

यथार्थ सिद्धिलाभ तो एक ही प्रकार का है, किन्तु सापेक्षिक सिद्धि अनेक प्रकार की हो सकती है।

३० जून, रविवार

किसी एक कल्पना का आश्रय लिये बिना विचार करने की चेष्टा असम्भव को सम्भव करने की चेष्टा है। स्तनपायी किसी जीवविशेष का उदाहरण लिये बिना स्तनपायी जीव की किसी प्रकार की धारणा हम नहीं कर सकते। ईश्वर की धारणा के सम्बन्ध में भी यही बात है।

जगत् में जितने प्रकार के भाव या धारणाएँ हैं, उनका जो सूक्ष्म सार-निष्कर्ष है, उसीको हम ईश्वर कहते हैं।

प्रत्येक विचार के दो भाग हैं—एक है विचारणा और दूसरा है उसी भाव का द्योतक 'शब्द'—और वे दोनों ही आवश्यक हैं। क्या प्रत्ययवादी (idealist), क्या जड़वादी (materialist) किसीका भी मत शुद्ध सत्य नहीं है। हमें भाव और उसकी अभिव्यक्ति दोनों ही लेने होंगे।

हम दर्पण में अपना मुख देख पाते हैं—समुदय ज्ञान भी उसी प्रकार का है—बाहर जो प्रतिबिम्बित है, उसीका ज्ञान होता है। कोई भी अपनी आत्मा या ईश्वर को नहीं जान सकता, किन्तु हम स्वयं ही वह आत्मा हैं, हमीं ईश्वर हैं।

निर्वाण की अवस्था में तुम तभी होते हो, जब 'तुम' नहीं होते: बुद्धदेव ने कहा है—'जब तुम नहीं रह जाते, तभी तुम सर्वोत्तम और सत्य होते हो'—जब तुच्छ अहं नष्ट हो जाता है।

अधिकांश लोगों में वही आभ्यन्तरीण ईश्वरीय ज्योति आवृत एवं अस्पष्ट होकर रहती है, जैसे एक लोहे के पीपे के भीतर प्रदीप रखा रहता है, पर उस प्रदीप की थोड़ी सी भी ज्योति बाहर नहीं आ पाती। पवित्रता एवं निःस्वार्थता का थोड़ा थोड़ा अभ्यास करते करते हम इस आच्छादक माध्यम को कम घना कर सकते हैं। अन्त में वह काँच के समान पारदर्शी हो जाता है। श्री रामकृष्ण में मानो यह लोहे का पीपा काँच के रूप में परिणत हो गया है। उसके भीतर से वह आभ्यन्तरीण ज्योति यथास्वरूप दिखायी देती है। हम सभी कभी न कभी ऐसे ही काँच के पीपे हो जायँगे—इतना ही नहीं, उसकी भी अपेक्षा उच्च प्रति-बिम्बों के आधारस्वरूप होंगे। किन्तु जब तक कोई 'पीपा' रहता है, तब तक उसे जड़ उपायों की सहायता से ही चिन्तन करना पड़ता है। धैर्यहीन व्यक्ति कभी भी सिद्ध नहीं हो सकता।

महान् सन्त पुरुष सिद्धांत (principles) के दृष्टान्तस्वरूप हैं; किन्तु शिष्य तो महात्माओं को ही सिद्धांत बना लेते हैं और उस व्यक्ति विशेष को ही सब कुछ समझकर सिद्धान्त को भूल जाते हैं।

सगुण ईश्वर के विरुद्ध बुद्ध के लगातार तर्क करने के फलस्वरूप भारत में प्रतिमा-पूजा का सूत्रपात हुआ! वैदिक युग में प्रतिमा का अस्तित्व नहीं था, उस समय लोगों की यही धारणा थी कि ईश्वर सर्वत्र विराजमान है। किन्तु बुद्ध के प्रचार के कारण हम जगत्स्रष्टा एवं अपने सखास्वरूप ईश्वर को खो बैठे और उसकी प्रतिक्रियास्वरूप प्रतिमा-पूजा की उत्पत्ति हुई। लोगों ने बुद्ध की मूर्ति गढ़कर पूजा करना आरम्भ किया। ईसा मसीह के सम्बन्ध में भी वैसा ही हुआ है। काठ-पत्थर की पूजा से लेकर ईसा और बुद्ध की पूजा तक सभी प्रतिमा-पूजा है; किसी न किसी प्रकार की मूर्ति के बिना हमारा काम चल ही नहीं सकता।

*　　*　　*

सुधार की उग्र चेष्टा का फल यही होता है कि उससे सुधार की गति रुक जाती है। किसीसे ऐसा मत कहो कि 'तुम बुरे हो', वरन् उससे यह कहो—'तुम अच्छे हो, और भी अच्छे बनो।'

सभी देशों में पुरोहित अनिष्ट करते हैं, क्योंकि वे लोगों को गाली देते हैं और उनकी आलोचना करते हैं। वे डोरी को ठीक करने के लिए उसे खींचते हैं, किन्तु उससे दूसरी दो या तीन डोरियाँ स्थानभ्रष्ट हो जाती हैं। प्रेम कभी निन्दा नहीं करता, ऐसा तो महत्वाकांक्षा ही करती है। न्यायसंगत क्रोध या वैध हिंसा नाम की कोई वस्तु नहीं है।

यदि तुम किसीको सिंह नहीं होने दोगे, तो वह लोमड़ी हो जायगा। स्त्री एक शक्ति है, किन्तु अब इस शक्ति का प्रयोग केवल बुरे विषयों में ही हो रहा है। इसका कारण यह है कि पुरुष स्त्रियों के ऊपर अत्याचार कर रहे हैं। आज स्त्रियाँ लोमड़ी के समान हैं, किन्तु जब उनके ऊपर और अधिक अत्याचार नहीं होगा, तब वे सिंहिनी होकर खड़ी होंगी।

साधारणतः धर्मभाव को बुद्धि द्वारा नियमित करना उचित है। नहीं तो इस भाव की अवनति हो जाती है और वह भावुकता मात्र में परिणत हो जाता है।

*　　*　　*

सभी ईश्वरवादी यह स्वीकार करते हैं कि इस परिणामी जगत् के पीछे एक अपरिणामी वस्तु है, यद्यपि उस चरम वस्तु की धारणा के सम्बन्ध में उनमें

आपस में मतभेद है। बुद्ध इसे सम्पूर्णतः अस्वीकार करते थे। उन्होंने कहा— "ब्रह्म या आत्मा नाम की कोई वस्तु नहीं है।"

चरित्र की दृष्टि से बुद्ध संसार में सबसे अधिक महान् हुए हैं। उनके बाद हैं— ईसा। किन्तु गीता में श्री कृष्ण जो कह गये हैं, उसके समान महान् उपदेश जगत् में और कहीं नहीं है। जिन्होंने उस अद्भुत काव्य की रचना की थी, वे उन सब विरले महात्माओं में से एक थे, जिनके जीवन द्वारा समग्र जगत् में नव जीवन की एक लहर दौड़ जाती है। जिन्होंने गीता लिखी है, उनके सदृश आश्चर्यजनक मस्तिष्क मनुष्य जाति और कभी नहीं देख पायेगी।

* * *

जगत् में एकमात्र शक्ति ही विद्यमान है— वही कभी अशुभ, कभी शुभ भाव में अभिव्यक्त होती है। ईश्वर और शैतान एक ही नदी हैं—जिनकी धाराएँ विपरीत दिशाओं में बहती हैं।

१ जुलाई, सोमवार

श्री रामकृष्ण देव

श्री रामकृष्ण देव एक अत्यन्त निष्ठावान् ब्राह्मण के पुत्र थे। उनके पिता ब्राह्मणों की एक जाति विशेष को छोड़कर अन्य किसीका दान नहीं ग्रहण करते थे। जीविकोपार्जन के लिए सर्वसाधारण व्यक्ति के समान वे कोई काम भी नहीं कर सकते थे, पुस्तकें बेचना या किसीके यहाँ नौकरी करना तो दूर की बात है, किसी देवमन्दिर में पौरोहित्य करना भी उनके लिए सम्भव नहीं था। उनकी वृत्ति आकाशी वृत्ति थी; जो अयाचित भाव से उपस्थित होता था, उसीसे उनके भोजन-वस्त्र का निर्वाह होता था; किन्तु वह भी वे किसी पतित ब्राह्मण के पास से नहीं लेते थे। हिन्दू धर्म में देवमन्दिरों का ऐसा कोई प्राधान्य नहीं है। चाहे सभी मन्दिर नष्ट हो जायँ, फिर भी धर्म की बिन्दु मात्र भी क्षति नहीं होगी। हिन्दुओं के मत में अपने लिए घर बनवामा स्वार्थपरायणता का कार्य है; केवल देवता और अतिथि के लिए ही घर बनवाया जा सकता है। इसीलिए लोग भगवान् के निवासस्वरूप मन्दिर आदि का निर्माण करवाते हैं।

अपनी पारिवारिक स्थिति अत्यन्त विपन्न होने के कारण श्री रामकृष्ण बहुत थोड़ी अवस्था में एक मन्दिर में पुजारी होने के लिए बाध्य हुए। मन्दिर में जगज्जननी की मूर्ति प्रतिष्ठित थी—उन्हें प्रकृति या काली भी कहा जाता है। एक स्त्रीमूर्ति एक पुरुषमूर्ति पर खड़ी हैं—इसका अर्थ यह है कि मायावरण को हटाये बिना हम ज्ञान लाभ नहीं कर सकते। ब्रह्म निर्लिंग है—वह अज्ञात

और अज्ञेय है। वह जब अपने को अभिव्यक्त करता है, तब अपने को माया के आवरण से आवृत कर जगज्जननी का स्वरूप धारण करता और सृष्टि-प्रपंच का विस्तार करता है। धराशायी पुरुष (शिव या ब्रह्म) मायावृत होने के कारण शव हो गया है। ज्ञानी कहता है—'मैं बलपूर्वक माया को हटाकर ब्रह्म को प्रकाशित करूँगा' (अद्वैतवाद); किन्तु द्वैतवादी या भक्त कहता है— 'उन जगज्जननी से प्रार्थना करने पर वे द्वार छोड़ देंगी, तभी ब्रह्म प्रकाशित होगा—उन्हींके हाथ में चाभी है।'

प्रतिदिन माँ काली की सेवा तथा पूजा-अर्चना करते करते इन तरुण पुरोहित के हृदय में क्रमशः ऐसी तीव्र व्याकुलता तथा भक्ति का उद्रेक हुआ कि वे फिर नियमित रूप से मन्दिर में पूजा आदि कार्य करने में असमर्थ हो गये। इसलिए वे उसे छोड़कर मन्दिर के अहाते के भीतर ही एक छोटे से जंगल में जाकर दिन-रात ध्यान-धारणा करने लगे। वह जंगल ठीक गंगा जी के किनारे था; एक दिन गंगा जी की प्रबल धारा में ठीक एक कुटी के निर्माणोपयोगी सामग्री उनके पास बहकर आ गयी। उसी कुटीर में रहकर वे सर्वदा प्रार्थना करने और रोने लगे—जगन्माता को छोड़कर और किसी भी विषय की चिन्ता उन्हें नहीं रही; इतना ही नहीं, अपने शरीर की भी चिन्ता उन्हें नहीं रही। इस समय उनका एक आत्मीय प्रतिदिन मध्याह्न में एक बार उनको भोजन करा जाता था और उनकी देख-रेख करता था। कुछ दिनों के बाद एक संन्यासिनी आकर उन्हें उनकी 'माँ' से मिलाने के लिए सहायता करने लगीं। उन्हें जिस प्रकार के गुरु की आवश्यकता होती थी, वे स्वयं उनके पास आकर उपस्थित हो जाते थे। सभी सम्प्रदाय के कोई न कोई साधु आकर उन्हें उपदेश देते थे और वे ध्यानपूर्वक सभी का उपदेश सुनते थे। परन्तु वे केवल उन जगन्माता की ही उपासना करते थे—वे सभी में जगन्माता को ही देखते थे।

श्री रामकृष्ण ने कभी किसीके विरुद्ध कोई कड़ी बात नहीं कही। उनका हृदय इतना उदार था कि उनके बारे में सभी सम्प्रदाय सोचते थे कि वे उन्हींके हैं। वे सभी से प्रेम करते थे। उनकी दृष्टि में सभी धर्म सत्य थे—वे कहते थे, धर्मजगत् में सभी धर्मों का स्थान है। वे मुक्तस्वभाव थे, किन्तु सर्वसाधारण के प्रति समान प्रेम में ही उनके मुक्तस्वभाव का परिचय पाया जाता था, वज्रवत् कठोरता में नहीं। इस प्रकार के कोमलहृदय व्यक्ति ही नूतन भाव की सृष्टि करते हैं। और कर्मप्रवण लोग इस भाव को चारों ओर फैला देते हैं। सन्त पॉल इस दूसरी कोटि के थे। इसीलिए उन्होंने सत्य का आलोक चारों ओर फैलाया था।

किन्तु अब सन्त पॉल का युग नहीं है। हमको ही आधुनिक जगत्का नूतन आलोकस्वरूप होना होगा। हमारे युग की विशेष आवश्यकता है एक ऐसे संघ का निर्माण जो स्वयं अपना समायोजन कर ले। जब ऐसा होगा, तब वही जगत् का अन्तिम धर्म होगा। संसार-चक्र चलेगा ही—हमें उसकी सहायता करनी होगी, बाधा देने से काम नहीं चलेगा। धार्मिक विचार-धाराओं की तरंग उठती है, गिरती है और उन सभी तरंगों के शीर्ष-प्रदेश में उसी युग के पैगम्बर विराजते हैं : श्री रामकृष्ण वर्तमान युग के उपयुक्त धर्म की शिक्षा देने आये थे, जो विधायक है, न कि विध्वंसक। उन्हें अभिनव ढंग से प्रकृति के समीप जाकर सत्य जानने की चेष्टा करनी पड़ी थी, फलस्वरूप उन्होंने वैज्ञानिक धर्म को प्राप्त कर लिया था। वह धर्म किसीको कुछ मान लेने को नहीं कहता है, स्वयं परख लेने को कहता है। 'मैं सत्य का दर्शन करता हूँ, तुम भी इच्छा करने पर उसका दर्शन कर सकते हो।' मैंने जिस साधन का अवलम्बन किया है, तुम भी उसी-का अवलम्बन करो, वैसा करने पर तुम भी हमारे सदृश सत्य का दर्शन करोगे। ईश्वर सभी के समीप आयेंगे—इस समत्व भाव को सभी प्राप्त कर सकेंगे। श्री रामकृष्ण जो कुछ उपदेश दे गये हैं, वह सब हिन्दू धर्म का सार-स्वरूप है, उन्होंने अपनी ओर से कोई नयी बात नहीं कही। और वे उन सब बातों को अपनी बतलाने का भी कभी दावा नहीं करते थे; वे नाम-यश के लिए किंचित् मात्र भी आकांक्षा नहीं रखते थे।

उनकी अवस्था जब लगभग चालीस वर्ष की थी, तब उन्होंने उपदेश करना प्रारम्भ किया। किन्तु वे इस प्रचार के लिए कभी भी कहीं बाहर नहीं गये। जो उनके पास आकर उपदेश ग्रहण करने की इच्छा रखते थे, उन्हींकी वे प्रतीक्षा करते थे। हिन्दू समाज की प्रथा के अनुसार उनके माता-पिता ने उनके यौवन-काल के आरम्भ में पाँच वर्ष की एक छोटी लड़की के साथ उनका विवाह कर दिया था। विवाह के उपरान्त यह बालिका बहुत दूर के एक ग्राम में अपने परि-वारवालों के साथ रहती रही—वह यह नहीं जानती थी कि उसके तरुण पति कितने कठोर संघर्षों में व्यस्त हैं। जब वह सयानी हुई, उस समय उसका पति भगवत्प्रेम में तन्मय हो चुका था। वह पैदल ही अपने गाँव से दक्षिणेश्वर काली मन्दिर में पति के समीप उपस्थित हुई। वह अपने पति को देखते ही उनकी वास्तविक अवस्था को समझ गयी; क्योंकि वह स्वय अत्यन्त विशुद्ध एवं उन्नत स्वभाव की थी। वह केवल अपने पति के कार्य में सहायता करने की ही इच्छुक थी; उसे कभी भी ऐसी इच्छा नहीं हुई कि वह अपने पति को गृहस्थ-जीवन की ओर खींच लावे।

श्री रामकृष्ण की पूजा भारत में एक महान् अवतार के रूप में होती है। उनका जन्म-दिन वहाँ पर एक धर्मोत्सव-रूप में मनाया जाता है।

*   *   *

एक विशिष्ट लक्षणयुक्त गोलाकार शिला विष्णु अर्थात् सर्वव्यापी भगवान् के प्रतीक-रूप में व्यवहृत होती है। प्रातःकाल पुरोहित आकर उस शालिग्राम शिला की पुष्पचन्दन, नैवेद्य आदि के द्वारा पूजा करते हैं, धूप-कर्पूरादि के द्वारा आरती करते हैं, उसके बाद उन्हें सुलाकर उस प्रकार की पूजा के लिए उनके समीप क्षमा-प्रार्थना करते हैं। ईश्वर के स्वरूपतः रूपविवर्जित होने पर भी वे इस प्रकार के प्रतीक या जड़ वस्तु की सहायता के बिना उनकी उपासना नहीं कर पाते—इस दोष या दुर्बलता के लिए वे उनके निकट क्षमा प्रार्थना करते हैं। वे शिला को स्नान कराते हैं, कपड़ा पहनाते हैं, और अपनी चैतन्य-शक्ति के द्वारा उनकी प्राण-प्रतिष्ठा करते हैं।

*   *   *

एक सम्प्रदाय है, जो कहता है—भगवान् की केवल शिव और सुन्दर रूप में पूजा करना दुर्बलता मात्र है, हमें अशिव और बीभत्स रूप से भी प्रेम करना होगा और उसकी पूजा करनी होगी। यह सम्प्रदाय तिब्बत देश में सर्वत्र विद्यमान है और उसके भीतर विवाह-प्रथा नहीं है। भारत में यह सम्प्रदाय प्रकट रूप में रह नहीं सकता, इसलिए वे गुप्त रूप में वहाँ अपने समाज का संगठन करते हैं। कोई भी सत्पुरुष गुप्त रूप के अतिरिक्त इन सम्प्रदायों में योग नहीं दे सकता। तिब्बत देश में तीन बार साम्यवाद[१] को कार्य में परिणत करने की चेष्टा की गयी है, किन्तु प्रत्येक बार वह चेष्टा विफल हो गयी। वे ख़ूब तपस्या करते हैं और शक्ति (विभूति) लाभ की दृष्टि से उसमें ख़ूब सफलता भी प्राप्त करते हैं।

'तपस्' शब्द का धात्वर्थ है, ताप देना या उत्तप्त करना। यह हमारी उच्च प्रकृति को 'तप्त' या उत्तेजित करने की साधना या प्रक्रिया विशेष है, उदाहरणार्थ, सूर्योदय से लेकर सूर्यास्त पर्यंत ओंकार का लगातार जप करना। इन सभी क्रियाओं के द्वारा एक ऐसी शक्ति उत्पन्न होती है, जिसे अपनी इच्छानुसार आध्यात्मिक या भौतिक, किसी भी रूप में परिणत किया जा सकता है। इस तपस्या का भाव समग्र हिन्दू धर्म में ओतप्रोत है। इतना ही नहीं, हिन्दू लोग कहते

---

१. Communism—इस मत के अनुसार किसीकी भी व्यक्तिगत सम्पत्ति का रहना उचित नहीं, सभी की साधारण सम्पत्ति होनी चाहिए।

हैं कि ईश्वर को भी जगत् की सृष्टि करने के लिए तपस्या करनी पड़ी थी। यह मानो मानसिक यन्त्र विशेष है—इसके द्वारा सब कुछ किया जा सकता है। शास्त्र में कहा है—'त्रिभुवन में ऐसा कुछ भी नहीं है, जो तपस्या के द्वारा पाया नहीं जा सकता।'

* * *

जो लोग ऐसे सम्प्रदायों के मतामत या कार्य-कलाप का दोष-दृष्टि से वर्णन करते हैं, जिनके साथ उनकी सहानुभूति नहीं है, वे जान या अनजान में मिथ्यावादी होते हैं। जो सम्प्रदाय-विशेष में दृढ़ विश्वासी हैं, वे प्रायः यह देख नहीं पाते कि दूसरे सम्प्रदाय में भी सत्य है।

* * *

भक्तश्रेष्ठ हनुमान से एक बार पूछा गया था—"आज महीने की कौन सी तिथि है?" उन्होंने उत्तर दिया, "राम ही मेरे सम्वत्, तिथि आदि सब कुछ हैं। मैं और कोई तिथि आदि कुछ नहीं जानता।"

२ जुलाई, मंगलवार

जगज्जननी

शाक्त जगत् की उस सर्वव्यापिनी शक्ति को 'माँ' कहकर उसकी पूजा करते हैं—क्योंकि 'माँ' नाम की अपेक्षा अधिक मधुर और दूसरा नाम नहीं है। भारत में माता ही स्त्री-चरित्र का चरम आदर्श है। भगवान् की मातृरूप में तथा प्रेम के उच्चतम विकास रूप में पूजा करने को हिन्दू लोग दक्षिणाचार या दक्षिण-मार्ग कहते हैं; इस उपासना से हमारी आध्यात्मिक उन्नति होती है, मुक्ति होती है—इसके द्वारा कभी भी ऐहिक उन्नति नहीं होती। उसके भीषण रूप की अर्थात् रुद्रमूर्ति की उपासना को वामाचार या वाम-मार्ग कहते हैं। साधारणतः इसमें सांसारिक उन्नति खूब होती है, किन्तु आध्यात्मिक उन्नति विशेष रूप से नहीं होती। काल-क्रम से अवनति होती है और जो जाति उसका साधन करती है, उसका बिल्कुल ध्वंस हो जाता है।

जननी ही शक्ति का प्रथम विकासस्वरूप है और जनक के भाव की अपेक्षा जननी का भाव ही भारत में उच्चतर बताया गया है। 'माँ' नाम लेने से ही शक्ति का भाव, सर्वशक्तिमत्ता और दैवी शक्ति का भाव आ जाता है, जैसे शिशु अपनी माँ को सर्वशक्तिमती समझता है अर्थात् माँ सब कुछ कर सकती है। वह जगज्जननी भगवती ही हमारी आभ्यन्तरिक निद्रिता कुण्डलिनी हैं—उनकी

उपासना किये बिना हम कभी भी अपने को पहचान नहीं सकते। सर्वशक्तिमत्ता, सर्वव्यापिता और अनन्त दया उन्हीं जगज्जननी भगवती के गुण हैं। जगत् में जितनी शक्ति है, उसकी समष्टिस्वरूपिणी वही हैं। जगत् में समस्त शक्ति की वह पूर्ण योग हैं। जगत् में शक्ति की सभी अभिव्यक्तियाँ 'माँ' ही हैं। वही प्राणरूपिणी हैं, वही बुद्धिरूपिणी हैं, वही हैं प्रेमरूपिणी। वे समग्र जगत् के भीतर विराजमान हैं, फिर भी वे जगत् से सम्पूर्ण पृथक् हैं। वे एक व्यक्ति रूप हैं—उनको जाना जा सकता है, देखा जा सकता है (जैसे श्री रामकृष्ण ने उनको जाना और देखा था)। उन जगन्माता के भाव में प्रतिष्ठित होकर हम जो चाहे कर सकते हैं। वे तुरन्त ही हमारी प्रार्थनाओं का उत्तर देती हैं।

वे जब चाहें, किसी भी रूप में हमें दर्शन दे सकती हैं। उन जगज्जननी के नाम-रूप दोनों रह सकते हैं। अथवा रूप के न रहने पर केवल नाम रह सकता है। उनकी इन सभी विभिन्न भावों में उपासना करते करते हम एक ऐसी अवस्था में पहुँचते हैं, जहाँ पर नाम-रूप कुछ भी नहीं रहता, केवल शुद्ध सत्ता मात्र रह जाती है।

जैसे किसी शरीर विशेष के समुदय कोषों से (cells) मिलकर एक मनुष्य बनता है, उसी प्रकार प्रत्येक जीवात्मा मानो एक एक कोषस्वरूप है, एवं उन सबकी समष्टि ईश्वर है—और वह अनन्त पूर्ण तत्त्व (ब्रह्म) उससे भी अतीत है। समुद्र जब स्थिर रहता है, तब उसे कहा जाता है 'ब्रह्म', और उसी समुद्र में जब तरग उठती है, तब उसीको हम 'शक्ति' या 'माँ' कहते हैं। वह शक्ति या महामाया ही देश-काल निमित्त-स्वरूप है। वह ब्रह्म ही माँ है। उसके दो रूप हैं—एक सविशेष या सगुण, और दूसरा निर्विशेष या निर्गुण। प्रथम रूप में वह ईश्वर, जीव और जगत् है, द्वितीय रूप में वह अज्ञात और अज्ञेय है। उस निरुपाधिक सत्ता से ही ईश्वर, जीव और जगत् यह त्रित्व भाव आता है। समस्त सत्ता—जो कुछ हम जान सकते हैं, सभी यह त्रिकोणात्मक है; यही विशिष्टाद्वैत भाव है।

उन्हीं जगदम्बा का एक कण, एक विन्दु है कृष्ण, और एक कण बुद्ध, और एक कण ईसा। हमारी पार्थिव जननी में उन जगन्माता का जो एक कण प्रकाशित रहता है, उसीकी उपासना से महानता का लाभ होता है। यदि परम ज्ञान और आनन्द चाहते हो, तो उन जगज्जननी की उपासना करो।

३ जुलाई, बुधवार

सामान्यतया कह सकते हैं, भय से ही मनुष्य के धर्म का प्रारम्भ होता है। 'ईश्वर-भीति ही ज्ञान का आरम्भ है।' किन्तु बाद में उससे यह उच्चतर भाव आता

है कि 'पूर्ण प्रेम के उदय होने पर भय दूर हो जाता है।' जब तक हम ज्ञान लाभ नहीं करते, जब तक ईश्वर क्या है, यह हम नहीं जान पाते, तब तक कुछ न कुछ भय रहेगा ही। ईसा मनुष्य थे, इसलिए वे जगत् में अपवित्रता देख पाते थे—और उसकी खूब भर्त्सना भी कर गये हैं। किन्तु ईश्वर अनन्त गुने श्रेष्ठ हैं, वे जगत् में कुछ भी अन्याय नहीं देख पाते, इसलिए उन्हें क्रोध करने का भी कोई कारण नहीं है। निन्दावाद कभी भी सर्वोच्च नहीं हो सकता। डेविड का हाथ रक्त से पंकिल था, इसलिए वह मंदिर नहीं बनवा सका।[1]

हमारे हृदय में प्रेम, धर्म और पवित्रता का भाव जितना बढ़ता जाता है, उतना ही हम बाहर प्रेम, धर्म और पवित्रता देख सकते हैं। हम दूसरों के कार्यों की जो निन्दा करते हैं, वह वास्तव में हमारी अपनी ही निन्दा है। तुम अपने क्षुद्र ब्रह्माण्ड को ठीक करो, जो तुम्हारे हाथ में है, वैसा होने पर बृहद् ब्रह्माण्ड भी तुम्हारे लिए आप ही आप ठीक हो जायगा। यह मानो जलस्थिति विज्ञान (Hydrostatics) की समस्या के समान है—एक विन्दु जल की शक्ति से समग्र जगत् को साम्यावस्था में रखा जा सकता है। हमारे भीतर जो नहीं है, बाहर भी हम उसे नहीं देख सकते। बृहत् इंजन के सामने अत्यन्त छोटा इंजन जैसा है, समग्र जगत् की तुलना में हम भी वैसे ही हैं। छोटे इंजन के भीतर कुछ गड़बड़ी देखकर, बड़े इंजन के भीतर भी कोई गड़बड़ी है, ऐसी हम कल्पना करते हैं।

जगत् में जो कुछ यथार्थ उन्नति हुई है, वह प्रेम की शक्ति से ही हुई है। दोष बता बताकर कभी भी अच्छा काम नहीं किया जा सकता। हज़ार हज़ार वर्ष परीक्षा करके यह बात देखी जा चुकी है। निन्दावाद से कुछ भी फल नहीं होता।

यथार्थ वेदान्ती को सभी के साथ सहानुभूति करनी होगी, क्योंकि, अद्वैतवाद या सम्पूर्ण एकत्व भाव ही वेदान्त का सार मर्म है। द्वैतवादी साधारणतः कट्टर होते हैं—वे सोचते हैं, उन्हींका मार्ग एकमात्र मार्ग है। भारत में वैष्णव सम्प्रदाय द्वैतवादी हैं और वे लोग अत्यन्त कट्टर हैं। शैव भी एक अन्य द्वैतवादी सम्प्रदाय है, उनमें घण्टाकर्ण नामक एक भक्त की कथा प्रचलित है। वह शिव जी का ऐसा कट्टर भक्त था, उसकी यह प्रतिज्ञा थी कि किसी दूसरे देवता का नाम कान से भी नहीं सुनूंगा। किसी देवता का नाम सुनना न पड़े, इस भय से वह अपने दोनों कानों में दो घण्टे बाँधे रहता था। उसकी प्रगाढ़ भक्ति से संतुष्ट होकर शिव जी ने सोचा कि इसे यह समझा देना उचित है कि शिव और विष्णु में कोई भेद नहीं। इसलिए उसके समक्ष अर्ध शिव, अर्ध विष्णु अर्थात् हरिहर रूप में वे प्रकट हुए।

---

१. बाइबिल, सेमुएल, अध्याय २७-अंत

उस समय घण्टाकर्ण उनकी आरती कर रहा था। किन्तु उसकी ऐसी कट्टरता थी कि जब उसने देखा कि धूप की सुगन्ध विष्णु की नाक में जा रही है, उसने उनकी नाक दबा दी।

* * *

मांसाहारी प्राणी, जैसे सिंह, एक आघात करके ही क्लान्त हो जाता है, किन्तु सहनशील बैल सारा दिन चलता रहता है, चलते चलते ही वह खा भी लेता है और निद्रा भी ले लेता है। चंचल, सदा क्रियाशील यांकी भात खानेवाले चीनी कुलियों के साथ साथ काम नहीं कर पाते। जब तक सैनिक शक्ति का प्राधान्य रहेगा, तब तक मांस भोजन प्रचलित रहेगा। किन्तु विज्ञान की उन्नति के साथ साथ युद्ध जब कम हो जायँगे, उस समय निरामिष भोजियों का दल प्रबल होगा।

* * *

जब हम भगवान् से प्रेम करते हैं, तब मानो हम अपने को दो भागों में विभक्त कर डालते हैं—हम स्वयं अपने को प्रेम करते हैं। ईश्वर ने हमारी सृष्टि की है और हमने ईश्वर की। हम अपने भाव के अनुसार ईश्वर की सृष्टि करते हैं। हम ही ईश्वर को अपना प्रभु बनाने के लिए उनकी सृष्टि करते हैं, ईश्वर हमें अपना दास नहीं बनाते। जब हम जान लेते हैं कि हम ईश्वर के साथ अभिन्न हैं, ईश्वर हमारे सखा हैं, तभी वास्तविक साम्यावस्था प्राप्त होती है, तभी हमारी मुक्ति होती है। उस अनन्त पुरुष से जब तक तुम अपने को किंचित् भी पृथक् रखोगे, तब तक भय कभी भी दूर नहीं हो सकता।

भगवत्साधना करने पर, भगवान् से प्रेम करने पर जगत् का क्या कल्याण होगा — मूर्ख के समान ऐसा प्रश्न कभी मत करना। संसार की परवाह मत करो, भगवान् से प्रेम करो—और कुछ मत चाहो। केवल प्रेम करो और अन्य किसी वस्तु की प्रत्याशा मत रखो। प्रेम करो—और सब मतमतान्तर भूल जाओ। प्रेम का प्याला पीकर पागल हो जाओ। बोलो, 'हे प्रभु, मैं तुम्हारा ही हूँ—चिर काल के लिए तुम्हारा ही हूँ', और सब कुछ भूलकर कूद पड़ो। प्रेम ही ईश्वर है। एक बिल्ली को अपने बच्चों को प्यार करते देखकर उस स्थान पर खड़े हो जाओ, और ऐसे ही प्रेम से भगवान् की उपासना करो। उस स्थान में भगवान् का आविर्भाव हुआ है, यह अक्षरशः सत्य है; इस कथन में विश्वास करो। सर्वदा कहो, 'मैं तुम्हारा हूँ, तुम्हारा हूँ;' क्योंकि हम सर्वत्र भगवान् का दर्शन कर सकते हैं। उन्हें खोजने के लिए कहीं भी चक्कर मत काटो—वे तो प्रत्यक्ष हैं, उन्हें केवल देखो। 'वही विश्वात्मा, जगज्ज्योति प्रभु सर्वदा तुम्हारी रक्षा करें।'

* * *

निर्गुण परब्रह्म की उपासना नहीं की जा सकती, इसलिए हमें अपने ही सदृश प्रकृति-सम्पन्न उनके प्रकाश विशेष की उपासना करनी होगी। ईसा हम लोगों के समान मनुष्य प्रकृति सम्पन्न थे—वे ख्रिस्त हो गये थे। हम भी उनके समान ख्रिस्त हो सकते हैं और हमें वह होना ही होगा। ख्रिस्त और बुद्ध अवस्था विशेष का नाम है—जो हमें प्राप्त करनी होगी। ईसा और गौतम वे व्यक्ति हैं जिनमें यह अवस्था व्यक्त हुई। जगन्माता या आद्या शक्ति ही ब्रह्म का प्रथम और सर्वश्रेष्ठ प्रकाश हैं—उसके बाद ख्रिस्त और बुद्ध उनसे प्रकाशित हुए हैं। हम स्वयं ही अपनी परिस्थिति का निर्माण कर अपने को बद्ध कर देते हैं और हम स्वयं ही इस जंजीर को तोड़कर मुक्त हो जाते हैं। आत्मा अभयस्वरूप है। जब हम अपनी आत्मा के बहिर्देश में अवस्थित ईश्वर की उपासना करते हैं, तब ठीक ही करते हैं, पर उस समय हम यह नहीं जानते कि हम वास्तव में क्या कर रहे हैं। हम जब अपनी आत्मा का स्वरूप समझ पाते हैं, तभी इस रहस्य को जान पाते हैं। एकत्व ही प्रेम की सर्वश्रेष्ठ अभिव्यक्ति है।

ईरानी सूफ़ियों की एक कविता में है —

'एक दिन ऐसा था, जब मैं नारी और वह पुरुष था।
दोनों के बीच प्रेम बढ़ने लगा—अन्त में वह या मैं कोई भी नहीं रहा।
अब केवल इतना ही अस्पष्ट रूप से स्मरण आता है कि एक समय दो पृथक् व्यक्ति थे;
किन्तु अन्त में प्रेम ने आकर दोनों को एक कर दिया।'[1]

ज्ञान अनादि अनन्त काल तक वर्तमान रहता है—वह ईश्वर के साथ सह-अस्तित्ववान है। जो व्यक्ति किसी प्रकार के आध्यात्मिक नियम का आविष्कार करते हैं, उन्हींको प्रेरित (inspired) या प्रत्यादिष्ट पुरुष या ऋषि कहते हैं। वे जो कुछ प्रकाशित करते हैं, उसे रहस्य प्रकाशन (revelation) या अपौरुषेय वाक्य कहते हैं। किन्तु इस प्रकार के अपौरुषेय वाक्य भी अनन्त हैं—यह नहीं कि अब तक जो कुछ हुआ, वहीं पर उनका अन्त हो गया है और अब अन्ध भाव से उसीका अनुसरण करना पड़ेगा। हिन्दुओं के विजेताओं ने उनकी अनेक वर्षों तक समालोचना की, जिससे उन्होंने (हिन्दुओं ने) अब स्वयं ही अपने धर्म की समालोचना

---

१. श्री चैतन्यदेव के साथ राय रामानन्द के कथोपकथन में भी इस भाव की कथा पायी जाती है:

ना सो रमण ना हम रमणी
दुहु मन मनोभव पेसल जानि, इत्यादि।। श्री चैतन्यचरितामृत।।

करने का साहस किया और उससे वे उदार भावापन्न हो गये। उनके विदेशी शासकों ने अनजान में उनके पैरों की बेड़ियाँ तोड़ डाली हैं। हिन्दू लोग जगत् में सर्वापेक्षा धार्मिक जाति होते हुए भी वास्तव में भगवत् निन्दा या धर्म निन्दा क्या है, यह नहीं जानते। उनके मतानुसार भगवान् या धर्म के सम्बन्ध में किसी भी भाव से आलोचना करने से भी उससे पवित्रता और कल्याण प्राप्त होते हैं। और वे लोग पैग़म्बरों, ग्रंथों या पाखंडपूर्ण पवित्रता आदि के प्रति किसी प्रकार की कृत्रिम श्रद्धा या भक्ति नहीं प्रदर्शित करते।

ईसाई संघ ईसा को अपने मत के अनुसार गढ़ने की चेष्टा कर रहा है, किन्तु स्वयं को ईसा के जीवनादर्श के अनुसार गढ़ने की चेष्टा नहीं करता। इसीलिए जो ग्रन्थ सामयिक उद्देश्य सिद्ध करने में सहायक हुए थे, केवल उन्हीं ग्रन्थों को रखा गया था। अतः उन ग्रन्थों पर कभी भी निर्भर नहीं रहा जा सकता। और इस प्रकार के ग्रन्थ या शास्त्र की उपासना तो सबसे निकृष्ट प्रतिमा-पूजन है—वह तो हमारे हाथ-पैर को बिल्कुल बाँध देती है। इनके मत में क्या विज्ञान, क्या धर्म, क्या दर्शन—सभी को इस शास्त्र का मतानुयायी होना होगा। प्रोटेस्टैण्टों की बाइबिल का अत्याचार इनमें सबसे बढ़कर भयानक अत्याचार है। ईसाई देशों में प्रत्येक के सिर पर एक विशाल गिरजा का दबाव रहता है और उसके शिखर पर धर्म ग्रन्थ—किन्तु फिर भी मानव जीवित है, और उसकी उन्नति भी हो रही है। क्या इसीसे यह प्रमाणित नहीं होता कि मनुष्य ईश्वरस्वरूप है?

जीवों में मनुष्य ही सर्वोच्च जीव है और यह लोक ही सर्वोच्च लोक है। ईश्वर को मनुष्य की अपेक्षा बड़ा समझकर हम उनकी कल्पना नहीं कर पाते; इसलिए हमारा ईश्वर भी मानव है—और मानव भी ईश्वर है। जब हम मनुष्य भाव से ऊपर उठकर उससे अतीत किसी उच्च वस्तु का साक्षात्कार करते हैं, तब हमें इस जगत् को छोड़कर, देह, मन, कल्पना—इन सबके भी परे जाना पड़ता है। जब हम उच्चावस्था प्राप्त कर वही अनन्तस्वरूप हो जाते हैं, तब हम फिर इस जगत् में नहीं रहते। हमारे लिए इस जगत को छोड़ अन्य किसी जगत् को जानने की सम्भावना नहीं है और मनुष्य ही इस जगत् की सर्वोच्च सीमा है। पशुओं के सम्बन्ध में हम जो कुछ जान पाते हैं, वह केवल सादृश्यमूलक ज्ञान है। हम स्वयं जो कुछ करते हैं अथवा अनुभव करते हैं, उसीके द्वारा हम उनका विचार करते हैं। ज्ञान की समष्टि सर्वदा ही समान रहती है—हाँ, कभी वह अधिक और कभी कम अभिव्यक्त होता है, बस इतना ही। इस ज्ञान का एकमात्र स्रोत हमारे ही भीतर है और केवल वहीं यह ज्ञान प्राप्त किया जा सकता है।

* * *

समस्त काव्य, चित्रकला और संगीत शब्द, रंग और ध्वनि के द्वारा भावना की ही अभिव्यक्ति है।

* * *

वे धन्य हैं, जो जल्दी जल्दी पापों का फल भोग लेते हैं—उनका हिसाब जल्दी जल्दी निपट गया। जिन्हें पाप का फल विलम्ब से मिलता है, उनका बड़ा दुर्भाग्य है—उन्हें बहुत अधिक भुगतना पड़ता है।

जिन्होंने समत्व भाव को प्राप्त कर लिया है, वे ही ब्रह्म में अवस्थित कहलाते हैं। सभी प्रकार की घृणा का अर्थ है आत्मा के द्वारा आत्मा का हनन। इसलिए प्रेम ही जीवन का यथार्थ नियामक है। प्रेम की अवस्था को प्राप्त करना ही सिद्धावस्था है; किन्तु हम जितना ही सिद्धि की ओर अग्रसर होते हैं, उतना ही हम कम कर्म (तथाकथित) कर पाते हैं। सात्त्विक व्यक्ति जानते हैं और देखते हैं कि सभी मानो लड़कों का खिलवाड़ मात्र है; इसलिए वे किसी भी बात के लिए चिन्तित नहीं होते।

एक आघात कर देना सरल है, किन्तु हाथ रोककर, स्थिर होकर 'हे प्रभु, मैं तुम्हारी शरण में आया हूँ,' यह कहना और फिर प्रतीक्षा करना कि जैसी उनकी इच्छा हो करें, बड़ा कठिन है।

५ जुलाई, शुक्रवार

जब तक तुम किसी भी क्षण बदलने को प्रस्तुत नहीं होते, तब तक तुम सत्य लाभ कभी नहीं कर सकते; अवश्यमेव तुम्हें सत्य के अनुसन्धान में दृढ़ भाव से लगे रहना होगा।

* * *

चार्वाक के अनुयायियों का भारत में एक अत्यन्त प्राचीन सम्प्रदाय था। उसके अनुयायी घोर जड़वादी थे। इस समय वह सम्प्रदाय लुप्त हो गया है और उसके अधिकांश ग्रन्थ भी लुप्त हो गये हैं। उसके मतानुसार आत्मा देह और भौतिक शक्ति से उत्पन्न होती है—इसलिए देह का नाश होने से आत्मा का भी नाश हो जाता है और देह-नाश के बाद भी आत्मा का अस्तित्व है, इसका भी कोई प्रमाण नहीं है। वह केवल इन्द्रियजन्य प्रत्यक्ष ज्ञान स्वीकार करता है—अनुमान द्वारा भी ज्ञान प्राप्त हो सकता है, इसे वह स्वीकार नहीं करता।

* * *

समाधि का अर्थ है—जीवात्मा और परमात्मा का अभेद भाव, अथवा समत्व भाव की प्राप्ति।

जड़वादी कहता है कि मुक्ति की वाणी एक भ्रम है। विज्ञानवादी कहता है कि बन्धन का अस्तित्व बतलानेवाली वाणी भ्रम है। वेदान्ती कहता है, तुम एक ही साथ मुक्त और बद्ध दोनों हो; पार्थिव स्तर पर तुम कभी भी मुक्त नहीं हो, किन्तु पारमार्थिक या आध्यात्मिक स्तर पर तुम नित्य मुक्त हो।

मुक्ति और बन्धन दोनों के परे चले जाओ।

हम शिवस्वरूप, अतीन्द्रिय, अविनाशी ज्ञानस्वरूप हैं। प्रत्येक व्यक्ति के पीछे अनन्त शक्ति रहती है; जगन्माता की प्रार्थना करने से ही यह शक्ति तुम्हें प्राप्त होगी।

'हे माँ वागीश्वरी, तू स्वयंभू है, तू मेरी जिह्वा पर वाक् रूप से आविर्भूत हो !'

'हे माँ, वज्र तेरी वाणी है—तू मेरे भीतर आविर्भूत हो ! हे काली, तू अनन्त कालरूपिणी है, तू अमोघ शक्ति-स्वरूपिणी है !'

६ जुलाई, शनिवार

(आज स्वामी जी ने व्यासकृत वेदान्त सूत्र के शांकर भाष्य पर उपदेश दिया।)

ॐ तत् सत् !

शंकर के मतानुसार जगत् को दो भागों में विभक्त किया जा सकता है—अस्मद् (मैं) और युष्मद् (तुम)। और प्रकाश एवं अन्धकार जैसे सम्पूर्ण विरुद्ध पदार्थ हैं, ये दोनों भी वैसे ही हैं; इसलिए यह कहने की आवश्यकता नहीं कि इन दोनों में किसी एक से दूसरा उत्पन्न नहीं हो सकता। इस 'मैं' या विषयी के ऊपर 'तुम' या विषय का अध्यास हुआ है। विषयी ही एकमात्र सत्य वस्तु है और दूसरा अर्थात् विषय आपात-प्रतीयमान सत्ता मात्र है। इसके विरुद्ध मत कभी भी प्रमाणित नहीं किया जा सकता। जड़ पदार्थ और बहिर्जगत् आत्मा की ही अवस्थाविशेष मात्र है। वास्तव में वही एकमात्र है।

हमारा यह जगत् सत्य और मिथ्या के सम्मिश्रण से उत्पन्न होता है। यह संसार, शक्तियों के समानान्तर चतुर्भुज में गेंद की कर्णाभिमुखी गति के सदृश हमारे ऊपर क्रिया करनेवाली परस्पर विरोधी शक्तियों का परिणाम है। यह जगत् ब्रह्मस्वरूप और सत्य है; किन्तु हम जिस जगत् को देखते हैं वह उस प्रकार का नहीं है; जिस तरह सीप में रजत का भ्रम होता है, उसी तरह हमें भी ब्रह्म में जगत् का भ्रम होता है। इसीको कहते हैं अध्यास, अर्थात् सत्य सत्ता पर निर्भर एक सापेक्ष सत्ता, किसी देखे हुए दृश्य के अनुस्मरण की भाँति; एक अवधि के

लिए तो उसका अस्तित्व रहता है, किन्तु उसका अस्तित्व सत्य नहीं होता। अथवा अध्यास का दृष्टान्त दूसरे लोग इस प्रकार देते हैं—उष्णता जल का धर्म नहीं है, परन्तु हम कल्पना कर लेते हैं कि जल उष्ण है। इसलिए अध्यास का अर्थ है **अतस्मिन् तद्बुद्धिः**—जो वस्तु जैसी नहीं है, उसको वैसी ग्रहण करना। हम सत्य का ही दर्शन करते हैं, किन्तु जिस माध्यम से हम उसे देखते हैं, उसके कारण उसका रूप विकृत हो जाता है।

स्वयं अपने को विषय बनाये बिना तुम कभी भी अपने को नहीं जान सकते। जब हम एक वस्तु को दूसरी समझ लेते हैं, तब हम सदैव अपने सम्मुख प्रस्तुत वस्तु को ही सत्य मानते हैं, अदृश्य वस्तु को नहीं; इस प्रकार हम विषय को विषयी समझ लेते हैं। किन्तु आत्मा कभी भी विषय नहीं होती। मन है अन्तरिन्द्रिय, और सब बहिरिन्द्रियाँ उसीकी यन्त्रस्वरूप हैं। विषयी में बहिःप्रक्षेप शक्ति (Objectifying Power) विद्यमान है—इसीलिए वह 'मैं हूँ', इस प्रकार अपने को जान पाता है। किन्तु वह आत्मा या विषयी अपना ही विषय है, मन या इन्द्रियों का नहीं। फिर भी हम एक भाव (idea) का एक दूसरे भाव पर अध्यास कर सकते हैं; उदाहरणार्थ हम कहते हैं, 'आकाश नीला है', किंतु आकाश स्वयं एक भाव या प्रत्यय मात्र है। विद्या और अविद्या दोनों हैं, किन्तु आत्मा कभी भी अविद्याच्छन्न नहीं होती। सापेक्षिक ज्ञान भी उपयोगी है, क्योंकि वह उसी चरम ज्ञान में पहुँचने की सीढ़ी है। किन्तु इन्द्रियजन्य ज्ञान या मानसिक ज्ञान, इतना ही नहीं, वेद-प्रमाणजन्य ज्ञान भी कभी परमार्थ सत्य नहीं हो सकता, क्योंकि ये सब सापेक्षिक ज्ञान की सीमा के भीतर हैं। पहले 'मैं देह हूँ', इस भ्रम को दूर कर दो, तभी यथार्थ ज्ञान की आकांक्षा होगी। मानवीय ज्ञान पशुज्ञान की ही उच्चतर अवस्था मात्र है।

* * *

वेद के एक अंश में कर्मकाण्ड—अनेकविध अनुष्ठानपद्धति, यज्ञयागादि—का उपदेश है। दूसरे अंश में ब्रह्मज्ञान और धर्म का विषय वर्णित है। वेद का यही भाग आत्म-तत्त्व के सम्बन्ध में उपदेश देता है और इसीलिए वेद के इस भाग का ज्ञान यथार्थ पारमार्थिक ज्ञान का अति समीपवर्ती है। परब्रह्म का ज्ञान किसी शास्त्र के ऊपर या और किसी अन्य वस्तु पर निर्भर नहीं होता; वह स्वयं पूर्णस्वरूप होता है। शास्त्रों के अनन्त अध्ययन से यह ज्ञान नहीं मिलता; यह कोई सिद्धान्त नहीं है, यह है सत्य का साक्षात्कार। दर्पण के ऊपर जो मैल जम गया है, उसे साफ़ कर डालो, अपने मन को पवित्र करो, ऐसा होने से उसी क्षण इस ज्ञान का उदय होगा कि तुम ब्रह्म हो।

केवल ब्रह्म ही है—जन्म नहीं, मृत्यु नहीं, दुःख नहीं, कष्ट नहीं, नरहत्या नहीं, किसी तरह का परिणाम नहीं, शुभ नहीं, अशुभ भी नहीं; सभी कुछ ब्रह्म है। हम रस्सी को साँप मान लेते हैं, भूल हमारी है।...हम केवल तभी जगत् का कल्याण कर सकते हैं, जब हम भगवान् से प्रेम करते हैं और वे भी हमसे प्यार करते हैं। हत्यारा व्यक्ति भी ब्रह्म है—हत्यारा का आवरण उस पर अध्यस्त या आरोपित मात्र हुआ है। उसे हाथ पकड़कर इस सत्य का ज्ञान करा दो।

आत्मा में किसी प्रकार का जाति-भेद नहीं है; उसमें 'जाति-भेद है', यह मानना भ्रान्ति है। इसी प्रकार 'आत्मा का जीवन या मरण या कोई गति अथवा गुण है', यह भावना भी भ्रम है। आत्मा का कभी भी परिवर्तन नहीं होता, न वह कहीं आती है, न जाती है। वह अपनी समग्र अभिव्यक्तियों की चिरंतन साक्षिस्वरूप है, किन्तु हम उन अभिव्यक्तियों को ही आत्मा समझ बैठते हैं। यह अनादि अनन्त भ्रम अनन्त काल से चला आ रहा है। वेदों को हमारे स्तर पर आकर हमें उपदेश देना पड़ता है, क्योंकि यदि वेद उच्चतम सत्य को उच्चतम भाव या भाषा में हमारे लिए कहते तो हम वह समझ ही नहीं पाते।

स्वर्ग हमारी कामना से सृष्ट अन्धविश्वास मात्र है और कामना चिर काल के लिए बन्धन—अवनति का द्वारस्वरूप है। ब्रह्मदृष्टि को छोड़कर अन्य किसी भाव से किसी वस्तु को मत देखो। यदि ऐसा करोगे तो अन्याय और अशुभ ही देखने में आयेगा; क्योंकि हम जिस वस्तु को देखने जाते हैं, उसके ऊपर एक भ्रमात्मक आवरण डाल देते हैं, और इसी कारण अशुभ देखते हैं। इन सब भ्रमों से मुक्त हो जाओ और परमानन्द का उपभोग करो। सभी प्रकार के भ्रमों से मुक्त होना ही मुक्ति है।

एक दृष्टि से प्रत्येक मनुष्य ब्रह्म को जानता है; क्योंकि वह जानता है, 'मैं हूँ'; किन्तु मनुष्य अपना यथार्थ स्वरूप नहीं जानता। हम सभी जानते हैं कि हम हैं, किन्तु कैसे हैं, यह नहीं जानते। सभी निम्नतर व्याख्याएँ आंशिक सत्य मात्र हैं। किन्तु वेद का सार-तत्त्व यह है कि हममें से प्रत्येक के भीतर जो आत्मा रहती है, वह ब्रह्मस्वरूप है। जगत्प्रपंच के भीतर जो कुछ है—सब जन्म, वृद्धि, मृत्यु, उत्पत्ति, स्थिति और प्रलय में अन्तर्भूत है। हमारी अपरोक्षानुभूति वेदों से भी अतीत है; क्योंकि वेदों का भी प्रामाण्य इस अपरोक्षानुभूति के ऊपर ही निर्भर है। सर्वोच्च वेदान्त है—प्रपंचातीत सत्ता का तत्त्व-ज्ञान।

सृष्टि का आदि है, यह कहने से सभी प्रकार के दार्शनिक विचारों के मूल में कुठाराघात होता है।

माया जगत्प्रपंच की अव्यक्त और व्यक्त शक्ति है। जब तक वह मातृस्वरूपिणी हमें नहीं छोड़ देती, तब तक हम मुक्त नहीं हो सकते।

जगत् हमारे उपभोग के लिए पड़ा हुआ है; किन्तु कभी भी किसी वस्तु का अभाव-बोध मत करो। अभाव-बोध करना दुर्बलता है, अभाव-बोध ही हमें भिक्षुक बना डालता है। किन्तु हम हैं राजपुत्र, भिक्षुक नहीं।

७ जुलाई, रविवार (प्रातःकाल)

अनन्त अभिव्यक्ति स्वयं को खंडों में विभाजित करने पर भी अनन्त ही रहती है और उसका प्रत्येक भाग भी अनन्त रहता है।[१]

परिणामी और अपरिणामी, व्यक्त और अव्यक्त—दोनों ही अवस्थाओं में ब्रह्म एक है। ज्ञाता और ज्ञेय को एक ही समझो। ज्ञाता, ज्ञान और ज्ञेय—यही त्रिपुटी जगत्प्रपंच रूप में प्रकाशित हुई है। योगी ध्यान में जो ईश्वर का दर्शन करते हैं, वे अपनी आत्मा की शक्ति से ही कर पाते हैं।

हम जिसे प्रकृति या अदृष्ट कहते हैं, वह केवल ईश्वरेच्छा मात्र है। जब तक भोग-सुख खोजा जाता है, तब तक बन्धन रहता है। जब तक हम अपूर्ण हैं, तब तक भोग सम्भव है; क्योंकि भोग का अर्थ है—अपूर्ण वासना की परिपूर्ति। जीवात्मा प्रकृति का उपभोग करता है। प्रकृति, जीवात्मा और ईश्वर—इनके अन्तर्निहित सत्य हैं ब्रह्म। किन्तु जब तक हम उसे प्रकाशित नहीं करते, तब तक हम उसे नहीं देख पाते। जैसे घर्षण के द्वारा अग्नि उत्पन्न की जा सकती है, उसी प्रकार ब्रह्म को भी मन्थन द्वारा प्रकाशित किया जा सकता है। देह को नीचे की अरणि और प्रणव या ओंकार को ऊपर की अरणि समझो और ध्यान को मन्थन स्वरूप समझो।[२] इस प्रकार मन्थन करने पर ब्रह्मज्ञान रूपी अग्नि आत्मा में प्रकाशित हो जायगी। तपस्या द्वारा यही करने की चेष्टा करो। देह को सीधी रखकर इन्द्रियों की आहुति मन में दो। इन्द्रियों का केन्द्र भीतर है, बाहर

---

१. अनंत एक, अद्वितीय, सदा अविभाज्य और अव्यक्त है। 'अनंत अभिव्यक्ति' से स्वामी जी का अभिप्राय है—गोचर और अगोचर—जगत्। यद्यपि वह अपने स्वरूप द्वारा ही सीमित अनंत रूपाकारों से निर्मित है, एक पूर्ण के रूप में वह सदव अनंत ही रहता है; यही नहीं, उसका प्रत्येक अंश या खंड भी उससे अविभाज्य रूप से अभिन्न होने के कारण अनंत है।

२. आत्मानमरणिं कृत्वा प्रणवं चोत्तरारणिम्।
ध्याननिर्मथनाभ्यासाद् देवं पश्येन्निगूढवत्।। ब्रह्मोपनिषद्।।

तो उनके यन्त्र हैं। इसलिए बलपूर्वक मन में उनका प्रवेश करा दो। उसके बाद धारणा की सहायता से मन को ध्यान में स्थिर करो। जैसे दूध के भीतर सर्वत्र मक्खन रहता है, ब्रह्म भी उसी तरह जगत् में सर्वत्र विद्यमान है। किन्तु मन्थन द्वारा वह एक विशिष्ट स्थान में प्रकाशित होता है। जैसे मथने पर दूध का मक्खन ऊपर आ जाता है, उसी प्रकार ध्यान के द्वारा आत्मा में ब्रह्म का साक्षात्कार हो जाता है।[१]

सब हिन्दू दर्शन कहते हैं कि हममें पाँच इन्द्रियों से अतिरिक्त एक छठी अतिचेतन इन्द्रिय भी है। उसके द्वारा ही अतीन्द्रिय ज्ञान लाभ होता है।

* * *

जगत् गतिस्वरूप है और अंततः घर्षण द्वारा (friction) प्रत्येक वस्तु का अन्त कर देगा; उसके बाद कुछ काल तक स्थिति की अवस्था रहने पर फिर उसी तरह सृष्टि का आरम्भ होगा।

जब तक यह 'त्वगम्बर' मनुष्य को वेष्टित करके रखता है, अर्थात् जब तक वह अपने को देह के साथ अभिन्न मानता है, तब तक वह 'ईश्वर' को देख नहीं पाता।

रविवार, अपराह्न

भारत में छः दर्शनों को सनातनी दर्शन कहा जाता है, क्योंकि वे वेद में विश्वास करते हैं।

व्यास का दर्शन मुख्यतया उपनिषदों पर प्रतिष्ठित है। उन्होंने उसे सूत्र-शैली में, कर्ता-क्रिया आदि रहित बीजगणित के प्रतीकों में लिखा है। इस कारण व्यास-सूत्र का अर्थ समझने में बहुत गड़बड़ी हुई। इस एक सूत्र से ही द्वैतवाद, विशिष्टाद्वैतवाद एवं अद्वैतवाद या 'वेदान्त केसरी' की उत्पत्ति हुई। और इन सभी विभिन्न मतों के बड़े बड़े भाष्यकारों ने सूत्रों के साथ अपने अपने दर्शन का मेल बैठाने के लिए समय समय पर जान-बूझकर मिथ्या भाषण भी किया है।

उपनिषद् में किसी व्यक्ति विशेष के कार्यकलाप का इतिहास बहुत अल्प ही पाया जाता है, किन्तु प्रायः अन्य सभी शास्त्र प्रधानतः किसी व्यक्ति विशेष के ही इतिहास हैं। वेद में प्रायः केवल दार्शनिक तत्त्वों की ही आलोचना है। दर्शन-रहित धर्म अंधविश्वास में और धर्मरहित दर्शन सूखी नास्तिकता में परिणत हो जाता है।

---

१. घृतमिव पयसि निगूढं भूते भूते वसति च विज्ञानम्।
सततं मन्थयितव्यं मनसा मन्थानभूतेन।। ब्रह्मबिन्दु उपनिषद्।। २०।।

विशिष्टाद्वैतवाद का अर्थ है—अद्वैतवाद, किन्तु विशेषयुक्त। उसके व्याख्याता हैं रामानुज। वे कहते हैं, 'वेदरूपी क्षीरसमुद्र का मन्थन करके व्यास ने मानव जाति के कल्याण के लिए इस वेदान्त दर्शन रूपी मक्खन को निकाला है।' वे यह भी कहते हैं, 'समस्त शुभ गुण और लक्षण विश्व के पति ब्रह्म के हैं। वह पुरुषोत्तम हैं।' मध्व पूर्णतया द्वैतवादी हैं। वे कहते हैं, 'स्त्रियों को भी वेदपाठ करने का अधिकार है।' वे प्रधानतः पुराणों से ही उद्धरण देते हैं । वे कहते हैं, ब्रह्म का अर्थ विष्णु है—शिव किंचित् भी नहीं, क्योंकि विष्णु को छोड़कर अन्य कोई भी मुक्तिदाता नहीं है।

८ जुलाई, सोमवार

मध्वाचार्य की व्याख्या में तर्क का स्थान नहीं है—केवल वेदों के श्रुति-ज्ञान पर ही वह सब का सब आधारित है।

रामानुज कहते हैं, वेद ही सर्वापेक्षा पवित्र पठनीय ग्रन्थ है। त्रैवर्णिक अर्थात् ब्राह्मण, क्षत्रिय और वैश्य इन तीन उच्च वर्णों की संतानों को यज्ञोपवीत सस्कार के बाद अष्टम, दशम या एकादश वर्ष की अवस्था में वेदाध्ययन आरम्भ करना उचित है। वेदाध्ययन का अर्थ है, गुरुगृह में जाकर नियमित स्वर और उच्चारण के सहित वेदों की शब्दराशि को आद्यन्त कण्ठस्थ करना।

जप का अर्थ है पवित्र नाम की बारम्बार आवृत्ति। यह जप करते करते साधक क्रमशः उस अनन्त तक जाता है। यागयज्ञादि तो मानो कमज़ोर नौका के समान हैं। ब्रह्मज्ञान के लिए इन यागयज्ञादि के अतिरिक्त और भी कुछ चाहिए; और ब्रह्म-ज्ञान ही मुक्ति है। मुक्ति और कुछ नहीं—अज्ञान का विनाश ही मुक्ति है; ब्रह्मज्ञान से ही इस अज्ञान का विनाश होता है। वेदान्त का तात्पर्य जानने के लिए इन सब यागयज्ञादि करने की कोई आवश्यकता नहीं। केवल ओंकार जप करना ही पर्याप्त है।

भेद दर्शन ही समस्त दुःख का कारण है और अज्ञान ही इस भेद दर्शन का कारण है। इसी हेतु यागयज्ञादि अनुष्ठान अनावश्यक हैं, क्योंकि वह भेद ज्ञान को और भी बढ़ा देते हैं। इन सब यागयज्ञादि का उद्देश्य कुछ लाभ करना—अथवा कुछ से छुटकारा पाना है।

ब्रह्म निष्क्रिय है, आत्मा ही ब्रह्म है, एवं हम ही वह आत्मस्वरूप हैं—इस प्रकार के ज्ञान के द्वारा ही सारी भ्रान्तियाँ दूर हो जाती हैं। यह तत्त्व पहले सुनना होगा, बाद में मनन अर्थात् विचार द्वारा धारण करनी होगी, अन्त में उसकी प्रत्यक्ष उपलब्धि करनी होगी। मनन है, विचार के द्वारा युक्ति-तर्क

के द्वारा, इस ज्ञान को अपने भीतर प्रतिष्ठित करना! प्रत्यक्षानुभूति या साक्षात्कार का अर्थ है—सर्वदा चिन्तन और ध्यान के द्वारा उसे अपने जीवन का अंग बना डालना। यह अविराम चिन्ता या ध्यान मानो एक पात्र से दूसरे पात्र में प्रक्षिप्त अविच्छिन्न तैलधारा के समान है। ध्यान दिन-रात मन को इस भाव के बीच में रख देता है और उसके द्वारा हमें मुक्ति-लाभ करने में सहायता पहुँचाता है। सर्वदा **सोऽहं, सोऽहं,** यह चिन्ता करो—इस प्रकार की अविच्छिन्न चिन्ता प्राय: मुक्ति के समान है। दिन-रात कहो—**सोऽहं, सोऽहं**। इस प्रकार सर्वदा चिन्तन करने से अपरोक्षानुभूति प्राप्त होगी। भगवान् को इस प्रकार तन्मय भाव से सदा-सर्वदा स्मरण करना ही भक्ति है।

सभी प्रकार के शुभ कर्म भक्ति लाभ कराने में गौण भाव से सहायता करते हैं। शुभ चिन्तन तथा शुभ कार्य अशुभ चिन्ता और अशुभ कर्म की अपेक्षा कम भेद ज्ञान उत्पन्न करते हैं, इसलिए गौण भाव से ये मुक्ति की ओर ले जाते हैं। कर्म करो, किन्तु कर्मफल भगवान् को समर्पित कर दो। केवल ज्ञान के द्वारा ही पूर्णता या सिद्धावस्था प्राप्त होती है। जो भक्तिपूर्वक सत्यस्वरूप भगवान् की साधना करते हैं, उनके निकट वही सत्यस्वरूप भगवान् प्रकाशित होते हैं।

* * *

हम मानो प्रदीपस्वरूप हैं और इस प्रदीप के ज्वलन को ही हम जीवन कहते हैं। ऑक्सीजन समाप्त होने पर दीपक भी बुझ जायगा। हम केवल प्रदीप को साफ़ रख सकते हैं। जीवन केवल कुछ वस्तुओं का मिश्रणस्वरूप है, यह एक कार्यस्वरूप है, इसलिए यह अवश्यमेव अपने उपादान कारणों में विलीन होगा।

९ जुलाई, मंगलवार

आत्मा की दृष्टि से मनुष्य वास्तव में मुक्त ही है, किन्तु मनुष्य की अपनी दृष्टि से वह बद्ध है। और प्रत्येक भौतिक अवस्था द्वारा उसका परिवर्तन होता रहता है। मनुष्य की दृष्टि से उसे एक यन्त्र विशेष कहा जा सकता है, केवल उसके भीतर मुक्ति या स्वाधीनता का भाव विद्यमान है, बस इतना ही। किन्तु जगत् के सभी शरीरों में यह मनुष्य शरीर ही सर्वश्रेष्ठ शरीर है तथा मनुष्य मन ही सर्वश्रेष्ठ मन है। जब मनुष्य आत्मोपलब्धि करता है, तब आवश्यकता के अनुसार वह कोई भी शरीर धारण कर सकता है; तब वह सभी नियमों के परे हो जाता है। यह प्रथमत: एक उक्ति मात्र है; इसे प्रमाणित करके दिखाना होगा। प्रत्येक व्यक्ति को इसे स्वयं प्रमाणित करके देखना होगा; हम अपने मन का समाधान कर सकते हैं, किन्तु दूसरों के मन का नहीं। धर्मविज्ञानों

में एकमात्र राजयोग ही प्रमाणित किया जा सकता है—और मैं केवल उस बात की शिक्षा देता हूँ, जिसको मैंने स्वयं अनुभव करके सत्य पाया है, विचार शक्ति की चरम अवस्था ही अपरोक्ष ज्ञान है, किन्तु वह कभी बुद्धिविरोधी नहीं हो सकता।

कर्म के द्वारा चित्त शुद्ध होता है, इसलिए कर्म विद्या या ज्ञान का सहायक है। बौद्धों के मत में मानव और पशुओं का हित ही एकमात्र कर्म है; ब्राह्मण या हिन्दुओं के मत में उपासना तथा सभी प्रकार के यज्ञयागादि अनुष्ठान भी ठीक वैसे ही कर्म हैं, एवं चित्त-शुद्धि के सहायक स्वरूप हैं। शंकर के मतानुसार 'सभी प्रकार के शुभाशुभ कर्म ज्ञान के प्रतिबन्धक हैं।' जो सभी कार्य अज्ञान की ओर ले जाते हैं, वे पाप हैं—साक्षात्सम्बन्ध से नहीं, किन्तु कारणस्वरूप से—क्योंकि उनके द्वारा रज और तम बढ़ जाते हैं। केवल सत्त्व के द्वारा ही ज्ञान-लाभ होता है। पुण्य या शुभ कर्म के द्वारा ज्ञान का आवरण दूर होता है और केवल ज्ञान द्वारा ही ईश्वर-दर्शन होता है।

ज्ञान कभी उत्पन्न नहीं किया जा सकता, उसका केवल आविष्कार किया जा सकता है; और जो कोई व्यक्ति कोई बड़ा आविष्कार करते हैं, उन्हींको प्रेरित (inspired) पुरुष कहा जा सकता है। यदि वे केवल आध्यात्मिक सत्य का आविष्कार करते हैं, तो हम उन्हें पैग़म्बर या ऋषि कहते हैं; और जब वह आविष्कार जड़ जगत् सम्बन्धी कोई सत्य होता है, तो उन्हें हम वैज्ञानिक कहते हैं। यद्यपि सब सत्यों का मूल वह एक ब्रह्म ही है, तथापि हम प्रथमोक्त श्रेणी को उच्चतर आसन देते हैं।

शंकर कहते हैं, ब्रह्म सभी प्रकार के ज्ञान का सार है, उसकी भित्तिस्वरूप है, तथा ज्ञाता, ज्ञान, ज्ञेय रूपी जो अभिव्यक्ति हैं, वे ब्रह्म में काल्पनिक भेद मात्र है। रामानुज ब्रह्म में ज्ञान का अस्तित्व स्वीकार करते हैं। विशुद्ध अद्वैतवादी ब्रह्म में कोई भी गुण स्वीकार नहीं करते—यहाँ तक कि सत्ता तक को स्वीकार नहीं करते, सत्ता शब्द को हम चाहे किसी भी अर्थ में क्यों न लें। रामानुज कहते हैं, ब्रह्म सचेतन ज्ञान का सारस्वरूप है। अव्यक्त या साम्यभावापन्न ज्ञान जब व्यक्त या वैषम्यावस्था को प्राप्त होता है तभी जगत्प्रपंच की उत्पत्ति होती है।

* * *

बौद्ध धर्म—जो कि जगत् के उच्चतम दार्शनिक धर्मों में से एक है—भारत की सर्वसाधारण जनता में फैल गया था। ज़रा विचार कर देखो, ढाई हज़ार वर्ष पहले आर्यों की सभ्यता और शिक्षा कैसी अद्भुत रही होगी, जिससे वे लोग इस प्रकार के उच्च विचारों को समझ सकें! भारत के महान् दार्शनिकों में एकमात्र

बुद्धदेव ने ही जातिभेद नहीं माना और आज भारत में एक भी बौद्ध देखने में नहीं आता। अन्यान्य दार्शनिक अल्पाधिक मात्रा में सामाजिक कुसंस्कारों को प्रश्रय देते थे; उनकी उड़ान भले ही कितनी ऊँची क्यों न रही हो, उनके भीतर गिद्ध का थोड़ा अंश विद्यमान ही रहा। मेरे गुरुदेव जैसा कहते थे, 'गिद्ध इतना ऊँचा उड़ते हैं कि वे दिखायी नहीं पड़ते, किन्तु दृष्टि उनकी रहती है ज़मीन पर पड़े हुए सड़े मांस के टुकड़ों पर ही।'

* * *

प्राचीन हिन्दू लोग अद्भुत पण्डित थे—मानो जीवित विश्वकोष! वे कहते थे—'विद्या यदि किताबों में ही रहे और धन यदि दूसरों के हाथ में रहे, तो कार्यकाल उपस्थित होने पर वह विद्या भी विद्या नहीं है और वह धन भी धन नहीं है।'[१]

शंकर को अनेक लोग शिव का अवतार मानते हैं।

१० जुलाई, बुधवार

भारत में साढ़े छः करोड़ मुसलमान हैं—उनमें से कुछ सूफ़ी हैं।[२] ये सूफ़ी लोग जीवात्मा को परमात्मा से अभिन्न मानते हैं। और उन्हींके द्वारा यह भाव यूरोप में आया है। वे कहते हैं—'अनलहक़' अर्थात् मैं वही सत्यस्वरूप हूँ। फिर भी उनके भीतर बहिरंग या प्रकाश्य (exoteric) एवं अन्तरंग या गुह्य (esoteric) मत हैं, यद्यपि मुहम्मद स्वयं इसमें विश्वास नहीं करते थे।

'हाशाशिन्'[३] शब्द में अंग्रेज़ी Assassin (हत्याकारी) शब्द आया है। मुसलमानों का एक प्राचीन सम्प्रदाय अविश्वासियों की अर्थात् मुसलमानों को छोड़कर अन्य धर्मावलम्बियों की हत्या, उसे अपने धर्म का एक अंग मान कर, करता

---

१. पुस्तकस्था तु या विद्या परहस्तगतं धनम्।
कार्यकाले समुत्पन्ने न सा विद्या न तद्धनम्॥ चाणक्य नीति॥

२. भारत में इस्लाम पर हिंदू धर्म के प्रभाव से उत्पन्न होनेवाला सूफ़ी संप्रदाय।

३. यह धर्म सम्प्रदाय ग्यारहवीं शताब्दी में सीरिया में वर्तमान था। ये लोग अपने नेता के आदेशानुसार अत्यधिक गुप्त हत्या करने के लिए कुख्यात थे। 'हाशाशिन्' शब्द का अर्थ 'हाशिश् भक्षक' है। हाशिश् एक प्रकार का मद्य है। इस सम्प्रदाय के हत्याकारी लोग इस मद्य का व्यवहार करके हत्या-कार्य के लिए प्रस्तुत होते थे, इसलिए इनका उक्त नाम था।

था। मुसलमान लोग उपासना के समय एक घड़ा जल सामने रखते हैं। ईश्वर सम्पूर्ण जगत् में व्याप्त है—इसी भाव का यह प्रतीकस्वरूप है।

हिन्दू लोग दशावतार में विश्वास करते हैं। उनके मत में नौ अवतार हो गये हैं, दशम अवतार बाद में होगा।

*   *   *

शंकर को यह प्रमाणित करने के लिए कि वेदों के सभी वाक्य उनके दर्शन के समर्थक हैं, कूट तर्क का आश्रय लेना पड़ा। बुद्धदेव अन्य सभी धर्माचार्यों की अपेक्षा अधिक साहसी और निष्कपट थे। वे कह गये हैं, 'किसी शास्त्र में विश्वास मत करो। वेद मिथ्या हैं। यदि मेरी उपलब्धि के साथ वेद मिलते-जुलते हैं, तो वह वेदों का ही सौभाग्य है। मैं ही सर्वश्रेष्ठ शास्त्र हूँ; यज्ञयाग और प्रार्थना व्यर्थ है।' बुद्धदेव पहले मानव हैं जिन्होंने संसार को ही सर्वांगसम्पन्न नीतिविज्ञान की शिक्षा दी थी। वे शुभ के लिए ही शुभ करते थे, प्रेम के लिए ही प्रेम करते थे।

शंकर कहते हैं, ब्रह्म का मनन करना होगा; क्योंकि वेद की यह आज्ञा है। विचार अतीन्द्रिय ज्ञान का सहायक है। वेद और सिद्ध मनन—व्यष्टीकृत अनुभूति—ये दोनों ही ब्रह्म के अस्तित्व के प्रमाण हैं। उनके मत में वेद एक प्रकार से सार्वभौम ज्ञान के अवतार हैं। वेदों का प्रामाण्य, इसलिए है कि वे ब्रह्म से प्रसूत हैं और ब्रह्म का प्रामाण्य इसलिए है कि वेद उनसे उत्पन्न हुए हैं। वेद सर्वविध ज्ञान की खान हैं; और मनुष्य जैसे निःश्वास के द्वारा वायु को बाहर प्रक्षिप्त करता है, उसी प्रकार वेद भी ब्रह्म के भीतर से प्रकाशित हुए हैं। इसीलिए हम समझ सकते हैं कि वे सर्वशक्तिमान और सर्वज्ञ हैं। वे जगत् की सृष्टि करते हों या न करते हों, उससे कुछ तात्पर्य नहीं, किन्तु उन्होंने जो वेदों को प्रकाशित किया है, यही बहुत बड़ी बात है। वेदों की सहायता से ही संसार को ब्रह्म के बारे में ज्ञान हुआ है—ब्रह्म को जानने का और दूसरा उपाय नहीं।

वेदों को समस्त ज्ञान की खान मानने का शंकर का विश्वास इतना सर्वव्यापी हो गया है कि सम्पूर्ण हिन्दुओं में एक कहावत हो गयी है कि खोयी हुई गौ भी वेदों में पायी जा सकती है।

इसके अतिरिक्त शंकर यह भी कहते हैं कि कर्मकाण्ड का अनुसरण ज्ञान नहीं है। ब्रह्मज्ञान किसी प्रकार के नैतिक नियम, यज्ञयागादि अनुष्ठान अथवा हमारे मतामत के ऊपर निर्भर नहीं है, वह इन सबके परे है। यह ऐसा ही है, जैसे एक स्थाणु को एक व्यक्ति भूत समझता है और दूसरा स्थाणु ही समझता है, पर इससे स्थाणु का कुछ बनता-बिगड़ता नहीं, वह स्थाणु स्थाणु ही रहता है।

हमारे लिए वेदान्त की विशेष आवश्यकता है, क्योंकि विचार या शास्त्र द्वारा हमें ब्रह्म की उपलब्धि नहीं हो सकती। समाधि के द्वारा उसकी उपलब्धि करनी होगी और वेदान्त ही इस अवस्था को पाने का उपाय दिखलाता है। हमें सगुण ब्रह्म या ईश्वर का भाव अतिक्रमण कर उस निर्गुण ब्रह्म में पहुँचना होगा। प्रत्येक व्यक्ति ब्रह्म का अनुभव करता है; ब्रह्म छोड़कर अनुभव करने की दूसरी कोई वस्तु है ही नहीं। हमारे भीतर जो 'मैं' 'मैं' करता है, वही ब्रह्म है। किन्तु यद्यपि हम दिन-रात उसका अनुभव करते रहते हैं, फिर भी हम यह जान नहीं पाते कि हम उसका अनुभव कर रहे हैं। जिस क्षण हम इस सत्य को समझ लेंगे, उसी क्षण हमारे सभी क्लेश नष्ट हो जायँगे, इसलिए हमें यह सत्य जानना ही होगा। एकत्व अवस्था को प्राप्त कर लो, ऐसा करने पर फिर द्वैत भाव नहीं आयेगा। किन्तु यज्ञयागादि के द्वारा ज्ञानलाभ नहीं होता; आत्मा का अन्वेषण, उपासना और साक्षात्कार करने से ही वह ज्ञान प्राप्त होगा।

ब्रह्मविद्या ही परा विद्या है और अपरा विद्या है विज्ञान—मुण्डकोपनिषद् (संन्यासियों के लिए उपदिष्ट उपनिषद्) इस विषय का उपदेश देता है। विद्या दो प्रकार की है—परा और अपरा। वेदों के जिस अंश में देवतोपासना और नानाविध यज्ञयागादिकों का उपदेश है वह कर्मकाण्ड, तथा सर्वविध लौकिक ज्ञान ही अपरा विद्या है। जिसके द्वारा उस अक्षर पुरुष का लाभ होता है, वही परा विद्या है। वह अक्षर पुरुष अपने भीतर से ही सबकी सृष्टि करता है—बाहर दूसरा कुछ भी नहीं है, न कोई अन्य कारण है। वह ब्रह्म ही शक्तिस्वरूप है, जो कुछ है सब ब्रह्म ही है। जो आत्मयाजी हैं, वे ही केवल ब्रह्म को जानते हैं। बाह्य पूजा को अज्ञानी लोग ही श्रेष्ठ मानते हैं; वे सोचते हैं कि कर्म के द्वारा हम ब्रह्म को प्राप्त कर सकते हैं। जो सुषुम्ना-वर्त्म में (योगियों के मार्ग में) गमन करते हैं, केवल वे ही आत्मलाभ करते हैं। इस ब्रह्मविद्या की शिक्षा पाने के लिए गुरु के पास जाना होगा। जो समष्टि में है वही व्यष्टि में है; सब कुछ आत्मा से प्रसूत हुआ है। ओंकार मानो धनुष है, आत्मा शर है और ब्रह्म लक्ष्य। स्थिर और शान्त भाव से उसे वेधना होगा। उसमें लीन होकर एक हो जाना होगा।[१] ससीम अवस्था में हम उस असीम को कभी भी प्रकाशित नहीं कर सकते। किन्तु हमीं वह असीमस्वरूप हैं—यह जान लेने से फिर और किसीके साथ तर्क-वितर्क करने का प्रयोजन नहीं रह जाता।

---

१. प्रणवो धनुः शरो ह्यात्मा ब्रह्म तल्लक्ष्यमुच्यते।
अप्रमत्तेन वेद्धव्यं शरवत्तन्मयो भवेत्॥ मुण्डक उप० ॥२।२।४॥

भक्ति, ध्यान और ब्रह्मचर्य के द्वारा उस ब्रह्मज्ञान को प्राप्त करना होगा। **सत्यमेव जयते नानृतम्, सत्येनैव पन्था विततो देवयानः।** सत्य की जय होती है, मिथ्या की जय कभी भी नहीं होती। सत्य के भीतर से ही ब्रह्मलाभ का एकमात्र मार्ग रहता है; केवल वहीं प्रेम और सत्य वर्तमान हैं।

११ जुलाई, बृहस्पतिवार

माता के प्रेम के बिना कोई भी सृष्टि स्थायी नहीं हो सकती। जगत् का कोई भी पदार्थ न सम्पूर्ण जड़ है और न सम्पूर्ण चित् ही है। जड़ और चित् परस्पर सापेक्ष हैं—एक के द्वारा ही दूसरे की व्याख्या होती है। इस दृश्य जगत् की एक भित्ति है—इस विषय में सभी आस्तिक एकमत हैं, केवल उस भित्तिस्थानीय वस्तु की प्रकृति या स्वरूप के सम्बन्ध में ही उनका मतभेद है। जगत् की इस प्रकार की कोई भित्ति है; यह जड़वादी स्वीकार नहीं करते।

सभी धर्मों में ज्ञानातीत या तुरीय अवस्था एक है। देहज्ञान का अतिक्रमण करने पर हिन्दू, ईसाई, मुसलमान, बौद्ध, इतना ही नहीं, जो लोग किसी प्रकार का धर्ममत स्वीकार नहीं करते, सभी को ठीक एक ही प्रकार की अनुभूति होती है।

* * *

ईसा के देह-त्याग के पच्चीस वर्ष बाद उनके शिष्य थॉमस द्वारा संसार में सबसे विशुद्ध ईसाई सम्प्रदाय भारत में स्थापित हुआ था। एंगलो-सैक्सन उस समय भी असभ्य थे। वे शरीर को चित्र-विचित्र ढंग से रँगाते थे और पर्वतों की गुफाओं में निवास करते थे। एक समय भारत में प्रायः तीस लाख ईसाई थे, किन्तु इस समय उनकी संख्या कोई दस लाख होगी।

ईसाई धर्म सर्वदा ही तलवार के बल से प्रचारित हुआ है। कैसा आश्चर्य है, ईसा के समान कोमलहृदय महापुरुष के शिष्यों ने इतनी नरहत्या की! बौद्ध, मुसलमान और ईसाई ये तीनों धर्म जगत् में प्रचारशील धर्म हैं। इनके पूर्ववर्ती तीन धर्मों ने—हिन्दू, यहूदी और जरथुस्त्री (पारसी धर्म)—कभी भी दूसरों को अपना धर्म ग्रहण कराने की चेष्टा नहीं की, बौद्ध लोगों ने कभी भी नरहत्या नहीं की, तो भी वे लोग केवल अपने नम्र व्यवहार के द्वारा एक समय संसार के तीन चौथाई लोगों को अपने मत में ले आये थे।

बौद्ध लोग सर्वापेक्षा तर्कसंगत अज्ञेयवादी थे। वास्तव में शून्यवाद तथा अद्वैतवाद, इन दोनों के बीच में तुम कहीं भी ठहर नहीं सकते। बौद्धों ने विचारों के द्वारा सब कुछ खण्डित कर दिया था—वे लोग अपने मत को युक्ति के द्वारा जितनी दूर ले जा सकते थे, उतनी दूर ले गये। अद्वैतवादी भी अपने मत को

युक्ति की चरम सीमा तक ले गये थे और उस एक अखण्ड, अद्वय ब्रह्मवस्तु में पहुँचे थे, जिससे समुदय जगत्प्रपंच व्यक्त हो रहा है। बौद्ध और अद्वैतवादी दोनों को एक ही समय में अभिन्नता और भिन्नता का बोध होता है। इन दोनों अनुभूतियों में एक सत्य और दूसरी मिथ्या अवश्य ही होगी। शून्यवादी कहते हैं, भिन्नता सत्य है; अद्वैतवादी कहते हैं, एकत्वबोध ही सत्य है; सम्पूर्ण जगत् में यही विवाद चल रहा है। इसीको लेकर रस्साकशी हो रही है।

अद्वैतवादी पूछते हैं, 'शून्यवादी एकत्व का भाव कहाँ और कैसे पाते हैं?' घूमती हुई मशाल उन्हें एक वृत्त के रूप में कैसे प्रतीत होती है? स्थिति का एक विन्दु स्वीकार किये बिना गति की व्याख्या कैसे हो सकती है? सभी वस्तुओं के पीछे एक अखण्ड सत्ता प्रतीयमान हो रही है; उसे शून्यवादी भ्रम मात्र कहते हैं, किन्तु इस भ्रमोत्पत्ति का कारण क्या है, इसकी व्याख्या वे किसी भी तरह नहीं कर पाते। इसी तरह अद्वैतवादी भी यह नहीं समझा पाते कि एक अनेक कैसे हुआ। इसकी व्याख्या एकमात्र पंचेन्द्रियातीत अवस्था में पहुँचने पर ही प्राप्त हो सकती है। हमें तुरीय भूमि में उठना होगा, सम्पूर्ण रूप से अतीन्द्रिय अवस्था में पहुँचना होगा। उक्त अवस्था में जाने की अतीन्द्रिय शक्ति एक ऐसा यन्त्र है जिसका व्यवहार केवल प्रत्ययवादी ही कर सकता है। वह ब्रह्म की सत्ता का अनुभव करने में समर्थ है; विवेकानन्द नाम का मनुष्य स्वयं को ब्रह्मसत्ता में परिणत कर सकता है और उस अवस्था से मानवीय अवस्था में लौट आ सकता है। अतएव उसके लिए जगत्समस्या का समाधान हो गया है। और गौण रूप से दूसरों के लिए भी; क्योंकि वह दूसरों को उस अवस्था में पहुँचने का मार्ग दिखला सकता है। इस प्रकार यह स्पष्ट है कि जहाँ दर्शन की समाप्ति होती है, वहाँ धर्म का आरम्भ होता है। और इस प्रकार की उपलब्धि के द्वारा जगत् का कल्याण यह होगा कि इस समय जो ज्ञानातीत है, वह बाद में सर्वसाधारण के लिए ज्ञानगम्य हो जायगा। इसलिए जगत् में धर्मलाभ ही सर्वश्रेष्ठ कार्य है; और मनुष्य अज्ञात रूप में इसका अनुभव करता है, इसीलिए वह सदा धर्म-भाव का आश्रय लेकर चलता है।

धर्म बहुपयस्विनी गौ के सदृश है; वह बहुत लात मारती है, किन्तु उससे क्या? वह दूध भी बहुत देती है। जो गाय दूध देती है, ग्वाला उसकी लात सहता जाता है। महामोह और विवेक नामक दो राजाओं में लड़ाई छिड़ी। विवेक राजा हारनेवाला ही था कि उसने उपनिषद् रानी से समझौता कर लिया और उनसे प्रबोधरूपी (धर्मसाक्षात्कार) पुत्र उत्पन्न हुआ, जिसने उसकी विजय की रक्षा की। हमें प्रबोध या धर्मसाक्षात्कार रूपी महैश्वर्यवान् पुत्र लाभ करना

होगा। इस धर्म रूपी पुत्र को खिला-पिलाकर बड़ा करना होगा; ऐसा करने से वह महान् वीर हो जायगा।[1]

भक्ति या प्रेम के द्वारा चेष्टा किये बिना ही मनुष्य की समुदय इच्छा-शक्ति एकमुखी हो जाती है—स्त्री-पुरुष का प्रेम ही इसमें दृष्टान्त है।

भक्ति स्वाभाविक सुखकर पथ है। दर्शन एक प्रबल वेगवती पर्वतीय नदी को बलपूर्वक ठेलकर उसके उद्गम-स्थान की ओर ले जाने के सदृश है। वह द्रुततर है, किन्तु विशेष कठिन भी है। दर्शन कहता है, 'समुदय प्रवृत्ति का निरोध करो।' भक्तिमार्ग कहता है, 'सब कुछ धारा में बहा दो, सदा के लिए सम्पूर्ण आत्मसमर्पण कर दो।' यह मार्ग लम्बा तो है, किन्तु अपेक्षाकृत सरल और सुखकर है।

भक्त कहता है—"प्रभो, सदा के लिए मैं तुम्हारा हूँ। मैं जो सोचता हूँ कि मैं ही कार्य कर रहा हूँ, वह वास्तव में तुम से ही हो रहा है—और 'मैं या मेरा' केवल भ्रम मात्र है।"

"हे प्रभो, मेरे धन नहीं है कि मैं दान करूँ; मेरी बुद्धि नहीं है जो मैं शास्त्राध्ययन करूँ; मुझे समय नहीं है जो मैं योगाभ्यास करूँ; हे प्रेममय! इसीलिए मैंने अपना देह-मन सभी कुछ तुम्हें अर्पण कर दिया।"

कितना ही अज्ञान या भ्रान्त धारणा क्यों न हो, वह जीवात्मा और परमात्मा के बीच व्यवधान उपस्थित नहीं कर सकता। ईश्वर नामक यदि कोई न भी हो तो भी प्रेम के भाव को दृढ़तापूर्वक पकड़े रहो। कुत्ते के समान सड़े मुर्दे को खोजते खोजते मरने की अपेक्षा ईश्वर को खोजते खोजते मरना कहीं अधिक अच्छा है। सर्वश्रेष्ठ आदर्श को चुन लो और उसकी सिद्धि के लिए अपना सम्पूर्ण जीवन लगा दो। मृत्यु जब इतनी निश्चित है, तब एक महान् उद्देश्य के लिए जीवनपात करने की अपेक्षा अन्य कोई बात अधिक श्रेष्ठ नहीं है—**सन्निमित्ते वरं त्यागो विनाशे नियते सति।**

प्रेम के द्वारा बिना किसी क्लेश के ही ज्ञानलाभ होता है—इस ज्ञान के बाद पराभक्ति आती है।

ज्ञान समीक्षाप्रिय होता है और हर विषय को लेकर हल्ला मचाता रहता है; किन्तु प्रेम कहता है, 'ईश्वर अपना यथार्थ स्वरूप मेरे सम्मुख प्रकट करेंगे'; और वह सब कुछ स्वीकार कर लेता है।

---

१. प्रबोध चन्द्रोदय नाटक से, जिसमें वेदान्त धर्म की व्याख्या है।

रबिया

रबिया रोग से हो मुह्यमान
निज शय्या पर सोई अजान,
ऐसे समय में निकट उसके
आगमन हुआ दो महात्माओं का,—
पवित्र मलिक, ज्ञानी वे हसन,
पूजते जिनको सब मुसलमान।
बोले हसन सम्बोधित कर उसे,
"पवित्र भाव से प्रार्थना जो करता है,
जो दंड ईश्वर देता है उसे,
सहिष्णुता-बल से वहन वह करता है।"
पवित्र मलिक जो थे गम्भीरात्मा,
वे बोले अपनी अनुभव-वाणी,
"प्रभु की हो इच्छा प्रिय जिसे,
आनन्द होगा दंड में उसे।"
रबिया सुनकर दोनों साधु-वाणी,
स्वार्थगन्ध है शेष समझ उनमें,
बोली, "हे ईश-कृपा के भाजन,
दोनों के प्रति करती हूँ एक निवेदन—
जो जन देखता प्रभु का आनन
आनन्द-पयोधि में वह होगा मगन।
प्रार्थना समय मन में उसके
उठेगा नहीं कभी ऐसा विचार—
दंड पाया मैंने किसी समय;
जानेगा कभी नहीं दंड किसको कहते।"

(ईरानी कविता)

१२ जुलाई, शुक्रवार

(आज वेदान्त-सूत्र के शांकर-भाष्य पर प्रवचन हुआ।)

तत्तु समन्वयात्

(व्याससूत्र १।१।४)

आत्मा अथवा ब्रह्म ही समग्र वेदान्त के प्रतिपाद्य है।

ईश्वर को वेदान्त के द्वारा जानना होगा। समग्र वेद ही जगत्कारण सृष्टि-स्थिति-प्रलयकर्ता ईश्वर का वर्णन करते हैं। समस्त हिन्दू देव-देवियों के ऊपर ब्रह्मा, विष्णु और शिव ये तीन देवता हैं। ईश्वर इन तीनों का एकीभाव है। 'तू हमारा पिता है जो हमें अंध महासागर के दूसरे तट पर ले जाता है।'

वेद तुम्हें ब्रह्म को दिखला नहीं सकते, वह तो तुम हो ही। वेद केवल इतना ही कर सकते हैं कि जिस आवरण ने हमारे नेत्र के सामने से सत्य को छिपा रखा है, उसे हटाने में सहायता करें। पहले चला जाता है अज्ञानावरण, उसके बाद जाता है पाप और उसके बाद वासना और स्वार्थपरता दूर होती है—अतएव सभी क्लेशों का अवसान हो जाता है। इस अज्ञान का तिरोभाव तभी हो सकता है, जब हम यह जान लें कि ब्रह्म और 'मैं' एक ही हैं; अर्थात् स्वयं को आत्मा के साथ अभिन्न कर लें, मानवीय उपाधियों के साथ नहीं। देहात्मबुद्धि दूर कर दो, ऐसा करते ही सारे दुःख-क्लेश दूर हो जायँगे। मनोबल से रोग दूर कर देने का यही रहस्य है। यह जगत् सम्मोहन का एक व्यापार है; अपने ऊपर से सम्मोहन के इस प्रभाव को दूर कर दो, ऐसा करने पर तुम्हारे लिए फिर कोई कष्ट न रहेगा।

मुक्त होने के लिए पहले पाप त्यागकर पुण्योपार्जन करना होगा, उसके बाद पाप-पुण्य दोनों को ही छोड़ना होगा। पहले रजोगुण के द्वारा तमोगुण को जीतना होगा, बाद में दोनों को ही सत्त्व गुण में विलीन करना होगा—अन्त में इन तीनों गुणों के परे जाना होगा। इस प्रकार की एक अवस्था प्राप्त करो, जहाँ तुम्हारा प्रत्येक श्वास-प्रश्वास उनकी उपासनास्वरूप हो जाय।

जब कभी देखो कि दूसरों की बातों से तुम कुछ शिक्षा प्राप्त करते हो तो समझ लो कि पूर्व जन्म में उस विषय की तुम्हें अनुभूति प्राप्त हुई थी; क्योंकि अनुभूति ही हमारी एकमात्र शिक्षक है।

जितनी क्षमता प्राप्त होगी, उतना ही दुःख बढ़ेगा, इसलिए वासना का पूर्ण रूप से नाश कर डालो। किसी भी तरह की वासना करना मानो बर्रे के छत्ते को लकड़ी से कोचने के समान है और वासनाएँ तो मानो सोने के पत्ते से आवृत विष की गोलियों के समान है। यही जानना वैराग्य है।

'मन ब्रह्म नहीं है।' **तत्त्वमसि**—'तुम वह हो', **अहं ब्रह्मास्मि**—'मैं ब्रह्म हूँ'। जब मनुष्य यह उपलब्धि कर लेता है, तब **भिद्यते हृदयग्रन्थिश्छिद्यन्ते सर्व संशयाः**—उसकी समग्र हृदयग्रन्थि कट जाती है, सभी संशय छिन्न हो जाते हैं। जब तक हमारे ऊपर कोई भी—हमसे भिन्न कोई भी—यहाँ तक कि ईश्वर भी—रहेगा, तब तक अभय अवस्था प्राप्त नहीं हो सकती। हमें वही ईश्वर या ब्रह्म

हो जाना होगा। यदि ऐसी कोई वस्तु हैं, जो ब्रह्म से पृथक् है तो वह चिर काल तक ब्रह्म से पृथक् रहेगी; यदि तुम स्वरूपतः ब्रह्म से पृथक् हो तो तुम कभी भी उसके साथ एक नहीं हो सकते; और इसके विरुद्ध यदि तुम एक हो तो कभी भी पृथक् नहीं रह सकते। यदि पुण्यबल से ही तुम्हारा ब्रह्म के साथ योग होता है तो फिर पुण्यक्षय होते ही वियोग भी होगा। असली बात यह है कि ब्रह्म के साथ तुम्हारा नित्य योग रहता है—पुण्य कर्म तो केवल आवरण दूर करने में सहायक मात्र है। हम आज़ाद अर्थात् मुक्त हैं—हमें यही उपलब्धि करनी होगी। **यमेवैष वृणुते**—'जिसे यह आत्मा वरण करती है'[1], इसका तात्पर्य है—हम ही आत्मा हैं और हम अपने को ही वरण करते हैं।

प्रश्न है कि ब्रह्मदर्शन हमारी अपनी चेष्टा पर निर्भर है अथवा बाहरी किसीकी सहायता के ऊपर? असल में वह हमारी अपनी चेष्टा के ऊपर ही निर्भर है। हमारी चेष्टा के द्वारा दर्पण के ऊपर जो धूल जमी रहती हैं, वह हटायी जाती है और वह पहले के सदृश स्वच्छ हो जाता है। ज्ञाता, ज्ञान और ज्ञेय—इन तीनों का वास्तव में अस्तित्व नहीं है। जो जानता है कि 'मैं नहीं जानता', वही ठीक जानता है।[2] जो किसी सिद्धान्त पर अवलम्बित होकर बैठे हैं, वे कुछ भी नहीं जानते।

हम बद्ध हैं, यह धारणा ही भूल है।

धर्म इस जगत् की वस्तु नहीं है; धर्म है चित्तशुद्धि का व्यापार; इस जगत् के ऊपर इसका प्रभाव गौण मात्र है। मुक्ति आत्मा के स्वरूप से अभिन्न है। आत्मा सदा शुद्ध, सदा पूर्ण, सदा अपरिणामी है। इस आत्मा को तुम कभी भी नहीं जान सकते। हम इस आत्मा के सम्बन्ध में 'नेति नेति' छोड़कर और कुछ

---

१. नायमात्मा प्रवचनेन लभ्यो न मेधया न बहुना श्रुतेन।
यमेवैष वृणुते तेन लभ्यस्तस्यैष आत्मा विवृणुते तनूं स्वाम्॥

कठ उप० ॥१।२।२३॥

अर्थात् 'इस आत्मा को वेदाध्ययन द्वारा प्राप्त नहीं किया जाता, वह मेधा द्वारा अथवा बहुत से शास्त्रों के श्रवण से भी प्राप्त नहीं होती। यह आत्मा जिसको वरण (अर्थात् मनोनीत) करती है, वही इसको प्राप्त करता है; उसीके समक्ष यह आत्मा अपना रूप प्रकाशित करती है।'

२. यस्यामतं तस्य मतं मतं यस्य न वेद सः।
अविज्ञातं विजानतां विज्ञातमविजानताम॥ केन उप० ॥२।३॥

भी नहीं कह पाते। शंकर कहते हैं, 'जिसे हम मन या कल्पना की समस्त शक्ति का प्रयोग करने पर भी हटा नहीं सकते, वही ब्रह्म है।'

* * *

यह जगत्प्रपंच भाव मात्र है और वेद इस भाव को प्रकाशित करनेवाली शब्दराशि है। हम इच्छानुरूप इस जगत्प्रपंच की सृष्टि कर सकते हैं और नाश भी कर सकते हैं। कर्मियों के एक सम्प्रदाय का मत यह है कि शब्द के पुनः पुनः उच्चारण से उसका अव्यक्त भाव जाग्रत होता है और फलस्वरूप एक व्यक्त कार्य उत्पन्न होता है। वे कहते हैं, हममें से प्रत्येक व्यक्ति एक एक सृष्टिकर्ता है। शब्द विशेष का उच्चारण करते ही तत्संश्लिष्ट भाव उत्पन्न होगा और उसका फल दिखायी पड़ेगा। मीमांसक सम्प्रदाय कहता है, 'भाव है शब्द की शक्ति और शब्द है भाव की अभिव्यक्ति।'

१३ जुलाई, शनिवार

हम जो कुछ जानते हैं वह मिश्रण-स्वरूप है, और हमारा ऐन्द्रिक ज्ञान विश्लेषण से ही आता है। मन को अमिश्र, स्वतन्त्र या स्वाधीन वस्तु समझना द्वैतवाद है। केवल शास्त्र या पुस्तक पढ़ने से दार्शनिक ज्ञान या तत्त्व ज्ञान नहीं होता, वरन् जितनी पुस्तकें पढ़ोगे मन उतना ही उलझता जायगा। अविचारशील दार्शनिकों के मत में मन एक अमिश्र वस्तु है—और उसीसे वे 'स्वाधीन इच्छा' में विश्वास करते थे। किन्तु मनोविज्ञान-शास्त्र मन का विश्लेषण करके यह बता चुका है कि मन एक मिश्रित वस्तु है; और चूंकि प्रत्येक मिश्र वस्तु किसी न किसी बाह्य शक्तिबल के आधार पर अवलम्बित है, अतः इच्छा भी बहिःस्थ शक्ति-समूह के संयोग पर अवलम्बित रहती है। जब तक मनुष्य को भूख नहीं लगती, तब तक वह खाने की इच्छा भी नहीं कर सकता। इच्छा या संकल्प, वासना के अधीन है। किन्तु तो भी हम स्वाधीन या मुक्तस्वभाव हैं—सभी ऐसा अनुभव करते हैं।

अज्ञेयवादी कहते हैं, यह धारणा भ्रम मात्र है। तब जगत् का अस्तित्व कैसे सिद्ध हो सकेगा? इसका प्रमाण केवल यही है कि हम सभी लोग जगत् देखते हैं और उसके अस्तित्व का अनुभव करते हैं। तो फिर हम सभी अपने अपने को जो मुक्तस्वभाव अनुभव करते हैं, यह अनुभव भी यथार्थ क्यों न होगा, और चूंकि सभी अनुभव करते हैं, इसलिए जगत् का अस्तित्व स्वीकार किया जाता है; और जब सभी अपने को मुक्तस्वभाव या स्वाधीन प्रकृति अनुभव करते हैं, तो उसका भी अस्तित्व स्वीकृत करना पड़ेगा। परन्तु इच्छा को हम जिस प्रकार

देखते हैं, उसके सम्बन्ध में 'स्वाधीन' शब्द का प्रयोग नहीं किया जा सकता। अपने मुक्तस्वभाव के सम्बन्ध में मनुष्य का यह स्वाभाविक विश्वास ही समुदय तर्क-युक्ति और विचार की भित्ति है। 'इच्छा' बद्धभावापन्न होने के पहले जैसी थी, वही मुक्तस्वभाव है। मनुष्य में यह जो स्वाधीन इच्छा की प्रवृत्ति है, उसी-से प्रतिक्षण सिद्ध होता है कि मनुष्य स्वभावतः ही बन्धन काटने की चेष्टा कर रहा है। वास्तव में मुक्तस्वभाव ही अनन्त, असीम और देश-काल-निमित्त से अतीत हो सकता है। मनुष्य के भीतर अभी जो स्वाधीनता है, वह एक पूर्व स्मृति मात्र है, स्वाधीनता या मुक्ति-लाभ की चेष्टा मात्र है।

संसार के सभी पदार्थ मानो घूमकर एक वृत्त पूर्ण करने की, अपने उत्पत्ति-स्थान में जाने की, अपने एकमात्र यथार्थ उत्पत्ति-स्थान आत्मा में जाने की चेष्टा कर रहे हैं। सुख का अन्वेषण खोये हुए साम्य भाव को फिर से पाने की चेष्टा मात्र है। नैतिकता भी बद्धभावापन्न इच्छा की मुक्त होने की चेष्टा है और इस प्रकार की चेष्टा का होना ही इस बात का प्रमाण है कि हम पूर्णावस्था से प्रसूत हुए हैं।

* * *

कर्तव्य की धारणा प्रत्येक आत्मा को दग्ध करनेवाला क्लेश का मध्याह्न मार्तण्ड है। 'हे राजन्, इस एक बूंद अमृत को पिओ और सुखी होओ।' ('मैं कर्ता नहीं हूँ', यह धारणा ही अमृत है)।

कार्य होने दो, किन्तु उसकी प्रतिक्रिया नहीं। कार्य से सुख होता है, किन्तु समुदय दुःख प्रतिक्रिया का फल है। शिशु आग में हाथ डालता है—उसके सुख के लिए; किन्तु जब उसका शरीर प्रतिक्रिया करता है, तभी उसको जलने के कष्ट का अनुभव होने लगता है। हम यदि प्रतिक्रिया को बन्द कर दें, तो फिर हमारे लिए भय का कुछ भी कारण न रहेगा। मस्तिष्क को अपने वश में रखो, जिससे वह प्रतिक्रिया की खबर ही न रख सके। साक्षिस्वरूप बनो, देखो, जिससे प्रतिक्रिया न आने पावे, केवल इतना ही होने से तुम सुखी हो जाओगे। हमारे जीवन का सबसे सुखकर क्षण वही होगा, जब हम स्वयं को बिल्कुल भूल जायँगे। स्वाधीन भाव से जी खोलकर काम करो, कर्तव्य के भाव से काम मत करो। हमारा कर्तव्य कुछ भी नहीं है। यह जगत् तो खेल का एक अखाड़ा है—हम यहाँ खेलते हैं; हमारा जीवन तो अनन्त अवकाश है।

जीवन का समस्त रहस्य है भयरहित होना। तुम्हारा क्या होगा, इस भय को छोड़ दो, किसीके ऊपर निर्भर मत रहो। जिस क्षण तुम समस्त सहायता अस्वीकार कर दोगे, तुम मुक्त हो जाओगे। जो स्पंज पूरा जल सोख लेता है, वह फिर और अधिक जल ग्रहण नहीं कर सकता।

आत्मरक्षा के लिए भी युद्ध करना ग़लत है, परन्तु दूसरों पर आक्रमण करने की अपेक्षा यह अधिक अच्छा है। 'न्याय्य क्रोध' नाम की कोई वस्तु नहीं है, क्योंकि सभी वस्तुओं में समत्व बुद्धि के अभाव से ही क्रोध आता है।

१४ जुलाई, रविवार

भारत में दर्शन शास्त्र का अर्थ है, वह शास्त्र या विद्या जिसके द्वारा हम ईश्वर का साक्षात्कार कर सकते हैं। दर्शन धर्म की युक्ति-संगत व्याख्या है। इसलिए कोई हिन्दू कभी भी धर्म और दर्शन के बीच क्या सम्बन्ध है, यह जानना नहीं चाहता।

दार्शनिक प्रक्रिया के तीन सोपान हैं:—प्रथम, स्थूल (concrete); द्वितीय, सामान्यीकृत (generalized); तृतीय, अमूर्त (abstract)। सर्वोच्च अमूर्तीकरण जिसमें समस्त पदार्थ एकत्व प्राप्त करते हैं, अद्वितीय ब्रह्म है। धर्म की प्रथम अवस्था में प्रतीक या रूपविशेष, द्वितीय अवस्था में पौराणिक वर्णन, और अन्तिम अवस्था में दर्शन होते हैं। इन तीनों में प्रथम और द्वितीय केवल सामयिक प्रयोजन के लिए हैं, किन्तु दर्शन ही इन सबकी मूल भित्तिस्वरूप है; और दूसरे सभी उस चरम तत्त्व में पहुँचने के लिए सोपानस्वरूप हैं।

पाश्चात्य देशों में धर्म की धारणा यह है कि बाइबिल के नये व्यवस्थान और ईसा के बिना धर्म हो ही नहीं सकता। यहूदियों के धर्म में भी मूसा और पैग़म्बरों आदि के सम्बन्ध में इसी प्रकार की धारणा है। इस धारणा का कारण यही है कि ये सब धर्म केवल पौराणिक वर्णन के ऊपर निर्भर हैं। यथार्थ सर्वोच्च धर्म वह है, जो इन सभी पौराणिक वर्णनों के परे है, ऐसा धर्म कभी केवल इन्हीं सब पर निर्भर नहीं हो सकता। आधुनिक विज्ञान वास्तव में धर्म की भित्ति को और भी दृढ़ बनाता है। समुदय ब्रह्माण्ड एक अखण्ड वस्तु है, यह विज्ञान के द्वारा प्रमाणित किया जा सकता है। दार्शनिक जिसे सत् कहते हैं, वैज्ञानिक उसीको जड़ कहते हैं; किन्तु ठीक ठीक देखने पर इन दोनों के बीच कोई विरोध नहीं है, क्योंकि दोनों ही एक हैं। देखो, परमाणु अदृश्य और अचिन्त्य हैं, तो भी उनमें ब्रह्माण्ड की समस्त शक्ति और सामर्थ्य रहती है। वेदान्त भी आत्मा के सम्बन्ध में ठीक यही कहते हैं। वास्तव में सभी सम्प्रदाय भिन्न भिन्न भाषाओं में वही एक बात कहते हैं।

वेदान्त और आधुनिक विज्ञान दोनों ही जगत् की कारणस्वरूप एक ऐसी वस्तु का निर्देश करते हैं, जिससे अन्य किसीकी सहायता के बिना जगत् का प्रकाश होता है। समस्त कारण स्वयं उसीमें हैं। जैसे कुम्हार मिट्टी से घट का

निर्माण करता है; यहाँ कुम्हार होता है निमित्त-कारण, मिट्टी होती है समवायी उपादान-कारण और कुम्हार का चक्र होता है असमवायी उपादान-कारण। किन्तु आत्मा ही ये तीनों कारण हैं। आत्मा कारण भी है और अभिव्यक्ति या कार्य भी है। वेदान्ती कहते हैं, यह जगत् सत्य नहीं है, यह तो आपातप्रतीयमान सत्ता मात्र है। प्रकृति आदि कुछ भी नहीं है, अविद्यारूपी आवरण में से एकमात्र ब्रह्म ही प्रकाशित है। विशिष्टाद्वैतवादी कहते हैं, ईश्वर ही प्रकृति या जगत्प्रपच हुआ है; अद्वैतवादी स्वीकार करते हैं, ईश्वर इस जगत्प्रपंच के रूप में प्रतीयमान होता है अवश्य, किन्तु वह यह जगत् नहीं है।

हम अनुभूति को एक मानसिक प्रक्रिया के रूप में, एक मानसिक घटना रूप में एवं मस्तिष्क के भीतर एक चिह्न के रूप में जान सकते हैं। हम मस्तिष्क को आगे या पीछे ठेल नहीं सकते, किन्तु मन को चला सकते हैं। मन को भूत, भविष्यत्, वर्तमान—इन तीनों कालों में प्रसारित किया जा सकता है। इसलिए मन के भीतर जो जो घटनाएँ घटित होती हैं, वे अनन्त काल के लिए संचित रहती हैं। मन के भीतर सभी घटनाएँ पहले से ही संस्कार के रूप में रहती हैं; क्योंकि मन सर्वव्यापी है।[1]

कांट की महान् उपलब्धि यह खोज थी कि देश-काल-निमित्त विचार की ही प्रणाली विशेष है—यह आविष्कार कान्ट का एक श्रेष्ठ कार्य है। किन्तु वेदान्त बहुत पहले ही यही शिक्षा दे चुका है, और वह इसे माया नाम से सम्बोधित करता है। शापेनहॉवर केवल बुद्धि का आश्रय लेते हैं और वेदोक्त तत्त्वों को ही तर्क-सम्मत सिद्ध करने की चेष्टा जैसी की है। शंकर ने वेदों की सनातनता में विश्वास बनाये रखा।

* * *

अनेक वृक्ष देखने पर उनके साधारण धर्म वृक्षत्व के आविष्कार का नाम ही ज्ञान है। और सर्वोच्च ज्ञान है उसी **एकमेवाद्वितीय** वस्तु का ज्ञान।

सगुण ईश्वर जगत् का अन्तिम सामान्य भाव है; केवल वह अस्पष्ट है, एवं सुनिर्दिष्ट और दार्शनिक विचारसम्मत नहीं।

---

१. चूंकि देश, काल, निमित्त में अस्तित्वमान संपूर्ण सृष्टि, ज्ञान-इच्छा-क्रिया के माध्यम से अपनी अभिव्यक्ति करती हुई, मन या स्मृति के परे अपनी सत्ता बनाये नहीं रख सकती, समस्त देश-काल-निमित्त का उसीमें होना अनिवार्य है। अतः मन सर्वव्यापी है। व्यष्टीकृत मन सर्वव्यापी अथवा सार्वभौम मानस का ही अंश है।

एकत्व अपनी अभिव्यक्ति स्वयं करता है, उसीसे सब कुछ निकलता है।

भौतिक विज्ञान का कार्य तथ्यों का आविष्कार है, और दर्शन मानो फूलों का गुलदस्ता बाँधने का एक सूत्र है। प्रत्येक अमूर्तीकरण तात्त्विक होता है। किसी पौधे की जड़ में खाद देने की क्रिया तक में इस प्रकार एक अमूर्तीकरण की प्रक्रिया (process of abstraction) निहित है।

धर्म के भीतर स्थूल तथा अपेक्षाकृत सूक्ष्म तत्त्व और चरम एकत्व—ये तीन भाव हैं। केवल स्थूल या विशेष को लेकर ही मत पड़े रहो। उस चरम सूक्ष्म तत्त्व में, उस एकत्व को प्राप्त करो।

* * *

असुर तमस् के यन्त्र हैं, देवता प्रकाश के; किन्तु यंत्र दोनों ही हैं। केवल मनुष्य ही जीवन्त है। यन्त्र तोड़ दो, संतुलन प्राप्त करो, तभी मुक्त हो सकते हो। यह पृथिवी ही एकमात्र स्थान है, जहाँ मनुष्य मुक्ति लाभ कर सकता है।

यमेवैष वृणुते तेन लभ्यः अर्थात् 'यह आत्मा जिसका वरण करती है'—यह बात सत्य है। वरण सत्य है, किन्तु अभ्यन्तर की ओर से इसका अर्थ करना होगा। एक बाह्यपरक और प्रारब्धवादी सिद्धान्त के रूप में वह भीषण सिद्धान्त है।

१५ जुलाई, सोमवार

जहाँ बहुपतित्व प्रथा प्रचलित है, जैसे कि तिब्बत में, वहाँ स्त्रियाँ शरीर से पुरुषों की अपेक्षा अधिक बलवती होती हैं। जब अंग्रेज वहाँ जाते हैं, तब ये स्त्रियाँ भारी भारी पुरुषों को अपनी पीठ पर चढ़ाकर पर्वतों पर ले जाती हैं।

मलाबार देश में बहुपतित्व नहीं होता, किन्तु वहाँ सभी विषयों में स्त्रियों का प्राधान्य है। वहाँ सर्वत्र ही विशेष रूप से स्वच्छता की ओर दृष्टि रखी जाती है, और विद्या-चर्चा में भी अत्यधिक उत्साह है। मैं जब इस प्रदेश में गया, तब मैंने अनेक स्त्रियों को देखा, जो उत्तम संस्कृत बोल सकती थीं, किन्तु भारत में अन्यत्र दस लाख में भी एक स्त्री संस्कृत नहीं बोल सकती। स्वाधीनता में उन्नति होती है, किन्तु दासता से तो अवनति ही होती है। पुर्तगीज या मुसलमान कभी भी मलाबार को जीत नहीं पाये।

द्रविड़ लोग मध्य-एशिया की एक अनार्य जाति के हैं—आर्यों से पहले ही वे भारत में आये थे, और दक्षिणापथ के द्रविड़ लोग सर्वापेक्षा सभ्य थे, उनमें पुरुषों की अपेक्षा स्त्रियों की सामाजिक स्थिति उच्च थी। बाद में वे विभक्त हो गये, कुछ मिश्र में और कुछ बेबिलोनिया में चले गये, शेष भारत में ही रहे।

१६ जुलाई, मंगलवार

शंकर

'अदृश्य कारण' हमसे यज्ञयाग उपासना आदि करवाता है, उससे व्यक्त फल उत्पन्न होता है। किन्तु मुक्ति-लाभ करने के लिए हमें ब्रह्म के सम्बन्ध में पहले श्रवण, फिर मनन, उसके बाद निदिध्यासन करना होगा।

कर्म तथा ज्ञान के फल पूर्णतया पृथक् हैं। समस्त नैतिकता का मूल होता है—'यह करो' और 'यह मत करो'; किन्तु वास्तव में इनका देह और मन के साथ ही सम्बन्ध है। सुख और दुःख इन्द्रियों के साथ अविच्छिन्न रूप से सम्बद्ध रहते हैं, और सुख-दुःख का भोग करने के लिए शरीर आवश्यक है। जिसका शरीर जितना श्रेष्ठ होगा, उसके धर्म या पुण्य का आदर्श भी उतना ही उच्चतर होगा—यह प्रणाली ब्रह्मा तक पर लागू है। किन्तु सभी के शरीर है, और जब तक देह है, तब तक सुख-दुःख रहेगा ही; केवल देहातीत या विदेह होने पर ही सुख-दुःख का पूर्ण रूप से अतिक्रमण हो सकता है। शंकर कहते हैं, आत्मा विदेह है।

किसी विधि-निषेध के द्वारा मुक्ति-लाभ नहीं हो सकता। तुम सदा मुक्त ही हो। यदि तुम पहले से ही मुक्त न होते तो तुम्हें किसी भी तरह मुक्ति नहीं दी जा सकती। आत्मा स्वप्रकाश है। कार्य-कारण आत्मा को स्पर्श नहीं कर सकता—इस विदेह अवस्था का नाम ही मुक्ति है। ब्रह्म भूत, भविष्यत्, वर्तमान इन सबसे परे है। यदि मुक्ति किसी कर्म का फलस्वरूप होती, तो उसका कोई मूल्य ही न होता, वह एक यौगिक वस्तु होती, इसलिए उसके भीतर बन्धन का बीज निहित होता। यह मुक्ति ही आत्मा की एकमात्र नित्य संगी है, उसको प्राप्त नहीं किया जाता, वह तो आत्मा का यथार्थ स्वरूप है।

तब आत्मा के ऊपर जो आवरण पड़ा रहता है, उसीको हटाने के लिए—बन्धन और भ्रम को दूर करने के लिए—कर्म और उपासना का प्रयोजन है। ये दोनों चीजें यद्यपि मुक्ति नहीं दे सकतीं, किन्तु फिर भी हम यदि अपनी चेष्टा न करें तो हमारी आँखें नहीं खुलेंगी, और हम अपने स्वरूप को पहचान नहीं पायेंगे। शंकर आगे और भी कहते हैं, अद्वैतवाद ही वेद का गौरवमुकुटस्वरूप है; किन्तु वेद के निम्न भागों का भी प्रयोजन है, क्योंकि वे हमें कर्म और उपासना का उपदेश देते हैं, और इनकी सहायता से भी अनेक लोग भगवान् के निकट पहुँचते हैं। फिर इस प्रकार के भी बहुत से व्यक्ति हो सकते हैं, जो केवल अद्वैतवाद की सहायता से ही उस अवस्था में पहुँच सकते हैं। अद्वैतवाद जिस अवस्था में ले जाता है, कर्म और उपासना भी उसी अवस्था से ले जाती हैं।

शास्त्र ब्रह्म के बारे में भी कुछ शिक्षा नहीं दे सकते, वे केवल अज्ञान दूर कर दे सकते हैं। उनका कार्य नकारात्मक (negative) है। शंकर की महान् उपलब्धि यही है कि उन्होंने शास्त्र को भी स्वीकार किया है, और सबके सामने मुक्ति का मार्ग भी खोल दिया है। किन्तु अन्ततः है वह बाल की खाल ही निकालना। पहले मनुष्य को एक स्थूल अवलम्बन दो, बाद में उसे धीरे धीरे सर्वोच्च अवस्था में ले जाओ। विभिन्न प्रकार के धर्म यही चेष्टा करते हैं; इससे यही ज्ञात होता है कि ये सभी धर्म संसार में अभी भी क्यों विद्यमान हैं और प्रत्येक धर्म मनुष्य की उन्नति के लिए किस तरह किसी न किसी अवस्था में उपयोगी है। शास्त्र जिस अविद्या को दूर करने के लिए प्रवृत्त हुए हैं, वे स्वयं उस अविद्या के अन्तर्गत हैं। शास्त्र का कार्य है, ज्ञान के ऊपर जो अज्ञानरूपी आवरण पड़ गया है, उसे दूर करना। 'सत्य असत्य को दूर कर देगा।' तुम मुक्त ही हो, तुम्हें और कौन मुक्त करेगा ? जब तक तुम किसी संप्रदाय विशेष पर अवलम्बित हो, तब तक तुमने ब्रह्म को नहीं प्राप्त किया है। 'जो मन में सोचते हैं, मैं जानता हूँ, वे नहीं जानते।' जो स्वयं ज्ञातास्वरूप हैं, उनको कौन जान सकता है ? दो वस्तुएँ हैं—एक ब्रह्म और दूसरा जगत्। उनमें ब्रह्म अपरिणामी है और जगत् परिणामी। जगत् अनन्त काल से रहता आया है। जब तुम्हारा मन लगातार होनेवाले परिवर्तन को समझ नहीं पाता, तब तुम उसे अनन्त कहते हो...। जगत् और ब्रह्म एक हैं अवश्य, किन्तु एक ही समय तुम दो पदार्थों को देख नहीं सकते—एक पत्थर के ऊपर एक मूर्ति खुदी हुई है—जब तुम्हारा ध्यान पत्थर की ओर होगा तो खुदाई की ओर नहीं रहेगा और यदि खुदाई की ओर ध्यान दो, तो पत्थर का ध्यान नहीं रहेगा।

* * *

तुम क्या एक क्षण भी अपने को स्थिर कर पाते हो ? सभी योगी कहते हैं—ऐसा कर सकना सम्भव है।

* * *

सबसे बड़ा पाप है, अपने को दुर्बल समझना। तुमसे बड़ा और कोई नहीं है; सत्य मानो कि तुम ब्रह्मस्वरूप हो। जिस किसी वस्तु में तुम शक्ति का विकास देखते हो, वह शक्ति तुम्हारी दी हुई है। हम सूर्य, चन्द्र, नक्षत्र, इतना ही नहीं, समस्त जगत्प्रपंच के ऊपर हैं। शिक्षा दो कि मनुष्य ब्रह्मस्वरूप है। अशुभ के अस्तित्व को अस्वीकार करो, उसकी सृष्टि अपनी ओर से मत करो। उठो और कहो, "मैं प्रभु हूँ, मैं सभी का प्रभु हूँ।" हमने ही शृंखला गढ़ी है और केवल हम ही इसे तोड़ सकते हैं।

कोई भी कर्म तुम्हें मुक्ति नहीं दें सकता, केवल ज्ञान के द्वारा ही मुक्ति हो सकती है। ज्ञान अप्रतिरोधनीय है; मन उसे अंगीकार या अस्वीकार नहीं कर सकता। जब ज्ञानोदय होगा, तब मन को उसे ग्रहण करना ही होगा। अतएव यह ज्ञान-लाभ मन का कार्य नहीं है। किन्तु मन में इस ज्ञान का प्रकाश होता अवश्य है।

कर्म और उपासना का फल इतना ही है कि वे तुम्हें अपने स्वरूप में फिर पहुँचा देते हैं। आत्मा देह है, यह सोचना बिल्कुल भ्रम है; अतएव हम इस शरीर में ही मुक्त हो सकते हैं। देह के साथ आत्मा का किंचित् सादृश्य नहीं है। माया का अर्थ 'कुछ नहीं' नहीं है, मिथ्या को सत्य कहकर ग्रहण करना ही माया का अर्थ है।

१७ जुलाई, बुधवार

रामानुज जगत्प्रपंच को चित् (जीवात्मा या साधारण ज्ञान-भूमि), अचित् (जड़ प्रकृति या ज्ञान की अधोभूमि), एवं ईश्वर (ज्ञानातीत भूमि या तुरीय भूमि)—इन तीन भागों में विभक्त करते हैं। किन्तु शंकर कहते हैं, चित् या जीवात्मा, एवं परमात्मा या ईश्वर एक ही वस्तु है। ब्रह्म सत्यस्वरूप, ज्ञानस्वरूप और अनन्तस्वरूप है; ये सत्य, ज्ञान और अनन्त उसके गुण नहीं हैं। ईश्वर का चिन्तन करने के समय ही उनको विशिष्ट करना होता है ; उनके सम्बन्ध में अधिक से अधिक ॐ **तत्सत्** अर्थात् वह सत्तास्वरूप और अस्तित्वस्वरूप है, इतना ही कहा जा सकता है।

शंकर और भी पूछते हैं, तुम क्या सत्ता को अन्य सब वस्तुओं से पृथक् करके देख सकते हो? दो वस्तुओं के बीच वैशिष्ट्य ज्ञान कहाँ पर होता है? —इन्द्रियों में? नहीं, क्योंकि ऐसा होने पर तो सभी विषयों का ज्ञान एक ही प्रकार का होता। हमें विषय-ज्ञान एक के बाद एक के क्रम से होता है। एक वस्तु क्या है, यह जानने के साथ साथ, वह क्या नहीं है, यह भी तुम्हें जानना पड़ता है। दो वस्तुओं के बीच पार्थक्य आदि का ज्ञान हमारी स्मृति में ही अवस्थित है, और मस्तिष्क में जो संचित है, उसीके साथ तुलना करके हम यह सब जान सकते हैं। भेद, वस्तुओं के स्वरूप में नहीं रहता, वह तो हमारे मस्तिष्क में रहता है। बाहर एक अखण्ड वस्तु ही है, भेद केवल भीतर, हमारे मन में रहता है, अतएव बहुत्व का ज्ञान मन की ही सृष्टि है।

ये सभी विशेष या भेद गुण-पद-वाच्य होते हैं। वे पृथक् रहते हैं, फिर भी किसी अन्य वस्तु के साथ जड़ित रहते हैं। यह 'विशेष' या विभेद क्या है, हम

निश्चय रूप से कह नहीं सकते। विभिन्न वस्तुओं के बारे में हम केवल उनकी सत्ता या अस्तित्व को ही देख तथा अनुभव कर पाते हैं। शेष जो कुछ है, सब हमारे ही भीतर है। किसी वस्तु की सत्ता के सम्बन्ध में ही हम निःसंशय प्रमाण पाते हैं। विशेष या भेद वास्तव में गौण सत्य है—जैसे रज्जु में सर्पज्ञान; क्योंकि इस सर्पज्ञान में भी सत्यता है—कारण अयथार्थ होने पर भी कुछ न कुछ तो देखा ही जाता है। जब रज्जुज्ञान का लोप होता है, तभी सर्पज्ञान का आविर्भाव होता है, इसी तरह विपरीत क्रम से सर्पज्ञान के लोप होने पर रज्जुज्ञान का आविर्भाव होता है। किन्तु तुम एक वस्तु देखते हो, इससे यह प्रमाणित नहीं होता कि अन्य वस्तु है ही नहीं। जगत् का ज्ञान ब्रह्मज्ञान का प्रतिबन्धक-स्वरूप होकर उसे आच्छादित करके रखता है, उसे दूर करना होगा, किन्तु उसका भी अस्तित्व है, यह स्वीकार करना ही होगा।

शंकर फिर कहते हैं कि अनुभूति (perception) ही अस्तित्व का चरम प्रमाण है। वह स्वयंज्योति एवं स्वयंप्रकाश है; क्योंकि इन्द्रियज्ञान के परे जाने के लिए हमें उसकी आवश्यकता पड़ती ही है। अनुभूति किसी इन्द्रिय या करण सापेक्ष नहीं है, वह पूर्णतया निरपेक्ष है। अनुभूति चेतना (consciousness) रहित नहीं हो सकती; वह स्वप्रकाश है और इस स्वप्रकाश के आंशिक प्रकाश को चेतना कहते हैं। किसी प्रकार की अनुभव-क्रिया चेतना-विहीन नहीं हो सकती, वास्तव में प्रत्येक अनुभव-क्रिया का स्वरूप ही चेतन होता है। सत्ता और अनुभव एक वस्तु है; एक साथ जुड़ी हुई दो पृथक् वस्तुएँ नहीं। और जिसका कोई कारण नहीं है, वही अनन्त है; अतएव अनुभूति जब स्वयमेव अपना चरम प्रमाण है, तब वह भी अनन्तस्वरूप है। और यह सर्वदा ही स्वसंवेद्य है, एवं स्वयं ही अपना ज्ञाता है; यह मन का धर्म नहीं है, वरन् उसके रहने से ही मन रहता है। वह पूर्ण और एकमात्र ज्ञाता है, अतएव वास्तव में अनुभूति ही आत्मा है। अनुभूति ही स्वयं अनुभव करती है, किन्तु आत्मा को ज्ञाता नहीं कहा जा सकता; क्योंकि उससे ज्ञानरूप क्रिया के कर्ता का बोध होता है। किन्तु शंकर कहते हैं, आत्मा अहं नहीं है, क्योंकि उसमें 'मैं हूँ' यह भाव नहीं होता। हम उसी आत्मा के प्रतिबिम्ब मात्र हैं, और आत्मा तथा ब्रह्म एक हैं।

जब तुम उस पूर्ण ब्रह्म के सम्बन्ध में कुछ कहते हो या सोचते हो, तब वह सब सापेक्षिक भाव से करना होता है, अतएव वहीं इन सब तार्किक युक्तियों का स्थान है। किन्तु योगावस्था में अनुभूति और अपरोक्षानुभूति एक हो जाती है। रामानुज-व्याख्यात विशिष्टाद्वैतवाद आंशिक रूप में एकत्व दर्शन है; इसलिए वह भी उस अद्वैतावस्था का एक सोपान-स्वरूप है। 'विशिष्ट' का अर्थ ही है

भेदयुक्त। 'प्रकृति' का अर्थ है जगत्, और उसका परिणाम सर्वदा होता रहता है। परिणामी विचार परिणामशील शब्दराशि के द्वारा अभिव्यक्त होकर कभी भी उस पूर्ण स्वरूप को प्रमाणित नहीं कर सकता। इस प्रकार तुम केवल एक ऐसी स्थिति में पहुँचते हो, जहाँ केवल कुछ गुण छूट जाते हैं, स्वयं ब्रह्म को नहीं प्राप्त करते। केवल शब्दगत एकत्व में परम अमूर्त प्राप्त होता है, चरम ऐक्य प्राप्त नहीं होता और उससे सापेक्षिक जगत् का विलोप-साधन भी नहीं होता।

१८ जुलाई, बृहस्पतिवार

(आज का पाठ प्रधानतः सांख्य दर्शन के निष्कर्ष के विरुद्ध शंकराचार्य की युक्तियों पर था)।

सांख्यवादी कहते हैं, ज्ञान एक मिश्रित पदार्थ है और विश्लेषण करते करते अन्त में हमें साक्षी पुरुष की प्राप्ति होती है। ये पुरुष संख्या में अनेक हैं; हममें से प्रत्येक ही एक एक पुरुष हैं। किन्तु अद्वैत वेदान्त इसके विरुद्ध कहता है कि पुरुष केवल एकमात्र हो सकता है; पुरुष में ज्ञान, अज्ञान अथवा अन्य कोई गुण या धर्म नहीं हो सकता, क्योंकि गुणों का अस्तित्व ही उसके बन्धन का कारण होगा और अन्त में उन गुणों का लोप भी होगा। अतएव वह एक वस्तु अवश्य ही सभी प्रकार के गुणों से रहित है। इतना ही नहीं, ज्ञान भी उसमें नहीं रह सकता और वह जगत् या और किसीका कारण भी नहीं हो सकता। वेद कहते हैं, **सदेव सौम्येदमग्र आसीदेकमेवाद्वितीयम्**—'हे सौम्य, पहले वह एक अद्वितीय सत् ही था।'

*　　　　*　　　　*

जहाँ सत्त्व गुण रहता है, वहीं ज्ञान देखा जाता है, इससे यह प्रमाणित नहीं होता कि सत्त्व ही ज्ञान की उत्पत्ति का कारण है। वरन् मानव के भीतर ज्ञान पहले से ही रहता है, सत्त्व के सान्निध्य से वह ज्ञान प्रकाशित मात्र होता है—ठीक उसी तरह जैसे अग्नि के समीप लोहे का एक गोला रखने पर अग्नि उस गोले के भीतर पहले से ही अव्यक्त रूप में विद्यमान तेज को प्रकाशित करके उसे उत्तप्त कर देती है—उसके भीतर प्रवेश नहीं करती।

शंकर कहते हैं, ज्ञान बन्धनस्वरूप नहीं है, क्योंकि वह ब्रह्म का स्वरूप है। जगत् व्यक्त या अव्यक्त रूप में सर्वदा ही रहता है, अतएव एक ज्ञेय वस्तु सदैव विद्यमान रहती है।

ज्ञान-बल-क्रिया ही ईश्वर है। ईश्वर को आकार की आवश्यकता नहीं है; जो ससीम है, उसके लिए उस अनन्त ज्ञान को धारण करने के निमित्त एक

प्रतिबन्धक की अर्थात् देह, इन्द्रिय आदि की आवश्यकता होती है, किन्तु ईश्वर को इस प्रकार की सहायता की बिल्कुल ही आवश्यकता नहीं। वास्तव में केवल एक आत्मा ही है; विभिन्न लोकगामी आत्मा कोई नहीं है। पंच प्राण जहाँ पर एकीभूत होते हैं, उस देह के उस चेतन नियन्ता को ही जीवात्मा कहते हैं, किन्तु वह जीवात्मा ही परमात्मा है, क्योंकि आत्मा ही सब कुछ है। तुम उसे जो अन्य रूप में समझते हो, वह भ्रान्ति तुम्हारी ही है, जीव में वह भ्रान्ति नहीं है। तुम्हीं ब्रह्म हो, फिर तुम अपने को अन्यथा जो कुछ समझते हो, वह तुम्हारी भूल है। कृष्ण को कृष्ण समझकर पूजा मत करो, कृष्ण में जो आत्मा है, उसीकी उपासना करो। केवल आत्मा की उपासना से ही मुक्ति-लाभ होगा। यही नहीं, सगुण ईश्वर भी उसी आत्मा का विषयीकृत रूप है। शंकर कहते हैं, **स्वरूपानुसन्धानं भक्तिरित्यभिधीयते**—'अपने स्वरूप के अनुसन्धान को ही भक्ति कहते हैं।'

हम ईश्वर-प्राप्ति के लिए जिन विभिन्न उपायों का अवलम्बन करते हैं, वे सब सत्य हैं। जैसे ध्रुव नक्षत्र दिखलाने के लिए आस-पास के नक्षत्रों की केवल सहायता ली जाती है, उसी तरह ये भी हैं।

* * *

भगवद्गीता वेदान्त का सर्वश्रेष्ठ प्रमाणभूत ग्रन्थ है।

१९ जुलाई, शुक्रवार

जब तक मैं 'तुम' कहता हूँ, तब तक कोई एक भगवान् हमारी रक्षा करते हैं, यह कहने का हमें अधिकार है। जब तक हम कुछ अन्य को देखते हैं, तब तक उससे जो अनिवार्य सिद्धान्त निकलते हैं, उन्हें भी ग्रहण करना होगा। 'मैं' और 'तुम' को स्वीकार करने पर हमें आदर्श रूप एक अन्य तीसरी वस्तु को स्वीकार करना होगा, जो इन दोनों के बीच स्थित है, और वही है ईश्वर जो त्रिकोण के शीर्ष विन्दुस्वरूप है। जैसे वाष्प पहले हिम, तब जल होता है और वही जल गंगा आदि अनेक नामों से प्रसिद्ध होता है। जब वाष्पावस्था है, तब उसे गंगा नहीं कहा जाता और जब जल है, तब उसे वाष्प नहीं कहा जाता। सृष्टि या परिणाम की धारणा के साथ इच्छा-शक्ति की धारणा अच्छेद्य भाव से जडित है। जब तक हम जगत् को गतिशील रूप में देखते हैं, तब तक उसके पृष्ठ-भाग में इच्छा-शक्ति का अस्तित्व हमें स्वीकार करना होता है। इन्द्रियज्ञान सम्पूर्ण भ्रान्ति है, इसे भौतिक विज्ञान भी प्रमाणित करता है; हम किसी वस्तु को जिस प्रकार देखते हैं, सुनते हैं, स्पर्श, घ्राण या आस्वाद करते हैं, स्वरूपतः वह वैसी ही नहीं होती। विशेष विशेष प्रकार का स्पन्दन विशेष विशेष प्रकार के फल को उत्पन्न करता है; और

वे सब हमारी इन्द्रियों के ऊपर क्रिया करते हैं; हम तो केवल सापेक्षिक सत्य जान सकते हैं।

सत्य के लिए संस्कृत शब्द है सत्। हमारी वर्तमान दृष्टि से यह जगत्प्रपंच इच्छा और ज्ञानशक्ति के प्रकाश के रूप में प्रतीत होता है। सगुण ईश्वर स्वयं अपने लिए उतना ही सत्य है, जितना हम अपने लिए, इससे अधिक नहीं। ईश्वर को भी उसी प्रकार साकार भाव में देखा जा सकता है, जैसे हमें देखा जा सकता है। जब तक हम मनुष्य हैं, तब तक हमें ईश्वर का प्रयोजन है; हम जब स्वयं ब्रह्म-स्वरूप हो जायँगे तब फिर हमें ईश्वर का प्रयोजन नहीं रह जायगा। इसीलिए श्री रामकृष्ण उस जगज्जननी को अपने समीप सदा सर्वदा वर्तमान देखते थे—वे अपने आस-पास की अन्य सभी वस्तुओं की अपेक्षा उन्हें अधिक सत्य रूप में देखते थे; किन्तु समाधि-अवस्था में उन्हें आत्मा के अतिरिक्त और किसी वस्तु का अनुभव नहीं होता था। सगुण ईश्वर क्रमशः हमारी ओर अधिकाधिक आता-जाता है, अन्त में वह मानो गल जाता है, उस समय न 'ईश्वर' रह जाता है, न 'अहं'। सब उसी आत्मा में लय हो जाता है।

हमारी यह चेतना एक बन्धनस्वरूप है। सृष्टि-रचनावाद बुद्धि को आकार का पूर्वगामी मानता है। किन्तु बुद्धि यदि किसीका कारण है, तो वह भी उसी प्रकार अन्य किसीका कार्यस्वरूप भी है। इसीको कहते हैं माया। ईश्वर हमारी सृष्टि करता है और हम भी ईश्वर की सृष्टि करते हैं—यही है माया। यह चक्र अटूट है। मन देह को उत्पन्न करता है और देह मन को; अण्डा पक्षी को और पक्षी अण्डे को; वृक्ष बीज को और बीज वृक्ष को। यह जगत्प्रपंच न सम्पूर्ण विषम है और न सम्पूर्ण सम ही। मनुष्य स्वाधीन है—उसे इन दोनों भावों के ऊपर उठना होगा। ये दोनों ही अपनी अपनी प्रकाश-भूमि में सत्य अवश्य हैं, किन्तु उस यथार्थ सत्य को, उस सत् को प्राप्त करने के लिए, अस्तित्व, इच्छा, ज्ञान, करना, सुनना, चलना, फिरना आदि क्रियाओं के बारे में हमारी अभी जो कुछ धारणाएँ हैं, उन सबके परे हमें जाना होगा। वास्तव में जीवात्मा की व्यष्टिता नहीं है—वह तो मिश्र वस्तु है, इसलिए भविष्य में वह खण्ड खण्ड होकर नष्ट हो जायगी। जिसका किसी भी प्रकार से विश्लेषण नहीं हो सकता, केवल वही वस्तु सहज, तात्त्विक है और वही सत्यस्वरूप, मुक्तस्वभाव, अमृत और आनन्द-स्वरूप है। इस भ्रमात्मक वैयक्तिकता की रक्षा की सारी चेष्टाएँ पाप हैं और इस वैयक्तिकता का नाश करने की समस्त चेष्टा ही धर्म या पुण्य है। इस जगत् में सभी व्यक्ति, कोई जान में, कोई अनजान में, इस वैयक्तिकता को नष्ट करने की चेष्टा करते हैं। समस्त नैतिकता (morality) की भित्ति है इस पार्थक्य

अथवा भ्रमात्मक व्यक्तित्व को नष्ट करने की चेष्टा; क्योंकि यही सब प्रकार के पापों का मूल है। नैतिकता का अस्तित्व पहले ही से होता है, बाद में धर्म उसे विधिबद्ध मात्र कर देता है। प्रथमतः प्रथाएँ उत्पन्न होती हैं, आगे चलकर पुराण उनकी व्याख्या करते हैं। जब घटनाएँ घटती हैं, तब तो वे तर्क से उच्चतर किसी नियम से ही घटती हैं, तर्क का आविर्भाव बाद में होता है—उन्हें समझने के लिए। तर्क में कोई प्रेरक शक्ति नहीं है, वह तो मानो घटना घटित हो जाने के बाद जुगाली करने के समान है। तर्क तो मानव के कार्य-कलाप का एक इतिहासकार मात्र है।

* * *

बुद्ध एक महा वेदान्ती थे, (क्योंकि बौद्ध धर्म वास्तव में वेदान्त की शाखा मात्र है) और शंकर को भी कोई कोई प्रच्छन्न बौद्ध कहते हैं। बुद्ध ने विश्लेषण किया था—शंकर ने उन सबका संश्लेषण किया है। बुद्ध ने कभी भी वेद या जाति-भेद अथवा पुरोहित किंवा सामाजिक प्रथा किसीके सामने माथा नहीं नवाया। जहाँ तक तर्क-विचार चल सकता है, वहाँ तक निर्भीकता के साथ उन्होंने तर्क-विचार किया है। इस प्रकार का निर्भीक सत्यानुसन्धान, प्राणिमात्र के प्रति इस प्रकार का प्रेम संसार में किसीने कभी भी नहीं देखा। बुद्ध धर्म-जगत् के वाशिंगटन थे, उन्होंने सिंहासन जीता था केवल जगत् को देने के लिए, जैसे वाशिंगटन ने अमरीकी जाति के लिए किया था। वे अपने लिए थोड़ी सी भी आकांक्षा न रखते थे।

२० जुलाई, शनिवार

प्रत्यक्षानुभूति ही यथार्थ ज्ञान या यथार्थ धर्म है। अनन्त युगों तक हम यदि धर्म के सम्बन्ध में केवल बातें ही करते रहें, तो उससे हमें कभी भी आत्मज्ञान नहीं हो सकता। केवल सिद्धान्त विशेष में विश्वासी होना और नास्तिकता—इन दोनों में कुछ भी अन्तर नहीं है। वरन् इस प्रकार के आस्तिक और नास्तिक में तो नास्तिक ही अच्छा है। उस प्रत्यक्षानुभूति के आलोक में मैं जितने क़दम आगे बढ़ूँगा, उससे मुझे कोई कभी भी पीछे नहीं हटा सकेगा। किसी देश को जब तुमने स्वयं जाकर देखा, तब तुम्हें उसके सम्बन्ध में यथार्थ ज्ञान हुआ। हममें से प्रत्येक व्यक्ति को प्रत्यक्षानुभूति करनी होगी। आचार्य केवल हमारे समीप 'खाना ला सकते हैं'—इससे पुष्टि लाभ करने के लिए हमें स्वयमेव खाना पड़ेगा। तर्क-युक्ति ईश्वर को, एक तर्कसंगत निष्कर्ष के रूप में छोड़कर, अन्य किसी प्रकार प्रमाणित नहीं कर सकती।

भगवान् को अपने सें बाहर प्राप्त करना हमारे लिए असम्भव है। बाहर जो ईश्वर-तत्त्व की उपलब्धि होती है, वह हमारी आत्मा का ही प्रकाश मात्र है। हम ही हैं भगवान् का सर्वश्रेष्ठ मन्दिर। बाहर जो कुछ उपलब्धि होती है, वह हमारे आभ्यन्तरिक ज्ञान का ही अति सामान्य अनुकरण या प्रतिबिम्ब मात्र है।

हमारे मन की शक्तियों की एकाग्रता ही हमारे लिए ईश्वर-दर्शन का एक-मात्र साधन है। यदि तुम एक आत्मा को (अपनी आत्मा को) जान सको, तो तुम भूत, भविष्यत्, वर्तमान सभी आत्माओं को जान सकोगे। इच्छा-शक्ति के द्वारा मन की एकाग्रता साधित होती है—और विचार, भक्ति, प्राणायाम इत्यादि विभिन्न उपायों से यह इच्छा-शक्ति उद्‌बुद्ध और वशीकृत हो सकती है। एकाग्र मन मानो एक प्रदीप है जिसके द्वारा आत्मा का स्वरूप स्पष्ट रूप से देखा जा सकता है।

एक प्रकार की साधना-प्रणाली सबके लिए उपयोगी नहीं हो सकती। इसका अर्थ यह नहीं कि विभिन्न साधना-प्रणालियों का सोपान के समान एक एक करके अवलम्बन करना होगा। क्रिया-कलाप, अनुष्ठान आदि सबकी अपेक्षा निम्न साधन है, उससे श्रेष्ठतर साधन है ईश्वर को अपनी आत्मा से बाहर देखना, और सर्वश्रेष्ठ साधन है अपनी आत्मा के भीतर ब्रह्म का साक्षात्कार करना। कुछ व्यक्तियों के लिए एक के बाद दूसरा—इस प्रकार के क्रम की आवश्यकता हो सकती है, किन्तु अधिकांश व्यक्तियों के लिए एक ही मार्ग की आवश्यकता होती है। सबके लिए यह कहना कि 'ज्ञान-लाभ करने के लिए तुम्हें कर्म और भक्ति के मार्ग से ही जाना होगा'—इससे बढ़कर अधिक अहमक़पन और क्या हो सकता है?

जब तक तुम किसी उच्च तत्त्व को प्राप्त नहीं करते हो, तब तक तुम अपने तर्क-विचार को पकड़े रहो और इस अवस्था में पहुँचने पर तुम्हें मालूम हो जायगा कि वह तत्त्व श्रेष्ठ इसलिए है कि युक्ति-विचार का विरोधी नहीं है। इस युक्ति-विचार या ज्ञान के परे की भूमि है समाधि, किन्तु स्नायवीय रोगों की प्रतिक्रियास्वरूप मूर्छा-विशेष को ही समाधि मत समझ बैठो। अनेक व्यक्ति झूठा दावा करते हैं कि उन्होंने समाधि प्राप्त कर ली है, वे पशु के सदृश स्वाभाविक या सहज ज्ञान को ही समाधि-अवस्था कहने की भूल करते हैं—यह बड़ी भयानक बात है। 'यह यथार्थ भाव-समाधि है या स्नायवीय रोग', इसका बाहर से निर्णय करने का कोई उपाय नहीं। 'वह ठीक ठीक समाधि अवस्था है या नहीं', यह आप ही आप मालूम हो जाता है। इस भूल से हमारा रक्षक नकारात्मक है—

अर्थात् बुद्धि की आवाज़। धर्म-लाभ का अर्थ है बुद्धि के परे जाना, किन्तु वहाँ तक हमें पहुँचाने में हमारा पथ-निर्देश बुद्धि ही करती है। सहजात ज्ञान मानो बरफ़ है, बुद्धि-विचार मानो जल है, और अलौकिक ज्ञान मानो वाष्प है जो सर्वापेक्षा सूक्ष्म है। ये एक के बाद एक आते हैं। सर्वत्र ही यह अनुक्रम रहता है, जैसे अचेतन, चेतन, बुद्धि; जड़ पदार्थ, देह, मन। और ऐसा प्रतीत होता है कि हम इस शृंखला की जिस कड़ी को पकड़ते हैं, वहीं से उसका आरम्भ होता है। अर्थात् कोई कहते हैं, देह से मन की उत्पत्ति हुई है; और कोई कहते हैं, मन से देह की। दोनों ही पक्षों में युक्ति का समान मूल्य है, और दोनों ही मत सत्य हैं। हमें इन दोनों के परे जाना होगा—ऐसी अवस्था में पहुँचना होगा, जहाँ देह और मन, दोनों ही नहीं हैं। यह सारा अनुक्रम भी माया है।

धर्म बुद्धि के परे है और परा-प्राकृतिक है। श्रद्धा का अर्थ कुछ भी मान लेना नहीं है—वह है उस चरम तत्त्व को हस्तगत करना, वह है एक प्रकाश। पहले उस आत्म-तत्त्व के सम्बन्ध में श्रवण करो, उसके बाद विचार करो—विचार द्वारा उक्त आत्म-तत्त्व के सम्बन्ध में यथाशक्ति जानने का प्रयत्न करो; इसके ऊपर से विचार की बाढ़ को बहने दो—उसके बाद जो शेष रहे उसीको ग्रहण करो। यदि कुछ भी शेष न रहे, तो तुम भगवान् को धन्यवाद दो, क्योंकि तुम एक अन्ध-विश्वास से बच गये। और जब तुम्हें यह निश्चय हो जायगा कि तुम्हारी आत्मा को कोई भी नहीं ले जा सकता, जब आत्मा हर कसौटी पर खरी उतरेगी, तब तुम उसे दृढ़ भाव से पकड़े रहो तथा सभी को इस आत्म-तत्त्व का उपदेश दो। सत्य कभी पक्षपात नहीं करता, उससे सभी का कल्याण होगा। अन्त में, स्थिर भाव और शान्त चित्त से उसका निदिध्यासन करो—उसका ध्यान करो, तुम अपने मन को उसके ऊपर एकाग्र करो, इस आत्मा के साथ अपने को एकभावापन्न कर डालो। तब फिर शब्दों का कोई प्रयोजन नहीं रहेगा, तुम्हारा मौन ही सत्य का संचार करेगा। बोलने में शक्ति का ह्रास मत करो, शान्त होकर ध्यान करो। बहिर्जगत् की गति-विधि से अपने को विचलित न होने दो। जब तुम्हारा मन सर्वोच्च अवस्था में पहुँचता है, तब उसकी चेतना तुम्हें नहीं रहती। शान्त रहकर संचय करो और आध्यात्मिकता के 'डाइनेमो' बन जाओ। भिखारी क्या दे सकता है? जो राजा है वही दे सकता है—और वह राजा भी तभी दे सकता है, जब वह स्वयं कुछ न चाहे।

* * *

तुम्हारे पास जो रुपये-पैसे हैं, उन्हें तुम अपना मत समझो, तुम अपने को तो भगवान् का भण्डारी समझो। उन रुपये-पैसों के प्रति आसक्ति मत रखो। नाम,

यश, रुपये-पैसे सभी चले जायँ—जाने दो, ये सब तो भयानक बन्धनस्वरूप हैं। स्वाधीनता की अपूर्व मुक्त वायु का उपभोग करो। तुम तो मुक्त हो, मुक्त हो, पहले से ही मुक्त हो; सर्वदा कहो—मैं सदानन्दस्वरूप हूँ, मैं मुक्तस्वभाव हूं, मैं अनन्तस्वरूप हूँ, मेरी आत्मा का आदि-अन्त नहीं है; सब मेरे आत्मस्वरूप हैं।

२१ जुलाई, रविवार

पातंजल योगसूत्र

योग वह विज्ञान है जिसके द्वारा चित्त पर संयम करके उसे वृत्तियों में बिखरने नहीं दिया जाता। मन संवेदना और भावना, या क्रिया और प्रतिक्रिया का मिश्रण स्वरूप है, अतएव वह नित्य नहीं हो सकता। मन का एक सूक्ष्म शरीर है, उसी शरीर के द्वारा मन स्थूल शरीर के ऊपर कार्य करता है। वेदान्त कहता है मन के पीछे यथार्थ आत्मा है। वेदान्त इन दोनों को, अर्थात् देह और मन को स्वीकार करता है, किन्तु वह और एक तृतीय पदार्थ को ग्रहण करता है—जो अनन्त, चरम तत्त्वस्वरूप, विश्लेषण का अन्तिम फलस्वरूप है, जो एक अखण्ड वस्तु है, जिसका विभाजन नहीं हो सकता। जन्म है पुनर्घटन, मृत्यु है विघटन—और सम्पूर्ण विश्लेषण करने के बाद अन्त में आत्मा को पाया जाता है। और आगे विभाजन असंभव होने के कारण आत्मा में पहुँचने से नित्य सनातन तत्त्व प्राप्त हो जाता है।

प्रत्येक तरंग के पीछे समग्र समुद्र विद्यमान है—जो कुछ अभिव्यक्ति है, वह सब तरंग है—अन्तर इतना ही है कि कुछ खूब बड़ी हैं और कुछ छोटी। किन्तु वास्तव में ये सब तरंगें स्वरूपतः समुद्र हैं—समग्र समुद्र ही हैं; किन्तु तरंग की दृष्टि से एक एक अंश है। तरंग समूह जब शान्त हो जाता है, तब सब एकाकार हो जाता है। पतंजलि कहते हैं—दृश्यविहीन द्रष्टा। जब मन क्रियाशील रहता है, तब आत्मा उसके साथ मिल जाती है। अनुभूत पुरातन विषयों की द्रुत वेग से पुनरावृत्ति को स्मृति कहते हैं।

अनासक्त बनो। ज्ञान ही शक्ति है—एक को प्राप्त करने से दूसरी स्वतः प्राप्त हो जाती है। इतना ही नहीं, ज्ञान के द्वारा तुम इस जड़ जगत् को भी उड़ा दे सकते हो। जब तुम मन ही मन किसी वस्तु में से एक एक करके गुणों को हटाते हटाते क्रमशः सभी गुणों को हटा सकोगे, तब तुम अपनी इच्छानुसार उस वस्तु को सम्पूर्ण रूप से अपनी चेतना में से दूर कर सकोगे।

जो उत्तम अधिकारी हैं, वे योग में शीघ्रातिशीघ्र उन्नति कर लेते हैं—छः महीने में वे योगी हो सकते हैं। जो उनकी अपेक्षा निम्न अधिकारी हैं, उन्हें योग

में सिद्धिलाभ करने में अनेक वर्ष लग जाते हैं, और जो कोई व्यक्ति निष्ठा के साथ साधना करे—अन्य सभी कार्यों को छोड़कर सर्वदा साधना में ही निरत रहे, तो उसे बारह वर्ष में सिद्धिलाभ हो सकता है। इन सब मानसिक व्यायामों को छोड़कर केवल भक्ति द्वारा भी इस अवस्था में पहुँचा जा सकता है, किन्तु उसमें कुछ विलम्ब होता है।

मन के द्वारा उस आत्मा का जिस भाव में दर्शन या धारणा हो सके, उसीको ईश्वर कहते हैं। उसका सर्वश्रेष्ठ नाम है, 'ॐ'; अतएव इस ओंकार का जप करो, उसका ध्यान करो, उसके भीतर जो अपूर्व अर्थराशि निहित है, उसका चिन्तन करो। सर्वदा ओंकार जप ही यथार्थ उपासना है। यह मत समझो कि ओंकार सामान्य शब्द है; वह तो स्वयं ईश्वरस्वरूप है।

धर्म तुम्हें नया कुछ नहीं देता, वह तो केवल प्रतिबन्धों को दूर कर तुम्हारा यथार्थ स्वरूप तुम्हें दिखा देता है। रोग प्रथम प्रबल विघ्न है—स्वस्थ शरीर ही सर्वोत्कृष्ट यन्त्र है। विषाद एक दूसरा अलंघ्यप्राय विघ्न है। किन्तु यदि तुम ब्रह्मसाक्षात्कार कर लो तो फिर तुम्हारे मन के विषण्ण होने की संभावना ही न रहेगी। संशय, अध्यवसाय का अभाव, भ्रान्त धारणाएँ—ये अन्य विघ्न हैं।

* * *

प्राण हैं देहस्थित अति सूक्ष्म शक्तियाँ, गति का कारण। प्राण कुल दश हैं—उनमें पाँच प्रधान हैं, और पाँच अप्रधान। एक प्रधान प्राण-प्रवाह ऊपर की ओर प्रवाहित हो रहा है, अन्य सब नीचे की ओर। प्राणायाम का अर्थ है—श्वास-प्रश्वास द्वारा प्राणसमूह को नियन्त्रित करना। श्वास मानो काष्ठ है, प्राण वाष्प और शरीर मानो इंजन है। प्राणायाम में तीन क्रियाएँ होती हैं—पूरक—श्वास को भीतर ले जाना, कुम्भक—श्वास को भीतर धारण करके रखना, और रेचक—श्वास को बाहर निकालना।

गुरु है वह यान जिससे आध्यात्मिक शक्ति तुम्हारे समीप पहुँचती है। शिक्षा कोई भी दे सकता है, किन्तु शिष्य में केवल गुरु ही आध्यात्मिक शक्ति का संचार करता है, और वही फलीभूत होती है। शिष्यों में आपस में भाई भाई का सम्बन्ध है; और भारतीय क़ानून शिष्यों के बीच इस भ्रातृसम्बन्ध को स्वीकार करता है। गुरु ने अपने पूर्व आचार्यों से जो मन्त्र या भाव-शक्तिमय शब्द प्राप्त किये हैं, उसीको वे शिष्य में संक्रमित करते हैं—गुरु के बिना साधन-भजन नहीं हो सकता, उलटे विपत्ति की ही अधिक आशंका रहती है। साधारणतः गुरु की सहायता लिये बिना इन सभी योगों का अभ्यास करने पर काम की प्रबलता उत्पन्न होती है, किन्तु गुरु की सहायता होने पर प्रायः इसकी सम्भावना नहीं रहती। प्रत्येक इष्ट-देवता

का एक एक मन्त्र है। इष्ट का अर्थ है—विशेष विशेष उपासक का विशेष विशेष आदर्श। मन्त्र है भाव विशेष को अभिव्यक्त करनेवाला शब्द। इस शब्द के लगातार जप के द्वारा आदर्श को मन में दृढ़ भाव से रखने में सहायता मिलती है। इस प्रकार की उपासना-प्रणाली भारत के सभी साधकों में प्रचलित है।

२३ जुलाई, मंगलवार

भगवद्गीता—कर्मयोग

कर्म के द्वारा मुक्ति-लाभ करना हो तो अपने को कर्म में नियुक्त करो, किन्तु किसी प्रकार की कामना मत करो—फल की आकांक्षा तुम्हें नहीं होनी चाहिए। इस प्रकार के कर्मों के द्वारा ज्ञान-लाभ होता है और इस ज्ञान के द्वारा मुक्ति होती है। ज्ञान प्राप्त करने के पहले कर्म का त्याग करने से दुःख ही होता है। आत्मा के लिए कर्म करने पर कर्मजनित किसी प्रकार का बन्धन नहीं होता। कर्म से सुख की आकांक्षा भी मत करो और इस प्रकार का भय भी मत रखो कि कर्म करने पर कष्ट होगा। देह और मन कार्य करते हैं, मैं कुछ नहीं करता—सर्वदा अपने को इस प्रकार समझाते रहो, और इस बात को प्रत्यक्ष करने की चेष्टा करो। इस प्रकार प्रयत्न करो, जिससे तुम्हें अपने द्वारा कुछ करने का बोध ही न रहे।

समस्त कर्म भगवान् को अर्पण कर दो। संसार में रहो, किन्तु सांसारिक मत बनो—पद्मपत्र का मूल जैसे कीचड़ में रहता है, किन्तु वह सर्वदा शुद्ध रहता है। लोग तुम्हारे प्रति चाहे जैसा व्यवहार करें, किंतु तुम सबको प्रेम करते रहो। जो अन्धा है, उसे रंग का ज्ञान कभी नहीं हो सकता—अतएव जब हममें दोष नहीं है तो हम दूसरे का दोष देखेंगे कैसे? हमारे भीतर जो कुछ है, उसके साथ हम उसकी तुलना करते हैं, जो कि हम बाहर देखते हैं, और तदनुसार ही हम किसी विषय में अपना मतामत प्रकट करते हैं। यदि हम स्वयं पवित्र हैं, तो हमें बाहर अपवित्रता नहीं दिखायी देगी। बाहर अपवित्रता हो सकती है, किन्तु हमारे लिए उसका अस्तित्व नहीं होगा। प्रत्येक नर-नारी और प्रत्येक बालक-बालिका के भीतर ब्रह्म का दर्शन करो, अन्तर्ज्योति के द्वारा उसे देखो; यदि हमें सर्वत्र उस ब्रह्म का दर्शन होता है, तो हम उसके अतिरिक्त और कुछ देख ही नहीं सकते। इस संसार की कामना मत करो, क्योंकि जो कुछ तुम चाहते हो वही तुम पाते हो। केवल भगवान् का अन्वेषण करो। जितनी अधिक शक्ति प्राप्त होगी, उतने ही बन्धन बढ़ेंगे, उतना ही भय बढ़ेगा। एक सामान्य चींटी की अपेक्षा हम कहीं अधिक भीरु और दुःखी हैं। इस समस्त जगत्प्रपंच से बाहर निकलकर भगवान् के

समीप जाओ। स्रष्टा के तत्त्व को जानने की चेष्टा करो, न कि सृष्टि के तत्त्व को।

'मैं ही कर्ता हूँ और मैं ही कार्य हूँ।' 'जो काम-क्रोध के वेग का अवरोध कर लेते हैं, वे महायोगी हैं।'

'अभ्यास और वैराग्य के द्वारा ही मन का निरोध किया जा सकता है।'

* * *

हमारे हिन्दू पूर्वज चुपचाप बैठकर धर्म और ईश्वर के सम्बन्ध में विचार कर गये हैं और इस कारण हमारे मस्तिष्क भी इस कार्य के लिए सक्षम हैं। किन्तु अब हम रुपये-पैसे के लिए जिस प्रकार दौड़-धूप कर रहे हैं, उससे उसके नष्ट हो जाने की सम्भावना है।

* * *

शरीर में एक शक्ति है जिसके द्वारा वह अपने को नीरोग बनाता है—और मानसिक अवस्था, औषधि, व्यायाम आदि इस आरोग्यकारी शक्ति को प्रबोधित कर सकते हैं। जब तक हम भौतिक परिस्थितियों के द्वारा विचलित होते हैं, तब तक हमें जड़ की सहायता का प्रयोजन होता है। हम जब तक नाड़ियों के दासत्व के बन्धन को नहीं काट पाते, तब तक हम उसकी उपेक्षा नहीं कर सकते।

अचेतन मन है, किन्तु वह चेतन के नीचे है, और वह मानव प्राणी का एक अंश मात्र है। दर्शन शास्त्र मन के सम्बन्ध में केवल अनुमान मात्र है। किन्तु धर्म प्रत्यक्षानुभूति के ऊपर अर्थात् प्रत्यक्ष दर्शन, जो ज्ञान की एकमात्र भित्ति है, उसीके ऊपर प्रतिष्ठित है। अतिचेतन मन के संपर्क में जो आता है, वह तथ्य है। आप्त उन्हें कहते हैं, जो धर्म का 'प्रत्यक्ष' कर चुके हैं। उसका प्रमाण यही है कि तुम यदि उनकी प्रणाली का अनुसरण करो, तो तुम्हें भी वही उपलब्धि होगी। प्रत्येक विज्ञान की एक विशेष प्रणाली एवं विशेष यन्त्र होता है। एक ज्योतिषी केवल पाकशाला के बर्तनों को लेकर शनिग्रह के वलय आदि दिखाने में समर्थ नहीं हो सकता—वे चीज़ें दिखाने के लिए तो दूरवीक्षण यन्त्र आवश्यक है। उसी प्रकार धर्म के महान् सत्य-समूह को देखने के लिए हमें उन लोगों के द्वारा उपदिष्ट प्रणालियों का अनुसरण करना होगा, जो पहले ही उन सत्यों का प्रत्यक्ष कर चुके हैं। जो विज्ञान जितना महान् होता है, उसकी शिक्षा प्राप्त करने के उपाय भी उतने ही विविध होते हैं। हमारे संसार में आने के पहले ही इससे निकलने का उपाय भी भगवान् ने कर रखा है। अतएव हमें चाहिए केवल उस उपाय की जानकारी। किन्तु विभिन्न प्रणालियों को लेकर झगड़ा मत करो। केवल सत्य-सिद्धि को लक्ष्य बनाओ और जो साधन-प्रणाली तुम्हारे लिए सबसे उपयोगी हो,

उसीका अवलम्बन करो। तुम आम खाते जाओ, और दूसरे लोग यदि टोकरी के लिए मार-पीट करते हैं तो करने दो। ईसा का दर्शन करो—तभी तुम यथार्थ ईसाई बनोगे। और शेष सब केवल बातें ही बातें हैं—ये बातें जितनी कम हों, उतना ही अच्छा है।

संदेश ही संदेशवाहक बनाता है। देवता ही मन्दिर बनाता है। इसके विपरीत सत्य नहीं है।

तब तक शिक्षा ग्रहण करो, 'जब तक तुम्हारा मुख ब्रह्मविद् के समान दिव्य भाव से चमक नहीं उठता' जैसे कि श्वेतकेतु का हुआ था।

अनुमान के विरुद्ध अनुमान में झगड़ा होता है। किन्तु प्रत्यक्ष दर्शन करके फिर उसके सम्बन्ध में बातें करो तो कोई भी मनुष्य हृदय ऐसा नहीं है, जो उसे स्वीकार नहीं करेगा। प्रत्यक्षानुभूति के कारण ही सन्त पॉल को उनकी इच्छा के विरुद्ध ईसाई धर्म स्वीकार करना पड़ा था।

२३ जुलाई, मंगलवार

अपराह्न। (मध्याह्न भोजन के बाद कुछ देर तक वार्तालाप हुआ—उसीके मध्य स्वामी जी ने कहा :)

भ्रम ही भ्रम की सृष्टि करता है। भ्रम जैसे स्वयं अपनी सृष्टि करता है, वैसे ही स्वयं अपना नाश भी करता है, यह माया ऐसी ही है। समस्त (तथाकथित) ज्ञान माया पर आधारित होने के कारण एक दुश्चक्र है, लेकिन ऐसा और एक समय आता है, जब यह ज्ञान स्वयं अपने को नष्ट कर डालता है। 'छोड़ दो रज्जु'—भ्रम कभी भी आत्मा को छू नहीं सकता। जैसे ही हम उस डोरी को पकड़ते हैं अर्थात् माया के साथ अपना तादात्म्य कर लेते हैं, वैसे ही वह हमारे ऊपर शक्ति का विस्तार करती है। उसे छोड़ दो, केवल साक्षिस्वरूप होकर रहो। ऐसा होने पर ही अविचलित होकर जगत्प्रपंच के चित्र पर मुग्ध हो सकोगे।

२४ जुलाई, बुधवार

जिन्होंने योग में पूणतया सिद्धि प्राप्त कर ली है, उनके लिए योगसिद्धियाँ आदि विघ्न नहीं हैं, किन्तु आरंभिक अवस्था में वे सब विघ्नरूप हो सकती हैं, क्योंकि इनका प्रयोग करने से आनन्द और विस्मय उद्दीप्त होते हैं। सिद्धि या विभूति आदि योगसाधना के मार्ग में ठीक ठीक अग्रसर होने के चिह्न हैं, किन्तु वे सब मन्त्र-जप, उपवासादि तपस्या, योगसाधन, इतना ही नहीं, औषधियों के व्यवहार द्वारा भी प्राप्त हो सकती हैं। जो योगी योगसिद्धिसमूह में भी वैराग्य

धारण करते हैं और समस्त कर्मफल का त्याग करते हैं, उन्हें धर्ममेघ नामक समाधि का लाभ होता है। जैसे मेघ बरसता है, उसी प्रकार वे पवित्रता की वर्षा करते हैं।

ध्यान विषयों की एक माला पर और एकाग्रता केवल एक विषय पर की जाती है।

मन आत्मा का ज्ञेय है, किन्तु मन स्वप्रकाश नहीं है। आत्मा किसी वस्तु का कारण नहीं हो सकती। कैसे होगी ? पुरुष प्रकृति से युक्त होगा कैसे ? वास्तव में पुरुष कभी भी प्रकृति से युक्त नहीं होता—अविवेक के कारण ही पुरुष प्रकृति से युक्त हुआ प्रतीत होता है।

* * *

बिना दया किये या यह अनुभव किये कि संसार में बड़ा दुःख-दैन्य है, सहायता करना सीखो। शत्रु-मित्र दोनों के प्रति समदृष्टि होना सीखो; जब ऐसा हो सकेगा तथा तुम्हें कोई कामना नहीं रहेगी, तभी लक्ष्य को प्राप्त समझना चाहिए।

कामना के वट-वृक्ष को अनासक्ति के कुठार के द्वारा काट डालो, ऐसा करने पर वह बिल्कुल नष्ट हो जायगा। वह तो एक भ्रम मात्र है, और कुछ नहीं। 'जिनका मोह और शोक चला गया है, जिन्होंने संगदोषों को जीत लिया है, केवल वे ही 'आज़ाद' या मुक्त हैं।'

किसी व्यक्ति से विशेष भाव से प्रेम करना बन्धन है। सभी से समान रूप से प्रेम करो—तब तुम्हारी सभी वासनाएँ विलीन हो जायँगी।

सर्वभक्षक काल के आने पर सभी को जाना होगा। फिर इस पृथ्वी की उन्नति के लिए और क्षणस्थायी तितली पर रंग चढ़ाने के लिए चेष्टा क्यों कर रहे हो ? अन्त में तो सभी विनष्ट हो जायँगे। सफ़ेद चूहे के समान पिंजड़े में बैठकर उछल-कूद मत करो। हम सर्वदा व्यस्त रहते हैं और कार्य कुछ होता ही नहीं। वासना चाहे अच्छी हो, चाहे निकृष्ट, असल में वह अशुभ ही है। यह मानो कुत्ते के समान एक ऐसे मांस-खण्ड पाने के लिए दिन-रात हाँफते रहना है, जो सदा उसकी पहुँच के बाहर होता जाता है; और अन्त में कुत्ते की मौत मर जाता है। अतः ऐसे मत बनो। समस्त वासना नष्ट कर डालो।

* * *

परमात्मा जब माया का शासक रहता है, तब उसे ईश्वर कहा जाता है, और जब वह माया के अधीन होता है, तब वह जीवात्मा कहलाता है। समग्र जगत्प्रपंच की समष्टि ही माया है, एक दिन वह बिल्कुल उड़ जायगी।

वृक्ष का वृक्षत्व माया है—वृक्ष देखते समय वास्तव में हम भगवत्स्वरूप

को ही मायावृत भाव से देखते हैं। किसी घटना के सम्बन्ध में 'क्यों' प्रश्न की जिज्ञासा ही मायान्तर्गत हैं। अतएव माया कैसे आयी, यह प्रश्न ही वृथा है, क्योंकि माया के बीच में रहकर उसका उत्तर कभी भी नहीं दिया जा सकता और जब माया के परे चले जाओगे, तब कौन यह प्रश्न पूछेगा? असद् दृष्टि या माया ही 'क्यों' प्रश्न की सृष्टि करती है, किन्तु 'क्यों' प्रश्न से माया आती नहीं—माया ही उस 'क्यों' प्रश्न को पूछती है! भ्रम भ्रम को नष्ट कर देता है। तर्क स्वयमेव विरोध के ऊपर प्रतिष्ठित होने के कारण एक वृत्त है, इसीलिए उसे स्वयं को नष्ट करना होगा। इन्द्रियजन्य अनुभूति एक आनुमानिक ज्ञान है, किन्तु इस प्रकार के सभी आनुमानिक ज्ञान की भित्ति अनुभूति है।

ब्रह्मज्योति प्रतिबिम्बित करता हुआ अज्ञान दिखलायी पड़ता है, किन्तु स्वयं में वह शून्य है। सूर्यकिरण के प्रतिबिम्बित हुए बिना मेघ नहीं देखा जा सकता।

चार पथिक एक खूब ऊँची दीवाल के समीप पहुँचे। प्रथम पथिक अत्यन्त कष्ट से दीवाल पर चढ़ा और पीछे की ओर बिना देखे दीवाल के उस पार कूद पड़ा। द्वितीय पथिक दीवाल पर चढ़ा और उसने चारों ओर देखा, देखकर आनन्द-ध्वनि करते हुए ग़ायब हो गया। उसके बाद तीसरा भी दीवाल के ऊपर चढ़ा और 'मेरे साथी कहाँ गये' यह देखने लगा, उसके बाद आनन्द से हँसकर उसने अपने साथियों का अनुसरण किया। किन्तु चौथे पथिक ने दीवाल पर चढ़कर पहले यह देखा कि उसके साथियों का क्या हुआ और फिर इस बात को लोगों को बतलाने के लिए वहाँ से लौट आया। इस संसार-प्रपंच के परे कुछ है, इस बात का प्रमाण वह हास्य है जो माया की दीवाल पर चढ़कर कूद पड़नेवाले उन महापुरुषों से ध्वनित होकर वापस आता है।

* * *

हम जब उस पूर्ण सत्ता से अपने को पृथक् कर उसमें कुछ गुणों का आरोप करते हैं, तब हम उसे ईश्वर कहते हैं। ईश्वर इस जगत्प्रपंच की वह अन्तर्निहित मूल सत्ता है जो हमारे मन के द्वारा अनुभूत हो रही है। और व्यक्तिगत शैतान है कुसंस्काराच्छन्न मन के द्वारा अनुभूत जगत् का समस्त क्लेश।

२५ जुलाई, बृहस्पतिवार

पातंजल योगसूत्र

कार्य तीन प्रकार का हो सकता है—वृत्त (जो तुम स्वयं करते हो), कारित (जो दूसरों के द्वारा करवाते हो), और अनुमोदित (दूसरे लोग जो करते हैं उसमें

तुम्हारा अनुमोदन है, आपत्ति नहीं)। हमारे ऊपर इन तीनों कार्यों का फल प्रायः एक समान होता है।

पूर्ण ब्रह्मचर्य के द्वारा मानसिक और आध्यात्मिक शक्ति अत्यन्त प्रबल होती है। ब्रह्मचारी को मन-कर्म-वचन से मैथुनवर्जित होना होगा। देह पर आसक्ति भूल जाओ। जहाँ तक हो सके, देहज्ञान छोड़ दो।

जिस अवस्था में स्थिर भाव से और सुखपूर्वक बहुत समय तक बैठा जा सके उसीको आसन कहते हैं। सर्वदा अभ्यास के द्वारा एवं मन को अनन्त भाव से भावित कर सकने पर यह सिद्ध हो सकता है।

एक विषय में सदा-सर्वदा चित्तवृत्ति को प्रवाहित करने का नाम ध्यान है।

स्थिर जल में यदि एक प्रस्तर-खण्ड फेंका जाय तो जल में बहुत सी गोलाकार तरंगें उठती हैं, वे सब गोलाकार तरंगें पृथक् पृथक् हैं, परन्तु फिर भी परस्पर एक दूसरे के ऊपर कार्य करती हैं। हमारे मन के भीतर भी इसी प्रकार वृत्तिप्रवाह चल रहा है; परन्तु हमारे भीतर वह हमारे अनजान में और योगियों के भीतर वह उनकी ज्ञानावस्था में होता रहता है। हम लोग मकड़ी के समान अपने ही जाल के बीच में रहते हैं, योगाभ्यास के द्वारा हम मकड़ी के समान ही इच्छानुसार जाल के किसी भी तंतु पर चल सकते हैं। जो योगी नहीं हैं, वे जिस स्थान में रहते हैं, उसी निर्दिष्ट स्थल विशेष में ही आबद्ध होकर रहने के लिए बाध्य हैं।

* * *

दूसरों की हिंसा से बन्धन आता है, और वह हिंसा सत्य को छिपा लेती है। केवल निषेधात्मक सद्गुण ही पर्याप्त नहीं है। हमें माया को जीतना होगा, तभी वह हमारे वश में हो जायगी। जब कोई भी वस्तु हमें बाँध नहीं पाती, तभी उस पर हमारा यथार्थ अधिकार होता है। जब बन्धन ठीक ठीक छूट जाता है, तब सब कुछ हमारे निकट आकर उपस्थित हो जाता है। जिन्हें किसी वस्तु का अभाव नहीं है अर्थात् जो पूर्णतया वासनाहीन हैं, वे ही प्रकृति पर विजय पाते हैं।

ऐसे किसी महात्मा की शरण में जाओ, जिनका अपना बन्धन टूट गया है; समय आने पर वे अपनी कृपा से तुम्हें मुक्त कर देंगे। ईश्वर की शरणागति इसकी अपेक्षा उच्च भाव है, किन्तु वह बड़ी कठिन है। वास्तव में इसे कार्य रूप में परिणत करनेवाला मनुष्य शताब्दी में कहीं एक-आध देखा जाता है। 'मैं'-पन के साथ कुछ भी अनुभव मत करो, कुछ भी मत जानो, कुछ भी मत करो, कुछ भी अपना कहकर मत रखो—सब कुछ ईश्वर में समर्पित कर दो; और सर्वान्तःकरण से कहो, 'प्रभो! तुम्हारी ही इच्छा पूर्ण हो।' हम बद्ध हैं—यह भाव हमारा स्वप्न मात्र है। जागो—यह बन्धन दूर कर दो। ईश्वर की शरण

में जाओ, इस माया मरुभूमि को पार करने का एकमात्र यही उपाय है। 'छोड़ दो रज्जु, बोलो हे वीर संन्यासि, ॐ तत् सत् ॐ।'

हम दूसरों के प्रति दया प्रकाशित कर पाते हैं, यह हमारा एक विशेष सौभाग्य है—क्योंकि इस प्रकार के कार्य के द्वारा ही हमारी आत्मोन्नति होती है। दीन जन मानो इसलिए कष्ट पाते हैं कि हमारा कल्याण हो। अतएव दान करते समय दाता ग्रहीता के सामने घुटने टेके और धन्यवाद दे; ग्रहीता दाता के सम्मुख खड़ा हो जाय और अनुमति दे। सभी प्राणियों में विद्यमान प्रभु का दर्शन करते हुए उन्हींको दान दो। जब हम कुछ भी बुराई नहीं देख पायेंगे, तब हमारे लिए जगत्प्रपंच भी नहीं रहेगा, क्योंकि प्रकृति का उद्देश्य ही है हमें इस भ्रम से मुक्त करना। असम्पूर्णता नामक कोई चीज़ है, यह सोचना ही असम्पूर्णता की सृष्टि करना है। हम पूर्णस्वरूप और ओजःस्वरूप हैं, इस प्रकार सोचने से ही असम्पूर्णता की भावना दूर हो सकती है। चाहे जितना अच्छा काम क्यों न करो, किन्तु उसमें कुछ न कुछ बुराई लगी ही रहेगी। फिर अपने व्यक्तिगत फलाफल की ओर बिना देखे समस्त कार्य करते जाओ, तथा कार्यजन्य फलों को ईश्वर में समर्पित कर दो; ऐसा करने पर, अच्छा या बुरा कुछ भी तुम्हें अभिभूत न कर सकेगा।

कर्म करना धर्म नहीं है, फिर भी यथोचित रूप से कर्म करना मुक्ति की ओर ले जाता है। वास्तव में समग्र दया अज्ञान है, क्योंकि हम दया किस पर करेंगे? क्या तुम ईश्वर को दया की दृष्टि से देख सकते हो? फिर ईश्वर छोड़कर और है ही क्या? ईश्वर को धन्यवाद दो कि उसने तुम्हारी आत्मोन्नति के लिए यह जगद्रूप नैतिक व्यायामशाला तुम्हें प्रदान की है। यह कभी मत सोचना कि तुम इस जगत् की सहायता कर सकते हो। तुम्हें यदि कोई गाली दे तो उसके प्रति कृतज्ञ होओ। क्योंकि गाली या अभिशाप क्या है, यह देखने के लिए उसने मानो तुम्हारे सम्मुख एक दर्पण रखा है और वह तुम्हारे लिए आत्मसंयम का अभ्यास करने का एक अवसर दे रहा है। अतएव उसे आशीर्वाद दो और सुखी बनो। अभ्यास करने का अवसर मिले बिना व्यक्ति का विकास नहीं हो सकता, और दर्पण सामने रखे बिना हम अपना मुख नहीं देख सकते।

कामुक कल्पना उतनी ही बुरी है, जितनी कामुक क्रिया। कामेच्छा का दमन करने पर उससे उच्चतम फल लाभ होता है। काम-शक्ति को आध्यात्मिक शक्ति में परिणत करो, किन्तु अपने को पुरुषत्वहीन मत बनाओ, क्योंकि उससे शक्ति का क्षय होगा। यह शक्ति जितनी प्रबल होगी, इसके द्वारा उतना ही अधिक कार्य हो सकेगा। प्रबल जलधारा मिलने पर ही उसकी सहायता से खान खोदने का कार्य किया जा सकता है।

आज हमारी आवश्यकता यह है कि हम जान लें कि एक ईश्वर हैं, और यहीं एवं इसी समय हम उसका अनुभव कर सकते हैं। शिकागो के एक प्राध्यापक ने कहा—"इस जगत् की चिन्ता तुम कर लो, ईश्वर परलोक की चिन्ता कर लेंगे।" कैसी मूर्खताभरी बात है ! यदि हम इस जगत् की सब तरह की व्यवस्था करने में समर्थ हैं, तो फिर परलोक का भार ग्रहण करने के लिए एक ऐसे अनावश्यक ईश्वर की क्या आवश्यकता है ?

२६ जुलाई, शुक्रवार

बृहदारण्यकोपनिषद्

सभी वस्तुओं से प्रेम करो—केवल आत्म-दृष्टि से ही और आत्मा के लिए ही। याज्ञवल्क्य ने अपनी स्त्री मैत्रेयी से कहा था, 'आत्मा के द्वारा ही हम सभी वस्तुओं को जान पाते हैं।' आत्मा कभी भी ज्ञान का विषय नहीं हो सकती—जो स्वयं ज्ञाता है, वह ज्ञेय कैसे हो सकती है ? जिन्होंने अपने को आत्मस्वरूप जाना है, उनके लिए विधि-निषेध नहीं रहता। उन्हें ज्ञात हो गया है कि वे ही इस जगत्प्रपंच के रूप में हैं, और इसके स्रष्टा भी हैं।

* * *

पुरातन पौराणिक दंतकथाओं को रूपक के आकार में चिरस्थायी करने की चेष्टा करने से एवं उन्हें अत्यधिक महत्त्व देने से अंधविश्वास को प्रश्रय मिलता है, और यह सचमुच दुर्बलता है। सत्य के साथ कभी भी किसी प्रकार का समझौता नहीं होना चाहिए। सत्य का उपदेश दो, और किसी अंधविश्वास के पक्ष में युक्ति देने की चेष्टा मत करो, और न सत्य को श्रोता के स्तर पर नीचे घसीट लाओ।

२७ जुलाई, शनिवार

कठोपनिषद्

जिसने आत्मा का ज्ञान प्राप्त कर लिया है, ऐसे व्यक्ति को छोड़कर किसी अन्य के पास आत्म-तत्त्व जानने के लिए मत जाना। दूसरों के पास तो केवल बातें ही बातें हैं। आत्म-साक्षात्कार धर्माधर्म, भूत-भविष्यत् आदि सभी प्रकार के द्वन्द्वों के परे है। 'निष्कलंक व्यक्ति ही उस आत्मा का दर्शन करते हैं, और उन्हें शाश्वत शान्ति प्राप्त होती है।' केवल बातें, विचार, शास्त्र-पाठ और बुद्धि का चूडान्त परिचालन, यहाँ तक कि वेद भी मनुष्य को यह आत्मज्ञान नहीं दे सकते।

हमारे भीतर जीवात्मा और परमात्मा दोनों ही हैं। ज्ञानी लोग जीवात्मा को छायास्वरूप और परमात्मा को यथार्थ सूर्यस्वरूप जानते हैं।

हम यदि मन को इन्द्रियों के साथ संयुक्त न करें, तो हमें आँख, कान, नाक आदि इन्द्रियों के द्वारा किसी भी प्रकार का सन्देश प्राप्त नहीं हो सकता। मन इन बहिरिन्द्रियों का व्यवहार करता है। इन्द्रियों को बाहर मत जाने दो—तभी तुम देह एवं बहिर्जगत् के बन्धन से मुक्त हो सकोगे।

यह 'क' जिसे हम बहिर्जगद्रूप में देखते हैं, मृत्यु के बाद अपने अपने मन की अवस्थानुसार इसीको कोई स्वर्ग-रूप में और कोई नरक-रूप में देखता है। इहलोक और परलोक—ये दोनों ही स्वप्न हैं, परलोक भी इहलोक के ही नमूने का होता है। इन दोनों प्रकार के स्वप्नों से मुक्त हो जाओ। जान लो—सभी सर्वव्यापी है, सर्वत्र वर्तमान है। प्रकृति, देह और मन की ही मृत्यु होती है, हमारी मृत्यु नहीं होती, हम तो न जाते हैं, न आते हैं। यह जो स्वामी विवेकानन्द नाम का मनुष्य है—इसकी सत्ता प्रकृति के भीतर है। अतएव इसका जन्म भी हुआ है और इसकी मृत्यु भी होगी। किन्तु वह आत्मा—जिसका स्वामी विवेकानन्द-रूप में हम दर्शन कर रहे हैं—उसका न कभी जन्म है, न मृत्यु; वह अनन्त और अपरिणामी सत्ता है।

हम चाहे मनःशक्ति को पंचेन्द्रिय शक्तियों में विभक्त करें या एक शक्ति-रूप में देखें, वह केवल एक ही है। एक अन्धा मनुष्य कहता है, 'प्रत्येक वस्तु की एक एक विभिन्न प्रकार की प्रतिध्वनि होती है, अतएव मैं हाथ से ठोककर विभिन्न वस्तु की प्रतिध्वनि के द्वारा अपने चारों ओर की वस्तुओं को यथार्थ रूप में बतला सकता हूँ।' अतएव एक अन्धा व्यक्ति आँखवाले व्यक्ति को निविड़ कुहरे के भीतर से अनायास ही पथ दिखलाता हुआ ले जा सकता है; क्योंकि उसके लिए कुहरे और अन्धकार से कोई अंतर नहीं पड़ता।

मन का संयम करो, इन्द्रियों का निरोध करो, तभी तुम योगी हो पाओगे; तभी शेष सब कुछ प्राप्त हो जायगा। सुनना, देखना, सूँघना और स्वाद लेना अस्वीकार कर दो; बहिरिन्द्रियों से मनःशक्ति को खींच लो। जब तुम्हारा मन किसी विषय में मग्न रहता है, तब तुम अचेतन रूप से यह क्रिया सर्वदा करते ही रहते हो, अतएव चेतन रूप से भी तुम इसका अभ्यास कर सकते हो। मन अपनी इच्छा के अनुसार कहीं भी इन्द्रियों का प्रयोग कर सकता है। इस मूल कुसंस्कार को बिल्कुल निकाल दो कि हम देह की सहायता से ही काम करने के लिए विवश हैं। हम विवश नहीं हैं। अपने कमरे में जाकर बैठो और अपनी अन्तरात्मा के भीतर से उपनिषदों को प्राप्त करो। तुम भूत-भविष्यत् सभी ग्रन्थों में श्रेष्ठ

ग्रन्थ हो और जो कुछ है, उस सब के आलय हो। जब तक उस अन्तर्यामी गुरु का प्रकाश नहीं होता, तब तक बाहर के सभी उपदेश व्यर्थ हैं। यदि उससे हृदय-ग्रन्थ खुल जाय, तभी उसका कुछ मूल्य है।

हमारी इच्छा-शक्ति ही वह 'क्षुद्र धीर वाणी' है, वही यथार्थ नियन्ता है—जो कहती है, यह करो, यह न करो। यही हमें विविध बन्धनों के भीतर ले आयी है। अज्ञ व्यक्ति की इच्छा-शक्ति उसे बन्धन में डालती है, वही इच्छा-शक्ति यदि ज्ञानपूर्वक परिचालित हो तो हमें मुक्ति दे सकती है। सहस्र सहस्र उपायों से इच्छा-शक्ति को दृढ़ किया जा सकता है, इसका प्रत्येक उपाय ही एक एक प्रकार का योग है; किन्तु प्रणालीबद्ध योग के द्वारा यह कार्य बड़ी शीघ्रता से साधित हो सकता है। भक्तियोग, कर्मयोग, राजयोग और ज्ञानयोग के द्वारा अधिक निश्चित रूप से सफलता प्राप्त की जा सकती है। मुक्ति-लाभ करने के लिए अपनी सभी शक्तियों को—कर्म, विचार, उपासना, ध्यान-धारणा समस्त का अवलम्बन करो, सभी पालों को एक साथ उठा दो, सभी यंत्रों को पूरी शक्ति के साथ चलाओ और गन्तव्य स्थान में पहुँच जाओ। इसे जितनी शीघ्रता से कर सको, उतना ही अच्छा है।

* * *

ईसाइयों का बप्तिस्मा संस्कार (baptism) आंतरिक शुद्धीकरण का बाह्य प्रतीक है। बौद्ध धर्म से इसकी उत्पत्ति हुई है।

ईसाइयों का युखारिस्ट[1] नामक अनुष्ठान असभ्य जातियों की एक अति प्राचीन प्रथा का अवशेष है। ये सभी असभ्य जातियाँ कभी कभी अपने बड़े बड़े नेताओं को मारकर उनका मांस इस हेतु खाती थीं कि उनके नेताओं के सब महान् गुण उनमें भी आ जायँ। उन लोगों का विश्वास था कि उनके नेता सभी लोगों की अपेक्षा अधिक वीर्यवान्, साहसी और ज्ञानी हुए थे, इस उपाय से वे सभी शक्तियाँ उनके भीतर भी आ जायँगी और केवल एक ही व्यक्ति वीर्यवान और ज्ञानी न होकर समग्र जाति उसी प्रकार की हो जायगी। नरबलि की प्रथा भी

---

१. Eucharist or the Lord's Supper—बाइबिल के नये व्यवस्थान में लिखा है कि ईसा मसीह अपने देह-त्याग से पूर्व सभी शिष्यों को एकत्र कर रोटी और मद्य को ईश्वरार्पण कर बोले, "यह रोटी मेरा मांस है और यह मद्य मेरा रक्त है।" उसके बाद शिष्यों को उसे खाने के लिए कहा। ईसाई लोग अभी भी इस दिन का वार्षिक समारोह मनाते हैं, और उसे पूर्वोक्त नाम से संबोधित करते हैं।

यहूदी जाति में थी, और उन लोगों के ईश्वर जिहोवा द्वारा दिये अनेक दंडों के बावजूद उनमें यह प्रथा पूर्ण रूप से लुप्त नहीं हुई। ईसा स्वयं कोमल प्रकृति और प्रेमी व्यक्ति थे, किन्तु यहूदी जाति के विश्वासों के साथ उनको खपाने के निमित्त ईशपरितोष (atonement) के, या बलिदान के पशु के रूप में नर-बलि का भाव आ ही गया। इस निष्ठुर भाव का प्रवेश होने के कारण ईसाई धर्म ईसा की यथार्थ शिक्षा से दूर जा पड़ा और उसमें दूसरों के ऊपर अत्याचार तथा रक्तपात करने का भाव आ गया।

*   *   *

कोई भी कार्य करने के समय ऐसा मत कहो कि, 'यह मेरा कर्तव्य है', वरन् ऐसा कहो, 'यह मेरा स्वभाव है।'

सत्यमेव जयते नानृतम्—'सत्य की ही जय होती है, मिथ्या की नहीं।' सत्य के ऊपर प्रतिष्ठित होओ, तभी तुम भगवान् को प्राप्त कर सकोगे।

*   *   *

अति प्राचीन काल से भारत में ब्राह्मण जाति ने यह घोषणा की है कि वे सभी प्रकार के विधि-निषेधों के अतीत हैं। वे यह दावा करते हैं कि वे देवता हैं। वे दरिद्र हैं, किन्तु दोष उनमें यही है कि वे आधिपत्य या प्रभुत्व चाहते हैं। जो कुछ हो, भारत में प्रायः छः करोड़ ब्राह्मणों का वास है; उनके पास कोई सम्पत्ति भी नहीं है, और वे अत्यन्त सज्जन एवं नीतिपरायण हैं। उनके इस प्रकार होने का कारण यही है कि वे बाल्यकाल से ही शिक्षा पाते रहे हैं कि वे विधि-निषेध के अतीत हैं, एवं उनके लिए किसी प्रकार के दंड का विधान नहीं है। वे अपने को द्विज अथवा ईश्वरतनय समझते हैं।

२८ जुलाई, रविवार

दत्तात्रेयकृत अवधूत-गीता

'मन की शांति पर समस्त ज्ञान निर्भर रहता है।'

'जो समग्र विश्व में परिव्याप्त हैं, जो आत्मा के आत्मास्वरूप हैं, उन्हें मैं किस प्रकार नमस्कार करूँ?'

'आत्मा को अपना स्वभाव, अपना स्वरूप समझना ही ज्ञान एवं प्रत्यक्षानुभूति है। मैं ही वह हूँ, इस विषय में किंचिन्मात्र भी संदेह नहीं है।'

'कोई विचार, कोई शब्द या कोई कर्म हमें बन्धन में नहीं डाल सकता। मैं इन्द्रियातीत हूँ, मैं चिदानन्दस्वरूप हूँ।'

अस्ति-नास्ति कुछ नहीं है, सभी आत्मस्वरूप हैं। समस्त सापेक्षिक भावों

और सभी अंधविश्वासों को फेंक दो, जाति, कुल, देवता, और भी जो कुछ हैं, सभी चले जायँ। सत् और असत् की बातें क्यों करते हो? द्वैत-अद्वैत इन सभी बातों को छोड़ दो। तुम दो थे ही कब, जो द्वैत और अद्वैत की बातें करते हो। यह जगत्प्रपंच वही शुद्धबुद्धस्वरूप ब्रह्म मात्र है, ब्रह्म को छोड़कर और कुछ भी नहीं है। यह मत कहो कि योग के द्वारा विशुद्धि प्राप्त होगी—तुम स्वयं शुद्धस्वभाव हो। तुम्हें कोई भी शिक्षा नहीं दे सकता।

जिसने यह गीता लिखी है, उसके समान व्यक्तियों ने ही धर्म को जीवित रखा है। उन्होंने वास्तव में उस ब्रह्मस्वरूप का साक्षात्कार किया है। वे किसी वस्तु की अपेक्षा नहीं रखते, शरीर के सुख-दु:ख की, शीत-उष्ण, विपद-आपद अथवा अन्य किसी वस्तु की बिल्कुल परवाह नहीं करते। जलते हुए अंगार से अपने शरीर के जलने पर भी वे स्थिर भाव से बैठे रहकर आत्मानन्द का अनुभव करते हैं; उनके गात्र जल रहे हैं, इसका उन्हें भास तक नहीं होता।

'ज्ञाता, ज्ञान और ज्ञेय, ये त्रिविध बन्धन जब दूर हो जाते हैं, तभी आत्मस्वरूप का प्रकाश होता है।'

'जब बन्धन और मुक्ति-रूप भ्रम हट जाता है, तभी आत्मस्वरूप का प्रकाश होता है।'

'मन:संयम करो तो क्या, और न करो तो भी क्या? तुम्हारा धन रहे तो क्या, न रहे तो भी क्या? तुम तो नित्य शुद्ध आत्मा हो। कहो, मैं आत्मा हूँ, किसी प्रकार का बन्धन मेरे पास नहीं आ सकता। मैं अपरिणामी निर्मल आकाश-स्वरूप हूँ; अनेक प्रकार के विश्वास या धारणा रूपी मेघ मेरे ऊपर से होकर जा सकते हैं, किन्तु वे मुझे छू नहीं सकते।'

'धर्माधर्म, पाप-पुण्य दोनों को ही दग्ध कर डालो। मुक्ति तो बच्चों की कहानी मात्र है। मैं तो वही अविनाशी ज्ञानस्वरूप हूँ, मैं तो वही शुद्धिस्वरूप हूँ।'

'न कोई कभी बद्ध हुआ है, न कोई कभी मुक्त। मेरे अतिरिक्त और कुछ है ही नहीं। मैं अनन्तस्वरूप और नित्य मुक्तस्वभाव हूँ। मुझसे बातें न कीजिए—मैं ज्ञानस्वरूप हूँ, कौन मुझे बदल सकता है? गुरु भी कौन है, शिष्य भी कौन?'

तर्क-युक्ति, ज्ञान-विचार को गड्ढे में फेंक दो। 'बद्धस्वभाव मनुष्य ही दूसरों को बद्ध देखता है, भ्रान्त व्यक्ति ही दूसरों को भ्रान्त देखता है, अशुद्धस्वभाव व्यक्ति ही दूसरों को अशुद्ध देखता है।'

देश-काल-निमित्त—ये सभी भ्रम हैं। तुम सोचते हो कि मैं बद्ध हूँ, मुक्त होऊँगा—यह तुम्हारा रोग है। तुम अपरिणामी हो। बातें करना छोड़ दो,

चुप होकर बैठे रहो—सभी वस्तुएँ तुम्हारे सामने से उड़ जायँ— वे सब स्वप्न मात्र हैं। पार्थक्य या भेद नामक कोई वस्तु नहीं है, वह सब तो कुसंस्कार मात्र है। अतएव मौन भाव का अवलम्बन करो और अपना स्वरूप पहचानो।

'मैं आनन्दघनस्वरूप हूँ।' किसी आदर्श का अनुसरण करने की आवश्यकता नहीं—तुम्हें छोड़कर और दूसरा है ही क्या? किसीसे भय मत करना। तुम सार-सत्तास्वरूप हो। शान्ति में रहो—अपने को चंचल मत करो। तुम कभी बद्ध नहीं हुए हो। पुण्य या पाप तुम्हें स्पर्श नहीं करता। इन सभी भ्रमों को दूर कर दो और शान्ति में रहो। किसकी उपासना करोगे? उपासना भी कौन करेगा? सभी तो आत्मा हैं। कोई बात कहना, या किसी तरह की चिन्ता करना कुसंस्कार है। बारंबार बोलो, 'मैं आत्मा हूँ, मैं आत्मा हूँ।' शेष सब उड़ जाने दो।

२९ जुलाई, सोमवार, प्रातःकाल

हम कभी कभी किसी पदार्थ का संकेत उसके आस-पास के कुछ व्यापारों के वर्णन द्वारा करते हैं। हम जब ब्रह्म को सच्चिदानन्द नाम से अभिहित करते हैं, तब हम वास्तव में उसी अनिर्वचनीय सर्वातीत सत्तारूपी समुद्र के तट मात्र का कुछ संकेत देते हैं। हम इसे 'अस्ति'-स्वरूप नहीं कह सकते, क्योंकि अस्ति कहने से ही उसके विपरीत 'नास्ति' का ज्ञान भी होता है, अतएव वह भी सापेक्षिक है। कोई भी धारणा या कल्पना व्यर्थ है। केवल 'नेति' 'नेति'—(यह नहीं, वह नहीं) ही कहा जा सकता है, क्योंकि विचार मात्र करना भी सीमित कर देना है और अतः खो देना है।

इन्द्रियाँ दिन-रात तुम्हें धोखा देती रहती हैं। वेदान्त ने बहुत पहले ही यह जान लिया था, आधुनिक विज्ञान भी अब इस तत्त्व को समझने लगा है। किसी चित्र में केवल लम्बाई और चौड़ाई होती है। किन्तु चित्रकार तस्वीर में कृत्रिम रूप से मोटाई या गहराई का भाव भी अंकित कर प्रकृति की प्रतारणा का अनुकरण करता है। दो व्यक्ति कभी भी एक ही जगत् नहीं देख पाते। सर्वोच्च ज्ञान प्राप्त करने पर तुम देखोगे कि किसी भी वस्तु में न किसी प्रकार की गति है, न किसी प्रकार का परिणाम, उसकी यह धारणा ही माया है। समस्त प्रकृति अर्थात् समस्त गति के तत्त्व का समष्टि-रूप से निरीक्षण करो। देह और मन कोई भी हमारी यथार्थ आत्मा नहीं है—दोनों ही प्रकृति के अन्तर्गत हैं; किन्तु अंततः इनके भीतर की सार वस्तु को हम तत्त्वतः समझ सकते हैं। उस समय देह और मन के परे चले जाने के कारण देह और मन के द्वारा जो कुछ अनुभव होता है, वह भी चला जाता है। जब तुम इस जगत्प्रपंच को देखना या जानना बंद कर

दोगे, तभी तुम्हें आत्मोपलब्धि होगी। हमारा यथार्थ प्रयोजन है इस द्वैत या सापेक्षिक ज्ञान का अतिक्रमण करना। अनन्त मन या अनन्त ज्ञान नामक कुछ भी नहीं है, क्योंकि मन और ज्ञान दोनों ही ससीम हैं। अभी हम एक पर्दे में से देख रहे हैं—उसके बाद क्रमशः आवरण का परित्याग कर हम अपने ज्ञान के सार-सत्यस्वरूप उस अज्ञात वस्तु 'क' के समीप पहुँच जायँगे।

यदि हम कार्डबोर्ड में सुई से किये छिद्र द्वारा किसी तस्वीर को देखें तो हमें उसका एक नितांत भ्रामक रूप प्राप्त होता है, किन्तु, तथापि हम जो देखते हैं, वह वास्तव में तस्वीर ही है। छिद्र को हम जितना बढ़ाते जाते हैं, उस तस्वीर के बारे में हमारी धारणा उतनी ही स्पष्ट हो जाती है। हम अपनी नाम-रूपविषयक भ्रमात्मक उपलब्धि के अनुसार ही सत्य-वस्तु के सम्बन्ध में विभिन्न धारणा करते हैं। और जब हम कार्डबोर्ड को फेंक देते हैं, तब भी हम वही तस्वीर देखते हैं, किन्तु तब उसे वैसी देखते हैं जैसी वह वास्तव में है। हम इस तस्वीर में चाहे जितने विभिन्न प्रकार के गुणों या भ्रमात्मक धारणाओं का आरोप क्यों न करें, किन्तु तस्वीर में उससे कुछ भी परिवर्तन नहीं होता। इसी प्रकार आत्मा ही सभी वस्तुओं का मूल सत्य स्वरूप है—हम जो कुछ देखते हैं, सभी आत्मा है, किन्तु हम उसे जिस प्रकार नाम-रूप करके देखते हैं, वह वैसी नहीं है। यह नाम-रूप हमारे पर्दे में, माया में हैं।

ये सब मानो दूरबीन के विषयग्राही शीशे के दाग़ हैं; और जैसे सूर्य के प्रकाश द्वारा ही हम ये सब दाग़ देख पाते है, उसी प्रकार ब्रह्मरूप सत्य वस्तु के पृष्ठ-भाग में न रहने से हम भ्रम भी नहीं देख पाते। स्वामी विवेकानन्द नाम का मनुष्य इस दूरबीन के विषयग्राही काँच का दाग़ मात्र है। वास्तव में मैं केवल सत्यस्वरूप अपरिणामी आत्मा हूँ, और केवल वह सत्य वस्तु ही मुझे स्वामी विवेकानन्द को देखने में समर्थ बनाती है। सभी भ्रमों की मूलभूत सार-सत्ता है आत्मा—और जैसे सूर्य इस काँच के दाग़ों के साथ कभी अभिन्न नहीं माना जाता, वह हमें केवल दाग़ मात्र दिखा देता है, उसी प्रकार आत्मा भी नाम-रूप के साथ कभी भी मिलती नहीं। हमारे शुभ या अशुभ कर्मसमूह इन दाग़ों को केवल घटा या बढ़ा देते हैं, किन्तु वे हमारे अन्तःस्थित ईश्वर के ऊपर कोई प्रभाव नहीं डाल पाते। मन के दाग़ों को पूर्ण रूप से साफ़ कर डालो। ऐसा करने पर ही हम देख सकेंगे—'मैं और मेरे पिता एक ही हैं।'

हम पहले प्रत्यक्षानुभूति करते हैं, युक्ति-विचार बाद में आता है। हमें यह प्रत्यक्षानुभूति प्राप्त करनी होगी, और इसीको धर्म, साक्षात्कार कहा जाता है।

किसी व्यक्ति ने भले ही शास्त्र, संप्रदाय या अवतारों का नाम भी न सुना हो, किन्तु यदि उसने प्रत्यक्षानुभूति कर ली है, तो उसे और किसी बात का प्रयोजन नहीं रह जाता। चित्त शुद्ध करो—यही संपूर्ण धर्म है, और हम जब तक अपने मन के इन दाग़ों को दूर नहीं करते, तब तक हम उस सत्य का तत्त्वतः दर्शन नहीं कर सकते। शिशु संसार में कोई भी पाप नहीं देख पाता, क्योंकि बाहर के पापों का परिमाण-निर्णायक कोई मापदण्ड उसके भीतर है ही नहीं। अपने भीतर की दोष-राशि को दूर कर डालो, तो तुम बाहर के दोषों को फिर नहीं देख पाओगे। शिशु के सामने डकैती होती है, परन्तु उसके लिए वह कोई अर्थ ही नहीं रखती। किसी चित्र-पहेली में छिपी हुई वस्तु को यदि तुम एक बार देख लो, तो फिर तुम उसे सर्वदा देख सकोगे। इसी प्रकार जब तुम एक बार मुक्त और निर्दोष हो जाओगे, तब तुम जगत्प्रपंच के भीतर मुक्ति और शुद्धता के अतिरिक्त और कुछ भी नहीं देख पाओगे। उसी क्षण हृदय की सभी ग्रन्थियाँ छिन्न हो जाती हैं, सभी टेढ़े-मेढ़े स्थान सीधे हो जाते हैं, और यह जगत्प्रपंच स्वप्न के समान उड़ जाता है। और निद्राभंग होते ही यह सोचकर कि हमने ये सब निरर्थक स्वप्न देखे, हमें आश्चर्य होता है।

'जिसे प्राप्त कर लेने पर पर्वतप्राय दुःख भी हृदय को विचलित नहीं कर पाता', (उसे प्राप्त करना होगा)।

ज्ञान-कुठार द्वारा देह और मन के चक्रों को काट डालो—ऐसा करने पर ही आत्मा मुक्तस्वरूप होकर पृथग्भाव से स्थित हो सकेगी—यद्यपि पुराने वेग में उस समय भी चक्रद्वय कुछ देर के लिए चलते रहेंगे। परन्तु उस समय चक्र सीधे ही चलेंगे, अर्थात् इस देह-मन के द्वारा शुभ कार्य ही होगा। यदि उस शरीर के द्वारा कुछ बुरे कार्य होते हैं, तो समझ लो, वह व्यक्ति जीवन्मुक्त नहीं है—यदि वह अपने को जीवन्मुक्त कहलाने का दावा करता है, तो उसकी यह बात मिथ्या है। जब चित्तशुद्धि के द्वारा चक्रों की गति सीधी दिशा में हो गयी हो, केवल उसी समय उस पर कुठाराघात सम्भव है। सभी शुद्धिकारक कर्म अज्ञान को ज्ञात या अज्ञात रूप में नष्ट करते हैं। दूसरे को पापी कहने से बढ़कर और कोई बुरा कार्य नहीं है। शुभ कार्य बिना समझ के भी यदि किया जाय, तो भी उसका फल अच्छा ही होता है—वह बन्धन-मोचन में सहायता करता है।

दूरबीन के काँच के दाग़ों का तादात्म्य सूर्य के साथ कर देना ही मूलभूत भ्रम है। वह 'अहं' सूर्य, किसी भी वस्तु से सदा अप्रभावित रहता है, यह समझ लो और अपने को इन दाग़ों के हटाने में नियुक्त करो। मनुष्य से बढ़कर श्रेष्ठ प्राणी और कोई नहीं है। कृष्ण, बुद्ध और ईसा के समान मनुष्यों की उपासना

ही सर्वश्रेष्ठ उपासना है। तुम्हें जिस किसी वस्तु का अभाव-बोध होता है, उसकी सृष्टि तुम्हीं करते हो—वासनामुक्त हो जाओ।

*   *   *

देवदूत और पितर सभी इसी जगत् में रहते हैं—इसी जगत् को वे स्वर्ग-रूप में देखते हैं। वही अज्ञात वस्तु 'क' को सभी अपने अपने मन के भाव के अनुसार भिन्न भिन्न रूप में देखते हैं। किन्तु इस पृथ्वी पर इस अज्ञात वस्तु का सर्वोत्तम दर्शन प्राप्त हो सकता है। कभी भी स्वर्ग जाने की इच्छा मत करो—यह भ्रम निकृष्टतम है। इस पृथ्वी पर भी अत्यधिक धन और घोर दरिद्रता दोनों ही बन्धन हैं— दोनों ही हमें धर्म से दूर रखते हैं। हमारे पास तीन वरदान हैं—प्रथम, मनुष्य देह (मनुष्य का मन ही ईश्वर का निकटतम प्रतिबिंब है, हम 'उसकी ही प्रतिमा हैं।') द्वितीय, मुक्त होने के लिए आकांक्षा। तृतीय, गुरु के रूप में एक ऐसे महात्मा की सहायता प्राप्त करना, जो स्वयं इस मोहसागर को पार कर चुका हो।[1] इन तीनों की यदि प्राप्ति हो जाय तो भगवान् को धन्यवाद, तुम अवश्यमेव मुक्त होओगे।

जो केवल बुद्धि के द्वारा तुम ग्रहण करते हो, उसको कोई नया तर्क उड़ा दे सकता है, किंतु जिसकी अनुभूति तुम्हें होती है, वह सदा के लिए तुम्हारा अपना हो जाता है। धर्म के सम्बन्ध में केवल वाक्चातुरी से कुछ फल नहीं होता। जिस किसी वस्तु के संपर्क में आओ—जैसे मनुष्य, जानवर, आहार, क्रियाकलाप—सभी के भीतर ब्रह्मदर्शन करो—और इस प्रकार के सर्वत्र ब्रह्मदर्शन को अभ्यास में परिणत करो।

(अमेरिका के विख्यात अज्ञेयवादी) इंगरसोल ने मुझसे एक बार कहा था—'इस जगत् से जितना अधिक लाभ प्राप्त किया जा सके, उसे प्राप्त करने की चेष्टा सभी को करनी चाहिए—यह मेरा विश्वास है। संतरे को निचोड़कर जितना निकल सके सभी रस निकाल लें—जिससे रस की एक बूंद भी व्यर्थ न जाय—क्योंकि हम इस जगत् को छोड़कर अन्य किसी जगत् के अस्तित्व के सम्बन्ध में निश्चित नहीं हैं।' मैंने उन्हें उत्तर दिया—'मैं आपकी अपेक्षा इस जगत्रूपी संतरे को निचोड़ने की और अधिक उत्कृष्ट प्रणाली जानता हूँ—और मैं उससे अधिक रस प्राप्त करता हूँ। मैं जानता हूँ, मैं मर नहीं सकता, अतएव मुझे रस निचोड़ने की जल्दी नहीं पड़ी है। मैं जानता हूँ, भय का कोई कारण

---

१. दुर्लभं त्रयमेवैतद्देवानुग्रहहेतुकम्।
मनुष्यत्वं मुमुक्षुत्वं महापुरुषसंश्रयः॥ विवेकचूड़ामणि॥

नहीं है—अतएव आनन्दपूर्वक निचोड़ता हूँ। मेरा कोई कर्तव्य नहीं है, मुझे स्त्री-पुत्रादि और विषय-संपत्ति का कोई बन्धन नहीं है, मैं सभी नर-नारियों से प्रेम रख सकता हूँ। सभी मेरे लिए ब्रह्मस्वरूप हैं। मनुष्य को भगवान् समझकर उसके प्रति प्रेम रखने में कितना आनन्द है! संतरे को इस रूप से निचोड़ कर देखिए—अन्य रूप से निचोड़ने पर आप जो रस पायेंगे, उसकी अपेक्षा इस प्रकार निचोड़ने पर दस हजार गुना अधिक रस पायेंगे—रस की एक बूंद भी व्यर्थ न जायगी।'

जिसे हम 'इच्छा' समझते हैं, वास्तव में वही हमारी अन्तःस्थ आत्मा है, और वह मुक्तस्वभाव है।

सोमवार, अपराह्न

ईसा मसीह असम्पूर्ण थे, क्योंकि उन्होंने जिस आदर्श का प्रचार किया था, उसके अनुसार सम्पूर्ण भाव से उन्होंने जीवन-यापन नहीं किया और सर्वोपरि इस कारण कि उन्होंने नारी जाति को पुरुष के तुल्य अधिकार नहीं दिया। स्त्रियों ने ही उनके लिए सब कुछ किया, किन्तु वे यहूदियों के देशाचार द्वारा इतने बद्ध थे कि एक स्त्री को भी वे 'प्रेरित शिष्या' (apostle) न बना सके। तथापि उच्चतम चरित्र की दृष्टि से बुद्ध के बाद उनका स्थान है—इसी तरह बुद्ध भी एकान्ततः सम्पूर्ण रहे हों, सो भी नहीं है। जो कुछ हो, परन्तु बुद्ध ने धर्म में पुरुषों के समान ही स्त्रियों का भी अधिकार स्वीकार किया था, और उनकी अपनी स्त्री ही उनकी प्रथम और प्रधान शिष्या थीं। वह बौद्ध भिक्षुणियों की अधिनायिका हुई थीं। किन्तु हमें इन महापुरुषों का दोषानुसन्धान करना उचित नहीं। हमें उनके बारे में केवल यही धारणा रखनी चाहिए कि वे हमारी अपेक्षा अनन्त गुना श्रेष्ठ थे। कोई कितना ही बड़ा क्यों न हो, उस पर केवल विश्वास करके ही हमें पड़े न रहना चाहिए, हमें भी बुद्ध और ईसा बनना होगा।

किसी व्यक्ति के दोष या उसकी असम्पूर्णता देखकर उसके बारे में विचार करना उचित नहीं है। मनुष्य का जो महा सद्‌गुण देखा जाता है, वह उसका अपना है, किन्तु उसके दोष मनुष्य जाति की सर्वसाधारण दुर्बलता मात्र हैं; अतएव उनके चरित्र का विचार करते समय उनकी ओर ध्यान नहीं देना चाहिए।

* * *

अंग्रेजी वर्चू (virtue—धर्म) शब्द संस्कृत 'वीर' शब्द से आया है; क्योंकि प्राचीन काल में श्रेष्ठ योद्धा ही सर्वाधिक श्रेष्ठ माना जाता था।

३० जुलाई, मंगलवार

ईसा और बुद्ध प्रभृति—वे आलंबन हैं जिन पर हम अपनी आभ्यन्तरीण शक्तियों का आरोपण मात्र करते हैं। अपनी प्रार्थना का उत्तर वस्तुतः स्वयं हमीं देते हैं।

यह सोचना कि यदि ईसा उत्पन्न न होते तो मनुष्य जाति का कभी भी उद्धार न होता, घोर नास्तिकता है। मनुष्य-स्वभाव के भीतर जो ऐश्वरिक भाव अन्तर्निहित है, उसे इस प्रकार भूल जाना बड़ा भयानक है—यह ईश्वरी भाव कभी न कभी प्रकाशित होगा ही। मनुष्य-स्वभाव की महिमा कभी मत भूलना। भूत या भविष्य में, न कोई हमारी अपेक्षा श्रेष्ठ ईश्वर था, न होगा। मैं ही वह अनन्त महासमुद्र हूँ—ईसा, बुद्ध प्रभृति उसकी तरगें मात्र हैं। तुम अपने अंतःस्थ आत्मा को छोड़ और किसीके सामने सिर मत झुकाओ। जब तक तुम यह अनुभव नहीं करते कि तुम स्वयं देवों के देव हो, तब तक तुम मुक्त नहीं हो सकते।

हमारे सभी अतीत कर्म वास्तव में अच्छे हैं, क्योंकि हमारी जो चरमावस्था होगी, उसी ओर हमारे ये सभी कर्म हमें ले जाते हैं। किसके निकट मैं भिक्षा-याचना करूँगा? मैं ही यथार्थ सत्ता हूँ, और जो कुछ मेरी सत्ता से भिन्न रूप में प्रतीयमान होता है, वह तो स्वप्न मात्र है। मैं ही समग्र समुद्र हूँ—तुम स्वयं इस समुद्र में जिस एक क्षुद्र तरंग की सृष्टि करते हो, उसे 'मैं' मत कहो। यह जान लो कि वह तो उस समुद्र की तरंग के अतिरिक्त और कुछ भी नहीं है। सत्यकाम (सत्य का प्रेमी) ने सुना था कि उनकी हृदयाभ्यन्तरस्थ वाणी उनसे कह रही है, 'तुम अनन्तस्वरूप हो, वही सर्वव्यापिनी सत्ता तुम्हारे भीतर विराजमान है। अपने को संयत करो, और तुम अपनी यथार्थ आत्मा की वाणी सुनो।'

जो महापुरुष प्रचार-कार्य के लिए अपना जीवन समर्पित कर देते हैं, वे उन महापुरुषों की तुलना में अपेक्षाकृत अपूर्ण हैं, जो मौन रह कर पवित्र जीवन-यापन करते हैं एवं श्रेष्ठ विचारों का चिन्तन करते हुए जगत् की सहायता करते हैं। इन सभी महापुरुषों में एक के बाद दूसरे का आविर्भाव होता है—अन्त में उनकी शक्ति का चरम फलस्वरूप ऐसा कोई शक्तिसम्पन्न पुरुष आविर्भूत होता है, जो जगत् को शिक्षा प्रदान करता है।

* * *

ज्ञान स्वयमेव वर्तमान है, मनुष्य केवल उसका आविष्कार मात्र करता है। वेदसमूह ही यह चिरन्तन ज्ञान है, जिसकी सहायता से ईश्वर ने इस जगत् की सृष्टि की है। वे उच्चतम दार्शनिक तत्त्वों की चर्चा करते हैं और साथ ही यह महान दावा भी करते हैं।

* * *

जो सत्य है, उसे साहसपूर्वक निर्भीक होकर लोगों से कहो—उससे किसी को कष्ट होता है या नहीं, इस ओर ध्यान मत दो। दुर्बलता को कभी प्रश्रय न दो। सत्य की ज्योति बुद्धिमान मनुष्यों के लिए यदि अत्यधिक मात्रा में प्रखर प्रतीत होती है, और उन्हें बहा ले जाती है तो ले जाने दो—वे जितना शीघ्र बह जायँ उतना अच्छा ही है। बचकाने विचार बच्चों को तथा जंगली असभ्यों को ही शोभा देते हैं; किन्तु देखा जाता है कि वे केवल शिशुशाला या जंगलों में ही सीमित नहीं हैं, उनमें से कुछ उपदेशकों के आसन पर भी प्रतिष्ठित हैं।

आध्यात्मिक दृष्टि से विकसित हो चुकने पर धर्मसंघ में बने रहना अवांछनीय है। उससे बाहर निकलकर स्वाधीनता की मुक्त वायु में जीवन व्यतीत करो।

जो कुछ उन्नति होती है, वह सापेक्षिक जगत् में ही होती है। मानव-देह ही सर्वश्रेष्ठ देह है, एवं मनुष्य ही सर्वोच्च प्राणी है, क्योंकि इस मानव-देह तथा इस जन्म में ही हम इस सापेक्षिक जगत् से सम्पूर्णतया बाहर हो सकते हैं—निश्चय ही मुक्ति की अवस्था प्राप्त कर सकते हैं, और यह मुक्ति ही हमारा चरम लक्ष्य है। केवल हम ही नहीं हैं, बहुत से अन्य व्यक्ति भी मुक्तावस्था प्राप्त कर चुके हैं, अतएव आगे चल कर कितने ही अधिक श्रेष्ठ शरीर क्यों न आवें, वे रहेंगे सापेक्ष स्तर पर ही, और हमारी अपेक्षा कुछ भी अधिक उपलब्ध नहीं कर सकेंगे। क्योंकि मुक्ति-लाभ के अतिरिक्त और कौन सी उच्चावस्था का लाभ किया जा सकता है? देवदूत कभी कोई बुरे कार्य नहीं करते, इसलिए उन्हें कभी दण्ड भी प्राप्त नहीं होता; अतएव वे मुक्त भी नहीं हो सकते। सांसारिक धक्का ही हमें जगा देता है, वही इस जगत्स्वप्न को भंग करने में सहायता पहुँचाता है। इस प्रकार के लगातार आघात ही इस जगत् की असम्पूर्णता के परिचायक हैं, वे ही इस संसार से छुटकारा पाने की अर्थात् मुक्ति-लाभ करने की हमारी आकांक्षा को जाग्रत करते हैं।

* * *

किसी वस्तु को जब हम अस्पष्ट भाव में प्रत्यक्ष करते हैं, तब हम उसका एक नाम रखते हैं, और फिर जब उसी वस्तु का प्रत्यक्ष हम पूर्ण रूप से कर लेते हैं, तब उसको एक दूसरा नाम दे देते हैं। हमारी नैतिक प्रकृति जितनी उन्नत होती है, उतना ही उच्च हमारा प्रत्यक्ष बोध होता है, और उतनी ही हमारी इच्छा-शक्ति अधिक बलवती होती है।

मंगलवार, अपराह्न

जड़ और चेतन के भीतर हम जो सामंजस्य देखते हैं, उसका कारण यह

है कि वे दोनों ही एक अज्ञात वस्तु 'क' के दो पहलू हैं, वही वस्तु दो भागों में विभक्त हो बाह्य और आन्तर रूप में स्थित है।

अंग्रेजी का 'पैराडाइज़' शब्द संस्कृत 'पर-देश' शब्द से आया है, यह शब्द फ़ारसी भाषा में चला गया था—इसका अर्थ होता है देश के पार अथवा अन्य देश या अन्य लोक। प्राचीन आर्य लोग सर्वदा आत्मा में विश्वास करते थे, वे मनुष्य को केवल देह कभी नहीं समझते थे। उनके मत में स्वर्ग-नरक दोनों ही सान्त हैं, क्योंकि कोई भी कार्य अपने कारण के नष्ट हो जाने के बाद कभी भी नहीं रह सकता, और कोई भी कारण चिरस्थायी नहीं है; अतएव कार्य या फल मात्र का नाश होगा ही।

निम्नलिखित उपाख्यान में समग्र वेदान्त दर्शन का सार निहित है—

स्वर्ण पक्षवाले दो पक्षी एक वृक्ष पर वास करते हैं। ऊपर जो पक्षी बैठा है, वह स्थिर, शान्त भाव से अपनी महिमा में स्वयं विभोर होकर रहता है; और जो पक्षी नीचे की डाल पर बैठा है, वह सदा चंचल रहता है, और वह इस वृक्ष का कभी मीठा फल, कभी कड़ुआ फल खाता है। एक बार उसने एक अत्यन्त कटु फल खाया; तब कुछ स्थिर होकर ऊपर बैठे हुए उस महिमामय पक्षी की ओर उसने देखा। किन्तु फिर वह उसे शीघ्र ही भूल गया, और पहले के समान ही उस वृक्ष के फल खाने में लग गया। फिर उसने एक कटु फल खाया—इस बार वह फुदक फुदक कर ऊपर की ओर कूदा और ऊपर के पक्षी के कुछ समीप जा पहुँचा। इस प्रकार अनेक बार हुआ, अन्त में नीचे का पक्षी बिल्कुल ऊपर के पक्षी के स्थान पर जा बैठा, और अपने को खो बैठा—अर्थात् ऊपरवाले पक्षी के साथ एकरूप हो गया। अब उसे यह ज्ञान हुआ कि दो पक्षी कभी भी नहीं थे, वह स्वयमेव सर्वदा शान्त, स्थिर भाव से स्वमहिमा में मग्न, ऊपरवाला पक्षी ही था।

३१ जुलाई, बुधवार

लूथर[1] ने धर्म से संन्यास या त्याग को दूर कर उसके स्थान में केवल नैतिकता को स्थापित करके धर्म को काफ़ी चोट पहुँचाया। नास्तिक और जड़वादी लोग भी नीतिपरायण हो सकते हैं, किन्तु धर्म-लाभ तो केवल ईश्वर-विश्वासी ही कर सकते हैं।

महान् आत्माओं की पवित्रता का मूल्य दुष्ट लोग अदा करते हैं। अतः किसी बुरे आदमी को देख कर यह स्मरण कर लो। जैसे ग़रीबों के परिश्रम के

---

१. प्रोटेस्टैन्ट-धर्म-संस्थापक

फल से धनी लोगों की विलासिता सम्भव है, वैसा ही आध्यात्मिक जगत् में भी है। भारत के साधारण लोगों की जो इतनी अवनति देखी जाती है, वह तो मानो मीराबाई, बुद्ध प्रभृति महात्माओं के उत्पादन के लिए प्रकृति द्वारा चुकाया हुआ मूल्य है।[1]

* * *

'मैं ही (पावनों की पावनता हूँ), 'मैं ही सभी का मूल हूँ, प्रत्येक व्यक्ति उसका उपयोग इच्छानुसार करता है, किन्तु सब कुछ मैं ही हूँ।' 'मैं ही सब करता हूँ, तुम निमित्त मात्र हो।'

बहुत बकवाद न करो, अपने भीतर की आत्मा का अनुभव करो, तभी तुम ज्ञानी होगे। यह है ज्ञान, और शेष सब अज्ञान। जानने की वस्तु एकमात्र ब्रह्म है। वही सब कुछ है।

* * *

सत्त्व गुण मनुष्य को सुख और ज्ञान के अन्वेषण द्वारा बद्ध करता है, रजोगुण वासना द्वारा बद्ध करता है, और तमोगुण भ्रमज्ञान, आलस्य प्रभृति द्वारा बद्ध करता है। रज, तम—इन दो निकृष्ट गुणों को सत्त्व के द्वारा जीत लो, उसके बाद सब कुछ ईश्वर में समर्पित कर मुक्त हो जाओ।

भक्तियोगी अतिशीघ्र ब्रह्मोपलब्धि करते हैं, और तीनों गुणों के अतीत हो जाते हैं।

इच्छा, ज्ञान इन्द्रिय, कामना तथा अन्य वासनाएँ जीवात्मा का रूप धारण करती हैं।

प्रथम, प्रातिभासिक आत्मा (देह) है; द्वितीय, मानसात्मा है—जो देह को ही 'मैं' समझता है; तृतीय, यथार्थ आत्मा है, जो नित्य शुद्ध, नित्य मुक्त है। आंशिक भाव से देखने पर वह प्रकृति-रूप से ज्ञात होता है, पूर्ण भाव से देखने पर समस्त प्रकृति उड़ जाती है; इतना ही नहीं, उसकी स्मृति भी लुप्त हो जाती है। प्रथम—

---

१. समाज का आदर्श अत्यन्त उच्च होने पर सभी उसका पालन नहीं कर पाते, अधिकांश व्यक्ति आदर्श पालन करने की चेष्टा में हीनावस्था को प्राप्त हो जाते हैं, किन्तु फिर भी उनकी सहायता के बिना इस आदर्श का पालन असम्भव है। जैसे सौ सैनिकों ने शत्रु पक्ष पर आक्रमण किया। उनमें से अस्सी व्यक्ति मर गये, बीस व्यक्ति कृतकार्य हुए। क्या इन अस्सी सैनिकों ने इस युद्धजय में मूल्य प्रदान नहीं किया? ठीक ऐसा ही यहाँ भी समझना चाहिए।

परिणामी और अनित्य है, द्वितीय—प्रवाह रूप से नित्य (प्रकृति) है, तृतीय—कूटस्थ नित्य आत्मा है।

* * *

आशा का संम्पूर्ण रूप से त्याग कर दो, यही है सर्वोच्च अवस्था। आशा किस बात के लिए करें? आशा का बन्धन छिन्न कर डालो; अपनी आत्मा का ही आश्रय लो, स्थिर होओ; जो करो, सब भगवान् में अर्पण कर दो, किन्तु उसमें किसी प्रकार का कपट मत करो।

भारत में किसीसे कुशल-प्रश्न पूछते समय 'स्वस्थ' (जिससे 'स्वास्थ्य' शब्द आया है) संस्कृत शब्द का व्यवहार होता है—स्वस्थ शब्द का अर्थ स्व अर्थात् आत्मा में प्रतिष्ठित होना। हिन्दू लोग किसी वस्तु को देखने पर उस वस्तु का बोध यदि उन्हें दूसरों को कराना होता है तो वे कहते हैं, मैंने एक पदार्थ देखा है। 'पदार्थ' का अर्थ है, पद या शब्द का अर्थ। इतना ही नहीं, यह जगत्प्रपंच भी उनके लिए एक 'पदार्थ' है।

* * *

जीवन्मुक्त पुरुष का शरीर अपने आप ही शुभ कार्य करता है। वह केवल शुभ कार्य ही कर सकता है, क्योंकि वह सम्पूर्ण रूप से पवित्र हो गया है। जिस अतीत संस्कार रूपी वेग के द्वारा उनका देहचक्र परिचालित होता है, वह शुभ ही है। बुरे संस्कार सब दग्ध हो गये हैं।

* * *

'यथार्थ दुर्दिन वही कहा जाता है, जिस दिन हम भगवत्कथा वर्णन नहीं करते; जिस दिन आँधी-वर्षा होती है, उस दिन को वास्तव में 'दुर्दिन' नहीं कहा जाता।'[1] उस परम प्रभु के प्रति प्रेम भाव रखने का नाम ही यथार्थ भक्ति है। अन्य किसी पुरुष के प्रति प्रेम भाव रखने का नाम भक्ति नहीं है, चाहे वह कितने ही बड़े क्यों न हों। यहाँ परम प्रभु का अर्थ है परमेश्वर। तुम लोग पाश्चात्य देश में वैयक्तिक ईश्वर (Personal God) कहने से जो समझते हो, भारत में परमेश्वर की धारणा उसकी अपेक्षा बहुत श्रेष्ठ है। 'जिनसे इस जगत्प्रपंच की उत्पत्ति हुई है, जिनमें यह अवस्थित रहता है और प्रलय काल में यह जिनमें लय हो जाता है, वे ही ईश्वर हैं; वे नित्य, शुद्ध, सर्वशक्तिमान, सदा मुक्तस्वभाव, दयामय, सर्वज्ञ, सभी गुरुओं के गुरु एवं अनिर्वचनीय प्रेमस्वरूप हैं।'

१. यदच्युत-कथालाप-रस-पीयूष-वर्जितम्।
तद्दिनं दुर्दिनं मन्ये मेघाच्छन्नं न दुर्दिनम्॥

मनुष्य अपने मस्तिष्क से भगवान् की सृष्टि नहीं करता; किन्तु उसमें जितनी शक्ति है, उसके अनुसार वह उनके बारे में धारणा कर सकता है और उसकी जो सर्वोत्कृष्ट धारणाएँ हैं, उन्हें वह उनमें आरोपित करता है। इसी एक एक गुण के द्वारा पूर्ण ईश्वर निर्दिष्ट होते हैं, और इस एक एक गुण के द्वारा पूर्ण ईश्वर को समझना ही वास्तव में वैयक्तिक ईश्वर की दार्शनिक व्याख्या है। ईश्वर निराकार है, फिर भी उसके सभी आकार हैं; ईश्वर निर्गुण है, फिर उसमें सभी गुण हैं। हम जब तक मानवभावापन्न हैं, तब तक ईश्वर, प्रकृति और जीव—ये तीन सत्ताएँ हमें स्वीकार करनी ही पड़ती हैं। उनको बिना स्वीकार किये हम रह ही नहीं सकते।

किन्तु भक्त के लिए यह सब दार्शनिक विभेदीकरण केवल व्यर्थ वाग्जाल मात्र है। वह युक्ति-विचार को ग्राह्य ही नहीं समझता, वह तर्क नहीं करता—वह प्रत्यक्ष अनुभव को ही श्रेष्ठ समझता है। वह ईश्वर के शुद्ध प्रेम में आत्महारा हो जाना चाहता है; और ऐसे अनेक भक्त हो गये हैं, जो कहते हैं, मुक्ति की अपेक्षा यही अवस्था अधिक वांछनीय है। वे कहते हैं—'चीनी होना अच्छा नहीं, किन्तु चीनी खाना अच्छा है'—'मैं उस परम प्रेमास्पद को प्यार करना चाहता हूँ, उनका उपभोग करना चाहता हूँ।'

भक्तियोग में प्रथम विशेष प्रयोजन है, निष्कपट और प्रबल भाव से ईश्वर को चाहना। हम ईश्वर को छोड़कर और सभी कुछ चाहते हैं; क्योंकि बहिर्जगत् से हमारी सभी वासनाएँ पूर्ण होती हैं। जब तक हमारी आवश्यकताएँ जड़ जगत् के भीतर ही सीमाबद्ध हैं, तब तक हम ईश्वर के अभाव का बोध नहीं कर पाते; किन्तु जब हम पर इस जीवन में चारों ओर से प्रबल आघात पड़ते हैं और इस जगत् के सभी विषयों से जब हम निराश हो जाते हैं, तभी किसी उच्चतर वस्तु की हमें आवश्यकता प्रतीत होती है, तभी हम ईश्वर का अन्वेषण करते हैं।

भक्ति विध्वंसात्मक नहीं है, वरन् भक्तियोग की शिक्षा यह है कि हमारी सभी क्षमताएँ मुक्ति-लाभ करने का उपायस्वरूप हो सकती हैं। इन सभी वृत्तियों को ईश्वराभिमुख करना होगा—साधारणतः जो प्रेम अनित्य इन्द्रिय-विषयों में नष्ट किया जाता है, वही ईश्वर को समर्पित करना होगा।

तुम्हारी पाश्चात्य धर्म की धारणा से भक्ति में अन्तर इतना ही है कि भक्ति में भय का कोई स्थान नहीं है—भक्ति के द्वारा किसी पुरुष का क्रोध शान्त करने या किसीको संतुष्ट करने की आवश्यकता नहीं होती। इतना ही नहीं, ऐसे भी भक्त हैं, जो ईश्वर की उपासना पुत्र भाव से करते हैं—इस प्रकार की उपासना का उद्देश्य यही है कि ऐसी उपासना में भय या भयमिश्र भक्ति का कोई भाव नहीं

रहता। प्रकृत प्रेम में भय नहीं रह सकता, और जब तक थोड़ा सा भी भय रहेगा, तब तक भक्ति का आरम्भ ही नहीं हो सकता, एवं भक्ति में भगवान् से भिक्षा माँगने का भाव अथवा उनके साथ क्रय-विक्रय करने का भाव नहीं रहता। भगवान् के पास किसी वस्तु के लिए प्रार्थना भक्त की दृष्टि में महान् अपराध है। भक्त कभी भी भगवान् से आरोग्य या ऐश्वर्य की कामना नहीं करता, इतना ही नहीं, वह स्वर्ग तक की कामना नहीं करता।

जो भगवान् से प्रेम करना चाहते हैं, भक्त होना चाहते हैं, उन्हें इन सभी वासनाओं की एक पोटली बाँधकर उसे दरवाज़े के बाहर फेंककर प्रवेश करना होगा। जो उस ज्योति के राज्य में प्रवेश करना चाहते हैं, उन्हें उसके दरवाज़े में प्रवेश करने के पहले ही 'दूकानदारी के धर्म' की पोटली बाहर फेंक देनी होगी। मैं ऐसा नहीं कहता कि भगवान् से जो वस्तु चाही जाती है, वह मिलती नहीं—उनसे तो सब कुछ मिलता है, परन्तु इस प्रकार प्रार्थना करना अत्यन्त निम्न स्तर का धर्म है, भिखारियों का धर्म है।

उषित्वा जाह्नवीतीरे कूपं खनति दुर्मतिः—'वह व्यक्ति सचमुच मूर्ख है, जो गंगा-तीर पर वास करता हुआ भी जल के लिए कुआँ खोदता है।' और मूर्ख है वह जो हीरों की खान में पहुँच कर काँच के मनकों की खोज में व्यस्त हो जाता है। इन सभी आरोग्य, ऐश्वर्य और ऐहिक अभ्युदयों के लिए प्रार्थना करना भक्ति नहीं कहलाती—ये सब अत्यन्त निम्न स्तर के कर्म हैं। भक्ति इसकी अपेक्षा कहीं ऊँची वस्तु है। हम राजाधिराज के सामने जाने की चेष्टा कर रहे हैं। हम वहाँ पर भिखारी के वेश में नहीं जा सकते। यदि हम किसी महाराजा के सम्मुख जाने की इच्छा करें, तो क्या भिखारी के समान मैला-कुचैला वस्त्र पहनकर वहाँ जा सकते हैं? कभी नहीं। दरबान हमें फाटक पर से ही भगा देगा। भगवान् राजाधिराज हैं—हम उनके पास कभी भी भिक्षुक के वेश में नहीं जा सकते। दूकानदारों को तो वहाँ प्रवेश करने का अधिकार ही नहीं है—वहाँ पर क्रय-विक्रय बिल्कुल ही नहीं हो सकता। तुम लोगों ने बाइबिल में भी पढ़ा होगा, ईसा ने क्रय-विक्रय करनेवालों को मन्दिर के बाहर निकाल दिया था।

इसलिए कहने की आवश्यकता नहीं कि भक्त होने के लिए हमारा प्रथम कर्तव्य यह है कि स्वर्ग आदि की कामनाओं को हम पूर्ण रूप से दूर कर दें। ऐसा स्वर्ग इसी स्थान के समान, इसी पृथ्वी के समान है—अधिक से अधिक इससे कुछ थोड़ा अच्छा हो सकता है, बस इतना ही। ईसाइयों की स्वर्ग के बारे में ऐसी धारणा है कि वह अधिक प्रचुर भोगों का स्थान मात्र है; अतः वह भगवान् कैसे हो सकता है? यह जो स्वर्ग जाने की वासना है, वह भोग-सुख की ही कामना है। इस वासना

का त्याग करना होगा। भक्त का प्रेम सम्पूर्णतः विशुद्ध और निःस्वार्थ होना चाहिए।—उसे अपने लिए इहलौकिक या पारलौकिक किसी प्रकार की आकांक्षा नहीं करनी चाहिए।

'सुख-दुःख, लाभ-क्षति—इन सबका त्याग कर दिन-रात ईश्वर की उपासना करो—एक क्षण भी व्यर्थ मत जाने दो।'

'अन्य सभी चिन्ता छोड़कर सर्वान्तःकरण से ईश्वर की दिन-रात उपासना करो। इस प्रकार दिन-रात उपासित होने पर, वे अपना स्वरूप प्रकाशित करते हैं, वे अपने उपासकों को अपनी उपलब्धि में समर्थ करते हैं।'

१ अगस्त, बृहस्पतिवार

सच्चे गुरु वे ही हैं, जिनके द्वारा हमको अपना आध्यात्मिक जन्म प्राप्त हुआ है। वे ही वह साधन हैं, जिसमें से होकर आध्यात्मिक प्रवाह हम लोगों में प्रवाहित होता है। वे ही समग्र आध्यात्मिक जगत् के साथ हम लोगों के संयोग-सूत्र हैं। व्यक्ति-विशेष के ऊपर अतिरिक्त विश्वास करने से दुर्बलता और अन्तःसारशून्य बहिःपूजा आ सकती है, किन्तु गुरु के प्रति प्रबल अनुराग से उन्नति अत्यन्त शीघ्र सम्भव है। वे हमारे अन्तःस्थित गुरु के साथ हमारा संयोग करा देते हैं। यदि तुम्हारे गुरु के भीतर यथार्थ सत्य है तो उनकी आराधना करो, यही गुरुभक्ति तुम्हें शीघ्र ही चरम अवस्था में पहुँचा देगी।

श्री रामकृष्ण शिशु सदृश पवित्रस्वभाव थे। उन्होंने जीवन में कभी भी रुपये-पैसे का स्पर्श नहीं किया, और वे पूर्ण रूप से कामगन्धहीन थे। बड़े बड़े धर्माचार्यों के समीप जड़ विज्ञान सीखने मत जाओ, उनकी समग्र शक्ति आध्यात्मिक विषयों में प्रयुक्त हुई है। श्री रामकृष्ण परमहस के भीतर मनुष्य-भाव मर गया था, केवल ईश्वरत्व अवशिष्ट था। वे सचमुच ही पाप को नहीं देख पाते थे—जिन नेत्रों से बहिर्जगत् में पाप का दर्शन होता है, उनकी अपेक्षा वे पवित्रतर दृष्टिसम्पन्न थे। इस प्रकार के बहुत थोड़े से ही परमहंसों की पवित्रता ने समग्र जगत् को धारण कर रखा है। यदि इन सबकी मृत्यु हो जाय, यदि ये सब जगत् का त्याग कर दें, तो जगत् खण्ड खण्ड होकर ध्वंस हो जायगा। वे केवल अपना महोच्च पवित्र जीवन-यापन करके लोगों का कल्याण करते है; किन्तु वे जो दूसरों का कल्याण करते हैं, उन्हें उसकी खबर भी नहीं। वे अपना आदर्श जीवन व्यतीत करके ही सन्तुष्ट रहते हैं।

* * *

हमारे भीतर जो ज्ञान-ज्योति वर्तमान है, शास्त्र उसकी ओर केवल संकेत

करते हैं और उसकी अभिव्यक्ति करने का उपाय बतलाते हैं, किन्तु जब हम स्वयं उस ज्ञान को प्राप्त करते हैं, तभी हम उनको ठीक ठीक समझ पाते हैं। जब तुम्हारे भीतर उस अन्तर्ज्योति का प्रकाश है, तो फिर ग्रन्थों का क्या प्रयोजन?—तुम केवल अन्तर की ओर दृष्टिपात करो। सम्पूर्ण शास्त्र में जो है, तुम्हारे अपने भीतर भी वही है, वरन् उसकी अपेक्षा हज़ार गुना अधिक है। तुम अपने ऊपर अविश्वास कभी मत करो, तुम इस जगत् में सब कुछ कर सकते हो। कभी भी अपने को दुर्बल मत समझो, सभी शक्तियाँ तुम्हारे भीतर विद्यमान हैं।

यदि धर्म और जीवन, शास्त्र या किसी महापुरुष के अस्तित्व पर ही निर्भर है, तो नष्ट हों वे सब धर्म, नष्ट हों वे सब शास्त्र। धर्म हमारे भीतर ही है। कोई गुरु या कोई शास्त्र हमें उसकी प्राप्ति में सहायता मात्र दे सकते हैं, इसके अतिरिक्त वे और कुछ भी नहीं कर सकते; और तो क्या, इनकी सहायता के बिना भी हम अपने भीतर सभी सत्यों को उपलब्ध कर सकते हैं। तथापि शास्त्र और आचार्यों के प्रति कृतज्ञ रहो, किन्तु देखो, ये तुम्हें कहीं बद्ध न कर लें; गुरु को ईश्वर समझकर तुम उनकी उपासना करो, किन्तु अन्ध भाव से उनका अनुसरण न करो। जहाँ तक हो सके उनसे प्रेम रखो, किन्तु स्वाधीन भाव से विचार करो। किसी प्रकार का अन्धविश्वास तुम्हें मुक्ति नहीं दे सकता, तुम स्वयं अपनी मुक्ति प्राप्त कर लो। ईश्वर के सम्बन्ध में यह एकमात्र धारणा रखो कि वे हमारे नित्य सहायक हैं।

स्वाधीनता एवं उच्चतम प्रेम—दोनों एक साथ रहने चाहिए। ऐसा होने पर इनमें से कोई भी हमारे बन्धन का कारण नहीं हो सकता। हम भगवान् को कुछ भी नहीं दे सकते, वे ही हमें सब कुछ देते हैं। वे सभी गुरुओं के गुरु हैं। वे हमारी आत्मा की आत्मा हैं, हमारा जो यथार्थ स्वरूप है, वह वे ही हैं। जब वे हमारी आत्मा के अन्तरात्मा हैं, तो हम उनसे प्रेम करेंगे, इसमें आश्चर्य ही क्या है? उन्हें छोड़ और किस व्यक्ति या वस्तु से हम प्रेम कर सकते हैं? हमें **दग्धेन्धनमिवानलम्** होना चाहिए। जब तुम केवल ब्रह्म को ही देखोगे, तब फिर किसका उपकार कर सकोगे? भगवान् का तो उपकार नहीं कर सकते? उस समय सभी संशय नष्ट हो जाते हैं, सर्वत्र समत्व भाव आ जाता है। तब यदि तुम किसीका कल्याण करते हो, तो स्वयं अपना ही करते हो। यह अनुभव करो कि दान लेनेवाला तुम्हारी अपेक्षा श्रेष्ठ है; तुम जो उसकी सेवा करते हो, उसका कारण यह है कि तुम उसकी अपेक्षा छोटे हो; ऐसा न समझना कि तुम बड़े हो, और वह छोटा है। गुलाब जैसे अपने स्वभाव से ही सुगन्ध का वितरण करता है, और मैं सुगन्ध दे रहा हूँ, इसकी उसे खबर भी नहीं रहती, उसी प्रकार तुम भी दान दो।

वे श्रेष्ठ हिन्दू सुधारक राजा राममोहन राय इस प्रकार के निःस्वार्थ कर्म के

अद्भुत दृष्टान्तस्वरूप थे। उन्होंने अपना सम्पूर्ण जीवन भारत की सहायता में अर्पण कर दिया था। उन्होंने ही विधवाओं की दाह-प्रथा को बन्द किया था। साधारणतः लोगों का यह विश्वास है कि यह सुधार-कार्य सम्पूर्णतया अंग्रेजों के द्वारा साधित हुआ है, किन्तु वास्तव में ऐसा नहीं है। राजा राममोहन राय ने ही इस प्रथा के विरुद्ध आन्दोलन आरम्भ किया था एवं इस प्रथा का अन्त करने के लिए सरकार से सहायता प्राप्त करने में उन्हें सफलता मिली थी। जब तक उन्होंने आन्दोलन प्रारम्भ नहीं किया, तब तक अंग्रेजों ने कुछ भी नहीं किया। उन्होंने ब्राह्म समाज नामक एक विख्यात धर्म-समाज भी स्थापित किया, और एक विश्वविद्यालय की स्थापना के लिए एक लाख डालर का चन्दा दिया। वे उसके बाद अलग हो गये और कहा—"तुम लोग मुझे छोड़कर स्वयं आगे बढ़ो।" नाम-यश तो वे बिल्कुल ही नहीं चाहते थे, अपने लिए किसी तरह की फलाकांक्षा नहीं रखते थे।

बृहस्पतिवार, अपराह्न

घूमनेवाले हिंडोले की तरह अभिव्यक्तियों के अनंत क्रम हैं, जिनमें आत्मा मानो चढ़कर घूम रही है। ये चक्र-क्रम शाश्वत हैं। व्यष्टिगत आत्माएँ इस झूले में से निकल आती हैं अवश्य, किन्तु झूले की गति का विराम नहीं, एक ही प्रकार की घटनाओं की आवृत्ति सदा होती रहती है; और इसी कारण लोगों का भूत-भविष्यत् सब कुछ पढ़ा जा सकता है, क्योंकि वास्तव में सभी वर्तमान है। जब आत्मा एक शृंखला के भीतर आ पड़ती है, तब उसे उस शृंखला का जो कुछ अनुभव या भोग है—सभी कुछ ग्रहण करना पड़ता है। इस प्रकार की एक शृंखला या श्रेणी में से आत्मा एक दूसरी शृंखला या श्रेणी में चली जाती है, और किसी किसी श्रेणी में आने पर वह अपने को ब्रह्मस्वरूप अनुभव करती है और फिर सदा के लिए उसमें से बाहर निकल जाती है। इस प्रकार की एक श्रेणी या शृंखला विशेष की एक प्रधान घटना का अवलम्बन कर समस्त शृंखला को पकड़कर लाया जा सकता है, और उसके भीतर की समग्र घटनाओं का ज्ञान प्राप्त किया जा सकता है। यह शक्ति सरलता से प्राप्त की जा सकती है, किन्तु इससे वास्तव में कोई लाभ नहीं है; और इस शक्ति के लाभ के लिए जितनी चेष्टा की जाती है, हमारी आध्यात्मिक साधना में उतनी ही हानि पहुँचती है। इसलिए उन सब विषयों की चेष्टा मत करो, भगवान् की उपासना करो।

२ अगस्त, शुक्रवार

निष्ठा सिद्धि का प्रारंभ है।

सबसे रसिये सबसे बसिये सबका लीजिए नाम।
हाँ जी हाँ जी करते रहिए बैठिए अपने ठाम॥

—'सभी के साथ आनन्द करो, सभी के साथ रहो, सभी का नाम लो, दूसरों की बातों में हाँ-हाँ करते रहो, किन्तु अपना भाव कभी मत छोड़ो।' इसकी अपेक्षा उच्चतर अवस्था है—दूसरे की स्थिति को अपनाना। यदि मैं ही सब हूँ तो अपने भाई के साथ यथार्थ भाव से एवं सक्रिय रूप में सहानुभूति क्यों नहीं कर सकता और उसकी आँखों से क्यों देख नहीं सकता? जब तक मैं दुर्बल हूँ, तब तक मुझको निष्ठापूर्वक एक मार्ग को पकड़े रहना होगा; किन्तु जब मैं सबल हो जाऊँगा, तब मैं अन्य सभी लोगों के भावों को अनुभव कर सकूँगा, उन भावों के साथ सम्पूर्ण सहानुभूति रख सकूँगा।

प्राचीन भाव था, 'अन्य सभी भावों को नष्ट कर एक भाव को प्रबल बनाओ।' आधुनिक भाव है—'सभी विषयों में सामंजस्य रखकर उन्नति करो।' एक तृतीय मार्ग है—'मन का विकास करो और उसका संयम करो', उसके बाद जहाँ इच्छा हो वहाँ उसका प्रयोग करो— उससे अति शीघ्र फल-प्राप्ति होगी। यह है यथार्थ आत्मोन्नति का उपाय। एकाग्रता सीखो, और जिस ओर इच्छा हो उसका प्रयोग करो। ऐसा करने पर तुम्हें कुछ खोना नहीं पड़ेगा। जो समस्त को प्राप्त करता है, वह अंश को भी प्राप्त कर सकता है। द्वैतवाद का अद्वैतवाद में अन्तर्भाव होता है।

'मैंने पहले उसे देखा, उसने भी मुझे देखा, मैंने भी उसके प्रति कटाक्ष किया, उसने भी मेरे प्रति कटाक्ष किया'—ऐसा चलता रहा और अन्त में दोनों आत्माएँ ऐसे घनिष्ठ रूप से मिल गयीं कि वे एक हो गयीं।

समाधि के दो प्रकार हैं—एक है सविकल्प—इसमें कुछ द्वैत का भास रहता है। और दूसरा निर्विकल्प—इसमें ध्यान के द्वारा ज्ञाता और ज्ञेय का अभेद हो जाता है।

प्रत्येक विशेष के साथ सहानुभूति कर सकने की क्षमता तुममें होनी चाहिए, उसके बाद कूदकर एकदम उच्चतम अद्वैत भाव में चले जाना होगा। पहले स्वयं सम्पूर्ण मुक्तावस्था प्राप्त कर लो, उसके बाद इच्छा करने पर फिर अपने को सीमाबद्ध कर सकते हो। प्रत्येक कार्य में अपनी समस्त शक्ति का प्रयोग करो। कुछ समय के लिए अद्वैत भाव को भूलकर द्वैतवादी होने की शक्ति प्राप्त कर लो, परन्तु अपनी इच्छानुसार फिर से इस अद्वैत भाव का लाभ करने का सामर्थ्य प्राप्त कर लो।

* * *

कार्य-कारण सभी माया हैं; और हम जितने बड़े होंगे, उतना ही समझेंगे कि छोटे छोटे बच्चों की परियों की कथा आज हमें जैसी असम्बद्ध मालूम होती है, उसी प्रकार जो कुछ हम देखते हैं, वह भी वैसा ही असम्बद्ध है। वास्तव में कार्य-

कारण पद-वाच्य कुछ भी नहीं है; यह बात हम यथासमय समझ सकेंगे। अतएव यदि कर सको तो जब कोई रूपक-कथा सुनो, तब अपनी बुद्धि को कुछ नीचे ले आओ, मन ही मन इस कथा की पूर्वापर संगति के विषय में प्रश्न मत उठाओ। रूपक-वर्णन और सुन्दर कवित्व के प्रति हृदय में अनुराग का विकास करो, उसके बाद समस्त पौराणिक वर्णनों का कवि-दृष्टि से रसास्वादन करो। पुराण-चर्चा के समय इतिहास और विचार की दृष्टि मत लाओ। इन सब पौराणिक कल्पनाओं को अपने मन में एक प्रवाह के रूप में बहने दो। तुम अपनी आँखों के सामने उन्हें मशाल के समान घुमाओ—मशाल को कौन पकड़े हुए है, यह प्रश्न मत करो। इस प्रकार घुमाने से वह चक्राकार धारण करेगी, इसमें जो सत्य का कण अन्तर्निहित है, वह तुम्हारी समझ में आ जायगा।

सभी पुराण-लेखकों ने जो जो देखा या सुना था, उसीको रूपकाकार में लिखा है—वे कुछ प्रवहमान चित्र अंकित कर गये हैं। उनके भीतर से केवल उनके प्रतिपाद्य विषय को ही निकाल लेने की चेष्टा करके चित्रों को नष्ट मत कर डालो। वे जिस रूप में हैं, उसी रूप में उन्हें ग्रहण करो; उन सबको तुम अपने ऊपर कार्य करने दो। उनका फलाफल देखकर उनका मूल्य आँको—उनमें जो कुछ उत्तम है, उतना ही ग्रहण करो।

* * *

तुम्हारी अपनी इच्छा-शक्ति ही तुम्हारी प्रार्थना का उत्तर दे देती है—किन्तु विभिन्न व्यक्तियों के मन की धर्म सम्बन्धी विभिन्न धारणाओं के अनुसार वह विभिन्न आकार में अभिव्यक्त होती है। हम उसे बुद्ध, ईसा, कृष्ण, जिहोवा, अल्ला अथवा अग्नि, चाहे किसी नाम से पुकार सकते हैं, किन्तु वास्तव में वह है हमारी ही आत्मा।

* * *

हमारी धारणा क्रमशः उन्नत होती हैं, किन्तु जिन सब रूपको के आकार में वह हमारे सम्मुख प्रकट होती है, उनका कोई ऐतिहासिक मूल्य नहीं है। हमारे अलौकिक दर्शन-समूह की अपेक्षा मूसा के अलौकिक दर्शन में भूल की संभावना अधिक है; क्योंकि हम अधिक ज्ञानसंपन्न हैं एवं मिथ्या भ्रम द्वारा हमारे ठगे जाने की संभावना भी कम है।

जब तक हमारा हृदय रूपी शास्त्र नहीं खुला है, तब तक शास्त्र-पाठ वृथा है। फिर इन सब शास्त्रों का हमारे हृदय-शास्त्र के साथ जहाँ तक सामंजस्य है, वहीं तक उनकी सार्थकता है। बल क्या है, यह बलवान व्यक्ति ही समझ सकता है, हाथी ही सिंह को समझ सकता है, चूहा नहीं। हम जब तक ईसा के समान नहीं हुए हैं,

तब तक उन्हें किस प्रकार समझ सकेंगे? दो डबल रोटियों में ५००० लोग खायें, अथवा पाँच डबल रोटियों में दो व्यक्ति खायें, ये दोनों बातें माया के राज्यान्तर्गत हैं। इनमें कोई भी सत्य नहीं है। अतएव दोनों में कोई भी एक दूसरे के द्वारा बाधित नहीं होती। महत्ता ही केवल महत्ता का आदर कर सकती है, ईश्वर ही ईश्वर की उपलब्धि कर सकता है। स्वप्न स्वप्नद्रष्टा के अतिरिक्त और कुछ भी नहीं है, उसकी अन्य कोई भित्ति नहीं है। स्वप्न और स्वप्नद्रष्टा दो पृथक् वस्तुएँ नहीं हैं। समग्र संगीत के भीतर **सोऽहं सोऽहं**, यह एक ही स्वर बजता है, अन्य सब स्वर उसीके विभिन्न रूप मात्र हैं, अतएव उनसे मूल स्वर में—मूल तत्त्व में कुछ भेद नहीं पड़ता। जीवन्त शास्त्र हमीं लोग हैं, हम जो बातें करते हैं, वे ही सब 'शास्त्र' शब्द से परिचित हैं। सभी जीवन्त ईश्वर, जीवन्त ईसा हैं—इस भाव से सबको देखो। मनुष्य का अध्ययन करो, मनुष्य ही जीवन्त काव्य है। जगत् में जितने बाइबिल, ईसा या बुद्ध हुए हैं, सभी हमारी ज्योति से ज्योतिष्मान हैं। इस ज्योति को छोड़ देने पर ये सब हमारे लिए और अधिक जीवित नहीं रह सकेंगे, मर जायँगे।

तुम अपनी आत्मा के ऊपर स्थिर रहो।

मृत शरीर के साथ चाहे जैसा व्यवहार क्यों न करो, उसमें कोई बाधा उपस्थित नहीं होती। हमें अपने शरीर को इसी प्रकार मृतवत् रखना होगा। और उसके साथ हमारा जो अभिन्न भाव रहता है, उसे दूर कर देना होगा।

३ अगस्त, शनिवार

जो मनुष्य इसी जन्म में मुक्ति प्राप्त करना चाहता है, उसे एक ही जन्म में हज़ारों वर्ष का काम करना पड़ेगा। वह जिस युग में जन्मा है, उससे उसे बहुत आगे जाना पड़ेगा; किन्तु साधारण लोग केवल किसी तरह रेंगते रेंगते आगे बढ़ सकते हैं। अनेक ईसा और बुद्ध की उत्पत्ति इसी प्रकार हुई है।

* * *

एक हिन्दू रानी थी—उसकी बड़ी तीव्र इच्छा थी कि उसके पुत्र इसी जन्म में मुक्ति-लाभ कर लें। इसी उद्देश्य से उसने उन पुत्रों के लालन-पालन का सम्पूर्ण भार अपने ही ऊपर ले लिया। वह अति शैशवावस्था से उनको झुलाते झुलाते सुलाने के समय उनके समीप यह गाना गाती थी—**तत्त्वमसि, तत्त्वमसि**। उनके तीन पुत्र संन्यासी हो गये, किन्तु चतुर्थ पुत्र का, उसे राजा बनाने के उद्देश्य से, अन्यत्र पालन-पोषण हुआ। विदा देते समय माँ ने उसे काग़ज़ का एक टुकड़ा देकर कहा, "बड़े होने पर इसमें क्या लिखा है, पढ़ना।" उस काग़ज़ के टुकड़े में लिखा था—'ब्रह्म सत्य, और सब मिथ्या। आत्मा न कभी मरती है, न मारती है। निःसंग बनो

अथवा सत्संग करो।' बड़े होने पर जब राजपुत्र ने इसे पढ़ा तो वह भी उसी समय संसार त्याग कर संन्यासी हो गया।

संसार का त्याग करो। अब हम लोग मानो कुत्तों के समान हैं—रसोईघर में घुस गये हैं, मांस का एक टुकड़ा खा रहे हैं, और भय के मारे इधर-उधर देख भी रहे हैं कि कोई पीछे से आकर मारना न शुरू कर दे। वैसा न होकर राजा के समान बनो—समक्ष रखो, समग्र जगत् तुम्हारा है। जब तक तुम संसार का त्याग नहीं करते, जब तक संसार ने तुम्हें बाँध रखा है, तब तक यह भाव तुम्हारे हृदय में कभी भी जाग्रत नहीं हो सकता। यदि बाहर से त्याग नहीं कर पाते हो, तो मन ही मन सब त्याग दो। आन्तरिक भाव से सब त्याग दो। वैराग्यसम्पन्न हो जाओ। यह है यथार्थ आत्म-त्याग—यदि यह नहीं हुआ तो धर्म-लाभ असम्भव है। किसी प्रकार की वासना मत करो; क्योंकि जो वासना करोगे, वही पाओगे। और वही तुम्हारे भयानक बन्धन का कारण होगी। जैसा कि उस कहानी[1] में है। एक व्यक्ति ने तीन वर

---

१. कहानी यह है—एक ग़रीब मनुष्य ने एक देवता से वर प्राप्त किया था। देवता संतुष्ट होकर बोले—"तुम यह पासा लो। इस पासे को जिन किन्हीं तीन कामनाओं से तीन बार फेंकोगे, वे तीनों पूरी हो जायँगी।" वह आनन्दोल्लसित हो घर जाकर अपनी स्त्री के साथ परामर्श करने लगा—क्या वर माँगना चाहिए। स्त्री ने कहा—"धन-दौलत माँगो।" किन्तु पति ने कहा—"देखो, हम दोनों की नाक चपटी है, उसे देखकर लोग हमारी बड़ी हँसी करते हैं, अतएव प्रथम बार पासा फेंककर सुन्दर नाक की प्रार्थना करनी चाहिए।" किन्तु स्त्री का मत वैसा नहीं था। अन्त में दोनों में खूब तर्क प्रारम्भ हुआ। आखिर पति ने क्रोध में आकर यह कहकर पासा फेंक दिया—"हम लोगों को केवल सुन्दर नाक मिले, और कुछ नहीं चाहिए।" आश्चर्य, जैसे ही उसने पासा फेंका, वैसे ही उसके शरीर में ढेर की ढेर नाक उत्पन्न हो गयीं। तब उसने देखा—यह क्या विपत्ति हुई; फिर उसने दूसरी बार पासा फेंककर कहा—नाक चली जायें। इस बार सभी नाक चली गयीं—साथ ही उनकी अपनी अपनी नाक भी चली गयीं। अब शेष रहा एक वर। तब उन्होंने सोचा—यदि इस बार पासा फेंककर चपटी नाक के बदले में अच्छी नाक प्राप्त करें, तो लोग अवश्य ही चपटी नाक के स्थान में अच्छी नाक देखकर उसके बारे में पूछ-ताछ करेंगे। फिर तो हमें सभी बातें बतानी पड़ेंगी। तब वे हमें मूर्ख समझकर और भी हमारी हँसी उड़ायेंगे; कहेंगे कि ये लोग ऐसे तीन वरों को प्राप्त करके भी अपनी अवस्था की उन्नति नहीं कर सके। यह सोचकर उन्होंने पासा फेंककर अपनी पुरानी चपटी नाक ही माँग ली।

प्राप्त किये थे, एवं उनके फलस्वरूप उसके सम्पूर्ण शरीर में नाक ही नाक हो गयीं। वासना रहने पर ठीक इसी प्रकार होता है। जब तक हम आत्मरति और आत्म-तृप्त नहीं हुए हैं, तब तक मुक्ति-लाभ नहीं कर सकते। आत्मा ही आत्मा का मुक्तिदाता है, अन्य कोई नहीं।

यह अनुभव करना सीखो कि तुम अन्य सभी लोगों के शरीर में वर्तमान हो; यह समझने की चेष्टा करो कि हम सभी एक हैं। और सभी व्यर्थ की चीज़ों का त्याग कर दो। तुमने अच्छा-बुरा जो कुछ भी किया है, उसके सम्बन्ध में सोचना बिल्कुल बन्द कर दो—उन सबको थू-थू करके उड़ा दो। जो कर चुके, सो कर चुके। कुसंस्कारों को दूर कर दो। मृत्यु सम्मुख उपस्थित होने पर भी दुर्बलता मत दिखलाओ। अनुताप मत करो—पहले जो कुछ काम तुमने किया है, उस सबको लेकर माथापच्ची मत करो, इतना ही नहीं, तुमने जो कुछ अच्छे काम भी किये हैं, उन्हें भी स्मृति-पथ से दूर हटा दो। 'आज़ाद' (मुक्त) बनो। दुर्बल, कापुरुष और अज्ञ व्यक्ति कभी भी आत्म-लाभ नहीं कर सकते। तुम किसी भी कर्म के फल को नष्ट नहीं कर सकते—फल अवश्यमेव प्राप्त होगा; अतएव साहसी होकर उसके सम्मुख डटे रहो, किन्तु सावधान, दुबारा फिर वैसा कार्य मत करना। सभी कर्मों का भार उस भगवान् के ऊपर डाल दो, अच्छा या बुरा—सभी डाल दो। स्वयं अच्छा रखकर केवल ख़राब उसके सिर पर मत डालना। जो स्वयं अपनी सहायता नहीं करता, भगवान् उसीकी सहायता करते हैं।

* * *

'वासना-मदिरा पान कर समस्त जगत् मत्त हुआ है।' 'जैसे दिन और रात कभी भी एक साथ नहीं रह सकते, वैसे ही वासना और भगवान् दोनों एक साथ कभी नहीं रह सकते।' इसलिए वासना का त्याग करो।

* * *

केवल 'खाना खाना' चिल्लाना और वास्तव में अन्न खाना, अथवा केवल 'जल जल' चिल्लाना और वास्तव में जल पीना—इन दोनों के बीच आकाश-पाताल का अन्तर है; अतएव केवल 'ईश्वर ईश्वर' कहकर चिल्लाने से ईश्वर की प्रत्यक्ष उपलब्धि की आशा कभी भी नहीं की जा सकती। हमें ईश्वर-लाभ करने की चेष्टा तथा साधना करनी होगी।

तरंग समुद्र के साथ मिलकर एक हो जाने पर ही असीमत्व प्राप्त करती है, किन्तु वह तरंगावस्था में असीमत्व कभी भी नहीं प्राप्त कर सकती। समुद्रस्वरूप धारण करने के बाद वह फिर तरंग का आकार धारण कर सकती है और बड़ी से

बड़ी तरंग हो सकती है। अपने को तरंग मत समझो; तुम यह सर्वदा ध्यान में रखो कि तुम मुक्त हो।

सच्चे दर्शन शास्त्र का अर्थ है—कुछ प्रत्यक्षानुभूतियों को प्रणालीबद्ध करना। जहाँ पर बुद्धि-विचार का अन्त होता है, वहीं से धर्म का आरम्भ होता हैं। अंतःस्फुरण (inspiration) बुद्धि की अपेक्षा अत्यधिक श्रेष्ठ है, किन्तु उसे बुद्धि का विरोधी नहीं होना चाहिए। बुद्धि श्रमसाध्य कार्य करने के लिए एक स्थूल यंत्र है। किन्तु हमारे भीतर कुछ भी मनमाना करने की इच्छा या प्रेरणा को अंतःस्फुरण नहीं कहा जा सकता।

माया के भीतर प्रगति करने या अग्रसर होने को एक वृत्त कहा जा सकता है—जो तुम्हें प्रस्थान बिंदु पर पुनः वापस ले आता है। अन्तर केवल इतना ही है कि यात्रा करते समय तुम अज्ञानी थे और उस स्थान पर जब लौटकर आते हो, तब तुम पूर्ण ज्ञान उपलब्ध किये हुए होते हो। ईश्वरोपासना, साधु महापुरुषों की पूजा, एकाग्रता, ध्यान और निष्काम कर्म—ये सब मायाजाल को काटकर निकलने के उपाय हैं; किन्तु हमारे भीतर पहले से तीव्र मुमुक्षुत्व रहना चाहिए। जो ज्योति प्रकाशित होकर हमारे हृदयान्धकार को दूर कर देगी, वह तो हमारे भीतर ही है—यह है वह ज्ञान, जो हमारा स्वभाव या स्वरूप है। (यह ज्ञान हमारा 'जन्मगत स्वत्व' नहीं कहा जा सकता, क्योंकि वास्तव में हमारा जन्म तो है ही नहीं।) केवल जो मेघ इस ज्ञानसूर्य को आवृत किये हुए हैं, हमें उन्हींको दूर कर देना होगा।

ऐहिक अथवा स्वर्गीय सभी प्रकार की भोग-वासनाओं को त्याग दो (**इहामुत्रफलभोगविराग**)। इन्द्रिय और मन का संयम करो (दम और शम)। सभी प्रकार के दुःखों को इस प्रकार सहन करो, जिससे तुम्हारा मन जान ही न पावे कि तुम्हें कोई दुःख हुआ है (तितिक्षा)। मुक्ति के अतिरिक्त अन्य सभी भावनाओं को दूर कर दो; गुरु में और उनके उपदेशों में विश्वास रखो, और यह भी विश्वास रखो कि तुम निश्चय ही मुक्त हो सकोगे (श्रद्धा)। कुछ भी क्यों न हो, सर्वदा यही कहो—**सोऽहं सोऽहं**। खाते, चलते, कष्टों से घिरे रहते, सर्वदा **सोऽहं सोऽहं** कहो, सर्वदा मन से कहो कि यह जो जगत्प्रपंच दृश्यमान है, इसका किसी भी काल में अस्तित्व नहीं है, हूँ केवल मैं ही (समाधान)। तुम देखोगे कि एक दिन ज्ञान-प्रकाश होगा ही और तुम्हें अनुभव होगा कि जगत् शून्य मात्र है, केवल ब्रह्म ही सर्वत्र व्याप्त है। मुक्त होने के लिए प्रबल इच्छा-सम्पन्न होओ (मुमुक्षुत्व)।

आत्मीय और बन्धु-बान्धव गण पुराने अन्धकूप के समान हैं। हम इस अन्धकूप

में पड़कर कर्तव्य, बन्धन प्रभृति नाना स्वप्न देखा करते हैं—इस स्वप्न का कभी भी अन्त नहीं है। किसीकी सहायता करने के लिए जाकर और अधिक भ्रम की सृष्टि मत करो। यह मानो एक वटवृक्ष के समान है, जो बढ़ता ही जाता है। यदि तुम द्वैतवादी हो, तो ईश्वर की सहायता करने के लिए जाना ही तुम्हारी मूर्खता है। यदि तुम अद्वैतवादी हो तो तुम स्वयमेव ब्रह्मस्वरूप हो—फिर तुम्हारा कर्तव्य क्या रहा? पति, स्वामी, लड़के-बच्चे, बन्धु-बान्धव—किसीके प्रति तुम्हारा कुछ भी कर्तव्य नहीं है। जो हो रहा है, होने दो, चुपचाप पड़े रहो। प्रवाह के साथ अपने शरीर को बहने दो—डूबने-उतराने दो। यदि शरीर मरे तो मरने दो—हमारा शरीर है, यह तो एक पुरानी कल्पित कथा मात्र है। चुपचाप होकर रहो, और **अहं ब्रह्मास्मि**, यह अनुभव करो।

केवल वर्तमान काल ही विद्यमान है। हम विचार द्वारा भी भूत और भविष्यत् की धारणा नहीं कर सकते; क्योंकि चिन्तन करने के लिए उद्यत होते ही भूत और भविष्यत् को वर्तमान में खड़ा करना पड़ता है। सब कुछ छोड़ दो, उसे जहाँ जाना है, जाने दो। यह समग्र जगत् एक भ्रम मात्र है, यह तुम्हें और फिर प्रतारित न कर पावे। तुम जगत् को जो वह नहीं है, वही समझते हो, अवस्तु में वस्तु-ज्ञान करते हो, अब वह वास्तव में जो है, केवल उसे ही जानो। यदि शरीर कहीं चला जाता है, तो जाने दो; शरीर कहीं भी क्यों न जाय, कुछ भी परवाह मत करो। कर्तव्य नामक कोई एक वस्तु है, और उसका पालन करना ही होगा—इस प्रकार की धारणा भयंकर कालकूटस्वरूप है, इसने जगत् को नष्ट कर डाला है।

स्वर्ग में जाकर एक वीणा पाऊँगा और उसे बजाकर यथासमय विश्राम-सुख का अनुभव करूँगा—इस बात की अपेक्षा मत करो। इसी जगह एक वीणा लेकर क्यों न बजाना आरम्भ कर दो? स्वर्ग के लिए राह देखने की क्या आवश्यकता है? इस लोक को ही स्वर्ग बना लो। स्वर्ग में विवाह नहीं होता—पाणिग्रहण नहीं होता। यदि ऐसा है, तो यहीं पर अभी से विवाह क्यों न बन्द कर दो? संन्यासियों का गैरिक वस्त्र मुक्त पुरुषों का चिह्न है। संसारी भिक्षुओं का वेष छोड़ दो; मुक्ति की पताका—गैरिक वस्त्र धारण करो।

४ अगस्त, रविवार

'अज्ञ लोग बिना समझे जिनकी उपासना करते हैं, मैं तुम्हारे निकट उन्हींका उपदेश करता हूँ।'

यह एक अद्वितीय ब्रह्म ही सभी ज्ञात वस्तुओं की अपेक्षा 'ज्ञाततम' है

वहीं एक ऐसी वस्तु है, जिसे हम सर्वत्र देखते हैं। सभी अपनी आत्मा को जानते हैं, इतना ही नहीं, पशु भी जानता है कि मैं हूँ। हम जो कुछ जानते हैं, सब आत्मा का ही बहिःप्रसारण है, विस्तारस्वरूप है। छोटे छोटे बच्चों को यह तत्त्व सिखाओ, वे भी इस तत्त्व की धारणा कर सकते हैं। प्रत्येक धर्म (किसी किसी स्थल में अज्ञात रूप से भी) इसी आत्मा की उपासना करता आ रहा है, क्योंकि आत्मा के अतिरिक्त और कुछ है ही नहीं।

हम लोग इस जीवन को यहाँ पर जिस भाव से जानते हैं, उसके प्रति ऐसे घृणित रूप से आसक्त होकर रहना ही समस्त अनिष्ट का मूल है। उसीसे प्रतारणा, चोरी आदि सब कुछ होता है। उसीसे लोग रुपये को देवता का स्थान देते हैं, और उसीसे समस्त पाप तथा भय की उत्पत्ति होती है। किसी जड़ वस्तु को मूल्यवान मत समझो और उसमें आसक्त मत होओ। तुम किसी भी वस्तु में, इतना ही नहीं, जीवन में भी आसक्त मत होओ, फिर कोई भी भय न रहेगा। **मृत्योः स मृत्युमाप्नोति य इह नानेव पश्यति।**—'जो इस जगत् में अनेकता देखता है, वह मृत्यु के बाद मृत्यु को प्राप्त होता है।' हम जब सर्वत्र एकत्व का दर्शन करते हैं, तब हमारे शरीर की भी मृत्यु नहीं होती, और न मन की ही। जगत् के सभी शरीर हमारे हैं, अतएव हमारा शरीर भी नित्य है; क्योंकि पेड़-पत्ते, जीव-जन्तु, चन्द्र-सूर्य, इतना ही नहीं, यह सम्पूर्ण जगत्-ब्रह्माण्ड ही हमारा शरीर है—तो फिर इस शरीर का नाश होगा ही कैसे? प्रत्येक मन, प्रत्येक विचार हमारा है—फिर मृत्यु आयेगी ही कैसे? आत्मा न कभी जन्म लेती है, न उसकी कभी मृत्यु होती है—जब हम इसकी प्रत्यक्ष उपलब्धि कर लेते हैं, तब हमारा सभी सन्देह नष्ट हो जाता है। 'मैं हूँ', 'मैं अनुभव करता हूँ', 'मैं सुखी होता हूँ'—'अस्ति, भाँति, प्रिय'— इन सब बातों पर कभी भी संदेह नहीं किया जा सकता। 'क्षुधा' कोई वस्तु नहीं है, क्योंकि जो कुछ भी खाया जाता है, वह मैं ही खाता हूँ। यदि हमारा एक बाल उखड़ जाय, तो हम ऐसा नहीं सोचते कि हम मर गये। इसी प्रकार एक देह की मृत्यु एक बाल उखड़ जाने के ही सदृश है।

* * *

वह अतिचेतन वस्तु ही ईश्वर है—वह मन, वाणी और चेतना के परे है। ...तीन अवस्थाएँ हैं—पशुत्व (तम), मनुष्यत्व (रज) और देवत्व (सत्त्व)। जो सर्वोच्च अवस्था प्राप्त करते हैं, अस्ति मात्र या सत्स्वरूप मात्र हो जाते हैं। उनका कोई भी कर्तव्य शेष नहीं रहता, वे मनुष्यों के प्रति केवल प्रेमान्वित रहते हैं और चुंम्बक के समान दूसरों को अपनी ओर आकृष्ट करते हैं। इसीका नाम मुक्ति है। उस समय चेष्टापूर्वक कोई सत्कार्य नहीं करना होता,

उस समय जो कुछ कार्य होते हैं वे सब सत्कार्य ही होते हैं। जो ब्रह्मविद् हैं, वे सभी देवताओं से बड़े हैं। ईसा मसीह ने जिस समय मोह को जीतकर यह कहा, "शैतान, मेरे सामने से दूर हो," उसी समय देवता उनकी पूजा करने के लिए आये। कोई भी व्यक्ति ब्रह्मविद् की कुछ भी सहायता करने में समर्थ नहीं हो सकता, समग्र जगत्प्रपंच ही उनके सामने प्रणत रहता है, उनकी सभी इच्छाएँ पूर्ण हो चुकती हैं, उनकी आत्मा दूसरों को पवित्र करती है। अतएव यदि ईश्वर-लाभ की कामना करो, तो ब्रह्मविद् की पूजा करो। जब हम तीन ईश्वरीय अनुग्रह—मनुष्य शरीर (मनुष्यत्व), मुक्त होने की तीव्र कामना (मुमुक्षुत्व) और महापुरुष-संश्रय-लाभ करते हैं, तभी समझना चाहिए कि मुक्ति हमारे करतलगत है।

* * *

सदा के लिए देह की मृत्यु का नाम ही निर्वाण है। यह निर्वाण-तत्त्व की निषेधात्मक अर्थात् 'नेति नेति' दिशा है। इसमें केवल यही कहा जाता है—'मैं यह नहीं, मैं वह नहीं।' वेदान्त कुछ और आगे बढ़कर उसकी स्वीकारात्मक अर्थात् 'इति इति' दिशा बतलाता है—उसीका नाम है मुक्ति। 'मैं अनन्त सत्ता, अनन्त ज्ञान, अनन्त आनन्द हूँ, मैं वही हूँ'—यह है वेदान्त—वह एक पूर्ण निर्दोष मेहराब का शीर्ष प्रस्तर है।

उत्तरी बौद्ध धर्म के अधिकांश अनुयायी मुक्ति में विश्वास रखते हैं—वे यथार्थतः वेदान्ती ही हैं। केवल सिंहल के बौद्ध निर्वाण को विनाश के समानार्थक रूप में ग्रहण करते हैं।

किसी प्रकार का विश्वास या अविश्वास 'मैं' का नाश नहीं कर सकता। जिसका अस्तित्व विश्वास के ऊपर निर्भर रहता है और जो अविश्वास से उड़ जाता है, वह भ्रम मात्र है। आत्मा को कोई भी स्पर्श नहीं कर सकता। मैं अपनी आत्मा को नमस्कार करता हूँ। 'स्वयंज्योति मैं अपने को ही नमस्कार करता हूँ, मैं ब्रह्म हूँ।' यह शरीर मानो एक अँधेरा घर है; हम जब इस घर में प्रवेश करते हैं, तभी वह आलोकित हो उठता है, तभी वह जीवन्त होता है। आत्मा की इस स्वयंप्रकाश ज्योति को कोई भी स्पर्श नहीं कर सकता। इसे किसी भी प्रकार से नष्ट नहीं किया जा सकता। इसे आवृत किया जा सकता है, किन्तु नष्ट कभी भी नहीं किया जा सकता।

* * *

वर्तमान युग में अनन्त शक्तिस्वरूपिणी जननी के रूप में ईश्वर की उपासना करना उचित है। इससे पवित्रता का उदय होगा और इस मातृ-पूजा से अमेरिका

में महाशक्ति का विकास होगा। यहाँ पर (अमेरिका में) कोई मन्दिर (पौरोहित्य शक्ति) हमारा गला नहीं दबाता और अपेक्षाकृत ग़रीब देशों के समान यहाँ कोई कष्ट भी नहीं भोगता। स्त्रियों ने सैकड़ों युगों तक दु:ख-कष्ट सहन किये हैं, इसीसे उनके भीतर असीम धैर्य और अध्यवसाय का विकास हुआ है। वे किसी भी भाव को सहज ही छोड़ना नहीं चाहतीं। इसी हेतु वे अंधविश्वासी धर्मों एवं सभी देशों के पुरोहितों की मानो आधार हो जाती हैं; यही बाद में उनकी स्वाधीनता का कारण होगा। हमें वेदान्ती होकर वेदान्त के इस महान् भाव को जीवन में परिणत करना होगा। निम्न श्रेणी के मनुष्यों में भी यह भाव वितरित करना होगा—यह केवल स्वाधीन अमेरिका में ही कार्य रूप में परिणत किया जा सकता है। भारत में बुद्ध, शंकर तथा अन्यान्य महा मनीषी व्यक्तियों ने इन सभी भावों का लोगों में प्रचार किया था, किन्तु जनता उन भावों को धारण नहीं कर सकी। इस नूतन युग में जनता वेदान्त के आदर्शानुसार जीवन-यापन करेगी, और यह स्त्रियों के द्वारा ही कार्य रूप में परिणत होगा।

'हृदय में सहेज रखो सुंदरी प्यारी श्यामा माँ को,
वाणी को छोड़ फेंक दो शेष सब,
और वाणी से कहलाते रहो—माँ, माँ!
कुमंत्रियों को न पास भी फटकने दो,
मैं और मेरे हृदय! हमीं दोनों एकान्त दर्शन पाते रहें माँ का!
जो कुछ जीवन्त है, तू उसके परे है!
ओ मेरे जीवन की चाँद, मेरी आत्मा की आत्मा!'

रविवार, अपराह्न

मन आत्मा के निकट ठीक उसी तरह एक यंत्र है, जैसे शरीर मन का यंत्र है। जड़ है बाहर की गति, मन है भीतर की गति। समस्त परिवर्तन का आरम्भ और समाप्ति 'काल' में ही होती है। आत्मा यदि अपरिणामी है, तो वह निश्चित ही पूर्णस्वरूप है; और यदि पूर्णस्वरूप है, तो अनन्तस्वरूप है; और अनन्तस्वरूप होने से वह अवश्य ही द्वितीयरहित है; क्योंकि दो अनन्त तो हो नहीं सकते, अतएव आत्मा एकमात्र है। यद्यपि आत्मा अनेक प्रतीत होती है, पर वास्तव में वह एक है। यदि कोई व्यक्ति सूर्य की ओर चलता है, तो प्रति पदक्षेप में वह एक एक विभिन्न सूर्य को देखेगा, किन्तु वास्तव में सूर्य एक ही है।

'अस्ति' यानी 'है–पन' ही सभी प्रकार के एकत्व की भित्तिस्वरूप है, और इस आधार में पहुँचते ही पूर्णता प्राप्त होती है। यदि सभी रंगों को एक रंग में

परिणत करना सम्भव होता, तो चित्रविद्या ही लुप्त हो जाती। सम्पूर्ण एकत्व है विश्राम या लय; सभी अभिव्यक्तियों को हम एक ईश्वर से ही निकली हुई कहते हैं। 'ताओ' वादी, कनफ़्यूशस[१] (Confucius) मतवादी, बौद्ध, हिन्दू, यहूदी, मुसलमान, ईसाई और ज़रथुस्त्र के शिष्य (Zoroastrians) इन सबने प्रायः समान रूप से, 'तुम दूसरों से जिस प्रकार का व्यवहार चाहते हो, ठीक उसी तरह का व्यवहार दूसरों के प्रति भी करो', इस अपूर्व नीति का प्रचार किया है। किन्तु केवल हिन्दुओं ने इस नीति की व्याख्या दी है, क्योंकि वे ही इसका कारण समझ पाये थे। मनुष्य को अन्य सबके प्रति इसलिए प्रेम करना होगा कि अन्य सब स्वयं उसीके रूप हैं। केवल 'एक' की ही सत्ता है।

जगत् में जितने बड़े बड़े धर्माचार्य हुए हैं, उनमें केवल लाओत्से (Laotze), बुद्ध और ईसा ने ही उपर्युक्त स्वर्णिम नियम के भी परे जाकर शिक्षा दी है, 'तुम लोग अपने शत्रुओं से भी प्रेम करो', 'जो तुमसे घृणा करते हैं, उनसे भी प्रेम करो।'

तत्त्वसमूह पहले से ही विद्यमान है; हम उसकी सृष्टि नहीं करते, केवल उसका आविष्कार करते हैं।...धर्म केवल सत्य का साक्षात्कार मात्र है। विभिन्न मतवाद विभिन्न पथ—प्रणाली मात्र हैं, वे धर्म नहीं हैं। जगत् के विविध धर्म विभिन्न जातियों की आवश्यकतानुसार समायोजित एक ही धर्म के प्रयोग हैं। मतवाद केवल विरोध का निर्माण करता है। देखो न, वास्तव में ईश्वर के नाम से लोगों को शान्ति मिलनी चाहिए, परन्तु ऐसा न होकर जगत् में जितना रक्तपात हुआ है, उसमें से आधा से अधिक ईश्वर के नाम पर ही हुआ है। बिल्कुल मूल तक पहुँचो; स्वयं ईश्वर से ही पूछो कि उनका स्वरूप कैसा है? यदि वे उत्तर नहीं देते हैं, तो समझना होगा कि वे नहीं हैं। किन्तु जगत् के सभी धर्म कहते हैं कि उन्होंने उत्तर दिया है।

तुम्हारे पास कहने के लिए कुछ अपना भी होना चाहिए, अन्यथा दूसरों ने क्या कहा है, उसकी धारणा तुम कैसे कर सकोगे? पुरातन कुसंस्कारों को लेकर मत पड़े रहो, सर्वदा नूतन सत्यों के लिए प्रस्तुत रहो। 'मूर्ख वे हैं, जो अपने पूर्व पुरुषों के खुदे हुए कुएँ का पानी खारा होने पर भी पीते रहेंगे, किन्तु दूसरों के कुएँ का विशुद्ध जल भी पीने से इनकार करेंगे।' जब तक हम ईश्वर का साक्षात्कार

---

१. ईसा के पूर्व छठी शताब्दी में लाओत्से द्वारा चीन देश में स्थापित धर्म-सम्प्रदाय। इस सम्प्रदाय का मत प्रायः वेदान्त सदृश है। 'ताओ' की धारणा अधिकांशतः वेदान्त के निर्गुण ब्रह्म सदृश है।

नहीं करते, तब तक उसके सम्बन्ध में कुछ भी नहीं जान सकते। प्रत्येक व्यक्ति स्वभावतः पूर्णस्वरूप है। पैग़म्बरों ने अपने इस पूर्णस्वरूप को प्रकाशित किया है, और हमारे भीतर अभी भी वह अव्यक्त रूप में विद्यमान है। यदि हम भी ईश्वर को नहीं देख सकते तो कैसे जान सकेंगे कि मूसा ने ईश्वर का दर्शन किया था? यदि ईश्वर कभी किसीके समीप आये हैं, तो हमारे समीप भी आयेंगे। मैं एकदम उनके पास जाऊँगा, वे मुझसे बातचीत करेंगे। विश्वास को आधाररूप में मैं ग्रहण नहीं कर सकता—यह नास्तिकता और घोर ईश्वरनिन्दा मात्र है। यदि ईश्वर ने दो हज़ार वर्ष पहले अरब की मरुभूमि में किसी व्यक्ति के साथ वार्तालाप किया है, तो वे आज मेरे साथ भी वार्तालाप कर सकते हैं। यदि वे नहीं कर सकते तो हम क्यों न कहें कि वे मर गये हैं? जैसे भी हो ईश्वर के निकट आओ—आना ही चाहिए। किन्तु आते समय किसीको ढकेलना मत।

ज्ञानी व्यक्ति अज्ञानियों के प्रति करुणा रखेंगे। जो ज्ञानी हैं, वे एक चींटी के लिए भी अपना शरीर त्याग करने को प्रस्तुत रहते हैं, क्योंकि वे जानते हैं, देह कुछ नहीं है।

५ अगस्त, सोमवार

प्रश्न यह है कि सर्वोच्च अवस्था लाभ करने के लिए क्या सभी निम्नतर सोपानों से होकर जाना होगा, या एकदम छलाँग मारकर उस अवस्था में पहुँचा जा सकता है? आधुनिक अमेरिका का बालक आज जिस विषय को पचीस वर्ष के भीतर सीख लेता है, उसके पूर्व पुरुषों को उस विषय के सीखने में सौ वर्ष लग जाते थे। एक आधुनिक हिन्दू अभी बीस वर्ष में उस अवस्था में पहुँच जाता है, जिसे पाने में उसके पूर्व पुरुषों को आठ हज़ार वर्ष लगे थे। जड़ दृष्टि द्वारा देखने पर पता चलता है कि गर्भ में भ्रूण उस प्राथमिक जीव—अमीबा (amoeba) की अवस्था से आरम्भ होकर अनेक अवस्थाओं में से गुज़रकर अन्त में मनुष्य-रूप धारण करता है। यह हुई आधुनिक विज्ञान की शिक्षा। वेदान्त और भी आगे बढ़कर कहता है—हमारे लिए समग्र मानव-जाति का केवल अतीत जीवन-यापन करना ही पर्याप्त नहीं होगा, बल्कि समग्र मानव-जाति का भविष्य जीवन भी यापन करना होगा। जो प्रथमोक्त बात कर पाते हैं, वे शिक्षित व्यक्ति हैं; जो दूसरी बात कर पाते हैं, वे जीवन्मुक्त हैं।

काल केवल हम लोगों के विचार का मापक मात्र है, और विचार की गति अकल्पनीय रूप से तीव्र होने के कारण हम कितना जल्दी भावी जीवन-यापन कर सकते हैं, उसका कोई सीमा-निर्देश नहीं किया जा सकता। अतएव मानव-जाति के

समग्र भविष्य जीवन को अपने जीवन में अनुभव करने में कितने दिन लगेंगे, यह निश्चित रूप से नहीं कहा जा सकता। किसी किसीको उस अवस्था का लाभ एक क्षण में भी हो सकता है, और किसीको पचास जन्म भी लग सकते हैं। यह इच्छा की तीव्रता के ऊपर निर्भर है। अतएव शिष्यों की आवश्यकतानुसार उपदेशों में संशोधन कर लेना आवश्यक है। जलती हुई आग सबके लिए है—वह केवल जल को ही नहीं, वरन् बर्फ़ के टुकड़ों को भी नष्ट कर डालती है। बन्दूक़ में से सैकड़ों छर्रे छोड़ो, कम से कम एक छर्रा तो लगेगा ही। लोगों के लिए सत्य का भण्डार खोल दो, उनमें से जितना उनके लिए उपयोगी है, उतना वे ले लेंगे। अनेकानेक अतीत जन्मों के फलस्वरूप जिसके हृदय में जैसा संस्कार गठित हुआ है, उसे तदनुसार उपदेश दो। ज्ञान, योग, भक्ति और कर्म--इनमें से चाहे जिस भाव को मूल आधार बनाओ, किन्तु अन्यान्य भावों की भी साथ ही साथ शिक्षा दो। ज्ञान के साथ भक्ति का सामंजस्य करना होगा, योगप्रवण प्रकृति का युक्ति-विचार के साथ सामंजस्य करना होगा, और कर्म मानो सभी पथों का अंगस्वरूप है। जो जहाँ पर है, उसे वहाँ से ठेलकर आगे बढ़ाओ। धर्म-शिक्षा विनष्टकारी न होकर सर्वदा सर्जनकारी ही होनी चाहिए।

मनुष्य की प्रत्येक प्रवृत्ति उसकी अतीत कर्मसमष्टि की उस रेखा या अर्धव्यास की परिचायक है, जिस पर उस मनुष्य को चलते रहना चाहिए। सभी अर्धव्यास केन्द्र में ले जाते हैं। किसीकी प्रवृत्ति को पलट देने का नाम तक मत लो, उससे गुरु और शिष्य दोनों को क्षति पहुँचती है। जब तुम ज्ञान की शिक्षा देते हो तो तुम्हें ज्ञानी होना होगा, और जो अवस्था शिष्य की होती है, तुम्हें मन ही मन ठीक उसी अवस्था में पहुँचना होगा। अन्यान्य योगों में भी तुम्हें ठीक ऐसा ही करना होगा। प्रत्येक वृत्ति का विकास-साधन इस रूप में करना होगा कि जैसे उस वृत्ति को छोड़ अन्य कोई वृत्ति हमारे लिए है ही नहीं—यह है तथाकथित सामंजस्यपूर्ण उन्नति-साधन का यथार्थ रहस्य—अर्थात् गम्भीरता के साथ उदारता का अर्जन करो, किन्तु उसे खो मत दो। हम अनन्तस्वरूप हैं—हम सभी किसी भी प्रकार की सीमा के अतीत हैं। अतएव हम परम निष्ठावान मुसलमान के समान प्रखर और सर्वाधिक घोर नास्तिक के समान उदार भावापन्न हो सकते हैं।

ऐसा करने का उपाय है—मन का किसी विषयविशेष में प्रयोग न करके स्वयं मन का ही विकास करना और उसका संयम करना। ऐसा करने पर तुम उसे चाहे जिस ओर घुमा सकोगे। इससे तुम्हें तीव्रता और विस्तार दोनों ही प्राप्त होंगे। ज्ञान की उपलब्धि इस भाव से करो कि ज्ञान छोड़कर मानो और कुछ है ही नहीं; उसके बाद भक्तियोग, राजयोग और कर्मयोग को भी लेकर इसी भाव से साधना

करो। तरंग को छोड़कर समुद्र की ओर जाओ, तभी तुम स्वेच्छानुसार विभिन्न प्रकार की तरंगों का उत्पादन कर सकोगे। तुम अपने मनरूपी सरोवर को संयत रखो, ऐसा किये बिना तुम दूसरों के मनरूपी सरोवर का तत्त्व कभी न जान सकोगे।

वे ही सच्चे गुरु हैं, जो अपने शिष्य की प्रवृत्ति के अनुसार अपनी समस्त शक्ति का प्रयोग कर सकते हैं। सच्ची सहानुभूति के बिना हम कभी भी सम्यक् शिक्षा नहीं दे सकते। मनुष्य एक दायित्वपूर्ण प्राणी है, इस धारणा को छोड़ दो; केवल पूर्णताप्राप्त व्यक्ति को ही दायित्व-ज्ञान है। सब अज्ञानी व्यक्ति मोह-मदिरा पीकर मत्त हुए हैं, उनकी स्वाभाविक अवस्था नहीं है। तुम लोगों ने ज्ञान-लाभ किया है—तुम्हें उनके प्रति अनन्त धैर्यसम्पन्न होना होगा। उनके प्रति प्रेमभाव छोड़कर अन्य किसी प्रकार का भाव मत रखो; वे जिस रोग से ग्रसित होकर जगत् को भ्रान्त दृष्टि से देखते हैं, पहले उसी रोग का निदान करो, उसके बाद उनकी सहायता करो, जिससे उनका वह रोग मिट सके और वे ठीक ठीक देख सकें। सर्वदा स्मरण रखो कि मुक्त या स्वाधीन पुरुषों की ही केवल स्वाधीन इच्छा होती है—शेष सभी बन्धन के भीतर रहते हैं—अतएव वे जो कुछ करते हैं, उसके लिए वे उत्तरदायी नहीं हैं। इच्छा जब इच्छारूप में रहती है, उस समय वह बद्ध है। जल जब हिमालय के शिखर पर पिघलता है, तब स्वाधीन या उन्मुक्त रहता है, किन्तु नदी-रूप धारण करते ही वह तटों द्वारा आबद्ध हो जाता है; तथापि उसका प्राथमिक वेग ही उसे अन्त में समुद्र में ले जाता है, और वहाँ यह जल फिर से उस पूर्वकालीन स्वाधीनता को प्राप्त करता है। प्रथम अवस्था अर्थात् नदी-रूप में आबद्ध होने को ही बाइबिल ने मानव का पतन (fall of man) और द्वितीय को पुनरुत्थान (resurrection) कहा है। मुक्ति प्राप्त कर लेने तक परमाणु भी स्थिर होकर नहीं रह सकता।

कुछ कल्पनाएँ अन्य कल्पनाओं का बन्धन नष्ट करने में सहायता करती हैं। समग्र जगत् ही कल्पना है, किन्तु एक प्रकार की कल्पनासमष्टि अन्य सभी कल्पना-समष्टियों को नष्ट कर देती है। जो यह कहती हैं कि जगत् में पाप, दुःख और मृत्यु विद्यमान हैं, वे सभी अत्यन्त भयानक हैं; किन्तु दूसरे प्रकार की कल्पना-समष्टि है जो सदा कहती है—'मैं पवित्रस्वरूप हूँ, ईश्वर है, जगत् में दुःख कुछ नहीं है'—वे सब शुभ हैं, और उन्हींके द्वारा अन्यान्य कल्पनाओं का बन्धन छिन्न हो जाता है। वैयक्तिक ईश्वर ही मानव की वह सर्वोच्च कल्पना है, जिससे हमारी बन्धन-शृंखला की कड़ियाँ छिन्न हो सकती हैं।

ॐ तत्सत्, अर्थात् एकमात्र वह निर्गुण ब्रह्म ही मायातीत है; किन्तु सगुण

ईश्वर भी नित्य हैं। जब तक नायग्रा जलप्रपात है, तब तक इन्द्रधनुष भी रहेगा; किन्तु जलराशि सर्वदा प्रवाहित होती रहती है। यह जलप्रपात जगत्प्रपंच है और इन्द्रधनुष सगुण ईश्वर है, और ये दोनों ही नित्य हैं। जब तक जगत् रहता है, तब तक ईश्वर अवश्यमेव है। ईश्वर जगत् की सृष्टि करता है, और जगत् ईश्वर की सृष्टि करता है—दोनों ही नित्य हैं। माया सत् नहीं है, असत् भी नहीं। नायग्रा प्रपात और इन्द्रधनुष दोनों ही अनन्त काल के लिए परिणामशील हैं—वे माया-च्छादित ब्रह्म हैं। पारसी और ईसाई लोग माया को दो भागों में विभक्त कर उत्तम अर्ध भाग को ईश्वर और बुरे अर्ध भाग को शैतान कहते हैं। वेदान्त माया को समष्टि या सम्पूर्ण रूप में ग्रहण करता है और उस माया के पीछे ब्रह्मरूपी एक अखण्ड वस्तु की सत्ता स्वीकार करता है।

* * *

मुहम्मद ने देखा, ईसाई धर्म सेमिटिक भाव से दूर चला जा रहा है। इस सेमिटिक भाव के बीच रहते हुए ईसाई धर्म किस प्रकार का होना उचित है अर्थात् उसे एकमात्र ईश्वर में ही विश्वास करना चाहिए—यही उनके उपदेश का विषय है। 'मैं और मेरा पिता एक हैं', इस आर्य-विचार से वह घृणा करते थे और अत्यंत संत्रस्त थे। वास्तव में मानव से नित्य पृथक् जिहोवा सम्बन्धी द्वैत धारणा की अपेक्षा त्रित्ववाद (Trinitarian) का मत अधिक उन्नत है। अवतारवाद का सिद्धांत ईश्वर और मानव का एकत्व सिद्ध करानेवाली विचार-श्रृंखला की पहली कड़ी है। पहले एक मनुष्य में, तदुपरान्त विभिन्न समयों में अन्य मानव शरीरों में आविर्भूत होनेवाले ईश्वर को अंततः हर मनुष्य में स्वीकार किया गया। अद्वैतवाद सर्वोच्च सोपान है—एकेश्वरवाद उसकी अपेक्षा निम्नतर सोपान है। बुद्धि की भी अपेक्षा कल्पना तुम्हें शीघ्र और सहज ही उस सर्वोच्च अवस्था में पहुँचा देगी।

कम से कम कुछ लोग केवल ईश्वर के लिए जीवन दें और समग्र जगत् के लिए धर्म की रक्षा करें। जब तक तुम भ्रांतियों के 'जनक' हो, तब तक 'मैं राजा जनक के समान निर्लिप्त हूँ', इस प्रकार का ढोंग मत करो। निष्कपट होकर कहो—'मैं जानता हूँ कि आदर्श क्या है, किन्तु अभी मैं उसकी ओर अग्रसर नहीं हो पाता हूँ।' किन्तु सच्चा त्याग किये बिना त्याग करने का ढोंग मत करो। यदि सचमुच ही त्याग करो, तो फिर दृढ़ भाव से इस त्याग को पकड़े रहो। युद्ध में यदि सौ मनुष्यों का पतन हो जाय, तो भी तुम ध्वजा उठा लो और आगे बढ़ते रहो। कोई भी क्यों न गिर पड़े, पर ईश्वर सत्य है। युद्ध में जिसका पतन हो जाय, वह उस ध्वजा को अन्य व्यक्ति के हाथ में समर्पित कर दे—फिर वह व्यक्ति उस ध्वजा का वहन करे। उसका पतन कभी नहीं हो सकता।

जब मैं स्नात और शुद्ध हूँ तो अपवित्रता मुझे कैसे लगेगी ? (बाइबिल में कहा है) पहले भगवान् के राज्य का अन्वेषण करो, फिर जो कुछ तुम्हें चाहिए वह सब तुम्हें मिल जायगा। किन्तु मैं कहता हूँ, सर्वप्रथम स्वर्गराज्य का अन्वेषण करो और शेष जो कुछ है, सबको चला जाने दो। 'तुम्हें कुछ और प्राप्त हो', इसकी आकांक्षा न करो, वरन् उसके चले जाने पर खुशी मनाओ। त्याग करो और समझ लो कि तुम स्वयं न भी देख पाओ तो भी सफलता मिलेगी। ईसा ने केवल बारह मछुए छोड़े थे, किन्तु इन थोड़े से व्यक्तियों ने प्रबल रोम साम्राज्य को उलट-पलट दिया था।

पृथिवी में पवित्रतम और सर्वोत्कृष्ट जो कुछ है, उसे ईश्वर की वेदी पर बलिरूप में अर्पण कर दो। जो त्याग की चेष्टा कभी भी नहीं करते, उनकी अपेक्षा जो चेष्टा करते हैं, वे बहुत अच्छे हैं। एक त्यागी मनुष्य को देखने से भी हृदय पवित्र होता है। ईश्वर को प्राप्त करूँगा—केवल उन्हींको चाहता हूँ—यह कहकर दृढ़ भाव से खड़े हो जाओ, संसार को उड़ जाने दो; ईश्वर और संसार इन दोनों के बीच किसी प्रकार का समझौता मत करो। संसार का त्याग करो, केवल ऐसा करने से ही तुम देह-बन्धन से मुक्त हो सकोगे। और इस प्रकार देह से आसक्ति हट जाने के बाद देह-त्याग होते ही तुम आज़ाद या मुक्त हो जाओगे। मुक्त होओ, केवल देह की मृत्यु हमें कभी मुक्त नहीं कर सकती। जीवित रहते ही हमें अपनी चेष्टा द्वारा मुक्ति-लाभ करना होगा। तभी, देहपात हो जाने पर उस मुक्त पुरुष का फिर पुनर्जन्म नहीं होगा।

सत्य का निर्णय सत्य के द्वारा ही करना होगा, अन्य किसीके द्वारा नहीं। लोगों का हित करना ही सत्य की कसौटी नहीं है। सूर्य को देखने के लिए मशाल की आवश्यकता नहीं है। यदि सत्य समस्त जगत् का ध्वंस करता है, तो भी वह सत्य ही है; इस सत्य को पकड़े रहो।

धर्म के स्थूल रूपों का अनुसरण सहज है और इसीलिए वह साधारण मनुष्यों को आकृष्ट करता है, किन्तु वस्तुतः बाह्य अनुष्ठान में कुछ नहीं है।

'जिस प्रकार मकड़ी अपने भीतर से ही जाल का विस्तार करती है, और फिर स्वयं उसे अपने भीतर समेट लेती है, उसी प्रकार ईश्वर इस जगत्प्रपंच का विस्तार करता है, और फिर उसे अपने भीतर समेट लेता है।'

६ अगस्त, मंगलवार

'मैं' न रहने पर बाहर का 'तुम' नहीं रह सकता। इससे कुछ दार्शनिकों ने यह सिद्धान्त निकाला कि 'मैं' में ही बाह्य जगत् रहता है—'मैं' को छोड़कर इसका

स्वतन्त्र अस्तित्व नहीं है। 'तुम' केवल 'मैं' में ही रहता है। दूसरों ने इसी प्रकार ठीक इसके विपरीत तर्क करके प्रमाणित करने की चेष्टा की है कि 'तुम' न रहने पर 'मैं' का अस्तित्व प्रमाणित ही नहीं हो सकता। उनके पक्ष में भी युक्ति का बल समान है। ये दोनों ही मत आंशिक रूप से सत्य हैं—कुछ सत्य हैं, कुछ मिथ्या। देह जिस प्रकार जड़ है और प्रकृति में अवस्थित है, उसी प्रकार विचार भी है। जड़ और मन दोनों ही एक तृतीय में अवस्थित हैं—एक अखण्ड ने मानो अपने को दो भागों में विभक्त किया है। इसी अखण्ड का नाम है आत्मा।

वह मूल सत्ता मानो 'क' है, वही चेतन और जड़—इन दो रूपों में अपने को प्रकाशित करती है। इस परिदृश्यमान जगत् में इसकी गति कुछ निर्दिष्ट प्रणालियों के अनुसार होती रहती है, उन्हींको हम नियम कहते हैं। एक अखण्ड सत्ता की दृष्टि से यह मुक्तस्वभाव है, पर बहुत्व की दृष्टि से यह नियमाधीन है। तथापि इस बन्धन के रहने पर भी हमारे भीतर मुक्ति की एक धारणा सर्वदा वर्तमान रहती है, इसीका नाम है निवृत्ति अर्थात् आसक्ति का त्याग। और वासनावश जो जड़त्वविधायिनी शक्तियाँ हमें सांसारिक कार्य में विशेष रूप से प्रवृत्त करती हैं, उन्हींका नाम प्रवृत्ति है।

उसी कार्य को नीतिसंगत या सत्कर्म कहा जाता है, जो हमें जड़ के बन्धन से मुक्त करता है। तद्विपरीत जो कुछ है, वह असत्कर्म है। यह जगत्प्रपंच अनन्त प्रतीत होता है, क्योंकि इसमें सभी वस्तुएँ चक्रगति में चलती रहती हैं—जहाँ से आती हैं, वहीं लौट जाती हैं। वृत्त की रेखा के दोनों सिरे बढ़ते बढ़ते फिर स्वयं में मिल जाते हैं, अतएव यहाँ—इस संसार में कहीं भी विश्राम या शान्ति नहीं है। इस संसाररूपी वृत्त के भीतर से हमें निकलना ही होगा। मुक्ति ही हमारा एकमात्र लक्ष्य है—एकमात्र गति है।

* * *

अशुभ का केवल आकार बदलता है, किन्तु उसका गुणगत कोई परिवर्तन नहीं होता। प्राचीन काल में शक्ति का शासन था, आज चालाकी का। अमेरिका में दुःख-क्लेश जितना तीव्र है, भारत में उतना नहीं है; क्योंकि यहाँ (अमेरिका में) ग़रीब लोग अपनी दुरवस्था तथा दूसरों की सम्पन्नशील अवस्था में अत्यधिक अन्तर पाते हैं।

शुभ और अशुभ ये दोनों अच्छेद्य भाव से सम्बद्ध हैं—एक को लेने पर दूसरे को लेना ही होगा। इस जगत् की शक्तिसमष्टि मानो एक सरोवर के समान है—उसमें जैसी तरंग का उत्थान होता है, ठीक उसीके अनुसार पतन भी होता है। संपूर्ण योग वही रहता है—अतएव एक व्यक्ति को सुखी करने का अर्थ है, एक

दूसरे व्यक्ति को अ-सुखी करना। बाहर का सुख केवल जड़ सुख है, और उसका परिमाण निर्धारित है। अतएव सुख का एक कण भी दूसरे के पास से छीने बिना हमें प्राप्त नहीं हो सकता। केवल वही सुख जो जड़ जगत् से अतीत है, बिना किसीको कुछ हानि पहुँचाये प्राप्त किया जा सकता है। भौतिक सुख केवल भौतिक दुःख का रूपान्तर मात्र है।

जो इस तरंग के उत्थानांश में उत्पन्न हुए हैं और वहीं रहते हैं, वे उसका पतनांश और उसमें क्या है, यह नहीं देख पाते। कभी भी यह मत सोचो कि तुम जगत् को अच्छा और सुखी बना सकते हो। कोल्हू का बैल अपने सामने बँधी हुई घास की पिंडी पाने की चेष्टा करता है अवश्य; किन्तु उस पिंडी तक किसी भी तरह पहुँच नहीं पाता, केवल कोल्हू घुमाता रहता है। हम लोग भी इसी प्रकार सर्वदा सुखरूपी मृगतृष्णा के पीछे पीछे घूमते रहते हैं, किन्तु वह सर्वदा ही हम लोगों के सामने से दूर होती जाती है—और हम केवल प्रकृति का कोल्हू घुमाते रहते हैं। इस प्रकार कोल्हू घुमाते घुमाते हमारी मृत्यु हो जाती है और उसके बाद फिर से नये सिरे से कोल्हू घुमाना आरम्भ होता है। यदि हम अशुभ को दूर करने में समर्थ होते तो कभी भी किसी उच्चतर वस्तु का आभास तक न पाते; अशुभ के नष्ट हो जाने के बाद हम सन्तुष्ट होकर बैठे रहते, और कभी भी मुक्त होने की चेष्टा न करते। जब मनुष्य यह देख पाता है कि जड़ जगत् में सुख का अन्वेषण बिल्कुल व्यर्थ है, तभी धर्म का आरम्भ होता है। मनुष्य का समस्त ज्ञान केवल धर्म का अंश है।

मानव-देह में शुभ और अशुभ, ये दोनों आपस में इस प्रकार सामंजस्य बनाये रहते हैं कि इसी कारण मनुष्य में इन दोनों से मुक्त हो जाने की इच्छा की सम्भावना रहती है।

जो मुक्त हैं, वे किसी काल में भी बद्ध नहीं होते। मुक्त किस प्रकार बद्ध हुए, यह प्रश्न ही युक्तियुक्त नहीं हैं। जहाँ कोई बन्धन नहीं है, वहाँ कार्य-कारण भाव भी नहीं है। 'मैं स्वप्न में एक श्रृगाल हुआ था, और कुत्ते ने मेरा पीछा किया था।' अब हम यह प्रश्न कैसे कर सकते हैं कि कुत्ते ने मेरा पीछा क्यों किया था? श्रृगाल स्वप्न का ही एक अंश था, और कुत्ता भी। दोनों ही स्वप्न हैं, वास्तव में इनका स्वतन्त्र अस्तित्व नहीं हैं। विज्ञान और धर्म दोनों ही हमारे इस बन्धन के अतिक्रमण में सहायक हैं। किन्तु विज्ञान की अपेक्षा धर्म प्राचीन है, और हमारा यह अंधविश्वास हैं कि वह विज्ञान की अपेक्षा पवित्र है। एक दृष्टि से वह पवित्र है भी, क्योंकि धर्म नैतिकता को अपना प्राणवान अंग समझता है, किन्तु विज्ञान वैसा नहीं समझता।

'पवित्र हृदय धन्य हैं, क्योंकि वे ईश्वर का दर्शन करेंगे।' जगत् के सभी शास्त्र और सभी अवतार यदि लुप्त हो जायँ, तो भी एकमात्र यह वाक्य समस्त मानव-जाति को बचा सकेगा। हृदय की इस पवित्रता से ही ईश्वर का दर्शन होगा। विश्वरूपी समग्र संगीत में यह पवित्रता ध्वनित होती है। पवित्रता में कोई बन्धन नहीं। पवित्रता के द्वारा अज्ञानरूपी आवरण को दूर कर दो, ऐसा करने पर हमारा यथार्थ आत्मस्वरूप प्रकाशित होगा और हम जान सकेंगे कि हम किसी काल में बद्ध नहीं थे। नानात्व-दर्शन ही जगत् में सबसे बड़ा पाप है—सबको आत्मा-रूप में देखो तथा सबसे प्रेम करो। भेदभाव को पूर्ण रूप से दूर कर दो।

* * *

पैशाचिक मानव एक घाव या जलने की तरह मेरे शरीर का ही एक अंश है। पैशाचिक मानव की परिचर्या निरन्तर तब तक करते रहो, जब तक वह पूर्ण नीरोग और पुनः सुखी एवं स्वस्थ न हो जाय।

हम जब तक सापेक्षिक स्तर पर विचार करते रहते हैं, तब तक हमें यह विश्वास करने का अधिकार है कि इस सापेक्षिक जगत् की वस्तुओं द्वारा शरीर रूप में हमारा अनिष्ट हो सकता है और ठीक उसी प्रकार हमें उनसे सहायता भी मिल सकती है। सहायता का यह अमूर्त भाव ही ईश्वर है। सहायता संबंधी संपूर्ण भावों का पूर्ण योग ईश्वर है।

जो कुछ भी हम लोगों के प्रति करुणासम्पन्न है, जो कुछ कल्याणप्रद है, या जो कुछ हमारा सहायक है, ईश्वर उस सबका समष्टिरूप है। यही एकमात्र धारणा उचित है। आत्मा-रूप में हमारा कोई शरीर नहीं होता। अतएव 'हम ब्रह्म हैं, विष भी हमें कोई क्षति नहीं पहुँचा सकता', यह कथन ही एक स्वविरोधी वाक्य है। जब तक हमारा शरीर रहता है, और उस शरीर को हम देखते हैं, तब तक हमें ईश्वरोपलब्धि नहीं होती। नदी का ही जब लोप हो गया, तब क्या उसके भीतर का छोटा आवर्त रह सकता है? सहायता के लिए रुदन करो, ऐसा करने पर सहायता पाओगे—फिर अन्त में देखोगे, सहायता के लिए रोना भी चला गया, साथ साथ सहायता देनेवाले भी चले गये—खेल समाप्त हो गया है, शेष रह गयी है केवल आत्मा।

एक बार यह हो जाने पर फिर लौटकर यथेच्छ खेल कर सकते हो। तब फिर देह के द्वारा कोई बुरा कार्य नहीं हो सकेगा; कारण, जब तक हमारे भीतर की कुप्रवृत्तियाँ जलकर भस्मसात् नहीं हो जातीं, तब तक मुक्ति-लाभ नहीं होगा। जब यह अवस्था प्राप्त होती है, तब हमारा सभी पाप भस्म हो जाता है, और अवशिष्ट रह जाता है—

ज्योतिरिव अधूमकम् तथा दग्धेन्धनमिवानलम्।

उस समय प्रारब्ध हमारे शरीर को संचालित करता है, किन्तु उसके द्वारा उस समय केवल शुभ ही कार्य हो सकता है, क्योंकि मुक्ति-लाभ होने के पहले सब अशुभ चला जाता है। चोर ने क्रूस पर विद्ध होकर मरने के समय अपने प्राक्तन कर्म का फल-लाभ किया था।[1] वह निश्चित ही पूर्व जन्म में योगी था, उसके बाद योगभ्रष्ट हो जाने के कारण उसे जन्म लेना पड़ा; उसका इस प्रकार पतन होने से उसे परजन्म में चोर होना पड़ा। किन्तु भूतकाल में उसने जो शुभ कर्म किया था, वह फलित हुआ। मुक्ति प्राप्त करने का उसका जब समय आया, तभी उसकी ईसा मसीह के साथ भेंट हुई, और वह उनके एक शब्द से ही मुक्त हो गया।

बुद्ध ने अपने प्रबलतम शत्रु को मुक्ति दी थी, क्योंकि वह व्यक्ति उनसे इतना द्वेष करता था कि इस द्वेष के कारण वह सर्वदा उनका चिन्तन करता रहता था। बुद्ध का लगातार चिन्तन करने से उसका चित्त शुद्ध हो गया था और वह मुक्ति-लाभ करने का अधिकारी हो गया। अतएव सर्वदा ईश्वर का चिन्तन करो, इस चिन्तन के द्वारा तुम पवित्र बन जाओगे।

* * *

[इसके बाद दूसरे दिन स्वामी जी 'सहस्र द्वीपोद्यान' (Thousand Island Park) छोड़कर न्यूयार्क चले गये; अतएव यह उपदेशावली यहीं समाप्त हुई।]

---

१. बाइबिल में उल्लेख है कि ईसा मसीह को क्रूसित करने के समय एक चोर को भी क्रूस पर विद्ध कर दिया गया था। वह ईसा मसीह में विश्वास करके मुक्त हो गया। उसने अपने पूर्व कर्मफल से ही ईसा की कृपा प्राप्त की थी।

व्याख्यान, प्रवचन एवं कक्षालाप—६

(महापुरुष और उनके संदेश)

याज्ञवल्क्य और मैत्रेयी[1]

हम कहते हैं, 'दुर्दिन वह दिन है जिस दिन हम हरि की कथा के अमृत से वंचित रहें, मेघाच्छन्न दिन दुर्दिन नहीं होता।'[2]

याज्ञवल्क्य एक महर्षि थे। तुम लोग जानते होगे कि शास्त्रों के आदेशानुसार भारत में वृद्धावस्था प्राप्त होने पर सबको संसार त्याग देना चाहिए। इसलिए याज्ञवल्क्य अपने संन्यास ग्रहण करने का समय उपस्थित होने पर अपनी स्त्री से बोले—"प्रिये मैत्रेयि, मैं संसार त्याग करके चला, यह मेरा जो कुछ अर्थ और मेरी सम्पत्ति है, उसे समझ लो।"

मैत्रेयी ने उत्तर दिया, "भगवन्, यदि मैं धनरत्न से पूर्ण समग्र पृथ्वी प्राप्त करूँ, तो उसके द्वारा क्या मैं अमृतत्व प्राप्त करूँगी?"

याज्ञवल्क्य ने कहा, "नहीं, यह हो नहीं सकता। तुम उससे केवल संपन्न हो सकोगी, बस। धन अमरता प्रदान नहीं कर सकता।"

मैत्रेयी बोलीं, "जिसके द्वारा मैं अमृतत्व प्राप्त कर सकूँ, उसे प्राप्त करने के लिए मुझे क्या करना होगा? यदि वह आप जानते हों, तो मुझे बताइए।"

याज्ञवल्क्य ने उत्तर दिया, "तुम सदा ही मेरी प्रिय रही हो, इस क्षण यह प्रश्न करने के कारण तुम प्रियतर हुईं। आओ, आसन ग्रहण करो, मैं तुम्हारे सम्मुख तुम्हारे जिज्ञासित तत्त्व की व्याख्या करता हूँ। तुम उसे सुनकर उसका ध्यान करती रहो।"

याज्ञवल्क्य ने कहना प्रारम्भ किया—

'हे मैत्रेयि! जो स्त्री पति से प्रेम करती है, वह पति के लिए नहीं है, किन्तु आत्मा के लिए ही स्त्री पति से प्रेम करती है; क्योंकि वह आत्मा से प्रेम करती है। स्त्री से स्त्री के लिए कोई प्रेम नहीं करता, पर क्योंकि वह आत्मा से प्रेम करता है, अतः स्त्री से प्रेम करता है। कोई सन्तान से सन्तान के लिए प्रेम नहीं करता,

---

१. बृहदारण्यक उपनिषद् ॥२।४; ४।५॥—प्रस्तुत अध्याय का प्रायः समस्त भाग ही इन दोनों अंशों का भावानुवाद और व्याख्या मात्र है।

२. तद्दिनं दुर्दिनं मन्ये मेघाच्छन्नं न दुर्दिनम्।
यद्दिनं हरिसंलापकथापीयूषवर्जितम्॥

किन्तु वह आत्मा से प्रेम करता है, अतः सन्तान से प्रेम करता है। कोई भी अर्थ से अर्थ के लिए प्रेम नहीं करता, किन्तु आत्मा से प्रेम करता है, अतः अर्थ से प्रेम करता है। कोई भी ब्राह्मण को ब्राह्मण के लिए प्रेम नहीं करता, किन्तु आत्मा से प्रेम करता है, इसलिए ही ब्राह्मण से प्रेम करता है। कोई भी इस जगत् को जगत् के लिए प्रेम नहीं करता, किन्तु वह आत्मा से प्रेम करता है, अतः उसको जगत् प्रिय है। इसी प्रकार कोई भी क्षत्रिय को क्षत्रिय के लिए प्रेम नहीं करता, वरन् वह आत्मा को प्रेम करता है। देवगण से कोई भी देवगण के लिए प्रेम नहीं करता, वरन् वह आत्मा से प्रेम करता है। अधिक क्या, किसी वस्तु से कोई उस वस्तु के लिए प्रेम नहीं करता, किन्तु उसके भीतर जो आत्मा विद्यमान है, उसके लिए ही वह उस वस्तु से प्रेम करता है। अतएव इस आत्मा के सम्बन्ध में श्रवण करना होगा, मनन करना होगा, निदिध्यासन करना होगा। हे मैत्रेयि, आत्मा के श्रवण, आत्मा के दर्शन, आत्मा के साक्षात्कार के द्वारा यह समग्र जो कुछ है, सब ज्ञात होता है।'

इस उपदेश का तात्पर्य क्या है? यह एक विचित्र प्रकार का दर्शन है। यहाँ यह कहा गया है कि प्रत्येक प्रकार का प्रेम स्वार्थपरता है—स्वार्थपरता का जितना अधिक निम्नतम अर्थ हो सकता है, उस अर्थ में। चूँकि हम अपने से प्रेम करते हैं, उसी कारण दूसरे से प्रेम करते हैं; ऐसा नहीं हो सकता। आधुनिक काल में भी अनेक दार्शनिक हैं, जिनका मत यह है कि, 'स्वार्थ ही जगत् में सब कार्यों की एक-मात्र प्रवृत्तिदायिनी शक्ति है।' यह सत्य है, फिर भी असत्य है। यह 'स्व' पीछे रहनेवाले सच्चे 'स्व' की छाया मात्र है। वह क्षुद्र होने के कारण ही अशुभ और असत् प्रतीत होता है। आत्मा के प्रति जो विश्वरूप असीम प्रेम है, एक लघु खंड के माध्यम से व्यक्त होने के कारण अशुभ और क्षुद्र प्रतीत होता है। यहाँ तक कि स्त्री भी जब पति से प्रेम करती है, जाने या न जाने, वह उस आत्मा के लिए ही पति से प्रेम करती है। जगत् में वह प्रेम स्वार्थपरता के रूप में व्यक्त तो हो रहा है, किन्तु वह स्वार्थपरता वास्तव में आत्मपरता अथवा आत्मप्रीति का क्षुद्र अंश मात्र है। जब कोई किसीसे प्रेम करता है, तो वह उस आत्मा में एवं उसके माध्यम से ही प्रेम करता है।

इस आत्मा को जानना होगा। अंतर क्या है? जो आत्मा का स्वरूप जाने बिना उससे प्रेम करते हैं, उनका प्रेम ही स्वार्थपरता है। जो लोग आत्मा का परिचय पाकर उससे प्रेम करते हैं, उनका प्रेम मुक्त होता है, वे साधु हैं। 'ब्राह्मण उनका परित्याग करते हैं, जो ब्राह्मण को आत्मा से पृथक् देखते हैं; क्षत्रिय उनका परित्याग करते हैं, जो क्षत्रिय को आत्मा से पृथक् देखते हैं; जगत् उन्हें परित्याग करता है, जो जगत् को आत्मा से पृथक् देखते हैं; देवगण उनका परित्याग करते

हैं, जो देवगण को आत्मा से पृथक् रूप में विश्वास करते हुए उनसे प्रेम करते हैं। ...सब वस्तुएँ उन्हें परित्याग करती हैं, जो उन सबको आत्मा से पृथक् रूप से देखते हैं। यह ब्राह्मण, यह क्षत्रिय, यह लोकसमूह, ये देवगण...यहाँ तक कि, जो कुछ जगत् में है, सब ही आत्मा है।' इस प्रकार याज्ञवल्क्य ने, प्रेम के अर्थ में जो लक्ष्य कर रहे थे, समझाया।

हम जब जब किसी विषय को विशेष का रूप देते हैं, हम उसे आत्मा से भिन्न कर देते हैं। मान लो, मैं किसी नारी से प्रेम कर रहा हूँ, तो जैसे ही मैं उसका विशेषीकरण करता हूँ, वह आत्मा से पृथक् हो जाती है, और उसके प्रति मेरा प्यार चिरन्तन नहीं रह सकेगा, वरन् उसका अंत दुःख में ही होगा। किंतु ज्योंही मैं उस स्त्री को आत्मा के रूप में देखता हूँ, त्योंही वह प्रेम यथार्थ प्रेम हो जाता है और वह कभी घटता नहीं। इसी प्रकार ज्योंही तुम समग्र जगत् अथवा आत्मा से पृथक् करके जगत् की किसी एक वस्तु के प्रति आसक्त होते हो, त्योंही एक प्रतिक्रिया होने लगती है। आत्मा के अतिरिक्त किसीसे प्रेम करने पर उसका फल शोक और दुःख ही होता है। किन्तु यदि हम समग्र वस्तुओं का, उन्हें आत्मा के अंतर्गत सोचकर अथवा आत्मस्वरूप में, उपभोग करें, तो फिर किसी कष्ट अथवा प्रतिक्रिया का आविर्भाव नहीं होगा। यही पूर्ण आनंद है। इस आदर्श में उपनीत होने का उपाय क्या है? याज्ञवल्क्य उस अवस्था को प्राप्त करने की प्रणाली बता रहे हैं। यह ब्रह्माण्ड अनंत है; आत्मा को जाने बिना जगत् की प्रत्येक विशेष विशेष वस्तु को लेकर उनमें आत्मदृष्टि किस प्रकार करेंगे? 'यदि दुन्दुभि बजती रहे तो हम उसकी ध्वनि को दूर से नहीं पकड़ सकते, न उसको पराभूत कर सकते हैं, किन्तु उस दुन्दुभि के निकट आ जाने पर और उस पर हाथ रख देने से हम ध्वनि को पराभूत कर लेते हैं।'

'शंख बजने पर हम उसकी ध्वनि को, जब तक हम पास आकर शंख को हाथ में न ले लें; तब तक हम उसे पकड़ या जीत नहीं सकते।

'वीणा बजते रहने पर जब हम वीणा के निकट आते हैं, तभी हम ध्वनि के उत्स या केन्द्र में पहुँचते हैं।

'जैसे किसीके भीगी लकड़ी जलाते रहने पर उससे अनेक प्रकार का धुआँ फैलता है तथा अनेक प्रकार के अग्निकण निकलते हैं, उसी प्रकार उस परम पुरुष से समस्त ज्ञान उच्छ्वसित हुआ है; सब कुछ उसीसे निकला है।

'जैसे समस्त जल का एकमात्र आश्रय समुद्र है, जैसे समस्त स्पर्श का त्वक् ही एकमात्र आश्रय है, जैसे समस्त गंध की नासिका ही एकमात्र आश्रय है, जैसे समस्त रस की जिह्वा ही एकमात्र आश्रय है, जैसे समस्त रूप का आँखें ही एकमात्र आश्रय

है, जैसे समस्त वाक्य का वागिन्द्रिय ही एकमात्र आश्रय है, जैसे समस्त शब्द का कान ही एकमात्र आश्रय है, जैसे समस्त चिन्ता का मन ही एकमात्र आश्रय है, जैसे समस्त ज्ञान का हृदय ही एकमात्र आश्रय है, जैसे समस्त कर्म का हाथ ही एकमात्र आश्रय है, जैसे समुद्र के जल में डाला हुआ लवण का कण गल जाता है, और फिर नहीं मिलता, उसी प्रकार, हे मैत्रेयि, यह विश्वव्याप्त आत्मा है, चिरन्तन असीम, और समस्त ज्ञान उसीमें है। समस्त जगत् का उत्थान उससे होता है और फिर वह उसीमें चला जाता है। फिर कोई ज्ञान, मरण या मृत्यु नहीं रह जाती।'

यहाँ हमने यह भाव पाया कि हम सब स्फुलिंग के आकार में उससे बहिर्गत हुए हैं और जब उसे जान लेते हैं तो हम पुनः उसीमें लौट जाकर उसके साथ एक हो जाते हैं। हम विश्व-व्याप्त हैं।

इस उपदेश से मैत्रेयी डरी, जिस प्रकार लोग सर्वत्र डरते हैं। मैत्रेयी ने कहा, "भगवन्, आपने यहाँ मेरा मन विभ्रमित कर दिया। देवता आदि उस अवस्था में नहीं रहेंगे, सारा व्यक्तित्व लुप्त हो जायगा, यह कहकर आपने मुझे भयभीत कर दिया है। वहाँ न तो कोई ज्ञान का विषय होगा, न प्यार का, न घृणा का। तब हमारा क्या होगा?"

याज्ञवल्क्य बोले, "मैत्रेयि, मेरा अभिप्राय तुम्हें चक्कर में डालना नहीं है। अधिक अच्छा हो यदि इस प्रसंग को यहीं समाप्त कर दें। तुम भयाकुल हो सकती हो। किन्तु जहाँ दो होते हैं, वहाँ एक व्यक्ति दूसरे को देखता है, एक व्यक्ति दूसरे को सुनता है, एक व्यक्ति दूसरे का स्वागत करता है, एक व्यक्ति दूसरे का स्मरण करता है, दूसरे को जानता है। किन्तु जब सभी आत्मा हो जाता है, कौन किसे देखेगा, कौन किसको सुनेगा, कौन किसकी अभ्यर्थना करेगा, कौन किसको जानेगा?" शापेनहॉवर ने इस विचार को ले लिया और वह उसके दर्शन में सर्वत्र प्रतिध्वनित होता है। जिसके द्वारा समग्र विश्व जाना जाता है, उसको हम किसके द्वारा जानें? ज्ञाता को किस प्रकार जानें? यह कैसे हो? क्योंकि हम जो कुछ जानते हैं, उसीमें और उसीके माध्यम से। उसे किस साधन से हम जान सकते हैं? किसी भी साधन के द्वारा नहीं, क्योंकि वह स्वयं ही वह साधन है।

यहाँ तक यह भाव प्राप्त हुआ कि यह सब एक अनन्त पुरुष है। असली व्यक्तिता या 'अविभक्तिता' वही है, जहाँ फिर और विभाजन न हो सके, तथा और खंड न रह जायँ। ये सारे क्षुद्र विचार बहुत ही निम्न कोटि के और भ्रामक हैं। किन्तु फिर व्यक्तिता के प्रत्येक स्फुलिंग में और उसके माध्यम से वही अनंत प्रकाशित हो रहा है। प्रत्येक वस्तु आत्मा की ही अभिव्यक्ति है। उस तक कैसे पहुँचें? सर्वप्रथम तुम वक्तव्य दो, जैसा कि याज्ञवल्क्य ने आरम्भ में ही कहा है, 'पहले इस

आत्मा के सम्बन्ध में सुनना होगा।' ऐसा कहकर उन्होंने अपने कथन की समीक्षा की, और उनका अंतिम प्रतिपाद्य यह बतलाना था कि जिसके द्वारा सब कुछ जाना जाता है, उसे कैसे जाना जाय। तब, अंत में, आत्मा का ध्यान किया जाता है। वह पिंड और ब्रह्माण्ड के विरोध को लेकर यह दिखलाते हैं कि ये दोनों किस प्रकार किस विशिष्ट दिशा में गतिमान हैं, और किस प्रकार यह सब सौन्दर्यमय है। 'यह पृथिवी आनन्दमयी है, सबकी इतनी सहायक है, और सब प्राणी इस पृथिवी के इतने सहायक हैं। यह सब उसी स्वयंप्रकाश आत्मा के प्रस्फुटन हैं।' यह सब आनन्दस्वरूप हैं; प्रतिबिम्ब के निम्नतम अर्थ में भी, यह सब उसीका प्रतिबिम्ब है। जो कुछ शिव है, वह भी उसीका प्रतिबिम्ब है, और जब वह प्रतिबिम्ब छाया मात्र होता है, तब वह अशिव कहलाता है। ईश्वर दो नहीं हैं। जब यह आत्मा कम अभिव्यक्त होती है, तब उसे तम अथवा अशिव कहते हैं, जब अधिक अभिव्यक्त होती है, तब उसे प्रकाश कहते हैं। यही केवल प्रभेद है। शुभ या अशुभ मात्रा का तारतम्य है—आत्मा की अल्प या अधिक अभिव्यक्ति को लेकर। हमारे निज के जीवन का दृष्टान्त ही लो। बचपन में कितनी वस्तुओं को हम अच्छा समझते हैं, जो वास्तव में बुरी हैं; और कितनी वस्तुओं को हम बुरे रूप में देखते हैं, जो वास्तव में अच्छी हैं; हमारी धारणा का कैसा परिवर्तन होता है? एक भाव किस प्रकार उच्च से उच्चतर होता रहता है। हम एक समय जिसे बहुत अच्छा समझते थे, अब हम उसे उतना अच्छा नहीं मानते। इस प्रकार शुभ-अशुभ अंध-विश्वास मात्र हैं और उनका अस्तित्व नहीं है। उसकी सर्वोत्तम अभिव्यक्ति तब होती है, जब सारा आच्छादन नष्ट हो जाता है। अंतर केवल मात्रा के तारतम्य में है। सब उस आत्मा का ही प्रकाश है। वह सबमें ही प्रकाशित हो रही है, केवल उसका प्रकाश स्थूल होने पर हम उसे अशुभ कहते हैं और सूक्ष्म होने पर शुभ कहते हैं। किन्तु आत्मा स्वयं शुभ-अशुभ के अतीत है। अतएव जगत् में जो कुछ है, सबका ही उसी अर्थ में, उनके शुभ रूप में ध्यान करना होगा, क्योंकि वे उसी पूर्ण स्वरूप की अभिव्यक्ति हैं। एक ओर शुभ है, दूसरी ओर अशुभ, और शीर्ष एवं केन्द्र है सत्। वह शुभ है न अशुभ, वह सर्वोत्तम है। सर्वोत्तम या पूर्ण केवल एक ही हो सकता है, शुभ और अशुभ अनेक हो सकते हैं, शुभ और अशुभ के मध्य अंतर की मात्राएँ हो सकती हैं, किन्तु पूर्ण तो केवल एक ही हो सकता है। पतले आवरण के माध्यम से देखा जाने पर यही पूर्ण विविध प्रकार का शुभ कहलाता है, और मोटे आवरण से देखा जाने पर हम उसे अशुभ कहते हैं। शुभ और अशुभ संबंधी धारणाओं ने ही सब प्रकार के द्वैत भ्रम तथा विविध धारणाओं का प्रसव किया है। ये शब्द मानव-जाति के हृदय में दृढ़ रूप से निबद्ध हो गये हैं। वे

मनुष्य को आतंकित करते हैं और भीषण अत्याचारियों की भाँति विद्यमान हैं। उन्होंने हमें बाघ बना डाला है। हमारी समस्त घृणा, शुभ-अशुभ के इन्हीं मूर्खतापूर्ण विचारों से उत्पन्न हुई है, जिनको हम बचपन से ही आत्मगत करते रहे हैं। इनके कारण मानवता के प्रति हमारी धारणा एकदम मिथ्या हो जाती है, हम इस सुंदर धरती को नरक बना देते हैं, किन्तु जिस क्षण हम इस शुभ-अशुभ को त्याग देते हैं, वह स्वर्ग बन जाती है।

'यह पृथिवी सब प्राणियों के पक्ष में मधु अर्थात् मिष्ट या आनन्दजनक है, सब प्राणी भी साथ ही इस पृथिवी के पक्ष में मधु हैं—दोनों परस्पर सहायता किया करते हैं। तथा यह सारी मधुरिमा है, जो इस पृथिवी के अंतराल में है। यह मधुरिमा किसकी है? उसके अतिरिक्त और क्या माधुर्य हो सकता है?'

वही एक मधुरिमा विभिन्न भाव से अभिव्यक्त हो रही है। जहाँ भी मानव-जाति के भीतर किसी प्रकार का प्रेम अथवा मधुरत्व दिखायी पड़ता है, साधु में हो, या पापी में हो, महापुरुष में हो अथवा हत्याकारी में हो, देह में हो, या मन में हो अथवा इन्द्रिय में ही हो, वहीं वह विद्यमान है। इन्द्रिय सुख भी वह है, मानसिक सुख भी वह है, आध्यात्मिक आनन्द भी वह है। उसके अतिरिक्त और कोई माधुर्य है ही नहीं। परस्पर युद्धरत बीस सहस्र देव और दानव कैसे हो सकते हैं? याज्ञवल्क्य यही कह रहे हैं। जब तुम उस अवस्था में उपस्थित होगे, जब सब वस्तुओं को समदृष्टि से देखोगे; जब मद्यप की मादकता के सुख में केवल उसी माधुर्य के दर्शन करोगे, तभी तुम सत्य को प्राप्त करोगे, जानोगे कि सुख का अर्थ क्या है, प्यार का अर्थ क्या है, और जब तक तुम यह वृथा भेद-ज्ञान रखोगे, मूर्ख प्रमत्त के समान लड़कपन और कुसंस्कार के भाव रखोगे, तब तक सब प्रकार का दुःख प्राप्त होता रहेगा। वह तेजोमय अमृतमय पुरुष ही अपने संपूर्ण माधुर्य के साथ पृथिवी के गर्भ में विद्यमान है, और वही माधुर्य देह में है। यह देह भी मानो पृथिवी है—तथा इस देह की समस्त शक्तियों और भोगों के मध्य से वही तेजोमय पुरुष प्रकाशित हो रहा है। देह में जो तेजोमय स्वप्रकाश पुरुष विद्यमान है, वही आत्मा है। 'यह जगत् जो सकल प्राणियों के पक्ष में ऐसा मधुमय है एवं सब प्राणी ही उसके निकट मधुमय हैं; वही तेजोमय है, वही अमृतमय पुरुष इस समग्र जगत् का आनन्दस्वरूप है। हमारे मध्य भी वह आनन्दस्वरूप है। वही ब्रह्म है।'

'यह वायु सकल प्राणियों के पक्ष में मधुस्वरूप है और इस वायु के निकट भी सकल प्राणी मधुस्वरूप हैं। और जो तेजोमय अमृतमय पुरुष वायु में भी विद्यमान है, वही देह में भी विद्यमान है। वह सकल प्राणियों के प्राणरूप में प्रकाश पा रहा है।'

'यह सूर्य सकल प्राणियों के पक्ष में मधुस्वरूप है एवं इस सूर्य के पक्ष में भी सकल प्राणी मधुस्वरूप हैं; क्योंकि वह तेजोमय पुरुष सूर्य में विद्यमान हैं एवं उसका ही प्रतिबिम्ब क्षुद्र से क्षुद्र ज्योतिरूप में प्रकाशित हो रहा है। समस्त ही उसके प्रतिबिम्ब के अतिरिक्त और क्या हो सकता है, वह हमारी देह में भी विद्यमान हैं एवं उसके ही उस प्रतिबिम्ब-बल से हम आलोक-दर्शन में समर्थ हो रहे हैं।'

'यह चन्द्र सकल प्राणी के पक्ष में मधुस्वरूप है, साथ ही इस चन्द्र का पक्ष में सकल प्राणी मधुस्वरूप हैं; क्योंकि, तेजोमय अमृतमय पुरुष, जो चन्द्र का अन्तरात्मा-स्वरूप है, वही हमारे भीतर मनरूप में प्रकाशित हो रहा है।'

'यह विद्युत् सब प्राणियों के पक्ष में मधुस्वरूप है, सब प्राणी भी विद्युत् के पक्ष में मधुस्वरूप हैं; क्योंकि वह तेजोमय अमृतमय पुरुष विद्युत् का आत्मास्वरूप है, साथ ही वह हमारे मध्य भी विद्यमान है, क्योंकि, वह समस्त ब्रह्म ही है।'

'वही ब्रह्म, वही आत्मा सब प्राणियों का राजा है।'

ये सब भाव मनुष्य के लिए अत्यन्त उपकारी हैं; ये ध्यान के लिए हैं। दृष्टान्त-स्वरूप—पृथिवी का ध्यान करते रहो, पृथिवी का विचार करो, साथ ही साथ यह भी सोचो कि पृथिवी में जो है, हमारी देह में भी वही है। विचार-बल से पृथिवी और देह को एक कर लो और देह के भीतर की आत्मा के सहित पृथिवी की अभ्यन्तर आत्मा का अभिन्न भाव से साधन करो। वायु का वायु की अभ्यन्तर और अपनी अभ्यन्तर आत्मा के सहित चिंतन करो। इसी प्रकार ये सब ध्यान किये जाते हैं। यह सब ही एक है, विभिन्न आकार में प्रकाशित मात्र हो रहा है। सकल ध्यानों का ही चरम लक्ष्य—इस एकत्व की उपलब्धि करना है, और याज्ञवल्क्य ने मैत्रेयी को यही समझाने का यत्न किया था।

रामायण

(३१ जनवरी, १९०० ई० को कैलिफ़ोर्निया के पॅसाडेना नामक स्थान में 'शेक्सपियर-क्लब' में दिया गया भाषण)

संस्कृत भाषा में वैसे तो सैकड़ों महाकाव्य हैं, किंतु उनमें दो महाकाव्य अत्यन्त प्राचीन हैं। यद्यपि आज दो सहस्र वर्षों से संस्कृत बोल-चाल की भाषा नहीं रही है, पर वह और उसकी साहित्य-सरिता आज तक अविच्छिन्न रूप से प्रवाहित हो रही है। मैं आज उन्हीं दो प्राचीन महाकाव्यों—रामायण और महाभारत—के सम्बन्ध में अपने विचार प्रकट करूँगा। इन दोनों महाकाव्यों में प्राचीन आर्यावर्त की सभ्यता और संस्कृति, तत्कालीन आचार-विचार एवं सामाजिक अवस्था लिपिबद्ध है। इन महाकाव्यों में प्राचीनतर 'रामायण' है, जिसमें राम के जीवन की कथा कही गयी है। रामायण के पूर्व भी संस्कृत में काव्य का अभाव न था। भारतीयों के पवित्र धर्मग्रन्थ वेदों का अधिकांश पद्यमय ही है, किन्तु सर्व-सम्मति से भारत में रामायण ही कविता का प्रारम्भ माना जाता है।

इसके कवि अथवा ऋषि का नाम है वाल्मीकि। कालान्तर में अनेक काव्यमय आख्यायिकाएँ इस पुरातन कवि पर आरोपित कर दी गयीं और बाद में तो इस महाकवि के नाम से अपनी रचनाएँ प्रचलित करने की एक प्रथा सी चल पड़ी। किन्तु इन सब क्षेपकों के होते हुए भी, रामायण हमें अत्यन्त सुग्रथित रूप में प्राप्त हुई है और वह विश्व-साहित्य में अप्रतिम है।

प्राचीन काल में किसी निबिड़ वन-प्रदेश में एक युवक निवास करता था। वह अत्यन्त बलवान और दृढ़ था। जब वह किसी भी प्रकार अपने आत्मीयों का भरण-पोषण करने में सफल न हुआ, तो अन्त में उसने दस्यु-वृत्ति स्वीकार कर ली। अब वह पथिकों पर आक्रमण करता और उनकी सम्पत्ति लूटकर अपने माता-पिता और स्त्री-पुत्रादि का उदर-पोषण करता। इस प्रकार अनेक वर्ष बीत गये। अंततः उसने एक बार नारद नामक महर्षि पर आक्रमण किया। महर्षि ने उससे पूछा, "तुम मुझे क्यों लूट रहे हो? मनुष्यों का धन अपहरण करना और उनका वध करना तो बड़ा जघन्य दुष्कृत्य है। तुम क्यों यह पाप संचय कर रहे हो?" दस्यु ने उत्तर दिया, "मैं इस अपहृत धन द्वारा अपने कुटुम्बियों का पालन करता हूँ।" देवर्षि नारद ने यह सुनकर कहा, "दस्यु युवक! अच्छा तुमने कभी इस

बात का भी विचार किया है कि क्या तुम्हारे आत्मीय जन तुम्हारे पाप में भी सहभागी होंगे?" दस्यु बोला, "निश्चय ही वे सब मेरे पाप का भाग भी ग्रहण करेंगे।" इस पर देवर्षि ने कहा, "अच्छा, तुम एक काम करो। मुझे इस वृक्ष से बाँध दो और घर जाकर अपने स्वजनों से जरा पूछो तो कि जिस प्रकार वे तुम्हारे पापाचरण द्वारा प्राप्त वित्त का उपभोग करते हैं, उसी प्रकार क्या तुम्हारे पापों का अंश भी ग्रहण करेंगे?" इस पर दस्यु अपने पिता के पास पहुँचा और पूछा, "पिता जी, क्या आप जानते हैं, मैं किस प्रकार आपका पालन-पोषण करता हूँ?" पिता ने उत्तर दिया, "नहीं तो।" तब वह बोला, "मैं दस्यु हूँ—पथिकों को काल के पास पहुँचाकर मैं उनका धन अपहृत करता हूँ।" पिता बोला, "नीच! तू मेरा पुत्र होकर यह पाप-कृत्य करता है! दूर हट मेरे सामने से।" तब उसने अपनी माँ के पास पहुँचकर कहा, "माँ, क्या तुम जानती हो, मैं किस तरह तुम्हारा भरण-पोषण करता हूँ।" उसने क़हा, "नहीं तो।" उसने बताया, "लूट और हत्या से।" माँ यह सुनते ही चीत्कार कर बोल उठी, "उफ़! कितना घोर दुष्कर्म!" लेकिन लड़के ने पूछा, "पर माँ! क्या तुम मेरे पाप का भी भाग ग्रहण करोगी?" माँ ने अम्लान मुख से कहा, "कौन मैं? मैं क्यों तुम्हारे पाप का भाग ग्रहण करूँ? मैंने थोड़े ही किसीको लूटा है!" माँ का उत्तर सुन दस्यु चुपचाप अपनी पत्नी के पास पहुँचा। उसने पुनः वही प्रश्न दुहराया, "क्या तुम जानती हो, मैं किस भाँति तुम्हारी आर्थिक आवश्यकताओं की पूर्ति करता हूँ?" जब पत्नी ने भी 'नहीं' कहा, तो दस्यु बोला, "तो सुन लो। मैं एक दस्यु हूँ—एक डाकू और लुटेरा हूँ। वर्षों से मैं पथिकों को लूट लूटकर तुम सबका उदर-पोषण कर रहा हूँ। और आज मैं तुमसे यह पूछने आया हूँ कि क्या तुम मेरे पाप में मेरी सहभागी बनोगी?" पत्नी ने तत्क्षण उत्तर दिया, "नहीं—कदापि नहीं! तुम मेरे पति हो, और मेरा पालन करना तुम्हारा कर्तव्य है।"

दस्यु की आँखें खुल गयीं। उसने कहा, "यह है इस संसार की रीति! जिनके लिए मैं यह पाप-कृत्य कर रहा हूँ, वे मेरे आत्मीय भी मेरे प्रारब्ध के भागी नहीं होंगे।" वह उस स्थान पर आया, जहाँ उसने देवर्षि को बाँध रखा था, और उन्हें बन्धनमुक्त कर वह उनके चरणों में गिरकर आद्योपान्त सारी घटना सुनाकर बोला, "प्रभो! मेरी रक्षा करो—मैं क्या करूँ?" देवर्षि ने कहा, "इस पापपूर्ण दस्युवृत्ति का परित्याग कर दो। तुमने देख लिया कि तुम्हारे स्वजनों में कोई भी तुमसे सच्चा प्रेम नहीं करता। इसलिए इन सब मोहपूर्ण भ्रान्तियों को त्याग दो। तुम्हारे स्वजन तुम्हारे ऐश्वर्य में तुम्हारा साथ देंगे, पर जिस क्षण उन्हें ज्ञात हो जायगा कि तुम दरिद्र हो गये हो, उसी क्षण वे तुम्हें छोड़कर चले जायँगे। वे तुम्हारे

शुभ के भागी तो हैं, किन्तु अशुभ का साथी कोई नहीं होना चाहता। इसलिए उसकी उपासना करो, जो पाप-पुण्य सभी अवस्थाओं में हमारा साथ देता है। वह हमारा परित्याग कभी नहीं करता, क्योंकि प्रेम कभी नीचे नहीं गिराता, उसमें विनिमय नहीं होता—वह स्वार्थपरता से कोसों दूर रहता है।"

तदुपरान्त देवर्षि ने उसको ईश्वरोपासना की विधि सिखलायी, और वह सर्वस्व परित्याग कर अरण्य-प्रदेश में साधना करने चला गया। वहाँ ईश्वराराधना और ध्यान में वह धीरे धीरे इतना तल्लीन हो गया कि उसे देह-ज्ञान भी न रहा, यहाँ तक कि दीमकों ने उसकी देह पर अपने वल्मीक बना लिये और उसे इसका भान तक न हुआ। अनेक वर्ष व्यतीत हो जाने पर एक दिन दस्यु को यह गम्भीर ध्वनि सुनायी पड़ी, 'उठिए, महर्षि, उठिए।' वह चकित होकर बोल उठा, "महर्षि? नहीं—मैं तो एक अधम दस्यु हूँ।" फिर वही गम्भीर वाणी उसे सुनायी दी, "अब तुम दस्यु नहीं रहे—अब तुम्हारा हृदय पवित्र हो गया है, तुम अब तपोपूत महर्षि हो और आज से तुम्हारे पापों के नाश के साथ साथ तुम्हारा वह पुराना नाम भी लुप्त हो जायगा। तुम्हारी समाधि इतनी गहरी थी, तुम ईश्वर-ध्यान में इतने तल्लीन हो गये थे कि तुम्हारी देह के चतुर्दिक जो वल्मीक बन गये, उनका तुम्हें ज्ञान तक न हुआ! इसलिए आज से तुम वाल्मीकि के नाम से प्रसिद्ध हुए।" इस प्रकार वह महर्षि बन गया।

और जिस प्रकार वह कवि बन गया, उसकी कथा इस प्रकार है। एक दिन पवित्र गंगा में अवगाहनार्थ जाते हुए महर्षि ने एक क्रौंच-मिथुन को प्रणय-केलि में मग्न हो परस्पर का आलिंगन-चुंबन करते हुए परमानन्द में मग्न देखा। महर्षि इस प्रणय-क्रीड़ा को देखकर अतीव हर्षित हुए, किन्तु उसी क्षण उनके समीप से एक सनसनाता हुआ तीर निकला, जिसने नर क्रौंच को विद्ध कर उसकी जीवन-लीला समाप्त कर दी। उसे भूमि पर गिरा देखकर क्रौंच-वधू शोकाभिभूत हो उसकी मृत देह के चतुर्दिक मँडराने लगी। महर्षि यह करुण दृश्य देख शोकविह्वल हो गये, और जब उनकी दृष्टि इस क्रूर कर्म के कर्ता निष्ठुर वधिक की ओर गयी, तो वे बोल उठे, "हे व्याध! हे क्रूर पाषाणहृदय व्यक्ति! क्या तुममें विन्दु मात्र भी दया भाव नहीं है, जो तुम्हारे कठोर हाथ प्रणय-क्रीड़ामग्न दो भोले पक्षियों को देखकर क्षण भर के लिए भी अपना विध्वंस-कार्य करते न रुके? जाओ—तुम्हारे हृदय को अनन्त काल तक भी शान्ति प्राप्त न हो!"[१] (मुख से निकलते

---

१. मा निषाद प्रतिष्ठां त्वमगमः शाश्वतीः समाः।
यत्क्रौञ्चमिथुनादेकमवधीः काममोहितम्॥

ही) महर्षि मन में सोचने लगे, 'यह क्या है? यह मैं क्या कह रहा हूँ? इसके पूर्व तो कभी मैं इस प्रकार नहीं बोला था?' उसी समय उन्हें एक वाणी सुनायी दी, 'डरो मत, तुम्हारे मुख से यह कविता निकल रही है, और तुम लोक-कल्याण के लिए काव्यमय भाषा में राम के चरित्र का वर्णन करो।' इस प्रकार इस महाकाव्य की रचना प्रारम्भ हुई। प्रथम कवि वाल्मीकि के हृदय की करुणा ही विश्व के आदि काव्य का आदि श्लोक बन गयी और उसके बाद महर्षि ने परम मनोहर रामायण महाकाव्य की रचना की।

भारतवर्ष में अयोध्या नाम की एक प्राचीन नगरी थी, जो आज भी विद्यमान है। भारत के मानचित्र में तुमने देखा होगा, जिस प्रान्त में इस नगरी का स्थान-निर्देश किया गया है, उसे आज भी अवध ही कहते हैं। यही प्राचीन अयोध्या थी। वहाँ पुरातन काल में राजा दशरथ राज्य करते थे। उनकी तीन रानियाँ थीं, किन्तु राजा की कोई सन्तान नहीं थी। इसलिए धर्मपरायण हिन्दुओं की भाँति, राजा अपनी तीनों रानियों सहित, पुत्रकामना से व्रतोपवास धारण कर, देवाराधना करते हुए दिन यापन करने लगे। कालान्तर में राजा को चार पुत्ररत्न प्राप्त हुए। उनमें सबसे ज्येष्ठ राम थे। इन चारों भाइयों को सभी विद्याओं की पूर्ण शिक्षा दी गयी। आगे चल कर आपस में झगड़े को बचाने की दृष्टि से प्राचीन भारत में एक प्रथा प्रचलित थी, जिसके अनुसार राजा अपने जीवन-काल में ही अपने ज्येष्ठ पुत्र को अपना उत्तराधिकारी घोषित कर देता था; और वह युवराज कहलाता था।

उसी युग में एक और राजा थे, जिनका नाम जनक था। उनकी सीता नामक एक सुन्दरी कन्या थी। सीता एक खेत में मिली थीं; वे पृथिवी की पुत्री थीं—उनके माता-पिता कोई नहीं थे। प्राचीन संस्कृत में 'सीता' शब्द का अर्थ होता है—हलकृष्ट भूमिखण्ड, जोती हुई भूमि। भारत के प्राचीन पुराणों में इस प्रकार के अलौकिक जन्मों की अनेक कथाएँ मिलती हैं। पुराणों में सर्वत्र ऐसे व्यक्तियों का वर्णन मिलता है, जिनका जन्म केवल पिता से ही हुआ है या माता से, या जिनके कोई जनक-जननी ही न थे—जिनका जन्म यज्ञाग्नि से हुआ या कृष्टभूमि से हुआ—मानो ये व्यक्ति आकाशगामी बादलों से गिरकर पृथिवी पर अवतीर्ण हो गये हों।

सीता तो पृथिवी-सुता ही थीं, अतएव वे निष्कलंक और शुद्ध थीं। राजा जनक ने उनका लालन-पालन किया। जब सीता विवाह-योग्य वय की हुईं, तो राजा ने उनके लिए एक सुयोग्य वर ढूँढ़ना चाहा।

प्राचीन भारत में विवाह की 'स्वयंवर' नामक एक प्रथा थी, जिसमें राज-पुत्रियाँ स्वयं अपने पति का निर्वाचन करती थीं। देश के विभिन्न प्रदेशों से अनेक राजपुत्र निमंत्रित किये जाते थे और राजकुमारी सुन्दर वस्त्राभरण-विभूषिता हो, कर

में वरमाला धारण कर एकत्र राजपुत्र-समुदाय के मध्य जाती थी। उसके साथ विभिन्न राजपुत्रों की वंशावली एवं शौर्य-प्रताप से परिचित एक चारण रहता था, जो उसे विवाहेच्छु राजकुमारों के सम्मुख ले जाकर उनका विरुद-गान करता था। राजकन्या जिस राजपुत्र को अपना हृदयेश्वर मनोनीत करती, उसके गले में वह वरमाला अर्पण कर देती थी और इसके बाद बड़े समारोह के साथ पाणिग्रहण संस्कार सम्पन्न होता था।

सीता के पाणि के लिए अनेक राजपुत्र उत्सुक थे। इस अवसर पर विशाल शिव-धनु को भंग करने का प्रण रखा गया था। सभी राजपुत्रों ने इस शौर्यपूर्ण कार्य को सम्पादित करने के लिए प्राण-पण से प्रयत्न किया, किन्तु असफल रहे। अन्त में राम ने प्रचण्ड शिव-धनु को अपने बलवान हाथों से उठाकर सहज ही दो खण्डों में भंग कर दिया। इस प्रकार सीता ने दशरथ के पुत्र राम को वनमाला अर्पित कर दी; और आनन्दोत्सव के साथ राम और सीता का विवाह सम्पन्न हुआ। जब राम अपनी पत्नी के साथ अयोध्या आ गये, तो दशरथ ने सोचा कि अब मेरे अवकाश ग्रहण करने और राम को युवराज नियुक्त करने का समय आ गया। शीघ्र ही इस मंगलोत्सव की सारी तैयारियाँ हो गयीं और सारे देश में हर्ष की लहरें उमड़ पड़ीं। किन्तु इसी समय राजा की कनिष्ठा राजमहिषी कैकेयी की एक परिचारिका ने राजा द्वारा कभी बहुत पहले प्रदान किये गये दो वरों का स्मरण उसे कराया। किसी समय राजा दशरथ कैकेयी से अत्यन्त प्रसन्न हो गये थे और उन्होंने उसे दो वर माँगने को कहा। वे बोले, "तुम कोई भी दो वर मुझसे माँग लो।" किन्तु रानी ने उस समय कोई वर नहीं माँगा। वह तो यह घटना पूर्णतया भूल भी गयी थी, किन्तु उसकी दुष्ट-स्वभाव दासी ने राम के राजसिंहासन पर बैठने को लेकर उसकी ईर्ष्या को भड़काना शुरू किया, और यह सुझाया कि यदि स्वयं उसके पुत्र भरत को ही उत्तराधिकार प्राप्त हो जाय तो उसके लिए कितना अच्छा होगा। दुष्ट दासी की मन्त्रणा से रानी ईर्ष्यावश उन्मत्त हो गयी। अब उस दुष्ट दासी ने उसे अपने वरदान लेने के अधिकार का स्मरण करवाकर कहा, "राजा से इन दो वरों की प्रार्थना करो कि भरत युवराज-पद पर अभिषिक्त हों और राम चौदह वर्ष वनवास करें।"

राम तो राजा के जीवन-धन थे—उनके प्राण और आत्मा थे। किंतु उन्होंने यह भी अनुभव किया कि राजा होकर वे अपने वचनों को तोड़ भी नहीं सकते।[1]

---

१. रघुकुल रीति सदा चलि आई।
प्राण जाइ पर बचन न जाई।।

राजा किंकर्तव्यविमूढ़ हो गये। तब राम ने राजा की इस उभय संकट से रक्षा की। वे स्वयं ही सिंहासन त्यागकर वन-गमन के लिए प्रस्तुत हो गये, जिससे पिता का वचन भंग न हो। इस प्रकार राम ने चतुर्दश वर्ष के लिए वन की ओर प्रस्थान किया—साथ में उनकी प्रिय पत्नी सीता और अनुज लक्ष्मण भी थे, जो किसी भाँति राम का साथ नहीं छोड़ना चाहते थे।

उन दिनों आर्यों को यह ज्ञात नहीं था कि इन सघन वन-कान्तारों में कौन निवास करते थे। वे इन वन्य जातियों को 'वानर' कहते थे, और इन तथाकथित 'वानरों' में या असभ्य वन्य जातियों में जो अत्यन्त दृढ़ और असाधारण बलसम्पन्न थे, उन्हें वे दैत्य या राक्षस कहते थे।

इस प्रकार राम, लक्ष्मण और सीता ने वानरों और राक्षसों द्वारा अध्युषित वन में गमन किया। इसके पूर्व जब सीता ने राम के साथ वन में प्रयाण करने की अभिलाषा प्रकट की, तो राम ने कहा, "राजप्रासाद में निवास करनेवाली हे सीते! तुम किस प्रकार संकटपूर्ण वन-जीवन के कष्ट सह सकोगी?" किन्तु सीता ने उत्तर दिया—"जहाँ राम जायँगे, वहाँ सीता जायगी। आप मुझसे 'राजकन्या' 'राजवंश-जन्म' की बातें क्यों कह रहे हैं? मैं तो आपसे पहले जाऊँगी।" अतः वह गयीं। और उनके साथ अनुज लक्ष्मण भी गये।

वे गहन कान्तार-राजि पार कर गोदावरी-तीरवर्ती रमणीय पंचवटी नामक स्थान में पर्णकुटी बनाकर निवास करने लगे। राम और लक्ष्मण दोनों ही मृगया करने चले जाते और कुछ कन्द मूल फल भी संग्रह कर लाते। इस प्रकार निवास करते हुए कुछ काल व्यतीत हो जाने पर, एक दिन वहाँ एक राक्षसी, लंका के राक्षस राजा रावण की बहन शूर्पणखा आयी। अरण्य में स्वच्छन्द विचरण करते करते उसे एक दिन राम दृष्टिगत हुए। वह उनके रूप-लावण्य पर तत्क्षण मुग्ध हो गयी। किन्तु राम परम पवित्र और विवाहित थे; इसलिए वे उसके प्रम का प्रतिदान नहीं कर सके। इससे उसके हृदय में प्रतिशोध की ज्वाला भड़क उठी। वह अपने भाई राक्षसराज रावण के पास पहुँची और उससे सीता के अप्रतिम लावण्य की बात कही।

राम मर्त्यों में सबसे अधिक बलिष्ठ थे। राक्षसों और दैत्यों तथा अन्य किसी जीवधारी में उनसे लोहा लेने की शक्ति नहीं थी। इसलिए राक्षसराज को छल का आश्रय लेना पड़ा। उसने एक अन्य राक्षस की सहायता प्राप्त की। वह राक्षस मायावी था। उसने एक सुन्दर सुवर्ण-मृग का रूप धारण किया और राम की पर्ण-कुटी के सामने सुमनोहर नृत्य और अंगभंगी प्रदर्शित कर क्रीड़ा करने लगा। सीता उसकी सुंदरता पर मुग्ध हो गयीं और उन्होंने राम से उसे पकड़ लाने का आग्रह किया। राम सीता की रक्षा के लिए लक्ष्मण को वहीं छोड़ वन में मृग को

पकड़ने चले गये। तब लक्ष्मण कुटी के चतुर्दिक एक मंत्रपूत अग्नि-वृत्त प्रज्वलित कर सीता से बोले, "देवि! मुझे आज आपके कुछ अनिष्ट होने की आशंका हो रही है। इसलिए आप इस मंत्रपूत अग्नि-मंडल के बाहर पदार्पण न करें, अन्यथा आपका कुछ अशुभ घटित हो जायगा।" इधर राम ने अपने एक तीक्ष्ण शर से उस माया-मृग को विद्ध कर दिया और वह तत्काल अपना स्वाभाविक रूप धारण कर पंचत्व को प्राप्त हो गया।

उसी क्षण पर्णकुटी के समीप राम का यह आर्त स्वर सुनायी पड़ा, "दौड़ो, लक्ष्मण, मेरी सहायता के लिए दौड़ो।" सीता ने यह सुनकर लक्ष्मण से तत्काल राम की सहायतार्थ वन में जाने को कहा। लक्ष्मण ने कहा, "देवि! यह रामचन्द्र की कण्ठध्वनि नहीं है।" किन्तु सीता के बार बार सानुक्रोश अनुरोध करने पर लक्ष्मण राम की खोज में वन की ओर चले गये। उनके जाते ही राक्षसराज रावण साधु-वेष में कुटी के द्वार पर आ खड़ा हुआ और भिक्षा-याचना करने लगा। सीता ने कहा, "आप कुछ क्षण प्रतीक्षा करें, तब तक मेरे स्वामी आ जाते हैं, फिर मैं आपको यथेष्ट भिक्षा दूँगी।" साधु बोला, "मैं अत्यन्त क्षुधार्त हूँ, देवि! एक क्षण भी प्रतीक्षा करने में असमर्थ हूँ। आप मुझे जो आपके पास है, वही दे दें।" इस पर सीता कुटी में रखे हुए जो थोड़े-बहुत फल थे, उन्हें बाहर ले आयीं। जब छद्म-वेषधारी साधु ने देखा कि वे अग्नि-मंडल के भीतर से ही भिक्षा दे रही हैं, तो वह अत्यन्त विनयपूर्वक बोला, "देवि! काषायवस्त्रधारी साधुओं से क्या भय! आप बाहर पदार्पण कर सुगमता से भिक्षा प्रदान करें।" इस अनुनय-विनय और अनुरोधभरी प्रार्थना से प्रभावित हो ज्यों ही वे अग्नि-वृत्त के बाहर आयीं, त्यों ही उस छद्मपूर्ण साधु ने राक्षस-देह में प्रकट हो, सीता को अपने बलवान बाहुओं में उठा लिया। फिर उसने अपने मायारथ का आह्वान किया और रोती हुई सीता को उसमें स्थापित कर वह लंका की ओर पलायन करने लगा। बेचारी नितान्त निस्सहाय सीता! उस समय वहाँ कौन था, जो उनकी सहायता करता! जब राक्षसराज उन्हें अपने रथ में ले जा रहा था, तो सीता ने मार्ग में कुछ कुछ अन्तर पर अपने अलंकार धरती पर गिरा दिये।

रावण सीता को अपने राज्य—लंका—में ले गया। उसने सीता से अपनी राजमहिषी का पद सुशोभित करने का अनुरोध किया और अपनी प्रार्थना स्वीकृत कराने के लिए कई प्रकार के भय-प्रलोभन दिखाये। किन्तु सीता तो सतीत्वस्वरूप थीं। वे उस दुष्ट से बोलीं तक नहीं। रावण ने क्रुद्ध हो सीता को दण्डित करने के लिए, जब तक वे उसकी पत्नी बनना स्वीकार नहीं करतीं, तब तक उन्हें एक वृक्ष के नीचे रात-दिन निवास करने के लिए बाध्य किया।

जब राम और लक्ष्मण को लौटने पर कुटी में सीता नहीं दिखीं, तो उनके शोक की सीमा न रही। सीता की क्या दशा हुई है, इसकी वे कल्पना तक न कर पाये। दोनों भाई वन के विजन कण्टकाकीर्ण मार्गों में सीता की खोज में भटकते रहे, पर सीता का कोई चिह्न न मिलता था। इस प्रकार दीर्घ काल तक वन वन भटकने के पश्चात् उनकी एक 'वानर'-यूथ से भेंट हुई। इन्हीं वानरों में देवांश-सम्भूत हनुमान थे। कालान्तर में ये ही वानरश्रेष्ठ हनुमान राम के अनन्य सेवक बन गये और उन्होंने सीता के उद्धार में राम की विशेष सहायता की। राम के प्रति हनुमान की भक्ति और श्रद्धा इतनी अनन्य थी कि आज भी हिन्दू उन्हें परम गहन सेवा-धर्म के आदर्श और प्रभु के अप्रतिम सेवक की भाँति पूजते हैं। यहाँ तुम यह स्मरण रखो कि वानरों और राक्षसों से हमारा मतलब है—दक्षिण भारत के आदि निवासी।

हाँ, तो इस प्रकार अन्त में राम की वानरों से अचानक भेंट हो गयी। वे राम से बोले, "हमने आकाश-मार्ग से जाता हुआ एक रथ देखा। उसमें एक राक्षस था, जो एक परम सुन्दरी रमणी को बलपूर्वक ले जा रहा था। वह स्त्री अत्यन्त करुण विलाप कर रही थी और जब रथ हमारे ऊपर से गया, तो हमारा ध्यान आकर्षित करने के लिए उस स्त्री ने अपने रत्नाभरण हमारे पास फेंक दिये।" लक्ष्मण ने उन आभरणों को देखकर कहा, "मुझे ज्ञात नहीं ये किनके हैं।"[१]

राम ने उन्हें देखते ही पहचान लिया और वे बोल उठे, "अरे! ये तो सीता के ही हैं।" लक्ष्मण उन आभरणों को इसलिए नहीं पहचान सके कि भारत में ज्येष्ठ बन्धु की भार्या इतनी सम्मानपूर्ण दृष्टि से देखी जाती थी कि लक्ष्मण ने कभी उनकी बाहुओं एवं ग्रीवा-देश पर दृष्टिपात नहीं किया था। स्वाभाविकतया उन कण्ठहारादि को लक्ष्मण नहीं पहचान सके। इस कथा-भाग में भारत की उसी प्राचीन प्रथा का आभास पाया जाता है। तदुपरान्त वानरों ने राम को रावण का नाम-धाम तथा पता बताया और वे सब सीता की खोज में राम की सहायता करने लगे।

उन्हीं दिनों वानरराज बालि एवं उसके अनुज सुग्रीव में सिंहासन के लिए युद्ध हो रहा था। राम ने सुग्रीव की सहायता की और बालि से राज्य छीनकर सुग्रीव को प्रदान कर दिया। सुग्रीव ने कृतज्ञ हो, राम को सहायता का वचन दिया। वानरों ने सारे देश को सीता की खोज में छान डाला, पर उनका कहीं

---

१. नाहं जानामि केयूरे, नाहं जानामि कुण्डले।
नूपुरे त्वभिजानामि नित्यं पादाभिवन्दनात् ॥

भी पता न चला। अन्त में कपि हनुमान ने एक ही छलांग में भारत के तट से लंका द्वीप तक विशाल उदधि पार कर, सीता को खोजने लंका में प्रवेश किया, किन्तु सर्वत्र अन्वेषण कर लेने पर भी सीता कहीं नहीं दिखीं।

तुमको ज्ञात होगा, राक्षसराज रावण ने देव-मानवादि सब, यहाँ तक कि सकल ब्रह्माण्ड पर विजय पा ली थी। उसने विश्व की सुन्दर युवतियों को बलपूर्वक अपनी उपपत्नी बना लिया था। हनुमान ने सोचा, 'सीता का उसके साथ राजप्रासाद में होना तो असम्भव है—ऐसे स्थान में वास करने की अपेक्षा तो वे मृत्यु को ही अधिक श्रेयस्कर समझेंगी।' अतएव हनुमान अन्यत्र सीता की खोज करने लगे। अन्ततोगत्वा उन्होंने सीता को एक वृक्ष के नीचे देखा। कृशगात्र और पाण्डु-वर्ण सीता उन्हें क्षितिज में अस्तमान प्रतिपदा की शशिकला सी प्रतीत हुईं। हनुमान एक अल्पकाय क्षुद्र वानर का रूप धारण कर उस वृक्ष पर आसीन हो गये। वहाँ से उन्होंने देखा—किस प्रकार रावण द्वारा प्रेषित राक्षसी सीता को नाना प्रकार के भय दिखलाकर वशीभूत करने की चेष्टा कर रही हैं, किन्तु सीता राक्षसराज के नाम तक को कर्णगोचर न होने देती थीं।

उन लोगों के चले जाने पर, हनुमान सीता के समीप आकर बोले, "देवि! रामचन्द्र ने आपके अन्वेषणार्थ मुझे अपना दूत बनाकर भेजा है।" तब हनुमान ने सीता को विश्वास दिलाने के लिए रामप्रदत्त मुद्रा दिखायी। उन्होंने सीता से यह भी विज्ञापित किया कि उनका पता लगते ही राम एक सागर सी विशाल सेना लेकर राक्षस को पराजित करेंगे और उनका उद्धार करेंगे। यह सब निवेदन करने के पश्चात् हनुमान बोले, "देवि, यदि आपको आपत्ति न हो, तो मैं अपने सुदृढ़ कन्धों पर आपको बिठा, एक ही छलाँग में विशाल उदधि को लाँघकर राम के पास पहुँचा दूँ।" पर सीता तो स्वयं सतीत्व की प्रतिमा थीं—उन्हें तो परपुरुष-स्पर्श की कल्पना तक असह्य थी। इसलिए वे वहीं रहीं, पर उन्होंने अपनी चूड़ामणि केशों से निकालकर राम के पास ले जाने के लिए हनुमान को दे दिया और हनुमान उसे लेकर लौट आये।

हनुमान से सीता का संवाद पाकर, राम ने एक सेना संगठित की, और उसे ले भारत के सुदूर दक्षिण प्रदेश की ओर प्रयाण किया। वहाँ राम के आज्ञाकारी, स्वामिभक्त वानरों ने एक विशाल सेतु का निर्माण किया। इसका नाम सेतुबन्ध है। इससे भारत और लंका की सीमाएँ संलग्न हो गयीं। उथले पानी में अब भी भारत से लंका में इन बालुका-स्तूपों की सहायता से जाया जा सकता है।

राम ईश्वर के अवतार थे, अन्यथा वे ये सब दुष्कर कार्य कैसे कर सकते थे?

हिन्दू उन्हें ईश्वर का अवतार मानकर पूजते हैं। भारतीयों के मतानुसार वे ईश्वर के सातवें अवतार हैं।

सेतु-निर्माण के समय वानरों ने पर्वत-खण्ड उखाड़ उखाड़कर समुद्र में स्थापित कर दिये और उन्हें विशाल वृक्षों तथा शिलाओं से आच्छादित कर एक प्रचण्ड सेतु बात की बात में बना डाला। कहा जाता है कि एक छोटी सी गिलहरी भी बालुका-राशि में लोट लोटकर उस सेतु पर दौड़ती और अपना शरीर झाड़कर कुछ सिकता-कण वहाँ बिखेर देती। इस प्रकार मिट्टी ला लाकर वह भी अपनी लघु शक्ति के अनुसार उस बृहत् सेतु के निर्माण-कार्य में राम की सहायता कर रही थी। वानर उसका यह कार्य देखकर हँसने लगे। वे तो विशालकाय पर्वतखण्डों, विस्तृत वन-प्रदेशों और बालुका-राशि को उठा उठाकर ला रहे थे; इसलिए बालू में लोट लोटकर संचित किये हुए एक-दो मिट्टी के कणों को विशाल सेतु पर झाड़ती हुई उस गिलहरी का वे उपहास करने लगे। पर जब राम ने गिलहरी के इस उद्यम को एवं वानरों के उपहास को देखा, तो वे बोले, "इस अल्पकाय गिलहरी का मंगल हो! यह प्राण-पण से अपनी समस्त शक्ति जुटाकर काम कर रही है, इसलिए वह श्रेष्ठ से श्रेष्ठ वानर से अंश मात्र भी न्यून नहीं है।" यह कहकर उन्होंने उस गिलहरी की पीठ स्नेहपूर्वक अपने हाथों से थपथपायी। और आज भी राम की उन उँगलियों के चिह्न गिलहरी की पीठ पर दृष्टिगोचर होते हैं।

सेतु-निर्माण-कार्य पूर्ण हो जाने पर राम और उनके अनुज लक्ष्मण द्वारा संचालित समस्त वानर-वाहिनी ने सागर पार कर लंका में प्रवेश किया। कई मास तक घमासान युद्ध और भीषण रक्तपात चलता रहा। अन्त में विजय-श्री राम के हाथ लगी, राक्षसराज रावण युद्ध में काम आया और उसकी राजधानी एवं उसके स्वर्णनिर्मित राज-प्रासादों पर राम का आधिपत्य हो गया। आज भी जब मैं भारत के हृदय-प्रदेश में स्थित सुदूर ग्रामों में सरलहृदय ग्रामीणों से यह कहता हूँ कि मैंने लंका का भ्रमण किया है, तो वे कह उठते हैं—"अहा! रामायण में लिखा है कि वहाँ सोने के महल हैं।" अस्तु। रावण के अनुज विभीषण की सहायता के प्रतिदान-स्वरूप स्वर्णमयी लंका प्रदान कर राम ने उसे राजसिंहासन पर आरोहित किया।

तदनन्तर राम ने लक्ष्मण और सीता सहित लंका से प्रस्थान किया। किन्तु इसी समय उनके साथियों और अनुयायियों में एक असन्तोष की लहर दौड़ पड़ी। लोग सीता की पवित्रता पर सन्देह करने लगे। शनैः शनैः एक सामूहिक आवाज उठी, 'परीक्षा! परीक्षा!! सीता ने अपनी पवित्रता की परीक्षा नहीं दी है।' राम को यह असह्य था। वे बोले, 'पवित्रता! सीता तो सतीत्वस्वरूप हैं, उनकी परीक्षा

कैसी ?'' पर लोग नहीं माने—वे अपनी बात पर अटल रहे। 'हमें सीता की पवित्रता का प्रमाण चाहिए—हम परीक्षा चाहते हैं।' राम को जनमत के सामने झुकना पड़ा। निदान एक प्रचण्ड यज्ञाग्नि प्रज्वलित की गयी और सीता को उसमें प्रवेश करने की आज्ञा हुई। राम शोक से मुह्यमान हो रहे थे—उन्हें आशंका हो रही थी कि अब सीता गयीं। किन्तु दूसरे ही क्षण सबने विस्मित नयनों से देखा कि स्वयं अग्निदेव प्रकट हो गये हैं और उनके शीर्षस्थित सिंहासन पर वैदेही विराजमान हैं। अब सभी सन्तुष्ट हो गये और चारों ओर आनन्दोत्सव मनाया गया।

इस वनवास की अवधि के आरंभ में ही भरत राम से मिलने आये। उन्होंने राम से पिता के निधन का हृदयविदारक संवाद कहा और उन्हें लौटकर सिंहासनासीन होने की प्रार्थना की। किन्तु राम सहमत न हुए। उन्होंने भरत को लौटकर धर्मपूर्वक शासन करने का उपदेश दिया। भरत ने ज्येष्ठ भ्राता के प्रति अपने परम अनुराग और भक्ति-भाव की प्रतीक राम की पादुकाएँ सिंहासन पर रख दीं और स्वयं राम के प्रतिनिधि के रूप में राज-कार्य सँभालने लगे। जब राम अयोध्या लौट आये, तो पुरजनों की अनुरोधपूर्ण अभ्यर्थना को स्वीकृत कर सिंहासन पर आरूढ़ हुए।

राज्याभिषेक के अवसर पर राम ने यथाविधान वे सब व्रत ग्रहण किये, जो प्राचीन भारत में प्रजा-पालन एवं लोक-कल्याण के लिए आवश्यक समझे जाते थे। उस युग में राजा प्रजा का सेवक एवं दास समझा जाता था, और उसे सदैव लोकमत का आदर करना पड़ता था—उसके सामने झुकना पड़ता था। कुछ ही वर्ष उन्होंने सीता सहित सुखपूर्वक व्यतीत किये थे कि एक लोकापवाद की लहर पुनः उत्थित हुई। गुप्तचरों ने राम को सूचना दी कि प्रजा सीता की पवित्रता में सन्देह करती है, क्योंकि सीता का एक राक्षस ने हरण कर लिया था और वे सागर पार उसकी नगरी में रही हैं। उन्हें सीता की अग्नि-परीक्षा से सन्तोष न था। वे चाहते थे—सबके सामने एक नयी परीक्षा ली जाय, और नहीं तो सीता देश से निर्वासित कर दी जायँ।

जनता के सन्तोष-विधानार्थ राम ने सीता को देश से निर्वासित होने की आज्ञा दे दी और वे मनीषी कवि वाल्मीकि के आश्रम के निकट वन में छोड़ दी गयीं। परित्यक्ता और रोती अकेली सीता पर वाल्मीकि की दृष्टि पड़ी। उनकी करुण कथा सुनकर उन्होंने उनको अपने आश्रम में शरण दी। सीता आसन्नप्रसवा थीं और कालान्तर में उन्होंने दो यमज पुत्रों को जन्म दिया। वाल्मीकि ने उन बालकों को उनका यथार्थ परिचय कभी नहीं दिया। महर्षि ने उन्हें ब्रह्मचर्य-व्रत

ग्रहण करवा यथाविधान शिक्षा देनी आरम्भ की। इन्हीं दिनों महर्षि ने रामायण महाकाव्य की रचना की और उसे सुर-ताल से संयोजित कर एक रूपक तैयार किया।

भारत में नाटक एक अत्यन्त पवित्र वस्तु समझा जाता था। उसकी एवं संगीत की साधना धर्मसाधना मानी जाती थी। लोगों की धारणा थी कि कोई भी गीत—चाहे वह प्रेमगीत हो या इतर-विषयक—यदि तन्मयतापूर्वक गाया जाय, तो उससे अवश्य मुक्ति-लाभ होगा। जो फल-निष्पत्ति ध्यान द्वारा प्राप्त होती है, वही संगीत की साधना से भी प्राप्त होती है। वाल्मीकि ने रामायण को नाट्य रूप देकर राम के दोनों पुत्रों को उसे स्वर-तालपूर्वक गाना और पाठ करना सिखाया।

भारत के प्राचीन नृपगण अश्वमेधादि बड़े बड़े यज्ञ किया करते थे; राम ने भी तदनुसार अश्वमेध करने का संकल्प किया। किन्तु भारत में किसी गृहस्थ को पत्नी के बिना कोई भी धर्मानुष्ठान करने का अधिकार नहीं है। पत्नी को भारत में सहधर्मिणी कहा जाता है। गृहस्थ को सैकड़ों धार्मिक अनुष्ठान करने होते हैं, किन्तु जब तक उसकी सहधर्मिणी उसके साथ बैठकर उनमें योग नहीं देती, तब तक कोई अनुष्ठान विधिपूर्वक अनुष्ठित नहीं माना जाता।

सीता तो निर्वासित हो चुकी थीं, अतः उनकी सहधर्मिणी उनके पास नहीं थी। इसलिए लोगों ने राम से पुनः विवाह कर लेने की प्रार्थना की, किन्तु राम पुरुषोत्तम और एकपत्नी व्रतधारी थे। इस समय वे जीवन में पहली बार जनमत के विरोध में खड़े हुए। वे बोले, "यह असम्भव है। मेरा जीवन तो सीता का है।" इसलिए अनुष्ठान को विधिपूर्वक संपन्न करने के लिए सीता के स्थान पर, उनकी प्रतिनिधि एक स्वर्ण प्रतिमा आसीन कर दी गयी। इस महोत्सव में धर्म भाव की वृद्धि के लिए एक नाटक का भी आयोजन किया गया। महाकवि महर्षि वाल्मीकि राम के अज्ञात पुत्रों और अपने दोनों शिष्यों लव-कुश सहित इस अवसर पर आये। एक रंगमंच निर्मित कर लिया गया था और अन्य आवश्यक आयोजन भी पूर्ण कर लिये गये। सभामण्डप में राम और उनके भ्रातृगण, अमात्य-वर्ग तथा प्रजा-वर्ग—दर्शकों का अपार समूह—वहाँ उपस्थित था। वाल्मीकि के निर्देशानुसार लव और कुश ने मधुर स्वर में रामायण का गान आरम्भ किया और सारी सभा को अपनी मनोरम वाणी और सुन्दरता से मुग्ध कर लिया। बेचारे राम तो पागल जैसे हो गये और जब सीता के वनवास का प्रसंग आया, तो वे किंकर्तव्यविमूढ़ हो उठ खड़े हुए। तब महर्षि ने उनसे कहा, "राजन्, शोकार्त न होइए, मैं इसी क्षण सीता को आपके समक्ष उपस्थित कर देता हूँ।" तब सीता सभामंच पर लायी

गयीं और राम अपनी पत्नी को पुनः देखकर हर्षित हुए; किन्तु इसी क्षण वही पुराना असन्तोष फिर जनता में प्रकट हो गया। 'परीक्षा, परीक्षा' की आवाज़ आने लगी। बेचारी सीता अपने शुद्ध चरित्र पर किये गये इस निर्मम लांछन से इतनी आहत और कातर हो गयीं कि अब यह उनके लिए असह्य हो गया। उन्होंने अपनी पवित्रता का साक्ष्य देने के लिए देवगणों से प्रार्थना की। उसी समय पृथ्वी फटी; सीता ने उच्च स्वर में कहा, "यह लो मेरी परीक्षा"—और पृथिवी माता के वक्ष में प्रविष्ट हो गयीं। इस दुःखान्त घटना से लोग अवसन्न हो गये और राम शोक से मुह्यमान हो गये।

सीता के अन्तर्धान होने के कुछ दिन पश्चात् देवताओं का एक दूत राम के पास आकर बोला, "प्रभो! पृथिवी पर आपका कार्य अब पूर्ण हो गया है, इसलिए आप वैकुण्ठ पधारें।" यह संवाद सुनकर राम की अपने स्वरूप की स्मृति जाग्रत हो गयी। अयोध्या की समीपवर्तिनी सरिद्वरा सरयू के जल में देह-विसर्जन कर राम वैकुण्ठ में सीता से मिल गये।

यह है भारत का महान् आदि काव्य। राम और सीता भारतीय राष्ट्र के आदर्श हैं। सभी बालक-बालिकाएँ, विशेषतः कुमारियाँ सीता की पूजा करती हैं। भारतीय नारी की उच्चतम महत्त्वाकांक्षा यही होती है कि वह सीता के समान शुद्ध, पतिपरायणा और सर्वसहा बने। इन चरित्रों का अध्ययन करने पर तुमको सहज ही प्रतीत होने लगता है कि भारतीय और पाश्चात्य आदर्शों में कितना महान् अन्तर है। भारतीय राष्ट्र और समाज के लिए सीता सहिष्णुता के उच्चतम आदर्श के रूप में हैं। पश्चिम कहता है, 'कर्म करो—कर्म द्वारा अपनी शक्ति दिखाओ।' भारत कहता है, 'सहिष्णुता द्वारा अपनी शक्ति दिखाओ।' मनुष्य कितने अधिक भौतिक पदार्थों का स्वामी बन सकता है, इस समस्या की पूर्ति पश्चिम ने की है; किन्तु मनुष्य कितना कम रख सकता है—इस प्रश्न का उत्तर भारत ने दिया है। तुम देखते हो—दोनों आदर्श परस्पर विरोधी भावों की चरम सीमा हैं। सीता भारतीय आदर्श—भारतीय भाव की प्रतिनिधि हैं, मूर्तिमती भारतमाता हैं। सीता वास्तव में जन्मी थीं या नहीं, रामायण की कथा किसी ऐतिहासिक तथ्य पर आधारित है या कपोलकल्पित—यह हम नहीं जानते। इतना तो सत्य है कि सहस्रों वर्षों से सीता का चरित्र भारतीय राष्ट्र का आदर्श रहा है। ऐसी अन्य कोई पौराणिक कथा नहीं है, जिसने सीता के चरित्र की भाँति पूरे भारतीय राष्ट्र को आच्छादित और प्रभावित किया हो, उसके जीवन में इतनी गहराई तक प्रवेश किया हो, जो जाति की नस नस में, उसके रक्त की एक एक बूंद में इतनी प्रवाहित हुई हो। भारत में जो कुछ पवित्र है, विशुद्ध है, जो कुछ

पावन है, उस सबका 'सीता' शब्द से बोध हो जाता है। नारी में जो नारीजनोचित गुण माने गये हैं, 'सीता' शब्द उन सबका परिचायक है। इसलिए जब ब्राह्मण किसी कुल-वधू को आशीर्वाद देते हैं, तो कहते हैं—'सीता बनो'। जब किसी बालिका को आशीर्वाद देते हैं, तो कहते हैं—'सीता बनो'। वे सब सीता की सन्तान हैं—जीवन में उनका एकमेव प्रयत्न यही होता है कि वे सीता बनें—सीता सी शुद्ध, धीर और सर्वंसहा, सीता सी पतिपरायणा और पतिव्रता बनें। जीवन में सीता ने इतने कष्ट सहे, इतनी वेदनाएँ सहीं, किन्तु राम के विरुद्ध उनके मुँह से एक कठोर शब्द तक न निकला। वे उसे अपना कर्तव्य जानकर करती रहती हैं। सीता के निर्वासन के घोर अन्याय पर विचार करो। पर सीता ने यह भी सह लिया—उनके हृदय में लेशमात्र भी कटुता उत्पन्न नहीं हुई। यह तितिक्षा ही भारतीय आदर्श है। भगवान् बुद्ध ने कहा है, 'यदि तुम्हें कोई आहत करता है और तुम उसे प्रतिकार में आहत करने के लिए अपना हाथ उठाते हो, तो इससे तुम्हारे घाव को तो आराम नहीं होगा—हाँ, संसार के पापों में एक वृद्धि अवश्य हो जायगी।' सीता इस भारतीय आदर्श की सच्ची प्रतिनिधि हैं। अत्याचारों के प्रतिशोध का विचार तक उनके हृदय में नहीं आया।

कौन जानता है, इन दोनों आदर्शों में कौन सत्य और उच्च है—पाश्चात्यों की यह बल-प्रतीयमान शक्ति या प्राच्यों की कष्ट-सहिष्णुता, क्षमा और तितिक्षा?

पश्चिम कहता है, 'हम अशुभ पर विजय प्राप्त करके ही उसका नाश करते हैं।' भारत कहता है, 'हम अशुभ का नाश करते हैं, सहन करके, यहाँ तक कि वह हमारे लिए आनन्द की वस्तु बन जाता है।' शायद दोनों ही आदर्श महान् हैं; पर कौन जानता है, अन्ततोगत्वा कौन सा आदर्श जीवित रह सकेगा—किस आदर्श की जय होगी? कौन जानता है, किस आदर्श से मानव-जाति का अधिकतर यथार्थ कल्याण सम्पादित हो सकेगा? किसे ज्ञात है, कौन सा आदर्श मनुष्य की पाशविकता को निर्वीर्य कर उस पर विजय पा सकेगा—सहिष्णुता अथवा क्रियाशीलता?

और इसलिए हमें एक दूसरे के आदर्शों को नष्ट करने की चेष्टा छोड़ देनी चाहिए। हम दोनों का लक्ष्य एक ही है—अशुभ का क्षय और नाश। तुम अपनी प्रणाली के अनुसार कार्य करो और हमें अपने अनुसार करने दो। हम आदर्श नष्ट न करें। मैं पश्चिम से यह नहीं कह रहा हूँ कि तुम हमारा मार्ग अपना लो। कभी नहीं। लक्ष्य एक है, किन्तु साधन-मार्ग कभी एक ही नहीं हो सकता। और इसलिए, भारत के आदर्शों की बात सुनकर मुझे आशा है; तुम भारत को सम्बोधन कर कहो, 'हम जानते हैं—हम दोनों का लक्ष्य और आदर्श एक ही है। तुम

अपने आदर्श का अनुसरण करो। तुम अपने साधन-पथ पर प्रस्थान करो— ईश्वर तुम्हारा कल्याण करें।' इस जीवन में पूर्व और पश्चिम दोनों को मेरा यही सन्देश है कि विभिन्न आदर्शों पर विवाद व्यर्थ है, लक्ष्य दोनों का एक ही है, वे एक दूसरे से कितने ही भिन्न क्यों न प्रतीत होते हों। और इसलिए जीवन के इन ऊँचे-नीचे, टेढ़े-मेढ़े रास्तों में, जीवन की इस चक्करदार भूलभुलैया के मार्ग पर चलते हुए, परस्पर मंगल-कामना करते हुए, परस्पर का अभिवादन कर कहें 'ईश्वर तुम्हारी लक्ष्य-सिद्धि में सहायक हो।'

रामायण पर स्फुट टिप्पणियाँ

उसकी पूजा करो जो अकेले हमारा साथ देता है, चाहे हम भला करें या बुरा, जो हमें कभी नहीं छोड़ता; ठीक वैसे ही जैसे प्रेम हमें कभी नीचे नहीं गिराता; जैसे प्रेम अदला-बदली नहीं जानता, न स्वार्थ जानता है।

राम वृद्ध राजा की आत्मा थे; लेकिन वह राजा थे और अपने वचन से पीछे नहीं हट सकते थे।

"जहाँ कहीं राम जायँगे, वहीं मैं जाऊँगा," छोटे भाई लक्ष्मण ने कहा।

हम हिन्दुओं के लिए बड़े भाई की पत्नी माता तुल्य होती है।

अन्त में उन्होंने सीता को पाया जो पीली पड़ गयी थीं और क्षीण हो गयी थीं; क्षितिज के नीचे अपगत चंद्रमा के कण के सदृश। सीता मूर्तिमान सतीत्व थीं। उन्होंने अपने पति के अतिरिक्त किसी अन्य पुरुष के शरीर का स्पर्श तक नहीं किया।

"पवित्र? वह तो सतीत्वस्वरूप है," राम ने कहा।

नाटक और संगीत स्वयं धर्म हैं; कोई भी गीत क्यों न हो, प्रेम-गीत हो या कोई अन्य गीत, कोई चिंता नहीं। यदि उस गान में कोई व्यक्ति अपनी पूरी आत्मा उड़ेल दे, तो बस उसीसे उसको मुक्ति मिल जाती है। उसे और कुछ नहीं करना है। यदि उसमें उसकी पूरी आत्मा है, तो वह आत्मा मुक्त हो जाती है। कहा जाता है कि वह भी उसी लक्ष्य तक पहुँचा देता है।

पत्नी— सहधर्मिणी है। हिन्दू को सैकड़ों धार्मिक अनुष्ठान करने पड़ते हैं और अगर वह पत्नी-विहीन है, तो एक भी नहीं कर सकता। तुम देखते हो कि पुरोहित उनकी गाँठ जोड़ देते हैं और पति-पत्नी साथ साथ मन्दिरों में जाते हैं और बड़ी तीर्थ-यात्राओं पर भी वे गाँठ जोड़ कर जाते हैं।

राम ने अपने शरीर का उत्सर्ग कर परलोक में सीता को प्राप्त किया।

सीता—पवित्र, निर्मल, समस्त दुःख झेलनेवाली!

भारत में उस प्रत्येक वस्तु को सीता नाम दिया जाता है, जो शुभ, निर्मल और पवित्र होती है; नारी में नारीत्व का जो गुण है, वह सीता है।

सीता—धैर्यवान, सब दुःखों को झेलनेवाली, पतिव्रता, नित्य साध्वी पत्नी! उसने तमाम कष्ट झेले, राम के विरुद्ध एक भी परुष शब्द नहीं निकाला।

सीता में प्रतिहिंसा कभी नहीं थी। 'सीता बनो!'

महाभारत

(कैलिफ़ोर्निया के अन्तर्गत पैसाडेना की 'शेक्सपियर सभा' में दिया हुआ भाषण—१ फ़रवरी, १९०० ई०)

जिस दूसरे महाकाव्य के सम्बन्ध में इस संध्या को तुम्हारे सम्मुख मैं बोलनेवाला हूँ, वह महाभारत है। इसमें दुष्यन्त और शकुन्तला के पुत्र राजा भरत के वंश का आख्यान वर्णित है। महान् का अर्थ होता है बड़ा अर्थात् गौरवसम्पन्न, और भारत का अर्थ है भरत के वंशज—वह भरत, जिसके नाम पर हमारे देश का नामकरण भारत हुआ है। इसलिए महाभारत शब्द का अर्थ महान् भारत देश, या भरत के महान् वंशजों का आख्यान होता है। कुरुओं का प्राचीन राज्य इस महाकाव्य की रंगभूमि है, और कुरु-पांचालों का महासंग्राम इस कथा का आधार है। अतएव युद्ध-प्रभावित क्षेत्र का विस्तार अधिक नहीं है। यह महाकाव्य भारत में सर्वाधिक लोकप्रिय है, और भारतीय जीवन पर इसका उतना ही प्रभाव पड़ा है, जितना कि यूनान देश पर होमर-प्रणीत काव्य का। समय बीतने के साथ मूल महाभारत के कलेवर में भी वृद्धि होती गयी, और अन्त में उसके श्लोकों की संख्या एक लाख तक पहुँच गयी। सभी प्रकार के आख्यायिका-उपाख्यान, पौराणिक गाथाएँ, दार्शनिक निबन्ध, स्फुट इतिहास और विविध विषयों पर विचार इत्यादि, समय समय पर उसमें इतने अधिक संयोजित कर दिये गये हैं कि आज वह एक विशालकाय विराट् महाग्रन्थ बन गया है, परन्तु मूल कथा की रूपरेखा इन सब अवान्तर प्रसंगों में भी सुरक्षित रखी गयी है। महाभारत की मूल कथा का विषय है—भारत के विशाल साम्राज्य के आधिपत्य के लिए एक ही वंश की दो शाखाओं—कौरवों और पाण्डवों का युद्ध।

आर्य छोटे छोटे दल बनाकर भारत में आये। धीरे धीरे आर्य जाति की ये विभिन्न शाखाएँ समूचे देश में फैलने लगीं और वे यहाँ के एकमेव प्रतिद्वन्द्वी-विहीन शासक बन गये, और अन्त में एक ही वंश की दो शाखाओं में साम्राज्य के लिए यह संघर्ष उठ खड़ा हुआ। तुममें से जिन्होंने गीता का अध्ययन किया है, वे जानते हैं कि उसका प्रारम्भ दो युद्धोद्यत सेनाओं द्वारा अधिकृत युद्धक्षेत्र के वर्णन से ही होता है। यही वह महाभारत का संग्राम है।

सम्राट्[1] के दो पुत्र थे, ज्येष्ठ धृतराष्ट्र और कनिष्ठ पाण्डु। धृतराष्ट्र जन्मान्ध थे। भारतीय स्मृतिशास्त्र के विधानानुसार अन्ध, खंज, विकलांग, क्षयी या अन्य किसी प्रकार स्थायी व्याधि-युक्त व्यक्ति पैतृक धन का उत्तराधिकारी नहीं बन सकता, उसे केवल अपने निर्वाह-योग्य खर्च पाने का ही अधिकार है। इसलिए धृतराष्ट्र ज्येष्ठ होने पर भी सिंहासन प्राप्त न कर सके और पाण्डु ही सम्राट् अभिषिक्त हुए।

धृतराष्ट्र के सौ और पाण्डु के केवल पाँच पुत्र हुए। पाण्डु के यौवन-काल में ही स्वर्गबास के पश्चात् धृतराष्ट्र कुरुदेश के राजा बने, और उन्होंने अपने पुत्रों के साथ ही पाण्डु के पुत्रों का लालन-पालन किया। पुत्रगण जब वयस्क हुए, तो महान् धनुर्धारी विप्र द्रोणाचार्य को उनकी शिक्षा-दीक्षा का भार सौंपा गया, और क्षत्रियोचित अस्त्र-विद्या एवं धर्म-शास्त्रों में वे पारंगत हो गये। राजपुत्रों की शिक्षा समाप्त होने पर धृतराष्ट्र ने पाण्डवों में ज्येष्ठ युधिष्ठिर को युवराज के पद पर अभिषिक्त किया। युधिष्ठिर की निष्ठा एवं सदाचार, तथा उनके भाइयों का शौर्य और ज्येष्ठ भ्राता के प्रति उनकी असीम भक्ति देखकर अन्ध राजा के पुत्रों के हृदय में द्वेषाग्नि प्रज्वलित हो गयी, और उनमें से ज्येष्ठ दुर्योधन की कुटिलता एवं कौशल से पाँचों पाण्डु-पुत्रों को एक धर्म-महोत्सव में सम्मिलित होने के बहाने, वारणावत नगर में आने के लिए छलपूर्वक राज़ी कर लिया गया। वहाँ दुर्योधन की आज्ञानुसार सन, लाख, राल आदि प्रज्वलनशील द्रव्यों से निर्मित एक प्रासाद में उनके निवास की व्यवस्था की गयी और बाद में एक रात को उस जतुगृह में चुपचाप आग लगा दी गयी। किन्तु धृतराष्ट्र के सौतेले भाई धर्मात्मा विदुर को दुर्योधन और उसके अनुचरों की दुष्ट योजना का पता लग गया था और उन्होंने पाण्डवों को इस षड्यन्त्र से सावधान रहने की सूचना दे दी थी। अतः वे किसी प्रकार चुपचाप बिना किसीके जाने उस जलते हुए गृह से निकल भागे। कौरवों ने लाक्षागृह को जलकर भस्म होते देख सन्तोष की साँस ली और सोचने लगे कि इतने दिनों बाद अब मार्ग के सब कण्टक दूर हो गये। उन्होंने राज्य अपने हाथों में ले लिया। पाँचों पाण्डव अपनी जननी कुन्ती को साथ ले वन वन भटकने लगे। वे भिक्षा माँगकर जीवन-यापन करते, और अपने को ब्रह्मचारी ब्राह्मण बताकर वेष बदले घूमते रहे। वन में उन्हें अनेकानेक कष्टों का सामना करना पड़ा। उन्होंने अनेक रोमाचकारी साहसपूर्ण कृत्य किये। अपने साहस, शौर्य-वीर्य और धैर्य से वे सब विघ्नों पर विजय पाते गये। इस प्रकार जीवन व्यतीत करते करते

---

१. विचित्रवीर्य

एक दिन उन्होंने समीपवर्ती पांचाल देश की राजकन्या के स्वयंवर की वार्ता सुनी।

गत रात्रि मैंने इस स्वयंवर-प्रथा का उल्लेख किया था। इन स्वयंवरों के अवसर पर विभिन्नदेशीय राजकुमार आमन्त्रित किये जाते थे और राजकन्या उनमें से किसी एक को पुष्पमाला अर्पित कर अपना पति निर्वाचित कर लेती थी। अपने आगे आगे भाट और चारण लेकर, विवाहार्थी राजकुमारी हाथ में पुष्पमाला ले, हर प्रत्याशी राजकुमार के समीप जाती और उन लोगों के मुख से राजकुमारों की कुल-मर्यादा, रण-कौशल आदि की प्रशंसा सुनती। फिर जिसे वह अपना पति मनोनीत करती, उसके कंठ में वरमाला डाल कर अपनी इच्छा प्रकट करती। इसके बाद वह समारोह विवाहोत्सव का रूप ले लेता था। महाराज द्रुपद पांचाल देश के महान् राजा थे और उनकी कन्या द्रौपदी के लावण्य, गुण और शील की ख्याति देश-देशान्तर में फैली थी। उसीको एक वीर पुरुष का वरण करना था।

स्वयंवर में सदैव कोई न कोई प्रण रखा जाता था। किसी विशेष प्रकार के अस्त्र-कौशल और शौर्य-प्रदर्शन की शर्त रखी जाती थी। इस अवसर पर एक अत्युच्च स्थान पर एक कृत्रिम मत्स्य लक्ष्य के रूप में लटकाया गया; मत्स्य के नीचे एक सतत गतिमान चक्र था, जिसके केन्द्र में एक छिद्र था; और उसके नीचे भूमि पर एक जलपात्र रखा गया। अब जलपात्र में मत्स्य का प्रतिबिम्ब देख, गतिमान चक्र के मध्य-छिद्र में से तीर चलाकर मत्स्य का चक्षु विद्ध करने में जो सफल होगा, उसीसे द्रुपद-सुता का विवाह करने की पांचालराज ने प्रतिज्ञा की थी। राजकुमारी से विवाह-कामना करनेवाले एकत्र राजपुत्र प्राणपण से लक्ष्य-वेध करने का प्रयत्न करने लगे, किन्तु कोई सफल न हुआ।

भारतवर्ष में चार जातियाँ हैं; कुल-पुरोहित अर्थात् ब्राह्मणों का वर्ण श्रेष्ठ माना जाता है, उनके नीचे क्रम से क्षत्रियों—राजाओं और योद्धाओं, वैश्यों—वाणिज्य-व्यवसाय का अवलम्बन करनेवालों, और शूद्रों या सेवकों की जातियाँ हैं। यह स्पष्ट ही है कि राजकुमारी द्रौपदी का जन्म द्वितीय वर्ण अर्थात् क्षत्रियकुल में हुआ था।

जब सब राजकुमार लक्ष्य-वेधन में असफल हो गये, तो महाराज द्रुपद क्षुब्ध हो सभामण्डप में खड़े हो गये और कहने लगे, "क्षत्रिय-कुमार मेरा प्रण पूर्ण न कर सके, अब अन्य जातियों के कुमार प्रतिस्पर्धा में सम्मिलित हो सकते हैं। ब्राह्मण-कुमार हो, अथवा शूद्रकुलोत्पन्न हो—जो लक्ष्य-वेध कर देगा, वही द्रौपदी का वरण करेगा।" पाँचों पाण्डव भी ब्राह्मणों में बैठे हुए थे। अर्जुन धनुर्विद्या में

पारंगत था। वह उठकर आगे बढ़ा। स्वभावतया ब्राह्मण शान्त और नम्रस्वभाव होते हैं। शास्त्रों के आदेशानुसार उनके लिए शस्त्र चलाना और साहसपूर्ण कृत्य करना निषिद्ध है। उनका सारा जीवन चिन्तन और अध्ययन, ध्यान-धारणा तथा संयम और इन्द्रिय-निग्रह में व्यतीत होता है। इससे सहज ही अनुमान किया जा सकता है कि वे कितने संयत, नम्र और शान्त होते हैं। जब उन्होंने अर्जुन को उठते देखा, तो उन्हें भय लगा कि उसके इस कार्य से वे सब क्षत्रियों के क्रोधानल में नष्ट हो जायँगे। इसलिए उन्होंने अर्जुन को अपने इस निश्चय से विचलित करने का प्रयत्न किया। किन्तु अर्जुन योद्धा था, उसने उनकी एक न सुनी। उसने धनुष हाथ में उठाया, सहज ही उसकी प्रत्यंचा चढ़ा ली, और चक्र के बीच में से तीर चलाकर ठीक मत्स्य की आँख वेध दी।

अब तो चारों ओर हर्ष की सरिता उमड़ पड़ी। कुमारी द्रौपदी ने विजयी धनुर्धारी के समीप आ, उसके सिर को उस सुन्दर पुष्पमाला से अलंकृत कर दिया। किन्तु उपस्थित क्षत्रिय कुमारों की सभा में एक तुमुल कोलाहल मच गया। वे यह नहीं सहन कर सके कि एक दरिद्र ब्राह्मण उनके सामने विजयी होकर एक क्षत्रिय राजकुमारी का पाणिग्रहण कर ले। वे अर्जुन से युद्ध कर बलपूर्वक द्रौपदी को छीन लेना चाहते थे। पाँचों भाइयों ने क्षत्रियों से घमासान युद्ध किया और विजय-नाद करते हुए नव-वधू को घर ले आये।

ब्राह्मण भिक्षा-वृत्ति द्वारा निर्वाह करते हैं। ब्राह्मण के वेष में निवास करनेवाले पाण्डव भी घर से निकल भिक्षाटन द्वारा जो प्राप्त कर लाते, उसे माता कुन्ती के सुपुर्द कर देते, और वे ही उसका विभाजन करतीं। पाँचों भाई राजकुमारी को साथ ले माता कुन्ती के पास कुटी पर लौट आये। वे हर्षोत्फुल्ल हो उन्हें पुकारने लगे, "माता जी, माता जी, आज हम एक अद्भुत भिक्षा घर लाये हैं।" माँ भीतर से ही बोलीं, "वत्स, पाँचों मिलकर उसका उपभोग करो।" जब कुन्ती ने राजकुमारी को देखा, तो घबराकर बोलीं, "अरे! यह क्या, मैंने यह क्या कह दिया? यह तो एक कन्या है!" किन्तु अब क्या हो सकता था? जो कुछ माँ ने कह दिया, वह असत्य नहीं हो सकता था। माँ की आज्ञा थी—उसका पालन करना पुत्रों का धर्म था। उसने अब तक मिथ्या भाषण नहीं किया था, इसलिए उनके वे शब्द कैसे मिथ्या किये जा सकते थे? अतः द्रौपदी पाँचों भाइयों की पत्नी बनकर रहीं।

यह तुमको भली भाँति ज्ञात है कि हर एक जाति के विकास के चरण होते हैं। इस महाग्रन्थ की पार्श्व-भूमि में हमें उस अतीत की—अति पुरातन काल की एक झलक दिखती है। इस महान् काव्य के लेखक ने पाँचों भाइयों का एक स्त्री से विवाह होने की घटना का उल्लेख तो अवश्य किया है, किन्तु उस पर एक पर्दा

डालना चाहा है, उसके लिए एक बहाना—एक कारण खोजने का प्रयत्न किया है। वह कहता है—यह माँ की आज्ञा थी, जो पुत्रों को शिरोधार्य करनी पड़ी; इस विचित्र विवाह के लिए माँ की सम्मति प्राप्त थी, इत्यादि। किन्तु तुम जानते हो—हर एक राष्ट्र के विकास-क्रम में एक ऐसी अवस्था अवश्य रही है, जिसमें बहुपतित्व को मान्यता प्रदान की गयी थी, जब एक ही परिवार के सब भ्रातृगण मिलकर एक ही स्त्री के साथ वैवाहिक सम्बन्ध स्थापित कर सकते थे। यह घटना उसी बहुपतित्व युग की एक झलक है।

इधर, राजकन्या का सहोदर भ्राता अत्यन्त व्यग्र और चिन्तित हो रहा था। उसने सोचा, 'ये व्यक्ति कौन हैं, मेरी बहन से विवाह करनेवाला यह पुरुष किस जाति का है? उनके पास न रथ है, न घोड़े हैं, न और कुछ। उनके पास कोई वाहन भी नहीं है, वे सब पैदल ही यात्रा करते हैं।' यही सब जानने के लिए वह दूर से उनका पीछा करने लगा, और रात को उनका वार्तालाप सुनकर उसे पूर्ण विश्वास हो गया कि वे क्षत्रिय ही हैं। जब महाराज द्रुपद को यह ज्ञात हुआ, तो वे अत्यधिक प्रसन्न हुए।

पहले इस विवाह का घोर विरोध हुआ, परन्तु महर्षि व्यास ने यह स्पष्ट कर दिया कि ये राजकुमार इस प्रकार विवाह कर सकते हैं। महाराज द्रुपद को इस विवाह से सम्मत होना पड़ा, और द्रौपदी पाँचों भाइयों के साथ विवाहित जीवन व्यतीत करने लगीं।

अब पाण्डव विघ्न-बाधारहित, शान्त और सुखी जीवन व्यतीत करने लगे, उनकी शक्ति भी उत्तरोत्तर वृद्ध होती रही। दुर्योधन और उसके अनुचर उनका अन्त करने के लिए फिर षड्यंत्र रचने लगे, किन्तु गुरुजनों की नेक और नीतिपूर्ण सलाह शिरोधार्य कर महाराज धृतराष्ट्र को उनसे सुलह करने के लिए बाध्य होना पड़ा। पुरजनों की तुमुल हर्षध्वनि के बीच महाराज धृतराष्ट्र ने उन्हें सादर राज्य का आधा हिस्सा प्रदान कर दिया। पाँचों पाण्डवों ने अपनी राजधानी बसाने के लिए इन्द्रप्रस्थ नामक एक सुन्दर नगर का निर्माण किया, और चारों ओर के माण्डलिकों को अपने अधीन कर अपने राज्य का विस्तार कर लिया। तब ज्येष्ठ युधिष्ठिर ने स्वयं को प्राचीन भारत के सभी राजाओं का सम्राट् घोषित करने के लिए राजसूय यज्ञ के आयोजन का निश्चय किया। इस प्रकार के यज्ञ में सभी पराजित राजाओं को यज्ञ-भूमि में नज़राने लेकर आना पड़ता था, और फिर वे राज-भक्ति की शपथ ग्रहण कर, व्यक्तिगत सेवा द्वारा यज्ञ पूर्ण करने में सहयोग देते थे। श्री कृष्ण भी इस समय तक उनके कुटुम्बी और मित्र बन चुके थे। उन्होंने आकर इस निश्चय की प्रशंसा की। किन्तु यज्ञ-पूर्ति में केवल एक ही बाधा थी।

जरासन्ध नामक एक राजा ने सौ राजाओं की बलि प्रदान करने के हेतु छियासी राजाओं को अपने कारागार में बन्द कर लिया था। श्री कृष्ण ने जरासन्ध पर चढ़ाई करने की सलाह दी। कृष्ण, भीम और अर्जुन ने जाकर उसे युद्ध के लिए ललकारा। उसने आह्वान स्वीकार कर लिया और अंत में भीम ने चौदह दिन के अनवरत मल्लयुद्ध के बाद उसे पराजित किया। वे वंदी राजा कारा से मुक्त कर दिये गये।

अब चारों भाई अपनी विजय-वाहिनी लेकर चारों दिशाओं में अपनी विजय-पताका फहराने निकले। सभी राजाओं ने महाराज युधिष्ठिर की अधीनता स्वीकार कर ली। लौटकर उन्होंने युद्धार्जित विपुल धन-राशि, यज्ञ में व्यय करने के लिए ज्येष्ठ बन्धु के चरणों में रख दी।

कारा-मुक्त राजाओं सहित भ्राताओं द्वारा विजित सभी राजा राजसूय यज्ञ में सम्मिलित हुए और उन्होंने महाराज युधिष्ठिर का सम्राटोचित सम्मान किया। महाराज धृतराष्ट्र और उनके पुत्र भी इस समारोह में आमन्त्रित किये गये थे। यज्ञ समाप्त होने पर महाराज युधिष्ठिर सम्राट्-पद पर अभिषिक्त हुए और वे चक्रवर्ती घोषित किये गये। इसीसे महान् भावी संग्राम का बीजारोपण हुआ। दुर्योधन का हृदय महाराज युधिष्ठिर के असीम ऐश्वर्य, वैभव, सत्ता और अनन्त धनराशि को देखकर क्रोध तथा ईर्ष्या से जल-भुन गया। वह ईर्ष्या के वश होकर अपनी कुटिलता और कौशल से पाँचों पाण्डवों के सर्वनाश की कामना करने लगा, क्योंकि शक्ति और बाहु-बल से उन्हें जीतना उसके सामर्थ्य के बाहर था। राजा युधिष्ठिर को द्यूत-क्रीड़ा प्रिय थी, और कुसमय में उन्हें दुर्योधन के कुमंत्रणादाता एवं छद्मपूर्ण और कुटिल द्यूत-विद्या विशारद शकुनि से खेलने का आह्वान किया गया। प्राचीन भारत में जब कभी क्षत्रिय को युद्ध की चुनौती दी जाती थी, तो उसे अपने मान-रक्षार्थ सब क्षति सहकर वह चुनौती स्वीकार करनी पड़ती थी। और यदि द्यूत-क्रीड़ा का आह्वान मिलता, तो उसे स्वीकार कर लेना गौरव-रक्षा का एकमेव मार्ग था और उसे अस्वीकृत करना उपहास का पात्र बनना था। महाभारत में महाराज युधिष्ठिर को 'धर्मराज' तथा सब सद्‌गुणों की प्रतिमा कहा गया है। परन्तु पूर्वोक्त कारण से राजर्षि होते हुए भी उन्हें उस चुनौती को स्वीकार करना पड़ा। शकुनि और उसके साथियों ने नक़ली पासे बनाये। युधिष्ठिर दाँव पर दाँव हारते गये, और क्षुब्ध, अधीर एवं दैवप्रेरित होकर वे खेलते ही गये और धीरे धीरे अपनी सारी सम्पत्ति और राज-पाट को दाँव पर लगाकर हार गये। अब खेल के समाप्त होते होते, प्रतिस्पर्धी के पुनराह्वान से उत्तेजित होकर, उन्होंने और कुछ पास न बचने पर, बारी बारी से पहले चारों भाइयों को, फिर खुद को और

अन्त में सुंदरी द्रौपदी को भी दाँव पर लगा दिया और उन्हें हार गये। इस प्रकार कौरवों के कुटिल चक्र में फँसकर वे पूर्णतया उनके वशीभूत हो गये, वे अत्यन्त अपमानित किये गये और द्रौपदी के साथ भी कौरवों ने अमानुषिक दुर्व्यवहार किया। अन्ध राजा के बीच-बचाव से ही वे अपनी खोयी हुई स्वतन्त्रता प्राप्त कर सके, और उन्हें अपनी राजधानी में लौटकर फिर से शासन-सूत्र ग्रहण करने की अनुमति मिली। दुर्योधन ने देखा, यह तो बड़ी विपदा आ पड़ी। उसने वृद्ध पिता को बाध्य कर एक दाँव और खेल लेने की अनुमति माँग ली और यह निश्चित हुआ कि इसमें जो हारेंगे, वे बारह वर्ष पर्यन्त वनवास करेंगे तथा एक वर्ष तक किसी शहर में अज्ञातवास करेंगे; किन्तु यदि इस अन्तिम वर्ष में उनके निवास-स्थान आदि का पता विजयी पक्ष को लग गया, तो विजित पक्ष को पुनः बारह वर्ष का वनवास और एक वर्ष का अज्ञातवास अंगीकार करना पड़ेगा, और केवल इस अवधि की समाप्ति के पश्चात् ही उन्हें राज्य लौटाया जायगा। युधिष्ठिर यह भी बाजी हार गये, और पाँचों पाण्डवों ने द्रौपदी को साथ ले, निर्वासित गृहविहीन व्यक्तियों के समान वन का आश्रय लिया। बारह वर्ष तक वे गहन अरण्यों और गिरि-गह्वरों में वास करते रहे। उन्होंने इस अर्से में कई धर्मपूर्ण एवं वीरोचित कृत्य किये, और दीर्घ काल तक तीर्थ-भ्रमण कर पवित्र क्षेत्रों का दर्शन करते रहे। महाभारत का यह अंश—वन पर्व—अत्यन्त मनोहारी तथा शिक्षाप्रद है और कितनी ही घटनाओं, आख्यायिकाओं और उपाख्यानों से परिपूर्ण है। इसमें प्राचीन भारत के धर्म और दर्शन सम्बन्धी अनेक उदात्त और सुन्दर कथाओं का संग्रह है। अनेक महर्षि पाँचों भाइयों को उनके दुःख और विपत्ति में सान्त्वना देने के लिए आते थे, और जिससे वे इस दुःख के भार एवं वन के कष्टों को सरलता से सहन कर सकें, इस हेतु उन्हें प्राचीन भारत की अपूर्व कथाएँ सुनाते थे। मैं यहाँ उनमें से केवल एक ही कहानी सुनाऊँगा।

अश्वपति नामक एक राजा थे। उनकी कन्या इतनी सुन्दर और सुशील थी कि उसका नाम ही सावित्री पड़ गया—सावित्री, जो कि हिन्दुओं के एक अति पावन स्तोत्र का नाम है। युवती होने पर, सावित्री के पिता ने उसे अपना पति निर्वाचित करने के लिए कहा। प्राचीन भारतीय राजकुमारियाँ, जैसा आपने देखा है, अत्यन्त स्वतंत्र थीं और अपना भावी जीवन-साथी स्वयं चुनती थीं।

सावित्री ने पिता की आज्ञा शिरोधार्य कर ली और वह एक स्वर्णखचित रथ पर आरूढ़ हो, पिता द्वारा साथ दिये गये अनुचरों और वृद्ध मन्त्रियों सहित, विभिन्न राजदरबारों में जा जाकर कई राजकुमारों से भेंट करती रही, किन्तु उनमें से कोई भी उसका हृदय जीत नहीं सका। अन्त में वे लोग तपोवन स्थित एक पवित्र आश्रम

में आये। प्राचीन भारत में ऐसे कई वन पशु-पक्षियों के लिए सुरक्षित रख दिये जाते थे—वहाँ पशु-हिंसा निषिद्ध रहती थी। ये वनचर प्राणी सभी प्रकार से भयरहित हो जाते थे, यहाँ तक कि जलाशयों में मछलियाँ भी मनुष्य की हथेली से खाद्यान्न ग्रहण कर लेती थीं। हजारों वर्षों से वहाँ पर किसीने उन्हें सताया या मारा नहीं था। वहीं सन्त और वृद्ध जाकर मृगों और विहंगमों के बीच रहते थे। अपराधियों को भी वहाँ कोई भीति नहीं थी। जब मनुष्य जीवन से थक जाता, तो वह तपोवन में चला जाता, और सन्त-समागम कर, धर्म-चर्चा और ध्यान-जप में अपना शेष जीवन व्यतीत करता।

द्युमत्सेन नामक एक नृपति को उसकी वृद्धावस्था में शत्रुओं ने पराजित कर, उसका राज-पाट छीन लिया था। बेचारा राजा इस अवस्था में अपनी आँखें भी खो बैठा। मायूस और बेबस हो, इस वृद्ध अन्ध राजा ने अपनी रानी और पुत्र को साथ ले जंगल में शरण ली और कठोर व्रतोपवास में अपना जीवन बिताने लगा। उसके पुत्र का नाम सत्यवान था।

दैवयोग से सावित्री सारी राजसभाओं में जाने के बाद इसी आश्रम में आ निकली। प्राचीन काल में आश्रमनिवासी ऋषियों और महात्माओं के लिए जन-मन में इतनी श्रद्धा थी कि महान् से महान् राजा भी महर्षियों को बिना श्रद्धांजलि अर्पित किये और बिना उनसे आशीर्वाद लिये उस ओर से नहीं निकलता था। भारत में एक चक्रवर्ती सम्राट् भी, कन्द-मूल-फल खाकर, वल्कल धारण कर, किसी वन के एक कोने में स्थित छोटी सी कुटिया में रहनेवाले किसी ऋषि से अपने वंश की परम्परा स्थापित करने में हर्ष और गौरव प्रतीत करता है। हम सब ऋषियों की सन्तान हैं। धर्म का इतना सम्मान और कहाँ हुआ है? यहाँ राजा भी तपोवन से गुजरते समय ऋषियों के चरणों में मस्तक झुकाने को अपना सौभाग्य समझते आये हैं। वे यदि घोड़े पर सवार होते हैं, तो नीचे उतरकर आश्रम की ओर नंगे पैर जाने लगते हैं। यदि किसी रथ में वे रहते हैं, तो तपोवन में प्रवेश करते समय रथ और शस्त्रास्त्र पीछे ही छोड़ दिये जाते हैं। कोई क्षत्रिय योद्धा उन पवित्र आश्रमों में केवल शान्तिप्रिय, नम्र और धर्मपरायण नागरिक की भाँति ही जा सकता है, अन्यथा नहीं।

सावित्री ने इस आश्रम में आकर तपस्वी पुत्र सत्यवान को देखा, और अपना हृदय हार गयी। राजसभाओं और राजप्रासादों के निवासी राजकुमार जिस सावित्री का मन मोहित न कर सके, उसीका हृदय आज वनवासी द्युमत्सेन के पुत्र सत्यवान ने चुरा लिया।

सावित्री लौटकर पितृगृह आ गयी। पिता ने पूछा, "प्यारी बेटी, बोलो,

क्या कोई राजकुमार दिखा, जिससे तुम विवाह करना चाहोगी ?" सावित्री ने लजाते हुए विनयपूर्वक कहा, "हाँ, पिता जी !"

"तो उस राजकुमार का क्या नाम है ?" "वे युवराज नहीं हैं—राजा द्युमत्सेन के पुत्र हैं, जो अपना राज्य खो चुके हैं। वे एक राजपुत्र हैं, जो राज्य-विहीन हैं, और आश्रम में, कन्द-मूल-फल संग्रह कर, वनवासी माता-पिता के साथ तपस्वियों का जीवन व्यतीत करते हैं।"

दैवयोग से देवर्षि नारद भी उस समय वहीं उपस्थित थे। इसलिए राजा ने इनकी इस विषय में सलाह ली। देवर्षि ने बताया कि यह निर्वाचन घोर अनिष्ट-कारक सिद्ध होगा। राजा ने देवर्षि से इसका कारण बताने का अनुरोध किया। देवर्षि नारद ने कहा, "आज से एक वर्ष में इस तरुण की मृत्यु हो जायगी।" राजा भय से काँप उठे और सावित्री से बोले, "बेटी, यह नवयुवक तो बारह महीनों के भीतर ही मरने जा रहा है, और तब तुम विधवा हो जाओगी। यह भी सोच लो पुत्री, और अपना निश्चय त्याग दो। इस प्रकार के अल्पायु और अभागे वर से तुम्हारा विवाह किसी दशा में न होगा।" इस पर सावित्री ने उत्तर दिया, "कोई चिन्ता नहीं, पिता जी ! आप मुझसे किसी अन्य पुरुष के साथ विवाह करके अपनी मानसिक पवित्रता नष्ट करने का आग्रह न कीजिए। मैं साहसी और धर्मपरायण सत्यवान से प्रेम करती हूँ, और उन्हें अपने मन ही मन वरण कर चुकी हूँ। आर्य-कन्याओं का विवाह जीवन में एक ही बार होता है और वे कभी संकल्पच्युत नहीं होतीं।" जब राजा अश्वपति ने देखा कि सावित्री अपने निश्चय पर अटल है, तो उन्हें बाध्य होकर सहमत होना पड़ा। सावित्री और सत्यवान विवाह-ग्रन्थि में बँध गये, और राजमहल त्याग कर वह अपने पति के साथ रहने एवं उसके माता-पिता की सेवा करने वन में चली गयी।

सावित्री को अपने पति की मृत्यु की तिथि ज्ञात थी, पर उसने कभी भी उससे इसकी चर्चा नहीं की। रोज वह गहन अरण्य में प्रवेश कर, फल-मूल संग्रह करता, ईंधन के लिए लकड़ी के बोझ बाँधता और कुटी पर लौट आता; वह भी भोजन बनाती और वृद्ध दम्पति की सेवा में रत रहती। इस प्रकार उनका जीवन चलता रहा, और धीरे धीरे वह दुर्दिन समीप आ गया। जब केवल तीन ही दिन शेष रहे, तो सावित्री ने तीन रात्रियों का कठोर व्रतोपवास धारण कर लिया। उसने उन व्यथा-पूर्ण और निर्निमेष तीन रातों को कातर प्रार्थनाओं और रोते हृदय से व्यतीत किया, और अंत में वह भयावह प्रभात आ ही पहुँचा। उस रोज एक क्षण भी सावित्री ने सत्यवान को अपनी आँखों के ओट नहीं होने दिया। जब वह ईंधन लाने बाहर जाने लगा, तो वह भी माता-पिता से अनुमति माँग कर उसके साथ साथ गयी।

अचानक लड़खड़ाते स्वर में सत्यवान ने मूर्छित होते हुए उससे कहा, "प्रिये, मुझे चक्कर आ रहा है, मेरी ज्ञानेन्द्रियाँ अवसन्न हो रही हैं, मेरी सारी देह निद्राभिभूत हो रही है, मुझे अपने समीप थोड़ा सा आराम करने दो।" भयाक्रान्त हो कम्पित स्वर में सावित्री ने उत्तर दिया, "मेरे जीवन-धन, अपना सिर मेरी गोद में रखकर विश्राम कीजिए।" सत्यवान ने अपना ताप-तप्त सिर अपनी पत्नी की गोद में रखा, और एक दीर्घ श्वास लेते ही उसके प्राण-पखेरू उड़ गये। सावित्री ने उसके शव को हृदय से लगा लिया और अश्रुपूर्ण नयनों से वह उस निर्जन में अकेली बैठी रही। अब यमदूत सत्यवान की आत्मा को ले जाने वहाँ आये; पर वे उस स्थान पर नहीं आ सके, जहाँ सावित्री अपने मृत पति को गोद में ले विलाप कर रही थी। उसके चारों ओर एक अग्नि-मंडल सा था, जिसे पार करने की उनमें क्षमता नहीं थी। वे सब वहाँ से भाग खड़े हुए, और मृत्युराज यम को सत्यवान की आत्मा लाने में असमर्थ होने का कारण बताने लगे।

तब मृतात्माओं के न्याय-कर्ता, स्वयं मत्युराज यम उस स्थल पर आये। यम आदि-मृतक अर्थात् इस पृथ्वी पर मृत्यु-प्राप्त सर्वप्रथम व्यक्ति हैं। वे ही सब मर्त्य प्राणियों के अधिपति-पद पर आसीन किये गये। वे इस बात पर विचार करते हैं कि मरणोत्तर जीवन में किस व्यक्ति को दण्ड दिया जाय या पुरस्कार। यम देवता हैं, इसलिए वे सरलतापूर्वक उस अग्नि-मंडल के भीतर प्रवेश कर गये। सावित्री के समीप आ, उन्होंने कहा, " बेटी, इस मृत देह को छोड़ दो। तुम तो जानती ही हो, सभी प्राणी मरणशील हैं। मैं स्वयं, आदि-मृतक हूँ और तब से सभी प्राणियों को काल-कवलित होना पड़ता है। मानव के लिए मृत्यु ध्रुव है।" यह सुनकर सावित्री कुछ दूर हट गयी और यमराज सत्यवान की आत्मा लेकर अपने लोक की ओर जाने लगे। वे थोड़ी ही दूर गये थे कि उन्हें सूखे पत्तों पर किसीकी पद-ध्वनि सुनायी दी। पीछे घूमकर उन्होंने देखा—सावित्री उनके पीछे आ रही थी। उन्होंने कहा, "बेटी, तुम क्यों व्यर्थ मेरे पीछे आ रही हो ? सभी देहधारियों को देह-त्याग करना पड़ता है, मृत्यु ही मानव की नियति है।" सावित्री बोली, "पिता जी, मैं आपका अनुसरण कहाँ कर रही हूँ ? नारी का भी यही अदृष्ट है कि जहाँ उसका प्यारा जाता है, वहाँ वह भी उसका अनुगमन करती है; और सनातन नियम पतिव्रता स्त्री और पत्नीव्रती पति में कभी वियोग नहीं होने देता।" तब मृत्युदेवता प्रसन्न हो बोले, "पुत्री, अपने पति के जीवन के अतिरिक्त मुझसे कोई भी वर माँग लो।" सावित्री ने उत्तर दिया, "यदि आपकी इतनी कृपा है, तो हे मृत्यु-देव, मेरे श्वसुर दृष्टि प्राप्त कर सुखी रहें।" "तथास्तु, कर्तव्यनिष्ठ पुत्री" कहकर यमराज सत्यवान की आत्मा लिये आगे चले। उन्हें फिर पीछे वैसी ही पद-ध्वनि

सुनायी दी। पीछे घूमकर वे बोले, "पुत्री, तुम अब भी मेरा पीछा कर रही हो?" "हाँ, पितृवर," सावित्री ने कहा, "मैं बरबस पीछे पीछे खिंची चली आ रही हूँ। मैं अपनी पूर्ण शक्ति लगाकर लौट जाने का प्रयत्न कर रही हूँ, किन्तु मेरा मन मेरे पति के पीछे जा रहा है और शरीर उसका अनुसरण कर रहा है। मेरी आत्मा तो पहले ही चली गयी है, क्योंकि मेरे स्वामी की आत्मा में मेरी भी आत्मा अवस्थित है; और जहाँ आत्मा जायगी, वहाँ शरीर भी जायगा—यही नियति है।" इस पर यम बोले, "सावित्री, मैं तुम्हारी वाणी से अत्यन्त प्रसन्न हूँ। अपने स्वामी का जीवन-दान छोड़कर तुम पुनः एक वर माँगो।" सावित्री ने कहा, "पिता जी, यदि आप प्रसन्न हैं, तो मेरे श्वसुर को अपना हारा हुआ राज्य वापस मिल जाय।" यम ने उत्तर दिया, "वत्से, यह वर मैं तुम्हें देता हूँ—और अब तुम घर लौट जाओ, क्योंकि यमराज के साथ जीवित प्राणी नहीं चल सकते।" यम फिर चलने लगे; किन्तु शीलवती और पतिपरायणा सावित्री ने अब भी अपने मृत पति के पीछे चलना नहीं छोड़ा। यम ने फिर पीछे मुड़कर उससे कहा, "हे मनस्विनी, हे सावित्री, इस प्रकार शोकाकुल हो पीछे पीछे मत आओ।" सावित्री बोली, "मैं विवश हूँ—जिधर आप मेरे हृदय-धन को ले जायँगे, उस ओर जाने के सिवाय मेरे पास कोई चारा ही नहीं है।" "तब सावित्री, यदि तेरा पति पापात्मा रहता और नरकगामी होता, तो क्या तू भी उसके साथ नरकवास करती?" पतिप्राण पत्नी ने कहा, "नरक हो या स्वर्ग, मृत्यु हो या जीवन—जहाँ मेरे स्वामी रहेंगे, वहाँ जाने में मुझे प्रसन्नता ही होगी।" यम बोले, "वत्से, तुम्हारी वचनावली अत्यन्त मनोहर और धर्म-संगत है। मैं तुम्हारे शब्दों से अत्यन्त प्रसन्न हूँ। तुम मुझसे एक वर और माँग लो, किन्तु ध्यान रखो, मृत को जीवन-दान नहीं मिला करता।" "यदि प्रभु की अनुमति है, तो मुझे वर दें कि मेरे श्वसुर का वंश नष्ट न होने पाये और इस राज्य पर सत्यवान का उत्तराधिकार सत्यवान के पुत्रों को प्राप्त हो।"

यमराज मुसकराये और बोले, "पुत्री, तुम्हारी अभिलाषा पूर्ण हो। यह लो सत्यवान की आत्मा—मैं उसे पुनर्जीवन प्रदान करता हूँ। सत्यवान के और तुम्हारे पुत्र ही राज्य-शासन करेंगे। अब घर लौट जाओ। आज प्रेम ने मृत्यु पर विजय पा ली है। किसी भी नारी ने तुम्हारी तरह प्यार नहीं किया है और तुमने यह सिद्ध कर दिया कि मैं—मृत्युदेवता—भी सच्चे और स्थायी प्रेम की शक्ति के सामने निर्बल हूँ।"

यही सावित्री की कथा है और हर एक भारत-कन्या की यह आकांक्षा रहती है कि वह उस सावित्री के समान बने, जिसके प्रेम पर मृत्यु भी विजय नहीं पा सकी,

जिसने महान् प्रेम के द्वारा मृत्युदेवता यम के पास से भी अपने पति की आत्मा छीन कर पुनः प्राप्त कर ली।

महाभारत ऐसी सैकड़ों सुन्दर कथाओं से भरा पड़ा है। मैंने प्रारम्भ में ही यह कह दिया था कि महाभारत का स्थान विश्व के श्रेष्ठतम ग्रन्थों में है। उसमें अठारह पर्व तथा प्रायः एक लाख श्लोक हैं। महाभारत की मूल कथा हम पाण्डवों के बनवास तक कह चुके हैं। वनवास में भी दुर्योधन ने पाण्डवों का पीछा नहीं छोड़ा, किन्तु उसका एक भी कुचक्र सफल नहीं हुआ।

अब मैं उनके वनवास के जीवन की एक कथा कहूँगा। एक दिन पाँचों भाइयों को जंगल में प्यास लगी। युधिष्ठिर ने अपने भाई नकुल को पानी लाने की आज्ञा दी। वह किसी जलाशय की खोज में निकल पड़ा और शीघ्र ही एक स्वच्छ झील के समीप आ पहुँचा। वह पानी को अपने अधरों से स्पर्श करने ही वाला था कि उसे यह ध्वनि सुनायी दी, 'वत्स, ठहरो। पहले मेरे प्रश्नों का उत्तर दो और फिर पानी पिओ।' किन्तु नकुल अत्यन्त तृषाकुल था, उसने इन शब्दों की अवज्ञा कर पानी पी लिया और पीते ही वह मृत हो ज़मीन पर गिर पड़ा। जब नकुल बहुत देर तक नहीं लौटा, तो राजा युधिष्ठिर ने सहदेव को उसे खोजने और लौटते समय पानी लेते आने का आदेश दिया। सहदेव भी वहीं पहुँचा और भाई की मृत देह देखकर शोक-विह्वल तथा प्यास से व्याकुल हो वह जल के समीप गया। उसने भी वैसी ही ध्वनि सुनी, 'हे वत्स, ठहरो। पहले मेरे प्रश्नों का उत्तर दो, और फिर पानी पिओ।' उसने भी इन शब्दों की अवहेलना की और अपनी प्यास बुझाकर भूमि पर गिर पड़ा। इसके पश्चात् क्रमशः अर्जुन और भीम इसी खोज में भेजे गये। पर वे भी अपनी प्यास बुझाने के प्रयत्न में धराशायी हो गये। जब कोई भी नहीं लौटा, तो युधिष्ठिर स्वयं अपने भाइयों की खोज में जाने को उठ खड़े हुए। अन्त में उस मनोहर सरोवर के समीप आ, उन्होंने अपने चारों बन्धु भूमि पर मरे हुए पाये। यह दृश्य देख उनका हृदय शोक-प्लावित हो गया और वे करुण रुदन करने लगे। अचानक उन्होंने उसी ध्वनि को फिर से कहते हुए सुना, 'वत्स, अधीर होकर मूर्खता मत कर बैठना। मैं एक यक्ष हूँ और सारस के रूप में छोटी मछलियों पर निर्वाह करता हूँ। मेरे ही कारण तुम्हारे बन्धुगण यमलोक पहुँचे हैं। राजन्, यदि तुम मेरे प्रश्नों का उत्तर न दोगे, तो तुम्हारी भी मृत्यु अवश्यम्भावी है। कुन्तीपुत्र, पहले मेरे प्रश्नों का उत्तर प्रदान करो, फिर तुम यथेच्छ जल पिओ और अपने साथ ले जाओ।' युधिष्ठिर बोले, "मैं अपनी बुद्धि के अनुसार आपके प्रश्नों का उत्तर प्रदान करूँगा। आप पूछिए।" फिर यक्ष ने उनसे कई प्रश्न पूछे, जिनके उन्होंने सन्तोषप्रद उत्तर दिये। उनमें से एक प्रश्न था, **किमाश्चर्यम्?** अर्थात् विश्व में अत्यधिक आश्चर्य-

कारक वस्तु क्या है? युधिष्ठिर ने उत्तर दिया, "प्रतिक्षण हम प्राणियों को काल-कवलित होते देखते हैं, फिर भी जो जीवित हैं, वे सोचते हैं कि वे कभी नहीं मरेंगे। यही संसार में सर्वाधिक आश्चर्यकारक वस्तु है। मृत्यु के सामने खड़े रहने पर भी, किसीको भी यह विश्वास नहीं है कि वह मर जायगा।"[१]

यक्ष ने एक यह भी प्रश्न पूछा था, 'कः पन्थाः' अर्थात् धर्म के रहस्य जानने का वह कौन सा मार्ग है? महाराज युधिष्ठिर ने उत्तर दिया, "तर्क से किसी प्रकार के निश्चय पर नहीं पहुँच सकते, क्योंकि भिन्न भिन्न मत-मतान्तरों के भिन्न भिन्न तर्क हैं। श्रुतियाँ भी नानाविध परस्पर विरोधी उपदेश करती हैं। कहीं भी ऐसे दो मुनि नहीं मिलेंगे, जिनमें मतभेद न हो। धर्म का रहस्य मानो निबिड़ तमपूरित कन्दराओं में छिपा है। अतएव महापुरुष जिस पथ से चले हों, वही पथ है।"[२] तब यक्ष ने कहा, "राजन्, मैं आपसे अत्यन्त प्रसन्न हूँ। मैं सारस रूप में धर्म हूँ और आपकी परीक्षा ले रहा था। देखिए, आपके बन्धुगण पूर्ववत् जीवित हैं। यह सब मेरी माया थी। हे भरतर्षभ, आप अर्थ-काम की अपेक्षा अहिंसा को श्रेष्ठ मानते हैं, इसलिए आपके सब बन्धु जीवित हो उठें।" यक्ष द्वारा इन शब्दों का उच्चारण होते ही चारों पाण्डव उठ गये।

यहाँ महाराज युधिष्ठिर के स्वभाव और चरित्र की एक झलक दिखायी गयी है। उनके उत्तरों से हमें ज्ञात होता है कि वे राजा की अपेक्षा एक दार्शनिक और योगी ही अधिक थे।

इस समय देश-निर्वासन का तेरहवाँ वर्ष समीप आ रहा था, इसलिए यक्ष ने महाराज युधिष्ठिर को राजा विराट के राज्य में वेष बदलकर रहने की सम्मति दी।

बारह वर्ष की अवधि व्यतीत होने पर, वे एक वर्ष अज्ञातवास के हेतु, भिन्न भिन्न वेष धारण कर, विराट् के राज्य में गये और वहाँ उसके महल में सामान्य भृत्य-कार्य करने लगे। युधिष्ठिर दरबार में द्यूत-क्रीड़ा में निपुण एक ब्राह्मण सभासद बन गये। भीम ने पाचक-कर्म अंगीकार किया। अर्जुन नपुंसक वेष धारण कर राजकन्या उत्तरा को संगीत और नृत्य की शिक्षा देता था और अन्तःपुर में निवास

---

१. अहन्यहनि भूतानि गच्छन्ति यममन्दिरम्।
शेषा स्थिरत्वमिच्छन्ति, किमाश्चर्यमतः परम्॥

२. तर्कोऽप्रतिष्ठः, श्रुतयो विभिन्नाः,
नासौ मुनिर्यस्य मतं न भिन्नम्।
धर्मस्य तत्त्वं निहितं गुहायां,
महाजनो येन गतः स पन्थाः।

करता था। नकुल राजा की अश्वशाला का प्रबन्धक नियुक्त हो गया। सहदेव ने गो-पालन का कार्य स्वीकार किया। द्रौपदी भी चेटी या सैरन्ध्री का वेष धारण कर राजा के अन्तःपुर में रहने लगी। इसी प्रकार छद्म-वेष में पाँचों पाण्डवों ने बारह महीने निर्विघ्न व्यतीत कर दिये और उनको खोज निकालने के निमित्त दुर्योधन के प्रयत्न व्यर्थ गये। वर्ष के अन्त में ही उनका पता चल सका।

प्रकट होने के पश्चात् युधिष्ठिर ने धृतराष्ट्र के निकट एक राजदूत भेजा और प्रार्थना की कि उनके हिस्से का आधा राज्य उन्हें सौंप दिया जाय। किन्तु दुर्योधन पाण्डवों से द्वेष करता था—उसने इस न्यायपूर्ण माँग की उपेक्षा की। पाण्डव तो एक प्रान्त नहीं—पाँच गाँव भी स्वीकार करने के लिए राजी थे, किन्तु उद्धत दुर्योधन ने जवाब दिया कि बिना युद्ध के सूई की नोक बराबर भी भूमि नहीं मिल सकती। धृतराष्ट्र ने सन्धि करवाने का प्रयत्न किया, किन्तु व्यर्थ। कृष्ण ने भी जाकर इस आसन्न युद्ध और वंश नाश को टालने का यत्न किया। भीष्म, द्रोण आदि वृद्ध गुरुजनों ने भी शान्तिपूर्वक राज्य का विभाजन करने की चेष्टा की, किन्तु कोई सफलता न मिली। निदान दोनों ओर युद्ध की तैयारियाँ होने लगीं, विश्व के सैनिक राष्ट्रों ने उसमें भाग लिया।

युद्ध में क्षत्रियों की सभी प्राचीन भारतीय प्रथाओं का पालन किया गया। दुर्योधन ने एक पक्ष ग्रहण किया और युधिष्ठिर ने दूसरा । युधिष्ठिर ने तत्काल ही सभी पार्श्ववर्ती राजाओं को सन्देश भेजकर सहायता की याचना की, क्योंकि क्षत्रियों में यह प्रथा थी कि जिसका अनुरोध पहले प्राप्त होता, उसीका पक्ष वे ग्रहण करते थे। इस प्रकार, सभी ओर से योद्धाओं ने दोनों दलों के अनुरोध की पूर्वापरता के अनुसार पाण्डवों और कौरवों का पक्ष ग्रहण किया। एक भाई इस पक्ष की ओर से युद्ध कर रहा था, तो दूसरा उस पक्ष की ओर से; एक ओर पिता था, तो दूसरी ओर से पुत्र युद्ध के लिए खड़ा था। तत्कालीन युद्ध-विधान भी बड़ा अद्भुत था। ज्यों ही युद्धावसान होता और शाम आती, विरोधी दल अपना वैमनस्य भूल जाते, और मित्रों की भाँति परस्पर शिविरों में प्रवेश करते। पर सूर्योदय होते ही वे पुनः युद्ध के लिए तत्पर हो जाते थे। यह अद्भुत परिपाटी हिन्दुओं के चरित्र की दिग्दर्शक है, और मुसलमानों के आक्रमण काल तक उनमें विद्यमान थी। इसी प्रकार, एक अश्वारोही किसी पदाति से युद्ध नहीं करता था; विष में बुझे शस्त्रास्त्रों का उपयोग वर्जित था; असमान युद्ध द्वारा शत्रु पर विजय पाना निषिद्ध था, किसी व्यक्ति का अनुचित लाभ उठाना गर्हित समझा जाता था। प्राचीन भारत में युद्ध सम्बन्धी इस प्रकार के कई नियम थे। इन नियमों का उल्लंघनकर्ता अत्यन्त लांछित और अपमानित किया जाता था। क्षत्रियों को

जन्म से ही इसी प्रकार की शिक्षा दी जाती थी और जब मध्य एशिया से विदेशियों का आक्रमण हुआ, तो हिन्दुओं ने आक्रमणकारियों के साथ इसी प्रकार बर्ताव किया। उन्होंने उन्हें अनेक बार पराजित किया, और उपहारादि प्रदान कर उनको अपने देश भेज दिया। युद्ध का यह नियम था कि किसीके देश पर बलपूर्वक अधिकार न किया जाय। परास्त व्यक्तियों का यथायोग्य सम्मान किया जाता था और वे अपनी मातृभूमि में पहुँचा दिये जाते थे। परन्तु मुसलमान विजेताओं ने हिन्दुओं के साथ विपरीत बर्ताव किया और उन्हें अपने हाथ में पाने पर नृशंसतापूर्वक नष्ट कर दिया।

इस युद्ध के प्रसंग में हमें एक बात और स्मरण रखनी चाहिए। महाभारत के वर्णनों से प्रकट होता है कि युद्ध-विज्ञान केवल साधारण धनुष-वाण के प्रयोग तक सीमित नहीं था, वह एक प्रकार की ऐन्द्रजालिक धनुर्विद्या थी, जिसमें मन्त्र-चालित देवास्त्रों का प्रयोग होता था, जिनमें मन्त्र-शक्ति और चित्तवृत्ति की एकाग्रता का विशेष महत्त्व था। एक व्यक्ति शत सहस्र व्यक्तियों से युद्ध कर अपनी इच्छा-शक्ति के प्रयोग से उन्हें भस्म कर सकता था। वह एक तीर छोड़कर आकाश में गरजते हुए तीरों की झड़ी लगा सकता था, वह किसी भी वस्तु को भस्म कर सकता था—यह सब देव-शक्ति का चमत्कार था। इन दोनों ही महाग्रन्थों—रामायण और महाभारत—की एक बात और विशेष रूप से उल्लेखनीय है। इन देवास्त्रों के साथ साथ तोपों के उपयोग का उल्लेख भी हमें मिलता है। तोप एक अत्यन्त प्राचीन अस्त्र है, जिसका हिन्दू और चीन-निवासी सदियों से उपयोग करते रहे हैं। शहरों की चहारदीवारी पर लोहे की पोली नलियों के बने ऐसे सैकड़ों अद्‌भुत अस्त्र चढ़े रहते थे, जिनमें गोला-बारूद भरकर सहस्रों मनुष्यों का घात किया जा सकता था। लोगों का विश्वास था कि चीन-निवासी जादू द्वारा पोली नलियों में शैतान को क़ैद कर लेते थे और नली के मुँह पर जलते अंगारे रखते ही शैतान भयंकर गर्जना करता हुआ निकलता और सैकड़ों मनुष्यों को नष्ट कर देता था!

इस प्रकार उस युग में लोग मन्त्र-चालित शरों से युद्ध करते थे, और एक व्यक्ति लाखों सैनिकों से लड़ सकता था। सेना की व्यूह-रचना करने का उनका एक अपना अलग विज्ञान था, और विभिन्न प्रकार से सैन्य-विभाग और संचालन करने की पद्धतियाँ प्रचलित थीं। उनकी सेनाओं में भी पैदल सैनिक रहते थे, जिन्हें 'पदाति' कहा जाता था; अश्वारोही सेना को 'तुरग' संज्ञा दी गयी थी। इसके अतिरिक्त दो विभाग और थे, जिनका प्रयोग आधुनिक काल में विलुप्त हो गया और छोड़ दिया गया है। एक गज-पंक्ति होती थी, जिसमें आरोहियों सहित लोह-वर्म रक्षित सैकड़ों हाथी रहते थे, जो शत्रु-समूह को पैरों तले रौंद

डालने का कार्य करते थे। उनकी सेनाओं में रथ भी थे; रथों का प्रयोग सभी देशों में हुआ है—उनके चित्र तुमने देखे ही होंगे। इस प्रकार उस समय की सेना के चार अंग थे।

दोनों ही पक्ष कृष्ण की अनुकूलता प्राप्त करना चाहते थे; किन्तु कृष्ण ने युद्ध में सक्रिय योग देने से इनकार कर दिया। वे अर्जुन के सारथि और पाण्डवों के मित्र तथा सलाहकार बनने के लिए सहमत हो गये और दुर्योधन को उन्होंने अपनी अनेक योद्धाओं से सुसज्जित सेना प्रदान की।

फिर कुरुक्षेत्र के महान् रणक्षेत्र में उस युद्ध का श्रीगणेश हुआ, जिसमें भीष्म, द्रोण, कर्ण, और दुर्योधन के भाई, दोनों ही पक्षावलम्बी अनेक कुटुम्बी-जनों और सहस्रों प्रचण्ड योद्धाओं के साथ काम आये। अठारह दिन तक युद्ध चलता रहा। अठारह अक्षौहिणी सेना में से केवल गिनती के योद्धा ही बच पाये। दुर्योधन की मृत्यु से युद्ध समाप्त हुआ। पाण्डवों की विजय हुई। इसके पश्चात् कौरव-जननी महारानी गान्धारी और विधवा स्त्रियों के करुण विलाप तथा मृतकों के अग्नि-संस्कार का वर्णन है।

महाभारत की सर्वाधिक महत्त्वपूर्ण घटना है—गीता का अमर और अद्‌भुत काव्य—भगवद्‌गीता। गीता भारत का लोकप्रिय धर्म-ग्रन्थ है और उसकी शिक्षा सर्वोदात्त है। इसमें कुरुक्षेत्र में युद्धारम्भ के पूर्व, अर्जुन और कृष्ण का संवाद लिपिबद्ध किया गया है। जिन्होंने गीता नहीं पढ़ी है, उन्हें मैं उसे पढ़ने की सलाह दूंगा। यदि तुम जानते होते कि तुम्हारे स्वयं के देश को गीता ने कितना प्रभावित किया है, तो आज तक तुम उसे बिना पढ़े रह ही नहीं सकते थे। एमर्सन के उच्च भाव-स्रोत का उद्‌गम यही गीता है। वे एक बार कार्लाइल से मिलने गये। कार्लाइल ने उन्हें गीता भेंट की, और कांकॉर्ड[1] में जिस उदार दार्शनिक तत्त्व के आन्दोलन का प्रारम्भ हुआ, उसकी नींव इसी छोटी सी पुस्तक से पड़ी। और अमेरिका में जितने उदार भावों के आन्दोलन हैं, वे सभी किसी न किसी प्रकार उस कांकॉर्ड-आन्दोलन के ऋणी हैं।

गीता के मूल नायक हैं कृष्ण। जिस प्रकार तुम नाज़रथ के ईसा मसीह को ईश्वर का अवतार मान उनकी उपासना करते हो, उसी प्रकार हिन्दू भी कई अवतारों की अर्चना करते हैं। वे एक-दो में नहीं—कई अवतारों में विश्वास करते हैं, जिनके रूप में भगवान् विश्व की आवश्यकतानुसार, धर्म-संस्थापनार्थ

---

१. Concord—युक्त राज्य का एक शहर। यहीं एमर्सन ने अपने जीवन के शेष ४८ वर्ष बिताये थे।

और दुष्कृतों के विनाश-हेतु पृथ्वी पर समय समय पर प्रकट हुए हैं। भारत में हर एक पन्थ का एक एक अवतार है, और कृष्ण उनमें से एक हैं। भारत में अन्य अवतारों की अपेक्षा कृष्ण के उपासक गणना में अधिक हैं। उनके उपासकों का विश्वास है कि कृष्ण पूर्णावतार हैं, और शंका करने पर वे कहते हैं—बुद्ध और अन्य अवतारों की ओर दृष्टिपात करो। वे केवल संन्यासी थे, गृहस्थों के प्रति उनके हृदय में कोई सहानुभूति नहीं थी, और होती भी कैसे? पर कृष्ण के जीवन को देखो, पुत्र, पिता, राजा—सभी दृष्टियों से वे महान् हैं और आजीवन वे इस महान शिक्षा को आचरण में लाते रहे—'जो मनुष्य प्रबल कर्मशीलता के बीच रहता हुआ भी निष्कर्म भाव की मधुर शान्ति का उपभोग करता है, और महा निस्तब्धता में भी जो अत्यन्त कर्मशील रह सकता है, उसीने जीवन के रहस्य को ठीक ठीक जाना है।"[1] कृष्ण ने इस स्थिति को प्राप्त करने का मार्ग बताया है—वह है अनासक्ति योग। सभी प्रकार का कर्म करो, किन्तु उसमें आसक्त मत हो। तुम सर्वदा निर्विकार, शुद्ध-बुद्ध और मुक्त आत्मा हो—निर्लिप्त और साक्षी हो। हमारे दुःख का मूल कर्म नहीं, आसक्ति है। उदाहरणार्थ, अर्थ की ही बात लो! सम्पत्तिशाली होना बड़ी अच्छी बात है। कृष्ण कहेंगे—अर्थोपार्जन करो, उसके लिए जी-तोड़ परिश्रम करो, पर उसमें आसक्ति मत रखो। यही भाव सन्तान, पत्नी, पति, कुटुम्बी, यश आदि के सम्बन्ध में रखो। उनका त्याग करने की कोई आवश्यकता नहीं है; केवल उनमें आसक्त मत बनो। आसक्ति के भाजन तो केवल प्रभु ही हो सकते हैं—और कुछ नहीं। और सबके लिए परिश्रम करो, उन्हें प्यार करो, उनका हित सम्पादन करो, अवसर आने पर उनके लिए अपने जीवन का बलिदान भी कर दो; किन्तु उनमें आसक्त मत हो। कृष्ण का निज का जीवन उनके इस उपदेश का एक उज्ज्वल उदाहरण है।

यह स्मरण रहे कि कृष्ण का जीवन-चरित्र वर्णन करनेवाला ग्रन्थ कई सहस्र वर्ष पुराना है, और कृष्ण एव नाज़रथ-निवासी ईसा के जीवन की कुछ घटनाओं में अत्यन्त साम्य है। कृष्ण का राजकुल में जन्म हुआ था। कंस नाम का एक अत्याचारी राजा था और यह भविष्यवाणी की गयी थी कि उसके स्थान पर अमुक वंश में जन्म-प्राप्त व्यक्ति राजा बनेगा। इसलिए कंस ने तमाम बालकों के वध की आज्ञा दे दी। कृष्ण के माता-पिता को कंस ने कारागृह में बन्द कर दिया था; वहीं उनका जन्म हुआ। उनके जन्म-ग्रहण के समय समस्त कारागार ज्योति से

---

१. कर्मण्यकर्म यः पश्येदकर्मणि च कर्म यः।
स बुद्धिमान् मनुष्येषु स युक्तः कृत्स्नकर्मकृत्।। गीता ।।४।१८।।

उद्‌भासित हो उठा। नवजात बालक बोला, 'मैं समग्र जीव-जगत् की ज्योति हूँ और विश्व-कल्याण के लिए अवतीर्ण हुआ हूँ।' तुम देखोगे कि कृष्ण को रूपक-स्वरूप गो-पालनशील बताया गया है—और उनका एक नाम गोपाल है। सन्तों ने आकर कहा, 'साक्षात् भगवान् ने नररूप धारण किया है,' और वे उनका स्तुति-गान करने लगे। श्री कृष्ण की जीवन-लीला के अन्य अंशों में ईसा के जीवन से साम्य नहीं है।

कृष्ण ने नृशंस और क्रूर कंस को पराभूत किया, किन्तु सिंहासनासीन हो स्वयं राज्य करने का विचार तक उनके मन में नहीं आया। उनका इससे लेशमात्र भी सम्बन्ध नहीं। उन्हें तो बस अपना कर्तव्य पूर्ण करना था, उसे उन्होंने पूर्ण कर दिया।

युद्ध की समाप्ति के पश्चात् प्रचण्ड योद्धा भीष्म पितामह, जिन्होंने अठारह दिन में से दस दिन तक युद्ध किया था, अन्त तक शरशय्या पर लेटे लेटे युधिष्ठिर को राजा के कर्तव्य, वर्णाश्रम धर्म, विवाह, दान आदि विषयों पर प्राचीन ऋषियों की शिक्षा पर आधारित उपदेश प्रदान कर रहे थे। उन्होंने युधिष्ठिर को सांख्य और योग दर्शनों की शिक्षा दी, और अनेक उपाख्यान, ऋषि-मुनियों, राजाओं एवं देवताओं के जीवन के प्रसंग बताये। इन शिक्षाओं से पूर्ण ग्रन्थ का प्रायः एक चतुर्थांश भाग भरा है और ये आर्यों की नीति, विधि और कर्तव्य की आगार हैं। इसी बीच युधिष्ठिर का राज्यारोहण हो गया। किन्तु भीषण रक्तपात और गुरुजनों एवं आत्मीयों के नाश का महान् दुःख उन्हें मन ही मन रुला रहा था।

तदुपरान्त व्यास के आदेशानुसार उन्होंने अश्वमेध यज्ञ भी किया। युद्ध के पश्चात् चौदह वर्ष तक महाराज धृतराष्ट्र शान्ति और सम्मानपूर्वक जीवित रहे। युधिष्ठिरादि उनकी पिता के समान आज्ञा मानते थे। अब वे वृद्ध राजा, युधिष्ठिर को सिंहासन पर छोड़, अपनी पतिपरायण रानी और पाण्डव-जननी कुन्ती को साथ ले, अपने शेष दिन भगवदाराधना में व्यतीत करने वन में चले गये।

धीरे धीरे युधिष्ठिर को राज्य मिले छत्तीस वर्ष बीत गये। तब उन्हें कृष्ण के देह-त्याग का समाचार प्राप्त हुआ। उनके मित्र और सलाहकार कृष्ण—तत्त्ववेत्ता और योगिराज कृष्ण इस संसार में नहीं रहे। अर्जुन शीघ्रता से द्वारका पहुँचे, पर यही दुःखद वार्ता लेकर लौटना पड़ा कि कृष्ण और सभी यादव काल-कवलित हो गये हैं। तब दुःखाभिभूत हो महाराज युधिष्ठिर और उनके बन्धु सोचने लगे कि अब उनका भी इस विश्व से प्रस्थान करने का समय समीप आ पहुँचा है। राज्य-भार अर्जुन के पौत्र परीक्षित को सौंप, महाप्रस्थान करने वे हिमालय पर चले गये। यह संन्यास का एक विशेष प्रकार है। वृद्ध राजाओं में

संन्यास ग्रहण करने की प्रथा थी। प्राचीन भारत में वृद्धावस्था प्राप्त करने पर व्यक्ति सर्वस्व त्याग कर संन्यास ले लेते थे। जीवन के प्रति ममता का अन्त हो जाने पर, वे निर्जल-अनशन व्रत धारण कर हिमालय की ओर प्रस्थान कर देते थे और देहपात पर्यन्त ईश्वर-चिन्तन करते करते आगे बढ़ते जाते थे।

अब देवता और ऋषिगण आकर युधिष्ठिर को सशरीर स्वर्ग जाने के लिए कहने लगे। इसके लिए हिमालय के सर्वोच्च शिखर का पार करना आवश्यक हो जाता है। हिमालय के उस पार सुमेरु पर्वत है और उसीके शिखर पर स्वर्ग है। कोई भी वहाँ सदेह प्रवेश नहीं कर सका। वहीं देवताओं के निवास हैं। देवताओं ने युधिष्ठिर को वहीं आमन्त्रित किया।

अतः पाँचों भाइयों और उनकी पत्नी द्रौपदी ने वल्कल परिधान किया और यात्रा आरम्भ कर दी। मार्ग में एक कुत्ता उनका अनुगमन करने लगा। वे आगे ही बढ़ते गये, उनके क्लान्त और व्यथित पद उत्तर में उस ओर बढ़ रहे थे, जहाँ गिरिराज हिमालय अपने गर्वोन्नत मस्तक पर शुभ्र हिमाच्छादित शिखरों का मुकुट धारण किये खड़ा है। अब उन्हें सुमेरु गिरि के भी दर्शन होने लगे। निस्तब्धता पूर्वक वे श्वेत हिम-राशि पर चलते जा रहे थे कि महारानी द्रौपदी भूमि पर गिर पड़ीं—और फिर नहीं उठ सकीं। मार्ग में अग्रसर करनेवाले युधिष्ठिर से भीम ने कहा, "महाराज, देखिए, महारानी गिर पड़ी हैं।" राजा की आँखों से आँसू झर रहे थे, पर उन्होंने पीछे मुड़कर नहीं देखा। वे केवल इतना ही बोले, "हम अपने कृष्ण से मिलने जा रहे हैं—पीछे देखने के लिए समय नहीं है। आगे बढ़ो।" कुछ देर बाद भीम फिर बोले, "देखिए, सहदेव भी गिर गया है।" राजा के नयनों से आँसू झर रहे थे, पर वे रुके नहीं। उनका 'आगे बढ़ो' का आदेश था।

क्रमशः चारों भाइयों का उसी शीत और हिम में देहपात हो गया; पर युधिष्ठिर एकाकी होने पर भी अविचलित भाव से अपने लक्ष्य की ओर बढ़ते रहे। पीछे घूमने पर उन्हें दिखा कि वफ़ादार कुत्ता अब भी उनके पीछे पीछे आ रहा है। खाई-पहाड़ों को पार करते हुए वे उस अनन्त हिम-राशि पर चढ़ते चढ़ते अन्त में सुमेरु पर्वत तक पहुँच गये और उन्हें स्वर्ग का संगीत कर्ण-गोचर होने लगा। धर्मनिष्ठ राजा पर देवताओं ने देवपुष्पों की वृष्टि की। तब देवताओं का रथ उतरा और सुरपति इन्द्र ने महाराज से प्रार्थना की, "नरश्रेष्ठ, इस रथ में पधारिए, आपको सदेह स्वर्ग-गमन का सौभाग्य प्राप्त हुआ है।" किन्तु नहीं, युधिष्ठिर अपने स्नेही-बन्धुओं और महारानी द्रौपदी के बिना यह स्वीकार नहीं कर सके। तब इन्द्र ने उन्हें बताया कि उनके भाई पहले ही स्वर्ग में पहुँच गये हैं।

अब युधिष्ठिर ने चारों ओर दृष्टिपात कर अपने कुत्ते से कहा, "रथ में चढ़ जाओ, वत्स।" इन्द्र यह सुनकर चकित से रह गये। वे चिल्लाये, "क्या यह अधम कुत्ता रथारूढ़ होगा? महाराज, आप विचार-शक्ति तो नहीं खो बैठे हैं? आपका क्या आशय है? इस कुत्ते को आपको त्यागना होगा। यह कैसे स्वर्ग जा सकता है? महाराज, आप मनुष्य-जाति में सर्वश्रेष्ठ धार्मिक हैं। केवल आप ही सशरीर स्वर्ग-गमन कर सकते हैं।" युधिष्ठिर शान्त चित्त से बोले, "इसने हिम और शीत में मेरा साथ दिया है। मेरे चारों बन्धुओं ने एक एक कर देह त्याग दिया, राजमहिषी द्रौपदी भी इस लोक से चली गयीं, पर इस स्वामिभक्त कुत्ते ने मेरा साथ कभी नहीं छोड़ा। मैं भला कैसे इसका त्याग कर सकता हूँ?" तब इन्द्र ने कहा, "कुत्तों को साथ लानेवाले मानवों के लिए स्वर्ग में कोई स्थान नहीं। इसलिए इस कुत्ते का परित्याग आपको करना ही होगा—इसमें कोई अधर्म नहीं होगा।" राजा युधिष्ठिर ने उत्तर दिया, "मैं कुत्ते के बिना कदापि स्वर्ग नहीं जाऊँगा। इस देह में प्राण रहते, मैं कभी भी ऐसे व्यक्ति का परित्याग नहीं करूँगा, जिसने मेरा आश्रय ग्रहण किया है। स्वर्ग के आनन्द का लाभ, या किसी देवता की आज्ञा मुझे धर्म के मार्ग से पराङमुख नहीं कर सकती।" यह सुन सुरराज बोले, "केवल एक शर्त पर कुत्ता स्वर्ग में जा सकता है। आप नरश्रेष्ठ हैं, मनुष्यों में सर्वश्रेष्ठ धर्मपरायण हैं और यह एक अधम योनि का जीवमांस-भक्षी हिंस्र पशु है! यह पापात्मा है, इसका जीवन हिंसापूर्ण है। आप पुण्यात्मा हैं—आप अपने पुण्यार्जित स्वर्ग का उससे विनिमय कर लें।" राजा ने कहा, "सुरराज, मुझे स्वीकार है। कुत्ते को रथारूढ़ कर स्वर्ग में ले जाया जाय।"

युधिष्ठिर के यह वाक्य कहते ही दृश्य परिवर्तित हो गया। उनके इन उदात्त एवं उदार शब्दों को सुनकर वह कुत्ता अपने यथार्थ रूप में प्रकट हो गया। युधिष्ठिर ने देखा, उनके समक्ष साक्षात् धर्मराज, न्याय और मृत्यु के देवता—यम खड़े हैं। यम राजा से बोले, "राजन्, आप जैसा निःस्वार्थ व्यक्ति अब तक इस भूमण्डल में नहीं जन्मा। आप एक क्षुद्र कुत्ते से अपने पुण्यार्जित स्वर्ग-भोग का विनिमय करने को तैयार हो गये; उसके लिए आपने समस्त पुण्य का त्याग कर नरक में जाना भी स्वीकार कर लिया। महाराज, आपके जन्म-ग्रहण से यह वसुधा धन्य हो गयी है। हे राजन्, आपका हृदय प्राणिमात्र के लिए स्नेह एव करुणा से प्लावित हो रहा है, इसलिए आपने अपने पुण्य-प्रभाव से इन सब अनन्त आनन्दमय लोकों का उपार्जन कर लिया है, और स्वर्ग ही आपके लिए एकमेव उपयुक्त धाम है।"

तब महाराज युधिष्ठिर इन्द्र, यम और अन्य देवताओं के साथ रथारूढ़ हो स्वर्गारोहण करते हैं। वहाँ उनकी नरक-दर्शनादि अन्य कतिपय परीक्षाएँ होती हैं।

फिर वे सुरगंगा में स्नान कर, निर्जर देह-धारण करते हैं। उनके अमरत्व-प्राप्त बन्धुओं से उनका स्नेह-मिलन होता है और अंततः सबकी परिसमाप्ति आनन्द में होती है।

इस प्रकार महाभारत के उच्च भावात्मक महाकाव्य में 'धर्म की जय और अधर्म की पराजय' दिखाने के पश्चात् उसकी परिसमाप्ति की गयी है।

उपसंहार में, मेरे लिए महा प्रतिभा और मनीषा-सम्पन्न महर्षि व्यास द्वारा वर्णित उन असंख्य महा महिमामय उन्नत और उदात्त महापुरुषों के जीवन का उल्लेख करना भी नितान्त असम्भव है। धर्मभीरु किन्तु वृद्ध, अन्ध और निर्बल धृतराष्ट्र के हृदय में चलनेवाला पुत्र-प्रेम और कर्तव्य का द्वन्द्व; पितामह भीष्म का उदात्त और उन्नत चरित्र; महाराज युधिष्ठिर का उदार एवं धार्मिक स्वभाव; और उनके चारों बन्धुओं का उन्नत चरित्र, स्वामि-निष्ठा और अप्रतिम वीरता; मानवीय ज्ञान की चरम सीमा प्राप्त श्री कृष्ण का अद्वितीय व्यक्तित्व; और महासती तपस्विनी रानी गान्धारी, पुत्रवत्सला कुन्ती, पतिपरायणा और सर्वसहिष्णु द्रौपदी आदि रमणियों का चरित्र—जो पुरुषों से किसी भाँति कम नहीं है—तथा इस महाग्रन्थ और रामायण के अन्य अनगिनत चरित्र-नायक विगत सहस्रों वर्षों से समस्त हिन्दू जाति की यत्न-संचित जातीय सम्पत्ति रहे हैं और उसके विचारों एवं कर्तव्या-कर्तव्य तथा नीति सम्बन्धी सिद्धान्तों की आधारशिला हैं। यथार्थ में, रामायण और महाभारत प्राचीन आर्य-जीवन और ज्ञान के दो ऐसे विश्वकोष हैं, जिनमें एक ऐसी उन्नत सभ्यता का चित्र खींचा गया है, जो मानव जाति को अब भी प्राप्त करनी है।

जड़ भरत की कथा

(कैलिफ़ोर्निया में दिया हुआ भाषण)

प्राचीन काल में भरत नाम के एक महान् प्रतापी सम्राट् भारत में राज्य करते थे। विदेशी लोग जिस देश को 'इण्डिया' कहते हैं, उसे उस देश की सन्तान भारतवर्ष कहती आयी है। हर एक हिन्दू के लिए आदेश है कि वृद्धावस्था में पदार्पण करते ही वह सर्वस्व त्याग कर, इस संसार का समस्त भार--ऐश्वर्य, धन-सम्पत्ति—अपने पुत्र के लिए छोड़ वनगमन करे और वहाँ अपने यथार्थस्वरूप आत्मा का चिन्तन करते करते इस संसार के मोहों से मुक्ति प्राप्त करे। राजा और रंक, कृषक और किंकर, नर और नारी—सभी इसी प्रकार कर्तव्यबद्ध हैं; क्योंकि गृहस्थ के सारे कार्य—पुत्र, बन्धु, पति, पिता, स्त्री, पुत्री, माता और भगिनी सबके कर्तव्य कर्म—केवल उसी एक अवस्था की ओर ले जानेवाले सोपान मात्र हैं, जिसमें मानव के जड़ बन्धन चिर काल के लिए टूट जाते हैं और वह मुक्त हो जाता है।

सम्राट् भरत भी इसी प्रकार अपना राज्य अपने पुत्र के सुपुर्द कर वनवास करने चले गये। जो एक दिन कोटि कोटि प्रजा पर शासन करते थे, दुग्ध-धवल संगमर्मर के सुवर्ण-मण्डित राजप्रासादों में वास करते थे, जो रत्नजटित चषकों से मदिरा सेवन करते थे, वे ही आज वन में जा, अपने ही हाथों से हिमगिरि की तलहटी के निबिड़ कान्तार में किसी स्रोतस्विनी के तीर पर घास-फूस की एक छोटी सी कुटी बनाकर निवास करने लगे। अपने परिश्रम से प्राप्त किये हुए कन्द-मूलों का आहार करते हुए महाराज भरत अपना जीवन उस अन्तर्यामी परमात्मा के ध्यान और चिन्तन में बिताने लगे, जो हर एक मनुष्य में साक्षी रूप से विद्यमान है। इस प्रकार दिन, मास और वर्ष बीतने लगे।

एक दिन, जहाँ राजर्षि ध्यानावस्था में बैठे थे, वहीं एक हरिणी पानी पीने आयी। इसी क्षण कुछ दूरी पर एक सिंह ने गर्जना की। हरिणी इतनी भयभीत हो गयी कि तृष्णा शान्त किये बिना ही, उसने नदी पार करने के लिए छलाँग मारी। हरिणी गर्भवती थी, और इस श्रम और भय के कारण उसने तत्काल एक शावक प्रसव कर प्राण छोड़ दिये। मृग-शावक नदी में गिर पड़ा और तीव्र जलधारा में बहने लगा। उसी समय राजर्षि भरत की दृष्टि उस पर पड़ी। वे ध्याना-

वस्था से उठकर उसकी रक्षा करने नदी में कूद पड़े। मृग-शावक को कुटी में ले जाकर उन्होंने अग्नि प्रदीप्त की, और अपनी स्नेहपूर्ण हथेलियों से सहला सहला कर उसकी मूर्च्छा दूर की। करुणाविह्वल हो राजर्षि ने शावक की रक्षा का भार अपने ऊपर ले लिया और स्वयं ही हरित तृण एवं फल संग्रह कर उसका लालन-पालन करने लगे। वनवासी राजा का पितृवत् स्नेह पा मृग-शावक दिन दिन बड़ा हो एक सुन्दर हरिण बन गया। और राजर्षि, जिन्होंने जीवन के सम्पूर्ण मोह, अधिकार, सम्पदा और कौटुम्बिक स्नेह के बन्धनों से मुक्ति प्राप्त कर ली थी, सरिता-जल से उद्धार किये हुए इस मृग-शावक के मोह-पाश में बद्ध हो गये। ज्यों ज्यों वे उससे अधिकाधिक स्नेह करने लगे, त्यों त्यों उनका ईश्वर-चिन्तन और उपासना कम होती गयी। जब हरिण वन में चरने चला जाता और उसके लौटने में कुछ विलम्ब हो जाता, तो राजर्षि चिन्तातुर और दुःखी होने लगते। वे सोचते—कहीं मेरे प्यारे मृग-शावक पर किसी सिंह ने आक्रमण तो नहीं कर दिया, उसका कुछ अनिष्ट तो नहीं हो गया, उसे आज क्यों इतनी देर हो गयी?

इस प्रकार कुछ वर्ष बीत गये, और महर्षि का मृत्यु-काल समीप आ गया। मरणासन्न होने पर भी, उनका मन आत्म-चिन्तन में मग्न न था; वे हरिण के विषय में सोच रहे थे और अपने प्रिय शावक की शोक-विह्वल आँखों पर दृष्टि स्थिर रखते हुए ही वे परलोकवासी हो गये। फलस्वरूप उन्हें मृग रूप धारण कर पुनर्जन्म ग्रहण करना पड़ा। किन्तु कर्म नष्ट नहीं होता है, पूर्वजन्म के सुकृतों का फल उन्हें प्राप्त हुआ। यह हरिण जन्मतः ही जातिस्मर था; और यद्यपि वह वाचाहीन और चतुष्पाद था, उसे अपने पूर्वजन्म की सब घटनाएँ स्मरण थीं। वह अपने सहचरों का साथ छोड़, स्वभावतः तपोवनों के समीप चरने जाता, जहाँ यज्ञ-होम और उपनिषद्-पाठ होते रहते थे।

आयु पूर्ण होने पर मृगरूपी भरत ने पंचत्व प्राप्त किया और पुनः एक धन-सम्पन्न ब्राह्मण के कनिष्ठ पुत्र के रूप में जन्म लिया। इस जीवन में भी उन्हें अपने पूर्व जन्म का विस्मरण नहीं हुआ था, और उन्होंने अपने बाल्य काल में ही जीवन के पाप-पुण्य के पाशों से दूर रहने का निश्चय कर लिया। वयःप्राप्त होने पर बालक स्वस्थ और बलवान हो गया, पर वह एक शब्द भी नहीं बोलता था और संसार के मोह-मायापूर्ण व्यापारों में न फँसने के लिए वह जड़-मूढ़ और पागल सा रहने लगा। उसके हृदय में सदा अनन्त ब्रह्म का चिन्तन चला करता था और अपने प्रारब्ध कर्म क्षय करने के लिए ही वह जीवन बिता रहा था। कालक्रम से उसके पिता की मृत्यु हो गयी और पुत्रों ने परस्पर में सम्पत्ति का बँटवारा कर लिया। कनिष्ठ बन्धु को मूक और अकर्मण्य समझकर उसका भी हिस्सा वे निगल गये। वे उसे

केवल जीवन निर्वाहार्थ अन्न प्रदान कर देते थे। बस, केवल यहीं तक उनका उस पर अनुग्रह था। उसकी भाभियाँ भी सदैव उससे अत्यन्त कर्कश व्यवहार करती थीं। वे उससे सारे कठिन काम करवातीं और यदि वह उनकी इच्छानुसार काम न करता, तो उससे अत्यन्त कठोर व्यवहार करतीं। किन्तु वह न तो कभी चिढ़ा और न डरा ही; एक शब्द भी न बोलते हुए धैर्यपूर्वक सब सहता गया। जब वे उसे बहुत तंग करतीं, तो वह घर से दूर जा एक वृक्ष के नीचे भाभियों का क्रोध शान्त होने तक बैठा रहता और फिर चुपचाप घर लौट आता।

एक दिन उसकी भाभियों ने उसके प्रति अत्यन्त नृशंस व्यवहार किया। भरत बिना कुछ बोले घर से निकल गये और किसी वृक्ष की छाया तले विश्राम करने लगे। दैवयोग से उस देश का राजा उसी मार्ग से पालकी पर बैठा जा रहा था। पालकी ढोनेवाले कहारों में से एक अचानक ही अस्वस्थ हो गया, इसलिए उसके भृत्यगण रिक्त स्थान की पूर्ति के लिए किसी मनुष्य की खोज में इधर-उधर देख रहे थे। वृक्ष के नीचे बैठे भरत को देख वे वहाँ आये और उन्हें हट्टा-कट्टा देखकर बोले, "राजा का एक शिविका-वाहक अस्वस्थ हो गया है। क्या तुम उसके स्थान पर काम करोगे?" भरत कुछ न बोले। उन्हें इतना स्वस्थ देखकर, राजा के भृत्यों ने बलपूर्वक पकड़ लिया और पालकी ढोने को बाध्य किया। भरत भी निःशब्द शिविका-वहन करने लगे। किन्तु शीघ्र ही राजा ने देखा कि पालकी की गति और दिशा सम नहीं है। पालकी में से झाँककर राजा ने नये वाहक को सम्बोधित कर कहा, "अरे मूर्ख! जा आराम कर। यदि तेरे कन्धे दुख रहे हैं, तो थोड़ा आराम कर ले।" तब भरत ने पालकी नीचे रख जीवन में प्रथम बार अपना मौन भंग किया और बोले, "हे राजन्, आपने किसे मूर्ख कहा है? किसे आप शिविका रखने का आदेश दे रहे हैं? आप किसे क्लान्त कह रहे रहे हैं? किसे 'तू' कह सम्बोधन कर रहे हैं? राजन्, यदि 'तू' से आपका अर्थ यह मांस-पिण्ड है, तो यह उसी पदार्थ से बना है, जिससे आपकी देह; यह अचेतन और जड़ है—इसे थकावट और पीड़ा का कैसे ज्ञान होगा? यदि आपका अर्थ मन है, तो यह आपके मन जैसा ही है; यह सर्वव्यापी है। किन्तु यदि 'तू' शब्द से आपका लक्ष्य इससे भी परे किसी वस्तु से है, तो वह केवल आत्म-तत्त्व ही हो सकता है, जो मेरा यथार्थ स्वरूप है, जिसकी सत्ता आपमें भी है और जो विश्व में 'एकमेवाद्वितीय' है। राजन्, क्या आप सोचते हैं कि आत्मा कभी क्लान्त भी होती है? क्या आप कहना चाहते हैं कि आत्मा कभी आहत भी होती है? राजन्, मैं—यह शरीर—धरती पर रेंगनेवाले इन कीड़ों को पैरों तले कुचलना नहीं चाहता था, और इसलिए उनकी रक्षा के यत्न में पालकी की गति विषम हो गयी थी। किन्तु

आत्मा कभी क्लान्त और व्यथित नहीं होती; उसे कभी दुर्बलता प्रतीत नहीं होती और न उसने शिविका-भार ही वहन किया, क्योंकि आत्मा तो सर्वशक्तिमान और सर्वव्यापी है।" इस प्रकार भरत ने आत्मा का स्वरूप, पराविद्या आदि विषयों का ओजस्विनी वाणी में बड़ी देर तक विवेचन किया। अपने ज्ञान और विद्वत्ता का राजा को अत्यन्त अभिमान था; पर भरत के ये शब्द सुन उसका गर्व चूर्ण हो गया। पालकी से उतरकर उसने भरत के चरणों में प्रणाम किया और कहा, "महाभाग, मुझे क्षमा करें; आपको शिविका-वहन में नियुक्ति करते समय मैं नहीं जानता था कि आप एक सिद्ध पुरुष हैं।" भरत राजा को आशीर्वाद दे विदा हो गये और पुनः पूर्ववत् जीवन-यात्रा शुरू कर दी। देह-त्याग करने पर भरत आवागमन के बन्धनों से सदा के लिए मुक्त हो गये।

प्रह्लाद की कथा

(कैलिफ़ोर्निया में दिया हुआ भाषण)

हिरण्यकशिपु दैत्यों का राजा था। देव और दैत्य यद्यपि एक ही पिता की सन्तान थे, पर वे सदैव परस्पर युद्ध में संलग्न रहते थे। दैत्यों को मानव जाति से प्रदत्त यज्ञ-भाग अथवा जगत् के शासन का कोई अधिकार न था। किन्तु कभी कभी वे अत्यन्त प्रबल हो जाते और देवताओं को स्वर्ग से बाहर निकाल, उनका सिंहासन छीन, स्वयं राज करने लगते थे। तब देवता इस ब्रह्माण्ड के सर्वव्यापी प्रभु विष्णु की प्रार्थना करते, और उनकी सहायता से उनकी विपदाएँ दूर हो जाती थीं। दैत्य स्वर्ग से निकाल दिये जाते और पुनः देव राज करने लगते।

दैत्यराज हिरण्यकशिपु इसी भाँति एक बार अपने ज्ञातिबन्धु देवों पर विजय प्राप्त कर, स्वर्ग के सिंहासन पर आरूढ़ हो त्रिभुवन अर्थात् मानव एवं अन्य जीव-जन्तु द्वारा अध्युषित मध्यलोक, सुरधाम स्वर्गलोक और दैत्य-भूमि पाताल पर शासन करने लगा। अब, उसने अपने को त्रिभुवन का स्वामी घोषित कर दिया और यह घोषणा करवा दी कि उसके सिवाय दुनिया में कोई ईश्वर नहीं है; इसलिए कहीं भी कोई विष्ण की पूजा न करे और त्रिभुवन में एकमात्र उसी की पूजा की जाय।

हिरण्यकशिपु के प्रह्लाद नामक एक पुत्र था। अपनी शैशवावस्था से ही उसकी भगवान् विष्णु में परम अनुरक्ति थी। बाल्यकाल में ही उसकी इस विशुद्ध भक्ति के लक्षण देख, दैत्यराज हिरण्यकशिपु को भय हुआ कि जिस पाप को वह संसार से ही जड़-मूल सहित नष्ट कर देना चाहता है, वही उसके अपने कुटुम्ब में जड़ जमाने का यत्न कर रहा है। अतः उसने अपने पुत्र को शंड और अमर्क नामक दो अत्यन्त कठोर और अनुशासन-प्रिय आचार्यों के सुपुर्द कर दिया, और उन्हें आज्ञा दी कि भविष्य में प्रह्लाद के कानों में विष्णु का नाम तक न पड़े। दोनों आचार्य कुमार को अपने साथ घर ले आये और उसे उसके समवयस्क अन्यान्य छात्रों के साथ रख कर शिक्षा देने लगे। किन्तु शिशु प्रह्लाद शिक्षा में मनोयोग न दे, अपना सारा समय अन्य दैत्य बालकों को भगवान् विष्णु की उपासना सिखाने में ही बिताने लगा। जब आचार्यों को यह ज्ञात हुआ, तो वे अतिशय भयभीत हुए। उन्हें प्रतापी दैत्यराज

के कोप का अत्यन्त भय था, इसलिए बालक प्रह्लाद को इन कार्यों से परावृत करने के लिए वे यथाशक्ति चेष्टा करने लगे। किन्तु प्रह्लाद के लिए तो विष्णु-नाम-ग्रहण श्वास-प्रश्वास की भाँति स्वाभाविक था; स्वयं विष्णु की उपासना करना और इतर जनों को उसकी प्रणाली सिखाना—यही उसका जीवन था। अतः वह अपने मार्ग से विचलित न हो सका। निदान अपने दोष से बचने के लिए आचार्यों ने स्वयं हिरण्यकशिपु से यह भयंकर तथ्य निवेदन कर दिया कि प्रह्लाद न केवल स्वयं ही विष्णु की उपासना करता है, वरन् अन्य बालकों को भी उपासना सिखा सिखाकर कुपथगामी बना रहा है।

यह समाचार सुन दैत्यराज क्रोध से आगबबूला हो गया। उसने बालक प्रह्लाद को अपने सामने बुलवाया। प्रथम उसने कोमल वाणी में उसे विष्णु की पूजा से पराङमुख कर यह समझाने का यत्न किया कि ब्रह्माण्ड में दैत्यराज हिरण्यकशिपु के अतिरिक्त कोई दूसरा ईश्वर नहीं है, इसलिए केवल उसीकी पूजा की जाय। किन्तु बालक प्रह्लाद पर इसका कोई प्रभाव न पड़ा। वह पुनः पुनः यही कहता था कि सर्वव्यापी, त्रिभुवनेश्वर भगवान् विष्णु ही एकमात्र उपास्य हैं, और दैत्यराज का राजस्व भी भगवान् विष्णु के इच्छाधीन है। अब दैत्यराज्य के क्रोध की सीमा न रही और उसने तत्काल प्रह्लाद के वध की आज्ञा दे दी। दैत्यों ने तीक्ष्ण शस्त्रास्त्रों से उसकी कोमल देह पर आघात किये, पर उसका चित्त विष्णु के ध्यान में इतना मग्न था कि उसे तनिक भी पीड़ा नहीं हुई।

हिरण्यकशिपु को जब ज्ञात हुआ कि शस्त्र-प्रहार से प्रह्लाद का बाल भी बाँका न हुआ, तो वह अत्यन्त भयाकुल हो गया। किन्तु दानवोचित असत् प्रवृत्ति के वशीभूत हो, उसने बालक प्रह्लाद का वध करने के कई राक्षसी उपायों का अवलम्बन करना शुरू कर दिया। उसने उसे हाथी के पैरों तले कुचल देने का आदेश दिया। किन्तु जिस प्रकार क्रुद्ध हाथी लोह-गोलक को कुचल नहीं सकता, उसी भाँति प्रह्लाद का भी वह कुछ न बिगाड़ सका। जब इस उपाय से काम न चला, तो दैत्यराज ने प्रह्लाद को पहाड़ की चोटी से फेंकने की आज्ञा दी। इस आदेश का भी पालन हुआ; पर प्रह्लाद के हृदय-कमल में भगवान् विष्णु निवास करते थे, इसलिए वह कोमल तृणांकुरों पर धीरे से गिरनेवाले हलके फूल की भाँति पृथ्वी पर आ पड़ा। प्रह्लाद का विनाश करने के लिए हिरण्यकशिपु ने विष, अग्नि, निराहार, कूप-पातन, तंत्र-मन्त्र आदि अनेकविध उपायों का प्रयोग किया, किन्तु सब व्यर्थ हुए। प्रह्लाद के हृदय में भगवान विष्णु की छवि स्थित थी, उसका कौन क्या बिगाड़ सकता था?

अन्त में हिरण्यकशिपु ने आज्ञा दी कि पाताल से विशालकाय सर्पों का आह्वान किया जाय, और प्रह्लाद को नाग-पाश में बद्ध कर समुद्र में फेंक दिया जाय, फिर

उस पर बड़े बड़े पहाड़ स्तूपाकार चुन दिये जायँ, जिससे तत्क्षण नहीं तो कालक्रम से उसका अन्त हो जाय। इस प्रकार नृशंस व्यवहार किये जाने पर भी, बालक प्रह्लाद अपने परमाराध्य विष्णु की 'हे त्रिभुवनेश्वर, हे जगत्पते, हे अनन्त-सौन्दर्यनिधे', कहकर प्रार्थना करता रहा। इस प्रकार संकट-काल में विष्णु का ध्यान और चिन्तन करते करते बालक को भास होने लगा कि स्वयं भगवान विष्णु उसके निकट विद्यमान हैं—निकट ही नहीं, वरन् वे उसकी आत्मा में अवस्थित हैं। धीरे धीरे उसे प्रतीत होने लगा कि वह स्वयं विष्णु है और अग-जग में सर्वत्र वही व्याप्त हो रहा है।

ज्यों ही प्रह्लाद को यह अनुभूति हुई, नाग-पाश टूट गये। पहाड़ चूर चूर होने लगे, समुद्र में ज्वार-भाटा आने लगा और लहरों ने उसे कोमलता पूर्वक अपने सिर पर धारण कर किनारे तक सुरक्षित पहुँचा दिया। प्रह्लाद उस समय यह सब भूल गया कि वह एक दैत्य है और उसके पार्थिव शरीर है। उसे प्रतीति हो रही थी—वह ब्रह्माण्डस्वरूप है और विश्व की समस्त शक्तियों का आदि स्रोत है; इस जगत् में—प्रकृति में—ऐसी कोई वस्तु नहीं है, जो उसे क्षति पहुँचा सके, वह स्वयं प्रकृति का शास्तास्वरूप है। इस प्रकार समाधि-जनित अविच्छिन्न परमानन्द में कुछ काल व्यतीत होने पर शनैः शनैः उसे देह का भान हुआ और स्मरण होने लगा कि वह दैत्य कुलोत्पन्न प्रह्लाद है। देह का भान होते ही उसे पुनः यह ज्ञान होने लगा कि उसके अन्दर और बाहर—चारों ओर ईश्वर की सत्ता है और उसे हर वस्तु में विष्णुरूप के दर्शन होने लगे।

दैत्यराज हिरण्यकशिपु ने जब देखा कि उसके अनन्य शत्रु विष्णु के अनन्य भक्त—उसके पुत्र प्रह्लाद के निधनार्थ प्रयुक्त सभी भौतिक उपाय विफल हो गये हैं, तो वह भीतिग्रस्त और किंकर्तव्यविमूढ़ हो गया। उसने पुनः प्रह्लाद को अपने समीप बुलवाया और मधुर वचनों से अपनी सलाह पर चलने का उपदेश देने लगा। किन्तु प्रह्लाद पूर्ववत् ही उत्तर देता रहा। हिरण्यकशिपु ने सोचा कि शिक्षा और वयोवृद्धि के साथ साथ प्रह्लाद के ये बालोचित विचार बदल जायँगे। इसलिए उसने उसे पुनः शंड और अमर्क के सुपुर्द कर उसे राजधर्म की शिक्षा प्रदान करने का आदेश दिया। किन्तु प्रह्लाद की उसमें कोई रुचि न थी, और अवकाश पाते ही वह अपने सहपाठियों को विष्णु की उपासना का उपदेश देने लगता।

राजा के कानों में जब यह समाचार पहुँचा, तो वह क्रोध में आपे से बाहर हो गया। उसने प्रह्लाद को बुलाकर प्राणान्त की धमकियाँ दीं और उसके उपास्य विष्णु के प्रति हीनतम अपशब्द प्रयुक्त किये। किन्तु इसके उपरान्त भी प्रह्लाद बार बार बलपूर्वक यही कहता गया कि भगवान् विष्णु चराचर के स्वामी हैं और अनन्त, अनादि, सर्वव्यापी, सर्वशक्तिमान और एकमात्र आराध्य हैं। हिरण्य-

कशिपु सक्रोध गरजकर बोला, "अरे पापिष्ठ, यदि तेरा विष्णु सर्वव्यापी है, तो क्या वह उस स्तम्भ में नहीं है?" प्रह्लाद बोला, "क्यों नहीं! वे उस स्तम्भ में भी विद्यमान हैं।" लडके की धृष्टता से क्रुद्ध हो दैत्यराज बोला, "रे दुष्ट, मैं अभी इस खड्ग से तुझे यमसदन भेजे देता हूँ, देखूँ, कैसे तेरा विष्णु तेरी रक्षा करता है।" ऐसा कह हिरण्यकशिपु अपनी तलवार ले उसकी ओर झपटा और उसने उस स्तम्भ पर एक जोर का वार किया। इसी क्षण उस स्तम्भ से वज्र-निर्घोष हुआ और भगवान् विष्णु नृसिंह-रूप धारण कर प्रकट हुए। सहसा यह भीषण रूप देखकर दैत्य भयभीत हो प्राणरक्षार्थ इतस्ततः दौड़ने लगे। हिरण्यकशिपु बलपूर्वक प्राण-पण से बड़ी देर तक वहाँ युद्ध करता रहा, किन्तु अन्त में भगवान् नृसिंह के हाथों पराभूत और निहत हो गया।

तब देवता स्वर्ग से आकर विष्णु का स्तुति-गान करने लगे। प्रह्लाद भी भक्ति-विह्वल हो प्रभु के चरणों में प्रणिपात कर, गद्गद कण्ठ से विष्णु की प्रार्थना करने लगे। तब भगवान् प्रसन्न हो प्रह्लाद से बोले, "वत्स प्रह्लाद! तुम निर्भय हो इच्छानुसार वर माँगो; तुम मुझे अत्यन्त प्रिय हो।" प्रह्लाद ने गद्गद स्वर में उत्तर दिया, "प्रभो, आपके दर्शन पाकर अब और कौन सी इच्छा अतृप्त रह गयी है? आप मुझे किसी प्रकार के ऐहिक या स्वर्गिक ऐश्वर्य का प्रलोभन न दिखाइए।" पुनः भगवान् बोले, "प्रह्लाद, तुम्हारी निष्काम भक्ति देखकर मुझे तुमसे अत्यन्त प्रीति हो गयी है। हमारा दर्शन निष्फल नहीं होता, इसलिए, वत्स, कोई एक वर अवश्य माँग लो।" तब प्रह्लाद ने उत्तर दिया, "हे प्रभो, जो तीव्र आसक्ति अज्ञानियों को ऐहिक पदार्थों के प्रति होती है, वही मेरे हृदय में आपका स्मरण करते समय आपके प्रति हो।"[1]

तब भगवान् ने कहा, "प्रह्लाद, यद्यपि मेरे परम भक्तों को इहलोक और परलोक में किसी वस्तु की आकांक्षा नहीं रहती है, तथापि मेरे आदेश से सदा मुझमें भक्ति रखते हुए, कल्पान्त तक तुम इस लोक का ऐश्वर्य-भोग और पुण्य कर्मों का अनुष्ठान करो और अन्ततः कालक्रम से देहपात होने पर तुम मुझे प्राप्त करोगे।" इस प्रकार प्रह्लाद को वर प्रदान कर भगवान् विष्णु अन्तर्हित हो गये। तब ब्रह्मा प्रभृति देवगण ने भी प्रह्लाद को दैत्यराज अभिषिक्त कर अपने अपने लोक को प्रस्थान किया।

---

१. या प्रीतिरविवेकानां विषयेष्वनपायिनी।
त्वामनुस्मरतः सा मे हृदयान्मापसर्पतु।। विष्णु पुराण ।।१।२०।१९।।

विश्व के महान् शिक्षक

(३ फ़रवरी, १९०० ई० को शेक्सपीयर क्लब, पॅसाडेना, कैलिफ़ोर्निया में दिया हुआ भाषण)

हिन्दुओं के मतानुसार विश्व चक्राकार तरंगों की भाँति गतिमान है। वह एक बार उठता है और उन्नति की पराकाष्ठा प्राप्त कर लेता है; तदनन्तर उसका पतन प्रारम्भ होता है—कुछ समय तक वह इसी प्रकार अवनति के गर्त में पड़ा रहता है, मानो पुनः उत्थान के लिए शक्ति संग्रह कर रहा हो! सागर की भीमकाय तरंगों के समान निरन्तर उत्थान और पतन, पतन और उत्थान—यही विश्व की गति है। समष्टि के लिए जो विधान सत्य है, वही व्यष्टि के लिए भी सत्य है। मनुष्य-समाज के सभी व्यापारों में भी यही तरंगवत् उत्थान और पतन की गति है; राष्ट्रों के इतिहास भी इसी उत्थान और पतन की कहानियाँ हैं, वे उठते हैं और गिरते हैं—उत्थान के बाद पतन-काल आता है और पतन के पश्चात् पहले की अपेक्षा और भी अधिक शक्ति के साथ पुनरुत्थान होता है। निरन्तर यही उत्थान और पतन का चक्र चलता रहता है। धार्मिक जगत् में भी अनवरत रूप से यही क्रिया चल रही है। प्रत्येक जाति के आध्यात्मिक जीवन में पतन और उत्थान के युग होते हैं। जब जाति की अवनति होती है, तो प्रतीत होता है कि उसकी जीवन-शक्ति नष्ट हो गयी है—वह छिन्न-भिन्न हो गयी है। किन्तु वह पुनः बल संग्रह करती है—उन्नति करने लगती है—जाग्रति की एक विशाल लहर उठती है, और सदैव यही देखा जाता है कि इस विशालकाय तरंग के उच्चतम शिखर पर कोई दिव्य महा-पुरुष विराजमान हैं। एक ओर जहाँ वे उस तरंग—उस जाति के अभ्युत्थान—के शक्तिदाता होते हैं, वहीं दूसरी ओर वे स्वयं उस महती शक्ति के फलस्वरूप होते हैं, जो (शक्ति) उस अभ्युदय—उस तरंग का मूल है। इस प्रकार वे एक दूसरे पर क्रिया-प्रतिक्रिया करते रहते हैं—परस्पर के स्रष्टा एवं सष्ट हैं—जनक एवं जन्य हैं। वे एक ओर समाज को अपनी महान् शक्ति से प्रभावित एवं अभिभूत करते हैं, और दूसरी ओर समाज ही उनकी इस प्रचण्ड शक्ति के आविर्भाव का कारण होता है। ये ही संसार के महान् विचारक एवं मनीषी होते हैं, ये ही दुनिया के पैग़म्बर, जीवन-दर्शन के सन्देश-वाहक ऋषि और ईश्वर के अवतार कहलाते हैं।

कुछ व्यक्तियों की धारणा है कि दुनिया में केवल एक ही धर्म, एक ही ईश्वरावतार या एक ही पैग़म्बर हो सकता है, किन्तु यह धारणा सत्य नहीं है। इन सब महापुरुषों के जीवन का अध्ययन और मनन करने पर हमें ज्ञात होगा कि उनमें से प्रत्येक को विधाता ने मानो केवल एक—बस एक अंश का अभिनय करने के लिए ही निर्दिष्ट किया था। हम यह भी देखेंगे कि सब स्वरों के समन्वय से ही एकलयता उत्पन्न होती है, किसी एक स्वर से नहीं। विभिन्न राष्ट्रों और जातियों के इतिहास भी यह बतायेंगे—कोई जातिविशेष सदा के लिए संसार का उपभोग करने की अधिकारी नहीं रह सकती। जातियों की इस ईश्वरनिर्दिष्ट एकलयता में सभी जातियों को अपने अपने अंश का अभिनय करना पड़ता है, सभी जातियों को अपना अपना जीवनोद्देश्य प्राप्त करना पड़ता है, अपने अपने कर्तव्य की पूर्ति करनी पड़ती है। इन सबकी समष्टि ही उस महान् समन्वय—उस महान् एकलयता का निर्माण करती है।

जाति सम्बन्धी उपर्युक्त बात महापुरुषों और पैग़म्बरों पर भी लागू होती है। उनमें से कोई भी सारे विश्व पर सदा के लिए शासन करने नहीं जन्मा है। ऐसा न तो आज तक हुआ है और न भविष्य में कभी होगा ही। उनमें से प्रत्येक ने मानव जाति की शिक्षा में अपना अंश प्रदान किया है, जहाँ तक इस अंश का सम्बन्ध है, कहा जा सकता है कि समय प्राप्त होने पर अवश्य ही ये महापुरुष विश्व के शासक तथा भाग्य-विधाता बनते हैं।

हममें से अधिकांश जन्मतः सगुण धर्म, अवतारवाद में श्रद्धा रखते हैं। हम सिद्धान्तों की चर्चा करते हैं, सूक्ष्म तत्त्वों और उपपत्तियों पर विचार-विमर्श करते हैं। यह ठीक है, किन्तु हमारे प्रत्येक कार्य, प्रत्येक विचार से यही प्रकट होता है कि हम किसी तत्त्व को केवल तभी समझ पाते हैं, जब किसी व्यक्ति विशेष के माध्यम से वह हमें प्राप्त होता है। किसी सूक्ष्म तत्त्व की धारणा में हम तभी समर्थ होते हैं, जब वह किसी पुरुषविशेष के रूप में साकार रूप धारण कर लेता है। केवल दृष्टान्त की सहायता से ही हम उपदेशों को समझ पाते हैं। काश! ईश्वरेच्छा से हम सब इतने उन्नत होते कि हमें तत्त्वविशेष की धारणा करने में दृष्टान्तों एवं आदर्श पुरुषों के माध्यम की आवश्यकता न पड़ती! किन्तु हम उतने उन्नत नहीं हैं; और इसलिए स्वभावतः अधिकांश मनुष्यों ने इन असाधारण व्यक्तियों—ईसाइयों, बौद्धों और हिन्दुओं द्वारा पूजित इन पैग़म्बरों और अवतारों—को आत्म-समर्पण कर दिया है। मुसलमानों ने आरम्भ से ऐसी उपासना का विरोध किया है। पर इस कट्टर विरोध के बावजूद हम देखते हैं कि पैग़म्बर की उपासना तो दूर रही, वे प्रत्यक्षतः सहस्रों पीरों की पूजा करते पाये जाते हैं। तथ्यों की उपेक्षा

नहीं की जा सकती। व्यक्तिविशेष की अर्चना करने के लिए हम विवश हैं और वह हितकारी है। तुम्हारे उपास्य देव ईसा से जब लोगों ने पूछा, "प्रभु, हमें परम पिता परमेश्वर के दर्शन कराइए," तो ईसा ने कहा, "जिसने मुझे देख लिया है, उसने उस परम पिता को भी देख लिया है।" उनके इस उत्तर का तुम स्मरण करो। हम ईश्वर का केवल मानवीय भाव में ही दर्शन कर सकते हैं। हममें ऐसा कौन है, जो ईश्वर की मानव के अतिरिक्त अन्य भाव में कल्पना कर सकता है? केवल मनुष्य-रूप में, केवल मानवता के माध्यम से ही हम ईश्वर-दर्शन कर सकते हैं। इस कमरे में सर्वत्र प्रकाश का स्पन्दन वर्तमान है, किन्तु हम उसे सर्वत्र देखने में क्यों असमर्थ हैं? हम केवल किसी दीप में ही उसे देख सकते हैं। इसी प्रकार ईश्वर भी सर्वव्यापी, निराकार एवं निर्गुण तत्त्व है, किन्तु हमारी प्रकृति ही ऐसी है कि हम केवल किसी नररूपधारी अवतार के माध्यम से ही उसकी उपलब्धि कर सकते हैं—उसका साक्षात्कार कर सकते हैं। जब इन महान् ज्योतिर्मय आत्माओं का विश्व में आविर्भाव होता है, तभी मनुष्य को ईश्वर का साक्षात्कार होता है। और हम जिस रूप में विश्व में पदार्पण करते हैं, वे उस प्रकार विश्व में नहीं आते। हम विश्व में आते हैं भिक्षुकों और अकिंचनों की भाँति, दरिद्रों और कंगालों के रूप में, पर उनका आगमन होता है सम्राटों की भाँति, मानव-हृदय पर युगों तक राज्य करने। अनाथों से, भले बटोहियों से किंकर्तव्यविमूढ़ हो हम सब विश्व में भटकते रहते हैं। हम नहीं जानते कि हमारे जीवन का अर्थ और उद्देश्य क्या है। अपने इस उद्देश्यहीन जीवन में हम आज तो एक काम करते हैं और कल दूसरा। हम प्रवाह में पड़े हुए तिनकों की भाँति लहरों के थपेड़े खाते इधर-उधर बहते जाते हैं तथा झंझा में उड़ते पंखों के समान अन्त में इतस्ततः गिर पड़ते हैं।

किन्तु हम देखेंगे कि मानव जाति के इतिहास में विश्व के कल्याण के लिए जो अवतार हुए हैं, उनका जीवन-कार्य प्रारम्भ से ही निश्चित रहा है। उनके जीवन का सारा नक़्शा, सारी योजना उनकी आँखों के सामने थी, और उससे वे एक इंच भर भी न डिगे। चूँकि वे अपने जीवन के लिए एक कार्य लेकर आते हैं, अतः वे एक संदेश भी लाते हैं; और उसके सम्बन्ध में तर्क-वितर्क नहीं करते। क्या तुमने ऐसे किसी पैग़म्बर या अवतार के सम्बन्ध में सुना या पढ़ा है, जिसने अपने उपदेशों को युक्ति का आधार दिया हो? उनमें से किसीने अपने विचार तथा कार्य की पुष्टि तर्क द्वारा नहीं की। और वे करते भी क्यों? वे तो सीधे शब्दों में सत्य को व्यक्त करना जानते हैं। उनमें सत्य के दर्शन करने की क्षमता है—और है उसे दूसरों को दिखाने का सामर्थ्य। यदि तुम मुझसे पूछो कि ईश्वर है या नहीं, और मैं कह दूँ कि हाँ, ईश्वर है, तो तुम झट मुझे अपनी युक्तियाँ बताने के लिए

बाध्य करोगे, और मुझ बेचारे को कुछ युक्तियाँ पेश करने के लिए अपनी सारी शक्ति लगा देनी पड़ेगी। किन्तु यदि कोई ईसा से यही प्रश्न पूछता, तो ईसा तत्काल उत्तर देते, 'हाँ, ईश्वर है।' और यदि तुम ईसा से इसका प्रमाण माँगते, तो निश्चय ही ईसा ने कहा होता, 'लो, यह ईश्वर तुम्हारे सम्मुख खड़ा है, दर्शन कर लो।' इस प्रकार हम देखते हैं कि इन महापुरुषों की ईश्वरविषयक धारणा साक्षात् उपलब्धि, प्रत्यक्ष दर्शन पर आधारित है, तर्कजन्य नहीं। वे अन्धकार में नहीं टटोलते, उनके कथन में प्रत्यक्ष दर्शन का बल होता है। जब मैं इस मेज़ को प्रत्यक्ष देख रहा हूँ, तो फिर कोई भले ही शत शत युक्तियों द्वारा क्यों न चेष्टा करे, इस मेज़ के अस्तित्व में मेरा विश्वास नष्ट नहीं हो सकता। इसी प्रकार इन महापुरुषों का अपने आदर्शों, अपने जीवन-कार्य और सर्वोपरि स्वयं अपने में श्रद्धा अटल होती है। इन दिव्य पुरुषों में जितना आत्मविश्वास होता है, उतना अन्य किसीको भी नहीं। लोग पूछते हैं—'क्या तुम ईश्वर में विश्वास रखते हो? क्या तुम परलोक के अस्तित्व को मानते हो? क्या इस मत में या उस शास्त्रादेश में श्रद्धा रखते हो?' किन्तु यहाँ तो मूल भित्ति ही ग़ायब है—अर्थात् स्वयं अपने में ही श्रद्धा या विश्वास। जिसे स्वयं पर विश्वास नहीं है, उससे अन्य तत्त्वों में विश्वास रखने की आशा कैसे की जा सकती है? मुझे स्वयं अपने अस्तित्व तक में पूरा विश्वास नहीं है। एक क्षण मैं सोचता हूँ कि मेरा अस्तित्व है और कुछ भी मुझे नष्ट नहीं कर सकता। किन्तु दूसरे ही क्षण मृत्यु-भय से मैं काँपने लगता हूँ। अभी हम सोचते हैं कि हम अजर-अमर हैं, और पल ही भर बाद अपनी ही कल्पना का कोई भूत देखकर हम किंकर्तव्यविमूढ़ हो जाते हैं, हमें यह भी ध्यान नहीं रहता कि हम क्या हैं और कहाँ हैं, जीवित हैं या मृत हैं। कभी सोचते हैं कि हम बहुत धार्मिक और पवित्र हैं, किन्तु दूसरे ही क्षण एक धक्का लगता है और हम चारों खाने चित हो जाते हैं। इसका कारण? कारण यही है कि हमारा आत्मविश्वास मर गया है, हमारी नैतिकता की रीढ़ टूट गयी है।

किन्तु मानव जाति के इन महान् आचार्यों में तुम्हें यह एक लक्षण सर्वत्र दिखेगा कि उनमें प्रचण्ड आत्मविश्वास भरा होता है। उनका यह आत्मविश्वास असाधारण है, इसलिए हम उसे पूर्णतया नहीं समझ सकते। इसीलिए इन महापुरुषों के आत्मविषयक वचनों एवं कथनों को हम कई प्रकार से व्याख्या करके उड़ा देने का प्रयत्न करते हैं, तथा उन्होंने अपने साक्षात्कार, अपनी ईश्वरोपलब्धि के सम्बन्ध में जो बातें कहीं हैं, उनका अर्थ लगाने के लिए सहस्रों मतवादों की सृष्टि कर लेते हैं। हम अपने विषय में उन महापुरुषों के समान नहीं सोच सकते, और इसीलिए, स्वभावतः, हम उन्हें समझ भी नहीं पाते।

जब इन महापुरुषों के मुख से शब्द निकलते हैं, तो सारे विश्व को विवश होकर सुनना पड़ता है। जब वे बोलते हैं, तो एक एक शब्द सीधे हृदय में प्रवेश करता है, वह बम के समान फूट पड़ता है और सुननेवाले पर अपना असीम प्रभाव जमा लेता है। निरी वाणी में क्या है, यदि वाणी के पीछे वक्ता की प्रचण्ड शक्ति न हो? तुम किस भाषा में बोलते हो और किस प्रकार अपनी भाषा में शब्द-विन्यास करते हो—इससे किसीको क्या मतलब? तुम अच्छी, लच्छेदार, ओजपूर्ण भाषा का प्रयोग करते हो, या व्याकरण-सम्मत भाषा बोलते हो, अथवा तुम्हारी भाषा अलंकारपूर्ण है या नहीं—इससे भी किसी का क्या प्रयोजन? प्रश्न तो है—तुम्हारे पास लोगों को देने के लिए कुछ है या नहीं? यहाँ केवल कहानी-क़िस्से सुनने की बात नहीं है, बात है देने और लेने की। क्या तुम्हारे पास देने के लिए कुछ है? यही पहला और मुख्य प्रश्न है। यदि है, तो दो। शब्द तो केवल तुम्हारी देन को लोगों तक पहुँचा देंगे, ये तो केवल एक माध्यम हैं। कभी कभी हम देखते हैं कि मौन रहकर भी एक व्यक्ति दूसरे में भाव संचारित करता है। दक्षिणामूर्ति-स्तोत्र में कहा है :

'आश्चर्य! इस वट वृक्ष के नीचे युवक गुरु एवं वृद्ध शिष्य आसीन हैं। मौन ही गुरु का शास्त्र-व्याख्यान है और उसीसे शिष्यों की शंकाएँ नष्ट होती जा रही हैं।'[1]

इस प्रकार वे कभी कभी शब्दों का प्रयोग किंचित् भी नहीं करते, किन्तु फिर भी एक व्यक्ति से दूसरे व्यक्ति तक सत्य का संचार करते जाते हैं। वे देने के लिए आते हैं। वे आदेश देते हैं, ईश्वर के दूत होते हैं, हमारा कार्य है उनके आदेशों को ग्रहण करना। क्या तुम्हें याद नहीं, स्वयं ईसा ने तुम्हारे शास्त्रों में किस अधिकार-पूर्ण वाणी से लोगों को आज्ञा दी है, 'अतएव तुम जाओ और दुनिया की सभी जातियों को उस सब पर चलना सिखाओ, जिसका आदेश मैंने तुम्हें दिया है।' 'मुझे जगत् को विशेष कुछ देना है', इस बात में प्रचण्ड विश्वास ईसा की समस्त उक्तियों में देखा जाता है और यही प्रबल विश्वास तुम्हें संसार के उन सब महापुरुषों की वाणी में मिलेगा, जिन्हें दुनिया पैग़म्बरों और अवतारों के रूप में पूजती आ रही है।

यह महान् शिक्षक इस पृथ्वी पर जीवंत ईश्वरस्वरूप है। इनके अतिरिक्त हम और किनकी उपासना करें? मैं अपने मन में ईश्वर की धारणा करने का प्रयत्न करता हूँ और अन्त में पाता हूँ कि मेरी धारणा अत्यन्त क्षुद्र और मिथ्या है।

---

१. चित्रं वटतरोर्मूले वृद्धाः शिष्या गुरुर्युवा।
गुरोस्तु मौनं व्याख्यानं शिष्यास्तु छिन्नसंशयाः।।

वैसे ईश्वर की उपासना करना पाप होगा। फिर जब मैं अपनी आँखें खोलकर पृथ्वी की इन महान् आत्माओं के चरित्र देखता हूँ, तो मुझे प्रतीत होता है कि ईश्वर विषयक मेरी उच्च से उच्च धारणा से भी वे कहीं उच्चतर और महान् हैं। मेरे जैसा व्यक्ति, जो किसी चोर का पीछा कर, उसे पकड़कर कारावास की यातनाएँ सहने के लिए बाध्य करता है, दया की क्या कल्पना—क्या धारणा कर सकेगा? क्षमा-दया सम्बन्धी मेरी उच्चतम कल्पना कहाँ तक पहुँच सकती है? मैं जितना दयाशील हूँ, क्षमाशील हूँ, बस वहीं तक मेरी क्षमा तथा दया की कल्पना पहुँच सकेगी। मैं जहाँ तक गुणसम्पन्न हूँ, तदपेक्षा उच्चतर धारणा मेरी हो ही नहीं सकती। अपनी भौतिक सीमाओं को कौन लाँघ सकता है? अपनी मानसिक चहारदीवारी को कौन पार कर सकता है? ईश्वरीय प्रेम के बारे में हमारी धारणा और क्या हो सकती है? हम अपने इस क्षुद्र जीवन में आपस में जो प्रेम करते हैं, उसकी अपेक्षा प्रेम की उच्चतर धारणा हम कर ही कैसे सकते हैं? जिसका हमने कभी अनुभव ही नहीं किया, उसकी कल्पना भला हम कैसे कर सकेंगे? इसलिए अपने मन में ईश्वर की कल्पना तथा धारणा करने के मेरे सभी प्रयत्न व्यर्थ हैं। किन्तु इन महापुरुषों के जीवन की प्रत्यक्ष घटनाएँ हमारे सामने हैं, उनके दया, प्रेम एवं पवित्रता से भरे ऐसे प्रत्यक्ष कार्य हैं, जिनकी हम कल्पना तक नहीं कर सकेंगे। तब फिर क्या आश्चर्य है, यदि मैं इन महापुरुषों के चरणों में गिरकर ईश्वर के रूप में उनकी अर्चना करूँ? इसके अतिरिक्त कोई और क्या करेगा! निराकार तत्त्व के बारे में लम्बी लम्बी बातें करना सरल है, पर मुझे एक तो ऐसा व्यक्ति बताओ, जो उपर्युक्त साकार उपासना के अतिरिक्त और कुछ कर सके। करने और कहने में बहुत भेद है। निराकार ईश्वर, निर्गुण तत्त्व आदि के विषय में जल्पना करना कठिन नहीं, और कोई करे तो मुझे आपत्ति नहीं, किन्तु ये नर-देव—ये मानवरूपधारी देवता, सदा से, सभी जातियों एवं सभी राष्ट्रों के यथार्थ में ईश्वर रहे हैं। ये सकल देव-मानव चिर काल से पूजित होते रहे हैं, और तब तक पूजित होते रहेंगे, जब तक मानव मानव बना रहेगा। उन्हींको देखकर 'यथार्थ ईश्वर है, यथार्थ धर्म-जीवन है,' आदि विषयों में हमारा विश्वास हो सकता है, और ईश्वरोपलब्धि, धर्म-जीवन लाभ की हम आशा कर सकते हैं। केवल अस्पष्ट रहस्यमय तत्त्व से क्या लाभ?

मेरे कथन का तात्पर्य और उद्देश्य केवल यही है कि मैंने अपने जीवन में इन सब अवतारों की उपासना कर सकना सम्भव पाया है, तथा भविष्य में होनेवाले अनेक अवतारों की उपासना करने को प्रस्तुत हूँ। एक माँ अपने पुत्र को किसी भी वेश में पहचान लेती है, और यदि कोई स्त्री यह नहीं कर सकती, तो यह निश्चय है कि वह उस व्यक्ति की माँ नहीं है! अतः तुममें से जो जो किसी एक विशेष अवतार

में ही सत्य एवं ईश्वर की अभिव्यक्ति देखते हैं और दूसरों में नहीं, उनके विषय में मेरा स्वाभाविक निष्कर्ष यही है कि वे किसी भी अवतार के ईश्वरत्व को नहीं जानते। ऐसे व्यक्तियों ने केवल कुछ शब्द मात्र निगल लिये हैं, और जिस प्रकार राजनीतिक दलबन्दी में व्यक्ति सत्यासत्य की चिन्ता न कर किसी एक दल का साथ देने लगते हैं, उसी प्रकार ऐसे व्यक्तियों ने भी एक सम्प्रदाय विशेष को ही अपना सर्वस्व मान लिया है। पर यह धर्म नहीं है। संसार में ऐसे अन्धे और मूढ़ भी कई हैं, जो समीप में शुद्ध और मीठे पानी का कुआँ होने पर भी खारे कुएँ का ही पानी पियेंगे, क्योंकि उस कुएँ को उनके पूर्वजों ने खुदवाया था! अतएव, मैंने अपने अल्प अनुभव से यही सीखा है कि धर्म में जो दोष एवं त्रुटियाँ लोग देखते हैं, उनके लिए धर्म का कोई उत्तरदायित्व नहीं है, उसमें धर्म का कोई दोष नहीं है। धर्म ने कभी मनुष्यों पर अत्याचार करने की आज्ञा नहीं दी, धर्म ने कभी स्त्रियों को चुड़ैल और डाइन कहकर जीवित जला देने का आदेश नहीं दिया, किसी धर्म ने कभी इस प्रकार अन्यायपूर्ण कार्य करने की शिक्षा नहीं दी। तब लोगों को ये अत्याचार, ये अनाचार करने के लिए किसने उत्तेजित किया? राजनीति ने—धर्म ने नहीं, और यदि इस प्रकार की कुटिल राजनीति धर्म का स्थान अपहरण कर ले, धर्म का नाम धारण कर ले, तो यह दोष किसका है?

अतः जब एक व्यक्ति खड़ा होकर यह कहता है कि केवल मेरा धर्म ही सच्चा है, मेरा पैग़म्बर ही सच्चा है, तो वह झूठ बोलता है—उसे धर्म का 'क, ख' भी मालूम नहीं। धर्म न तो सिद्धान्तों की थोथी बकवास है, न मत-मतान्तरों का प्रतिपादन और खण्डन है और न बौद्धिक सहमति ही है। धर्म का अर्थ है—हृदय के अन्तर्तम प्रदेश में सत्य की उपलब्धि। धर्म का अर्थ है ईश्वर का संस्पर्श प्राप्त करना, इस तत्त्व की प्रतीति करना—उपलब्धि करना कि मैं आत्मस्वरूप हूँ और अनन्त परमात्मा एवं उसके अनेक अवतारों से मेरा युग युग का अच्छेद्य सम्बन्ध है। यदि तुमने यथार्थ में उस परम पिता के गृह में प्रवेश किया है, तो अवश्य ही उसके पुत्रजन का दर्शन किया होगा। तब फिर यह क्यों कहते हो कि तुम उन्हें नहीं पहचानते? और यदि तुम वास्तव में उन्हें नहीं पहचानते हो, तो यह सत्य है कि तुम ईश्वर के गृह में अब तक प्रवेश नहीं पा सके हो। जननी अपने वत्स को किसी भी वेश में पहचान लेती है; पुत्र का छद्म वेश उसकी आँखों को धोखा नहीं दे सकता। सभी युगों और सभी देशों के इन महान् नर-नारियों को पहचानो, और यह ज्ञान प्राप्त करो कि उनमें परस्पर में कोई भेद, कोई अन्तर और पार्थक्य नहीं है। जहाँ कहीं भी यथार्थ धर्म का विकास हुआ है, यह दिव्य ब्रह्म-संस्पर्श हुआ है, ईश्वर का साक्षात्कार हुआ है, आत्मा द्वारा परमात्मा की प्रत्यक्ष उपलब्धि हुई है, वहाँ

व्यक्तियों का हृदय इतना विशाल एवं उदार बन गया है कि वे देश तथा काल के बन्धनों से मुक्त होकर ईश्वर और उसके अवतारों की परम ज्योति का दर्शन सर्वत्र —सभी धर्मों और सभी देशों के अवतारों में करते हैं।

मुसलमान इस विषय में सर्वाधिक साम्प्रदायिक एवं संकीर्ण हैं। उनका मूल मंत्र है : दुनिया में एक ही ख़ुदा है और मुहम्मद ही उसका एक पैग़म्बर है। अतएव जो इस सिद्धान्त को नहीं मानते, जो वस्तुएँ इस सिद्धान्त की पोषक नहीं हैं, वे केवल ख़राब ही नहीं, समूल नष्ट कर देने योग्य हैं। जो व्यक्ति इसमें विश्वास नहीं करता, उसे मौत के घाट उतार देना चाहिए; जो अन्य उपासना-गृह हैं, उन्हें ज़मींदोज़ कर देना चाहिए; जो पुस्तकें कोई भिन्न उपदेश देती हों, उनको जला देना चाहिए। अंध और प्रशान्त महासागर के मध्य में स्थित सारे भूमिखण्ड पर पाँच शताब्दियों तक रक्त की धारा बहती रही। यह है इस्लाम! किन्तु इन मुसलमानों में भी, दार्शनिक प्रकृति की कुछ प्रबुद्ध आत्माएँ यदि कभी हुईं, तो उन्होंने इस क्रूरता के विरोध में अपनी आवाज़ उठायी। ऐसा करके उन्होंने यह प्रमाणित कर दिया कि उन्हें भी ब्रह्म-संस्पर्श लाभ हो गया है, सत्य के एक अंश की उपलब्धि हो गयी है। वे अपने धर्म से खिलवाड़ नहीं कर रहे थे, क्योंकि उन्होंने यह समझ लिया था कि जिस धर्म की बात वे करते हैं, वह केवल उनके पूर्वजों का नहीं है; अतः उन्होंने सत्य की घोषणा एक मनुष्य की हैसियत से की।

आजकल आधुनिक विकासवाद के सिद्धान्त के साथ एक और चीज़ भी देखने में आती है—यह है अपक्रान्तिवाद अर्थात् क्रमावनति या पूर्वावस्था की ओर पुनरावर्तन (atavism)। धार्मिक क्षेत्र में देखा जाता है कि हम प्रायः प्राचीन विचारों की ओर लौट आते हैं। किन्तु ऐसा न कर हमें किसी नयी दिशा में विचार करने का प्रयत्न करना चाहिए, चाहे वह ग़लत ही क्यों न हो। निश्चेष्ट रहने की अपेक्षा तो यही श्रेयस्कर है। हम क्यों न लक्ष्य की ओर अग्रसर होने का प्रयत्न करें! असफलताओं से ही ज्ञान का उदय होता है। अनन्त काल हमारे सम्मुख है—फिर हम हताश क्यों हों! दीवार को देखो। क्या वह कभी मिथ्या भाषण करती है? पर उसकी उन्नति भी कभी नहीं होती — वह दीवार की दीवार ही रहती है। मनुष्य मिथ्या भाषण करता है, किन्तु उसमें देवता बनने की भी क्षमता है। इसलिए हमें सदैव क्रियाशील—प्रयत्नशील बने रहना चाहिए। कोई परवाह नहीं, यदि हम ग़लत रास्ते पर जा रहे हों, कुछ न करने से तो यह अच्छा ही है। गाय कभी झूठ नहीं बोलती—पर वह सदैव गाय ही बनी रहती है। इसलिए क्रियाशील बनो, कुछ न कुछ करते रहो। चिन्तन करना सीखो—नये विचारों को जन्म दो—चाहे वे ग़लत ही क्यों न हों। हमारे पूर्वजों ने इस प्रकार कोई विचार

नहीं किया, इसीलिए क्या हम भी घुटनों पर माथा टेककर बैठे रहें और अपनी भावना-शक्ति तथा विचार-शक्ति खो दें? इस अवस्था से तो मृत्यु अधिक श्रेयस्कर है। जीवन का मूल्य ही क्या रहा, यदि धर्म के सम्बन्ध में हमारे अपने कुछ विचार, हमारी अपनी कुछ जीवन्त धारणाएँ न हों? नास्तिक जन भी हमसे कहीं अच्छे हैं, उनसे कुछ आशाएँ रखी जा सकती हैं, क्योंकि दूसरों से उनका मतभेद होने पर भी, वे कम से कम खुद कुछ विचार करते हैं। जो स्वयं विचार नहीं करते, उन्होंने अभी धर्म-राज्य में पदार्पण नहीं किया है। वे जेली-फ़िश[1] के समान केवल नाम मात्र के लिए जीवित हैं। वे स्वयं विचार नहीं करते, वे वास्तव में धर्म का कोई आदर नहीं करते। किन्तु अविश्वासी नास्तिक जिज्ञासु और यत्नशील है, वह धर्म की चिंता करता है—उसके लिए प्राणपण से चेष्टा करता है। इसलिए जागो और सोचो। प्राणपण से प्रयत्न कर ईश्वराभिमुख गमन करो। असफलता की चिन्ता न करो; यदि इस प्रकार अपने स्वरूप का चिन्तन करते करते तुम किसी विचित्र सिद्धान्त एवं मत की सृष्टि कर लो, तो भी क्या? यदि तुम्हें भय है कि लोग तुम्हें विचित्र और अजीब कहने लगेंगे, तो अपने सिद्धान्त को अपने तक ही सीमित रखो। दूसरों में प्रचार करने की कोई आवश्यकता नहीं। किन्तु चुपचाप मत बैठो, कुछ करो। ईश्वर की ओर यत्नपूर्वक बढ़ो। एक दिन अवश्य तुम्हें प्रकाश के दर्शन होंगे—एक दिन अवश्य तुम्हारे अन्धकारपूरित हृदय में ज्ञान की किरणों का प्रकाश पहुँचेगा। यदि कोई आदमी रोज़ रोज़ अपने हाथ से मुझे भोजन कराता रहे, तो कुछ ही दिनों में मेरे हाथ बेकार हो जायँगे। भेड़ों की तरह एक दूसरे के पीछे चलने से आध्यात्मिक मृत्यु अवश्यम्भावी है। निश्चेष्टता का फल ही मृत्यु है। अतएव कार्यशील बनो। और जहाँ क्रियाशीलता है, वहाँ विभिन्नता तो होगी ही। विभिन्नता ही जीवन का रस है। विभिन्नता में ही जीवन का लावण्य है। यही कला का प्राण है, यही जीवन का चिह्न है, यही जीवन-प्रवाह का मूल स्रोत है। फिर हमको इसका भय क्यों?

अब हम इन महापुरुषों का चरित कुछ समझ सकेंगे। इतिहास इस बात का प्रमाण है कि धर्म का नाम लेकर जेली मछली की भाँति निश्चेष्ट पड़े रहने के बदले जहाँ जहाँ यथार्थ में कुछ चिन्तन किया गया है, जहाँ ईश्वर के प्रति सच्चा प्रेम प्रवाहित हुआ है, वहीं आत्मा ईश्वर की ओर अग्रसर हुई है और उसे जीवन में, क्षण भर के लिए ही क्यों न हो, बीच बीच में उस परम वस्तु की झलक मिली है, उसका साक्षात्कार हुआ है। उस समय—'हृदय के कुटिल भावों का नाश हो जाता

---

१. जेली-फ़िश (Jelly-fish) एक प्रकार की मछली है, जो देखने में जेली या मुरब्बे के समान होती है।

है, सारी शंकाएँ दूर हो जाती हैं और कर्मों का क्षय हो जाता है, क्योंकि उस समय उस परम तत्त्व के दर्शन हो जाते हैं, जो दूर से भी दूरतम तथा निकट से भी निकटतम है।"[1] यही यथार्थ धर्म है, यही धर्म का सार है। इसके अतिरिक्त अन्य सब केवल मत-मतान्तर मात्र हैं, कोरे सिद्धान्त हैं, उस परम अवस्था तक पहुँचने के भिन्न भिन्न मार्ग हैं। टोकरी के फल तो कीचड़ में गिर गये हैं, और हम टोकरी को लेकर झगड़ रहे हैं।

धर्म पर विवाद करनेवाले दो व्यक्तियों से ज़रा यह पूछकर देखो, 'क्या तुमने ईश्वर को देखा है? क्या तुमने उन सब अतीन्द्रिय विषयों का अनुभव किया है, जिनके लिए तुम झगड़ रहे हो?' एक व्यक्ति कहता है—'ईसा मसीह ही सच्चा पैग़म्बर है।' ठीक है। पर उससे पूछो, 'क्या तुमने ईसा को कभी देखा है? क्या तुम्हारे पिता ने कभी ईसा को देखा था?' 'नही।' 'क्या तुम्हारे पितामह ने ईसा को देखा था?' 'नहीं।' 'तब तुम विवाद किस बात पर कर रहे हो? फल तो ज़मीन पर गिर गये हैं, और तुम टोकरी को लेकर विवाद कर रहे हो।' समझदारों और सभ्य स्त्री-पुरुषों को इस प्रकार झगड़ते हुए शर्म आनी चाहिए।

ये सब पैग़म्बर और ईशदूत यथार्थ में महान् और सच्चे थे। क्यों? इसलिए कि उनमें से हर एक ने अपने जीवन-काल में एक एक महान् भाव का—एक एक महान् सिद्धान्त का प्रचार किया है। उदाहरण के लिए भारत के महान् अवतारों को ही लो। ये धर्म के प्राचीनतम संस्थापक हैं। पहले हम श्री कृष्ण का ही जीवन लें। तुममें से जो गीता के पाठक हैं, वे जानते हैं कि उस ग्रन्थ का मूल सिद्धान्त है अनासक्ति, उसकी मुख्य शिक्षा है—अनासक्त रहो। तुम्हारे हृदय के प्रेम पर केवल एक व्यक्ति का अधिकार है—केवल उसका अधिकार है, जो कभी बदलता नहीं। वह कौन है? वह केवल ईश्वर ही है। इसलिए अपना हृदय किसी परिवर्तनशील वस्तु या व्यक्ति को समर्पित मत करो, इसका अन्त दुःखमय होगा। यदि तुम किसी व्यक्तिविशेष को अपना हृदय अर्पित कर देते हो, तो उसकी मृत्यु के पश्चात् सारा संसार तुम्हारे लिए दुःखपूर्ण बन जायगा। आज जिसे अपने से अभिन्न मानकर तुम हृदय समर्पित कर चुके हो, सम्भव है कल उसीसे तुम्हारा वैमनस्य हो जाय। जिस पति को तुमने अपना स्नेह अर्पित किया है, वह तुमसे कभी झगड़ा कर सकता है। यदि उसे पत्नी को देते हो, तो कल उसकी मृत्यु हो सकती है। यही संसार की रीति है। इसलिए श्री कृष्ण ने गीता में उपदेश दिया है—एकमात्र

---

१. भिद्यते हृदयग्रन्थिश्छिद्यन्ते सर्वसंशयाः।
क्षीयन्ते चास्य कर्माणि तस्मिन्दृष्टे परावरे॥ मुण्डकोपनिषद्॥२।२।८॥

ईश्वर ही ऐसा है जो कभी नहीं बदलता। उसका स्नेह अनन्त और अपरिवर्तनशील है। हम कहीं भी रहें और कुछ भी करें, पर उस दयानिधि की दया में कोई अन्तर नहीं आता, उसके स्नेह की सरिता सदैव उसी प्रकार हमारे लिए प्रवाहित होती रहती है। उसमें कभी परिवर्तन नहीं होता, हमारे अधम कार्यों पर भी वह कभी क्रुद्ध नहीं होता। और वह हम पर क्रुद्ध हो भी तो क्यों? तुम्हारा नटखट बच्चा कितनी भी शरारत क्यों न करता हो, पर तुम उस पर कभी नहीं बिगड़ते। हम भविष्य में क्या होनेवाले हैं, कितने महान् होनेवाले हैं—यह क्या ईश्वर नहीं जानता? उसे ज्ञान है कि यथाकाल हम सब पूर्णता प्राप्त कर लेंगे। इसलिए हममें सैकड़ों दोष रहने पर भी वह विचलित नहीं होता, उसका धैर्य असीम है। अतएव हमें उससे प्रेम करना चाहिए, प्राणिमात्र से उसमें ही तथा उसके माध्यम से ही प्रेम करना चाहिए। यही गीता की शिक्षा का सार है, और इसीको अपने जीवन का मूल मन्त्र मानकर जीवन-पथ पर अग्रसर होना चाहिए। अपनी पत्नी को तुम अवश्य प्रेम करो, पर पत्नी के लिए नहीं। 'हे प्रिये, पत्नी को पति प्रिय लगता है, किन्तु वह पति के लिए नहीं। उसका कारण है उसमें वर्तमान अनन्त परमात्मा।'[1]

वेदान्त दर्शन कहता है कि पति-पत्नी के स्नेह-भाव में, यद्यपि पत्नी सोचती है कि वह अपने स्वामी को प्रेम कर रही है, वस्तुतः स्नेह का विषय ईश्वर ही है, जो पति में अवस्थित है। वही एकमेव आकर्षण है; उसके अतिरिक्त अन्य कोई उसका स्नेह-भाजन नहीं है। पत्नी अज्ञानवश नहीं जानती कि अपने पति से स्नेह करने में वह केवल ईश्वर को ही प्यार कर रही है, और यह अज्ञान ही भविष्य में उसके दुःख का कारण बन जाता है। ज्ञानपूर्वक किये जाने पर यही कार्य मुक्ति का मार्ग बन जाता है। यही हमारे शास्त्रों का उपदेश है। जहाँ भी प्रेम है, आनन्द का एक विन्दु भी वर्तमान है, वहीं ईश्वर वर्तमान है; क्योंकि ईश्वर रसस्वरूप है, प्रेमस्वरूप है, आनन्दस्वरूप है। उसके अभाव में प्रेम असम्भव है।

श्री कृष्ण के उपदेशों का यही भाव है। सारे भारत पर, सारी हिन्दू जाति पर श्री कृष्ण ने इस उपदेश की अमिट छाप छोड़ दी है। वह उसकी नस नस में प्रवाहित हो रहा है। जब कोई हिन्दू कोई कार्य करता है, यहाँ तक कि जब वह पानी भी पीता है, तो कहता है, 'इस कार्य के सभी शुभ फल ईश्वरार्पित हैं।' कोई सत्कार्य करते समय एक बौद्ध यही संकल्प करता है कि 'इस कार्य के सारे शुभ फल संसार को

---

१. न वा अरे पत्युः कामाय पतिः प्रियो भवति, आत्मनस्तु कामाय पतिः प्रियो भवति।। बृहदारण्यक उपनिषद् ।।४।५।।

प्राप्त हों और जगत् के दुःख व कष्ट मुझे मिलें।' हिन्दू कहता है, 'मैं आस्तिक हूँ, ईश्वरविश्वासी हूँ, और ईश्वर सर्वव्यापी एवं सर्वशक्तिमान है, सकल आत्माओं की अन्तरात्मा है। इसलिए यदि मैं अपने कार्यों का पुण्य, उनके शुभ फल ईश्वरार्पण कर दूँ, तो यह सर्वश्रेष्ठ त्याग होगा, क्योंकि अन्ततोगत्वा मेरे सत्कार्य, मेरे कार्यों के शुभ फल निश्चित ही सारे संसार को प्राप्त होंगे।'

भगवान् श्री कृष्ण के उपदेशों का यह केवल एक पहलू है। उनकी दूसरी महान् शिक्षा यह है : संसार में रहकर जो व्यक्ति कार्य करता है और अपने कार्यों के शुभाशुभ फल ईश्वरार्पित कर देता है, वह संसार के पापों से निर्लिप्त रहता है। जिस भाँति कमल जल में जन्म लेकर भी जल से निर्लिप्त रहता है, उसी भाँति ऐसा व्यक्ति सांसारिक कर्मों को करते हुए भी, उन्हें ईश्वर को समर्पित कर देने पर दोष-लिप्त नहीं होता।

प्रबल कर्मशीलता—श्री कृष्ण की एक और महान् शिक्षा है। गीता का उपदेश है—कार्य-रत रहो, रात-दिन कार्य करते रहो। स्वभावतः ही यह शंका उपस्थित होगी कि निरन्तर कर्म से शान्ति कैसे उपलब्ध होगी? यदि मनुष्य दिवारात्र, आमरण अश्व की भाँति जीवन की गाड़ी खींचता रहे, और उसे खींचते खींचते ही इहलीला समाप्त कर दे, तो मानव जीवन का मूल्य ही क्या रहा? भगवान् श्री कृष्ण कहते हैं—नहीं, कर्मरत व्यक्ति अवश्य शान्ति का अधिकारी बनेगा। कार्यक्षेत्र से पलायन करना शान्ति का पथ नहीं है। यदि सम्भव हो, तो अपने कर्तव्य-कर्म छोड़ दो तथा किसी पर्वत-शिखर पर जीवन-यापन करो; किन्तु वहाँ भी मन स्थिर नहीं रहेगा, वहाँ भी वह यंत्रवत् भ्रमण करता रहेगा। किसीने एक बार एक संन्यासी से पूछा था, "आप क्या कोई एकान्त निरुपद्रव स्थान ढूंढ़ने में सफल हो सके हैं? आप कितने वर्षों से हिमालय की मनोरम घाटियों में भ्रमण कर रहे हैं?" संन्यासी ने उत्तर दिया, "चालीस वर्षों से।" तब उस व्यक्ति ने पुनः जिज्ञासा की, "भगवन्, हिमालय में तो निवास करने के लिए अनेक नितान्त सुन्दर स्थल हैं, तब अब तक आपने क्यों नहीं किसी स्थान का निर्वाचन किया?" संन्यासी ने कहा, "वत्स, इन पूरे चालीस वर्षों में जब तक मैं हिमालय में वास करता रहा, मेरे मन ने मुझे एक बार भी ऐसा करने की अनुमति नहीं दी।" हम सभी इसी प्रकार आजीवन शांन्ति की शोध में लगे रहते हैं, मन में शान्ति-लाभ करने का संकल्प करते हैं, पर हमारा मन हमें शान्ति नहीं लेने देता।

हम सब उस सैनिक की कहानी जानते हैं, जिसने एक बार एक तातार को पकड़ लिया था। एक सैनिक नगर से लौटकर जब शिविर के समीप आया तो ज़ोर ज़ोर से चिल्लाने लगा, "मैंने एक तातार को क़ैद कर लिया है, मैंने एक तातार

को क़ैद कर लिया है।" अन्दर से एक आवाज़ आयी, "उसे भीतर ले आओ।" सैनिक ने कहा, "वह भीतर नहीं आता।" "तब तुम्हीं भीतर आ जाओ।" "वह मुझे भी भीतर नहीं आने देता।" हम सबने उस सैनिक की भाँति अपने अपने मन में एक एक 'तातार' पकड़ लिया है, और न तो हम स्वयं ही उसे वश में कर सकते हैं और न वह 'तातार' ही हमें शान्तिपूर्वक जीवन-यापन करने देता है। हमारी दशा भी उस सैनिक की भाँति हो गयी है। हम सब शान्त और स्थिर होने का संकल्प करते हैं। किन्तु यह तो एक शिशु भी कह सकता है और मन में सोच सकता है कि वह सफल हो जायगा। पर वस्तुतः इसमें कृतकार्य होना अत्यन्त कठिन है। मैंने भी ऐसा प्रयत्न किया है। मैं अपने कर्तव्य-कर्मों को एकदम ही त्यागकर पर्वत-शिखरों की ओर प्रस्थान कर गया। मैं गहन गफाओं एवं निबिड़ वनों में निवास करता रहा। पर व्यर्थ, क्योंकि मैंने भी एक 'तातार' पकड़ लिया था। मेरे विचारों का संसार सर्वत्र और सर्वदा मेरे साथ साथ चल रहा था। यह 'तातार' हमारे ही मन में निवास करता है, इसलिए हमें अन्य व्यक्तियों पर अपनी शान्ति भंग करने का दोषारोपण नहीं करना चाहिए। हम अपनी बाह्य परिस्थितियों को दोष देकर कहते हैं—ये परिस्थितियाँ अनकूल हैं, ये प्रतिकूल हैं। पर हम भूल जाते हैं कि इन सबका कारण है वह 'तातार', जो हमारे ही मानस में निवास करता है, और उसे वशीभूत कर लेने पर सब ठीक हो जायगा।

इसलिए भगवान् श्री कृष्ण की शिक्षा है कि अपने कर्तव्य-कर्म त्याग कर मत भागो, मनुष्य की भाँति उन्हें पूर्ण करने का यत्न करो और उनके फलाफल की चिन्ता न करो। सेवक को 'क्यों' कहने का क्या अधिकार है? सैनिक को तर्क-वितर्क करने का अधिकार नहीं। कर्तव्य-पथ पर अग्रसर होते जाओ, और इस बात की चिन्ता न करो कि तुम्हारे कर्तव्य का रूप क्या है। केवल अपने मन से पूछो कि वह निःस्वार्थ भाव से कार्य कर रहा है या नहीं। यदि तुम यथार्थ में निःस्पृह हो, तो किसी बात की परवाह न करो, विश्व में कोई भी तुम्हारा पथावरोध नहीं कर पायेगा। अपने कर्तव्य में अपने को डुबा दो—जो काम हाथ में आ जाय, उसे करते जाओ। जब तुम इस प्रकार कर्तव्य-रत हो जाओगे, तो शनैः शनैः तुम्हें गीता के इस महान् सत्य की प्रतीति होने लगेगी: 'जो कर्मशीलता में शान्ति अनुभव करता है तथा प्रबल निस्तब्धता एवं शान्ति में कर्मशीलता का दर्शन करता है, वही पूर्ण है, विद्वान् है, वही सिद्ध है।'[1] अब तुम देखोगे कि श्री कृष्ण

---

१. कर्मण्यकर्म यः पश्येदकर्मणि च कर्म यः।
स बुद्धिमान् मनुष्येषु स युक्तः कृत्स्नकर्मकृत्॥ गीता ॥४।१८॥

के उपदेशानुसार संसार के सभी कर्तव्य-कर्म पवित्र हैं। ऐसा कोई काम नहीं है, जिसे निकृष्ट कहा जाय। भगवान् श्री कृष्ण के अनुसार तो सिंहासनारूढ़ सम्राट् और सामान्य जन के कर्तव्यों का महत्त्व समान ही है—'कर्तव्य'-दृष्टि से दोनों में कोई भेद नहीं।

अब गौतम बुद्ध के महान् सन्देश को सुनो। अनायास ही उनकी महान् वाणी हृदय में घर कर लेती है। बुद्ध ने कहा है, 'अपनी स्वार्थपूर्ण भावनाओं का उन्मूलन कर दो, स्वार्थपरता की ओर ले जानेवाली सारी बातें नष्ट कर दो। स्त्री-पुत्र-परिवार आदि बन्धनों तथा सांसारिक प्रपंचों से दूर रहो और सम्पूर्णतया स्वार्थ-शून्य बनो।' संसारी व्यक्ति मन ही मन निःस्वार्थ बनने का संकल्प करता रहता है, किन्तु पत्नी-मुख अवलोकन करते ही उसका हृदय स्वार्थ से भर जाता है। माँ स्वार्थशून्य बनने की इच्छा करती है, पर पुत्र का मुखावलोकन करते ही उसके ये भाव लुप्त हो जाते हैं। सबकी यही दशा है। ज्योंही हृदय में स्वार्थपूर्ण कामनाओं का उदय होता है, ज्योंही व्यक्ति स्वार्थपूर्ण उद्देश्य से कार्य प्रारम्भ करता है; त्योंहीं सम्पूर्ण मनुष्य, सच्चा मनुष्य लुप्त हो जाता है, तब वह पशु बन जाता है, वासनाओं का क्रीतदास बन जाता है। उसे विस्मरण हो जाता है अपने बान्धवों का, और अब वह कभी नहीं कहता, 'पहले, आप और बाद में मैं'; अब उसके मुँह से निकलने लगता है, 'पहले मैं और मेरे बाद सब अपना अपना प्रबन्ध कर लें।'

हम देखते हैं कि श्री कृष्ण की शिक्षा का भी हमारे जीवन में कितना महत्त्व है। बिना इस सन्देश को हृदय में धारण किये, संसार में क्षण भर भी शान्त और अकपट भाव से सानन्द कर्तव्य-रत रहना असम्भव हो जायगा। कर्तव्य-पथ पर अग्रसर पुरुष को श्री कृष्ण के उपदेश का एक एक शब्द निर्भीक बनाता रहता है। श्री कृष्ण कहते हैं—'कर्तव्य-कर्म में कोई दोष होने पर भी भयभीत हो उन्हें त्याग नहीं देना चाहिए, क्योंकि संसार में ऐसा कोई कार्य नहीं है, जो सर्वथा दोषमुक्त हो।'[1] 'अपने कर्मों को ईश्वर को समर्पित कर दो और उनके फलों की चिन्ता न करो।'[2]

दूसरी ओर, भगवान् बुद्ध की अमृतमयी वाणी के लिए भी हृदय में स्थान है। ऐसा कौन पाषाणहृदय है, जो बुद्ध की इस वचनावली से प्रभावित न होगा? जग क्षणभंगुर एवं दुःखमय है। समय तीव्र गति से व्यतीत होता जा रहा है। अपने आमोदपूर्ण जीवन से सन्तुष्ट, अपने सुन्दर प्रासादों में मनोरम वस्त्राभूषणों से

---

१. सहजं कर्म कौन्तेय सदोषमपि न त्यजेत्।
सर्वारम्भा हि दोषेण धूमेनाग्निरिवावृताः।। गीता १८।४८।।

२. ब्रह्मण्याधाय कर्माणि संगं त्यक्त्वा करोति यः।। गीता ५।१०।।

विभूषित, अनेकविध भोज्य पदार्थों से तुष्ट, हे मोहनिद्राभिभूत नर-नारियो, क्या जीवन में तुमने कभी दाने दाने के लिए मुहताज उन लक्ष लक्ष नर-कंकालों की भी कोई चिन्ता की है, जो भूख से तड़प तड़प कर दम तोड़ देते हैं? ज़रा सोचो, जगत् के इस महा सत्य पर विचार करो, **सर्वं दुःखमनित्यमध्रुवम्**—संसार में चारों ओर दुःख ही दुःख है। देखो, संसार में पदार्पण करता हुआ शिशु भी वेदनापूर्ण रुदन करने लगता है। यह एक हृदयविदारक सत्य है। इस दुःखमय जगत् में जन्म लेते ही वह क्रन्दन करने लगता है। संसार में रुदन के सिवा है क्या? संसार एक रुदनस्थल है। इसलिए यदि हम तथागत के शब्दों को हृदय में स्थान देना चाहते हैं, तो हमें सम्पूर्णतः स्वार्थरहित होना होगा।

अब तनिक नाज़रथनिवासी ईशदूत ईसा को देखो। उनकी शिक्षा है, 'प्रस्तुत रहो, स्वर्गराज्य अत्यन्त समीप है।' मैंने श्री कृष्ण के उपदेशों का मनन किया है; मैं अनासक्त होकर कर्म-मार्ग पर अग्रसर होने का यत्न भी करता हूँ, किन्तु कभी कभी इन उपदेशों को भूलकर मैं मोहाभिभूत हो जाता हूँ। तब इस स्थिति में हठात् तथागत का संदेश मुझे सुनायी पड़ता है—'सावधान! संसार के सकल पदार्थ नश्वर हैं। संसार दुःखमय है। **सर्वं दुःखमनित्यमध्रुवम्**। मैं सुनकर कुछ सँभलता हूँ; पर मेरे हृदय में यह विवाद उठ खड़ा होता है कि मैं कृष्ण और बुद्ध में से किसका अनुगमन करूँ। तब मेरे कानों में ईसा की यह महान् घोषणा गूँजने लगती है, 'प्रस्तुत रहो, स्वर्गराज्य अत्यन्त समीप है। एक क्षण का भी विलम्ब न होने दो। कल पर कुछ न छोड़ो और उस महान् तथा परम अवस्था के लिए सदा प्रस्तुत रहो, वह तुम्हारे निकट किसी भी क्षण उपस्थित हो सकती है।' ईसा के इस सन्देश का भी हमारे हृदय में उच्च स्थान है। हम आदरपूर्वक इस उपदेश को शिरोधार्य करते हैं और प्रणाम करते हैं उस महान् अवतार को, ईश्वर के उस विग्रह-रूप को, जिसने दो सहस्र वर्ष पूर्व मानव जाति को प्रेम एवं सदाचार की शिक्षा दी थी।

इसके पश्चात् हमारी दृष्टि समानता के उस महान् सन्देशवाहक पैग़म्बर मुहम्मद साहब की ओर जाती है। शायद तुम पूछोगे कि उनके धर्म में क्या अच्छाई है? पर यदि उसमें अच्छाई न होती, तो वह आज तक जीवित कैसे रह पाता? केवल शुभ ही जीवित रह सकता है, केवल वही बच रहता है; क्योंकि जो कल्याणकर है, वही सबल और दृढ़ है, और इसलिए वही अनन्त जीवन का भी अधिकारी होता है। इस जीवन में भी अपवित्र और दुराचारी का जीवन-काल कितना होता है? क्या पवित्र साधु व्यक्ति उससे दीर्घायु नहीं होता? निश्चित, क्योंकि साधुता ही शक्ति, पवित्रता ही बल है। यदि इस्लाम में कोई अच्छाई, कोई शचिता न होती तो वह आज तक जीवित कैसे रह पाता? नहीं, इस्लाम में यथेष्ट अच्छाई है। पैग़म्बर

मुहम्मद साहब दुनिया में समता, बराबरी के सन्देश-वाहक थे—वे मानव जाति में, मुसलमानों में भ्रातृ-भाव के प्रचारक थे।

इस प्रकार हम देखते हैं कि हर अवतार, हर पैग़म्बर ने दुनिया को एक न एक महान् सत्य का सन्देश दिया है। जब तुम पहले उस सन्देश को सुनते हो और तत्पश्चात् उसकी जीवनी का अवलोकन करते हो, तो उस सत्य के प्रकाश में उसका सारा जीवन व्याख्यायित दिखायी पड़ता है।

अज्ञ एवं बुद्धिहीन व्यक्ति अनेकविध मत-मतान्तरों की कल्पना करते हैं और अपने मानसिक विकास के अनुसार अपनी कल्पनाओं का समर्थन करनेवाली कई व्याख्याएँ आविष्कृत कर इन महापुरुषों पर आरोपित कर देते हैं। उनकी महान् शिक्षाओं को लेकर वे उन पर अपने मतानुसार भ्रान्त व्याख्याएँ करने लगते हैं। किन्तु हर एक महापुरुष की जीवनी ही उसके उपदेशों का एकमात्र भाष्य है। किसी भी महान् आचार्य के जीवन का अवलोकन करो—उसके कार्य उसके उपदेशों का अर्थ स्पष्ट करने लगते हैं। गीता को ही पढ़कर देखो, तुम्हें कृष्ण के जीवन और गीता के एक एक शब्द में सामंजस्य दिखेगा।

पैग़म्बर मुहम्मद साहब ने अपने जीवन के दृष्टान्त से यह दिखला दिया कि मुसलमान मात्र में सम्पूर्ण साम्य एवं भ्रातृ-भाव रहना चाहिए। उनके धर्म में जाति, मतामत, वर्ण, लिंग आदि पर आधारित भेदों के लिए कोई स्थान न था। तुर्किस्तान का सुल्तान अफ़्रीका के बाज़ार से एक हब्शी ग़ुलाम खरीदकर, उसे जंज़ीरों में बाँधकर अपने देश में ला सकता है। किन्तु यदि यही ग़ुलाम इस्लाम को अपना ले और उपयुक्त गुणों से विभूषित हो, तो उसे तुर्की की शाहज़ादी से निकाह करने का भी हक़ मिल जाता है। मुसलमानों की इस उदारता के साथ जरा इस देश (अमेरिका) में हब्शियों (नीग्रो) एवं रेड इंडियन लोगों के प्रति किये जानेवाले घृणापूर्ण व्यवहार की तुलना तो करो। हिन्दू भी और क्या करते हैं? यदि तुम्हारे देश का कोई धर्म-प्रचारक (मिशनरी) भूलकर किसी 'सनातनी' हिन्दू के भोजन को स्पर्श कर ले, तो वह उसे अशुद्ध कहकर फेंक देगा। हमारा दर्शन उच्च और उदार होते हुए भी हमारा व्यवहार, हमारा आचार हमारी कितनी दुर्बलता का परिचायक है! किन्तु अन्य धर्मावलम्बियों की तुलना में हम इस दिशा में मुसलमानों को अत्यन्त प्रगतिशील पाते हैं। जाति या वर्ण का विचार न कर, सबके प्रति समान भाव—बन्धुभाव का प्रदर्शन—यही इस्लाम की महत्ता है, इसीमें उसकी श्रेष्ठता है।

क्या और भी अवतारी पुरुष जन्म ग्रहण करेंगे? निश्चय ही वे धरा पर अवतीर्ण होंगे। किन्तु उनके आगमन की प्रतीक्षा में मत बैठे रहो। मैं तो यह पसन्द

करूँगा कि तुममें से हर एक व्यक्ति समस्त प्राचीन व्यवस्थानों (Old Testaments) की समष्टिस्वरूप इस यथार्थ नव व्यवस्थान (New Testament) के मसीहा बनें। प्राचीन काल के विभिन्न अवतारों के समस्त सन्देशों को आत्मसात् कर उन्हें अपनी अनुभूति, अपनी उपलब्धि के योग से पूर्ण बना लो और इस अन्धकाराच्छन्न युग के, इस त्रस्त मानव जाति के मसीहा बन जाओ। ये सभी अवतार महान् हैं, प्रत्येक ने हमारे लिए कुछ न कुछ वसीयत छोड़ी है, वे हमारे ईश्वर हैं। हम उनके चरणों में प्रणाम करते हैं, हम उनके क्षुद्र किंकर हैं। किन्तु इसके साथ साथ हम स्वयं को भी नमस्कार करते हैं, क्योंकि वे यदि ईश्वर-पुत्र और अवतार हैं, तो हम भी वही हैं। उन्होंने अपनी पूर्णता पहले प्राप्त कर ली है, और हम भी यहीं और इसी जीवन में पूर्णता प्राप्त कर लेंगे। ईसा के शब्दों का स्मरण करो, 'स्वर्ग-राज्य निकट ही है।' इसलिए इसी क्षण हम सबको यह दृढ़ संकल्प कर लेना चाहिए कि 'मैं पैग़म्बर बनूंगा; मानव जाति का मसीहा बनूंगा; मैं ज्योतिस्वरूप भगवान् का सन्देशवाहक बनूंगा—मैं ईश्वर-पुत्र बनूंगा—नहीं, मैं स्वयं ईश्वरस्वरूप बनूंगा।'

विल्वमंगल

'महात्माओं की जीवनियाँ' नामक एक भारतीय पुस्तक में यह एक कहानी है। किसी गाँवमें एक ब्राह्मण नवयुवक रहता था। वह नवयुवक एक दूसरे गाँव की एक नीच स्त्री के प्रेम में पागल हो रहा था। दोनों गाँवों के बीच एक बड़ी नदी थी और वह नौजवान प्रतिदिन एक छोटी नाव से नदी पार करके अपनी प्रेमिका के पास जाता था। तभी, एक दिन उसे अपने पिता की अन्त्येष्टि क्रिया करनी थी; वह जा नहीं सकता था, पर साथ ही वह अपनी प्रेमिका के पास जाने को जैसे मर रहा था। वह जा तो नहीं सका, अन्त्येष्टि सम्बन्धी कार्य तो करने ही थे। हिन्दू समाज में यह कार्य बहुत ही महत्त्वपूर्ण होता है। वह मन ही मन क्रोध से उबल रहा था, परन्तु विवश था। अन्त में कार्य समाप्त हुआ, रात आयी और रात के साथ ही भयानक तूफ़ान भी आया। भयानक वर्षा हो रही थी, नदी में भी भयंकर लहरें उठ रही थीं। ऐसे में नदी पार करना बहुत खतरनाक था। फिर भी वह नवयुवक नदी के किनारे तक गया। उस समय वहाँ कोई नाव भी प्राप्य न थी। मल्लाह इतने भयभीत थे कि नदी पार करने से डरते थे। परन्तु उसे तो जाना ही था, उसका मन मतवाला हो रहा था, उस स्त्री के प्रेम में तड़प रहा था, अतः वह अवश्य जायगा। पास ही लकड़ी का एक कुन्दा बहता जा रहा था, उसने उसे पकड़ लिया, और उसीके सहारे वह नदी भी पार कर गया। दूसरे किनारे पर पहुँचकर उसने उस कुंदे को निकालकर तट पर डाल दिया और अपनी प्रेमिका के घर गया। घर के द्वार वन्द थे। उसने द्वार खटखटाया, परन्तु वायु का वेग इतना तेज़ था कि किसीने उसकी पुकार न सुनी। वह घर के चारों ओर घूमा और अन्त में एक चीज़ दीवार पर लटकती सी उसे दिखी, उसने रस्सी समझा। उसने उस रस्सी को पकड़ लिया, और मन ही मन बोला, 'ओह, मेरी प्रेमिका ने मेरे ऊपर जानेके लिए रस्सी लटका रखी है।' उसी रस्सी के सहारे वह दीवार पर चढ़ गया, और दूसरी ओर पहुँच गया। तभी उसका पाँव फिसला, वह गिर पड़ा, गिरने से ध्वनि हुई और घर के निवासी जाग गये। वह स्त्री बाहर आयी, और अपने प्रेमी को बेहोश पड़ा पाया। किसी

---

१. अमरीका-प्रवास में कुमारी एस० ई० वाल्डो के काग़ज़ों में स्वामी राघवानन्द द्वारा प्राप्त।

तरह उसे होश में लायी, तब उसे अनुभव हुआ कि उसके प्रेमी की देह से भयानक दुर्गन्ध आ रही थी। उसने पूछा, "तुम्हें क्या हो गया है? तुम्हारे शरीर से इतनी दुर्गंध क्यों आ रही है? तुम घर में कैसे आये?" उसके प्रेमी ने कहा, "क्यों, क्या तुमने मेरे लिए रस्सी नहीं लटका रखी थी?" स्त्री मुसकरायी और बोली, "कैसा प्रेम? हम लोग तो धन के लिए हैं, क्या समझते हो कि तुम्हारे लिए मैं रस्सी लटकाऊँगी? तुम कितने महान् मूर्ख हो? तुमने नदी कैसे पार की?" "क्यों, मैंने एक बहते कुन्दे को पकड़ लिया था।" स्त्री ने सुनकर कहा, "तो चलो, ज़रा दखें तो।" वह रस्सी एक नाग था, भयानक विषधर, जिसके तनिक छू जाने से ही मृत्यु निश्चित थी। जब रस्सी समझकर उसने उसकी पूँछ पकड़ी थी, उसका सिर उस समय बिल में था और वह भीतर जा रहा था। प्रेम में पागलपन ने उसे ऐसा करने को विवश किया था। जब विषधर का सिर बिल में हो और शरीर बाहर, और उसे पकड़ा जाय तो वह कदापि अपना सिर बाहर न निकालेगा। इसीलिए वह मतवाला प्रेमी उसके सहारे ऊपर चढ़ गया। लेकिन बोझ और खिंचाव से विषधर मर गया था। "तुमने कुंदा कहाँ पाया?" "वह नदी में बह रहा था।" वह कुंदा एक दुर्गन्धपूर्ण मृत शरीर था। जल-प्रवाह से वह भयानक रूप से बदल गया था और उसे प्रेमी ने कुंदा समझा था; इसीसे उसके शरीर से इतनी भयानक दुर्गन्ध आ रही थी। स्त्री ने उसकी ओर देखकर कहा, "मैंने कभी प्रेम में विश्वास नहीं किया। हम लोग कभी नहीं करते। लेकिन अगर प्रेम नहीं है, तो मुझ पर ईश्वर की कृपा है। हम लोग वास्तव में जानते ही नहीं कि प्रेम क्या है। परन्तु मेरे प्रेमी, तुमने मुझ जैसी स्त्री को दिल क्यों दिया? यही दिल तुमने ईश्वर को क्यों नहीं दिया? शायद तुम पूर्ण हो जाते।" उस मनुष्य के मस्तिष्क पर जैसे बिजली चमकी और उसी चमक में एक पल को उसे उस लोक की झाँकी सी दिखी। "क्या वहाँ ईश्वर है?" "हाँ, हाँ, मेरे मित्र, ईश्वर वहीं है," स्त्री ने कहा। और वह आदमी चल पड़ा वहाँ से। जंगल में चला गया और वह लगा रोने और ईश्वर से प्रार्थना करने, 'मैं तुम्हें चाहता हूँ, हे ईश्वर! मेरे प्रेम का यह तूफ़ान एक क्षुद्र मानव में शांति नहीं पा सकता। मैं तो वहीं मन लगाना चाहता हूँ जहाँ मेरे दिल के प्रेम की यह महानदी जा सके। ऐसे प्यार के समुद्र को पाना चाहता हूँ। मेरी यह प्रेम-नदी छोटे-मोटे नालों की पुलिया में नहीं जा सकती, इसे तो असीम सागर चाहिए। वह तुम्हारे पास है, प्रभो! मेरे पास आओ।' अतः वहाँ वह कई वर्षों तक रहा। कई वर्ष के बाद उसे लगा कि उसे सफलता प्राप्त हो गयी है। वह संन्यासी हो गया और नगरों की ओर चला। एक दिन वह एक नदी के किनारे बैठा था। एक स्नान-घाट पर उसने एक बहुत सुन्दरी युवती, नगर के साहूकार की पत्नी, को देखा। उसके साथ नौकर था। वह

युवती आयी और सामने से चली गयी। उस संन्यासी के भीतर वही पुराना मनुष्य फिर जाग गया। उस सुन्दर चेहरे ने फिर उसे आकर्षित कर लिया। योगी उसे देखता ही रहा, फिर उठ खड़ा हुआ और उस स्त्री के पीछे पीछे उसके घर तक चला गया। तभी उस स्त्री का पति आ गया और संन्यासी को गेरुआ वस्त्र में देखकर बोला, "आइए महाराज, हम आपकी क्या सेवा करें?" योगी ने कहा, "मैं तुमसे एक भयानक बात कहूँगा।" "कुछ भी कहें महाराज, मैं एक गृहस्थ हूँ। और मुझसे जो भी कोई वस्तु माँगता है, मैं देने को तत्पर हूँ।" "मैं तेरी पत्नी को देखना चाहता हूँ।" उस आदमी ने कहा, "महाराज, यह क्या? लेकिन मैं पवित्र हूँ और मेरी पत्नी भी पवित्र है और ईश्वर तो सभी की रक्षा करता ही है। आओ महाराज, भीतर आओ।" योगी भीतर आया और पति ने अपनी पत्नी का परिचय उससे कराया। उस स्त्री ने भी पूछा, "मैं आपकी क्या सेवा कर सकती हूँ?" योगी उसे देखता रहा, देखता रहा; फिर बोला, "माँ, क्या मुझे अपने बालों से दो काँटे दे सकोगी?" "यह रहे काँटे!" उसीसे लेकर योगी ने दोनों काँटों को अपनी दोनों आँखों में घुसेड़ लिया और बोला, "तुम आँखें बैरिन हो, अब जाओ। अब कभी हाड़-मांस देखकर मत ललचाना। अगर तुम्हें देखना ही हो, तो आत्मा की आँखों से वृन्दावन के उसी चरवाहे को देखो। वही तुम्हारी आँखें हैं अब!" फिर वह जंगल में चला गया। वहाँ वह फिर रोया, खूब रोया, खूब रोया। यही प्रेम की वह अमर धारा थी, जो सत्य की प्राप्ति के लिए उसमें संघर्ष कर रही थी और जिसे अन्त में सफलता मिली।

उसने अपने दिल को प्रेम की इस धारा में उचित लक्ष्य की ओर चालित किया, जिससे वह उस चरवाहे के पास पहुँच गया। कहानी तो आगे बताती है कि उसने ईश्वर को कृष्ण के रूप में देखा था। तब एक बार उसे दुःख हुआ कि उसकी आँखें नहीं थीं और वह केवल अन्तदृष्टि से ही देख सकता था। तभी उसने प्रेम सम्बन्धी कुछ बहुत सुन्दर कविताएँ लिखीं। संस्कृत में पुस्तकें लिखनेवाले सभी लेखक सर्वप्रथम अपने गुरु को प्रणाम करते हैं। इसी तरह उसने भी अपने प्रथम गुरु के रूप में उस स्त्री को ही प्रणाम किया।

भगवान् बुद्ध

(अमेरिका के डिट्राएट नगर में दिया हुआ भाषण)

हर एक धर्म में हम किसी एक प्रकार की साधना को चरम सीमा पर पहुँची हुई पाते हैं। बौद्ध धर्म में निष्काम कर्म का भाव अत्यन्त विकसित है। तुम लोग बौद्ध धर्म तथा ब्राह्मण धर्म को समझने में भूल न करो। बौद्ध धर्म हमारे सम्प्रदायों में से एक है। भारतीय वर्ण-व्यवस्था, कठिन कर्मकाण्ड एवं दार्शनिक वाद-विवादों से ऊबकर गौतम नामक एक महापुरुष ने बौद्ध धर्म की स्थापना की। कुछ लोग कहते हैं कि हमारा एक विशेष कुल में जन्म हुआ है और इसलिए हम उन लोगों से श्रेष्ठ हैं, जिनका जन्म ऐसे वंश में नहीं हुआ। भगवान् बुद्ध का इस सिद्धान्त में कोई विश्वास न था—वे इस प्रकार के जाति-भेद के विरोधी थे। और पुरोहित लोग धर्म के नाम पर जो कपटाचरण द्वारा स्वार्थ-सिद्धि करते थे, इसके भी वे घोर विरोधी थे। इसलिए उन्होंने एक ऐसे धर्म का प्रचार किया, जिसमें कामनाओं तथा वासनाओं के लिए स्थान न था। वे दर्शन तथा ईश्वर के सम्बन्ध में सम्पूर्ण अज्ञेयवादी थे।

उनसे कई बार ईश्वर के अस्तित्व के सम्बन्ध में प्रश्न पूछे गये, पर उन्होंने सदैव यही उत्तर दिया, "मैं नहीं जानता।" उनसे पूछा गया कि मनुष्य का प्रकृत कर्तव्य क्या है। उन्होंने कहा, "शुभ-चरित्र बनो और शुभ कर्म करो।" एक बार पाँच ब्राह्मणों ने आकर उनसे विनती की, "भगवान्, हमारे वाद-विवाद का न्याय कीजिए।" उनमें से एक ने कहा, "भगवन्, मेरे शास्त्रों में ईश्वर का यह स्वरूप बतलाया गया है और उसकी प्राप्ति के लिए यह मार्ग दर्शाया गया है।" दूसरे ब्राह्मण ने कहा, "नहीं, यह सब मिथ्या है, क्योंकि मेरे शास्त्र में इसके विपरीत लिखा है और ईश्वर-प्राप्ति का अन्य मार्ग बतलाया गया है।" इस प्रकार दूसरों ने भी शास्त्रों की दुहाई देकर ईश्वर के स्वरूप तथा उसकी प्राप्ति के सम्बन्ध में अपने अपने मत प्रकट किये। बुद्धदेव वह विवाद शान्तिपूर्वक सुनकर उनसे क्रमशः पूछने लगे, "क्या किसीके शास्त्र में यह भी कथन है कि ईश्वर कभी क्रोध करता है? किसीकी हानि करता है या अशुद्ध है?" उन सबने कहा, "नहीं भगवन्, हमारे सभी शास्त्र यही कहते हैं कि ईश्वर शुद्ध, विकाररहित और कल्याणकर

है।" तब भगवान् बुद्ध बोले, "मित्रो, तब तुम पहले शुद्ध और सदाचारी बनने की चेष्टा क्यों नहीं करते, जिससे तुम्हें ईश्वर का ज्ञान हो सके।"

मैं बौद्ध दर्शन से पूर्णतया सहमत नहीं हूँ। मुझे अपने लिए दार्शनिक विचार की यथेष्ट आवश्यकता प्रतीत होती है। मेरा बुद्ध के कई सिद्धान्तों से मतभेद है, किन्तु यह मेरे उस महान् आत्मा के चरित्र एवं भाव-सौन्दर्य के दर्शन में बाधक नहीं है। बुद्ध ही एक व्यक्ति थे, जो पूर्णतया तथा यथार्थ में निष्काम कहे जा सकते हैं। ऐसे अन्य कई महापुरुष थे, जो अपने को ईश्वर का अवतार कहते थे और विश्वास दिलाते थे कि जो उनमें श्रद्धा रखेंगे, वे स्वर्ग प्राप्त कर सकेंगे। पर बुद्ध के अधरों पर अन्तिम क्षण तक ये ही शब्द थे, 'अपनी उन्नति अपने ही प्रयत्न से होगी। अन्य कोई इसमें तुम्हारा सहायक नहीं हो सकता। स्वयं अपनी मुक्ति प्राप्त करो।' अपने सम्बन्ध में भगवान् बुद्ध कहा करते थे, 'बुद्ध शब्द का अर्थ है—आकाश के समान अनन्त ज्ञानसम्पन्न; मुझ गौतम को यह अवस्था प्राप्त हो गयी है। तुम भी यदि प्राणप्रण से प्रयत्न करो, तो उस स्थिति को प्राप्त कर सकते हो।' बुद्ध ने अपनी सब कामनाओं पर विजय पा ली थी। उन्हें स्वर्ग जाने की कोई लालसा न थी और न ऐश्वर्य की ही कोई कामना थी। अपने राज-पाट और सब प्रकार के सुखों को तिलांजलि दे, इस राजकुमार ने अपना सिन्धु-सा विशाल हृदय लेकर नर-नारी तथा जीव-जन्तुओं के कल्याण के हेतु, आर्यावर्त की वीथी वीथी में भ्रमण कर भिक्षा-वृत्ति से जीवन-निर्वाह करते हुए अपने उपदेशों का प्रचार किया। जगत् में वे ही एकमात्र ऐसे हैं, जो यज्ञों में पशुबलि-निवारण के हेतु, किसी प्राणी के जीवन की रक्षा के लिए अपना जीवन भी निछावर करने को तत्पर रहते थे। एक बार उन्होंने एक राजा से कहा, "यदि किसी निरीह पशु के होम करने से तुम्हें स्वर्ग-प्राप्ति हो सकती है, तो मनुष्य के होम से और किसी उच्च फल की प्राप्ति होगी। राजन्, उस पशु के पाश काटकर मेरी आहुति दे दो—शायद तुम्हारा अधिक कल्याण हो सके।" राजा स्तब्ध हो गया! इस प्रकार हम देखते हैं कि भगवान् बुद्ध पूर्ण रूप से निष्काम थे। वे कर्मयोग के ज्वलन्त आदर्शस्वरूप थे और जिस उच्चावस्था पर वे पहुँच गये थे, उससे प्रतीत होता है कि कर्म-शक्ति द्वारा हम भी उच्चतम आध्यात्मिक स्थिति को प्राप्त कर सकते हैं।

ईश्वर में विश्वास रखने से अनेक व्यक्तियों का मार्ग सुगम हो जाता है। किन्तु बुद्ध का चरित्र बताता है कि एक ऐसा व्यक्ति भी, जो नास्तिक है जिसका किसी दर्शन में विश्वास नहीं, जो न किसी सम्प्रदाय को मानता है और न किसी मन्दिर-मसजिद में ही जाता है, जो घोर जड़वादी है, परमोच्च अवस्था प्राप्त कर सकता है। बुद्ध के मतामत या कार्यकलापों का मूल्यांकन करने का हमें कोई अधिकार नहीं।

उनके विशाल हृदय का सहस्रांश पाकर भी मैं स्वयं को धन्य मानता। बुद्ध की आस्तिकता या नास्तिकता से मुझे कोई मतलब नहीं। उन्हें भी वह पूर्णावस्था प्राप्त हो गयी थी, जो अन्य जन भक्ति, ज्ञान या योग के मार्ग से प्राप्त करते हैं। केवल इसमें-उसमें विश्वास करने से ही पूर्णता प्राप्त नहीं होती, जल्पना से कोई अर्थ-सिद्धि नहीं होती। यह तो शुक-सारिका भी कर लेते हैं। केवल निष्काम कर्म ही मनुष्य को पूर्णत्व तक पहुँचा सकता है।

संसार को बुद्ध का संदेश

(सैन फ़्रैन्सिस्को में दिया हुआ व्याख्यान, मार्च १८, १९०० ई०)

बौद्ध धर्म ऐतिहासिक दृष्टि से सर्वाधिक महत्त्वपूर्ण धर्म है—ऐतिहासिक दृष्टि से, दार्शनिक दृष्टि से नहीं—क्योंकि वह संसार में घटित होनेवाला बृहत्तम धार्मिक आन्दोलन और मानव समाज पर फूट पड़नेवाली विराटतम आध्यात्मिक लहर थी। कोई भी सभ्यता ऐसी नहीं है, जिस पर किसी न किसी रूपमें उसका प्रभाव न पड़ा हो।

बुद्ध के अनुयायी परम उत्साही और धर्म-प्रचार की भावना से ओत-प्रोत थे। विविध धर्मों के अनुयायियों में, अपने मातृ (मूल) संघ के सीमित क्षेत्र से संतुष्ट न रह सकनेवाले लोगों में वे प्रथम थे। वे बहुत दूर दूर फैल गये। उन्होंने पूर्व और पश्चिम, उत्तर और दक्षिण की यात्रा की। वे परम तिमिरावृत तिब्बत में पहुँचे; वे ईरान और तुर्की (एशिया माइनर) गये; वे रूस, पोलैंड तथा पश्चिमी जगत् के अनेक अन्य देशों को गये। वे चीन, कोरिया और जापान गये; वे ब्रह्मदेश, श्याम और ईस्ट इंडीज़ तथा उसके और आगे तक गये। जब सिकन्दर महान् अपनी सैनिक विजयो के द्वारा भूमध्यसागरीय जगत् को भारत के संपर्क में ले आया, तब भारत के ज्ञान को एशिया और यूरोप के विशाल खंडों में प्रसार करने के निमित्त तत्काल एक मार्ग सुलभ हो गया। बौद्ध भिक्षु विभिन्न राष्ट्रों में धर्म का प्रचार करने निकल गये; और जैसे जैसे उन्होंने धर्म का उपदेश किया, वैसे वैसे अंधविश्वास और पुरोहित-प्रपंच सूर्य के सम्मुख कुहरे के सदृश छिन्न-भिन्न होने लगे।

इस आन्दोलन को समुचित रूप से समझने के लिए तुमको बुद्ध के आविर्भाव के समय भारत की परिस्थितियों से परिचित होना उसी तरह आवश्यक है, जैसे ईसाई धर्म को समझने के निमित्त तुम्हारे लिए ईसा के समय यहूदी समाज की दशा से अवगत होना। ईसा के जन्म से छः सौ वर्ष पूर्व के भारतीय समाज का कुछ अनुमान तुम्हारे लिए आवश्यक है; उस समय तक भारतीय सभ्यता अपने उत्कर्ष को प्राप्त कर चुकी थी।

यदि तुम भारतीय सभ्यता का अध्ययन करो, तो देखोगे कि वह अनेक बार मरी और पुनरुज्जीवित हुई है; यह एक विचित्रता है। अधिकांश जातियाँ एक बार

उत्थान करती हैं और फिर सदा के लिए उनका पतन हो जाता है। जाति दो प्रकार की होती है। वे जो निरंतर विकास करती रहती हैं और वे जिनके विकास की इति हो जाती है। भारत और चीन के शांतिप्रिय राष्ट्र नीचे गिरते हैं, किन्तु फिर उठ खड़े होते हैं; लेकिन अन्य लोग एक बार अधोगति को प्राप्त होने पर फिर उबर नहीं पाते, उनकी मृत्यु हो जाती है। मंगलास्पद हैं शांतिनिर्माता, क्योंकि वे ही पृथ्वी का उपभोग करेंगे।

जिस समय बुद्ध ने जन्म लिया, भारत को एक महान् आध्यात्मिक नेता, एक पैग़म्बर की आवश्यकता थी। पुरोहितों का एक प्रबल संगठन वहाँ पहले से ही विद्यमान था। यदि तुम यहूदियों के इतिहास को स्मरण करो, तो तुम स्थिति को अधिक अच्छी तरह समझ सकोगे—उनके यहाँ किस प्रकार दो तरह के धार्मिक नेता थे; पुरोहित और पैग़म्बर। पुरोहित जनता को अज्ञान में रखते और उसके मन को अंधविश्वासों से भरते रहते थे। पुरोहितों द्वारा निर्दिष्ट पूजा-उपासना की पद्धतियाँ केवल ऐसा साधन भर थीं, जिसके द्वारा वे जनता पर अपना प्रभुत्व जमाये रख सकते थे। प्राचीन व्यवस्थान (Old Testament) में तुम सर्वत्र पैग़म्बरों को पुरोहितों के अंधविश्वासों को चुनौती देते पाते हो। इस संघर्ष के फलस्वरूप पैग़म्बरों की विजय और पुरोहितों की पराजय हुई।

पुरोहित यह विश्वास करते हैं कि एक ईश्वर है, किन्तु इस ईश्वर के समीप पहुँच सकना और उसे जान सकना केवल उन्हींके माध्यम से हो सकता है। **पावनं पावनानाम्** में लोग केवल पुरोहितों की अनुमति से ही प्रवेश कर सकते हैं। तुम्हारे लिए आवश्यक है कि तुम उनको दक्षिणा दो, उनकी पूजा करो और अपना सर्वस्व उनके हाथों में रख दो। संसार के इतिहास में पुरोहितों की यह प्रवृत्ति—शक्ति की यह दारुण प्यास, यह बाघ जैसी प्यास, जो मानव प्रकृति का एक अंग प्रतीत होती है—बारम्बार सर्वत्र प्रकट होती रही है। पुरोहित तुम्हारे ऊपर अपना आधिपत्य जमाते हैं, और तुम्हारे लिए हज़ारों नियमों की व्यवस्था करते हैं। सरल सत्यों का वर्णन वे पेचीदा ढंगों से करते हैं। स्वयं अपने पद की श्रेष्ठता की पुष्टि में वे तुमको कथाएँ सुनाते हैं। यदि तुम इस जीवन में फलना-फूलना या मृत्यु के उपरान्त स्वर्ग जाना चाहते हो, तो तुमको उन्हींके हाथों पार होना है। तुमको सभी प्रकार के संस्कार और अनुष्ठान करने पड़ते हैं। इस सबने जीवन को इतना जटिल बना दिया है और मस्तिष्क को इतना भ्रांत कर डाला है कि यदि मैं तुमको सीधे-सादे शब्द प्रदान करूँ, तो तुम अपने घर असंतुष्ट ही लौटोगे। (इस नशे को पीकर) तुम पूर्णरूपेण जड़बुद्धि हो चुके हो। जितना कम तुम समझ पाते हो, उतना ही अच्छा अनुभव करते हो! पैग़म्बर लोग पुरोहितों और उनके अंधविश्वासों तथा

षड्यंत्रों के विरुद्ध चेतावनियाँ देते रहे हैं; किन्तु जनता की विशाल राशि ने उन चेतावनियों पर ध्यान देना नहीं सीखा है—अभी उनको शिक्षा मिलना शेष है।

मनुष्य को शिक्षा मिलनी ही चाहिए। लोग आजकल जनतंत्र की, मनुष्य मात्र की समता की, चर्चा करते हैं। किन्तु कोई मनुष्य यह कैसे जान पायेगा कि वह सबके समान है। उसके पास एक सबल मस्तिष्क, निरर्थक विचारों से रहित निर्मल बुद्धि होनी ही चाहिए; उसे अपनी बुद्धि पर जमी अंधविश्वासों की राशि की पपड़ी को भेदकर उस विशुद्ध सत्य पर पहुँचना ही चाहिए, जो उसकी अंतरतमवासी आत्मा में है। तब उसको ज्ञात होगा कि समस्त पूर्णता, सभी शक्तियाँ, स्वयं उसके भीतर पहले से ही मौजूद हैं, वे उसको दूसरों के द्वारा प्रदान की जानेवाली नहीं हैं। यह भली भाँति अनुभव कर लेने पर वह उसी क्षण मुक्त हो जाता है, समता को प्राप्त कर लेता है। वह यह भी भली भाँति अनुभव कर लेता है कि हर अन्य व्यक्ति भी एक समान वैसा ही पूर्ण है जैसा वह, और अपने बन्धु मानवों पर किसी भी प्रकार का—शारीरिक, बौद्धिक या नैतिक—बल प्रयोग करने की आवश्यकता उसे नहीं है। वह इस विचार को सदा के लिए त्याग देता है कि कभी कोई मनुष्य ऐसा भी हुआ, जो उससे निम्नतर था। तभी वह समता की बात कर सकता है, उसके पूर्व नहीं।

अब, जैसा कि मैं तुमको बतला रहा था, यहूदियों में पुरोहितों तथा पैग़म्बरों के मध्य एक अनवरत संघर्ष चलता रहता था; पुरोहितों ने शक्ति और ज्ञान पर एकाधिकार जमाने की चेष्टा की, किन्तु ये उनके हाथों से निकलने लगे और जिन जंज़ीरों से उन्होंने जनता के पैरों को बाँध रक्खा था, वे स्वयं उनके पैरों पर आ गिरीं। स्वामी शीघ्र ही दास बन जाते हैं। इस संघर्ष की पराकाष्ठा नाज़रथ के ईसा की विजय में हुई। यह विजय ही ईसाई धर्म का इतिहास है। ईसा जादू-टोने के इस पुंज को ध्वस्त करने में अंततः सफल हुए। इस महान् पैग़म्बर ने पुरोहिती स्वार्थ के अज़दहे (dragon) का वध करके उसके पंजों से सत्य के रत्न का उद्धार करके उसे समग्र संसार को प्रदान कर दिया, जिससे उसको प्राप्त करने की इच्छा करनेवाले हर व्यक्ति को उसे प्राप्त करने की पूर्ण स्वतन्त्रता हो और उसे किसी पुरोहित या पुरोहितों के प्रसाद की प्रतीक्षा न करनी पड़े।

यहूदी कभी भी बहुत दार्शनिक जाति नहीं रहे हैं, उनके पास न तो भारतीय मस्तिष्क की सूक्ष्मदर्शिता थी, न भारतीयों की यौगिक शक्ति। भारत के पुरोहितों—ब्राह्मणों के पास विपुल बौद्धिक और यौगिक शक्तियाँ थीं। उन्होंने ही भारत के आध्यात्मिक विकास का समारम्भ किया और उन्होंने अद्भुत कार्य निष्पन्न किये। किन्तु ऐसा समय भी आया, जब विकास की वह मुक्त प्रेरणा विलुप्त हो गयी, जिसने

ब्राह्मणों को प्रारम्भ में संप्रेरित किया था। उन्होंने शक्तियों और विशेषाधिकारों पर अपने अनुचित दावे आरम्भ कर दिये। यदि ब्राह्मण किसीकी हत्या कर दे तो उसे दंड न मिले। ब्राह्मण जन्मना ही विश्व का प्रभु है! दुराचारी से दुराचारी ब्राह्मण को भी पूजा जाना चाहिए।

लेकिन जहाँ पुरोहित फल-फूल रहे थे, वहाँ संन्यासी कहलानेवाले कवि-मनीषियों का भी अस्तित्व था। सभी हिंदुओं के लिए, उनकी जाति कोई भी हो, आध्यात्मिकता की प्राप्ति के निमित्त, अपने कार्य का परित्याग और मृत्यु के लिए तैयारी करना आवश्यक है। यह संसार उनके लिए किसी प्रयोजन का नहीं रह जाता। संसार से उन्हें निकल आना और संन्यासी हो जाना चाहिए। पुरोहितों द्वारा आविष्कृत सहस्रों धार्मिक कृत्यों से उनका संबंध नहीं रह जाता, जैसे कुछ शब्दों का उच्चारण करना—दस अक्षर, बीस अक्षर आदि—यह सब व्यर्थ है।

इस प्रकार प्राचीन भारत के इन कवि-मनीषियों ने पुरोहितों के मार्ग का प्रत्याख्यान किया और शुद्ध सत्य की घोषणा की। उन्होंने पुरोहितों की शक्ति को ध्वस्त करने का प्रयास किया और थोड़ा सफल भी हुए। लेकिन दो ही पीढ़ियों में उनके शिष्य पुनः अंधविश्वासों—पुरोहितों के पेचीले रास्तों—में वापस चले गये, और स्वयं भी पुरोहित बन गये: 'सत्य को तुम हमारे द्वारा ही पा सकते हो।' सत्य फिर जम गया, और पपड़ियों को तोड़ने तथा सत्य को मुक्त करने पैग़म्बर फिर आये, और यह क्रम इसी प्रकार चलता रहा। हाँ, उस मानव का, पैग़म्बर का आविर्भाव सदा होता रहना अनिवार्य है, अन्यथा मानवता मर जायगी।

तुम आश्चर्य करते होगे कि आखिर पुरोहितों के इन चक्करदार तरीक़ों का होना जरूरी क्यों है। तुम सत्य के पास सीधे क्यों नहीं आ सकते? क्या ईश्वर के सत्य से तुमको शर्म लगती है, जिससे तुमको उसे सभी प्रकार के जटिल मंत्रों और धार्मिक कृत्यों से छिपाना पड़ता है? क्या तुम ईश्वर के कारण लज्जित अनुभव करते हो, जो संसार के समक्ष उसके सत्य को स्वीकार नहीं कर सकते? क्या इसे ही तुम धार्मिक और आध्यात्मिक होना कहते हो? सत्य के योग्य लोग केवल मात्र पुरोहित ही हैं! जनता उसके योग्य नहीं है! सत्य को पतला करना जरूरी है! उसमें थोड़ा पानी मिला लो!

गीता और पर्वत पर उपदेश (Sermon on the Mount) को लो, वे साक्षात् सरलता हैं। राह चलनेवाला भी उन्हें समझ सकता है। कितने महान्! उनमें तुमको सत्य स्पष्टता और सरलता से प्रकट किया गया मिलता है। लेकिन नहीं, पुरोहित यह मान ही नहीं सकते कि सत्य को इतने सीधे ढंग से प्रकट किया जा

सकता है। वे दो हज़ार स्वर्गों और दो हज़ार नरकों की बात करते हैं। यदि लोग उनके नुस्खों का सेवन करेंगे, तो वे स्वर्ग जायँगे। यदि वे नियमों का पालन नहीं करते, तो नरक जायँगे!

लेकिन लोग सत्य से अवगत हो ही जायँगे। कुछ लोग डरते हैं कि यदि संपूर्ण सत्य सबको दे दिया जायगा, तो उससे उन्हें हानि पहुँचेगी। उन (सब) को अमर्यादित सत्य नहीं दिया जाना चाहिए। वे ऐसा कहते हैं। लेकिन सत्य के साथ समझौता करते रहने से जगत् का कोई विशेष लाभ तो हुआ नहीं। जैसा वह है उससे भी और बुरा वह क्या होगा? सत्य को बाहर लाओ! यदि वह वास्तविक है तो कल्याण ही करेगा। जब लोग इसका विरोध करते और अन्य तरीक़े प्रस्तावित करते हैं, तो वे केवल जादू-टोने का मंडन ही करते हैं।

बुद्ध के समय में भारत उससे परिपूर्ण था। जनराशियाँ थीं, और उन्हें समस्त ज्ञान से वंचित कर दिया गया था। यदि वेदों का एक शब्द भी किसी मनुष्य के कान में पड़ जाता, तो उसे भीषण दंड दिया जाता था। पुरोहितों ने वेदों को रहस्य बना रखा था—उन वेदों को, जिनमें प्राचीन हिंदुओं द्वारा खोजे आध्यात्मिक सत्य संचित हैं!

अंततः एक व्यक्ति इसे और अधिक सहन नहीं कर सका। उसके पास अभीष्ट मस्तिष्क, अभीष्ट शक्ति, और अभीष्ट हृदय—विस्तीर्ण आकाश जैसा असीम हृदय था। उसने देखा कि जनता का नेतृत्व पुरोहित लोग किस प्रकार कर रहे हैं, तथा किस प्रकार वे अपनी शक्ति में गौरव का अनुभव कर रहे हैं, और उसने इस संबंध में कुछ करना चाहा। वह किसी पर अपना शक्तिपूर्ण अधिकार नहीं चाहता था। वह मनुष्यों के मानसिक और आध्यात्मिक पाशों को तोड़ डालना चाहता था। उसका हृदय विशाल था। वैसा हृदय हमारे आस-पास के अनेक लोगों में हो सकता है। हम भी दूसरों की सहायता करना चाहते हैं। लेकिन हमारे पास वह मस्तिष्क नहीं है; हम वह साधन और उपाय नहीं जानते, जिनके द्वारा सहायता दी जा सकती है। लेकिन इस व्यक्ति के पास आत्माओं के पाशों को तोड़ फेंकनेवाले उपायों को खोज निकालनेवाला मस्तिष्क था। उसने जान लिया कि मनुष्य दुःख से पीड़ित क्यों होता है, और उसने दुःख से निवृत्त होने का मार्ग ढूंढ़ निकाला। वह बहुत ही निष्णात व्यक्ति था, उसने सब चीज़ों का समाधान कर लिया; उसने बिना किसी भेद-भाव के हर किसीको उपदेश दिया, और संबोधि की शांति प्राप्त करने के लिए उनको प्रेरित किया। वह व्यक्ति था बुद्ध!

आर्नल्ड के काव्य 'दि लाइट ऑफ़ एशिया'[1] से तुमको यह तो ज्ञात ही होगा कि बुद्ध किस प्रकार जन्मना एक राजकुमार थे और जगत् के दुःख ने किस गहराई से उनको प्रभावित किया था; भोग-विलास के अंक में पालित-पोषित होने और जीवन-यापन करने पर भी, वह अपने व्यक्तिगत सुख और सुरक्षा से किस प्रकार परितुष्ट नहीं हो सके; किस प्रकार उन्होंने राजकुमारी और अपने नवजात पुत्र को छोड़कर संसार का परित्याग किया; कैसे वह सत्य की खोज में एक के बाद दूसरे गुरुओं के पास भटकते रहे; और अंततः उन्होंने कैसे संबोधि प्राप्त की। तुम उनके सुदीर्घ धर्म-प्रचार, उनके शिष्यों, उनके संगठनों के विषय में भी जानते हो। तुम इन सब बातों से परिचित हो।

बुद्ध, भारत में पुरोहितों और मनीषियों के मध्य चलते रहनेवाले संघर्ष में विजय स्वरूप थे। इन भारतीय पुरोहितों के संबंध में एक बात कही जा सकती है—वे धर्म के प्रति असहिष्णु कभी नहीं रहे, न हैं; उन्होंने धर्म पर कभी भी अत्याचार नहीं किया। कोई भी उनके विरुद्ध प्रचार कर सकता था। उनका धर्म ही ऐसा है; उन्होंने किसीको उसके धार्मिक विचारों के कारण कभी नहीं सताया। किंतु सभी पुरोहितों की विचित्र दुर्बलता से वे भी आक्रांत थे: शक्ति की आकांक्षा उन्हें भी थी; उन्होंने भी नियम तथा विधि-विधान जारी किये और धर्म को अनावश्यक रूप से जटिल बना दिया, जिससे उन्होंने अपने धर्म के अनुयायियों के बल को उच्छिन्न कर डाला।

बुद्ध ने इन सब अपवृद्धियों को काट फेंका। उन्होंने परम दुर्धर्ष सत्यों का उपदेश किया। उन्होंने वेदों के दर्शन के सारांश की ही शिक्षा, बिना भेद-भाव किये हर किसीको दी; उन्होंने उसका उपदेश सारे संसार के लिए किया, क्योंकि मानव की समता उनके महान् संदेशों में से एक है। सब मनुष्य बराबर हैं। वहाँ किसीके साथ कोई रियायत नहीं! बुद्ध समता के महान् उपदेष्टा थे। हर स्त्री-पुरुष को आध्यात्मिकता प्राप्त करने का समान अधिकार है, यह उनकी शिक्षा थी। उन्होंने पुरोहितों तथा अन्य जातियों के मध्य अंतर का उन्मूलन कर दिया। निम्नतम लोग भी उच्चतम उपलब्धियों के अधिकारी हैं; उन्होंने निर्वाण के द्वार हर किसी के लिए खोल दिये। उनकी शिक्षा भारत तक के लिए भी साहसपूर्ण थी। उपदेश का कोई भी परिमाण भारतीय आत्मा को कभी क्षुब्ध नहीं कर सकता, किंतु बुद्ध के

---

१. सर एडविन आर्नल्ड कृत बुद्ध के जीवन पर प्रसिद्ध अंग्रेजी खंड काव्य, The Light of Asia. रामचन्द्र शुक्ल ने इसका हिंदी अनुवाद 'बुद्ध-चरित' नाम से किया है।

धार्मिक सिद्धांतों को निगल सकना भारत के लिए भी कठिन था। तुम्हारे लिए तो वह कितना और कठिन होगा!

उनका धर्म-सिद्धांत यह था : हमारे जीवन में दुःख क्यों है? इसलिए कि हम स्वार्थी हैं। हम अपने लिए वस्तुओं की कामना करते हैं—इसी कारण दुःख है। छुटकारा पाने का मार्ग क्या है? आत्मा का परित्याग करना। आत्मा की सत्ता नहीं है; प्रपंचात्मक जगत् ही, यह सब ही, जिसका प्रत्यक्ष हम करते हैं, वह सब है जिसकी सत्ता है। जन्म-मरण-चक्र के पीछे विद्यमान आत्मा नामक कोई वस्तु नहीं है। है विज्ञान[1]-प्रवाह—एक विज्ञान दूसरे विज्ञान का उत्तरोत्तर अनुगमन करता रहता है, प्रत्येक विज्ञान एक ही क्षण में अस्तित्व प्राप्त करता और अस्तित्व-हीन हो जाता है, बस केवल इतना; विज्ञान का कोई विज्ञाता नहीं है, आत्मा नहीं है। शरीर सारे समय परिवर्तित होता रहता है; इसी प्रकार मन, चेतना भी। आत्मा अतएव एक भ्रम है। सारी स्वार्थपरता इस आत्मा को, इस भ्रांतिजन्य आत्मा को पकड़े रहने से उत्पन्न होती है। यदि हम इस सत्य को जान लें कि आत्मा नहीं है, तो हम स्वयं सुखी होंगे और दूसरों को भी सुखी बनायेंगे।

यही था वह, जिसका उपदेश बुद्ध ने किया। और उन्होंने केवल बातें नहीं कीं; वे ससार के लिए स्वयं अपना जीवन तक देने को सन्नद्ध थे। उन्होंने कहा है, 'यदि किसी पशु की बलि देना अच्छा है, तो नरबलि उससे भी श्रेष्ठतर है', और उन्होंने बलि के निमित्त स्वयं अपने को अर्पित किया। उन्होंने कहा, "यह पशुबलि एक दूसरा अंधविश्वास है। ईश्वर और आत्मा दो बड़े अंधविश्वास हैं। ईश्वर पुरोहितों द्वारा आविष्कृत एक अंधविश्वास मात्र है। यदि, जैसा ब्राह्मण शिक्षा देते हैं, ईश्वर है, तो इस जगत् में इतना दुःख क्यों है? ठीक मेरे समान वह भी कारणता के नियम का दास है। यदि वह कारणता के नियम से आबद्ध नहीं है, तो वह सृष्टि क्यों रचता है? ऐसा ईश्वर किंचित् भी संतोषजनक नहीं है। शासक स्वर्ग में है, जो विश्व पर अपनी मनमौजी इच्छा से शासन करता है और हमें यहाँ दुःख में मरने के लिए छोड़ देता है—उसके पास एक क्षण को हम पर दृष्टि डाल लेने तक की भलमनसाहत नहीं है। हमारा सारा जीवन अविच्छिन्न दुःख है। लेकिन इतना ही दंड काफ़ी नहीं है, मृत्यु के बाद हमें ऐसे स्थानों को जाना है, जहाँ हमें दूसरे दंड प्राप्त होंगे। और फिर भी हम जगत् के इस स्रष्टा को प्रसन्न करने के लिए तरह तरह के विधि-विधान और अनुष्ठान निरंतर किया करते हैं!'

---

१. बौद्ध दर्शन में प्रयुक्त होनेवाला, idea, thought आदि शब्दों का समानार्थक प्राचीन भारतीय शब्द।

बुद्ध ने कहा है, 'यह सारे अनुष्ठान मिथ्या हैं। जगत् में केवल एक ही आदर्श है। सारे मोह को ध्वस्त कर दो, जो सत्य है वही बच रहेगा। बादल जैसे ही हटेंगे, सूर्य चमक उठेगा।' इस आत्मा को कैसे मारा जाय? पूर्णरूपेण स्वार्थरहित हो जाओ, एक चींटी तक के लिए अपना जीवन देने को प्रस्तुत रहो। किसी अंध-विश्वास के निमित्त कर्म न करो, न किसी ईश्वर को प्रसन्न करने के लिए, न कोई पुरस्कार पाने के लिए, वरन् इसलिए कि तुम अपनी आत्मा को मारकर अपनी मुक्ति पाना चाहते हो। उपासना और प्रार्थना तथा वैसा ही और सब निरर्थक है। तुम सब कहते हो, 'मैं ईश्वर को धन्यवाद देता हूँ'—लेकिन वह रहता कहाँ है? तुम्हें ज्ञात नहीं, लेकिन फिर भी तुम सब उस ईश्वर के पीछे दीवाने हो रहे हो।

हिंदू लोग अपने ईश्वर के सिवा और सब कुछ छोड़ सकते हैं। ईश्वर को अस्वीकार करने का अर्थ है भक्ति के पैरों के तले से धरती ही हटा लेना। भक्ति और ईश्वर से हिंदू अवश्य ही चिपके रहेंगे। इनका परित्याग वे नहीं कर सकते। और यहाँ बुद्ध के उपदेश में न आत्मा है, न परमात्मा—केवल कर्म है। किस निमित्त? आत्मा के लिए नहीं, क्योंकि आत्मा तो एक भ्रांति है। इस भ्रांति के उच्छिन्न होने पर ही हम 'हम' हो सकेंगे। उस ऊँचाई तक उठ सकने और कर्म के निमित्त कर्म करनेवाले संसार में बहुत ही कम हैं।

फिर भी बुद्ध का धर्म द्रुत गति से फैला। ऐसा उस अद्भुत प्रेम के कारण हुआ, जो मानवता के इतिहास में प्रथम बार एक विशाल हृदय से प्रवाहित हुआ और जिसने अपने को केवल मानवमात्र की ही नहीं, प्राणिमात्र की सेवा के प्रति अर्पित कर दिया—ऐसा प्रेम जिसे जीवमात्र के लिए मुक्ति का एक मार्ग खोज निकालने के अतिरिक्त किसी अन्य बात की चिंता नहीं थी।

मानव ईश्वर से तो प्रेम करता था, लेकिन अपने बंधु मानव के संबंध में सब कुछ भुला बैठा था। जो मनुष्य ईश्वर के नाम पर अपने प्राण दे सकता है, वह पलट कर ईश्वर के ही नाम पर अपने बंधु मानव की हत्या भी कर सकता है। संसार की यही दशा थी। लोग ईश्वर की महिमा के निमित्त पुत्र को बलि दे देते, ईश्वर की महिमा के निमित्त राष्ट्रों को लूट लेते, ईश्वर की महिमा के निमित्त सहस्रों प्राणियों का वध कर डालते, ईश्वर की महिमा के निमित्त धरती को रक्त से सींच देते। यह प्रथम अवसर था, जब उन्होंने एक दूसरे ईश्वर—मानव—की ओर देखा। यह मानव है, जिससे प्रेम किया जाना चाहिए। मानवमात्र के प्रति उत्कट प्रेम की यह पहली लहर थी—मिलावटों से रहित, सत्य ज्ञान की प्रथम लहर—जिसने भारत से निकलकर, दक्षिण, उत्तर, पूर्व, पश्चिम एक एक करके (न जाने कितने) देशों को आप्लावित कर डाला।

यह उपदेष्टा सत्य को सत्यवत् भास्वर बनाना चाहता था। न पुरोहितों, शक्तिशालियों, राजाओं के प्रति कोई दया, न समझौता, न उनकी दुराचारिता का साधन बनना। न अंधविश्वासी परंपराओं—कितनी ही प्राचीन क्यों न हों—के सम्मुख झुकना; न विधि-विधानों और पुस्तकों के प्रति सिर्फ़ इसलिए आदर कि वे सुदूर अतीत से चली आ रही हैं। उसने सारे श्रुति-शास्त्रों को, धार्मिक क्रिया-कलाप के सभी रूपों को, अस्वीकार कर दिया। उसने उस भाषा—संस्कृत—तक को अस्वीकार कर दिया, जिसमें परंपरानुसार धर्म की शिक्षा भारत में दी जाया करती थी, जिससे उसके अनुयायियों के लिए उस (भाषा) के सहवर्ती अंधविश्वासों को ग्रहण कर लेने का अवकाश न रहे।

जिस सत्य की चर्चा हम कर रहे हैं, उसको देखने का एक दूसरा ढंग—हिंदू ढंग—भी है। हमारा दावा है कि बुद्ध के अनात्मवाद के सिद्धांत को यदि हमारे ढंग से देखा जाय, तो उसे अधिक अच्छी तरह समझा जा सकता है। उपनिषदों में आत्मन् और ब्रह्म का महान् सिद्धांत पहले से ही विद्यमान है। आत्मा वही है, जो परमेश्वर ब्रह्म है। यह सब जो है, ब्रह्म ही है; वही एकमात्र सत्य है। माया के कारण हम उसे भिन्नवत् देखते हैं। आत्मा एक है, अनेक नहीं। वही एक आत्मा विविध रूपों में प्रकाशित होती है। मानव मानव का बंधु इस कारण है कि सभी मनुष्य एक हैं। वेद कहते हैं कि मनुष्य मेरा केवल बंधु ही नहीं है, वह स्वयं मेरा ही स्वरूप है। विश्व के किसी अंश को हानि पहुँचाकर मैं केवल अपने को हानि पहुँचाता हूँ। मैं विश्व हूँ। यह एक मोह है, जो मैं सोचता हूँ कि मैं श्री अमुक हूँ—यही मोह है।

अपनी वास्तविक आत्मा के निकट तुम जितना ही अधिक आते हो, यह मोह उतना ही अधिक नष्ट होता जाता है। सारे भेद और विभाजन जितना ही अधिक नष्ट होते जाते हैं, उतना ही अधिक तुम इस सबको एक ईश्वर के रूप में अनुभव करते हो। ईश्वर है, किंतु वह एक बादल पर विराजमान कोई मनुष्य नहीं है। वह विशुद्ध आत्मा है। वह निवास कहाँ करता है? तुम्हारे अपने स्वयं से भी अधिक निकट। वह आत्मा है। तुम ईश्वर को अपने से पृथक् और भिन्न कैसे देख सकते हो? यदि तुम मानते हो कि वह स्वयं तुमसे पृथक् कोई है, तो तुम उसे नहीं जानते। वह स्वयं 'तुम' है। भारत के महापुरुषों का यही सिद्धांत था।

यह मानना स्वार्थपरता है कि तुम श्री अमुक को देख रहे हो और समस्त जगत् तुमसे भिन्न है। तुम्हारा विश्वास है कि तुम मुझसे भिन्न हो। तुम मेरा कोई खयाल नहीं करते। तुम घर जाते हो, भोजन करते और सो जाते हो। मैं मर जाऊँ तो भी तुम खाते, पीते, और आनंद मनाते रहते हो। लेकिन यदि संसार

दुःख से पीड़ित है तो तुम भी सचमुच सुखी नहीं हो सकते। हम सब एक हैं। पृथकता का भ्रम ही दुःख का मूल है। आत्मा के सिवा किसीका अस्तित्व नहीं है; उसके सिवा कुछ अन्य नहीं है।

बुद्ध का विचार है कि ईश्वर नहीं है, केवल मनुष्य ही है। उन्होंने ईश्वर संबंधी प्रचलित धारणाओं में अंतर्निहित मनोवृत्ति का खंडन किया। उन्होंने देखा कि वह मनुष्य को दुर्बल और अंधविश्वासी बनाती है। यदि तुम उससे प्रार्थना करते हो कि वह तुमको सब कुछ दे दे, तो फिर कौन है वह जो बाहर जाता और काम करता है? ईश्वर उनके पास आता है जो कठिन श्रम करते हैं। ईश्वर उनकी सहायता करता है जो अपनी सहायता स्वयं करते हैं। ईश्वर के संबंध में इससे विपरीत धारणा हमारी नाड़ियों को दुर्बल, हमारी पेशियों को नरम, और हमें परावलंबी बना देती है। हर स्वावलंबी वस्तु सुखी होती है, हर परावलंबी वस्तु दुःखी। मनुष्य अपने भीतर असीम शक्ति रखता है, और वह उसे प्राप्त कर सकता है—वह अपने को असीम आत्मा के रूप में सिद्ध कर सकता है। ऐसा किया जा सकता है, लेकिन उसमें तुम विश्वास नहीं करते। तुम ईश्वर से प्रार्थना करते रहो और अपनी बारूद सर्वदा सूखी रखो।

बुद्ध ने इसके ठीक विपरीत शिक्षा दी। लोगों को रोने न दो। उनके पास इस प्रार्थना इत्यादि का कुछ भी न रहने दो। ईश्वर दूकान खोले नहीं बैठा है। हर साँस के साथ तुम ईश्वर से प्रार्थना कर रहे हो। मैं बोल रहा हूँ; यह भी एक प्रार्थना है। तुम सुन रहे हो; एक प्रार्थना यह भी है। क्या तुम्हारा कोई मानसिक या शारीरिक व्यापार कभी ऐसा भी होता है, जिसमें तुम असीम दैवी शक्ति में भाग न लेते हो? यह सब एक अविच्छिन्न प्रार्थना है। यदि तुम शब्दों के एक विन्यास मात्र को ही प्रार्थना कहते हो तो तुम प्रार्थना को छिछला बना डालते हो। ऐसी प्रार्थनाओं से अधिक लाभ नहीं होता, कोई वास्तविक फल उनसे शायद ही निकलता हो।

क्या प्रार्थना कोई जादू का मंत्र है जिसका जप करने से बिना कठिन श्रम किये तुमको चमत्कारिक फल प्राप्त हो जायगा? नहीं। सबको कठिन श्रम करना है, सबको उस असीम शक्ति की गहराइयों में पहुँचना है। ग़रीब के पीछे, अमीर के पीछे, वही असीम शक्ति है। ऐसा नहीं होता कि एक व्यक्ति तो कठोर श्रम करे और दूसरा कुछ शब्दों का जप करके फलों को प्राप्त कर ले। यह विश्व एक अविच्छिन्न प्रार्थना है। यदि तुम प्रार्थना को इस अर्थ में ग्रहण करते हो तो मैं तुम्हारे साथ हूँ। शब्द आवश्यक नहीं हैं। मूक प्रार्थना श्रेष्ठतर है।

जनता का विशाल बहुतर भाग इस सिद्धांत का अर्थ नहीं समझता। आत्मा

के संबंध में किसी भी समझौते का अर्थ भारत में यह लिया जाता है कि हमने शक्ति पुरोहितों के हाथों सौंप दी और हम महापुरुषों की महान् शिक्षाओं को भूल गये। बुद्ध यह जानते थे; इसलिए उन्होंने सारे पुरोहिती सिद्धांतों और आचारों को झाड़ फेंका और मनुष्य को स्वयं उसके पैरों पर खड़ा किया। जनता के अभ्यस्त मार्गों के विरुद्ध जाना उनके लिए आवश्यक था; उन्हें क्रांतिकारी परिवर्तन करने थे। परिणामस्वरूप यह बलिदानी धर्म भारत से सदा के लिए नष्ट हो गया और कभी भी पुनरुज्जीवित नहीं किया गया।

प्रकट रूप से बौद्ध धर्म भारत से विलुप्त हो गया है, किंतु वस्तुतः नहीं, बुद्ध के उपदेश में खतरे का एक तत्त्व था—वह एक सुधारक धर्म था। जिस विराट् आध्यात्मिक परिवर्तन को उन्होंने निष्पन्न किया, उसको लाने के लिए उन्हें अनेक नकारात्मक शिक्षाएँ देनी पड़ीं। किंतु यदि कोई धर्म नकारात्मक पक्ष को अत्यधिक महत्त्व देता है, तो अंततः उसके नष्ट हो जाने का खतरा भी रहता है। कोई भी सुधारक-संप्रदाय केवल सुधारक होकर जीवित नहीं रह सकता; केवल निर्माणात्मक तत्त्व ही—मूल प्रेरणा, अर्थात् सिद्धांत—जीते रहते हैं। सुधार-संपन्न हो जाने के उपरांत सकारात्मक पक्ष को महत्त्व दिया जाना चाहिए : भवन का निर्माण हो चुकने के बाद मचान अवश्य हटा लेना चाहिए।

भारत में कुछ ऐसा हुआ कि समय बीतने के साथ साथ बुद्ध के अनयायी उनकी शिक्षाओं के नकारात्मक पक्ष पर अत्यधिक बल देने लगे और यह उनके धर्म के अंतिम अधःपतन का कारण बन गया। नकारात्मकता की शक्तियों ने सत्य के सकारात्मक पक्षों का दम घोट दिया; और इस प्रकार भारत ने बौद्ध धर्म के नाम पर फलने-फूलनेवाली विनाशात्मक प्रवत्तियों का प्रत्याख्यान कर दिया। यह भारत के राष्ट्रीय चिंतन का फ़ैसला था।

बौद्ध मत के नकारात्मक तत्त्व—ईश्वर नहीं है और न आत्मा—नष्ट हो गये। मैं कह सकता हूँ कि ईश्वर ही केवल ऐसी सत्ता है जिसका अस्तित्व है—यह एक अत्यंत सकारात्मक कथन है। एक वह ही वास्तविकता है। बुद्ध के यह कहने पर कि आत्मा नहीं है मैं कहता हूँ, "मनुष्य, तू विश्व के साथ एक है; तू ही वस्तु मात्र है।" कितना सकारात्मक ! सुधारात्मक तत्त्व नष्ट हो गया; किंतु निर्माणात्मक निरंतर जीवित रहता आया है। बुद्ध ने निम्नतर प्राणियों के प्रति दया की शिक्षा दी; और तब से भारत में एक भी संप्रदाय ऐसा नहीं हुआ, जिसने समस्त प्राणियों, पशुओं तक के प्रति प्रेम की शिक्षा न दी हो। यह दया, यह करुणा, यह प्रेम ही वह है—किसी भी सिद्धांत की अपेक्षा अधिक महान्—जिसे बौद्ध धर्म ने हमारे लिए छोड़ा है।

बुद्ध के जीवन में एक विशेष आकर्षण है। अपने सारे जीवन भर मैं बुद्ध का परम अनुरागी रहा हूँ, किंतु उनके सिद्धांत का नहीं। अन्य किसीकी अपेक्षा मैं उस चरित्र के प्रति सबसे अधिक श्रद्धा रखता हूँ—वह साहस, वह निर्भीकता, वह विराट् प्रेम! उनका जन्म मनुष्य के कल्याण के निमित्त हुआ था। और लोग ईश्वर की खोज, अपने लिए सत्य की खोज कर सकते हैं; किंतु उन्होंने स्वयं अपने निमित्त सत्य का ज्ञान प्राप्त करने की चिंता भी नहीं की। सत्य की खोज उन्होंने इस कारण की कि लोग दु:ख से पीड़ित थे। उनकी सहायता कैसे की जाय, यही उनकी एकमात्र चिंता थी। अपने सारे जीवन भर उन्होंने स्वयं के लिए एक विचार तक नहीं किया। हम अज्ञानी, स्वार्थरत, संकीर्णमना मानव प्राणी इस पुरुष की महानता को कभी कैसे समझ सकते हैं?

और उनके अद्भुत मस्तिष्क पर विचार करो। कहीं भावुकता (का नाम भी) नहीं। वह विराट् मस्तिष्क कभी भी अंधविश्वासी नहीं हुआ। विश्वास इसलिए न करने लगो कि एक पुरानी पांडुलिपि प्रस्तुत कर दी गयी है, या इसलिए कि वह तुमको अपने पूर्वजों से प्राप्त हुई है, या इसलिए कि तुम्हारे मित्र चाहते हैं कि तुम विश्वास करो—वरन् तुम अपने लिए स्वयं ही सोचो, अपने लिए सत्य की खोज करो, और स्वयं ही उसकी अनुभूति प्राप्त करो। यदि वह तब तुमको सबके लिए कल्याणकारी लगे तो उसे जनता को प्रदान करो। बाल-बुद्धि, दुर्बलमना, भीरु हृदय लोग सत्य को नहीं प्राप्त कर सकते। व्यक्ति को मुक्त और आकाश सदृश विस्तीर्ण होना पड़ता है। व्यक्ति का मन स्फटिकवत् निर्मल होना चाहिए; केवल तभी सत्य उसमें प्रकाशित हो सकता है। हम अंधविश्वासों से इतने भरे हैं। स्वयं तुम्हारे अपने देश तक में, जहाँ तुम लोग अपने को उच्च शिक्षित मानते हो, तुम संकीर्णता और अंधविश्वासों से कितना पूर्ण हो! ज़रा सोचो, सभ्यता के प्रति तुम्हारे सारे दावों के बावजूद इस देश में एक बार मुझे बैठने के लिए कुर्सी इस कारण नहीं दी गयी कि मैं हिंदू हूँ।

ईसा के जन्म से छ: सौ वर्ष पूर्व, बुद्ध के जीवन-काल में, भारतवासियों को अद्भुत शिक्षा मिला करती होगी। वे निश्चय ही अत्यंत मुक्तमना रहे होंगे। विशाल जनराशि ने उनका अनुगमन किया। राजाओं ने अपने सिंहासन त्यागे, रानियों ने अपने त्यागे। लोग उनकी शिक्षा का, जो इतनी क्रांतिकारी थी और जो युगों से उनको पुरोहितों द्वारा मिलती रहनेवाली शिक्षा से इतनी भिन्न थी, आदर कर सके और उसे अंगीकार कर सके। लेकिन उनकी बुद्धि असाधारण रूप से मुक्त और विशाल रही है।

और उनकी मृत्यु पर विचार करो। यदि वह जीवन में महान् थे, तो मृत्यु

में भी महान् थे। उन्होंने तुम्हारे अमरीकी आदिवासियों से मिलती-जुलती जाति के एक सदस्य द्वारा भिक्षा में दिये खाद्य पदार्थ को खा लिया। इस जाति के लोग (भक्ष्य-अभक्ष्य का) बिना कोई विचार किये सब कुछ खा लेते हैं, अतः उन्हें हिंदू स्पर्श तक नहीं करते। उन्होंने अपने शिष्यों से कहा, "इस खाने को न खाना, किंतु उसे मैं अस्वीकार नहीं कर सकता। उस आदमी के पास जाओ और उससे कहो कि उसने मेरे जीवन की सबसे बड़ी सेवाओं में एक मेरे प्रति की है—उसने मुझे मेरे शरीर से मुक्त कर दिया है।" एक बूढ़ा आदमी आया और उनके निकट बैठ गया—वह योजनों पैदल चलकर शास्ता के दर्शन करने आया था—और बुद्ध ने उसे उपदेश दिया। जब उन्होंने एक शिष्य को रोते देखा, तो उन्होंने उसकी भर्त्सना यह कह कर की, "यह क्या है? मेरी सारी शिक्षाओं का फल यही है? किसी मिथ्या बंधन को न रहने दो, न मुझ पर निर्भरता को, न इस जाते हुए व्यक्तित्व के मिथ्या महिमा-मंडन को। बुद्ध व्यक्ति नहीं है, वह एक सत्य की सिद्धि है। अपनी मुक्ति स्वयं ही निष्पन्न करो।"

मृत्यु के समय भी उन्होंने अपने लिए किसी विशिष्टता का दावा नहीं किया। उसके लिए मैं उनकी पूजा करता हूँ। जिसे तुम बुद्धों या ईसाओं की संज्ञा देते हो, वे अनुभूति की कतिपय दशाओं के केवल नाम मात्र हैं। संसार के समस्त शिक्षकों में वे ही एक (ऐसे शिक्षक) हैं, जिन्होंने स्वावलंबी होने की शिक्षा हमें सबसे अधिक दी है, जिन्होंने हमें अपनी मिथ्या आत्माओं के पाश से ही नहीं, वरन् ईश्वर या देवता कही जानेवाली अदृश्य सत्ता या सत्ताओं पर निर्भरता से भी मुक्त किया है। मुक्ति की उस भूमिका में, जिसे वे निर्वाण कहते थे, प्रवेश करने के लिए उन्होंने हर व्यक्ति को आमंत्रित किया है। किसी न किसी दिन उसे सबको प्राप्त करना है; और वह उपलब्धि ही मनुष्य की चरम निष्पत्ति है।

बौद्ध धर्म, एशिया की ज्योति का धर्म

(१९ मार्च, सन् १८९४ में डेट्रिएट में दिया गया व्याख्यान; जिसका विवरण 'डेट्रिएट ट्रिब्यून' में प्रकाशित हुआ)

कल रात 'बौद्ध धर्म, एशिया की ज्योति का धर्म' विषय पर विवेकानन्द ने लगभग १५० श्रोताओं (पत्र के अनुसार ५०० श्रोताओं) के समक्ष व्याख्यान-भवन में भाषण दिया। माननीय डन एम० डिकिन्सन ने श्रोताओं को उनका परिचय कराया।

श्री डिकन्सन ने अपनी विषय-प्रवेशात्मक आलोचना में प्रश्न पूछा, "कौन कहेगा कि अमुक धर्म-व्यवस्था दैवी है और अमुक विनाशोन्मुख है? रहस्य की रेखा को कौन अंकित करेगा?"

विवेकानन्द ने भारत के आरम्भिक धर्मों की सविस्तर विवेचना की। उन्होंने यज्ञ की वेदी पर पशुओं की अत्यधिक बलि के विषय में, बुद्ध के जन्म और जीवन, सृष्टि के निमित्त तथा उसके अस्तित्व के कारणों पर उनके अपने ही मन में उठने-वाले पेचीदा प्रश्नों, सृष्टि तथा जीवन की समस्याओं के समाधान के लिए उनकी हार्दिक चेष्टाओं और उसके अन्तिम फल के विषय में भी उन्होंने बताया।

उन्होंने कहा कि अन्य सभी व्यक्तियों की तुलना में बुद्ध का व्यक्तित्व बहुत ऊँचा है। उन्होंने बताया कि वे एक ही व्यक्ति थे, जिनके बारे में उनके मित्र या शत्रु यह कभी न कह सके कि उन्होंने एक भी ऐसी साँस ली या रोटी का एक ऐसा टुकड़ा खाया, जिसमें सबके कल्याण का भाव न रहा हो।

"उन्होंने जीवात्मा की देहान्तर-प्राप्ति का उपदेश कभी नहीं दिया," स्वामी जी ने कहा, "मगर यह उनका विश्वास था कि जिस प्रकार सिन्धु की एक लहर उठकर विनष्ट हो जाती है और परवर्ती लहर के लिए एक शक्ति के अतिरिक्त और कुछ नहीं छोड़ जाती, उसी प्रकार एक जीवात्मा अपनी परवर्ती दूसरी जीवात्मा के लिए करती है। उन्होंने कभी यह नहीं कहा कि ईश्वर है और न उसके अस्तित्व का खंडन ही किया।"

उनके शिष्यों ने उनसे पूछा, "हम क्यों अच्छे बनें?"

उन्होंने उत्तर दिया, "क्योंकि तुम्हें अच्छाई उत्तराधिकार के रूप में मिली।

अब तुम्हारी बारी है कि अपने उत्तराधिकारियों के लिए अच्छाई की कुछ बपौती छोड़ जाओ। केवल अच्छाई के लिए ही, संचित अच्छाई के अग्रसर होते रहने में हम सभी मदद करें।"

वे प्रथम पैग़म्बर थे। उन्होंने कभी किसीको अपशब्द नहीं कहा और न स्वयं अपने लिए कोई दावा किया। धर्म में अपने निर्वाण के लिए हमें स्वयं पुरुषार्थ करना चाहिए, यह उनका विश्वास था।

मृत्यु-शय्या पर पड़ने पर उन्होंने कहा, "न तो मैं, और न दूसरा कोई तुम्हें बता सकता है। किसी पर आश्रित न रहो। अपना धर्म (निर्वाण) स्वयं प्राप्त करो।"

मनुष्य और मनुष्य, या मनुष्य और पशु के बीच की असमानता के विरुद्ध उन्होंने आपत्ति की। उनका उपदेश था कि सब जीव समान हैं। वह प्रथम व्यक्ति थे, जिन्होंने मद्य-निषेध के सिद्धान्त का प्रतिपादन किया। 'अच्छे बनो और अच्छे कर्म करो,' उन्होंने कहा, 'अगर कोई ईश्वर है तो अच्छे बनकर तुम उसे प्राप्त करो! यदि कोई ईश्वर नहीं है तो अच्छा बनना स्वयं उत्तम है। जो दुःख भोगता है, वही उसके लिए दोषी है। जिसमें जो अच्छाई है, उसके लिए वह प्रशंसनीय है।'

'(भिक्षु-संघों) मिशनरियों की स्थापना उन्होंने सर्वप्रथम की। भारत के करोड़ों दलितों के लिए वे उद्धारक के रूप में आये। वे उनका दर्शन नहीं समझ सकते थे; किन्तु उन्होंने उस पुरुष का दर्शन किया और उनकी वाणी सुनी और उन्होंने उनका अनुगमन किया।'

उपसंहार के रूप में स्वामी जी ने कहा कि बौद्ध धर्म ईसाई धर्म की नींव है, और कैथलिक धर्मसंघ बौद्ध धर्म से उद्भूत हुआ।

ईशदूत ईसा

(१९०० ई० में लॉस एंजिलिस, कैलिफ़ोर्निया में दिया गया भाषण)

तरंग उठती है, वहाँ उसके पीछे एक गर्त भी होता है। उच्च तरंग उठती है, और विलीन होती है। फिर एक प्रबलतर तरंग उठती है, मुहूर्त मात्र में उसका पतन होता है और पुनः उत्थान भी। इसी प्रकार तरंग पर तरंग सागर के वक्ष पर अग्रसर होती रहती है। विश्व के घटना-प्रवाह में भी निरन्तर इसी प्रकार का उत्थान और पतन होता रहता है, किन्तु हमारा ध्यान केवल उत्थान की ओर जाता है, हमें पतन का विस्मरण हो जाता है। पर विश्व की गति के लिए दोनों ही आवश्यक हैं—दोनों ही महत्त्वपूर्ण हैं। यही विश्व-प्रवाह की रीति है। हमारे मानसिक, पारिवारिक, सामाजिक और आध्यात्मिक जगत् में सर्वत्र यही क्रम-गति, यही उत्थान-पतन चल रहा है। उसी प्रकार विश्व-प्रवाह में उच्चतम कार्य, उदार आदर्श समय समय पर जन्म लेते हैं और जनसमूह की दृष्टि आकर्षित कर विलीन हो जाते हैं—मानो वे अतीत के भावों का परिपाक कर रहे हों, मानो प्राचीन आदर्शों का रोमन्थन करने को वे अदृश्य हो गये हों, जिससे पुनः एक प्रबल एवं उच्चतर उत्थान के लिए वे शक्तिसंचय और समायोजन कर लें।

दुनिया के राष्ट्रों का इतिहास भी सदा ऐसा ही रहा। इस महान् आत्मा का, इस ईशदूत ईसा का, जिसकी जीवन-गाथा पर आज विवेचन किया जायगा, अपनी जाति के इतिहास के एक ऐसे युग में आविर्भाव हुआ था, जिसे पतन-काल कहने में अत्युक्ति न होगी। उनके उपदेश और कार्यकलाप के किंचित् लिपिबद्ध विवेचनों की हमें यत्र-तत्र कुछ झलक मात्र ही मिलती है; यह सच ही कहा गया है कि उस महापुरुष के उपदेश और कार्यों की सब गाथाएँ यदि लिपिबद्ध की जातीं, तो सारा विश्व उनसे व्याप्त हो जाता। उनके धर्म-प्रचार काल के तीन वर्ष तो मानो एक घनीभूत युग के सदृश थे, जिसके प्रस्फुटन में पूरी उन्नीस शताब्दियाँ लग गयी हैं, और न जाने कितनी और लगेंगी! मेरे और तुम्हारे जैसे क्षुद्र जन केवल अल्पमात्र शक्ति के वाहक हैं। कुछ क्षण, कुछ घटिकाएँ, कतिपय मास, ज़्यादा से ज़्यादा कुछ वर्ष, बस ये उस अल्प शक्ति के व्यय के लिए, उसके पूर्ण प्रसरण और अधिकतम विकास के लिए पर्याप्त हैं; और उसके बाद हम सदा के

लिए चल बसते हैं। किन्तु हमारे अवतीर्ण होनेवाले इस असाधारण पुरुष की ओर ज़रा देखो। कई शताब्दियाँ बीत गयीं, किन्तु वे जगत् में जिस शक्ति का संचार कर गये, उसका प्रसार-कार्य अभी तक रुका नहीं, उसका पूर्ण व्यय अभी तक हुआ नहीं। ज्यों ज्यों युग पर युग बीतते जा रहे हैं, त्यों त्यों वह नूतन बल से बलवती होती जा रही है।

आज हम ईसा की जीवनी में सम्पूर्ण अतीत का इतिहास देखते हैं। वैसे तो हर सामान्य मानव का जीवन भी उसके अतीत भावसमूह का इतिहास ही है। समूची जाति का यह अतीत भावसमूह प्रत्येक व्यक्ति में आनुवंशिकता, वातावरण, शिक्षा एवं पूर्व जन्म के संस्कारों द्वारा आता ही रहता है। एक प्रकार से इस पृथ्वी का, सम्पूर्ण विश्व का अतीत हर जीवात्मा पर अंकित है। हमारा आज का वर्तमान रूप उस अनन्त अतीत के एक कार्य और फल के अतिरिक्त और क्या है? अनन्त घटना-प्रवाह में अनिवार्यतया अविराम रूप से अग्रसर होनेवाली, स्थिर रहने में असमर्थ, छोटी छोटी उर्मियों के अतिरिक्त हम और क्या हैं? किन्तु मैं और तुम केवल क्षुद्र वस्तुएँ, बुलबुले मात्र हैं। विश्व-व्यापार के महासागर में कुछ विशाल तरंगें रहती ही हैं। मेरे और तुम्हारे जैसे क्षुद्र जनों में जाति के अतीत जीवन का अत्यल्प अंश ही व्यक्त होता है। किन्तु ऐसे शक्तिसम्पन्न महापुरुष भी होते हैं, जो प्रायः सम्पूर्ण अतीत के साकार रूप होते हैं, और जो मानो अपनी दीर्घ प्रसारित बाहुओं से सुदूर भविष्य की सीमाओं को भी स्पर्श करते रहते हैं। ये महापुरुष मानव जाति के उन्नति-पथ पर यत्र-तत्र स्थापित मार्ग-दर्शक स्तम्भों के समान हैं। वे सचमुच इतने महान् हैं कि उनकी छाया मानो समस्त पृथ्वी को आच्छन्न कर लेती है; वे अमर, अनन्त और अविनाशी हैं। इसी महापुरुष ने कहा है, 'किसी भी व्यक्ति ने ईश्वर-पुत्र के माध्यम बिना ईश्वर का साक्षात्कार नहीं किया है।' और यह कथन अक्षरशः सत्य है। ईश्वर-पुत्र के अतिरिक्त हम ईश्वर को और कहाँ देखेंगे? यह सच है कि मुझमें और तुममें, हममें से निर्धन से भी निर्धन और हीन से भी हीन व्यक्ति में भी परमेश्वर विद्यमान है, उसका प्रतिबिम्ब मौजूद है। प्रकाश की गति सर्वत्र है, उसका स्पन्दन सर्वव्यापी है, किन्तु उसे देखने के लिए दीप जलाने की आवश्यकता होती है। जगत् का सर्वव्यापी ईश भी तब तक दृष्टि-गोचर नहीं होता, जब तक ये महान् शक्तिशाली दीपक, ये ईशदूत, ये उसके सन्देश-वाहक और अवतार, ये नर-नारायण उसे अपने में प्रतिबिम्बित नहीं करते।

हम सबको ईश्वर के अस्तित्व में विश्वास है, फिर भी हम उसे देख नहीं पाते, उसे समझ नहीं पाते। ईश्वर के इन सब महान् ज्ञानज्योति से सम्पन्न अग्रदूतों में से तुम किसी एक की ही जीवन-कथा लो और ईश्वर की जो उच्चतम भावना तुमने

हृदय में धारण की है, उससे उसके चरित्र की तुलना करो। तुमको प्रतीत होगा कि इन जीवित और जाज्वल्यमान आदर्श महापुरुषों के चरित्र की अपेक्षा तुम्हारी भावनाओं का ईश्वर अनेकांश में हीन है, ईश्वर के अवतार का चरित्र तुम्हारे कल्पित ईश्वर की अपेक्षा कहीं अधिक उच्च है। आदर्श के विग्रह-स्वरूप इन महापुरुषों ने ईश्वर की साक्षात् उपलब्धि कर, अपने महान् जीवन का जो आदर्श, जो दृष्टान्त हमारे सम्मुख रखा है, ईश्वरत्व की उससे उच्च भावना धारण करना असम्भव है। इसलिए यदि कोई इनकी ईश्वर के समान अर्चना करने लगे, तो इसमें क्या अनौचित्य है? इन नर-नारायणों के चरणों में गिरकर यदि कोई उनकी भूमि पर अवतीर्ण ईश्वर के समान पूजा करने लगे, तो क्या पाप है? यदि उनका जीवन हमारे ईश्वरत्व के उच्चतम आदर्श से भी उच्च है, तो उनकी पूजा करने में क्या दोष? दोष की बात तो दूर रही, ईश्वरोपासना की केवल यही एक विधि सम्भव है। तुम कितना ही प्रयत्न करो, पुनः पुनः सूक्ष्म से सूक्ष्म विषयों पर मनन करो, पर जब तक तुम इस मानव जगत् में, मानव देह में अवस्थित हो, नर भावापन्न हो, तब तक तुम्हारा विश्व मानवीय होगा, तुम्हारा धर्म मानवीय होगा और तुम्हारा ईश्वर भी मानवीय होगा। उसका अन्यथा होना असम्भव है। कौन इतना निर्बुद्धि है, जो प्रत्यक्ष साक्षात् वस्तु का ग्रहण न कर, कल्पनाओं के पीछे दौड़ता फिरेगा, उन भावनाओं के साक्षात्कार के लिए खाक छानता फिरेगा, जिनकी धारणा करना भी कठिन है और जिन तक किसी स्थूल माध्यम की सहायता बिना पहुँचना सर्वथा असम्भव है! इसीलिए ईश्वर के इन अवतारों की सभी युगों तथा सभी देशों में पूजा होती रही है।

अब हम यहूदियों के पैग़म्बर, ईसा मसीह के जीवन का कुछ विवेचन करेंगे। विविध जातियों के इतिहास में हमें उत्थान और पतन का क्रम दृष्टिगत होता है। ईसा का जन्म एक ऐसे युग में हुआ, जिसे हम यहूदी जाति का पतन-काल कह सकते हैं—एक ऐसा युग, जब मानवीय मस्तिष्क कुछ समय के लिए अग्रसर होने से थक जाता है और पूर्व अर्जित की रक्षा में ही व्यस्त रहता है; एक ऐसी अवस्था जब विवरणों, विस्तारों पर महान्, व्यापक तथा उच्च जीवन की समस्याओं की अपेक्षा अधिक ध्यान दिया जाने लगता है; एक उन्नतिशील की अपेक्षा रुकावट की अवस्था; कार्यशीलता की अपेक्षा उत्पीड़न की अवस्था—यह दो तरंगों के उत्थान के बीच की पतनावस्था के समान ही थी। ध्यान रहे कि मैं इस अवस्था में कोई दोष नहीं देखता। हमें इसकी निन्दा करने का कोई अधिकार नहीं; क्योंकि यदि यहूदी जाति के इतिहास में यह अवस्था न आती, तो इसके परवर्ती उत्थान की—जिसके कि नाज़रथवासी ईसा मूर्त स्वरूप थे—कोई सम्भावना न रहती। भले ही

फ़ैरिसी[1] एवं सैडयुसी[2] लोग कपटशील रहे हों, ऐसे कार्यों में रत रहे हों जो उन्हें नहीं करने चाहिए थे, किन्तु उनके इन्हीं कार्यों का परिणाम ईसा है। फ़ैरिसी और सैडयुसी ही एक छोर पर वह प्रेरणा हैं, जो दूसरे छोर पर नाज़रथ-निवासी महामनीषी ईसा के विराट् मस्तिष्क के रूप में प्रकट हुईं।

बाह्य धार्मिक क्रियाकलापों, रीतियों तथा छोटे छोटे विवरणों का प्रायः उपहास किया जाता है, किन्तु उनमें एक शक्ति निहित रहती है। प्रगति-पथ पर अग्रसर होने के लिए जल्दबाज़ी करने से हम बहुधा अपनी धर्म-शक्ति खो बैठते हैं। देखा जाता है कि साधारणतः उदारमना व्यक्ति की अपेक्षा धर्मान्ध व्यक्ति का मनोबल अधिक होता है। इसलिए धर्मान्ध पुरुष में भी एक बड़ा गुण है। वह अपने में मानो महान् शक्ति-राशि संचित रखता है। व्यक्ति के समान जाति में भी इसी प्रकार शक्ति-संचय होता है। चारों ओर बाह्य शत्रुओं से घिरी हुई, रोमन जाति के पराक्रम से प्रताड़ित हो एक केन्द्र में सन्निबद्ध, बौद्धिक जगत् में यूनानी भाव-समूह द्वारा तथा फ़ारस, भारत एवं अलेक्ज़ेन्ड्रिया से आनेवाली भाव-लहरियों से विताड़ित यह जाति प्रबल मानसिक, शारीरिक एवं नैतिक शक्तियों से परिवेष्टित होने के कारण प्रचण्ड, स्वाभाविक एवं स्थितिशील शक्ति का आगार हो गयी, जो अब भी उसके वंशधरों में लुप्त नहीं हुई है। बाध्य होकर इस जाति को अपनी सम्पूर्ण शक्ति ज़ेरूसलम और यहूदी धर्म पर केन्द्रित करनी पड़ी, और शक्ति की यह प्रकृति है कि एक बार संचित होने पर फिर वह एक स्थान में अधिक समय तक नहीं रह सकती; वह अपना प्रसार कर अपने को निःशेष करने लगती है। पृथ्वी में ऐसी कोई शक्ति नहीं है, जो दीर्घ काल तक एक सीमित स्थान में बन्दी बनायी जा सके। यह कहकर कि सुदूर भविष्य में उसका प्रसार हो जायगा, उसे एक स्थान में अति दीर्घ काल तक संकुचित रखना असम्भव है।

यहूदी जाति की यह केन्द्रित शक्ति भी परवर्ती युग में ईसाई धर्म के उत्थान के रूप में प्रकट हुई। विभिन्न दिशाओं से आनेवाले क्षुद्र स्रोतों ने मिल मिलकर एक स्रोतस्विनी का निर्माण किया और क्रमशः उन्होंने एक तरंगशालिनी, वेगवती महानदी का रूप धारण कर लिया। इसी विशाल प्रवाह की उच्च तरंग के शिखर

---

१. फ़ैरिसी (Pharisee)—यह धर्म-सम्प्रदाय ईसा मसीह के आविर्भाव के समय अस्तित्व में था। इस सम्प्रदाय के लोग धर्म के यथार्थ तत्त्व की अपेक्षा बाह्य अनुष्ठानों को ही अधिक महत्त्व देते थे।

२. सैड्युसी (Sadducee)—इसी समय का एक यहूदी सम्प्रदाय। ये अभिजात वंश के थे और सन्देहवादी थे।

पर हम नाज़रथ-निवासी ईसा को अधिष्ठित पाते हैं। इस प्रकार, सभी महापुरुष अपने युग के घटना-चक्र के परिणाम या कार्यस्वरूप हैं, उनकी जाति का अतीत ही उनका निर्माण करता है, किन्तु वे स्वयं अपनी जाति के भविष्य का सर्जन करते हैं। आज का कार्य अपने पूर्ववर्ती कारणसमूह का फल और भावी कार्य का कारण है। इसी स्थिति में ईशदूत आते हैं। ईसा मसीह उस सबके साकारस्वरूप हैं, जो उनकी जाति में श्रेष्ठ और उच्च है; जाति के उस जीवनोद्देश्य के मूर्त रूप हैं, जिसकी सिद्धि के लिए जाति ने शत शत युगों तक संघर्ष किया है, और वे स्वयं केवल अपनी ही जाति के नहीं, अपितु असंख्य जातियों के भावी जीवन के शक्ति-स्रोत हैं।

और एक बात हमें यहाँ स्मरण रखनी चाहिए: इस महान् पैग़म्बर पर मेरा विवेचन प्राच्य दृष्टिकोण से होगा। प्रायः तुम यह भी भूल जाते हो कि ईसा प्राच्यदेशीय थे। ईसा को नील चक्षुओं और पीत केशों के साथ चित्रित करने के तुम्हारे प्रयत्नों के बावजूद ईसा की प्राच्यदेशीयता में कोई अन्तर नहीं आता। बाइबिल में प्रयुक्त उपमा तथा रूपक, उसमें वर्णित स्थान तथा दृश्य, उसका दृष्टिकोण, उसके रहस्यमय काव्य एवं चरित्र-चित्रण, उसके प्रतीक, ये सब प्राच्य का ही तो संकेत करते हैं। उसमें वर्णित नीला चमकीला आकाश, ग्रीष्म का उत्ताप, प्रखर रवि, तृषार्त नर-नारी तथा खग-मृग, सिर पर घड़े लेकर जल भरने कुओं पर जाते हुए किसान, मेषदल तथा कृषि-कार्य, पनचक्की और उसके समीपवर्ती सरोवरादि — ये सब केवल एशिया ही में तो दिखायी पड़ते हैं।

एशिया की आवाज़ सदैव धर्म की आवाज़ रही है और यूरोप सदैव राजनीति की भाषा बोलता रहा है। अपने अपने क्षेत्र में दोनों ही महान् हैं। यूरोप की यह बोली प्राचीन यूनानी विचारों की प्रतिध्वनि मात्र है। यूनानी अपने समाज को ही सर्वस्व और सर्वोच्च मानते थे। उनकी दृष्टि में अन्य सब बर्बर और असभ्य थे, उनके सिवाय इतरों को जीवित रहने का अधिकार नहीं था। उनके मत में वे स्वयं जो करते थे, वही कर्तव्य था, वही श्रेष्ठ था; संसार में अन्य जो कुछ है, वह ग़लत है और उसको नष्ट कर देना चाहिए। अतः वे अपनी भावनाओं में प्रखर मानवीयतावादी, प्रखर प्रकृतिपरक और प्रखर कलाप्रिय हैं। यूनानी पूर्णतया इसी लोक में जीता है। वह स्वप्न देखना नहीं चाहता। उसका काव्य भी व्यावहारिक है। उसके देवी-देवता केवल मानव प्राणी ही नहीं है, वरन् हमारी ही तरह सभी मानवीय आवेगों और भावनाओं से युक्त प्रखर मानव हैं। यूनानी सौन्दर्य से प्रेम करता है, किन्तु वह सौंदर्य बाह्य प्रकृति का है: शैलराज की शुभ्र हिमराशि का, पुष्पों का, रूप और आकार का, मानवीय मुख एवं उसकी सुघड़ता

और प्रायः मानवीय आकृति के सौन्दर्य तक ही सीमित है। यही यूनान परवर्ती यूरोप का आचार्य था, और इसीलिए आज के यूरोप की वाणी यूनान की वाणी की एक प्रतिध्वनि मात्र है।

एशिया की आवाज़ इससे भिन्न है। एशियावासियों की प्रकृति कुछ और है। उस प्रकाण्ड भूमिखण्ड, उस विशाल महादेश की ज़रा कल्पना तो करो, जिसके शैल-शिखर बादलों को चीरकर आकाश की नीलिमा को चूमते रहते हैं; जिसके अंक में एक ओर अनन्त बालुकाराशि पड़ी है, जिसमें एक बूंद भी पानी मिलना असम्भव है, कोसों तक एक हरित तृण के दर्शन होना भी दुर्लभ है, और दूसरी ओर अनंत वन एवं महानदियाँ अठखेलियाँ करती समुद्र की ओर बहती जाती हैं। इस परिवेश में एशियावासियों का सौन्दर्य एवं उदात्त के प्रति प्रेम बिल्कुल भिन्न दिशा में विकसित हुआ। बहिर्दृष्टि त्यागकर वे अन्तर्दृष्टिपरायण हो गये। उनमें भी प्राकृतिक सौन्दर्य के लिए वही पिपासा है, शक्ति के लिए वही भूख है, यूनानियों के समान उनमें भी इतरों को असभ्य तथा बर्बर समझने की प्रवृत्ति है, उन्नति की आकांक्षा है, किन्तु उनके इन भावों की परिधि विशाल और विस्तृत है। एशिया में आज भी जन्म, वर्ण या भाषा के भेद पर जातियों का संघटन आधारित नहीं है। जाति का निर्णायक उसका धर्म है। इस प्रकार सब ईसाइयों की जाति एक होगी, सब मुसलमान एक ही जाति के होंगे और इसी प्रकार सब बौद्ध तथा हिन्दू भी एक एक जाति के होंगे। चीन-निवासी एक बौद्ध फ़ारस में रहनेवाले दूसरे बौद्ध को अपना भाई मानता है, अपनी ही जाति का अंग समझता है—केवल इसीलिए कि उन दोनों का धर्म एक है। धर्म ही मानव जाति को एक सूत्र में बाँधता है, वही एक सम्मिलन-भूमि है। इसी कारण एशियावासी, ये प्राची के निवासी जन्मजात कल्पनाप्रिय होते हैं, स्वप्नद्रष्टा होते हैं। जलप्रपातों पर नाचती हुई लहरियाँ, खगकुल का कलरव, सूर्य, चन्द्र, नक्षत्रों तथा निसर्ग आदि का सौन्दर्य उन्हें मनोरम प्रतीत होता है, इसमें कोई सन्देह नहीं, किन्तु प्राच्य मन के लिए यह पर्याप्त नहीं है। वह इनसे परे का स्वप्न देखना चाहता है। वर्तमान के परे जाना चाहता है। वर्तमान उसके लिए नहीं जैसा है। युगों से प्राची कई जातियों के जीवन का रंगमंच रही है, उसने न मालूम नियति-चक्र के कितने परिवर्तन देखे हैं। उसने एक राज्य के बाद दूसरे राज्य को, एक साम्राज्य के बाद दूसरे साम्राज्य को अभ्युदित होते, उठते और फिर गिरकर मिट्टी में मिलते देखा है; मानवीय शक्ति, प्रभुत्व, ऐश्वर्य और धनराशि को अपने क़दमों में लढ़कते और निछावर होते देखा है। अनन्त विद्या, असीम शक्ति तथा अनेकानेक साम्राज्यों की विशाल समाधि-भूमि—यह है प्राच्य भूमि का

का परिचय। कोई आश्चर्य नहीं, यदि प्राची के निवासी इहलोक की वस्तुओं को तिरस्कार के साथ देखें और स्वभावतः किसी ऐसी वस्तु के दर्शन की चिर अभिलाषा उनके हृदय में अंकुरित हो जाय, जो अपरिवर्तनशील हो, जो अविनाशी हो, जो इस विनाशशील एवं दुःखपूर्ण जगत् में अमर तथा नित्य आनन्दपूर्ण हो। प्राची के महापुरुष इन आदर्शों की घोषणा करते कभी नहीं थकते—और जहाँ तक महापुरुषों तथा अवतारों का प्रश्न है, तुमको स्मरण होगा कि उनमें सभी, बिना किसी अपवाद के, प्राच्यदेशीय हैं।

इसलिए हम अपने आलोच्य महापुरुष, जीवन के इस दिव्य सन्देशवाहक के जीवन का मूल मन्त्र यही पाते हैं कि 'यह जीवन कुछ नहीं है, इससे भी उच्च कुछ और है।' और सच्चे प्राची-पुत्र की भाँति वह इसमें अत्यन्त व्यावहारिक भी है। पाश्चात्य देशों के निवासी भी अपने कार्यक्षेत्र में—सामरिक, राजनीतिक आदि कार्यों के संचालन में अपनी दक्षता तथा व्यावहारिकता का परिचय देते हैं। शायद, पूर्व का निवासी इन सब कार्यों में इतना कर्तृत्वपूर्ण नहीं है, किन्तु अपने निज के क्षेत्र में वह भी कार्यदक्ष है—अपने जीवन को अपने धर्म पर आधारित करने में उसने भी अपनी व्यवहार-कुशलता दिखायी है। यदि वह आज किसी दर्शन का प्रचार करता है, तो देखा जायगा कि कल ही सैकड़ों नर-नारी अपने जीवन में उसकी उपलब्धि करने का जी-तोड़ प्रयत्न कर रहे हैं। यदि कोई व्यक्ति उपदेश करता है कि एक पैर पर खड़े रहने से मुक्ति सम्भव है, तो उसे अल्प काल में ही एक पैर पर खड़े रहनेवाले सैकड़ों अनुयायी मिल जायँगे। शायद तुम इसे हास्यास्पद समझते हो, किन्तु तुम यह स्मरण रखो कि इसके पीछे उनके जीवन का यह मूल मन्त्र, उनका यह दर्शन विद्यमान है कि धर्म केवल विचार तथा मनन की वस्तु नहीं, जीवन में उसकी उपलब्धि एवं परिणति की जानी चाहिए। पाश्चात्य देशों में मुक्ति के जो विविध उपाय निर्दिष्ट किये जाते हैं, वे केवल बौद्धिक कलाबाजियाँ मात्र हैं और कभी भी उन्हें कार्य-रूप में परिणत करने का प्रयत्न नहीं किया जाता। पश्चिम में जो प्रचारक अच्छा वक्ता है, वही श्रेष्ठ धर्मोपदेष्टा मान लिया जाता है।

अतएव, हम देखते हैं कि प्राची के सच्चे पुत्र नाजरथ-निवासी ईसा धर्म के क्षेत्र में अत्यन्त व्यावहारिक थे। उन्हें इस नश्वर जगत् तथा उसके क्षणभंगुर ऐश्वर्य में विश्वास नहीं था। शास्त्र-वाक्यों को तोड़-मरोड़कर व्याख्या करने की, जो कि आजकल पाश्चात्य देशों में प्रथा-सी हो गयी है, कोई आवश्यकता नहीं। शास्त्र-वाक्य कोई रबर-से लचीले नहीं हैं कि उन्हें जिधर चाहो उधर खींच लो और मरोड़ लो। और फिर खींचने-मरोड़ने की भी तो सीमा है! शास्त्रों का जो अर्थ

नहीं है, वह कितनी भी खींचातानी करने पर भी कैसे निकलेगा? धर्म को वर्तमान इन्द्रिय-सर्वस्व का समर्थक बनाना बन्द कर देना चाहिए। कम से कम हमें अपने प्रति तो सच्चे तथा अकपटी बनने का प्रयत्न करना चाहिए। यदि हम आदर्श का अनुगमन नहीं कर सकते, तो अपनी दुर्बलता स्वीकार कर लें, पर उसे हीन न बनायें, उसे उसके उच्च धरातल से न गिरायें। पश्चिम के लोग, ईसा के चरित्र पर जो नित्य नये नये और विभिन्न विवेचन प्रकाशित कर रहे हैं, उनसे हृदय अवसन्न हो जाता है। इन वर्णनों से इस बात का लेशमात्र भी ज्ञान नहीं होता कि ईसा क्या थे और क्या नहीं। एक उन्हें महान् राजनीतिज्ञ बताता है, तो दूसरा कहता है, ईसा एक बड़े युद्ध-विशारद सेनापति थे और तीसरा कहता है, वे एक देशभक्त यहूदी थे। इन सब धारणाओं के लिए क्या इन पुस्तकों में कोई आधार है? एक श्रेष्ठ धर्माचार्य के जीवन और उपदेशों पर सर्वश्रेष्ठ भाष्य उसका निज का जीवन ही है। स्वयं ईसा ने अपने विषय में कहा है: "लोमड़ियों के माँद होती है, नभचारी खगकुल अपने नीड़ में निवास करते हैं, पर मानवपुत्र (ईसा) के पास अपना सिर टेकने तक के लिए स्थान नहीं है।" ईसा की शिक्षा भी यही है; इसके अतिरिक्त मुक्ति का और कोई पथ नहीं है।

यदि हममें इस मार्ग पर अग्रसर होने की क्षमता नहीं है, तो हमें मुख में तृण धारण कर विनीत भाव से अपनी यह दुर्बलता स्वीकार कर लेनी चाहिए कि हममें अब भी 'मैं' और 'मेरे' के प्रति ममत्व है, हममें धन और ऐश्वर्य के प्रति आसक्ति है। हमें धिक्कार है कि हम यह सब स्वीकार न कर, मानव जाति के उन महान् आचार्य का अन्य रूप से वर्णन कर उन्हें निम्न स्तर पर खींच लाने की चेष्टा करते हैं। उन्हें पारिवारिक बन्धन नहीं जकड़ सके। क्या तुम सोचते हो कि ईसा के मन में कोई सांसारिक भाव था? क्या तुम सोचते हो कि यह ज्योतिःस्वरूप अमानवी मानव, यह प्रत्यक्ष ईश्वर पृथ्वी पर पशुओं का सहधर्मी बनने के लिए अवतीर्ण हुआ? किन्तु फिर भी लोग उनके उपदेशों का अपनी इच्छानुसार अर्थ लगाकर प्रचार करते हैं। उन्हें देह-ज्ञान नहीं था, उनमें लिंग-भेद नहीं था — वे आत्मास्वरूप थे। वे जानते थे कि वे शुद्ध आत्मास्वरूप हैं—देह में अवस्थित हो मानव जाति के कल्याण के लिए देह का परिचालन मात्र कर रहे हैं। देह के साथ उनका केवल इतना ही सम्पर्क था। आत्मा लिंगविहीन है। विदेह आत्मा का देह तथा पाशव भाव से कोई सम्बन्ध नहीं होता। अवश्यमेव त्याग और वैराग्य का यह आदर्श साधारण जनों की पहुँच के बाहर है। कोई हर्ज़ नहीं, हमें अपना आदर्श विस्मृत नहीं कर देना चाहिए—उसकी प्राप्ति के लिए सतत यत्नशील रहना चाहिए। हमें यह स्वीकार कर लेना

चाहिए कि त्याग हमारे जीवन का आदर्श है, किन्तु अभी तक हम उस तक पहुँचने में असमर्थ हैं।

मैं आत्मा हूँ, इस तत्त्व की उपलब्धि के अतिरिक्त ईसा के जीवन में अन्य कोई कार्य न था, और कोई चिन्ता न थी। वे वास्तव में विदेह, शुद्ध-बुद्ध-मुक्त आत्मा-स्वरूप थे। यही नहीं, उन्होंने अपनी अद्भुत दिव्य दृष्टि से जान लिया था कि सभी नर-नारी, चाहे वे यहूदी हों या किसी अन्य इतर जाति के हों, दरिद्र हों या धनवान, साधु हों या पापात्मा, उनके ही समान अविनाशी आत्मास्वरूप हैं। इसलिए उनके जीवन में हम एकमात्र यही कार्य देखते हैं कि वे सारी मानव जाति को अपने शुद्ध-बुद्ध-चैतन्यस्वरूप की उपलब्धि करने के लिए आह्वान कर रहे हैं। उन्होंने कहा, "यह कुसंस्कारमय मिथ्या भावना छोड़ दो कि हम दीन-हीन हैं। यह न सोचो कि तुम पर गुलामों के समान अत्याचार किया जा रहा है, तुम पैरों तले रौंदे जा रहे हो; क्योंकि तुममें एक ऐसा तत्त्व विद्यमान है, जिसे पददलित तथा पीड़ित नहीं किया जा सकता, जिसका विनाश नहीं हो सकता।" तुम सब ईश्वर के पुत्र हो, अमर और अनादि हो। अपनी महान् वाणी से ईसा ने जगत् में घोषणा की, "दुनिया के लोगो, इस बात को भली भाँति जान लो कि स्वर्ग का राज्य तुम्हारे अभ्यन्तर में अवस्थित है।"—"मैं और मेरे पिता अभिन्न हैं।" साहस कर खड़े हो जाओ और घोषणा करो कि मैं केवल ईश्वरपुत्र ही नहीं हूँ, पर अपने हृदय में मुझे यह भी प्रतीति हो रही है कि मैं और मेरे पिता एक और अभिन्न हैं। नाज़रथवासी ईसा मसीह ने यही कहा। उन्होंने इस संसार और इस देह के सम्बन्ध में कभी कुछ नहीं कहा। जगत् के साथ उनका कुछ भी सम्बन्ध न था—उसके साथ सम्पर्क केवल इतना ही था कि वे उसे प्रगति-पथ पर कुछ आगे की ओर बढ़ा दें—और धीरे धीरे तब तक अग्रसर करते रहें, जब तक कि समग्र जगत् उस परम ज्योतिर्मय परमेश्वर के निकट नहीं पहुँच जाता, जब तक कि प्रत्येक मानव अपने प्रकृत स्वरूप की उपलब्धि नहीं कर लेता, जब तक कि दुःख-कष्ट और मृत्यु-जगत् से सम्पूर्ण रूप से निर्वासित नहीं हो जाती।

ईसा के जीवन पर लिखी गयी विभिन्न आख्यायिकाएँ हमने पढ़ी हैं। उनकी जीवनी के समालोचक विद्वज्जनों, उनकी ग्रन्थावलियों तथा 'उच्चतर भाष्यादि'[1]

---

१. उच्चतर भाष्य (Higher or Historical criticism)—इतिहास एवं साहित्य की दृष्टि से बाइबिल के विभिन्न अंशों की रचना, रचना-काल तथा उनकी प्रामाणिकता के सम्बन्ध में विचार करनेवाला साहित्य। (Textual or Verbal criticism) अर्थात् बाइबिल के वाक्य एवं शब्द-राशि सम्बन्धी चर्चा से इसके पृथक् एवं उच्चतर होने के कारण इसे 'उच्चतर भाष्य' कहा गया है।

से भी हमारा परिचय है। इन सब आलोचनाओं द्वारा क्या सम्पादित किया गया है, इससे भी हम अज्ञ नहीं हैं। हमें यहाँ इस विवाद में नहीं पड़ना है कि बाइबिल के नव व्यवस्थान का कितना अंश सत्य है, अथवा उसमें वर्णित ईसा मसीह का जीवन-चरित्र कहाँ तक ऐतिहासिक सत्य पर आधारित है। ईसा की पाँचवीं शताब्दी तक नव व्यवस्थान लिखा जा चुका था या नहीं, अथवा ईसा के जीवन-चरित्र में कितना सत्यांश है, इससे भी हमें कोई प्रयोजन नहीं। किन्तु इन सब लेखों का आधार एक ऐसी वस्तु है, जो अवश्य सत्य है, अनुकरणीय है। मिथ्या प्रलाप करने के लिए भी हमें किसी सत्य की नक़ल करनी पड़ती है, और सत्य सदैव वास्तविक ही होता है। जिसका कभी कोई अस्तित्व ही नहीं था, उसका अनुकरण भी कैसा? जिसे किसीने कभी देखा नहीं, उसकी नक़ल कैसे हो सकती है? इसलिए यह अनुमान करना स्वाभाविक है कि बाइबिल की कथाएँ कितनी ही अतिरंजित, अतिशयोक्तिपूर्ण क्यों न हों, उस कल्पना का अवश्य कोई आधार था—निश्चित ही उस युग में, जगत् में किसी महाशक्ति का आविर्भाव हुआ था, किसी महान् आध्यात्मिक शक्ति का अपूर्व विकास हुआ था—और उसीकी आज हम चर्चा कर रहे हैं। उस महाशक्ति के अस्तित्व में जब हमें कोई सन्देह नहीं है, तब हमें पण्डित वर्ग द्वारा की गयी आलोचनाओं का क्या भय? यदि एक प्राच्य-देशीय के रूप में मैं नाज़रथ-निवासी ईसा की उपासना करूँ, तो मेरे लिए ऐसा करने की केवल एक ही विधि है—और वह है उनकी ईश्वर के समान आराधना करना। उनकी अर्चना की और कोई विधि मैं नहीं जानता। क्या तुम कहते हो कि हमें इस प्रकार उनकी उपासना करने का अधिकार नहीं है? यदि हम ईसा को अपने ही हीन धरातल पर आसीन कर, उन्हें केवल एक महान् व्यक्ति मान उनके प्रति कुछ सम्मान प्रदर्शित करने में ही अपने कर्तव्य की इतिश्री मान लेते हैं, तो फिर उपासना का प्रयोजन ही क्या रह गया? हमारे शास्त्र कहते हैं, 'ये अनन्त-ज्योति के पुत्र—जिनमें ब्रह्म की ज्योति प्रकाशित है, जो स्वयं ब्रह्मज्योति-स्वरूप हैं—आराधित किये जाने पर हमारे साथ तादात्म्य भाव प्राप्त कर लेते हैं और हम भी उनके साथ एकत्व स्थापित कर लेते हैं।'

मनुष्य ईश्वर को तीन प्रकार से देखता है। प्रथमावस्था में अशिक्षित मनुष्य की अपरिपक्व बुद्धि कल्पना करती है कि ईश्वर आकाश में बहुत ऊँचे, किसी स्वर्ग नामक स्थान में सिंहासनासीन हो न्यायाधीश की भाँति पाप-पुण्य का निर्णय करता है। वह उसको अग्नि और भयावह रूप में देखता है। ईश्वर की इस प्रकार की भावना में भी कोई बुराई नहीं है। तुमको यह स्मरण रखना चाहिए कि मानव जाति की गति सदैव एक सत्य से दूसरे सत्य की ओर रही है; असत्य से—भ्रम

से सत्य की ओर नहीं। कल्पना करो कि तुम एक सरल रेखा में पृथ्वी से सूर्य की ओर जा रहे हो। यहाँ से तो तुम्हें सूर्य एक लघु बिम्ब के समान दृष्टिगत होता है। किन्तु कई लक्ष कोस प्रयाण करने पर सूर्य का आकार दीर्घ से दीर्घतर होता जायगा। ज्यों ज्यों हम अग्रसर होते रहेंगे, त्यों त्यों सूर्य अधिकाधिक दीर्घाकार दिखने लगेगा। अब यदि यात्रा की भिन्न भिन्न अवस्थाओं से तुम सूर्य के बीस हज़ार छायाचित्र लो, तो वे अवश्य ही एक दूसरे से भिन्न होंगे। किन्तु क्या तुम यह नहीं कहोगे कि वे एक ही वस्तु — एक ही सूर्य के छायाचित्र हैं? इसी प्रकार भिन्न भिन्न धर्म, चाहे वे उच्चतर हों या निम्नतर, उस अनन्त ज्योतिर्मय परमेश्वर की ओर मानव के प्रयाण की भिन्न भिन्न अवस्थाएँ मात्र हैं। उनमें केवल यही भेद है कि किसीमें ईश्वर की निम्नतर धारणा की गयी है और किसीमें उच्चतर। इसीलिए संसार के अविचारशील जनसाधारण के धर्मों में सदैव ही एक ऐसे ईश्वर की कल्पना की गयी है, जो भौतिक विश्व की परिधि के बाहर, स्वर्ग नामक स्थान में निवास करता है, वहीं से संसार-चक्र की गतिविधि पर नियंत्रण करता है, और पाप-पुण्य का न्याय कर मनुष्यों को दण्ड एवं पुरस्कार वितरित करता है, इत्यादि। ज्यों ज्यों मनुष्य आध्यात्मिक प्रगति करता गया, त्यों त्यों उसे यह प्रतीत होने लगा कि ईश्वर सर्वव्यापी है, स्वयं उसमें भी उसी ईश्वर का निवास है और उसका ईश्वर गें। ईश्वर सब आत्माओं की आत्मा है और उससे दूर अवस्थित नहीं है। जिस प्रकार मेरी आत्मा मेरे शरीर का परिचालन करती है, वैसे ही ईश्वर मेरी आत्मा का संचालन करता है, मेरी आत्मा में विद्यमान अन्तरात्मा है। कुछ व्यक्तियों ने, जो अभीष्ट रूप से विकसित हो चुके थे और पर्याप्त मात्रा में निर्मल थे, और भी अधिक अग्रसर होकर अंततः ईश्वर को प्राप्त कर लिया। जैसा कि नव व्यवस्थान में कहा गया है, 'धन्य हैं जिनका हृदय पवित्र है, क्योंकि वे ही ईश्वर का दर्शन प्राप्त करेंगे!' और उन्हें अन्त में इस तत्त्व की उपलब्धि हो सकी कि वे और उनके पिता एक हैं।

तुम देखोगे कि नव व्यवस्थान में मानव जाति के उन महान् शास्ता ने भी ईश्वर-प्राप्ति की इस सोपान-त्रयी की ही शिक्षा दी है। उन्होंने जिस सार्वजनिक प्रार्थना (common prayer) का उपदेश किया है उस पर ध्यान दो: 'हे मेरे स्वर्ग-निवासी पिता, तेरे नाम का जयजयकार हो' इत्यादि। कितनी सरल और शिशु की सी प्रार्थना है। देखो, और यह साधारण सार्वजनिक प्रार्थना है, क्योंकि यह अशिक्षित जनसाधारण के लिए है। अपेक्षाकृत उच्चतर व्यक्तियों के लिए, जो किंचित् अधिक प्रगति कर चुके थे, ईसा ने अपेक्षाकृत उच्चतर उपदेश दिया है: 'मैं अपने पिता में हूँ, तुम मुझमें हो और मैं तुममें हूँ।' क्या तुम्हें याद है यह?

और फिर जब यहूदियों ने ईसा से पूछा था, "तुम कौन हो ?"—तो ईसा ने अपनी महान् वाणी में घोषणा की, "मैं और मेरे पिता एक हैं।" यहूदियों ने सोचा, यह घोर नास्तिकता है, भगवान् का घोर तिरस्कार है। पर ईसा के कथन का अर्थ क्या था ? यह भी तुम्हारे पैग़म्बर स्पष्ट कर गये हैं: 'तुम सब देवता हो—तुम सब उस परात्पर पुरुष की सन्तान हो।' उन्हीं तीन स्तरों या भूमिकाओं पर ध्यान दो। तुम यह भी देखोगे कि प्रथमावस्था से आरम्भ करके धीरे धीरे अन्तिम अवस्था में आरोहण करना तुम्हारे लिए अपेक्षाकृत अधिक सरल है।

ईश्वर का यह दूत, मार्ग प्रदर्शित करने के लिए अवतीर्ण हुआ था: वे हमें बताने आये थे कि आत्मा बाह्याचार में नहीं है, गूढ़ दार्शनिक तर्क-वितर्कों से आत्म-तत्त्व की उपलब्धि नहीं होती। अच्छा होता यदि तुम कोई पुस्तक न पढ़ते, अच्छा होता यदि तुम विद्याहीन होते। मुक्ति के लिए इन उपकरणों की आवश्यकता नहीं है, उसके लिए धन, ऐश्वर्य और उच्च पद की ज़रूरत नहीं, यहाँ तक कि पाण्डित्य की भी आवश्यकता नहीं। उसके लिए केवल एक वस्तु की आवश्यकता है—और वह है पवित्रता। 'पवित्र हृदय पुरुष धन्य हैं', क्योंकि आत्मा स्वयं पवित्र है, वह अन्यथा अर्थात् अपवित्र हो भी कैसे सकती है ? ईश्वर से ही उसका आविर्भाव हुआ है, वह ईश्वर-प्रसूत है। बाइबिल के शब्दों में वह 'ईश्वर का निःश्वास है।' क़ुरान की भाषा में 'वह ईश्वर की आत्मास्वरूप है।' क्या तुम कहना चाहते हो कि ईश्वरात्मा कभी अपवित्र हो सकती है ? किन्तु दुर्भाग्य से हमारे शुभाशुभ कार्यों के कारण वह मानों सदियों की मैल, सैकड़ों वर्षों की अशुद्धि और धूलि से आवृत है; हमारे नानाविध दुष्कर्म, नानाविध अन्याय कार्य शत शत वर्षों से अज्ञानरूपी धूलि और मलिनता द्वारा उसके प्रकाश को मन्द कर रहे हैं। केवल इस धूलि और मैल की तह को उस पर से पोंछने भर की देर है कि आत्मा पुनः अपनी उज्ज्वल एवं दिव्य प्रभा से प्रकाशित हो जायगी। 'पवित्रहृदय व्यक्ति धन्य हैं, क्योंकि वे ईश-दर्शन करेंगे।' 'महान् स्वर्ग-राज्य तुम्हारे ही अन्तर में विराजमान है।' और इसीलिए नाज़रथ का यह महान् पैग़म्बर पूछता है, 'जब स्वर्ग तुम्हारे अन्तर में विराजमान है, तो उसे ढूंढ़ने अन्यत्र कहाँ जा रहे हो ? अपनी आत्मा को माँज-धोकर स्वच्छ करो, और वह तत्काल मिल जायगा। वह तो पहले से ही तुम्हारा है। यदि वह तुम्हारा न होता, तो तुम कैसे पा सकते ? तुम उसके अधिकारी हो। तुम अमरता के उत्तराधिकारी हो, तुम उस नित्य, सनातन पिता की सन्तान हो।

यह है उस महान् सन्देश-वाहक की महान् शिक्षा। उसकी दूसरी शिक्षा है त्याग—जो प्रायः सभी धर्मों का आधार है। आत्मशुद्धि कैसे प्राप्त की जा सकती है ?—त्याग द्वारा। एक धनी युवक ने एक बार ईसा से पूछा, "प्रभो, अनन्त

जीवन की प्राप्ति के लिए मैं क्या करूँ?" ईसा बोले, "तुझमें एक बड़ी कमी है। जाकर अपनी सारी सम्पत्ति बेच डाल। जो धन प्राप्त हो, उसे ग़रीबों को दे दे। तुझे स्वर्ग में अक्षय धन-सम्पदा प्राप्त होगी। उसके बाद 'क्रूस' धारण कर मेरा अनुगमन कर।" धनी युवक यह सुनकर अत्यन्त उदास हो गया और दुःखी होकर चला गया, क्योंकि उसके पास विशाल संपत्ति थी : हम सब न्यूनाधिक अंशों में उसी युवक के समान हैं। रात-दिन हमारे कानों में यही वाणी ध्वनित होती रहती है। हम अपने आनन्द और विषयोपभोग के क्षणों में सोचते हैं कि हम और सब कुछ भूल गये हैं। पर जब कभी क्षण भर का विराम आता है, तो हमारे कानों में वही ध्वनि गूँजने लगती है, 'अपना सर्वस्व त्याग कर मेरा अनुसरण कर।' 'जो अपनी जीवन-रक्षा का प्रयत्न करेगा, वह उसे खो देगा, और जो मेरे लिए अपना जीवन खोयेगा, वह उसे पा लेगा।' जो भी अपना जीवन उन्हें समर्पित कर देगा, वही अमृतत्व लाभ करेगा, उसे ही अमरता वरण करेगी। हमारी समस्त दुर्बलता के बीच, एक क्षण का विराम आ उपस्थित होता है और पुनः उस वाणी की घोषणा हमारे कानों में शुरू हो जाती है : 'अपना सर्वस्व त्याग कर दे, उसे ग़रीबों को बाँट दे, और मेरा अनुगमन कर।' यही एक आदर्श है जिसकी ईसा मसीह ने शिक्षा दी है, जिसकी दुनिया के सभी पैग़म्बरों ने शिक्षा दी है। इस त्याग का क्या तात्पर्य है? त्याग का मर्म केवल यही है कि निःस्वार्थता ही नैतिकता का एकमेव आदर्श है। निःस्व बनो। पूर्ण निःस्वार्थपरता ही आदर्श है। 'यदि किसीने तुम्हारे एक गाल पर थप्पड़ मार दिया है, तो दूसरा गाल भी उसकी ओर कर दो। यदि किसीने तुम्हारा कोट छीन लिया है, तो तुम उसे अपना चोग़ा भी दे दो।'

आदर्श को उसके उच्च धरातल से नीचा न करते हुए हमें उसे प्राप्त करने का यथाशक्ति प्रयत्न करना चाहिए। और यह आदर्श अवस्था वह है, जिसमें मनुष्य का अहंभाव पूर्णतया नष्ट हो जाता है, उसका स्वत्व-भाव लुप्त हो जाता है, जब उसके लिए ऐसी कोई वस्तु नहीं रह जाती, जिसे वह 'मैं' और 'मेरी' कह सके, जब वह पूर्णतया आत्म-विसर्जन कर देता है, मानो अपनी आहुति दे देता है। इस प्रकार अवस्थापन्न व्यक्ति के अन्तर में स्वयं ईश्वर निवास करता है, क्योंकि ऐसे व्यक्ति की अहं-वासना पूर्ण रूप से नष्ट हो गयी है, एकदम निर्मूल हो गयी है। यह है आदर्श व्यक्ति, और यद्यपि इस आदर्शावस्था को हम प्राप्त नहीं हुए हैं, तथापि हमें इस आदर्श की पूजा करते हुए, उस ओर शनैः शनैः अग्रसर होते रहना चाहिए। आज, कल या सहस्रों वर्ष के बाद हमें उस आदर्श को प्राप्त करना ही होगा, क्योंकि यह साध्य ही नहीं है, साधन भी है। निःस्वार्थपरता, पूर्ण अहं-शून्यता

साक्षात् मुक्ति है, क्योंकि तब भीतर का व्यक्ति मर जाता है, और अवशिष्ट रह जाता है केवल ईश्वर!

एक बात और। मानव जाति के सभी महान् शिक्षक स्वार्थशून्य हैं। कल्पना करो कि नाज़रथ के ईसा उपदेश दे रहे हैं—और इसी बीच कोई व्यक्ति उठकर पूछने लगता है, 'आपका उपदेश बहुत सुन्दर है, मेरा विश्वास है कि पूर्णत्व प्राप्ति का यही एक मार्ग है और मैं उसका अनुसरण करने को भी प्रस्तुत हूँ, किन्तु मैं ईश्वर के उत्पन्न एकमात्र पुत्र के रूप में आपकी उपासना नहीं कर सकता।' ईसा मसीह के पास इसका क्या उत्तर होगा?—सोचो। अवश्य ईसा उस व्यक्ति से कहते, 'अच्छा भाई, आदर्श का अनुसरण करो और अपने भाव के अनुसार उस ओर प्रगति करो। तुम मुझे मेरे उपदेशों के लिए कोई श्रेय दो या न दो—मुझे इसकी चिन्ता नहीं है। मैं कोई दूकानदार नहीं हूँ, बनिया नहीं हूँ। मैं धर्म का व्यवसाय नहीं करता। मैं केवल सत्य की शिक्षा देता हूँ—और सत्य किसीकी बपौती—किसीकी जायदाद नहीं है। सत्य पर किसीका एकाधिपत्य नहीं है। सत्य स्वयं ईश्वर है। तुम अपने मार्ग पर बढ़ते जाओ।' पर आज ईसा के अनुयायी उसी प्रश्न का यह जवाब देते हैं, 'तुम इन उपदेशों पर, चलो या न चलो, पर यह बतलाओ कि तुम उपदेशक को श्रेय देते हो या नहीं? यदि तुम शास्ता को श्रेय देते हो, तो अवश्य ही तुम्हारा उद्धार हो जायगा; यदि नहीं, तो तुम्हारी मुक्ति की कोई आशा नहीं।' इस प्रकार उन महापुरुष की सारी शिक्षाओं को विकृत रूप दे दिया गया है। सारे विवाद, सारे झगड़े, केवल उनके व्यक्तित्व को लेकर खड़े होते हैं। वे नहीं जानते कि इस प्रकार का भेद आरोपित कर वे उसी व्यक्ति को लांछित और अपमानित कर रहे हैं, जो उनका आदरणीय एवं पूजार्ह है, जो स्वयं इस प्रकार के विचार सुनकर लज्जा से संकुचित हो जाता। संसार में कोई उन्हें स्मरण रखता है या नहीं, इसकी उन महापुरुष को क्या परवाह थी? उन्हें तो विश्व को एक सन्देश देना था—और वह उन्होंने दे दिया। इसके बाद यदि उन्हें बीस सहस्र जीवन भी प्राप्त होते, तो उन्हें वे दुनिया के ग़रीब से ग़रीब आदमी के लिए भी निछावर कर देते। यदि लक्ष लक्ष घृणित 'समारिया'-वासियों के उद्धार के लिए उन्हें करोड़ों बार करोड़ों यातनाएँ भी सहनी पड़तीं, यदि उनमें से एक एक की मुक्ति के लिए उन्हें अपने जीवन की भी आहुति देनी पड़ती, तो वे सहर्ष यह सब अंगीकार कर लेते और यह सब करते हुए उन्हें यह इच्छा छू भी न पाती कि दुनिया में किसीको उनका नाम मालूम हो। स्वयं ईश्वर जिस प्रकार कार्य करता है, वे भी उसी प्रकार शान्त, स्थिर, नीरव और अज्ञात रूप से अपना कार्य करते। लेकिन इनके अनुयायी क्या कहते हैं? वे कहते हैं—

'तुम पूर्ण निःस्वार्थ और दोषरहित ही क्यों न हो, जब तक तुम हमारे पैग़म्बर, हमारे धर्माचार्य की पूजा और उनका सम्मान नहीं करोगे, तुम्हारा उद्धार नहीं होगा।' पर यह क्यों? इस कुसंस्कार, इस अज्ञान का कारण क्या है—इसकी उत्पत्ति कहाँ से हुई? इसका एकमात्र कारण यही हो सकता है कि ईसा के शिष्य सोचते हैं—ईश्वर केवल एक ही बार अवतीर्ण हो सकता है। किन्तु यही विचार सब कुसंस्कारों, सब भ्रमों की जड़ है। ईश्वर मानव-रूप में तुम्हारे सामने प्रकट हुआ है। किन्तु प्राकृतिक जगत् में जो घटनाएँ होती हैं, वे अवश्यमेव भूतकाल में भी हुई हैं और भविष्य में भी होंगी। प्रकृति में ऐसी कोई घटना नहीं है, जो नियमाधीन न हो। उसके नियमबद्ध होने का अर्थ केवल यही है कि जो घटना एक बार हुई है, वह चिर काल से ही घटती आ रही है और भविष्य में भी घटती रहेगी।

भारत में ईश्वरावतार के सम्बन्ध में यही सिद्धान्त प्रचलित है। भारतीयों के अन्यतम अवतार श्री कृष्ण ने, जिनकी भगवद्गीता-स्वरूप अपूर्व उपदेश-माला तुममें से अनेक ने पढ़ी होगी, कहा है: 'यद्यपि मैं जन्मरहित, अक्षयस्वभाव एवं इस भूतसमूह का ईश्वर हूँ, तथापि मैं अपनी प्रकृति का अधिष्ठान कर, अपनी माया से जन्म ग्रहण करता हूँ। हे अर्जुन! जब जब धर्म की अवनति और अधर्म का उत्थान होता है, तब तब मैं शरीर धारण करता हूँ। साधुजन के परित्राणार्थ, दुष्कार्य-रत व्यक्तियों के विनाशार्थ तथा धर्म की संस्थापना के लिए मैं प्रत्येक युग में जन्म ग्रहण करता हूँ।'[1] जब संसार की अवनति होने लगती है, तो भगवान् उसकी सहायता करने को अवतार लेते हैं; इस प्रकार वे विभिन्न स्थानों एवं विभिन्न युगों में आविर्भूत होते रहते हैं। एक दूसरे स्थान पर भगवान् श्री कृष्ण ने कहा है—'जहाँ कहीं किसी असाधारण शक्तिसम्पन्न एवं पवित्र आत्मा को मानव जाति के उत्थान के लिए यत्नशील देखो, तो यह जान लो कि वह मेरे ही तेज से उत्पन्न हुआ है, मैं उसके माध्यम से कार्य कर रहा हूँ।'[2]

---

१. अजोऽपि सन्नव्ययात्मा भूतानामीश्वरोऽपि सन्।
प्रकृतिं स्वामधिष्ठाय सम्भवाम्यात्ममायया॥
यदा यदा हि धर्मस्य ग्लानिर्भवति भारत।
अभ्युत्थानमधर्मस्य तदात्मानं सृजाम्यहम्॥
परित्राणाय साधूनां विनाशाय च दुष्कृताम्।
धर्मसंस्थापनार्थाय सम्भवामि युगे युगे॥ गीता ॥४।६-८॥

२. यद्यद्विभूतिमत्सत्त्वं श्रीमदूर्जितमेव वा।
तत्तदेवावगच्छ त्वं मम तेजोंऽशसम्भवम्॥ गीता ॥१०।४१॥

इसलिए हमें केवल नाज़रथवासी ईसा में ही ईश्वर का दर्शन न कर विश्व के उन सभी महान् आचार्यों और पैग़म्बरों में भी उसका दर्शन करना चाहिए, जो ईसा के पहले जन्म ले चुके थे, जो ईसा के पश्चात् आविर्भूत हुए हैं और जो भविष्य में अवतार ग्रहण करेंगे। हमारा सम्मान और हमारी पूजा सीमाबद्ध न हो। ये सब महापुरुष उसी एक अनन्त ईश्वर की विभिन्न अभिव्यक्ति हैं। वे सब शुद्ध और स्वार्थगन्धशून्य हैं, सभी ने इस दुर्बल मानव जाति के उद्धार के लिए प्राणपण से प्रयत्न किया है, इसीके लिए अपना जीवन निछावर कर दिया है। वे हमारे और हमारी आनेवाली सन्तान के सब पापों को ग्रहण कर उनका प्रायश्चित्त कर गये हैं।

एक दृष्टि से हम सभी अवतार हैं, हम सब अपने कन्धों पर संसार का भार वहन कर रहे हैं। क्या तुमने कोई ऐसा व्यक्ति देखा है, ऐसी कोई स्त्री देखी है, जो धैर्यपूर्वक, शान्ति से अपने जीवन का लघु भार न वहन कर रही हो ? ये महान् अवतार हमारी तुलना में अवश्य ही बहुत बड़े थे और इसलिए वे अपने कन्धों पर इस विशाल जगत् का भार उठाने में भी सफल हो सके। अवश्य उनसे तुलना करने पर हम बौने प्रतीत होते हैं, किन्तु हम भी वही कार्य कर रहे हैं—हम भी अपने छोटे छोटे घरों में, अपने छोटे संसार में अपने क्रूस सिर पर रख अग्रसर हो रहे हैं। कोई कितना ही अपदार्थ क्यों न हो, कितना ही हीन क्यों न हो, अपना क्रूस स्वयं ही वहन करता है। हमारी सब भ्रान्तियों, सब दुष्कृतियों, हमारे सब हीन और गर्हित विचारों के लांछन तथा अपवाद की कालिमा के बावजूद भी हमारे चरित्र में एक उज्ज्वल अंश है, कहीं न कहीं एक ऐसा सुवर्ण सूत्र है, जिसके द्वारा हम सदैव भगवान् से संयुक्त रहते हैं। कारण, यह निश्चय ही जानो कि जिस क्षण भगवान् के साथ हमारा यह संयोग नष्ट हो जायगा, उसी क्षण हमारा विनाश हो जायगा। और चूँकि कभी किसी का सम्पूर्ण नाश होना असम्भव है, हम कितने ही हीन, पतित तथा दुष्कर्मरत क्यों न हों, कहीं न कहीं हमारे हृदय में—हमारे अन्तर के अन्तरतम प्रदेश में ज्योति की एक ऐसी किरण विराजमान है, जो भगवान् से चिर संयुक्त है।

विभिन्न देशीय, विभिन्न जातीय और विभिन्न मतावलम्बी, भूतकाल के उन सब महापुरुषों को हम प्रणाम करते हैं, जिनके उपदेश और चरित्र हमने उत्तराधिकार में पाये हैं। विभिन्न जातियों, देशों और धर्मों में जो देवतुल्य नर-नारीगण मानव जाति के कल्याण में रत हैं, उन सबको प्रणाम है। जीवन्त ईश्वर-स्वरूप जो महापुरुष भविष्य में हमारी सन्तान के लिए निःस्पृहता से कार्य करने के लिए अवतार धारण करेंगे, उन सबको प्रणाम है।

मुहम्मद

(२५ मार्च, सन् १९०० को 'सैन फ़्रैन्सिस्को बे' क्षेत्र में दिया गया व्याख्यान)

कृष्ण के प्राचीन सन्देश में बुद्ध, ईसा और मुहम्मद तीनों के सन्देशों का समन्वय है। तीनों में से प्रत्येक ने एक एक भाव लिया और उसे चरम तक पहुँचा दिया। कृष्ण अन्य सभी पैग़म्बरों के पूर्ववर्ती हैं। [फिर भी हम कह सकते हैं कि] कृष्ण ने पुरानें भावों को लिया और उनका समन्वय किया, [यद्यपि] उन्हींके सन्देश सबसे प्राचीन हैं। कुछ समय के लिए बौद्ध धर्म की बाढ़ में उनका संदेश डूब गया। आज यह सन्देश भारत की विशेषता है। यदि तुम्हारी इच्छा हो तो आज अपराह्न में, मैं मुहम्मद के विषय में कुछ कहूँ और अरब के उस महान् पैग़म्बर के विशिष्ट कार्य पर प्रकाश डालूँ।

मुहम्मद [जब] जवान थे...तब [जान पड़ता है] धर्म की उतनी परवाह नहीं करते थे। धन कमाने की ओर उनका झुकाव था। वे एक अच्छे युवक समझे जाते थे और बड़े सुन्दर थे। एक धनी विधवा थी। वह इस युवक से प्रेम करने लगी और उनका विवाह हो गया। जब मुहम्मद विश्व के बृहत्तर भाग के सम्राट् हो गये और रोम तथा फ़ारस के साम्राज्य उनके आधिपत्य में आ गये, तब उनकी कई पत्नियाँ हो गयीं। जब एक दिन उनसे पूछा गया कि आपको कौन सी पत्नी सबसे ज्यादा पसन्द है, तब उन्होंने अपनी प्रथम पत्नी की ओर संकेत किया, 'क्योंकि मेरे [प्रति] उसकी निष्ठा सर्वप्रथम हुई। स्त्रियों में निष्ठा होती है...स्वतन्त्रता प्राप्त करो, सब कुछ प्राप्त करो, किन्तु स्त्रियों की इस विशिष्टता को मत गँवाओ!...'

पाप, मूर्तिपूजा और नक़ली पूजा, अंधविश्वास और नर-बलियों इत्यादि को देखकर मुहम्मद का हृदय खिन्न हो गया। ईसाइयों द्वारा यहूदी अवमानित होते थे। उधर ईसाई लोग उनके देशवासियों से भी अधिक गिरे हुए थे।

हम लोग हमेशा जल्दबाज़ी में रहते हैं। [किन्तु] यदि कोई महान् कार्य सम्पन्न होना है, तो निश्चय ही काफ़ी तैयारी होनी चाहिए...। दिन-रात ईश्वर की अत्यधिक प्रार्थना करने से मुहम्मद को दिव्य स्वप्न और दिव्य दर्शन होने लगे। गैब्रियल ने उन्हें स्वप्न में दर्शन दिया और कहा कि मैं सत्य का संदेशवाहक हूँ।

उसने उनसे कहा कि ईसा, मूसा और सभी पैग़म्बरों के सन्देश लुप्त हो जायँगे और तुम जाकर उपदेश दो। ईसा के नाम पर ईसाइयों को राजनीति का उपदेश देते देखकर और फ़ारसवालों को द्वैतवाद का उपदेश देते देखकर मुहम्मद ने कहा, "हमारा अल्लाह एक ही है। जो कुछ है, उस सबका वह मालिक है। उसका अन्य किसीसे कोई मुक़ाबला नहीं किया जा सकता।"

ईश्वर तो ईश्वर है। कोई दर्शन नहीं है, कोई जटिल आचार-संहिता नहीं है। 'हमारा ख़ुदा एक है, उसका कोई दोयम नहीं है और मुहम्मद पैग़म्बर है।' . . .मुहम्मद ने मक्के की सड़कों पर यह उपदेश देना शुरू किया।. . .उन्होंने उनको यातना देना आरम्भ किया और वे [मदीना] शहर में भाग गये। उन्होंने लड़ना शुरू किया और पूरी जाति एक हो गयी। ख़ुदा के नाम पर इस्लाम ने दुनिया में प्रलय मचा दिया। एक प्रबल विजेता शक्ति! . . .

तुम. . .लोगों के भाव बहुत कठोर हैं और तुम लोग इतने अंधविश्वासी और रूढ़िवादी हो! ये संदेशवाहक ईश्वर के यहाँ से निश्चय ही आये होंगे, अन्यथा वे इतने महान् कैसे हो सकते थे? तुम प्रत्येक दोष देखते हो। हममें से प्रत्येक के अपने अपने दोष हैं। किसमें नहीं हैं? मैं यहूदियों के बहुत से दोषों को बता सकता हूँ। दुष्ट लोग सदा दोष ढूँढ़ते रहते हैं।. . .मक्खियाँ आती हैं और [घाव] ढूढ़ती हैं और मधुमक्खियाँ फूलों से केवल मधु लेने के लिए आती हैं। मक्खी के नहीं, बल्कि मधुमक्खी के मार्ग पर चलो।

मुहम्मद ने बाद में बहुत सी स्त्रियों से विवाह किया। प्रत्येक महान् पुरुष दो सौ स्त्रियों से विवाह कर सकता है। तुम जैसे समर्थों को मैं एक स्त्री से विवाह न करने देता। महात्माओं के चरित्र रहस्यमय होते हैं। उनके तरीक़े हमारी शोध के परे होते हैं। निश्चय ही हमें उनके बारे में निर्णय नहीं देना चाहिए। ईसा मुहम्मद के बारे में निर्णय दे सकते हैं। तुम और मैं कौन हूँ? नन्हे शिशु! हम इन महात्माओं को क्या समझते हैं? . . .

[इस्लाम] जनसाधारण के लिए सन्देश के रूप में आया।. . .प्रथम सन्देश था समानता का।. . .एक धर्म है—प्रेम। जाति, रंग या अन्य किसी वस्तु का अब कोई प्रश्न नहीं। इसे अंगीकार करो! उस व्यावहारिक गुण ने बाज़ी मार ली . . .। वह महान् सन्देश बिल्कुल सीधा-सादा था। एक ईश्वर में विश्वास करो, जो स्वर्ग और पृथ्वी का स्रष्टा है। उसने सबकी सृष्टि शून्य से की। कोई प्रश्न मत पूछो. . .।

उनके उपासना-गृह प्रोटेस्टैंटों के गिरजाघरों जैसे हैं. . .। न तो कोई संगीत, न शिल्प और न चित्र! कोने में एक चबूतरा; उस पर क़ुरान रखा रहता है। सब

लोग पंक्ति में खड़े हो जाते हैं। न तो कोई पुरोहित होता है, न पादरी और न बिशप...। जो आदमी प्रार्थना करता है, उसे श्रोताओं की बग़ल में खड़ा होना पड़ता है। कुछ भाग सुन्दर हैं...।

ये पुराने लोग सभी ईश्वर के दूत थे। मैं दण्डवत् करता हूँ और उनकी पूजा करता हूँ; मैं उनकी चरण-रज लेता हूँ। लेकिन वे मर चुके हैं! ...और हम लोग जीवित हैं। हमें निश्चय ही आगे बढ़ना चाहिए! ...धर्म ईसा या मुहम्मद की नक़ल नहीं है। कोई नक़ली चीज़ भले ही अच्छी हो, पर वह कभी असली नहीं है। ईसा की नक़ल मत बनो बल्कि ईसा बनो। तुम बिल्कुल उतने ही बड़े हो, जितने ईसा, बुद्ध या अन्य कोई हैं। यदि हम नहीं हैं...तो हमें अवश्य पुरुषार्थ करना चाहिए और बन जाना चाहिए। मैं ठीक ठीक ईसा के जैसा नहीं हो सकता। यह अनावश्यक है कि मैं यहूदी के रूप में पैदा होऊँ...।

सबसे महान् धर्म है—अपनी आत्मा के प्रति सच्चा बनना। स्वयं अपनी आत्मा में विश्वास करो! यदि तुम्हारी ही सत्ता नहीं है तो कैसे ईश्वर का अस्तित्व होगा या अन्य किसीका? तुम जहाँ कहीं भी हो, यह मन ही है जो असीम का भी बोध करता है। मैं ईश्वर को देखता हूँ, इसलिए उसका अस्तित्व है। अगर मैं ईश्वर के बारे में सोच नहीं सकता, तो [मेरे लिए] उसकी सत्ता नहीं है। हमारी मानवीय प्रगति की यह शानदार सफलता है।

ये महात्मा मार्ग के संकेत दर्शक हैं। बस वे इतना ही हैं। वे कहते हैं, 'बन्धुओ, आगे बढ़े चलो!' हम उनसे चिपट जाते हैं; हम कभी डोलना नहीं चाहते। हम सोचना नहीं चाहते; हम चाहते हैं, हमारे लिए दूसरे सोचें। संदेशवाहक अपना उद्देश्य पूरा करते हैं। वे हमसे उद्यमी होने के लिए कहते हैं। सौ साल बाद हम उस संदेश से चिपक जाते हैं और सो जाते हैं।

आस्था और विश्वास और मतों के बारे में बातें करना आसान है, किन्तु चरित्र-निर्माण करना और इन्द्रियों के वेगों का निग्रह करना बड़ा कठिन है। हम उनके शिकार बन जाते हैं। हम मिथ्याचारी हो जाते हैं...।

[धर्म] मत नहीं है और [न] नियम है। यह एक प्रक्रिया है। बस। [मत और नियम] सब अभ्यास के लिए हैं। उस अभ्यास से हमें आध्यात्मिक बल मिलता है और अन्त में हम बंधन तोड़ देते हैं तथा मुक्त हो जाते हैं। सिवा अभ्यास के मत की कोई उपयोगिता नहीं...। अभ्यास से अन्तःकरण की शुद्धि होती है। अब तुम कहने लगते हो, 'मैं विश्वास करता हूँ'; तब वह अभ्यास समाप्त हो जाता है...।

'जब कभी पुण्य दब जाता है और अनैतिकता का बोलबाला होता है, तब मैं

मनुष्य का शरीर धारण करता हूँ। साधुजनों के परित्राण, दुष्टजनों के विनाश और धर्म की स्थापना के लिए मैं प्रत्येक युग में प्रकट होता हूँ।"[1] . . .

[ऐसे] हैं वे आलोक के महान् सन्देशवाहक। वे हमारे महान् गुरु और बड़े भाई हैं। परन्तु हमें अपने रास्ते पर ही चलना होगा!

---

१. गीता ॥४।७–८॥

मेरे गुरुदेव

(न्यूयार्क में दिया हुआ भाषण)

भगवान् श्री कृष्ण ने भगवद्गीता में कहा है—

'जब जब धर्म का ह्रास होता है तथा अधर्म की वृद्धि होती है, तब तब मनुष्य जाति के उद्धार के निमित्त मैं अवतार लेता हूँ।'[1]

जब कभी हमारे इस संसार में विकास या नूतन परिस्थितियों के कारण नये सामंजस्य की आवश्यकता होती है, उस समय एक शक्तितरंग आती है और मनुष्य के आध्यात्मिक तथा भौतिक क्षेत्रों में विचरण करने के कारण इन दोनों क्षेत्रों में ही इस तरंग का प्रभाव पड़ता है। एक ओर भौतिक क्षेत्र में आधुनिक समय में प्रधानतः यूरोप ने ही सामंजस्य स्थापित किया है और दूसरी ओर आध्यात्मिक क्षेत्र में सारे संसार के इतिहास में एशिया ही समन्वय का मुख्य आधार रहा है।

आज आध्यात्मिक क्षेत्र में सामंजस्य की पुनः आवश्यकता है—आज, जब कि भौतिकवाद अपनी शक्ति तथा कीर्ति के शिखर पर है तथा जब यह सम्भव हो रहा है कि मनुष्य जड़ वस्तुओं पर अधिकाधिक अवलम्बित रहने से अपनी दैवी प्रकृति भूलकर केवल धनोपार्जन का एक यंत्र मात्र बन जाय, समायोजन की बड़ी आवश्यकता है। ऐसे अवसर के लिए ईश्वर-वाणी हो चुकी है और ऐसी दैवी शक्ति का आगमन हो रहा है, जो बढ़ते हुए भौतिकवाद के मेघों को तितर-बितर कर देगी। इस शक्ति के खेल का आरम्भ हो चुका है और यह शक्ति ही मानव जाति में उसके वास्तविक स्वरूप की स्मृति का संचार एक बार फिर कर देगी; और वह स्थान जहाँ से यह शक्ति सभी दिशाओं में प्रसारित होगी, फिर एशिया ही होगा।

हमारा यह संसार श्रम-विभाजन की प्रणाली पर अवलम्बित है। यह कहना व्यर्थ है कि एक ही मनुष्य प्रत्येक वस्तु का अधिकारी होगा, परन्तु फिर भी एक बच्चे के समान हम कैसे अनजान हैं! अज्ञानवश एक बच्चा यही सोचता है कि समस्त संसार में वांछनीय वस्तु केवल उसकी गुड़िया ही है। इसी प्रकार एक जाति जो

---

१. यदा यदा हि धर्मस्य ग्लानिर्भवति भारत।
अभ्युत्थानमधर्मस्य तदात्मानं सृजाम्यहम्।। गीता ।। ४।७ ।।

भौतिक शक्ति में श्रेष्ठ है, सोचती है कि इस संसार में यदि कोई वस्तु अमूल्य एवं प्राप्त करने योग्य है तो वह भौतिक शक्ति ही है तथा उन्नति एवं सभ्यता का अर्थ इसके अतिरिक्त दूसरा है ही नहीं, और यदि कुछ जातियाँ ऐसी हैं, जो इसकी परवाह नहीं करतीं तथा जिनके पास यह शक्ति नहीं है, तो वे टिकने योग्य नहीं हैं—उनका सारा अस्तित्व ही सर्वथा निरर्थक है। परन्तु दूसरी ओर एक जाति के विचार हो सकते हैं कि केवल भौतिक सभ्यता ही नितान्त निरर्थक है और ऐसी वाणी प्राच्य देश से ही उठी, जिसने एक समय सारे संसार को यह बतलाया था कि किसी मनुष्य के पास यदि संसार की सारी संपत्ति है, परन्तु आध्यात्मिक शक्ति नहीं, तो वह सब किस काम का? यही भाव प्राच्य का है और इसके विरुद्ध दूसरा पाश्चात्य का।

ये दोनों ही भाव महत्त्वपूर्ण तथा गौरवशाली हैं। वर्तमान सामंजस्य इन दोनों आदर्शों का समन्वय तथा मिश्रण स्वरूप होगा। पाश्चात्य के निकट इन्द्रियग्राह्य जगत् जितना सत्य है, उतना ही प्राच्य के लिए आध्यात्मिक जगत् है। आध्यात्मिक राज्य में प्राच्य जो कुछ चाहता है या जिसकी वह आशा करता है तथा जो कुछ जीवन को सत्य बनाता है—यह सब उसे इसमें मिल जाता है। पाश्चात्य के लिए प्र च्य स्वप्नसृष्टि में ही विचरण करनेवाला दिखता है तथा प्राच्य भी पाश्चात्य को वैसा ही देखता है और सोचता है कि यह तो केवल नाशवान खिलौने से ही खेल रहा है और यह विचार कर हँसता है कि बड़े-बूढ़े पुरुष तथा स्त्रियाँ एक मुट्ठी भर ऐहिक वस्तु के सम्बन्ध में, जिसको कि आगे-पीछे उन्हें छोड़ना ही पड़ेगा, कितना तिल का ताड़ बना रहे हैं। तात्पर्य यह है कि दोनों एक दूसरे को स्वप्न-सृष्टि में विचरण करनेवाले समझते हैं। परन्तु प्राच्य आदर्श मानव जाति की उन्नति के लिए उतना ही आवश्यक है जितना कि पाश्चात्य आदर्श—और मैं सोचता हूँ कि शायद अधिक ही। मशीनों ने मनुष्य जाति को कभी सुखी नहीं बनाया और न बना सकेंगी। जो हमें इस बात का विश्वास दिलाने का यत्न कर रहा है, वह यही कहेगा कि सुख मशीनों में ही है, परन्तु है यह सदा मन में ही। केवल वही मनुष्य जो अपने मन का स्वामी है, सुखी हो सकता है—दूसरा नहीं। और आखिर यह मशीन की शक्ति है ही क्या? यदि कोई मनुष्य बिजली के तार द्वारा विद्युत्-प्रवाह (electric current) भेज सकता है, तो उसे हम एक बड़ा तथा बुद्धिमान मनुष्य क्यों कहें? क्या प्रकृति उससे कई लाख गुना कार्य प्रत्येक क्षण नहीं करती है? अतः हम प्रकृति के ही चरणों पर गिरकर उसकी ही पूजा क्यों न करें? यदि तुम्हारी शक्ति समस्त विश्व भर में फैल गयी तथा यदि तुमने विश्व के प्रत्येक परमाणु को वश में कर भी लिया तो क्या हुआ? इससे तो तुम सुखी नहीं हो सकते। तुम सुखी तभी हो सकते हो, जब तुम स्वयं को जीत लो। यह सत्य है कि मनुष्य

का जन्म प्रकृति पर विजय प्राप्त करने के लिए ही हुआ है, परन्तु प्रकृति शब्द से पाश्चात्य जाति केवल भौतिक अथवा बाह्य प्रकृति ही समझती है। यह सत्य है कि पहाड़ों, समुद्रों, नदियों तथा अपनी नाना प्रकार की अनन्त शक्तियों द्वारा समन्वित यह बाह्य प्रकृति अत्यन्त महान् है, परन्तु फिर भी मनुष्य की अन्तःप्रकृति इससे भी महत्तर है—यह सूर्य, चन्द्रमा तथा नक्षत्रादि से भी उच्च है, हमारी इस पृथ्वी से—समग्र जड़ जगत् से भी श्रेष्ठ है और हमारे इन छोटे छोटे जीवनों से भी अतीत है तथा यह हमारी गवेषणा के लिए एक विशिष्ट क्षेत्र है। जिस तरह पाश्चात्य जाति ने बहिर्जगत् की गवेषणा में श्रेष्ठत्व लाभ किया है, उसी तरह प्राच्य जाति ने अन्तर्जगत् की गवेषणा में। अतः यह ठीक ही है कि जब कभी आध्यात्मिक सामञ्जस्य की आवश्यकता होती है, तो उसका आरम्भ प्राच्य से ही होता है। साथ ही साथ यह भी ठीक है कि जब कभी प्राच्य को मशीन बनाने के सम्बन्ध में सीखना हो, तो वह पाश्चात्य के पास ही बैठकर सीखे। परन्तु यदि पाश्चात्य ईश्वर, आत्मा तथा विश्व के रहस्य सम्बन्धी बातों को जानना चाहे, तो उसे प्राच्य के चरणों के समीप ही आना चाहिए।

मैं तुम्हारे सम्मुख एक ऐसे महापुरुष के जीवन का वर्णन करूँगा, जिन्होंने भारतवर्ष में इन गहन विषयों की एक तरंग प्रवाहित कर दी। परन्तु इनका जीवन-चरित्र वर्णन करने के पूर्व मैं यह बतलाने का यत्न करूँगा कि भारत का रहस्य क्या है तथा 'भारत' कहने से हम क्या समझते हैं। ऐसे व्यक्ति, जिनकी आँखें नश्वर वस्तुओं की ऊपरी तड़क-भड़क से चौंधिया गयी हैं, जिनका सारा जीवन खाने-पीने तथा चैन करने के निमित्त ही समर्पित हो चुका है, जिनकी सम्पत्ति का आदर्श केवल भू-प्रदेश तथा सुवर्ण ही है, जिनके सुख का आदर्श केवल इन्द्रियजन्य सुख ही है, जिनका ईश्वर केवल धन ही है, जिनके जीवन का ध्येय ऐश एव आराम करना तथा मर जाना ही है, जिनकी बुद्धि दूरदर्शी नहीं है, जो इन्द्रियभोग्य विषयों के बीच में हमेशा पड़े रहते हैं, तथा जो इनसे उच्चतर बातें सोच ही नहीं सकते, यदि भारत में जायँ, तो उन्हें वहाँ क्या दिखलायी देगा?—प्रत्येक स्थान पर निर्धनता, जघन्यता, अन्धविश्वास, अज्ञान एवं बीभत्सता ही। इसका कारण क्या है? कारण यह है कि उनकी समझ में सभ्यता का अर्थ है वेष-भूषा, शिक्षण तथा सामाजिक शिष्टाचार। पाश्चात्य जाति ने अपनी ऐहिक उन्नति के लिए सब प्रकार से यत्न किया है, परन्तु भारत ने वैसा नहीं किया। यदि हम मनुष्य जाति के सारे इतिहास को देखें तो हम पायेंगे कि सारे संसार में केवल भारत में ही ऐसी जाति है, जो अपने देश की सीमा के बाहर कभी किसी दूसरे देश को परास्त करने के लिए नहीं गयी, जिसने दूसरे की सम्पत्ति को कभी प्राप्त करने की इच्छा नहीं की। और यदि कहा जाय

तो केवल उसका 'अपराध' यही था कि उसकी भूमि बड़ी उपजाऊ थी और उसने अपने हाथों कड़ी मेहनत करके धन इकट्ठा किया और इस प्रकार दूसरे राष्ट्रों को यह प्रलोभन दिया कि वे आकर उसके यहाँ लूट-मार करें। परन्तु फिर भी वह लुट जाने पर तथा 'जंगली' कही जाने पर भी सन्तुष्ट है और उसके बदले में संसार में ईश्वर विषयक ज्ञान का प्रचार करना चाहती है, मानव प्रकृति के गुह्य रहस्य को संसार के सम्मुख स्पष्ट रूप से प्रकट करना चाहती है तथा उस पर्दे को हटा देना चाहती है जो मनुष्य के असली स्वरूप को छिपाये है। वह जानती है कि यह सब स्वप्न है—वह जानती है कि इस जड़ के पीछे मनुष्य का प्रकृत ब्रह्मभाव विराजमान है, जिसे न तो कोई पाप पतित कर सकता है, न काम कलंकित कर सकता है, न आग जला सकती है और न जल गीला ही कर सकता है, जो आँच से सूख नहीं सकता और न जिसे काल अपने गाल में ही डाल सकता है। उसके लिए मनुष्य का यह असली स्वरूप उतना ही वास्तविक है, जितना किसी पाश्चात्य जाति के लिए इन्द्रिय-गम्य जड़ पदार्थ।

जिस प्रकार तुम शूरता से एक तोप के मुँह के सामने उड़ जाने के लिए कूद पड़ते हो तथा जैसे देशभक्ति से प्रेरित हो उत्साह के साथ अपने देश के लिए प्राण भी दे देते हो, उसी प्रकार भारतवासी ईश्वर के नाम पर अपना सर्वस्व अर्पण करने में शूर होते हैं। यह बात उसी देश में है कि यदि कोई पुरुष किसीको यह सुझा देता है कि यह संसार कल्पना मात्र है, केवल स्वप्नवत् है, तो वह मनुष्य अपनी वेश-भूषा, धन-सम्पत्ति आदि सब त्यागकर यह दिखा देता है कि जो कुछ वह विश्वास करता है तथा मन से सोचता है वह सब सत्य है। यह बात वहाँ ही है कि जब मनुष्य को इस बात का ज्ञान हो जाता है कि यह जीवन अनन्त है तो वह एक नदी के किनारे जाकर बैठ जाता है और अपने शरीर को कुछ भी न समझकर उसका त्याग इस प्रकार से कर देना चाहता है, जैसे हम-तुम एक घास-फूस का तिनका छोड़ देते हैं। इसीमें उनका शूरत्व है कि वे मृत्यु का स्वागत एक भाई के समान करते हैं, क्योंकि उनका यह दृढ़ विश्वास है कि मृत्यु वास्तव में उनके लिए नहीं है। इसीमें वह शक्ति है, जिसने इन्हें सैकड़ों वर्षों के विदेशियों के आक्रमण तथा अत्याचारों से भी अटल रखा। वह राष्ट्र आज भी है और उस राष्ट्र में घोर आपत्ति के दिनों में भी आत्मज्ञानी महापुरुषों का अवतार लेना कभी बन्द नहीं हुआ। जिस प्रकार पाश्चात्य देशों में बड़े बड़े राजनीतिज्ञों तथा वैज्ञानिकों का जन्म होता है, उसी प्रकार एशिया में महान् आत्मज्ञानी पुरुष जन्म लेते हैं। उन्नीसवीं शताब्दी के आरम्भ में जब कि पाश्चात्यों का प्रभाव भारत पर पड़ने लगा और जब विजयी पाश्चात्य अपने हाथों में तलवार लेकर यहाँ के ऋषि पुत्रों को यह प्रमाणित करने

आये कि वे केवल जंगली हैं, उनकी जाति खोखले ध्येयवालों की है, उनका धर्म केवल काल्पनिक है, तथा ईश्वर, आत्मा और प्रत्येक ऐसी वस्तु जिसको प्राप्त करने के लिए वे वर्षों से रगड़ कर रहे हैं, केवल अर्थशून्य शब्द ही हैं, तथा उनका हज़ारों वर्षों का समस्त परित्याग व्यर्थ ही हुआ, तब तो विश्वविद्यालयों के तरुण छात्रों के मन में यह संकल्प-विकल्प होने लगा कि कहीं उनका उस समय तक का सारा राष्ट्रीय अस्तित्व व्यर्थ ही तो नहीं गया. क्या उन्हें फिर पाश्चात्य प्रणाली के आधार पर नये सिरे से यत्न करना चाहिए, अपने पुराने ग्रन्थों को फाड़ डालना चाहिए, प्राचीन तत्त्व-ज्ञान को जला डालना चाहिए, अपने धर्मगुरुओं को मारकर भगा देना चाहिए तथा क्या अपने मन्दिरों को ढा देना चाहिए? क्या पाश्चात्य विजेता ने, जिसने अपने धर्म का प्रचार तलवार तथा बन्दूक़ की सहायता से किया, यह नहीं कहा कि समस्त प्राचीन धर्म-पद्धति केवल कुसंस्कार एवं निर्जीव प्रतिमा-पूजन तक ही सीमित है? अतः जिन बच्चों ने इन नयी शिक्षण-संस्थाओं में शिक्षा-दीक्षा पायी, वे पाश्चात्य पद्धति पर चल निकले और बचपन से ही इसके आदेशों में पग गये और इसमें कोई आश्चर्य की बात नहीं कि प्राचीन पद्धति के सम्बन्ध में उनके मन में तर्क-वितर्क होने लगा। कुसंस्कार को एक ओर हटाने तथा सत्य का अनुसंधान करने की अपेक्षा उनके लिए बस यही एक महावाक्य सत्य की कसौटी हो गया, 'इस सम्बन्ध में पाश्चात्य की क्या राय है?' धर्मगुरुओं को भगा देना चाहिए, वेदों को जला डालना चाहिए, क्योंकि पाश्चात्यों ने ऐसा कहा है—इस प्रकार की खलबली के भावों से भारत में एक ऐसी लहर उठी, जिसे हम तथाकथित 'सुधार' के नाम से पुकारते हैं।

यदि तुम सच्चे सुधारक होना चाहते हो, तो तीन बातों की आवश्यकता है। प्रथम तो यह कि तुम्हारा हृदय भावनाशील हो। क्या वास्तव में अपने भाइयों के लिए तुम्हारे प्राण छटपटा रहे हैं? क्या तुम सचमुच में अनुभव करते हो कि संसार में इतना क्लेश, इतना अज्ञान तथा इतना कुसंस्कार है? क्या सचमुच यह तुम्हारी धारणा है कि सब मनुष्य तुम्हारे भाई हैं? क्या यह भावना तुम्हारे रोम रोम में व्याप्त है? क्या यह तुम्हारे रक्त से मिल गयी है? क्या यह तुम्हारी प्रत्येक नस में फड़कती है और क्या तुम्हारे शरीर की प्रत्येक शिरा तथा तन्तु में इसकी झंकार है? क्या तुम सहानुभूति के विचारों से भरे हुए हो? यदि तुम ऐसे हो तो जान लो कि तुमने केवल प्रथम सीढ़ी पर ही पदार्पण किया है। दूसरी बात तुम्हें यह सोचनी चाहिए कि इन सबके लिए क्या तुमने कोई उपाय भी ढूँढ़ निकाला है, या नहीं? पुराने विचार कुसंस्कार पर भले ही निर्भर हों, परन्तु इस कुसंस्कार में भी स्वर्णमय सत्य के कण विद्यमान हैं। सब अनावश्यक बातों को छोड़कर केवल उस

स्वर्ण-रूपी सत्य को पाने के लिए तुमने कोई उपाय सोचा है? और यदि तुमने वैसा कर लिया है, तो जान लो कि तुमने दूसरी सीढ़ी पर पैर रखा है। और एक चीज की आवश्यकता है—अटल अध्यवसाय। तुम्हारा असल अभिप्राय क्या है? क्या तुम्हें इस बात पर पूरा विश्वास है कि तुम्हें सम्पत्ति का प्रलोभन नहीं है, कीर्ति की लालसा नहीं है तथा अधिकार की आकांक्षा नहीं है? वास्तव में तुम्हें क्या विश्वास है कि चाहे सारा संसार भी तुम्हें नीचे गिराने की चेष्टा करे तो भी तुम अपने ध्येय के अनुसार ही कार्य करोगे? क्या तुम्हें यह विश्वास है कि जो कुछ तुम चाहते हो उसे भली भाँति जानते हो और चाहे तुम्हारे प्राणों की भी बाजी लगी हो तो भी तुम केवल अपना कर्तव्य ही करते रहोगे? क्या तुम्हें अन्तःकरण से विश्वास है कि तुम्हारे जीवन के अन्तिम क्षण तक, जब तक तुम्हारे हृदय में धड़कन है, तब तक तुम अपने उद्योग में निरन्तर भिड़े रहोगे? यदि ये तीनों गुण तुममें हैं तो वास्तव में तुम एक सच्चे सुधारक, मार्ग-प्रदर्शक, गुरु एवं मनुष्य जाति के लिए वरदानस्वरूप हो। परन्तु मनुष्य कैसा उतावला तथा अदूरदर्शी है! उसमें प्रतीक्षा करने का धैर्य नहीं है, न उसमें देख सकने की शक्ति है—वह तुरन्त ही फल को देखना चाहता है, वास्तव में दूसरे पर सत्ता जमाना ही उसका अभिप्राय है। इसका कारण क्या है? कारण यह है कि वह कार्य का फल स्वयं ही लेना चाहता है और यथार्थ में दूसरों की परवाह नहीं करता। केवल कर्म के लिए ही वह कर्म करना नहीं चाहता। भगवान् श्री कृष्ण ने कहा है, 'तुम्हें केवल कर्म करने का ही अधिकार है; कर्मफल में तुम्हारा कोई अधिकार नहीं।'[1] कर्मफल में हम क्यों आसक्त हों? केवल कर्म करना ही हमारा कर्तव्य है। कर्मफल के सम्बन्ध में हम तनिक भी चिन्ता क्यों करें? परन्तु मनुष्य को धैर्य नहीं रहता। वह विचारपूर्वक न सोचकर मनमाना कोई भी काम करने लगता है। संसार के अधिकांश सुधारक इसी श्रेणी में गिने जा सकते हैं।

भारत में पूर्वोक्त सुधार की विचारधारा उस समय आयी, जब ऐसा प्रतीत होता था कि मानो भौतिकवाद की तरंग, जिसने भारत पर आक्रमण किया था, इस देश के प्राचीन आर्य ऋषियों की संस्कृति एवं शिक्षा को बहा देगी। परन्तु यह राष्ट्र इसके पहले क्रांति की ऐसी हजारों तरंगों की चोट सह चुका था, पर यह तरंग अतीत की तरंगों की अपेक्षा हलकी ही थी। एक लहर के बाद दूसरी लहर ने आकर देश को अपने में डुबा लिया था और सैकड़ों वर्षों तक ये लहरें देश को दबाती रही थीं। तलवारें चमकी थीं और 'अल्लाहो अक़बर' के नारे से भारत का

१. कर्मण्येवाधिकारस्ते मा फलेषु कदाचन।।गीता २।४७।।

आकाश गूंज उठा था। परन्तु धीरे धीरे ये लहरें शान्त हो गयीं और राष्ट्रीय आदर्श पूर्ववत् बने रहे।

भारतीय राष्ट्र कभी नष्ट नहीं हो सकता। यह अमर है और उस समय तक टिका रहेगा, जब तक इसका धर्मभाव अक्षुण्ण बना रहेगा, जब तक इस राष्ट्र के लोग अपने धर्म को त्याग नहीं देंगे। चाहे वे भिखारी रहें अथवा निर्धन, चाहे दरिद्रता से पीड़ित हों अथवा मैले और घिनौने हों, परन्तु वे अपने ईश्वर का परित्याग कभी न करें और न यह भूलें कि वे ऋषि-सन्तान हैं। जिस प्रकार पश्चिम में कोई भी साधारण मनुष्य अपना वंश किसी मध्यकालीन डाकुओं के सरदार 'बैरन' से ढूंढ़ निकालने का यत्न करता है, उसी प्रकार भारत में एक सिंहासनारूढ़ सम्राट् भी अपने को किसी एक अरण्यनिवासी वल्कलधारी, जंगल के फल-मूल खानेवाले तथा ईश्वर का साक्षात् करनेवाले ऋषि से अपनी वंश-परम्परा स्थापित करने की चेष्टा करता है। हम ऐसे ही व्यक्तियों से अपनी वंश-परम्परा स्थापित करना चाहते हैं और जब तक पवित्रता के ऊपर हमारी इस प्रकार गम्भीर श्रद्धा रहेगी, तब तक भारत का विनाश नहीं है।

शायद तुममें से बहुतों ने 'नाइनटीन्थ सेंचुरी' नामक पत्र के अभी हाल के एक अंक में प्रोफ़ेसर मैक्समूलर[1] का लेख पढ़ा होगा, जिसका शीर्षक था 'एक सच्चा महात्मा'। श्री रामकृष्ण का जीवन मनोरंजक है, क्योंकि उनका जीवन उनके द्वारा प्रदत्त उपदेशों का एक जीता-जागता नमूना है। शायद वह तुम लोगों को, जो पश्चिम में एक ऐसे वातावरण में रहते हो, जो भारत से बिल्कुल भिन्न है, किसी अंश तक रोमानी प्रतीत हो। क्योंकि तुम्हारे यहाँ अर्थात् पश्चिम में जीवन के व्यस्त प्रवाह की प्रणाली और पद्धतियाँ भारत से नितान्त भिन्न हैं। परन्तु फिर भी शायद यह इसी कारण विशेष मनोरंजक हो, क्योंकि इसमें बहुत सी ऐसी बातें नये दृष्टिकोण से देखी जायँगी, जिनके विषय में बहुत से लोगों ने पहले ही सुन रखा होगा।

जब भारतवर्ष में बहुत से नये सुधारों की चेष्टा हो रही थी, उन्हीं दिनों १८ फ़रवरी, सन् १८३६ को एक निर्धन ब्राह्मण दम्पति के, बंगाल के एक सुदूर गाँव में एक बालक पैदा हुआ। बालक के माँ-बाप दोनों ही शास्त्रमार्गावलम्बी एवं धर्मपरायण थे। वास्तव में पुरानी रीति के अनुसार चलनेवाले धर्मपरायण ब्राह्मण का जीवन नित्य त्याग का तथा तपस्यामय होता है। वह जीविकोपार्जन के लिए इने-गिने

---

१. एक बड़े जर्मन तत्त्ववेत्ता तथा संस्कृत के प्रकाण्ड पण्डित। इन्होंने प्राच्य संस्कृति का विशेष अध्ययन किया था।

उद्योग ही कर सकता है और इसके अतिरिक्त वह किसी लौकिक धन्धे से सम्बन्ध तक नहीं रख सकता। साथ ही साथ वह प्रत्येक का दिया हुआ दान भी ग्रहण नहीं कर सकता। तुम अनुमान कर सकते हो कि इस प्रकार का जीवन कितना कठोर होगा! तुमने ब्राह्मणों तथा उनके पौरोहित्य सम्बन्धी कर्मों के बारे में बहुधा सुना ही होगा, परन्तु तुममें से बहुत कम लोगों ने यह सोचा होगा कि ऐसा क्या कारण है, जिससे ये थोड़े से विलक्षण पुरुष अन्य मनुष्यों पर शासन कर सकते हैं। देश के अन्य सब वर्गों की अपेक्षा ये निर्धन होते हैं, परन्तु उनकी शक्ति का रहस्य उनके त्याग में ही छिपा हुआ है। वे कभी सम्पत्ति संचय की इच्छा नहीं करते। संसार भर में वे सबसे अधिक निर्धन पुरोहित हैं और इसीलिए सबसे अधिक शक्तिशाली। इतनी निर्धनता में भी एक ब्राह्मण की स्त्री किसी ग़रीब आदमी को बिना कुछ खिलाये अपने गाँव से कभी नहीं जाने देगी। भारत में माता का यही सबसे बड़ा कर्तव्य है; और चूंकि वह स्वयं माँ है, इसलिए उसका यह कर्तव्य है कि वह स्वयं सबके अन्त में भोजन करे। और वह सदा यह भी ध्यान रखती है कि अन्य सब लोगों के भोजन से परितृप्त होने के बाद स्वयं भोजन करे। यही कारण है कि भारत में माता देवीस्वरूप मानी जाती है। जिन देवी का हम वर्णन करेंगे, वे ठीक इसी प्रकार की एक आदर्श हिन्दू माता थीं। भारत में जो जाति जितनी उच्च होती है, उसके उतने ही अधिक बन्धन भी होते हैं। नीच जाति के लोग जो कुछ चाहें खा-पी सकते हैं, परन्तु समाज में उनकी अपेक्षा जो उच्चतर जातियाँ हैं, उनके आहार-व्यवहार के नियम भी कठोरतर हैं और उच्चतम जाति, भारत की वंशानुक्रमिक पुरोहित जाति ब्राह्मण के जीवन में—जैसा कि मैं पहले ही कह चुका हूँ— सबसे अधिक कठोर नियम हैं। पाश्चात्य रहन-सहन की तुलना में इन ब्राह्मणों का जीवन सतत तपस्यामय होता है। हिन्दू लोग संभवतः संसार की सर्वाधिक संकीर्ण जाति हैं। उनमें अंग्रेजों की सी ही दृढ़ता है, किन्तु अंग्रेजों की अपेक्षा कहीं अधिक विस्तीर्ण। जब ये किसी एक भाव को ग्रहण कर लेते हैं, तो बिना उसकी चरम सीमा तक पहुँचे उसे नहीं छोड़ते और पीढ़ी दर पीढ़ी इसी भाव को कार्यरूप में परिणत करते रहते हैं। तुम उनको कोई नया विचार दो, यदि वे उसे एक बार स्वीकार कर लेते हैं, तो फिर उसको वापस ले पाना सरल नहीं होता। परन्तु इनसे कोई नया भाव ग्रहण करा सकना बड़ा कठिन है।

अतएव प्राचीनपंथी हिन्दू बड़े संकीर्ण होते हैं और अपने संकीर्ण विचार एवं भाव की परिधि में ही विचरण करते रहते हैं। जीवन-यापन के सम्बन्ध में उनके प्राचीन ग्रन्थों में अत्यन्त विस्तारपूर्वक लिखा गया है और वे इन सब विधि-निषेधों की छोटी से छोटी बात तक को भी कट्टरता के साथ पालन करने का प्रयत्न करते हैं। वे

भूखों प्राण दे देंगे, परन्तु किसी ऐसे मनुष्य के हाथ का बनाया हुआ भोजन नहीं ग्रहण करेंगे, जो उनकी जाति का नहीं है। यद्यपि वे इस तरह संकीर्ण हैं, तो भी उनमें प्रगाढ़ श्रद्धा एवं उद्योगशीलता है। प्रायः पुराणपंथी हिंदुओं में प्रबल विश्वास एवं धर्मभाव देखा जाता है, क्योंकि उनकी यह दृढ़ धारणा है कि यह कट्टरता वांछनीय है। सम्भव है, हम सब उनसे इस सम्बन्ध में सहमत न हों, परन्तु उनका विश्वास है कि वह ठीक है। हमारे ग्रन्थों में लिखा है कि मनुष्य को सदैव हद दर्जे का दानशील होना चाहिए। यदि कोई मनुष्य दूसरे आदमी की सहायता करने के लिए तथा उस आदमी की जान बचाने के लिए स्वयं भूखों ही मर जाय, तो भी ठीक है और मनुष्य का कर्तव्य भी यही है। एक ब्राह्मण से यह आशा की जाती है कि वह इस ध्येय का पालन उसकी चरम सीमा तक करेगा। जो भारत के साहित्य से सुपरिचित हैं, उन्हें इस चरम दान के सम्बन्ध में एक सुन्दर पुरानी कथा याद आ आयगी। महाभारत में वर्णित है कि एक कुटुम्ब का कुटुम्ब एक भिखारी को अपना अन्तिम भोजन देकर भूखों मर गया। यह अतिशयोक्ति नहीं है, क्योंकि ऐसी बातें अब भी होती रहती हैं। मेरे गुरुदेव के माता-पिता का स्वभाव बहुत कुछ इसी प्रकार का था। यद्यपि वे बहुत ग़रीब थे, परन्तु फिर भी मेरे गुरुदेव की माता अक्सर किसी गरीब आदमी की सहायता करने के लिए स्वयं दिन भर भूखी रह जाती थीं। उन्हीं माता-पिता के घर में इस बालक ने जन्म लिया और बचपन से ही यह बालक कुछ विलक्षण सा था। अपने पूर्व जन्म का स्मरण उसे जन्म से ही था तथा वह इस बात को भली भाँति जानता था कि इस संसार में उसने किस उद्देश्य से जन्म लिया है और इस उद्देश्य की पूर्ति के लिए ही उसने अपनी सारी शक्ति लगा दी।

जब वह बालक बिल्कुल छोटा था, तभी उसके पिता का देहान्त हो गया और वह लड़का फिर पाठशाला भेजा गया। ब्राह्मण के लड़के के लिए पाठशाला जाना आवश्यक है, क्योंकि जाति-बन्धन के अनुसार उसको केवल पढ़ने-लिखने का ही कार्य करना चाहिए। भारत की प्राचीन शिक्षा-पद्धति, जो आजकल भी देश में कई जगह प्रचलित है, और विशेषतः संन्यासियों से संबंधित शिक्षा-पद्धति, आधुनिक शिक्षा से बहुत भिन्न है। विद्यार्थियों को कोई शुल्क नहीं देना पड़ता था, क्योंकि सोचा ऐसा जाता था कि ज्ञान बहुत पवित्र है और किसी मनुष्य को इसे बेचना नहीं चाहिए। शिक्षा-दान निःशुल्क तथा उदारतापूर्वक दिया जाना चाहिए। गुरुजन शिष्यों को निःशुल्क भरती करते थे और इतना ही नहीं, बल्कि उनमें से अधिकांश अपने शिष्यों को भोजन और वस्त्र भी देते थे! इन गुरुजनों की सहायता के लिए रईस लोग विवाह-संस्कार, श्राद्ध-संस्कार

आदि कई शुभ अवसरों पर इनको दान-दक्षिणा देते थे। ये गुरुजन कुछ विशेष प्रकार की दान-दक्षिणा के सर्वप्रथम अधिकारी समझे जाते थे और वे उसके बदले में अपने छात्रों का पालन-पोषण करते थे। अतः जब कभी कोई विवाह-संस्कार होता है, और विशेषकर रईस घराने में, तो ये गुरुजन आमंत्रित किये जाते हैं, और वे सम्मिलित होते हैं तथा उस अवसर पर उनमें भिन्न भिन्न विषयों पर चर्चा होती है। एक बार यह बालक गुरुजनों के सम्मेलन में जा पहुँचा। गुरुजन उस समय तर्कशास्त्र, ज्योतिष आदि भिन्न भिन्न विषयों पर, जो इस बालक की अवस्था के अनुसार अत्यन्त गहन एवं गूढ़ विषय थे, बहस कर रहे थे। जैसा मैं पहले ही कह चुका हूँ, यह बालक बड़ा विलक्षण था और उसने इस विवाद से यह सार निकाला कि इनके कोरे पुस्तकीय ज्ञान का फल यह वाद-विवाद है। ये सब इतनी बुरी तरह से क्यों लड़ रहे हैं? यह केवल धन के लिए ही है, क्योंकि जो मनुष्य यहाँ अपनी विद्वत्ता सबसे अधिक दिखा सकेगा, वही वस्त्रों की सबसे अच्छी जोड़ी पायेगा और यही ध्येय है, जिसके लिए ये सब लड़ रहे हैं। अतः उसने सोचा कि अब मैं पाठशाला बिल्कुल नहीं जाऊँगा और सचमुच वह नहीं गया और यही उसके पाठशाला के जीवन का अन्त था। परन्तु इस बालक का एक बड़ा भाई भी था, जो बड़ा विद्वान् था। बड़ा भाई इस बालक को अपने हाथ पढ़ाने के लिए कलकत्ता ले गया। कुछ समय बाद बालक को यह दृढ़ विश्वास हो गया कि सब प्रकार की लौकिक शिक्षा का ध्येय अधिकाधिक सम्पत्ति संचय करने के अतिरिक्त और कुछ नहीं है और उसने इस प्रकार की शिक्षा को छोड़ देने तथा अपने को केवल आध्यात्मिक ज्ञान प्राप्त करने के लिए तन-मन से लगा देने का निश्चय किया। पिता के मर जाने से कुटुम्ब बहुत ग़रीब हो गया था और इस बालक को अपनी जीविका का प्रबन्ध स्वयं करना पड़ता था। वह कलकत्ते के समीप एक जगह गया और वहाँ एक मन्दिर का पुजारी हो गया।

किसी मन्दिर में पुरोहिती करना एक ब्राह्मण के लिए बड़ा निन्दनीय कर्म समझा जाता है। हमारे मन्दिर तुम्हारे गिरजाघरों के समान नहीं होते। वे सामाजिक उपासना के स्थान नहीं हैं, क्योंकि यदि सच पूछा जाय तो भारत में सामाजिक उपासना जैसी कोई चीज ही नहीं है। मन्दिर बहुधा धनी लोगों द्वारा ही एक धार्मिक सत्कृत्य की दृष्टि से बनवाये जाते हैं। यदि किसी मनुष्य के पास बहुत धन होता है, तो वह एक मन्दिर बनवाने की इच्छा करता है। उस मन्दिर में वह ईश्वर का कोई प्रतीक अथवा ईश्वरावतार की कोई मूर्ति स्थापित करता है और ईश्वर के नाम पर पूजा करने के लिए उसे अर्पित कर देता है। यह पूजा बहुत कुछ रोमन कैथलिक गिरजाघरों की 'मास' नामक पूजा के समान

होती है, जहाँ पवित्र धार्मिक ग्रन्थों से कुछ वाक्य पढ़े जाते हैं तथा मूर्ति के सामने आरती की जाती है, और मूर्ति का उसी प्रकार समादर होता है, जैसे किसी महान् पुरुष का। मन्दिरों में केवल इतना ही होता है। यह आवश्यक नहीं है कि मन्दिर में जानेवाला कोई पुरुष मन्दिर में जाने के कारण ही किसी दूसरे मन्दिर में न जानेवाले पुरुष की अपेक्षा अधिक श्रेष्ठ समझा जाय। वास्तव में बात तो यह है कि पहले की अपेक्षा दूसरा व्यक्ति ही अधिक धार्मिक समझा जाता है, क्योंकि भारत में धर्म प्रत्येक मनुष्य का व्यक्तिगत कार्य है। भारत में प्रत्येक मनुष्य के घर में या तो एक छोटा सा पूजा-स्थान होता है अथवा कहीं एक ओर एक स्वतन्त्र क़मरा होता है, जहाँ वह व्यक्ति सायं-प्रातः जाता है और एक कोने में बैठकर अपनी आध्यात्मिक उन्नति के लिए ध्यान-पूजा करता है। यह पूजा पूर्ण रूप से मानसिक ही होती है, क्योंकि दूसरा मनुष्य इसके बारे में न सुन सकता है और न जान ही सकता है। वह केवल उस पुरुष को वहाँ बैठा हुआ ही देखता है और शायद एक विशेष रूप से अपनी अँगुलियाँ चलाते हुए तथा अपने नथुने बन्द करके एक विशेष प्रकार से साँस लेते देखता है। इसके अतिरिक्त वह नहीं जानता है कि वह मनुष्य क्या कर रहा है, यहाँ तक कि शायद उस पुरुष की स्त्री भी कुछ नहीं जान सकती। इस प्रकार सारा ध्यान-पूजन उसके घर में ही एकान्त में होता है। जो मनुष्य अपना देवघर नहीं बना सकते हैं, वे किसी नदी या झील के किनारे अथवा यदि समुद्र के समीप रहते हैं, तो समुद्र के किनारे ही ध्यान-पूजन करने के लिए चले जाते हैं। कुछ लोग कभी कभी किसी मन्दिर में भी प्रणाम, पूजा आदि करने के लिए जाते हैं। हमारे देश में बहुत प्राचीन समय से मनु के कथनानुसार किसी मन्दिर में पुरोहिती करना एक हीन व्यवसाय समझा जाता है। कुछ ग्रंथों का यह भी मत है कि यह कार्य इतना नीचे दर्जे का होता है कि इसके कारण एक ब्राह्मण निन्दनीय भी हो जाता है। जैसे शिक्षा के सम्बन्ध में पैसा लेना दोषास्पद माना जाता है, उसी प्रकार उससे कहीं अधिक प्रमाण में धार्मिक सम्बन्ध में पैसा लेना दूषित है, क्योंकि मन्दिर के पुरोहित जब पैसा लेकर कार्य करते हैं, तब वे इस पवित्र कार्य को बाज़ारी वस्तुओं के क्रय-विक्रय का रूप दे देते हैं। अतः तुम उस बालक के उस समय के हार्दिक भावों का अनुमान कर सकते हो, जब निर्धनता के कारण जीविका के लिए उसे पुजारी-पद ग्रहण करना पड़ा था, क्योंकि उसको केवल यही कार्य आसानी से प्राप्य था।

बंगाल में ऐसे बहुत से कवि हो गये हैं, जिनके पद पीढ़ी दर पीढ़ी गाये जाते रहे हैं। उनका गान कलकत्ते की गलियों तथा प्रत्येक गाँव में होता है। इनमें से अधिकतर गीत धार्मिक हैं और इनका मुख्य भाव जो कि भारत के सब धर्मों

की विशेषता है, ईश्वर-प्राप्ति है। भारत में कोई धार्मिक ग्रन्थ ऐसा नहीं है, जिसमें ये भाव प्रमुख न हों। मनुष्य को ईश्वर-प्राप्ति करनी चाहिए, ईश्वर का अनुभव करना चाहिए, ईश्वर का प्रत्यक्ष दर्शन करना चाहिए तथा उससे बातचीत करनी चाहिए, यही धर्म है। भारत का वातावरण ऐसे साधु-सन्तों की कथाओं से परिपूर्ण है, जिन्हें ईश्वर का साक्षात्कार हुआ है। इसी प्रकार के उच्च तत्त्व उनके धर्म के आधार हैं और ये सब प्राचीन ग्रन्थादि उन महापुरुषों द्वारा रचित हैं, जिन्हें आध्यात्मिक सत्य का प्रत्यक्ष अनुभव हुआ था। ये पुस्तकें कोरे बुद्धिवादियों के लिए नहीं लिखी गयी हैं और न बुद्धि उनको समझ ही सकती है। क्योंकि ये पुस्तकें ऐसे महापुरुषों द्वारा लिखी गयी थीं, जिन्होंने उन बातों का प्रत्यक्ष अनुभव किया था; और ये सब बातें केवल उन्हीं पुरुषों द्वारा समझी जा सकती हैं, जो स्वयं उस आध्यात्मिक उच्च अवस्था को पहुँच गये हों। इन ग्रन्थकारों का कहना है कि सत्य की सिद्धि इसी जीवन में हो सकती है और वह भी प्रत्येक मनुष्य को, और इस ध्येय को प्राप्त करने के लिए प्रत्येक मनुष्य में एक प्रकार की शक्ति है और इस शक्ति का विकास होने पर धर्म का आरम्भ होता है। सब धर्मों का यही एक केन्द्रीय भाव है। यही कारण है कि कभी कभी हम किसी ऐसे मनुष्य को पाते हैं, जो असाधारण वक्तृत्व-शक्ति तथा सुन्दर तर्कशास्त्र की योग्यता रखते हुए उच्चतम तत्त्वों का प्रचार करता है, परन्तु फिर भी उसको श्रोता ही नहीं मिलते। परन्तु दूसरी ओर हम यह देखते हैं कि एक अत्यन्त सामान्य मनुष्य, जो शायद अपनी मातृभाषा भी कठिनता से बोल सकता है, अपने ही जीवन-काल में लगभग आधे राष्ट्र के लिए देवता तुल्य पूजनीय हो जाता है। जब भारत में किसी प्रकार से यह बात दूर तक फैल जाती है कि अमुक मनुष्य को आत्मज्ञान प्राप्त हो गया है, उसे धार्मिक सत्य का प्रत्यक्ष अनुभव हो चुका है तथा उसके लिए धर्म और आत्मा का अमरत्व और ईश्वर आदि विषय जटिल नहीं रह गये हैं, तो तमाम स्थानों से लोग उसके दर्शन करने आते हैं और धीरे धीरे उसकी देवता के समान पूजा करने लगते हैं।

जिस मन्दिर में यह बालक पूजा करता था, उसमें आनन्दमयी जगन्माता की एक मूर्ति थी। इस बालक को सायं-प्रायः पूजा करनी पड़ती थी और धीरे धीरे उसके मन में इस विचार ने अधिकार जमा लिया कि 'क्या इस मूर्ति में किसी का वास है? क्या यह सत्य है कि इस संसार में आनन्दमयी जगन्माता हैं? क्या यह सत्य है कि इस विश्व का सारा व्यवहार वे चलाती हैं? अथवा यह सब स्वप्नवत् ही है? क्या धर्म में वास्तव में कोई सत्यता है?'

इस प्रकार के तर्क-वितर्क हिन्दू बालक के मन में उठते हैं। इस प्रकार का सन्देह कि 'जो कुछ मैं कर रहा हूँ, क्या वह वास्तव में सच है?'—हमारे देश का विशेषत्व है। साथ ही साथ ईश्वर तथा आत्मा सम्बन्धी परिकल्पनाओं से हम सन्तुष्ट नहीं होते, यद्यपि इस प्रकार की सभी परिकल्पनाएँ हमारे सामने सदैव रहती हैं। केवल ग्रन्थों तथा कोरे मत-प्रतिपादन से हमें कभी सन्तोष नहीं होता। परन्तु जो एक विचार हमारे सहस्रों देशवासियों को अभिभूत कर लेता है, वह है इस सत्य का साक्षात्कार या सत्य की प्रत्यक्ष उपलब्धि का। प्रश्न उठता है कि क्या ईश्वर का अस्तित्व सत्य है और यदि है तो क्या उसे मैं देख सकता हूँ? क्या मुझे सत्य की प्रत्यक्ष उपलब्धि हो सकती है? पाश्चात्य को ये सब बातें शायद व्यावहारिक न जचें, परन्तु हम लोगों के लिए तो ये नितान्त व्यावहारिक हैं और इसके निमित्त हम अपने जीवन का भी उत्सर्ग करने को तैयार हैं। आप लोगों ने अभी सुना है कि अतीत काल से ही भारत में ऐसे अनेक महापुरुष हो गये हैं, जिन्होंने इस आदर्श के लिए अपने सब सुख-साज का त्याग कर दिया और जो जाकर गुफाओं में रहने लगे; सैकड़ों ने अपना घर-द्वार छोड़ दिया और पवित्र नदियों के किनारे अनेक यातनाएँ सहीं। ये सब कष्ट केवल उस आदर्श की अनुभूति के लिए ही थे। यह सब उन्होंने न तो केवल साधारण ज्ञान के लिए किया, न बौद्धिक ज्ञान के लिए, न तत्त्व वस्तु की तर्कपूर्ण जानकारी के लिए और न अँधेरे में टटोलने के लिए ही, वरन् इस बात के लिए कि हमें अपनी इंद्रियों द्वारा यह संसार जितना प्रत्यक्ष प्रतीत होता है, उससे कहीं अधिक प्रत्यक्ष हमें सत्य का अनुभव हो जाय। उसके संबंध में मैं अभी किसी सिद्धान्त को रखने नहीं जा रहा हूँ। मेरे कहने का अभिप्राय यही है कि केवल यही एक भाव था, जिसका असर उनके मन पर अति प्रबल रूप से पड़ा था। इस ध्येय-साधन में हज़ारों मनुष्य देह त्याग करेंगे तथा उनका स्थान लेने के लिए और हज़ारों तैयार हो जायँगे। अतः इसी एक भाव के हेतु हज़ारों वर्षों से सारे राष्ट्र ने प्रचण्ड स्वार्थ-त्याग और आत्म-बलिदान किया है। इसी आदर्श के लिए प्रत्येक वर्ष हज़ारों हिन्दू गृह-त्याग करते हैं और उनमें से बहुत से उसके निमित्त कठिनाइयाँ सहते सहते मर तक जाते हैं। पाश्चात्य लोगों को ये सब बातें मृगतृष्णा के समान मालूम पड़ती हैं और इस दृष्टिकोण का कारण भी मैं समझ सकता हूँ। और पश्चिमी देशों में रह चुकने के बावजूद मैं इस आदर्श को जीवन में सर्वाधिक व्यावहारिक वस्तु मानता हूँ।

उस प्रत्येक क्षण को, जिसमें मैं किसी अन्य विषय का चिंतन करता हूँ, मैं अपनी हानि समझता हूँ; भले ही उस चिंतन के विषय भौतिक विज्ञानों के आश्चर्य ही क्यों न हों। जो बातें मुझे इस सत्य से दूर हटाती हैं, वे सब व्यर्थ हैं। चाहे तुम

एक देवदूत के समान ज्ञानी हो अथवा एक पशु के समान अज्ञानी हो, प्रत्येक दशा में यह जीवन क्षणभंगुर है; चाहे तुम एक फटे-पुराने कपड़ोंवाले मनुष्य के समान निर्धन हो अथवा तुम्हारे पास धनकुबेर की सम्पत्ति हो, तो भी जीवन क्षणभंगुर है; चाहे रास्ते में भटकनेवाले किसी साधारण मनुष्य के समान तुम्हारी दुर्दशा हुई हो अथवा तुम करोड़ों पर राज्य करनेवाले सम्राट् हो, परन्तु जीवन क्षणभंगुर ही है; चाहे तुम अत्यन्त स्वस्थ अथवा दुर्बल से भी दुर्बल हो, तिस पर भी जीवन क्षणभंगुर ही है; और चाहे तुम्हारा स्वभाव अत्यन्त काव्यमय हो अथवा क्रूर हो, जीवन प्रत्येक दशा में क्षणभंगुर ही है। हिन्दुओं के अनुसार जीवन-समस्या का एक ही समाधान है और वह है ईश्वर तथा धर्म। यदि ईश्वर और धर्म को सत्य मान लिया जाय, तो जीवन का अर्थ स्पष्ट हो जाता है, जीवन निबाहने योग्य तथा आनन्दमय हो जाता है, और नहीं तो वह बोझ के सदृश ही रहता है। यही हमारा भाव है, किन्तु कितना भी तर्क करके उसे सिद्ध नहीं किया जा सकता, उससे अधिक से अधिक यही बतलाया जा सकता है कि वह सम्भव है। ज्ञान के किसी क्षेत्र में उच्च से उच्च तर्कना के द्वारा किसी वस्तु का अस्तित्व केवल 'सम्भव' ही सिद्ध किया जा सकता है, इससे अधिक नहीं। भौतिक शास्त्र द्वारा स्थापित अनेक सिद्धांत 'सम्भव' ही कहे जा सकते हैं, तथ्य नहीं। तथ्य केवल ज्ञानेन्द्रियों के विषय होते हैं और तथ्यों की प्रत्यक्ष उपलब्धि आवश्यक है। इसी प्रकार धर्म और ईश्वर को सत्य मानने के लिए हमें उनका प्रत्यक्ष अनुभव करना चाहिए। स्वयं का अनुभव ही हमें इन बातों की सत्यता सिद्ध करा सकता है—तर्क-वितर्क अथवा अन्य कोई चीज़ नहीं। प्रत्यक्ष अनुभव ही हमारे विश्वास को पर्वत के समान दृढ़ बना सकता है। और ऐसी ही मेरी तथा अन्य भारतवासियों की भावना है।

यही भाव उस बालक के मन में समा गया और उसने अपनी सारी जीवन-शक्ति इसी भावना पर केन्द्रीभूत कर दी। दिन पर दिन वह रोता और कहता, 'हे जगन्माता! क्या यह सत्य है कि तुम्हारा अस्तित्व है अथवा यह सब कविता ही है? आनन्दमयी माता वास्तव में है या कवियों की केवल कपोल-कल्पना तथा भटके हुए लोगों का भ्रम ही है? हम यह देख चुके हैं कि जिसे हम शिक्षा कहते हैं अथवा जिन पुस्तकों को हम पढ़ते हैं, उन सबका ज्ञान इस बालक को नहीं था। इस बालक का मन सहज ही सरल एवं निष्पाप था। उसकी विचार-शैली भी बड़ी पवित्र थी और इसका कारण यह था कि दूसरे के विचारों की विज्ञप्ति न होने के कारण उन विचारों का प्रभाव उसके मन पर नहीं पड़ा था। उसने विश्व-विद्यालय में प्रवेश नहीं किया था, अतएव वह स्वयं विचार कर सकता था। चूंकि हम लोगों ने अपना आधा जीवन विश्वविद्यालयों में विता दिया है, अतः हमारा

मन दूसरों के विचारों से भर गया है। प्रोफ़ेसर मैक्समूलर के जिस लेख का मैंने अभी वर्णन किया है, उसमें उन्होंने ठीक ही कहा है कि मेरे गुरुदेव का मानस निर्मल एवं मौलिक ही रहा, और इसका कारण यह था कि उनका विकास विश्वविद्यालयों की चहारदीवारी में नहीं हुआ था। धीरे धीरे यह विचार जो उनके मन में सबसे प्रबल था कि 'क्या ईश्वर देखा जा सकता है' दृढ़ हो गया। यहाँ तक कि वे और किसी बात के बारे में सोच न पाते, यहाँ तक कि वे ठीक तौर से पूजा भी न कर पाते और उससे सम्बन्धित अनेक विधियों पर भी ध्यान न दे पाते। बहुधा वे जगन्माता की मूर्ति के सम्मुख नैवेद्य रखना भी भूल जाते थे और कभी कभी वे घण्टों आरती ही उतारा करते थे तथा उसके अतिरिक्त अन्य सब कुछ उन्हें विस्मृत हो जाता था!

सारे समय यही एक विचार उनके मन में रहा करता था और वह था, 'हे माँ! क्या यह सत्य है कि तेरा अस्तित्व है? फिर बोलती क्यों नहीं तू? क्या तू मर गयी है?' यहाँ पर शायद हममें से कुछ लोग यह स्मरण कर सकेंगे कि हमारे जीवन में कुछ ऐसे क्षण आते हैं, जब हम नीरस तर्क-वितर्क तथा पुस्तकों को पढ़ते पढ़ते थक जाते हैं—क्योंकि आख़िर ये पुस्तकें हमें कुछ भी सिखा नहीं पातीं और इनका पढ़ना भी बौद्धिक अफ़ीम खाने के समान केवल मानसिक व्यसन ही हो जाता है। इस प्रकार इन सब बातों से थककर एवं विचलित हो हमारे हृदय से एक हूक निकलती है, 'क्या इस विश्व में कोई ऐसा नहीं है, जो हमें प्रकाश दिखा सके? अतः हे माता! यदि तुम हो, तो मुझे प्रकाश दिखाओ। तुम बोलती क्यों नहीं? तुम ऐसी अप्राप्य क्यों बनती हो? तुम अपने इतने दूतों को क्यों भेजती हो और स्वयं क्यों नहीं आतीं? इस कलह-क्लेश एवं पक्ष-विपक्ष के संसार में मैं किसका अनुसरण तथा विश्वास करूँ? यदि तुम प्रत्येक स्त्री-पुरुष की ईश्वर हो, तो तुम स्वयं अपने बच्चे से बोलने क्यों नहीं आतीं और क्यों नहीं देखतीं कि वह छटपटाता हुआ तुम्हारे दर्शन करने को उत्सुकतापूर्वक तैयार है या नहीं?' ऐसे विचार हम सभी के मन में उठते हैं, परन्तु कब?—जब हमें तीव्र मानसिक क्लेश होता है! पर दूसरे ही क्षण हम उन्हें भूल जाते हैं, क्योंकि हमारे चारों ओर अनेक मोहरूपी जाल हैं। कुछ क्षण के लिए हमें ऐसा प्रतीत होता है कि हमारे लिए स्वर्ग का द्वार खुल जायगा और ऐसा प्रतीत होता है कि हम स्वर्गीय दिव्य प्रकाश में तन्मय हो जायँगे, परन्तु फिर थोड़ी देर बाद हमारा पाशविक अंश हमें इन दैवी दृश्यों से दूर पटक देता है। हम फिर पशु के समान नीच दशा को पहुँच जाते हैं और खाने, पीने, मरने, जन्म लेने और फिर खाने-पीने में व्यस्त हो जाते हैं। परन्तु कुछ असाधारण पुरुष ऐसे होते हैं कि उनके सामने चाहे कितने भी

प्रलोभन क्यों न हों, पर यदि उनका मन एक बार ध्येय की ओर आकर्षित हो गया तो फिर वह मायाजाल द्वारा इतनी सरलता से विचलित नहीं होता, क्योंकि वे सत्यस्वरूप परमेश्वर के दर्शन करने के इच्छुक होते हैं और यह भली भाँति जानते हैं कि यह जीवन नाशवान है। उनका यही मत रहता है कि उच्च प्रकार की विजय-प्राप्ति के लिए यदि मरना भी हो तो अत्युत्तम है। और वास्तव में पाशविक अंश के ऊपर विजय प्राप्त कर लेने तथा जन्म-मरण के प्रश्न को सुलझा लेने और अच्छे तथा बुरे के बीच भेद का ज्ञान प्राप्त कर लेने की अपेक्षा और श्रेष्ठ है ही क्या?

अन्त में उस बालक के लिए उस मन्दिर में काम करना असम्भव हो गया। उसने वह मन्दिर छोड़ दिया और समीपवर्ती एक छोटे से जंगल में चला गया और वहीं रहने लगा। अपने जीवन की इस अवस्था के सम्बन्ध में मेरे गुरुदेव ने मुझसे कई बार चर्चा की थी और वे यह भी कहते थे कि उन्हें यही ज्ञात नहीं रहता था कि सूर्योदय तथा सूर्यास्त कब हुआ तथा वे किस प्रकार वहाँ रहे। वे अपने स्वयं के बारे में सब विचार भूल गये थे, यहाँ तक कि भोजन करने का भी उन्हें ध्यान नहीं रहता था। इस समय उनके एक सम्बन्धी ने बड़े प्रेमपूर्वक उनकी देखभाल की और वह उनके मुँह में भोजन डाल दिया करता था, जो वे केवल निगल लेते थे।

इसी प्रकार इस बालक के कितने ही दिन-रात बीत गये। जब एक पूरा दिन बीत जाता और सन्ध्या के समय मन्दिरों से घण्टियों की झंकार तथा भजनों की गूँज इस बालक को वन में सुनायी देती थी, तो वह बड़ा दुःखित हो कलपते हुए यह चिल्लाने लगता कि 'हे माता! आज का भी दिन व्यर्थ चला गया और तूने दर्शन नहीं दिया—इस छोटे से जीवन का एक दिन और व्यतीत हो गया, परन्तु फिर भी मुझे सत्य की प्राप्ति नहीं हुई।' आत्म-व्यथा के कारण वे कभी कभी अपना मुँह ज़मीन पर रगड़ डालते और उनके बिलखते मुँह से यह प्रार्थना निकल पड़ती, 'हे जगन्माता! तू शीघ्र प्रकट हो जा—देख, मैं तेरे लिए कैसा तड़प रहा हूँ—मुझे और कुछ नहीं चाहिए।' वास्तव में वे अपने ध्येय में एकनिष्ठ थे। उन्हें यह मालूम था कि जब तक जगन्माता के लिए सर्वस्व-त्याग नहीं किया जाता, तब तक वे दर्शन नहीं देतीं। वे यह भी जानते थे कि जगन्माता प्रत्येक को दर्शन देना चाहती हैं, परन्तु लोग स्वयं ही दर्शन नहीं चाहते—वे और सब प्रकार की मूर्खतापूर्ण मूर्तियाँ – तो पूजा करने के लिए चाहते हैं, अपने आनन्द-भोग के इच्छुक होते हैं, जगन्माता के दर्शन के नहीं, किन्तु जिस क्षण वे अन्य सब कुछ छोड़कर तन-मन से उसके लिए छटपटायेंगे, बस उसी क्षण श्रीजगदम्बा उन्हें अवश्य दर्शन देंगी। अतः वे उस भावना में तद्रूप होने

का यत्न करने लगे और उन्होंने अपने इष्ट की सिद्धि के निमित्त भौतिक स्तर पर भी पूर्ण नियमानुकूल होने की चेष्टा की। उनके पास जो कुछ थोड़ी-बहुत सम्पत्ति थी, वह सब उन्होंने छोड़ दी और धन कभी न छूने का प्रण कर लिया। यह विचार कि 'मैं धन कभी नहीं छुऊँगा' उनके शरीर का मानो एक अंश ही हो गया। सम्भव है यह बात तुमको कुछ गूढ़ सी जान पड़े, परन्तु निद्रावस्था में भी यदि मैं उनके शरीर को किसी सिक्के से छू देता था, तो उनका हाथ ही टेढ़ा हो जाता था और उनका सारा शरीर ऐसा प्रतीत होता था मानो लकवा मार गया हो! दूसरा विचार जो उनके मन में उत्पन्न हुआ, वह यह था कि 'काम-वासना दूसरा शत्रु है।' मनुष्य वस्तुत: आत्मस्वरूप है, आत्मा निर्लिंग है, वह न तो स्त्री है, न पुरुष। उन्होंने सोचा कि काम तथा कांचन के ही कारण उनको माँ के दर्शन नहीं होते। सारा विश्व माता का ही रूप है और वह प्रत्येक स्त्री के शरीर में वास करती है। प्रत्येक स्त्री माता का रूप है, अत: किसी स्त्री को स्त्री-भाव से मैं कैसे देख सकता हूँ?— यह विचार उनके मन में पूर्ण रूप से जम गया था। प्रत्येक स्त्री हमारी माता है; तथा हमें उस अवस्था को पहुँच जाना चाहिए, जब कि प्रत्येक स्त्री में केवल जगन्माता का ही स्वरूप दिखे; और यह ध्येय उन्होंने अपने जीवन में पूर्ण रूप से निबाहा।

यह प्रचण्ड पिपासा है, जो मानव हृदय को ग्रस्त कर लेती है। बाद में उन्होंने एक बार मुझसे कहा, "मेरे बच्चे, मान लो एक कमरे में सोने का एक थैला रखा है और उसके पास ही दूसरे कमरे में एक चोर है, तो क्या तुम सोच सकते हो कि उस चोर को नींद आयेगी? नहीं, कदापि नहीं—उसके मन में लगातार यही उथल-पुथल मची रहेगी कि मैं उस कमरे में कैसे पहुँचूं तथा उस सोने को कैसे पाऊँ। इसी प्रकार क्या तुम सोच सकते हो कि जिस मनुष्य की यह दृढ़ धारणा हो गयी कि इस माया के प्रसार के पीछे एक अविनाशी, अखण्ड, आनन्दमय परमेश्वर है, जिसके सामने इन्द्रियों का सुख कुछ भी नहीं है, तो उस परमेश्वर को प्राप्त किये बिना वह मनुष्य चुपचाप बैठ सकता है? क्या वह अपने प्रयत्न क्षण भर के लिए भी स्थगित कर सकता है? कदापि नहीं—असह्य छटपटाहट के कारण वह पागल हो जायगा।" इस दिव्य उन्माद ने बालक को ग्रस लिया। उस समय उसका कोई पथ-प्रदर्शक न था, कोई उसे कुछ बतलानेवाला भी न था और सब यही समझते थे कि वह बालक पागल हो गया है। परन्तु यह जगत् की साधारण गति है। यदि कोई मनुष्य जगत् की निस्सार वस्तुओं का त्याग कर देता है, तो लोग उसे पागल कहते हैं। परन्तु ऐसे ही पुरुष पृथ्वी की संजीवनी होते हैं। ऐसे ही पागलपन से वे शक्तियाँ उत्पन्न हुई हैं, जिन्होंने इस संसार को हिला दिया है, और ऐसे ही

पागलपन से भविष्य में ऐसी शक्तियों का जन्म होगा, जो हमारे संसार में उथल-पुथल मचा देंगी।

इस प्रकार सत्य-लाभ के लिए उस बालक को छटपटाते अनेक दिन, सप्ताह तथा महीने व्यतीत होते रहे। अब उस बालक को विचित्र प्रकार के दर्शन होने लगे; नाना प्रकार के दृश्य दिखने लगे तथा अपने स्वरूप के अनेक रहस्य प्रकट होने लगे। जैसे एक के बाद दूसरा पर्दा हटता जा रहा हो! प्रत्यक्ष जगन्माता ने ही गुरु-स्थान ग्रहण किया और उन्होंने उस बालक को उसके अभीप्सित सत्यों में दीक्षित किया। इसी समय उस स्थान पर अद्वितीय विदुषी एक सुन्दर स्त्री आ पहुँची। इस स्त्री के विषय में मेरे गुरुदेव कहा करते थे कि वह विद्वान् नहीं, वरन् विद्वत्ता की अवतार थी; मानव देह में साक्षात विद्वत्ता ही थी। इस बात में भी तुम्हें भारत की एक विशिष्टता मिलेगी। साधारण हिन्दू स्त्री जिस अज्ञानान्धकार के मध्य रहती है, तथा जिस स्थिति को पाश्चात्य देश में परतन्त्रता कहते हैं, उसी स्थिति में परमोच्च आध्यात्मिक भाव-सम्पन्न इस स्त्री का आविर्भाव हुआ था। वह एक संन्यासिनी थी, क्योंकि भारत में स्त्रियाँ भी संसार त्याग करती हैं, अपनी सब सम्पत्ति को तिलांजलि दे देती हैं, विवाह नहीं करतीं तथा अपना सारा जीवन ईश्वर-सेवा में ही अर्पण कर देती हैं। यह स्त्री वहाँ आयी और इस बालक के बारे में जब यह सुना कि वह जंगल में रहता है तो उसने उसके पास जाने तथा उससे भेंट करने की इच्छा प्रकट की। इसी स्त्री से उस बालक को सर्वप्रथम सहायता मिली। फ़ौरन ही यह स्त्री उस बालक के क्लेश का रहस्य ताड़ गयी और उसने कहा, "मेरे बेटे, वह पुरुष धन्य है, जिसके ऊपर इस प्रकार का पागलपन आये—वैसे तो सारा संसार ही पागल है ; कोई धन के लिए, कोई सुख के लिए, कोई कीर्ति के लिए, और कितने ही लोग अन्य सैकड़ों वस्तुओं के लिए, कुछ लोग सोना पाने के लिए, कोई पति के लिए, कोई स्त्री के लिए तथा अन्य छोटी छोटी बातों के लिए अथवा दूसरों पर ज़ुल्म करने के लिए या स्वयं श्रीमान् बनने के लिए, आदि अनेकानेक मूर्खता की बातों के लिए पागल रहते हैं, परन्तु ईश्वर ही के लिए वे पागल नहीं होते। यदि कोई मनुष्य धन के लिए पागल होता है, तो वे उसके प्रति सहानुभूति दर्शाते हुए समभाव रखते हैं और उसे ठीक समझते हैं। उनकी यह भावना इसी प्रकार की होती है, जैसे एक पागल मनुष्य यह समझता है कि संसार में उसके समान अन्य पागल लोग ही ठीक दिमाग़वाले हैं। परन्तु यदि कोई मनुष्य ईश्वर के प्रति पागल है तो वे उसे कैसे समझ सकते हैं? वे यह विचार करने लगते हैं कि उसका सिर घूम गया है और कहते हैं कि उससे अलग ही रहना चाहिए। यही कारण है कि वे तुझे पागल कहते हैं; परन्तु तेरा ही पागलपन ठीक है। वह पुरुष धन्य है, जो

ईश्वर-प्रेम के कारण पागल हो—ऐसे मनुष्य बहुत ही थोड़े होते हैं।" यह स्त्री उस बालक के पास कई वर्षों तक रही और उसने उसे भारत की विभिन्न धर्म-प्रणालियों के साधन सिखलाये, अनेक प्रकार के योग-साधनों की दीक्षा दी और इस प्रचण्ड धर्म-स्रोत का मानो पथ-प्रदर्शन करके उसे समन्वित कर दिया।

तदुपरान्त उसी उपवन में एक विद्वान् तथा तत्त्वज्ञानी संन्यासी आये। वे असाधारण पुरुष थे और उनका मत था कि जो कुछ दृष्टिगोचर होता है, वह सब मिथ्या है। वे इस बात में विश्वास नहीं करते थे कि संसार का अस्तित्व वास्तविक है और यह प्रमाणित करने के लिए वे कभी छत के नीचे नहीं रहते थे। चाहे घनघोर वर्षा हो अथवा कड़ी धूप, वे सदा खुले में ही रहते थे। ये संन्यासी उस बालक को वेदान्त सिखलाने लगे और शीघ्र ही अत्यन्त आश्चर्यजनक बात जो उन्हें मालूम हुई, वह यह थी कि उनका शिष्य कुछ विषयों में अपने गुरु से भी बढ़ा-चढ़ा है। ये संन्यासी उस बालक के साथ कई महीने रहे और उसके बाद उसे संन्यास-मार्ग की दीक्षा देकर उन्होंने प्रस्थान किया।

जब यह बालक मन्दिर का पुजारी था, उसी समय उसकी विचित्र प्रकार की पूजा देखकर लोगों को भ्रम हुआ कि इसके मस्तिष्क में कुछ हेर-फेर हो गया है और इसलिए उसके कुटुम्बी उसे घर लिवा ले गये और उसका विवाह एक छोटी सी कन्या से यह सोचकर करा दिया कि शायद इस रीति द्वारा ही इसके मस्तिष्क का संतुलन फिर ठीक हो जाय। परन्तु यह बालक विवाह के उपरान्त घर पर न रहकर फिर अपने काम पर वापस आ गया तथा अपने उन्माद में और भी अधिक तन्मय हो गया। कभी कभी हमारे देश में लड़कों का विवाह बचपन में ही हो जाता है और उस सम्बन्ध में उनकी कोई राय नहीं ली जाती। उनके माता-पिता ही उनका विवाह कर देते हैं। यह बात अवश्य है कि ऐसा विवाह सगाई से बहुत भिन्न नहीं होता। विवाह के पश्चात् भी वे अपने माँ-बाप के यहाँ रहते हैं और सच्चा विवाह उस समय होता है, जब लड़की सयानी हो जाती है। उस समय यह रिवाज़ है कि वर वधू के घर जाकर उसे अपने साथ अपने घर लिवा लाता है। परन्तु इस विवाह के बारे में मेरे गुरुदेव यह बिल्कुल भूल ही गये थे कि उनकी स्त्री भी है। अपने मायके में लड़की ने यह भी सुन रखा था कि उसके पति को धर्मोन्माद हो गया है और उन्हें कुछ लोग पागल भी समझते हैं, उसने ठीक ठीक बात का स्वयं पता लगाने का निश्चय किया। वह अपने घर से निकल पड़ी और उस स्थान पर आयी, जहाँ उसका पति था। भारत में यदि कोई स्त्री अथवा पुरुष धर्म के लिए अपना जीवन अर्पण कर देता है, तो उसके ऊपर किसी प्रकार का दूसरा बन्धन नहीं रह जाता। परन्तु फिर भी जब वह स्त्री अपने पति के सम्मुख आकर

खड़ी हो गयी, तो मेरे गुरुदेव ने तत्क्षण अपने जीवन में उसके अधिकार को स्वीकार कर लिया। वे अपनी स्त्री के चरणों पर गिर पड़े और उन्होंने कहा, "जहाँ तक मेरी बात है, जगन्माता ने तो मुझे यह दर्शा दिया है कि वह प्रत्येक स्त्री में निवास करती है और इसलिए मैं हर स्त्री को माँ रूप में देखता हूँ। यही एक दृष्टि है जिससे मैं तुम्हें देख सकता हूँ, परन्तु यदि तुम्हारी इच्छा मुझे संसाररूपी मायाजाल में खींचने की हो, क्योंकि मेरा तुमसे विवाह हो चुका है, तो मैं तुम्हारी सेवा में उपस्थित हूँ।" वह बालिका अत्यन्त पवित्र तथा उदार हृदय की थी, और वह अपने पति की आकांक्षाओं को समझ सकी तथा उनसे सहानुभूति कर सकी। उसने तुरन्त ही उत्तर दिया, "आपको सांसारिक जीवन में घसीटने की मेरी इच्छा कदापि नहीं है, बस, इतना ही चाहती हूँ कि मैं आपके समीप रहूँ, आपकी सेवा करूँ तथा आपसे शिक्षा ग्रहण करूँ।" वह मेरे गुरुदेव के अन्यतम भक्त शिष्यों में से एक बनी और उनको साक्षात् ईश्वर मानकर उनकी सेवा-पूजा करने लगी। इस प्रकार अपनी धर्मपत्नी की अनुमति से उनका अन्तिम विघ्न भी टूट गया और वे अपने मनोनीत पथ पर चलने के लिए स्वतन्त्र हो गये।

इसके अनन्तर इन महापुरुष की यह इच्छा हुई कि वे विविध धर्मों के सत्य को जानें। उस समय तक उन्होंने अपने धर्म के अतिरिक्त किसी दूसरे धर्म के विषय में कुछ भी नहीं जाना था। उन्होंने यह जानना चाहा कि दूसरे धर्म किस प्रकार के हैं। अतः उन्होंने भिन्न भिन्न धर्मों के गुरुओं का आश्रय लिया। भारत में गुरु का अर्थ क्या होता है, यह तुम्हें जान लेना चाहिए— गरु एक किताबी कीड़ा नहीं होता, वरन् वह एक सिद्ध पुरुष, एक ऐसा व्यक्ति होता है, जिसको परम सत्य का ज्ञान—किसी मध्यस्थ द्वारा नहीं, वरन—प्रत्यक्ष अनुभूति द्वारा प्राप्त हो चुका हो। उन्हें एक मुसलमान साधु मिल गया और वे उसीके साथ रहने लगे और उसने जो जो साधनाएँ बतलायीं, उन सबको इन्होंने पूर्ण किया। मेरे गुरुदेव को यह देखकर बड़ा आश्चर्य हुआ कि इस धर्म की भक्तिपरक पद्धतियों को श्रद्धापूर्वक करने से भी उन्हें उसी लक्ष्य की प्राप्ति हुई, जिसे वे पहले ही पा चुके थे। वही अनुभव उन्हें ईसा मसीह के सच्चे धर्म के अनुसरण से भी हुआ। इसी प्रकार उन्हें जो भी अन्य धर्मपथ मिले, उन सभी को उन्होंने ग्रहण किया और उन सभी की साधनाएँ पूर्ण अन्तःकरण से कीं। जैसा जैसा उनसे कहा गया, ठीक ठीक वैसा ही उन्होंने किया और प्रत्येक दशा में वे एक ही परिणाम पर पहुँचे। इस प्रकार स्वयं अनुभव द्वारा उन्हें यह ज्ञात हुआ कि प्रत्येक धर्म का ध्येय एक ही है और सब धर्म एक ही सत्य की शिक्षा देते हैं—अन्तर केवल पद्धति तथा विशेष रूप से भाषा में रहता है। वस्तुतः सब पंथों तथा धर्मों का ध्येय मूलतः एक ही

है। लोग केवल अपने स्वार्थ-साधन के लिए लड़ते रहते हैं। वे सत्य के इच्छुक नहीं होते, पर इच्छुक होते हैं केवल अपने अपने सम्प्रदाय के नाम के लिए। सभी धर्म एक ही सत्य की शिक्षा देते हैं, परन्तु उनमें से एक कहता है कि 'दूसरा सत्य नहीं हो सकता, क्योंकि उस धर्म का नाम मेरे धर्म के नाम से भिन्न है—अतः दूसरे धर्म के प्रचारकों की बातों पर ध्यान मत दो और यद्यपि वह बहुत कुछ वही सिखाता है जो मैं कहता हूँ, परन्तु फिर भी वह सत्य नहीं कहता, क्योंकि जो कुछ वह सिखाता है, वह मेरे धर्म के नाम से सम्बन्धित नहीं है।'

यह रहस्य मेरे गुरुदेव ने जान लिया और फिर वे परम 'अहंशून्यता' की साधना में संलग्न हो गये, क्योंकि वे यह जान गये थे कि सभी धर्मों का मुख्य भाव है कि 'मैं कुछ नहीं—तू ही सब कुछ है'; और जो कहता है—मैं नहीं—बस, उसीके हृदय को ईश्वर परिपूर्ण कर देते हैं। यह क्षुद्र अहंभाव जितना ही कम होता है, उतनी ही उसमें ईश्वर की अभिव्यक्ति होती है। संसार के प्रत्येक धर्म में उन्हें यही सत्य मिला और स्वयं उसीको संपादित करने में वे दत्तचित्त हो गये; जैसा कि मैं तुमसे कह चुका हूँ, जब जब कोई साधना करने का विचार उनके मन में आया, तब वे उसके सम्बन्ध में सूक्ष्म सैद्धांतिक विवेचनाओं में न पड़कर तत्काल उसके अभ्यास में लग जाते थे। हम बहुत से लोगों को औदार्य, समानता, दूसरों के अधिकार आदि कितने ही सद्विषयों पर बड़ी बड़ी बातें करते हुए देखते हैं, परन्तु ये सब बातें केवल सैद्धांतिक ही होती हैं। मैं परम भाग्यशाली था कि मुझे सिद्धांतों को कार्यरूप में परिणत करनेवाले गुरुदेव मिल गये। जिस वस्तु को वे सत्यरूप समझते थे, उसको कार्यरूप में परिणत कर डालने की उनमें अद्भुत शक्ति थी।

उसी स्थान के समीप एक चाण्डाल जाति का परिवार रहता था। भारत में इस जाति की संख्या कई लाख है और वे इतने नीच समझे जाते हैं कि हमारे कतिपय ग्रन्थों के अनुसार यदि ब्राह्मण अपने घर के बाहर प्रातःकाल निकलते ही किसी चाण्डाल का मुख देख ले, तो उसे दिन भर व्रत रखना पड़ता है और फिर शुद्ध होने के लिए कुछ मंत्रों का उच्चारण करना पड़ता है! कुछ हिन्दू नगर ऐसे हैं कि जब उनमें कोई चाण्डाल घुसता है, तो उसे अपने सिर पर एक कौए का पंख रख लेना होता है, जिससे सब उसे पहचान सकें कि वह चाण्डाल है! साथ ही उसे ज़ोर से यह भी चिल्लाना पड़ता है, 'हटो, बचो, सड़क पर एक चाण्डाल जा रहा है,' और लोग उससे ऐसे दूर भागते हैं, मानो जादू से भाग रहे हों, क्योंकि यदि वे उसे धोखे से भी छू लें, तो उन्हें जाकर अपने कपड़े बदलने पड़ते हैं, स्नान करना पड़ता है तथा अन्य कई बातें करनी पड़ती हैं। चाण्डाल भी हज़ारों वर्षों से यह विश्वास करता चला आया है कि यह सब ठीक ही है, क्योंकि यदि वह किसीको छू लेगा तो वह मनुष्य

अपवित्र हो जायगा। किंतु मेरे गुरुदेव किसी भी चाण्डाल के यहाँ चले जाते और उससे उसके घर की सफ़ाई करने की आज्ञा माँगते थे। चाण्डाल का कार्य शहर की सड़कों तथा दूसरे के घरों को साफ़ करना है। वह घर में सामने के दरवाज़े से नहीं घुस सकता, परन्तु पीछे के दरवाज़े से आता है और जैसे ही वह चला जाता है, वैसे ही जिस जिस जगह पर वह चला होता है, वह सारी जगह गंगाजल से छिड़ककर पवित्र कर ली जाती है। जन्म से ही ब्राह्मण शुद्ध माना जाता है और चाण्डाल अशुद्ध। किन्तु इस ब्राह्मण ने चाण्डाल के ही घर में दासकर्म करने की आज्ञा माँगी। वास्तव में चाण्डाल ने उन्हें वह कार्य करने की आज्ञा नहीं दी, क्योंकि वे सब जानते थे कि किसी ब्राह्मण को ऐसा नीच कर्म करने की आज्ञा देना बड़ा भारी पाप होगा, जिसके फलस्वरूप वे सबके सब नष्ट हो जायँगे। अतः चाण्डाल ने उन्हें वह कार्य नहीं करने दिया। परन्तु आधी रात को जब चाण्डाल के घर के सब लोग सोते रहते थे, तो श्री रामकृष्ण घर में घुस जाते थे। उनके बड़े बड़े बाल थे और अपने बालों से ही वे सारी जगह झाड़ डालते और यह कहते जाते थे, "हे जगन्माता, मुझे चाण्डाल का दास बना दो और मुझे यह अनुभव कर लेने दो कि मैं उससे भी हीन हूँ।" हिन्दू धर्मशास्त्रों की शिक्षा है—'मेरे भक्तों का जो भक्त है, वह मुझे अत्यन्त प्रिय है—वे सब मेरे ही बच्चे हैं और उनकी सेवा करना महाभाग्य है।'

आत्मशुद्धि के लिए इसी प्रकार की उनकी अनेक अन्य साधनाएँ भी थीं—उन सबका वर्णन करने में बहुत समय लगेगा। मैं तुम्हारे सम्मुख उनके जीवन की संक्षिप्त रूपरेखा ही प्रस्तुत करूँगा। इसी प्रकार कई वर्षों तक उन्होंने अपने को शिक्षा दी। उनकी साधनाओं में से एक साधना स्त्री-पुरुष के भेदभाव को समूल नष्ट कर देने की भी थी। आत्मा निर्लिंग है, वह न स्त्री है, न पुरुष। स्त्री-पुरुष का भेद केवल शरीर में ही है; और जो मनुष्य आत्मज्ञान प्राप्त करना चाहता है, वह यह भेदभाव कभी नहीं मान सकता। यद्यपि हमारे गुरुदेव ने पुरुष-शरीर में जन्म लिया था, परन्तु फिर भी सभी विषयों में वे स्त्रीभाव लाने की चेष्टा करने लगे। वे यह सोचने लगे कि वे स्वयं पुरुष नहीं, बल्कि स्त्री हैं, अतः स्त्रियों के समान ही कपड़े पहनने लगे, उन्हींके समान बोलने लगे तथा पुरुषों के सब कार्य छोड़कर सुशील कुटुम्ब की स्त्रियों के बीच में जाकर रहने लगे। इस प्रकार की नियमित साधना के बाद उनके मन का स्वरूप पलट गया तथा वे स्त्री-पुरुष के भेद की कल्पना बिल्कुल भूल गये और इस प्रकार जीवन के प्रति उनका दृष्टिकोण बिल्कुल बदल गया।

पश्चिम में प्रायः हम स्त्रियों की पूजा की बात सुनते हैं, परन्तु यह पूजा प्रायः

उनके तारुण्य तथा लावण्य के कारण ही होता है। परन्तु मेरे गुरुदेव के स्त्री-पूजन का भाव यह था कि प्रत्येक स्त्री का मुखारविंद उस आनन्दमयी माँ का ही मुखारविंद है, इसके अतिरिक्त अन्य कुछ नहीं। मैंने प्रत्यक्ष देखा है कि मेरे गुरुदेव उन स्त्रियों के चरणों पर गिर पड़ते थे, जिनको समाज स्पर्श तक नहीं करता और उन स्त्रियों से भी रोते रोते यही पुकारते थे, "हे जगन्माता, एक रूप में तुम सड़कों पर घूमती हो और दूसरे रूप में तुम जगद्व्यापिनी हो। हे जगदम्बे, हे माता, मैं तुम्हें प्रणाम करता हूँ।" सोचकर देखो, उनका जीवन कितना धन्य है, जिनका कामभाव सम्पूर्ण रूप से नष्ट हो गया है, जो प्रत्येक रमणी का भक्ति भाव से दर्शन कर रहे हैं तथा जिनके निकट प्रत्येक नारी के मुख ने एक ऐसा रूप धारण कर लिया है, जिसमें साक्षात उसी आनन्दमयी भगवती जगद्धात्री का मुख ही प्रतिबिम्बित हो रहा है। हमारी दृष्टि भी इसी प्रकार की होनी चाहिए। स्त्री में जो ईश्वरत्व वास करता है, उसे हम कभी ठग नहीं सकते। यह न कभी ठगा गया है, न ठगा जायगा। यह सदैव अपना प्रभाव जमा लेता है तथा सदैव ही अचूक रूप से बेईमानी तथा ढोंग को पहचान लेता है और सत्य के तेज, आध्यात्मिकता के आलोक तथा पवित्रता की शक्ति का इसे अवश्य ही पता चल जाता है। यदि हम वास्तविक धर्मलाभ करना चाहते हैं तो इस प्रकार की पवित्रता अनिवार्य है।

मेरे गुरुदेव के जीवन में इसी प्रकार की प्रखर तथा अच्युत पवित्रता आ गयी और सामान्य मनुष्य के जीवन में जो नाना प्रकार के द्वन्द्व होते हैं, वे सब उनके लिए नष्ट हो गये। अपना तीन-चतुर्थांश जीवन व्यतीत करके उन्होंने कड़ी तपस्याओं द्वारा जो आध्यात्मिक संपदा एकत्र की थी वह अब मानव जाति को प्रदान की जाने के लिए प्रस्तुत हो गयी थी और उसके पश्चात् उन्होंने अपना जगत् का प्रचार-कार्य आरम्भ किया। उनकी शिक्षा तथा उनके उपदेश कुछ विलक्षण प्रकार के थे। हमारे देश में सबसे अधिक आदर तथा सम्मान गुरु को मिलता है तथा हमारी ऐसी श्रद्धा रहती है कि गुरु साक्षात् ईश्वर ही हैं। उतनी श्रद्धा हमें अपने माता-पिता के लिए भी नहीं होती। माता-पिता हमें केवल जन्म ही देते हैं, परन्तु गुरु हमें मुक्ति-मार्ग दिखाते हैं। हम गुरु की सन्तान हैं—उनके मानस-पुत्र हैं। किसी असाधारण महापुरुष के दर्शन करने हज़ारों हिन्दू आते हैं और वे उसके चारों ओर भीड़ लगा लेते हैं। मेरे गुरुदेव एक ऐसे ही महापुरुष थे, परन्तु मेरे गुरुदेव को यह ध्यान ही नहीं था कि उनको मान-प्रतिष्ठा मिलनी चाहिए अथवा नहीं। उन्हें इस बात का रंचमात्र भी भास नहीं था कि वे एक बड़े गुरु हैं। उनको तो यही ध्यान था कि जो कुछ हो रहा है, वह सब माता ही करा रही है तथा वे स्वयं कुछ नहीं कर रहे हैं। वे सदैव यही कहा करते थे कि यदि मेरे मुँह

से कोई अच्छी बात निकलती है, तो वे जगन्माता के ही शब्द होते हैं—मैं स्वयं कुछ नहीं कहता। अपने प्रत्येक कार्य के सम्बंध में उनका यही विचार रहा करता था और महासमाधि के समय तक उनका यही विचार. स्थिर रहा। मेरे गुरुदेव किसीको ढूंढ़ने नहीं गये। उनका सिद्धान्त यह था कि मनुष्य को प्रथम चरित्रवान होना चाहिए तथा आत्मज्ञान प्राप्त करना चाहिए और उसके बाद फल स्वयं ही मिल जाता है। वे बहुधा एक दृष्टान्त दिया करते थे कि 'जब कमल खिलता है तो मधुमक्खियाँ स्वयं ही उसके पास मधु लेने के लिए आ जाती हैं—इसी प्रकार जब तुम्हारा चरित्ररूपी पंकज पूर्ण रूप से खिल जायगा और जब तुम आत्मज्ञान प्राप्त कर लोगे, तब देखोगे कि सारे फल तुम्हें अपने आप ही प्राप्त हो जायँगे।' हम सब लोगों के लिए यह एक बहुत बड़ी शिक्षा है।

मेरे गुरुदेव ने यह शिक्षा मुझे सैकड़ों बार दी, परन्तु फिर भी मैं इसे प्रायः भूल जाता हूँ। विचारों की अद्‌भुत शक्ति को बहुत थोड़े लोग समझ पाते हैं। यदि कोई मनुष्य किसी गुफा के अन्दर चला जाता है और उसमें अपने को बन्द कर किसी एक गहन तथा उदात्त विषय पर एकान्त में निरन्तर एकाग्रचित्त हो मनन करता रहता है और उसी दशा में आजन्म मनन करता करता अपने प्राण भी त्याग देता है, तो उसके उसी विचार की तरंगें गुफा की दीवारों को भेदकर चारों ओर के वातावरण में फैल जाती हैं और अन्त में वे तरंगें सारी मनुष्य जाति में प्रवेश कर जाती हैं। विचारों की यही अद्‌भुत शक्ति है। अतः अपने विचारों का दूसरों में प्रचार करने के लिए जल्दी नहीं करनी चाहिए। पहले हमारे पास कुछ होना चाहिए, जिसे हम दूसरों को दे सकें। मनुष्य में ज्ञान का प्रसार केवल वही कर सकता है, जिसके पास देने को कुछ हो, क्योंकि शिक्षा देना केवल व्याख्यान देना नहीं है और न सिद्धांतों को प्रदान करना ही—इसका अर्थ है संप्रेषण। जैसे मैं तुम्हें एक फूल दे सकता हूँ, उसी प्रकार उससे भी अधिकतर प्रत्यक्ष रूप से धर्म भी संप्रेषित किया जा सकता है। और यह बात अक्षरशः सत्य है। यह भाव भारतवर्ष में अति प्राचीन काल से ही विद्यमान है और पाश्चात्य देशों में जो 'ईश्वर-दूतों की गुरु-शिष्य-परम्परा' (Apostolic Succession) का मत प्रचलित है, उसमें भी इसी भाव का दृष्टान्त पाया जाता है। अतः प्रथम हमें चरित्रवान होना चाहिए और यही सबसे बड़ा कर्तव्य है, जो हमारे सामने है। सत्य का ज्ञान पहले स्वयं को होना चाहिए और उसके बाद उसे तुम अनेक को सिखा सकते हो, बल्कि वे लोग स्वयं उसे सीखने आयेंगे। यही मेरे गुरुदेव की शैली थी। उन्होंने कभी किसी दूसरे पर टीका नहीं की। वर्षों मैं उनके समीप रहा, परन्तु उनके मुँह से कभी किसी दूसरे धर्मपंथ के बारे में मैंने बुराई नहीं सुनी। सब धर्मपंथों पर उनकी

समान श्रद्धा थी और उन सबमें उन्होंने ऐक्य भाव ढूँढ़ लिया था। मनुष्य ज्ञान-मार्गी, भक्तिमार्गी, योगमार्गी अथवा कर्ममार्गी हो सकता है। विभिन्न धर्मों में इन विभिन्न भावों में से किसी एक भाव का प्राधान्य देखा जाता है। परन्तु यह भी सम्भव हो सकता है कि इन चारों भावों का मिश्रण एक ही मनुष्य में हो जाय। भावी मानव जाति यही करेगी भी। यही मेरे गुरुदेव की धारणा थी। उन्होंने किसी को बुरा नहीं कहा, वरन् सबमें अच्छाइयाँ ही देखीं।

इन अद्‌भुत महापुरुष के दर्शन करने तथा उनके उपदेश सुनने के लिए हज़ारों मनुष्य आते थे और मेरे गुरुदेव गाँव की भाषा में ही बोलते थे, परन्तु उनका प्रत्येक शब्द ओजस्वी एवं उद्‌भासित होता था। क्योंकि यह कथ्य नहीं, और जिस भाषा में यह कहा जाता है, वह और नहीं, वरन् वक्ता का व्यक्तित्व ही उसका प्राण है, यही उसमें शक्ति भर देता है। इसका अनुभव हम सभी को कभी कभी होता है। हम बहुधा अत्यन्त उत्कृष्ट तथा तर्क-वितर्कपूर्ण ओजस्वी भाषण सुनते हैं, परन्तु जब हम घर जाते हैं, तो सब भूल जाते हैं। पर कभी कभी हम बहुत थोड़े से शब्द सुनते हैं और वह भी अत्यन्त साधारण भाषा में, लेकिन वे हमारे हृदय में प्रवेश कर जाते हैं और हमारे जीवन-रस में ही घुलकर हम पर चिरस्थायी प्रभाव डाल देते हैं। जो पुरुष अपने शब्दों में अपने व्यक्तित्व का प्रभाव डाल सकता है, उसके शब्द प्रभावशाली होते हैं। परन्तु बात यह है कि उस मनुष्य का व्यक्तित्व ही असाधारण होना चाहिए। शिक्षण में सदा कुछ देना तथा लेना रहता है— शिक्षक देता है तथा शिष्य ग्रहण करता है, परन्तु शिक्षक के पास कुछ देने को होना चाहिए तथा शिष्य के लिए ग्रहणशील होना आवश्यक है।

मेरे गुरुदेव कलकत्ता शहर के समीप रहने आये। यह नगर भारत की राजधानी[1] तथा हमारे देश का सबसे महत्त्वपूर्ण विश्वविद्यालय-नगर है, जहाँ से प्रतिवर्ष सैंकड़ों नास्तिक तथा भौतिकवादी बाहर निकलते हैं—परन्तु फिर भी विश्वविद्यालय के इन्हीं संदेहवादी एवं अज्ञेयवादी व्यक्तियों में से कितने ही लोग इनके पास आते और इनकी बातें सुनते थे। मैंने भी इन महापुरुष के बारे में सुना और इनके समीप इनके उपदेश सुनने गया। मेरे गुरुदेव एक अत्यन्त साधारण मनुष्य के समान प्रतीत होते थे तथा उनमें कोई विशेषता नहीं दिखती थी। वे बहुत साधारण भाषा का प्रयोग करते थे। उस समय मेरे मन में यह प्रश्न उठा कि 'क्या यह पुरुष वास्तव में महान् ज्ञानी है?' मैं धीरे से उनके पास सरक गया और उनसे वह प्रश्न पूछने लगा, जो मैं अन्य सभी से पूछा करता था। मैंने प्रश्न किया,

---

१. अब दिल्ली भारत की राजधानी है।

"महाराज, क्या आप ईश्वर में विश्वास करते हैं?" उन्होंने उत्तर दिया, "हाँ।" मैंने कहा, "क्या आप सिद्ध करके दिखा सकते हैं?" उन्होंने उत्तर दिया, "हाँ।" मैंने कहा, "कैसे?" उन्होंने उत्तर दिया, "जैसे मैं तुम्हें यहाँ देख रहा हूँ, उसी प्रकार मैं ईश्वर को देखता हूँ—बल्कि उससे भी अधिक स्पष्ट रूप से।" इस उत्तर से मेरे मन पर उसी समय बड़ा असर पड़ा, क्योंकि जीवन में मुझे प्रथम बार ही यह ऐसा पुरुष मिला, जिसने तुरन्त ही यह कह दिया कि मैंने ईश्वर को देखा है तथा ज़िसने यह भी बताया कि धर्म एक वास्तविक सत्य है, और जिस प्रकार हम अपनी इन्द्रियों द्वारा विश्व का अनुभव करते हैं, उससे कहीं अधिक प्रमाण में उसका अनुभव किया जा सकता है। मैं उनके पास दिन-प्रतिदिन जाने लगा और मैंने यह प्रत्यक्ष अनुभव कर लिया कि धर्म भी दूसरे को 'दिया' जा सकता है, केवल एक ही स्पर्श तथा एक ही दृष्टि में सारा जीवन बदला जा सकता है। मैंने महात्मा बुद्ध, ईसा मसीह तथा मुहम्मद के बारे में एवं पुराणकालीन अन्य महात्माओं के विषय में पढ़ा है। वे किसी भी मनुष्य के सम्मुख खड़े होकर कह देते थे, 'तू पूर्णता को प्राप्त हो जा' और वह मनुष्य उसी क्षण पूर्णता को प्राप्त हो जाता था : यह बात अब मुझे सत्य प्रतीत होने लगी और जब मैंने इन महापुरुष के स्वयं दर्शन कर लिये तो मेरी सारी नास्तिकता दूर हो गयी। मेरे गुरुदेव कहा करते थे, "इस संसार की किसी ली-दी जानेवाली वस्तु की अपेक्षा धर्म अधिक आसानी से दिया तथा लिया जा सकता है।" अतः प्रथम स्वयं तुम्हीं आत्मज्ञानी हो जाओ तथा संसार को कुछ देने योग्य बन जाओ और फिर संसार के सम्मुख देने के लिए खड़े होओ। धर्म बात करने की चीज़ नहीं है, न वह साम्प्रदायिकता है, न मतवाद विशेष। धर्म किसी सम्प्रदाय, अथवा संस्था में आबद्ध नहीं रह सकता। यह तो आत्मा के साथ परमात्मा का सम्बन्ध है। अतएव किसी एक संस्था में बद्ध होकर यह कैसे रह सकता है? ऐसा होने से धर्म तो व्यवसाय ही हो जायगा और धर्म जब व्यवसाय बन जाता है, तब धर्म का लोप हो जाता है। मन्दिर तथा गिरजाघर बनवा देने तथा सामुदायिक पूजा में उपस्थित हो जाने का नाम धर्म नहीं है। यह पुस्तकों में, शब्दों में, व्याख्यानों में अथवा संस्थाओं में नहीं रहता। धर्म आत्मसाक्षात्कार में ही है। वास्तव में हम सब जानते हैं कि जब तक हमको स्वयं सत्य का ज्ञान प्राप्त नहीं होता, तब तक हमारा समाधान नहीं होता। हम चाहे जितना वाद-विवाद क्यों न करें तथा चाहे जितना सुनें, परन्तु हमें एक ही चीज़ से सन्तोष होगा और वह है स्वयं प्राप्त किया हुआ आत्मज्ञान; और यह अनुभव प्रत्येक को प्राप्त होना सम्भव है, यदि उसके लिए यत्न किया जाय। आत्मज्ञान प्राप्त करने के लिए सबसे पहले त्याग की आवश्यकता है। जहाँ तक हो सके, हमें त्याग करना चाहिए। अन्धकार तथा

प्रकाश, विषयानन्द तथा ब्रह्मानन्द ये दोनों कभी साथ साथ नहीं रह सकते। 'ईश्वर तथा शैतान की सेवा एक साथ कभी नहीं की जा सकती।' यदि लोग चाहते हों, तो उन्हें यत्न कर देखने दो। प्रत्येक देश में मैंने ऐसे बहुत से पुरुष देखे हैं, जो दोनों वस्तुएँ एक साथ पाने का यत्न करते हैं; परन्तु अन्त में उनके हाथ कुछ भी नहीं लगता। सत्य तो यही है कि ईश्वर के लिए प्रत्येक वस्तु का त्याग करना पड़ेगा। यह कार्य बड़े प्रयास का है और जल्दी नहीं हो सकता, परन्तु तुम इसे इसी घड़ी आरम्भ कर सकते हो। धीरे धीरे ही हम आगे बढ़ सकते हैं।

दूसरा एक और अत्यन्त महत्त्वपूर्ण तथा आश्चर्यजनक सत्य मैंने अपने गुरुदेव से सीखा, वह यह है कि संसार में जितने धर्म हैं, वे परस्पर विरोधी या प्रतिरोधी नहीं हैं—वे केवल एक ही चिरन्तन शाश्वत धर्म के भिन्न भिन्न भाव मात्र हैं। यही एक सनातन धर्म चिर काल से समग्र विश्व का आधारस्वरूप रहा है और चिर काल तक रहेगा, और यही धर्म विभिन्न देशों में, विभिन्न भावों में प्रकाशित हो रहा है। मेरा धर्म अथवा तुम्हारा धर्म, मेरा राष्ट्रीय धर्म तथा तुम्हारा राष्ट्रीय धर्म अथवा नाना प्रकार के अलग अलग धर्म आदि विषय वास्तव में कभी नहीं थे। संसार में केवल एक ही धर्म है। अनन्त काल से केवल एक ही सनातन धर्म चला आ रहा है और सदा वही रहेगा और यही एक धर्म भिन्न भिन्न देशों में भिन्न भिन्न रीति से प्रकट होता है। अतएव हमें सब धर्मों को मान देना चाहिए और जहाँ तक हो सके, उनके तत्त्वों में अपना विश्वास रखना चाहिए। धर्म केवल विभिन्न जाति या विभिन्न देश के अनुसार विभिन्न होता हो, ऐसी बात नहीं; वरन् पात्र के अनुसार भी वह विभिन्न भाव धारण करता है। किसी मनुष्य में धर्म तीव्र कर्मशीलता के रूप में प्रकट होता है, किसी दूसरे में उत्कट भक्ति के रूप में, किसी तीसरे में योग के रूप में तथा किसी अन्य में तत्त्वज्ञान के रूप में। हम बड़ी भूल करते हैं, यदि धर्म के विषय में किसीसे कहते हैं कि तुम्हारा मार्ग ठीक नहीं है। जो भक्त है, वह शायद यह सोचेगा कि जो मनुष्य कर्ममार्गी है, वह उचित धर्ममार्ग पर नहीं चलता, क्योंकि वह भक्ति का मार्ग नहीं है। यदि कोई तत्त्वज्ञानी ऐसा सोचता हो कि ये लोग बेचारे कितने अज्ञानी हैं, ये प्रेममय परमेश्वर के विषय में तथा उसे प्रेम करने के सम्बन्ध में कुछ भी नहीं जानते; वे क्या कर रहे हैं, यही उन्हें ज्ञात नहीं है', तो यह उन तत्त्वज्ञानियों की भूल है, क्योंकि हो सकता है कि वे दोनों ही ठीक मार्ग पर हों।

इस केन्द्रीय रहस्य से अवगत होना ही कि सत्य केवल एक है और यह भिन्न भिन्न प्रकार से प्रकट हो सकता है तथा भिन्न भिन्न दृष्टिकोणों से इसका भिन्न भिन्न स्वरूप दिख सकता है, अनिवार्य कर्तव्य है। तब हम दूसरे के प्रति वैर-

भाव रखने के बजाय सबके साथ असीम सहानुभूति रख सकेंगे। जब तक इस संसार में भिन्न भिन्न प्रकृति के मनुष्य जन्म लेंगे, तब तक हमें उसी एक आध्यात्मिक सत्य को विभिन्न ढाँचों में ढालना पड़ेगा; यह समझ लेने पर ही हम विभिन्नता के होते हुए भी एक दूसरे के प्रति सहिष्णुता रख सकेंगे, जिस प्रकार प्रकृति कहने से बहुत्व में एकत्व का बोध होता है, जिस प्रकार व्यावहारिक जगत् में अनन्त भेद हैं, किन्तु इन समस्त भेदों के पीछे अनन्त, अपरिणामी निरपेक्ष एकत्व विद्यमान है, वैसा प्रत्येक मनुष्य के सम्बन्ध में भी सत्य है। व्यष्टि समष्टि की क्षुद्राकार में पुनरावृत्ति मात्र है। ये सब भेद प्रतीत होते हुए भी इनमें शाश्वत सामंजस्य विराजमान है और इस तथ्य को हमें स्वीकार करना चाहिए। सब विचारों की अपेक्षा यही एक ऐसा विचार है, जिसकी आज सबसे अधिक आवश्यकता है। मैं एक ऐसे देश से आ रहा हूँ, जो विभिन्न धर्म-सम्प्रदायों का उर्वर जन्मस्थल है और जिसमें उस देश के सौभाग्यवश अथवा दुर्भाग्यवश कहो, प्रत्येक नूतन धर्मवादी अपने अपने अग्रणी भेजना चाहता है। इस देश में रहने से बचपन से ही संसार के भिन्न भिन्न धर्म-पंथों का मुझे ज्ञान हो गया है। अमेरिका से मोरमन[1] संप्रदाय तक के प्रचारक इस देश में अपने धर्म का प्रचार करने आते हैं। स्वागत है सभी का ! उसीकी धरती पर तो धर्म का प्रचार हो सकता है। अन्य किसी देश की अपेक्षा वहाँ कोई भी धर्म शीघ्र ही अपनी जड़ें जमा लेता है। यदि तुम हिन्दुओं को राजनीति सिखाने जाओ तो वहाँ के लोग उसे नहीं समझेंगे, परन्तु यदि वहाँ किसी धर्म का प्रचार करने जाओ, और वह धर्म चाहे जितना विचित्र क्यों न हो, थोड़े ही समय में तुम्हें सैकड़ों अथवा हज़ारों अनुयायी मिल जायँगे और शायद अपने जीवन-काल में ही तुम इन अनुयायियों के लिए ईश्वरवत् बन जाओ। मुझे हर्ष है कि भारत में ऐसा है, वहाँ हम इसे ही चाहते हैं।

हिन्दुओं में पंथ अनेक हैं और उनमें से कुछ तो परस्पर घोर विरोधी प्रतीत होते हैं। परन्तु वे सब कहते हैं कि वे एक ही धर्म के विभिन्न प्रकाश मात्र हैं। 'जिस प्रकार भिन्न भिन्न नदियाँ विभिन्न पर्वतों से निकलकर टेढ़ी-मेढ़ी या सीधी बहकर अन्त में आकर एक ही समुद्र में विलीन हो जाती हैं, उसी प्रकार भिन्न भिन्न दृष्टिकोणोंवाले भिन्न भिन्न धर्मपंथ अन्त में तुम्हींमें मिल जाते

---

१. इस सम्प्रदाय को सन् १८३० ई० में संयुक्त राष्ट्र अमेरिका में जोसेफ़ स्मिथ ने स्थापित किया था। इसके अनुयायियों ने बाइबिल में एक नया अध्याय जोड़ दिया है और वे इस बात का दावा करते हैं कि उनमें कुछ विशेष शक्तियाँ (occult powers) हैं। उनमें बहुविवाह-पद्धति भी थी।

है।"[1] यह केवल शाब्दिक तत्त्वज्ञान नहीं है, वरन् यह एक ऐसा सत्य है, जो हम सभी को मान्य होना चाहिए। परन्तु यह इस प्रकार नहीं माना जाना चाहिए, जैसे कुछ लोग अनुग्रहपूर्वक दूसरों के धर्म की कुछ बातें सत्य मानते हैं। उदाहरणार्थ वे कह देते हैं—हाँ, हाँ, इनमें कुछ बातें बड़ी अच्छी हैं। ये मूर्तिपूजक धर्म हैं। इन धर्मों में कुछ न कुछ अच्छी बातें रहती ही हैं, आदि आदि। कुछ लोगों की बड़ी विलक्षण कल्पना होती है, जो बड़ी 'उदार' सी प्रतीत होती है—वे कहते हैं कि अन्य सब धर्म प्रागैतिहासिक विकास के क्षुद्र चिह्नस्वरूप हैं, किन्तु 'केवल हमारे ही धर्म ने सम्पूर्णता प्राप्त की है।' एक मनुष्य कहता है कि मेरा धर्म सबसे प्राचीन है, अतः सर्वश्रेष्ठ है। दूसरा कहता है कि मेरा धर्म सर्वोत्तम है, क्योंकि वह सबसे आधुनिक है। पर हमें यह समझ लेना चाहिए कि मोक्ष-प्राप्ति की शक्ति प्रत्येक धर्म में समान है। मन्दिर अथवा गिरजाघर में जो धर्मों का भेद-भाव दिखायी देता है, वह कुसंस्कार मात्र है। एक ही परमेश्वर सभी की पुकारों को सुननेवाला है और वही एक सर्वशक्तिमान परमेश्वर इस अति क्षुद्र जीवात्मा की रक्षा तथा मुक्ति का ज़िम्मेदार है—न तुम, न मैं तथा न अन्य कोई दूसरा पुरुष ही। मैं यह नहीं समझ पाता कि कुछ लोग यह कहते हुए भी कि 'मैं ईश्वर में पूर्ण श्रद्धा रखता हूँ', यह भाव कैसे रखते हैं कि ईश्वर ने कुछ थोड़े से ही लोगों को सब सत्य का ठेका दे दिया है और वे ही सारी शेष मनुष्य जाति के संरक्षक हैं। इसे तुम 'धर्म' कैसे कह सकते हो? धर्म का अर्थ है आत्मानुभूति, परन्तु केवल कोरी बहस, खोखला विश्वास, अँधेरे में टटोलबाज़ी तथा तोते के समान पूर्वजों के शब्दों को दुहराना और ऐसा करने में धर्म समझना, एवं धार्मिक सत्य में से कोई राजनीतिक विष ढूँढ़ निकालना—यह सब 'धर्म' बिल्कुल नहीं है।

प्रत्येक पंथ में, यहाँ तक कि इस्लाम पंथ में भी, जिसे हम अत्यन्त दुराग्रही समझते हैं, हम यही देखते हैं कि जब कभी किसी मनुष्य ने आत्मज्ञान प्राप्त करने का यत्न किया, तो उसके मुँह से यही ज्वलंत शब्द निकले—'हे ईश्वर, तू ही सबका नाथ है, तू ही सबके हृदय में वास करता है, तू ही सबका मार्ग-प्रदर्शक है, तू ही सबका गुरु है और तू ही हम सभी की अपेक्षा अनन्त रूप से इस विश्व का रक्षक है।' किसी मनुष्य की श्रद्धा नष्ट करने का प्रयत्न मत करो। यदि हो सके तो उसे जो कुछ अधिक अच्छा हो दे दो, यदि हो सके तो जिस दर्जे पर वह खड़ा हो, उसे सहायता देकर ऊपर उठा दो—परन्तु जिस स्थान पर वह था, उस जगह

---

१. रुचीनां वैचित्र्यादृजुकुटिलनानापथजुषां।
नृणामेको गम्यस्त्वमसि पयसामर्णव इव।। शिवमहिम्नः स्तोत्रम् ।।७।।

से उसे नीचे मत गिराओ। सच्चा गुरु वही है, जो क्षण भर में ही अपने को हज़ारों व्यक्तियों में परिणत कर सके। सच्चा गुरु वही है, जो विद्यार्थी को सिखाने के लिए विद्यार्थी की ही मनोभूमि में तुरन्त उतर आये और अपनी आत्मा अपने शिष्य की आत्मा में एकरूप कर सके तथा जो शिष्य की ही दृष्टि से देख सके, उसीके कानों से सुन सके तथा उसीके मस्तिष्क से समझ सके। ऐसा ही गुरु शिक्षा दे सकता है—अन्य दूसरा नहीं। अन्य सब निषेधक, निरुत्साहक तथा संहारक गुरु कभी भलाई नहीं कर सकते।

अपने गुरुदेव के सहवास में रहकर मैंने यह जान लिया कि इस जीवन में ही मनुष्य पूर्णावस्था को पहुँच सकता है। उनके मुख से कभी किसी के लिए दुर्वचन नहीं निकले और न उन्होंने कभी किसी में दोष ढूँढ़ा। उनकी आँखें कोई बुरी चीज़ देख ही नहीं सकती थीं और न उनके मन में कभी बुरे विचार ही प्रवेश कर सकते थे। उन्हें जो कुछ दिखा, वह अच्छा ही दिखा। यही महान् पवित्रता तथा महान् त्याग आध्यात्मिक जीवन का रहस्य है। वेदों का कथन है—

'अमरत्व न तो धन से प्राप्त हो सकता है, न सन्तति से—वह तो केवल वैराग्य से ही पाया जा सकता है।'[1] ईसा मसीह का भी कथन है कि 'जो कुछ तेरे पास है, वह सब बेच डाल और निर्धनों को दे दे और मेरा अनुसरण कर।' यही भाव सब साधु-सन्तों तथा पैग़म्बरों ने भी प्रकट किया और उसे अपने जीवन-काल में निबाहा है। आध्यात्मिकता बिना त्याग के कैसे प्राप्त हो सकती है? सभी धर्मभावों की पृष्ठभूमि केवल त्याग ही है और तुम यह सदैव देखोगे कि जैसे जैसे त्याग का भाव क्षीण होता जाता है, वैसे वैसे धर्म के क्षेत्र में इन्द्रियों का प्रभाव बढ़ता जाता है और उसी प्रमाण में आध्यात्मिकता का ह्रास होता जाता है।

मेरे गुरुदेव त्याग की साकार मूर्ति थे। हमारे देश में जो पुरुष संन्यासी होता है, उसके लिए यह आवश्यक होता है कि वह सारी सांसारिक सम्पत्ति तथा सामाजिक स्थिति का त्याग कर दे और मेरे गुरुदेव ने इस सिद्धान्त का अक्षरशः पालन किया। ऐसे बहुत से लोग थे, जो अपने को धन्य मानते, यदि मेरे गुरुदेव उनसे कोई भेंट ग्रहण कर लेते और यदि वे स्वीकार करते, तो वे लोग उन्हें हजारों रुपये दे देते; परन्तु मेरे गुरुदेव ऐसे ही लोभों से दूर भागते थे। काम-कांचन पर पूर्ण विजय के वे जीवंत एवं जाज्वल्यमान उदाहरण थे। वे इन दोनों बातों की कल्पना के भी परे थे और इस शताब्दी के लिए ऐसे ही महापुरुषों की आवश्यकता है। आजकल के दिनों में ऐसी ही त्याग की आवश्यकता है; विशेषकर जब लोग यह समझते हैं कि उन

---

१. न प्रजया धनेन त्यागेनैकेनामृतत्वमानशुः।

चीज़ों के बिना वे एक मास भी जीवित नहीं रह सकते, जिन्हें वे अपनी आवश्यकताएँ कहते हैं और जिनकी संख्या वे दिन पर दिन अधिकाधिक बढ़ाते जा रहे हैं। आज-कल के समय में ही यह आवश्यक है कि कोई एक ऐसा मनुष्य उठकर संसार के अविश्वासी पुरुषों को यह दिखा दे कि आज भी एक ऐसा महापुरुष है, जो संसार भर की सम्पत्ति तथा कीर्ति की तृण भर भी परवाह नहीं करता—और आज संसार में ऐसे पुरुष हैं भी।

मेरे गुरुदेव के जीवन का दूसरा महान् तत्त्व दूसरों के प्रति अगाध प्रेम था। उनके जीवन का पूर्वार्ध धर्मोपार्जन में लगा रहा तथा उत्तरार्ध उसके वितरण में। किसी धार्मिक प्रचारक अथवा संन्यासी से भेंट करने का ढंग हमारे देश में ऐसा नहीं है, जैसा इस देश में है। भारत में भिन्न भिन्न प्रश्नों को पूछने के लिए लोग साधु-संन्यासियों के पास जाते हैं और कोई कोई तो सैकड़ों मील से पैदल चलकर एक ही प्रश्न पूछने आते हैं—'महाराज, एक-आध ऐसा शब्द बता दीजिए, जिससे मोक्ष मिल जाय।' इस प्रकार वे उनका एक-आध शब्द सुनने के लिए ही आते हैं। वे बिना आडम्बर के झुण्डों में आते हैं और उस स्थान पर जाते हैं, जहाँ वे साधु अधिकतर रहते हैं—जैसे किसी वृक्ष आदि के नीचे—और वहाँ आकर उनसे प्रश्न करते हैं। एक झुण्ड जाने के बाद दूसरा झुण्ड आ जाता है। इस प्रकार यदि कोई पुरुष असामान्य आध्यात्मिकतासम्पन्न है, तो कभी कभी उसे रात-दिन किंचित् भी विश्राम नहीं मिलेगा। उसे लगातार बातचीत करते ही रहना पड़ता है; घण्टों लोग आते रहते हैं और वह व्यक्ति उन्हें उपदेश देता ही रहेगा।

इस प्रकार आदमियों के झुण्ड के झुण्ड मेरे गुरुदेव के श्री वचन सुनने आते थे और वे चौबीस घण्टे में से बीस घण्टे तक उनसे बातें करते रहते थे और वह भी एक दिन की बात नहीं, बल्कि महीनों यही क्रम जारी रहा, जिसका फल यह हुआ कि अन्त में उनका शरीर अत्यन्त परिश्रम के कारण टूट गया। उन्हें मानव जाति के प्रति इतना अगाध प्रेम था कि उनके पास कृपा-लाभार्थ आनेवाले हज़ारों में से अत्यन्त सामान्य मनुष्य भी उस कृपा-लाभ से वंचित नहीं रहता था। फलस्वरूप धीरे धीरे उन्हें गले का एक बड़ा भयंकर रोग हो गया, परन्तु फिर भी आग्रह करने पर भी वे इतनी मेहनत करना नहीं छोड़ते थे। जैसे ही वे सुनते कि बाहर आये हुए लोग उनसे मिलने के इच्छुक हैं, तो उन्हें अन्दर बुलाये बिना वे नहीं मानते थे और उनके सब प्रश्नों का उत्तर देते थे। जब उन्हें ऐसा करने से रोका जाता था, तो वे उत्तर देते थे, 'मैं परवाह नहीं करता। यदि एक भी मनुष्य की सहायता हो सके, तो मैं ऐसे हज़ारों शरीर छोड़ने को तैयार हूँ—एक आदमी की भी सहायता करना अपूर्व पुरुषार्थ है। उनके लिए विश्राम मानो था ही नहीं। एक बार एक मनुष्य

ने उनसे पूछा, "महाराज, आप बड़े योगी हैं—आप अपना मन थोड़ा अपने शरीर की ओर ही क्यों नहीं लगा देते, जिससे आपकी बीमारी ठीक हो जाय?" पहले तो उन्होंने उत्तर नहीं दिया, परन्तु जब वही प्रश्न कई बार पूछा गया तो उन्होंने धीरे से कहा, "मित्र, मैं समझता था कि तुम ज्ञानी हो, परन्तु तुम भी संसार के अन्य लोगों के समान ही बातें करते हो। यह सारा मन मैंने ईश्वरार्पण कर दिया है तो क्या अब मैं इसे वापस ले लूँ और इसे इस शरीर में लगाऊँ, जो आत्मा का केवल पिंजड़ा है?"

इस प्रकार वे लोगों को उपदेश देने लगे, और अन्त में यह ख़बर फैल गयी कि उनका अन्तकाल समीप आ गया है। तब तो पहले की अपेक्षा कहीं अधिक झुण्डों में लोग उनके पास आने लगे। तुम यह अनुमान नहीं कर सकते कि भारत में ऐसे महान् साधु-संतों के समीप लोग किस प्रकार जाते हैं—कैसे वे उनके चारों ओर भीड़ जमा कर लेते हैं और उनके जीवन-काल में ही उन्हें देवतास्वरूप पूजते हैं। हज़ारों उनके पहने हुए वस्त्रों की कोर को ही छूने मात्र की प्रतीक्षा करते रहते हैं। दूसरों की आध्यात्मिकता का हृदय से आदर करने से ही मनुष्य में आध्यात्मिकता उत्पन्न होती है। मनुष्य जो कुछ हृदय से चाहता और आदर करता है, वही उसे मिल जाता है—राष्ट्रों के सम्बन्ध में भी ठीक यही बात है। यदि तुम भारत में जाकर एक राजनीतिक भाषण दो, तो वह चाहे जितना ओजस्वी क्यों न हो, तुम्हें वहाँ बहुत कम श्रोता मिलेंगे, परन्तु यदि तुम धर्म का प्रचार करने जाओ और इसके बारे में केवल शाब्दिक विवेचन ही न करो, वरन् उसे अपने जीवन में उतारो भी, तो सैकड़ों मनुष्य केवल उसे सुनने ही न आयेंगे, वरन् तुम्हारे चरण भी स्पर्श करेंगे। जब लोगों ने यह सुना कि ये महापुरुष सम्भवतः उन्हें शीघ्र ही छोड़कर चले जायँगे, तो वे उनके पास पहले की अपेक्षा और अधिक संख्या में आने लगे और मेरे गुरुदेव अपने स्वास्थ्य की थोड़ी सी भी चिन्ता न करते हुए उन्हें निरन्तर उपदेश देते रहे। हम लोग भी उन्हें इस बात से रोक न सके। बहुत से लोग तो बड़ी बड़ी दूर से आते थे और मेरे गुरुदेव जब तक उनके प्रश्नों का उत्तर नहीं दे देते थे, तब तक विश्राम नहीं करते थे। वे यही कहा करते थे—'जब तक मैं बोल सकता हूँ, तब तक मैं उन्हें उपदेश देता रहूँगा।' और उन्होंने अपने कथन को सदा पूरा किया। एक दिन उन्होंने हम सब लोगों से कहा—'मैं आज इस शरीर का त्याग करूँगा'; और वेदों के परम पवित्र शब्दों का उच्चारण करते करते उन्होंने महासमाधि में प्रवेश किया।

उनका सन्देश तथा उनके विचार ऐसे बहुत थोड़े लोगों को ज्ञात थे, जो उनका प्रचार कर सकते। अन्य लोगों के अतिरिक्त वे कुछ युवक बालकों को, जो संसार में अपना सब कुछ छोड़ चुके थे तथा उनका कार्य चलाने को तैयार थे, अपने पीछे छोड़

गये। उनका दमन करने की चेष्टा लोगों ने की, परन्तु मेरे गुरुदेव के असामान्य जीवन द्वारा उनके हृदय में जो स्फूर्ति भर गयी थी, उसके कारण वे अचल बने रहे। वर्षों से उस परम मंगल विभूति के सहवास के कारण उन्होंने अपना मार्ग नहीं छोड़ा। ये नवयुवक जिस नगर में पैदा हुए थे, उसीकी गलियों में भिक्षाटन करते हुए अपना कार्य करते रहे, यद्यपि उनमें से कई बड़े उच्च घरानों के थे। प्रथम तो उन्हें तीव्र विरोध का सामना करना पड़ा, परन्तु उन्होंने धैर्य नहीं छोड़ा और धीरे धीरे उन महापुरुष के दिव्य सन्देश वे भारत में दिन-प्रतिदिन फैलाने लगे; यहाँ तक कि सारा देश मेरे गुरुदेव के उपदेशों से गूँज उठा। बंगाल प्रान्त के एक दूर गाँव में पैदा हुए इन महापुरुष ने, जिन्हें पाठशाला में शिक्षा भी नहीं मिली थी, केवल अपने दृढ़ निश्चय से सत्य की उपलब्धि की तथा उसे दूसरों को प्रदान किया, और उसे जीवित रखने के लिए वे कुछ थोड़े से नवयुवक छोड़ गये।

आज श्री रामकृष्ण परमहंस का नाम भारत में लाखों पुरुषों को ज्ञात है। इतना ही नहीं, वरन् उस महापुरुष की शक्ति भारत के बाहर भी फैल गयी है और इस संसार में सत्य के सम्बन्ध में अथवा आध्यात्मिक ज्ञान के बारे में यदि मैं कहीं एक शब्द भी कभी बोला हूँ तो उसका सारा श्रेय मेरे गुरुदेव को है—भूलें केवल मेरी हैं।

आधुनिक संसार के लिए श्री रामकृष्ण का सन्देश यही है—'मतवादों, आचारों, पंथों तथा गिरजाघरों एवं मन्दिरों की चिंता न करो। प्रत्येक मनुष्य के भीतर जो सार वस्तु अर्थात् आत्म-तत्त्व विद्यमान है, इसकी तुलना में ये सब तुच्छ हैं, और मनुष्य के अन्दर यह भाव जितना ही अधिक अभिव्यक्त होता है, वह उतना ही जगत्कल्याण के लिए सामर्थ्यवान हो जाता है। प्रथम इसी धर्म-धन का उपार्जन करो, किसीमें दोष मत ढूंढ़ो, क्योंकि सभी मत, सभी पथ अच्छे हैं। अपने जीवन द्वारा यह दिखा दो कि धर्म का अर्थ न तो शब्द होता है, न नाम और न सम्प्रदाय, वरन् इसका अर्थ होता है आध्यात्मिक अनुभूति। जिन्हें अनुभव हुआ है, वे ही इसे समझ सकते हैं। जिन्होंने धर्मलाभ कर लिया है, वे ही दूसरों में धर्मभाव संचारित कर सकते हैं, वे ही मनुष्य जाति के श्रेष्ठ आचार्य हो सकते हैं—केवल वे ही ज्योति की शक्ति हैं।'

जिस देश में ऐसे मनुष्य जितने ही अधिक पैदा होंगे, वह देश उतनी ही उन्नत अवस्था को पहुंच जायगा और जिस देश में ऐसे मनुष्य बिल्कुल नहीं हैं, वह नष्ट हो जायगा—वह किसी प्रकार नहीं बच सकता। अतः मेरे गुरुदेव का मानव जाति के लिए यह सन्देश है कि 'प्रथम स्वयं धार्मिक बनो और सत्य की उपलब्धि करो।' वे चाहते थे कि तुम अपने भ्रातृ-स्वरूप समग्र मानव जाति के कल्याण के लिए सर्वस्व त्याग दो। उनकी ऐसी इच्छा थी कि भ्रातृ-प्रेम के विषय में बातचीत बिल्कुल

न करो, वरन् अपने शब्दों को सिद्ध करके दिखाओ। त्याग तथा प्रत्यक्षानुभूति का समय आ गया है, और इनसे ही तुम जगत् के सभी धर्मों में सामंजस्य देख पाओगे। तब तुम्हें प्रतीत होगा कि आपस में झगड़े की कोई आवश्यकता नहीं है और तभी तुम समग्र मानव जाति की सेवा करने के लिए तैयार हो सकोगे। इस बात को स्पष्ट रूप से दिखा देने के लिए कि सब धर्मों में मूल तत्त्व एक ही है, मेरे गुरुदेव का अवतार हुआ था। अन्य धर्म-संस्थापकों ने स्वतन्त्र धर्मों का उपदेश दिया था और वे धर्म उनके नाम से प्रचलित हैं; परन्तु उन्नीसवीं शताब्दी के इन महापुरुष ने स्वयं के लिए कोई भी दावा नहीं किया। उन्होंने किसी धर्म को क्षुब्ध नहीं किया, क्योंकि उन्होंने प्रत्यक्ष अनुभव कर लिया था कि वास्तव में सब धर्म एक ही 'चिरन्तन धर्म' के अभिन्न अंग हैं।

श्री रामकृष्ण और उनके विचार

श्री रामकृष्ण अपने को—अवतार शब्द के स्थूल अर्थ में—एक अवतार कहा करते थे, यद्यपि मैं यह बात समझ नहीं पाता था। मैं कहता था कि वे वेदान्त की दृष्टि से ब्रह्म हैं; किन्तु उनकी महासमाधि के ठीक पूर्व, जब उन्हें साँस लेने में कष्ट हो रहा था, मैं अपने मन में सोच रहा था कि क्या इस वेदना में वे भी अपने को अवतार कह सकते हैं। उस समय उन्होंने मुझसे कहा, "अरे! जो राम था, जो कृष्ण था, वही रामकृष्ण हो गया है—लेकिन तेरे वेदान्त की दृष्टि से नहीं!" उनका मुझ पर प्रगाढ़ स्नेह था, जिससे बहुत से लोग मुझसे ईर्ष्या करने लगे थे। वे दृष्टि से किसीका चरित्र जान लेते थे और अपनी राय कभी नहीं बदलते थे। उन्हें मानो अतीन्द्रिय बोध हो जाता था, जब कि हम लोग किसीके चरित्र को बुद्धि द्वारा जानने की कोशिश करते हैं, जिसका परिणाम यह होता है कि हमारे निर्णय प्रायः ग़लत होते हैं। वे कुछ व्यक्तियों को अपना अन्तरंग कहते थे, जिन्हें वे अपने स्वरूप के तथा योग के गुह्य रहस्यों को सिखाते थे। बाहरवालों या बहिरंगों को वे उन दृष्टान्तों से शिक्षा देते थे, जो अब 'वचनामृत' कहे जाते हैं। वे उन नवयुवकों (अन्तरंगो) को अपने कार्य के लिए तैयार करते थे, और यद्यपि बहुत से लोग उनके बारे में शिकायतें करते, तथापि वे उन पर ध्यान नहीं देते थे। किसी बहिरंग के विषय में, उसके कार्यों के आधार पर, किसी अन्तरंग की अपेक्षा अधिक अच्छी धारणा हो सकती है, किन्तु अन्तरंगों के प्रति मैं एक अन्धविश्वासी की भाँति आदर भाव रखता हूँ। कहावत है, 'मुझे प्यार करते हो, तो मेरे कुत्ते को भी प्यार करो'। मैं उस ब्राह्मण पुरोहित से अत्यधिक प्रेम करता हूँ; इसलिए जो कुछ उन्हें प्रिय था, जिसके प्रति उनमें सम्मान था, वह मुझे प्रिय है! मेरे बारे में उन्हें आशंका थी कि अगर मुझे मेरे पर छोड़ दिया जाय तो मैं किसी सम्प्रदाय की स्थापना कर दूँगा।

कुछ लोगों से वे कहते थे, "तुम इस जीवन में धर्मलाभ नहीं कर सकते।" वे हर चीज़ को जान जाते थे और इससे इसका अर्थ समझ में आ जाता है कि कुछ लोगों के साथ वे वैसा व्यवहार क्यों करते थे, जो पक्षपात प्रतीत होता था। एक वैज्ञानिक की हैसियत से वे समझते थे कि भिन्न भिन्न व्यक्तियों के लिए भिन्न भिन्न उपचार की आवश्यकता है। अन्तरंगों के अलावा अन्य किसीको उनके कमरे में सोने की अनुमति नहीं थी। यह कहना सत्य नहीं है कि जिन्होंने उनका दर्शन नहीं

किया है, उन्हें मोक्ष नहीं मिलेगा और यह भी सत्य नहीं है कि जो तीन बार उनका दर्शन कर चुका है, उसे मुक्ति मिल जायगी।

जन-समाज को, जो किसी उच्चतर शिक्षा को ग्रहण करने में अक्षम है, उसे वे नारद की भक्ति का उपदेश देते थे।

साधारणतः वे द्वैतवाद की शिक्षा दिया करते थे। अद्वैतवाद की शिक्षा न देने का उन्होंने नियम बना लिया था। लेकिन उसकी शिक्षा उन्होंने मुझे दी। पहले मैं द्वैतवादी था।

श्री रामकृष्ण : राष्ट्र के आदर्श

किसी राष्ट्र के अभ्युदय के लिए उसके पास एक आदर्श होना आवश्यक है। असल में वह आदर्श है निर्गुण ब्रह्म। लेकिन चूंकि तुम सब लोग किसी निराकार आदर्श से प्रेरणा नहीं प्राप्त कर सकते, इसलिए तुम्हें साकार आदर्श चाहिए। श्री रामकृष्ण के व्यक्तित्व के रूप में वह तुम्हें मिला है। अन्य व्यक्ति अब हमारे आदर्श क्यों नहीं बन सकते, इसका कारण यह है कि उनके दिन लद चुके हैं; और इसके लिए कि वेदान्त सबको उपलब्ध हो सके, निश्चय ही ऐसा व्यक्ति चाहिए, जिसकी सहानुभूति वर्तमान पीढ़ी से हो। श्री रामकृष्ण से इसकी संपूर्ति होती है। अतः अब तुम्हें चाहिए कि उनको सबके समक्ष रखो। चाहे उन्हें कोई साधु माने या अवतार माने, इससे कोई अन्तर नहीं पड़ता।

उन्होंने कहा था कि हम लोगों के बीच वे एक बार फिर आयेंगे। तब, मेरे ख्याल से, वे विदेह मुक्ति को ग्रहण करेंगे। यदि तुम कार्य करना चाहते हो तो निश्चय ही तुम्हारा कोई ऐसा इष्ट देवता, या जिसे ईसाई लोग 'अभिभावक देवदूत' कहते हैं, होना चाहिए। मेरी कल्पना में कभी कभी यह आता है कि विभिन्न राष्ट्रों के विभिन्न इष्ट-देवता हैं और इनमें से प्रत्येक अपनी श्रेष्ठता के लिए सचेष्ट है। कभी कभी मैं यह कल्पना करता हूँ कि ऐसा इष्ट देवता किसी राष्ट्र की सेवा करने में असमर्थ हो जाता है।

व्याख्यान, प्रवचन एवं कक्षालाप--६

(कृष्ण और गीता)

कृष्ण

(कैलिफ़ोर्निया में दिया हुआ भाषण, अप्रैल १, १९०० ई०)

कृष्ण का आविर्भाव लगभग ठीक उन्हीं परिस्थितियों से परिवेप्टित है, जिनसे भारतवर्ष में बौद्ध धर्म का जन्म हुआ। केवल यही नहीं, उस समय की सी घटनाएँ हम अपने समय में भी घटित होते देख रहे हैं।

कोई एक आदर्श होता है। साथ ही अनिवार्य रूप से मानव जाति का एक ऐसा विशाल बृहत्तर अंश भी सदैव होता है, जो उस आदर्श के समीप, बौद्धिक स्तर पर भी नहीं पहुँच पाता।...सबल व्यक्ति ही उसे संपन्न कर पाते हैं, किंतु उन्हें बहुधा दुर्बलों के प्रति सहानुभूति नहीं होती। सबलों के निकट दुर्बल भिखारी मात्र हैं। सबल आगे बढ़ते चले जाते हैं।...यह तो ख़ैर हमें स्पष्ट ही है कि स्वीकृत होने योग्य उच्चतम स्थिति दुर्बलों के प्रति सहानुभूतिपूर्ण और सहायक होने की है। किन्तु अनेक बार हमारे सहानुभूतिपूर्ण होने के मार्ग को दार्शनिक अवरुद्ध कर देता है। यदि हम इस सिद्धान्त का अनुसरण करनेवाले हों कि इस संपूर्ण अनन्त जीवन को अभी कुछ वर्षों के इस प्रस्तुत अस्तित्व द्वारा ही निर्धारित कर डालना है...तब तो वह हमारे लिए बहुत ही निराशामय है...और जो निर्बल हैं, उनकी ओर मुड़कर पीछे देखने का समय हमारे पास नहीं है। कितु यदि यह स्थिति न हो—यदि जगत् उन अनेक पाठशालाओं में से केवल एक हो, जिनके मध्य हमें गुज़रना है, यदि चिरंतन जीवन, शाश्वत नियम द्वारा ही ढलता, गढ़ता तथा निर्दिष्ट होता हो, और शाश्वत नियम तथा शाश्वत अवसर हर एक की प्रतीक्षा कर रहे हों—तो हमें जल्दी में होने की आवश्यकता नहीं। तब हमारे पास सहानुभूति करने, आस-पास देखने, दुर्बलों को सहारे का हाथ देने और उन्हें ऊपर उठाने का समय है।

बौद्ध धर्म में हमें संस्कृत के दो शब्द मिलते हैं : धर्म और संघ। किंतु एक परम विचित्र तथ्य यह है कि कृष्ण के शिष्यों और अनुयायियों के पास अपने धर्म का कोई नाम नहीं है; विदेशी लोग यद्यपि उसे हिन्दू धर्म या ब्राह्मणवाद कहते हैं। धर्म एक है, और संप्रदाय (संघ) अनेक। जिस क्षण उसे तुम एक नाम दे देते हो, व्यष्टीकृत कर शेष से पृथक् कर देते हो, वह एक संप्रदाय बन जाता है, धर्म नहीं रह जाता। संप्रदाय अपने निजी सत्य का उद्घोष करता है और यह घोषणा करता है कि अन्यत्र

कहीं भी सत्य नहीं है। धर्म यह विश्वास करता है कि संसार में धर्म केवल एक ही रहा है और अब भी केवल एक ही है। दो धर्मों का अस्तित्व कभी भी नहीं रहा है। वही एक धर्म विभिन्न स्थानों में विभिन्न पक्षों को प्रस्तुत करता है। (उसका) कार्य है, मानवता के लक्ष्य और प्रयोजन के सम्यक बोध पर विचार करना।

कृष्ण का यही महान् कार्य था : हमारी आँखों को स्वच्छ कराना और मानवता की ऊर्ध्वगामी तथा अग्रगामी प्रगति को विशालतर दृष्टि से दिखाना। उनका ही पहला हृदय था, जिसमें सबमें विद्यमान सत्य को देख सकने की विशालता थी, और उनकी ही प्रथम वाणी थी, जिससे प्रत्येक और समस्त के निमित्त सुन्दर शब्द उच्चरित हुए।

यह कृष्ण बुद्ध के लगभग एक हज़ार वर्ष पूर्व हुए। . . .बहुत से लोग इस बात में विश्वास नहीं करते कि उनका कभी अस्तित्व भी था। कुछ लोगों का विश्वास है कि (कृष्ण की उपासना) प्राचीन सूर्योपासना (से विकसित हुई)। ऐसा प्रतीत होता है कि कृष्ण कई हुए हैं : एक का उल्लेख उपनिषदों में है, दूसरे कोई राजा थे, अन्य एक सेनानी। इन सबको एक कृष्ण में पुंजीभूत कर दिया गया है। किंतु इससे कुछ बनता-बिगड़ता नहीं। तथ्य यह है कि कोई ऐसा व्यक्ति आता है, जो आध्यात्मिकता में अद्वितीय है। तब उसके चारों ओर सभी तरह की दंतकथाओं की सृष्टि हो जाती है। किंतु ऐसे जिस एक व्यक्ति को लेकर जिन बाइबिलों और कथाओं की रचना होती है, उसके चरित्र के अनुसार उनको पुनः ढालना होता है। बाइबिल के नव व्यवस्थान में पायी जानेवाली समस्त कथाओं को ईसा के स्वीकृत जीवन और चरित्र के अनुरूप ढालना पड़ा है। बुद्ध से संबंधित समस्त भारतीय कथाओं में भी उनके समग्र जीवन का मूल स्वर—दूसरों के लिए आत्मत्याग—सुरक्षित रखा गया है। . . .

कृष्ण में हमें उनके संदेश में. . .दो विचार सर्वोपरि मिलते हैं : पहला है विभिन्न विचारों का सामंजस्य; और दूसरा है अनासक्ति। मनुष्य पूर्णत्व को, सर्वोच्च लक्ष्य को, राजसिंहासन पर बैठे रहकर, सेनाओं का संचालन करते रहकर, राष्ट्रों के निमित्त विराट् योजनाओं को कार्यान्वित करते रहकर, प्राप्त कर सकता है। वस्तुतः कृष्ण का महान् उपदेश युद्धक्षेत्र में ही प्रदान किया गया है।

कृष्ण प्राचीन पुरोहितों की सारी छलना, विडंबना और उनके विधि-विधानों की व्यर्थता के मर्म को अच्छी तरह समझ गये थे; किंतु फिर भी उन्हें इन बातों में कुछ अच्छाई भी मिली।

यदि तुम एक सबल मनुष्य हो, तो बहुत अच्छा है। किंतु तब उन लोगों की भर्त्सना न करो, जो तुम्हारे लिए अभीष्ट मात्रा में बलवान नहीं हैं। . . .हर कोई कहता है,

'बुरा हो तुम्हारा!' लेकिन यह कहनेवाला कौन है, 'बुरा हो मेरा, जो मैं तुम्हारी सहायता नहीं कर सकता?' लोग अपनी क्षमता, सामर्थ्य और ज्ञान के अनुरूप जो कुछ उनसे संभव है, ठीक कर रहे हैं। बुरा हो मेरा, जो मैं उन्हें उठाकर वहाँ नहीं ला सकता, जहाँ मैं हूँ!

अतः कृष्ण का कहना है कि अनुष्ठान, देवताओं की पूजा, और दंतकथाएँ, सब ठीक हैं।...क्यों? क्योंकि वे सब उसी लक्ष्य की ओर ले जाते हैं। अनुष्ठान, ग्रंथ और आडंबर—ये सब श्रृखला की कड़ियाँ हैं। बस, पकड़ लो! वही एक चीज़ है। यदि तुम निश्छल हो और तुमने किसी एक कड़ी को सचमुच पकड़ लिया है, तो उसे छूटने न दो, फिर शेष का आ जाना ध्रुव है। (किंतु लोग) पकड़ते ही नहीं। वे इसीका निर्णय करने और इसी पर झगड़ने में समय बिताते रहते हैं कि पकड़ना क्या चाहिए और आखिर किसी भी चीज़ को पकड़ नहीं पाते।...सत्य का पीछा हम सदैव करते रहते हैं, लेकिन उसे पाना कभी नहीं चाहते।...हम केवल इधर-उधर भटकने और पूछने का सुख भर चाहते हैं। हमारे पास शक्ति प्रचुर है, किंतु हम उसका व्यय इस प्रकार करते हैं। इसी कारण कृष्ण ने कहा है: एक ही केंद्र से निकल कर बाहर फैली इन श्रृंखलाओं में से किसी एक को पकड़ लो। कोई एक पग दूसरे की अपेक्षा बड़ा नहीं है।...धर्म के किसी भी पक्ष की, जहाँ तक वह निश्छल है, भर्त्सना न करो। इन श्रृंखलाओं में किसी एक को पकड़े रहो और वह तुम्हें केंद्र में खींच ले जायगी। शेष सब स्वयं तुम्हारा हृदय ही तुम्हें सिखा देगा। भीतर बैठा हुआ गुरु सभी मत-मतांतरों और दर्शनों की शिक्षा दे देगा...

कृष्ण भी ईसा की भाँति अपने को ईश्वर मान कर बात करते हैं। वे देवता को अपने भीतर देखते हैं। और वे कहते हैं, 'मेरे मार्ग से भटक कर कोई व्यक्ति नहीं जा सकता। सबको मेरे पास आना ही है। मुझको कोई जिस रूप में भजता है, उसको मैं उसी रूप के प्रति श्रद्धा प्रदान करता हूँ, और उसीके द्वारा मैं उसको मिलता हूँ...'[1]; उनका हृदय संपूर्णतः जनसाधारण के लिए है।

स्वतंत्र, कृष्ण झुकने से अस्वीकार करते हैं। उनकी निर्भीकता हमें डरा देती है। हम हर वस्तु पर निर्भर हैं—कुछ अच्छे शब्दों पर, परिस्थितियों पर। किंतु जब आत्मा किसी भी वस्तु, जीवन तक पर, निर्भर न रहना चाहे, तो वह दर्शन की पराकाष्ठा है, मनुष्यत्व की पराकाष्ठा है। उपासना भी उसी लक्ष्य तक ले जाती है। कृष्ण उपासना पर बड़ा बल देते हैं। ईश्वर की उपासना करो!

इस संसार में हम विविध प्रकार की उपासना देखते हैं। रोगी मनुष्य ईश्वर के

---

१. गीता ॥४।११॥

प्रति बड़ा पूजा भाव रखता है।...अपनी संपदा खो देनेवाला व्यक्ति धन पाने के निमित्त बड़ी पूजा करता है। लेकिन सर्वोच्च उपासना उस व्यक्ति की है, जो ईश्वर को ईश्वर के निमित्त ही प्रेम करता है। (यह प्रश्न किया जा सकता है कि) यदि ईश्वर है, तो संसार में इतना दुःख क्यों है? उपासक उत्तर देता है: "...दुःख इस जगत् में अवश्य है, (किंतु) इस कारण मैं ईश्वर को प्रेम करना नहीं छोड़ सकता। मैं उसकी उपासना इसलिए नहीं करता कि वह मेरे (दुःख) को हर ले। मैं उसको इसलिए प्रेम करता हूँ कि वह साक्षात् प्रेम है।" अन्य (प्रकार की उपासना) निम्नस्तरी है। किंतु कृष्ण किसीकी भी निंदा नहीं करते। निश्चल खड़े रहने की अपेक्षा कुछ करना अधिक अच्छा है। जो मनुष्य ईश्वर की उपासना आरंभ कर देता है, उसका विकास क्रमशः होता रहेगा और वह ईश्वर को केवल प्रेम के ही निमित्त प्रेम करने लगेगा।...

इस जीवन को जीते हुए पवित्रता कैसे प्राप्त की जाय? क्या हमें वन की गुफाओं में जाना चाहिए? उससे क्या लाभ होगा? यदि मन नियंत्रण के बाहर हो तो गुफा में रहने से कोई लाभ नहीं, क्योंकि वही मन सारा उत्पात वहाँ भी उपस्थित करेगा। गुफा में हमें बीस शैतान मिलेंगे, क्योंकि सारे शैतान मन में विद्यमान हैं। यदि मन पर नियंत्रण हो, तो हम जहाँ भी हों, वहीं गुफा प्राप्त कर सकते हैं।

यह हमारा मनोभाव ही है, जो हमारे जगत्—वह हमारे लिए जो भी है—की रचना करता है। हमारे विचार वस्तुओं को सुंदर बनाते हैं, हमारे विचार ही वस्तुओं को कुरूप बनाते हैं। सारा जगत् हमारे अपने मनों में है। वस्तुओं को सम्यक् दृष्टि से देखना सीखो। पहले, इस संसार में विश्वास करो—कि हर वस्तु के पीछे अर्थ है। जगत् की प्रत्येक वस्तु शुभ, पवित्र और सुंदर है। यदि कुछ तुम्हें अशुभ लगे, तो सोचो कि तुम उसे सम्यक् दृष्टि से समझ नहीं पा रहे हो। बोझ अपने ऊपर डाल दो।...जब जब हम यह कहने को लालायित हों कि संसार की अधोगति हो रही है, तो हमें स्वयं अपना विश्लेषण करना चाहिए, और तब हमें अनुभव होगा कि वस्तुओं को उनके वास्तविक स्वरूप में देखने की शक्ति ही हमने खो दी है।

दिन और रात कर्म करते रहो। 'देख, मैं तो विश्व का प्रभु हूँ। मेरा कोई भी कर्तव्य नहीं है। हर कर्तव्य बंधन है। किन्तु मैं कर्म के निमित्त कर्म करता रहता हूँ। यदि मैं एक क्षण को भी कर्म बंद कर दूँ, (तो सब अस्त-व्यस्त हो जाय)।'[1] कर्तव्य के विचार से रहित होकर तू भी इसी तरह कर्म कर।...

---

१. वही, ३।२२-२३।।

यह जगत् एक खेल है। तुम उस (ईश्वर) के साथ के खिलाड़ी हो। चलते रहो, और बिना किसी दुःख, बिना किसी क्लेश के कर्म करते रहो ! उसके खेल को दरिद्र बस्तियों में देखो, विशाल कक्षों में देखो ! जनसाधारण को ऊपर उठाने के लिए कार्य करो ! इसीलिए नहीं कि वे अधम या पतित हैं; कृष्ण ऐसा नहीं कहते।

क्या तुम जानते हो कि अच्छा काम इतना कम क्यों हो पाता है ? श्रीमती जी दरिद्र बस्तियों में जाती हैं।...कुछ स्वर्ण मुद्राएँ देती हैं और कहती हैं, "मेरे दरिद्रो, यह लो और सुखी हो !"...अथवा गली में चली जा रही उन संभ्रान्त महिला को एक दरिद्र व्यक्ति दिखलायी पड़ता है और वह उसके पास पाँच पैसे फेंक देती हैं। इसमें निहित अधर्म की बात पर विचार करो ! धन्य हैं हम, कि प्रभु ने हमें तुम्हारे निजी व्यवस्थान में अपना उपदेश दे रक्खा है। ईसा ने कहा है, 'तुमने जितना भी मेरे बंधुओं में से दीनतम के प्रति किया है, वह तुमने मेरे लिए किया है।' यह सोचना पाखण्ड है कि तुम किसीकी सहायता कर सकते हो। पहले इस सहायता करने के विचार को जड़ से निकाल दो और तब उपासना करने जाओ। ईश्वर के बच्चे तुम्हारे गुरु के बच्चे हैं। (और बच्चे पिता के ही विविध रूप हैं)। तुम उसके सेवक हो। जीवंत ईश्वर की सेवा करो ! तुम्हारे पास ईश्वर अंधों, पंगुओं, दरिद्रों, निर्बलों और नारकीयों के रूप में आता है। तुम्हारे पास पूजन करने का कितना महिमान्वित अवसर है ! लेकिन जिस क्षण तुम यह सोचने लगते हो कि तुम 'सहायता' कर रहे हो, तुम सारी चीज़ को बिगाड़ देते हो और स्वयं को पतित कर लेते हो। यह जानते हुए कर्म करो। तुम पूछोगे, "इससे क्या होगा ?" तुमको वह हृदय टूटने की, उस भीषण क्लेश की प्राप्ति नहीं होगी।...तब कर्म दासता नहीं रह जाता। वह एक खेल, स्वयं में ही आनंद बन जाता है। कर्म करो ! अनासक्त बनो ! यही समग्र रहस्य है। यदि आसक्त हो जाते हो, तो दुःखी होते हो।...

हम जीवन में जो भी करते हैं, उससे अपने को तदाकार कर देते हैं। एक व्यक्ति मुझसे कड़े शब्द कहता है। मैं क्रोध आता अनुभव करता हूँ। कुछ क्षणों में क्रोध और मैं एक हो जाते हैं, और तब क्लेश आता है। अपने को केवल ईश्वर से संलग्न करो और किसी वस्तु से नहीं, क्योंकि और सब वस्तुएँ असत् हैं। असत् में आसक्ति क्लेश उत्पन्न करेगी। केवल एक ही सत्ता है जो सत्य है, केवल एक ही जीवन है जिसमें न विषय है, न (विषयी)।...

किंतु अनासक्त प्रेम तुमको हानि नहीं पहुँचायेगा। कुछ भी करो—विवाह करो, बच्चे होने दो।...जो अच्छा लगे, वह करो—कुछ भी तुमको हानि नहीं

करेगा। 'मेरा' का विचार लेकर कुछ न करो। कर्तव्य कर्तव्य के लिए; कर्म कर्म के लिए। वह तुम्हारे लिए क्या है? तुम उससे अलग खड़े हो।

जब हम उस अनासक्ति तक पहुँचते हैं, तभी जगत् के आश्चर्यजनक रहस्य को समझ सकते हैं; कैसे वह (जगत्) तीव्र क्रियाशीलता और स्पंदन है, तथा साथ ही गहन शांति और निश्चलता भी है; किस प्रकार वह प्रतिक्षण कार्य और प्रतिक्षण विश्राम भी है। वही इस जगत् का रहस्य है—एक ही में वैयक्तिक और निर्वैयक्तिक, एक ही में ससीम और असीम। तभी हम उस रहस्य को प्राप्त कर सकेंगे। 'वह जो प्रखर कर्म के मध्य महत्तम अकर्म, और महत्तम अकर्म में प्रखर कर्म देखता है, योगी का पद लाभ कर चुका है।'[1] वही सच्चा कर्मी है, अन्य कोई नहीं। हम अल्प सा कर्म करते हैं और अपने को ध्वस्त कर डालते हैं। क्यों? हम उस कर्म के प्रति आसक्त हो जाते हैं। यदि हम उससे आसक्त न हो जायँ, तो उसके साथ साथ हमें अनंत विश्राम भी प्राप्त होगा। . . .

अनासक्ति के इस रूप तक पहुँच पाना है कितना कठिन! अतएव कृष्ण हमें निम्नतर मार्ग और पद्धतियाँ दिखलाते हैं। प्रत्येक व्यक्ति के लिए सबसे सरल मार्ग है, (अपना) कार्य करना और फलों को ग्रहण न करना। यह हमारी तृष्णा है, जो हमें बाँधती है। यदि हम कर्मों के फलों को ग्रहण करते हैं, चाहे वे अच्छे हों या बुरे, तो हमको उन्हें सहन करना ही पड़ेगा। किंतु यदि हम कर्म स्वयं अपने लिए न करके पूर्णरूपेण प्रभु की महिमा के निमित्त करें, तो फल अपनी चिंता स्वयं ही कर लेंगे। 'कर्म करने का ही अधिकार तुम्हें है, उनके फलों का नहीं।'[2] सैनिक फलों के लिए कर्म नहीं करता। वह अपना कर्तव्य करता है। यदि पराजय होती है, तो वह सेनानी की है, सैनिक की नहीं। हम अपना कर्म प्रेम के निमित्त करते हैं—सेनानी के प्रति प्रेम, प्रभु के प्रति प्रेम के निमित्त। . . .

यदि तुम सबल हो, तो वेदांत दर्शन को ग्रहण कर स्वाधीन हो जाओ। यदि तुम वह नहीं कर सकते, तो ईश्वर की उपासना करो; यदि वह नहीं, तो किसी प्रतिमा की पूजा करो। यदि वह भी करने की शक्ति तुममें न हो, तो लाभ के विचार से रहित होकर कुछ शुभ कर्म करो। तुम्हारे पास जो कुछ है, वह सब प्रभु की सेवा में समर्पित कर दो। लड़ते रहो। 'पत्र, पुष्प और जल—मेरी वेदी पर कोई भी व्यक्ति जो कुछ चढ़ाता है, मैं उसे एक समान प्रसन्नता से ग्रहण करता हूँ।'[3]

---

१. वही, ४।१८॥
२. वही, २।४७॥
३. वही, ९।२६॥

यदि तुम कुछ भी, एक शुभ कर्म तक नहीं कर सकते, तो (प्रभु की) शरण लो। 'ईश्वर समस्त प्राणियों के हृदय में स्थित है, और वह उनको अपने चक्र पर भ्रमाया करता है। अपने संपूर्ण हृदय और आत्मा से तू उनकी शरण में जा।'[१]. . .

प्रेम के इस सिद्धांत पर कृष्ण ने (गीता में) जिन सामान्य भावों का उपदेश किया है, उनमें से कुछ ये हैं। प्रेम पर प्रवचन अन्य ग्रन्थों (में) भी हैं, जैसे बुद्ध के, ईसा के।

अब कृष्ण के जीवन के संबंध में कुछ शब्द। ईसा और कृष्ण के जीवन में प्रचुर मात्रा में सादृश्य मिलता है। इस बात पर वाद-विवाद चल रहा है कि कौन किसका ऋणी है। दोनों ही स्थानों में एक अत्याचारी राजा था। दोनों का ही जन्म घरनी में हुआ। दोनों के माता-पिता बंदी थे। दोनों की रक्षा देवदूतों ने की। दोनों दृष्टांतों में उस वर्ष जन्मे सभी लड़कों की हत्या कर दी गयी। बचपन एक ही जैसा है।. . .अंततः दोनों की हत्या हुई। कृष्ण की मृत्यु दुर्घटना से हुई; जिस व्यक्ति ने उन्हें मारा था, उसे वे स्वर्ग ले गये। ईसा की हत्या हुई, उन्होंने उस डाकू को आशीष दिया और उसे स्वर्ग ले गये।

नव व्यवस्थान और गीता के उपदेशों में भी बहुत सी समानताएँ हैं। मानव विचारणा उसी पथ पर चलती है।. . .मैं स्वयं कृष्ण के शब्दों में ही तुम्हारे लिए उत्तर खोज दूंगा। 'जब जब धर्म की ग्लानि होती है और अधर्म की वृद्धि होती है, मैं अवतार लेता हूँ। बार बार मैं आता हूँ। अतएव, जब कभी तू किसी महान् आत्मा को मानव जाति का उत्थान करने के निमित्त संघर्ष करती देख, जान ले कि मैं आया हूँ,. . .।'[२]

साथ ही यदि वह ईसा या बुद्ध के रूप में आता है, तो इतना विभेद क्यों होता है ? उपदेशों का अनुसरण अवश्य होना चाहिए! एक हिन्दू भक्त कहेगा : यह स्वयं ईश्वर ही है, जो ईसा और कृष्ण और बुद्ध और समस्त (महान् धर्मोपदेशकों) के रूप में आता है। एक हिंदू दार्शनिक कहेगा : ये महान् आत्माएँ हैं, वे मुक्त हो चुकी हैं। यद्यपि वे मुक्त हैं, किंतु जब तक समग्र संसार दुःखग्रस्त है, वे अपनी मुक्ति को स्वीकार नहीं करते। वे बारंबार आते हैं, मानव शरीर धारण करते और मानव जाति की सहायता करते हैं। वे अपने बचपन से ही जानते रहते हैं कि वे क्या हैं और किसलिए आये हैं।. . .वे हमारी तरह बंधनों के माध्यम से नहीं आते।. . . वे अपनी स्वाधीन इच्छा से आते हैं और विराट् आध्यात्मिक शक्ति से युक्त होने के

---

१. वही, १८।६१।।
२. वही, ४।८।।; १०।४१।।

लिए वे विवश हैं। हम उसका प्रतिरोध नहीं कर सकते। मानव जाति का विशाल समूह आध्यात्मिकता के इस भँवर में खिंच आता है, और इन (महान् आत्माओं) में से किसी एक का आघात मिलने के कारण उसका स्पंदन चलता ही जाता है। संपूर्ण मानव जाति के मुक्त हो जाने तक यह इसी प्रकार चलता रहता है और इस पृथ्वी का खेल समाप्त हो जाता है।

गरिमान्वित हों वे महान् आत्माएँ, जिनकी जीवनियों का अनुशीलन हम अभी कर चुके हैं। वे संसार के जीवंत देवता हैं। वे वह व्यक्ति हैं, जिनकी हमें पूजा करनी चाहिए। यदि वह मेरे पास आये, तो मैं उसे केवल तभी पहचान पाऊँगा, जब वह मनुष्य का रूप धारण कर ले। वह है तो सर्वत्र, किंतु क्या हम उसे देख पाते हैं? हम उसे केवल तभी देख सकते हैं, जब वह मानव की सीमा अंगीकार करे।...यदि मनुष्य...और पशु ईश्वर की अभिव्यक्ति हैं, मानव जाति के ये शिक्षक नेता हैं, गुरु हैं। अतएव, उन तुमको अभिवंदन, जिनके पादपीठ की उपासना देवदूत करते हैं! अभिवंदन, तुम मानव जाति के नेताओं का! अभिवंदन, तुम महान् शास्ताओं का! तुम नेताओ, सदा सदा के लिए हमारा अभिवंदन ग्रहण करो!

गीता (१)

(सैन फ़्रांसिस्को में दिया हुआ भाषण, मई २६, १९०० ई०)

गीता को समझने के लिए उसकी ऐतिहासिक पृष्ठभूमि जानना आवश्यक है। गीता उपनिषदों की एक व्याख्या है। उपनिषद् भारत के बाइबिल हैं। उनका वही स्थान है, जो नव व्यवस्थान का है। उपनिषदों के अंतर्गत सौ (से अधिक) पुस्तकें हैं, जिनमें कुछ बहुत छोटी और कुछ बड़ी हैं, और प्रत्येक एक पृथक् ग्रंथ है। उपनिषद् किसी उपदेष्टा के जीवन पर प्रकाश नहीं डालते, केवल सिद्धांतों की शिक्षा देते हैं। वे प्राय: राजाओं के दरबार में (आयोजित विद्वत् सभाओं में) होनेवाले विचार-विमर्श की संकेतलिपि में ली हुई टिप्पणियाँ (जैसे) हैं। उपनिषद् शब्द का अर्थ 'बैठकें' (या 'एक शिक्षक के समीप बैठना') हो सकता है। तुम लोगों में जिन्होंने कुछ उपनिषद् पढ़े होंगे, वे समझ सकते हैं कि वे किस प्रकार संकेतलिपि में लिखे संक्षिप्त रेखाचित्र हैं। एक लंबे विचार-विमर्श के बाद, संभवत: स्मृति के आधार पर, उनको लिख लिया जाता था। कठिनाई यह है कि तुमको पृष्ठभूमि बहुत ही कम मिल पाती है। केवल सुदीप्त स्थलों का ही वहाँ उल्लेख है। प्राचीन संस्कृत के उद्‌भव का समय ५,००० ई० पू० है; उपनिषद् उससे (कम से कम) २,००० वर्ष पूर्व के हैं। कोई (निश्चयपूर्वक) यह नहीं जानता कि वे कितने प्राचीन हैं। गीता उपनिषदों के विचारों को ले लेती है और (कुछ) स्थलों पर उनके शब्दों को भी। उनको, उपनिषदों द्वारा निरूपित संपूर्ण विषय को एक ठोस, संघटित और व्यवस्थित ढंग से स्पष्ट करने की दृष्टि से सूत्रबद्ध किया गया है।

हिंदुओं के (मूल) धर्मग्रंथों को वेद कहा जाता है। वे—उनकी लिखित राशि—इतने विशाल हैं कि यदि उनके मूल ग्रंथों को ही यहाँ लाया जाय, तो वे इस कमरे में समायेंगे नहीं। उनमें अनेक लुप्त हो गये हैं। उनको अनेक शाखाओं में विभक्त किया गया, हर शाखा कतिपय पुरोहितों के मस्तिष्क में रख दी गयी और स्मृति के द्वारा जीवित रखी गयी। ऐसे व्यक्ति अब भी हैं। वे एक भी स्वर बिना भूले, वेदग्रन्थों की एक के बाद दूसरे की, पुनरावृत्ति कर सकते हैं। वेदों के वृहत्तर अंश विलुप्त हो गये हैं। अवशिष्ट लघु अंश स्वयं में ही एक पुस्तकालय है। इनमें जो प्राचीनतम है, उसमें ऋग्वेद की ऋचाएँ संग्रहीत हैं। आधुनिक विद्वान् का उद्देश्य

(वैदिक साहित्य के अनुक्रम को) पुनः प्रतिष्ठित करना है। प्राचीन सनातनी दृष्टिकोण नितांत भिन्न है, जैसे बाइबिल संबंधी तुम्हारा सनातनी दृष्टिकोण आधुनिक विद्वान् से नितांत भिन्न है। वेद दो भागों में विभक्त हैं: एक उपनिषदों का—ज्ञानकांड, और दूसरा कर्मकांड।

कर्मकांड का कुछ परिचय देने का प्रयत्न हम करेंगे। यह कर्मकांड तथा विविध देवताओं को संबोधित स्तोत्रों से रचित है। कर्मकांडीय खंड में अनुष्ठान हैं, जिनमें से कुछ बहुत ही विस्तारपूर्ण हैं। बहुसंख्यक पुरोहितों की आवश्यकता पड़ती है। अनुष्ठानों के विस्तार के कारण पौरोहित्य का कार्य स्वयं में एक विज्ञान बन गया। श्रद्धा की जन-धारणा शनैः शनैः इन ऋचाओं और अनुष्ठानों के चतुर्दिक विकसित होती गयी। देवता अन्तर्हित हो गये और उनकी जगह अनुष्ठान ही शेष रह गये। भारत में यह एक विचित्र विकास हुआ। सनातनी हिंदू (मीमांसक) देवताओं में विश्वास नहीं करता, लेकिन असनातनी उनमें विश्वास करता है। यदि तुम किसी सनातनी हिंदू से पूछो कि वेदों में इन देवताओं का क्या अर्थ है (तो वह कोई संतोषजनक उत्तर नहीं दे पायेगा)। पुरोहित इन ऋचाओं का गान करते, तर्पण करते, तथा अग्नि में आहुतियाँ डालते हैं। जब तुम सनातनी हिंदू से इसका अर्थ पूछोगे, वह कहेगा कि शब्दों में किंचित् प्रभाव उत्पन्न करने की शक्ति होती है। बस, केवल यही। उनमें (शब्दों में) समग्र प्राकृतिक और अतिप्राकृतिक शक्ति विद्यमान है। वेद केवल ऐसे शब्द मात्र हैं, जिनमें—यदि उनका स्वरोच्चारण शुद्ध हो—प्रभाव उत्पन्न करने की रहस्यमयी शक्ति है। यदि एक भी ध्वनि अशुद्ध हो तो काम नहीं चलेगा। प्रत्येक (स्वर) शुद्ध होना चाहिए। (इस प्रकार) अन्य धर्मों में जिसे प्रार्थना कहा जाता है, वह विलुप्त हो गयी और वेद देवता बन गये। वेदों के शब्दों को दिया जानेवाला आत्यंतिक महत्त्व इस तरह तुमको स्पष्ट हो गया होगा। ये शब्द नित्य हैं, जिनसे संपूर्ण विश्व उत्पन्न हुआ है। शब्दों के बिना कोई विचार नहीं हो सकता। अतः इस जगत् में जो भी है, वह विचार की अभिव्यक्ति है, और विचार अपने को केवल शब्दों के द्वारा व्यक्त कर सकता है। शब्दों का यह समूह ही, जिसके द्वारा अव्यक्त विचार व्यक्त होता है, वेदों का अर्थ है। निष्कर्ष यह निकलता है कि प्रत्येक वस्तु की बाह्य सत्ता (वेदों पर निर्भर है, क्योंकि विचार) का अस्तित्व शब्द के बिना नहीं हो सकता। यदि 'घोड़ा' शब्द का अस्तित्व न होता, तो कोई भी घोड़े के सम्बन्ध में विचार न कर सकता। (अतएव) विचार, शब्द और बाह्य वस्तु (में एक घनिष्ट संबंध) अवश्य होना चाहिए। यह शब्द (वास्तविकता में) है क्या? वेद। वे उसे संस्कृत भाषा कदापि नहीं कहते। वह वैदिक भाषा, देववाणी है। वैदिक भाषा से पुरानी

अन्य कोई भाषा नहीं है। तुम पूछ सकते हो: 'वेदों को किसने लिखा?' वे लिखे नहीं गये थे। शब्द ही वेद हैं। यदि मैं शुद्ध उच्चारण कर सकूँ तो एक एक शब्द वेद है। तब वह (अभीष्ट) प्रभाव तत्काल उत्पन्न करेगा।

वेदों की यह राशि चिरंतन अस्तित्व रखती है और समग्र विश्व इस शब्द-राशि की ही अभिव्यक्ति है। जब यह कल्प समाप्त होता है, शक्ति की यह संपूर्ण अभिव्यक्ति अधिकाधिक सूक्ष्मतर होती जाती है, केवल शब्द हो जाती है और अंततः विचार। आगामी कल्प में पहले विचार शब्दों में रूपांतरित होता है, और तब इन शब्दों से (संपूर्ण विश्व) उत्पन्न होता है। यदि यहाँ कुछ ऐसा है, जो वेदों में नहीं है, तो वह तुम्हारा मतिभ्रम है। उसका अस्तित्व ही नहीं है।

केवल इस विषय पर (बहुसंख्यक) ग्रंथ वेदों का मंडन करते हैं। यदि तुम (उनके रचयिताओं से) कहो कि वेदों का उच्चारण पहले मनुष्यों द्वारा हुआ होगा, (तो वे हँस पड़ेंगे)। तुमने किसी (व्यक्ति को उनका उच्चारण प्रथम बार करते) नहीं सुना होगा। बुद्ध के शब्दों को लो। एक परंपरा यह है कि उन्होंने (पूर्व में अनेक बार) जन्म धारण किया और इन शब्दों का उच्चारण किया। यदि ईसाई उठ खड़े हों और कहें, 'मेरा धर्म एक ऐतिहासिक धर्म है और अतः तुम्हारा ग़लत है, हमारा ठीक है;' (तो मीमांसक उत्तर देगा), 'अपना धर्म ऐतिहासिक मानने के कारण तुम यह स्वीकार करते हो कि एक व्यक्ति ने उसकी रचना उन्नीस सौ वर्ष पहले की। जो सत्य है, वह अनिवार्य रूप से अनंत और शाश्वत होता है। सत्य की यह एक कसौटी है। उसका कभी क्षय नहीं होता और वह सदैव वही रहता है। तुम स्वीकार करते हो कि तुम्हारे धर्म की सृष्टि अमुक व्यक्ति द्वारा हुई। लेकिन वेदों की नहीं। न किन्हीं पैग़ंबरों द्वारा, न किसी अन्य द्वारा।...केवल अनंत शब्द, अपने स्वरूप से ही अनंत, जिनसे समस्त सृष्टि आती और जाती है।' विचार-स्तर पर यह पूर्णरूपेण सत्य है।...सृष्टि का आरंभ ध्वनि होना ही चाहिए। बीजाणुओं के जीवधातु के सदृश बीज-ध्वनियाँ भी होनी चाहिए। शब्दों के बिना कोई विचार नहीं हो सकता।...जहाँ जहाँ संवेदन, विचार और संवेग होते हैं, वहाँ शब्दों का होना अनिवार्य है। कठिनाई तभी होती है, जब वे कहते हैं कि वेद यही चार ग्रंथ हैं और कुछ नहीं। (तब) उठकर बौद्ध कहेगा, 'वेद हमारे हैं। वे हमारे प्रति बाद में प्रकट हुए।' यह हो नहीं सकता। प्रकृति उस प्रकार नहीं चलती। प्रकृति अपने नियमों को खंड खंड करके, गुरुत्वाकर्षण का एक इंच आज और (दूसरा) कल प्रकट नहीं करती। नहीं, प्रत्येक नियम संपूर्ण होता है। नियम में किंचित् भी विकास नहीं होता। वह एक ही बार में सदा के लिए (प्रदान किया जाता) है। यह 'नया धर्म और श्रेष्ठतर दिव्य-प्रेरणा' आदि की बात एकदम अनर्गल है।

उसका कोई अर्थ नहीं। नियम एक लाख हो सकते हैं और मनुष्य आज उनमें से केवल कुछ को ही जान सकता है। हम उनको केवल खोज निकालते हैं—बस। (नित्य शब्दों के संबंध में) विराट् दावा करनेवाले प्राचीन पुरोहितों ने देवताओं को सिंहासन से च्युत करके देवताओं का स्थान ले लिया। (उन्होंने कहा,) "तुम शब्दों की शक्ति को नहीं समझते। हम जानते हैं कि उनका प्रयोग कैसे करना चाहिए। हम संसार के जीवंत देवता हैं। हमें (दक्षिणा) दो; हम शब्दों का दक्षता से प्रयोग करेंगे, और तुम जो चाहते हो, वह तुम्हें प्राप्त हो जायगा। क्या उन शब्दों का उच्चारण तुम स्वयं कर सकते हो? तुम नहीं कर सकते, क्योंकि याद रखो, एक भूल से बिल्कुल उलटा प्रभाव उत्पन्न होगा। तुम धनवान, रूपवान, दीर्घायु होना चाहते हो; और सुंदर पति चाहती हो?" बस पुरोहित को (दक्षिणा) दो और चुप रहो!

किंतु एक दूसरा पक्ष भी है। वेदों के प्रथम खंड का आदर्श दूसरे खंड—उपनिषदों—के आदर्श से नितांत भिन्न है। प्रथम खंड का आदर्श, वेदांत को छोड़कर संसार के अन्य सभी धर्मों के आदर्श के समान है। आदर्श है भोग, इहलोक में और परलोक में—पुरुष और पत्नी, पति और बच्चे। अपना रुपया (दक्षिणा में) दो, और पुरोहित जी तुमको एक प्रमाण-पत्र देंगे, और फिर स्वर्ग में तुम चैन करोगे। वहाँ तुम अपने सभी स्वजनों से मिलोगे और यह हिंडोला अनंत काल तक चलता रहेगा। आँसू नहीं, रोना नहीं, केवल हँसना ही हँसना। पेट का दर्द नहीं, मगर खाते जाना। सरदर्द नहीं, मगर (पार्टियाँ)। यही पुरोहितों की दृष्टि में मनुष्य का सर्वोच्च लक्ष्य था।

इस दर्शन में एक और विचार है, जो तुम्हारी आधुनिक विचारधारा के अनुरूप है। मनुष्य प्रकृति का दास है, और उसे सदा दास ही रहना है। इसे हम कर्म कहते हैं। कर्म का अर्थ है नियम और वह सर्वत्र लागू होता है। सभी कर्म से आबद्ध हैं। 'बाहर निकलने का क्या कोई रास्ता ही नहीं है?' 'नहीं! सारे समय दास ही बने रहो—बढ़िया दास। यदि तुम हमें (पर्याप्त) दक्षिणा देते रहो, तो हम शब्दों का दक्ष प्रयोग करेंगे, जिससे तुमको सबका बुरा नहीं, केवल अच्छा ही पहलू प्राप्त होता रहेगा।' यह आदर्श (मीमांसकों) का था। ये वे आदर्श हैं, जो युग युग से लोकप्रिय रहे हैं। मानव जाति की विशाल राशि कभी विचारक नहीं रही। यदि वे विचारने का प्रयत्न भी करते हैं, तो उन पर अंधविश्वासों के विशाल पुंज का प्रभाव भयानक होता है। जिस क्षण वे दुर्बल पड़ते हैं, एक चोट लगती है और रीढ़ टूटकर टुकड़े टुकड़े हो जाती है। उनको प्रलोभनों और धमकियों के द्वारा ही संचालित किया जा सकता है। वे स्वयं अपने को कभी परिचालित नहीं कर सकते। उनको भयाकुल, संत्रस्त और आतंकित करते रहना जरूरी है, और बस, वे हमेशा के लिए तुम्हारे दास बने रहेंगे।

केवल दक्षिणा देने और आज्ञा पालन करते रहने के अतिरिक्त उन्हें और कुछ नहीं करना है। शेष सब पुरोहित के द्वारा किया जाता है।...धर्म कितना आसान हो जाता है! तुम देखते हो न, तुमको कुछ भी नहीं करना है। घर जाओ और चुपचाप बैठो। कोई तुम्हारे निमित्त सब कुछ कर रहा है। बेचारे, बेचारे पशु!

इसके साथ ही साथ एक दूसरी प्रणाली भी थी। उपनिषद् अपने समस्त निष्कर्षों में सम्पूर्णतः विपरीत हैं। सर्वप्रथम, उपनिषद् जगत् के स्रष्टा और शासक ईश्वर में विश्वास करते हैं। आगे चलकर तुमको (एक सदय विधाता का विचार) मिलता है। यह एक नितांत विपरीत परिकल्पना है। अब, यद्यपि हम पुरोहित की बात सुनते हैं, आदर्श कहीं अधिक सूक्ष्म हो जाता है। अनेक देवताओं की बजाय उन्होंने एक ईश्वर की रचना की।

दूसरे, उपनिषद् मानते हैं कि तुम सब कर्मवाद से आबद्ध हो, किंतु वे बाहर निकलने का मार्ग भी घोषित करते हैं। मनुष्य का लक्ष्य नियम के परे जाना है। और भोग कभी लक्ष्य नहीं हो सकता, क्योंकि भोग केवल प्रकृति में ही हो सकता है।

तीसरे, उपनिषद् सभी यज्ञों की भर्त्सना करते हैं और कहते हैं कि वह पाखंड है। उससे तुमको वह सब मिल सकता है, जो तुम चाहते हो; लेकिन वह वांछनीय नहीं है, क्योंकि जितना ही अधिक तुम पाते हो, उतना ही अधिक तुम और चाहने लगते हो, और तुम अनंत काल तक एक ही चक्र के चक्कर काटा करते हो, रोते-हँसते रहकर कभी अंत को प्राप्त नहीं कर पाते। चिरंतन सुख जैसी कोई वस्तु कहीं भी असंभव है। वह केवल बाल-स्वप्न है। एक ही शक्ति हर्ष और विषाद दोनों हो जाती है।

आज मैंने अपना मनोविज्ञान किंचित् बदल दिया है। मैंने एक महान् विचित्र तथ्य पाया है। तुम्हारे (मन में) कोई विचार है, जिसे तुम रखना नहीं चाहते; तुम किसी अन्य विषय पर सोचने लगते हो और जिस विचार को तुम दबा देना चाहते हो, वह पूर्ण रूप से दब जाता है। वह विचार क्या है? मैंने उसे पंद्रह मिनट में बाहर आते देखा। उसने बाहर आकर मुझे हिला डाला। वह प्रबल था, और वह इतने भीषण और हिंस्र ढंग से आया (कि) मैं समझा कि यहाँ कोई पागल आदमी है। और जब वह समाप्त हो गया, वह सब जो घटित हुआ था, पूर्वगामी संवेग का अवदमन मात्र था। बाहर क्या आया? वह मेरा अपना कुसंस्कार था, जिसे क्रियमाण होकर निश्शेष होना था। 'प्रकृति अपना कार्य अवश्य करेगी। अवदमन क्या कर सकता है?'[1] यह कथन गीता का एक भीषण कथन है।

---

१. गीता।। ३।३३।।

ऐसा प्रतीत होता है कि अंततः यह सारा संघर्ष निरर्थक है। तुममें एक ही समय प्रतियोगिता में रत लाखों उत्तेजनाएँ हो सकती हैं। तुम उनका दमन कर सकते हो, लेकिन जैसे ही कमानी घूमती प्रतिघात करती है, सारी की सारी चीज़ वहाँ फिर आ जाती है।

(किंतु आशा भी है)। यदि तुममें यथेष्ट शक्ति है, तो तुम अपनी चेतना को एक ही समय में बीस भागों में बाँट सकते हो। मैं अपना मनोविज्ञान बदल रहा हूँ। मन विकसित होता है। यह योगियों का कहना है। एक वासना दूसरे को जगाती है, पहली मर जाती है। यदि तुम क्रुद्ध होते हो, और तब बाद में प्रसन्न, तो अगले क्षण क्रोध चला जाता है। उस क्रोध से तुमने दूसरी दशा का निर्माण कर लिया। ये दशाएँ सदैव परस्पर परिवर्तनीय होती हैं। शाश्वत सुख और दुःख एक बाल-स्वप्न हैं। उपनिषद् यह निर्देश करते हैं कि मनुष्य का लक्ष्य न सुख है, न दुःख; वरन्, हमें उसका स्वामी बनना है, जिससे सुख और दुःख का निर्माण होता है। हमें स्थिति की जड़ से ही उसका स्वामी जैसा होना है।

विरोध का दूसरा स्थल है: उपनिषदों द्वारा सभी अनुष्ठानों की निंदा, विशेषकर उनकी, जिनमें पशुओं का वध किया जाता है। वे उन सबको अनर्गल घोषित करते हैं। प्राचीन दार्शनिकों की एक शाखा का कहना है कि यदि अभीष्ट परिणाम उत्पन्न करना है, तो तुम अमुक पशु की बलि अमुक समय में दो। (तुम उत्तर दे सकते हो), 'लेकिन पशु के प्राण लेने का पाप भी तो है, उसके लिए भी तो (दंड) भोगना पड़ेगा।' वे कहते हैं कि यह निरर्थक बात है। तुम कैसे जानते हो कि क्या उचित है और क्या अनुचित है? तुम्हारा मन ऐसा कहता है? तुम्हारा मन जो कहता है, उसकी परवाह कौन करता है? तुम क्या बकवाद कर रहे हो? तुम अपने मन को शास्त्रों के विरुद्ध खड़ा कर रहे हो। यदि तुम्हारा मन कुछ कहे और वेद कुछ दूसरी बात कहते हों, तो अपने मन को रोक दो; वेदों में विश्वास करो। यदि वे कहते हों कि नर-हत्या उचित है, तो वह उचित है। यदि तुम कहो, 'नहीं, मेरी अंतरात्मा कहती है', (अन्यथा उससे काम नहीं चलेगा)। जिस क्षण तुम किसी पुस्तक को चिरंतन शब्द और पवित्र मानने लगते हो, तुम फिर शंका नहीं उठा सकते। मेरी समझ में नहीं आता कि तुम लोग बाइबिल में किस प्रकार विश्वास करते हो, जब कभी तुम (उसके) बारे में कहते हो, 'कितने आश्चर्यजनक हैं वे शब्द, कितने उचित और कितने अच्छे!' क्योंकि यदि तुम बाइबिल को ईश्वर की वाणी मानकर उसमें विश्वास करते हो, तो तुमको कोई निर्णय देने का अधिकार नहीं रह जाता। जिस क्षण तुम निर्णय करने लगते हो, तुम अपने को बाइबिल से ऊँचा मान लेते हो। (तब) तुम्हारे निकट

बाइबिल की क्या उपयोगिता है ? पुरोहित कहते हैं, "हम तुम्हारी बाइबिल या किसीसे भी तुलना करने से इनकार करते हैं। तुलना करना व्यर्थ है, क्योंकि प्रमाण क्या है ? बात यहीं समाप्त हो जाती है। यदि तुम समझते हो कि कुछ उचित नहीं है, तो जाओ और उसे वेदानुकूल यथोचित कर लो।"

उपनिषद इसमें विश्वास करते हैं, (लेकिन उनके पास एक अधिक ऊँचा आदर्श भी है)। एक ओर वे वेदों को उलटना नहीं चाहते, दूसरी ओर वे इस पशुबलि को और पुरोहितों को हर किसीका धन चुराते भी देखते हैं। किंतु मनोविज्ञान में वे सब समान हैं ? आत्मा के स्वरूप (को लेकर) सारे अंतर दर्शन में हैं। क्या उसके शरीर और मन है ? और मन क्या केवल नाड़ियों—संवेदक और संचालक नाड़ियों—का पुंज मात्र है ? वे सब मनोविज्ञान को एक असंदिग्ध पूर्ण विज्ञान के रूप में स्वीकार करते हैं। उसमें कोई मतभेद नहीं हो सकता। सारी लड़ाई दर्शन को लेकर है—आत्मा और ईश्वर के स्वरूप आदि को लेकर।

इसके उपरांत उपनिषदों तथा पुरोहितों में एक बड़ा अंतर और है। उपनिषद् कहते हैं, त्यागो। यही हर बात की कसौटी है। हर वस्तु को त्यागो। यह सर्जना शक्ति है, जो हमें इस सारे जंजाल में फँसाती है। शांत हो जाने पर मन अपने स्वरूप में स्थित हो जाता है। जिस क्षण तुम उसे शांत कर लोगे, उसी क्षण तुम सत्य को जान लोगे। वह क्या है, जो मन को सदा घुमाता रहता है ? कल्पना—सर्जक प्रक्रिया। सर्जना को बंद कर दो और तुम सत्य को जान जाओगे। सर्जना की समग्र शक्ति का विराम हो जाना अनिवार्य है, तभी तुम सत्य को तत्काल जान सकोगे।

दूसरी ओर, पुरोहित लोग पूर्णतया (सर्जना) के पक्ष में हैं। जीवन की किसी ऐसी योनि की कल्पना करो (जिसमें सर्जन-क्रिया न हो। यह कल्पनातीत है)। लोगों को (स्थिर समाज को विकसित करनेवाली) एक योजना की आवश्यकता थी। (वरण की एक कठोर पद्धति अपनायी गयी। उदाहरणार्थ,) अंधे और पंगु विवाह नहीं कर सकते। (परिणामस्वरूप) संसार के अन्य किसी भी देश की तुलना में तुमको भारत में शारीरिक विकृति इतनी कम मिलेगी। (वहाँ) मिरगी से पीड़ित और विक्षिप्त (लोग) बहुत कम हैं। यह प्रत्यक्ष वरण का परिणाम है। पुरोहित कहते हैं, "वे संन्यासी हो जायँ।" दूसरी ओर उपनिषदों का कहना है, "अरे नहीं, धरती के श्रेष्ठतम, उत्तमतम (और) सद्यतम फूल ही वेदी पर रखे जायँ। स्वस्थ शरीर और स्वस्थ बुद्धिवाले बलशाली युवा ही सत्य के लिए संघर्ष करें।"

इस प्रकार इन समस्त मत-वैभिन्यों को लेकर, जैसा मैं तुमको बतला चुका

हूँ, पुरोहितों ने अपने को एक पृथक् जाति में ही विभक्त कर लिया। दूसरी जाति है राजाओं की।...उपनिषदों का सारा दर्शन राजाओं के मस्तिष्क से प्रसूत हुआ है, पुरोहितों से नहीं। हर धार्मिक संघर्ष के अंतराल में एक आर्थिक संघर्ष भी विद्यमान रहता है। मनुष्य कहलानेवाला यह पशु कुछ धार्मिक प्रभाव रखता है, लेकिन वह निर्देशित होता है अर्थशक्ति से। व्यक्ति किसी अन्य उद्देश्य से भी प्रेरित होते हैं, किंतु जब तक अर्थ-शक्ति (सन्निहित) न हो, मानव जाति का समुदाय एक पग भी कभी नहीं उठता। तुम (एक ऐसे धर्म का प्रचार कर सकते हो, जो हर ब्योरे में भले ही पूर्ण न हो), किंतु यदि उसकी एक आर्थिक पृष्ठभूमि भी हो, और यदि तुम्हारे पास उसका प्रचार करनेवाले (उत्साही समर्थक) हों, तो तुम किसी पूरे देश को उसके लिए क़ायल कर सकते हो।...

जब कभी कोई धर्म सफल होता है, तो उसमें आर्थिक मूल्य भी अवश्य होता है। एक ही प्रकार के सहस्रों संप्रदाय प्रभुत्व के लिए संघर्ष करते हैं, किंतु असली आर्थिक समस्या का समाधान कर सकनेवाले ही उसे प्राप्त कर पाते हैं। मनुष्य पेट से प्रेरित होता है। वह चलता है, पहले पेट जाता है और उसके बाद सिर। क्या तुमने यह देखा नहीं? सिर को पहले चलने में युग लग जायँगे। साठ वर्ष की आयु का होने तक (संसार से) मनुष्य का बुलावा आ जाता है। सारा जीवन एक भ्रम है, और जब तुम वस्तुओं को वस्तुरूप में देखने लगते हो, ठीक तभी तुम छिन जाते हो। जब तक पेट पहले जाता था, तुम बिल्कुल ठीक थे। जब बचकाने सपने विलुप्त होने लगते हैं, और तुम वस्तुओं को वस्तुरूप में देखना आरंभ कर देते हो, तब सिर आगे चलता है। और ठीक जब सिर पहले चलता है, (तुम चल बसते हो)।

उपनिषदों के धर्म को लोकप्रिय बनाना एक दुस्तर कार्य था, क्योंकि उसमें अर्थ-शक्ति अत्यल्प है, लेकिन परमार्थ अत्यंत।...

हर देश में पुरोहित दो कारणों से पुराणपंथी (या अनुदार) होता है; एक तो यह कि वह उसकी रोटी है, दूसरे यह कि वह केवल जनता के साथ ही चल सकता है। सब पुरोहित सबल नहीं होते। यदि जनता कहे, 'दो हज़ार देवताओं का प्रचार करो', तो पुरोहित वैसा ही करेगा। वे उस समाज के सेवक हैं, जो उन्हें दक्षिणा देता है। ईश्वर उन्हें दक्षिणा देता नहीं। इसलिए पुरोहितों को दोष देने के पूर्व अपने को दोष दो। तुम केवल उसी प्रकार की सरकार, धर्म और पुरोहित प्राप्त कर सकते हो, जिसके तुम पात्र हो, उससे श्रेष्ठ नहीं।

उपनिषदों का प्रभाव राज्यों पर बहुत कम था, यद्यपि उनकी खोज उन राजाओं द्वारा हुई, जो समस्त राज्यशक्ति को अपने हाथों में रखते थे। अतः

संघर्ष प्रचंडतर होना आरंभ हो गया। उसकी पराकाष्ठा २००० वर्ष बाद बौद्ध धर्म में हुई। बौद्ध धर्म का बीज यहाँ, राजा और पुरोहित के मध्य साधारण संघर्ष (में) विद्यमान है; और (संघर्ष) में समस्त धर्म की अवनति हुई। एक पक्ष धर्म की बलि दे देना चाहता था; दूसरा बलियों, वैदिक देवताओं आदि से चिपका रहना चाहता था। बौद्ध धर्म ने. . .जनता की जंज़ीरों को तोड़ डाला। सारी जातियाँ और सारे संप्रदाय एक मिनट में बराबर हो गये। इस प्रकार भारत में महान् धार्मिक विचारों का अस्तित्व है, लेकिन उनका प्रचार अभी होना है, अन्यथा उनसे कोई उपकार नहीं होता। . . .

यह महान् संघर्ष भारत में इस प्रकार आरंभ हुआ और गीता में अपने चरम विन्दुओं में से एक पर पहुँचा। जब उससे यह आशंका होने लगी कि भारत इन दो (दलों) के मध्य विभक्त होने जा रहा है, तब इन कृष्ण का आविर्भाव हुआ और गीता में उन्होंने पुरोहितों और जनता के कर्मकाण्ड और दर्शन का समन्वय करने का प्रयास किया। कृष्ण को उसी प्रकार प्रेम किया और पूजा जाता है, जिस प्रकार तुम ईसा को करते हो। अन्तर केवल युग का है । हिंदू लोग कृष्ण का जन्मदिन उसी प्रकार मनाते हैं, जैसे तुम ईसा का। कृष्ण पाँच सहस्र वर्ष पूर्व हुए थे और उनका जीवन चमत्कारों से पूर्ण है, जिनमें से कुछ ईसा के जीवन के चमत्कारों के बहुत सदृश हैं। शिशु का जन्म कारागृह में हुआ। पिता ने उसे बाहर ले जाकर गोपालों के मध्य रखा। उस वर्ष जन्मे सभी शिशुओं की हत्या कर देने का आदेश दिया गया। वे भी मारे गये : यही उनका भाग्य था ।

कृष्ण एक विवाहित व्यक्ति थे। उनके संबंध में सहस्रों पुस्तकें हैं। वे मुझे अधिक नहीं रुचतीं। तुम जानते हो, हिंदू कथा कहने में महान् हैं। यदि ईसाई मिशनरी बाइबिल से एक कथा कहे, तो हिंदू लोग बीस कहानियाँ प्रस्तुत कर देंगे। तुम कहते हो कि विराट् मत्स्य (ह्वेल) ने जोना को निगल लिया; हिंदू कहते हैं कि अमुक ने एक हाथी निगल लिया। . . .अपने बचपन से ही मैं कृष्ण के जीवन के विषय में सुनता आया हूँ। मैं इसको स्वयंसिद्ध मान कर चलता हूँ कि कृष्ण नाम का कोई व्यक्ति अवश्य रहा होगा, और उनकी गीता से स्पष्ट है कि वे एक अद्भुत ग्रंथ छोड़ गये हैं। मैं तुमको बतला चुका हूँ कि तुम किसी व्यक्ति के चरित्र को उससे संबंधित उपाख्यानों का विश्लेषण करके समझ सकते हो। उपाख्यानों का स्वरूप (अलंकरणात्मक) होता है। तुम अवश्य देखोगे कि उन सबको चमकाकर विन्यस्त कर दिया जाता है, जिससे वे चरित्र में खप सकें। उदाहरण के लिए बुद्ध को लो। केन्द्रीय भाव उत्सर्ग है। सहस्रों लोक-वार्ताएँ हैं, लेकिन उत्सर्ग को प्रत्येक में अक्षुण्ण रखा गया है। लिंकन के विषय में—उस महापुरुष की किसी विशेषता को लेकर—हज़ारों कहानियाँ हैं। तुम उन सारे

कथानकों को ले लो, उनमें सामान्य भाव को खोजो, और (तुम जान लो) कि वही उस व्यक्ति का मूल चरित्र था। कृष्ण के चरित्र में तुमको केन्द्रीय भाव अनासक्ति मिलता है। उनको किसी वस्तु की आवश्यकता नहीं है। वे कुछ भी नहीं चाहते। वे कर्म के निमित्त कर्म करते हैं; कर्म के निमित्त कर्म। उपासना के निमित्त उपासना। 'शुभ इसलिए करो कि शुभ करना शुभ है। और अधिक न माँगो।' यही उस व्यक्ति का चरित्र रहा होगा। अन्यथा यह कथानक एक अनासक्ति के भाव में केन्द्रित न किये जा सकते।

जहाँ तक मैं जानता हूँ कि वे एक सुसामंजस्यपूर्ण—मस्तिष्क, हृदय और कर-नैपुण्य (ज्ञान, भक्ति और कर्म) में आश्चर्यजनक रूप से सम विकसित—व्यक्ति हैं। उनका प्रत्येक क्षण क्रियाशीलता से, चाहे वह एक सम्भ्रान्त जन की हो, योद्धा, अमात्य या किसी अन्य की हो, जीवंत है। वे एक सम्भ्रान्त पुरुष, एक विद्वान् और एक कवि के रूप में महान् हैं। इस सर्वतोमुखी और आश्चर्यजनक क्रियाशीलता, तथा हृदय और मस्तिष्क के समन्वय को तुम गीता तथा अन्य ग्रन्थों में पाते हो। परम आश्चर्यजनक हृदय, उत्कृष्टतम भाषा—कहीं कुछ भी उसे पा नहीं सकता। व्यक्ति की प्रबल क्रियाशीलता—यही धारणा अब तक बनी हुई है। पाँच हज़ार वर्ष बीत चुके हैं और उन्होंने कोटि कोटि जन को प्रभावित किया है। ज़रा सोचो कि इस व्यक्ति का समग्र जगत् पर कितना प्रभाव है, भले ही तुम उससे अवगत हो या न हो। उनके प्रति मेरा सम्मान भाव उनकी पूर्ण प्रकृतिस्थता के कारण है। उस मस्तिष्क में न तो जाले हैं, न अन्धविश्वास। वे प्रत्येक वस्तु का उपयोग जानते हैं, और जब (उनमें से प्रत्येक को स्थान देना) आवश्यक होता है, वे वहाँ (मौजूद मिलते) हैं। वे जो बोलते रहते हैं, सर्वत्र जाते रहते हैं, वेदों के रहस्य के बारे में प्रश्न करते हैं, वे सत्य को नहीं जानते। वे धूर्त के अतिरिक्त और कुछ नहीं हैं। अन्धविश्वास और अज्ञान (तक) के लिए भी वेदों में एक स्थान है। पर सारा रहस्य हर वस्तु के लिए उचित स्थान खोज लेने में है।

और फिर वह हृदय! प्रत्येक जाति के लिए धर्म के कपाट खोलनेवाले, बुद्ध के भी पूर्वगामी, वे प्रथम व्यक्ति हैं। वह अद्भुत बुद्धि! वह विराट् क्रियाशील जीवन! बुद्ध की क्रियाशीलता, उपदेश करने के एक क्षेत्र में सीमित थी। अपने पास पत्नी और पुत्र को रखना और साथ ही शास्ता भी होना उनसे नहीं हो सका। कृष्ण ने युद्धक्षेत्र के बीच उपदेश दिया: 'वह जो प्रचण्ड कर्म में स्वयं को परम शान्त देखता है, और परम साम्यावस्था में प्रचण्ड कर्म को देखता है, वही महान् (योगी और वही श्रेष्ठ ज्ञानी है)।'[1] उसके चतुर्दिक् आयुधों का उड़ते रहना इस व्यक्ति के

---

१. वही, ४।१८॥

लिए कोई अर्थ ही नहीं रखता। शान्त और धीर (बने रहकर) वे जीवन और मृत्यु की समस्याओं का निरूपण करते चले जाते हैं। हर पैग़म्बर अपनी शिक्षा पर सर्वोत्तम भाष्य होता है। यदि तुम्हारी इच्छा नव व्यवस्थान (New Testament) के सिद्धान्त का अर्थ जानने की होती है, तो तुम अमुक अमुक के पास जाते हो। लेकिन तुम [चारों सुसमाचारों (Gospels)] को बारंबार पढ़ो [और उनमें वर्णित शास्ता के अद्‌भुत जीवनालोक में उनके आशय को समझने की चेष्टा करो]। महापुरुष विचार करते हैं, तथा हम और तुम (भी) विचार करते हैं। लेकिन एक अन्तर है। हम विचार करते हैं, लेकिन हमारे शरीर अनुसरण नहीं करते। हमारे कर्म हमारे विचारों से सामंजस्य नहीं रख पाते। हमारे शब्दों में उन शब्दों की शक्ति नहीं होती, जो वेद बन जाते हैं।. . .वे जो कुछ विचार करते हैं, उसका सम्पन्न होना निश्चित है। यदि वे कहते हैं, "मैं यह करता हूँ" तो शरीर उसे कर डालता है। पूर्ण आज्ञा-पालन। यही साध्य है। तुम एक क्षण में अपने को ईश्वर सोच सकते हो, लेकिन (ईश्वर) हो नहीं सकते। यही कठिनाई है। वे जो सोचते हैं, हो जाते हैं। हम (केवल शनैः शनैः ही) हो सकेंगे।

तुमने देखा कि यह व्याख्यान कृष्ण तथा उनके समय के संबंध में है। आगामी व्याख्यान में हम उनकी पुस्तक के संबंध में अधिक जान सकेंगे।

गीता (२)

(सैन फ्रांसिस्को में दिया हुआ व्याख्यान, मई २८, १९०० ई०)

गीता के लिए एक प्रारंभिक अल्प भूमिका आवश्यक है। दृश्य कुरुक्षेत्र के युद्धक्षेत्र में न्यस्त है। एक ही वंश की दो शाखाएँ पाँच सहस्र वर्ष पूर्व भारत के साम्राज्य के निमित्त युद्ध कर रही थीं। पाण्डवों के पास अधिकार था, किंतु कौरवों के पास बल। पाण्डव पाँच भाई थे और वे एक वन में वास कर रहे थे। कृष्ण पाण्डवों के मित्र थे। कौरव लोग उनको सुई की नोक को ढक सकने भर की भी धरती नहीं देना चाहते थे।

प्रथम दृश्य युद्धक्षेत्र है, दोनों पक्ष अपने संबंधियों और मित्रों को देख रहे हैं—एक भाई इस ओर, दूसरा उस ओर; पितामह इस ओर, पौत्र दूसरी ओर। जब अर्जुन स्वयं अपने मित्रों और संबंधियों को दूसरे पक्ष में देखता और अनुभव करता है कि उसे उनका वध करना पड़ सकता है, तो उसका दिल बैठ जाता है और वह कहता है कि अब मैं युद्ध नहीं करूँगा। इस प्रकार गीता आरंभ होती है।

इस जगत में हम सबके लिए जीवन एक अनवरत युद्ध है।. . .ऐसे अनेक अवसर आते हैं, जब हम अपनी दुर्बलता और कायरता का भाष्य क्षमा और त्याग के रूप में करना चाहते हैं। भिखारी के त्याग में कोई श्रेष्ठता नहीं होती। जो (प्रहार कर) सकता है यदि वह क्षमा कर दे तो उसमें श्रेष्ठता है। जिसके पास है, यदि वह त्याग करे तो उसमें श्रेष्ठता है। हम जानते हैं कि आलस्य और कायरतावश जीवन में हम न जाने कितनी बार युद्ध में हार मान लेते हैं और अपने मन को यह विश्वास दिलाने के लिए सम्मोहित करने का प्रयास करते हैं कि हम वीर हैं।

गीता का आरम्भ इस अति सारगर्भित श्लोक से होता है: 'उठ, हे पार्थ! त्याग दे हृदय की इस क्षुद्र दुर्बलता को, इस क्लैब्य को! उठ खड़ा हो और लड़!'[१] तब अर्जुन (कृष्ण से) इस विषय पर तर्क करने का प्रयास करते हुए उच्चतर नैतिक प्रश्नों को उठाता है—अप्रतिरोध प्रतिरोध से किस प्रकार उत्तम है, आदि। वह अपने को न्यायानुकूल सिद्ध करने का यत्न करता है, लेकिन वह कृष्ण को मूर्ख नहीं

१. गीता ॥२।३॥

बना पाता। कृष्ण उच्चतर आत्मा या ईश्वर हैं। वह (अर्जुन के) तर्क की असलियत तत्क्षण समझ लेते हैं। इस दृष्टान्त में (प्रेरणा) दुर्बलता है। अर्जुन स्वयं अपने संबंधियों को देखता है, लेकिन वह उन्हें मार नहीं सकता।...

अर्जुन के हृदय में उसकी भावुकता और कर्तव्य के मध्य संघर्ष होता है। हम (पशु) और पक्षियों के जितने ही अधिक निकट होते हैं, संवेगों के नरक में हम उतने ही अधिक होते हैं। हम इसे प्रेम कहते हैं। यह आत्म-सम्मोहन है। हम पशुओं के सदृश अपने संवेगों के अधीन हैं। गाय अपनी संतान के लिए अपने जीवन का उत्सर्ग कर सकती है। हर पशु कर सकता है। उससे क्या होता है? यह पक्षियोचित अन्ध संवेग नहीं है, जो पूर्णता की ओर ले जाता है।...मनुष्य का लक्ष्य है चिरंतन चेतना तक पहुँचना! वहाँ संवेग का कोई स्थान नहीं है, न भावुकता का, न संवेदनाओं से संबंध रखनेवाली किसी वस्तु का—(स्थान) केवल विशुद्ध बुद्धि के प्रकाश (का है)। (वहाँ) मनुष्य विशुद्ध आत्मा के रूप में स्थित है।

अब अर्जुन इस भावुकता के अधीन है। वह वह नहीं है, जो उसे होना चाहिए—बुद्धि के शाश्वत प्रकाश के मध्य कर्म करनेवाला एक महान् आत्मसंयमी, प्रबुद्ध स्थित-प्रज्ञ। वह एक पशु, एक शिशु सदृश हो गया है; उसने अपने हृदय को अपना मस्तिष्क हर ले जाने दिया है, वह अपने को मूर्ख सिद्ध कर रहा है और अपनी दुर्बलता को 'प्रेम' आदि की पुष्पिता नामावली से ढक देने का प्रयास कर रहा है। कृष्ण इस सबकी वास्तविकता समझते हैं। अर्जुन अल्प विद्यावाले व्यक्ति की भाँति बातें करता है और अनेक कारण प्रस्तुत करता है, लेकिन इसके साथ ही वह मूर्खों की भाषा बोलता है।

'ज्ञानी उनके लिए शोक नहीं करता, जो जीवित हैं और न उनके लिए, जो मरते हैं।'[१] (कृष्ण कहते हैं:) 'न तुम मर सकते हो, न मैं मर सकता हूँ। कभी भी ऐसा समय नहीं था, जब हमारा अस्तित्व न रहा हो। न कभी ऐसा समय होगा, जब हमारा अस्तित्व नहीं होगा। जैसे इस जीवन में मनुष्य आरम्भ बचपन से करता और (यौवन तथा वृद्धावस्था को पार करता है, वैसे ही मृत्यु होने पर वह दूसरे प्रकार के शरीर में प्रविष्ट मात्र हो जाता है)। ज्ञानी व्यक्ति शोकग्रस्त क्यों हो?'[२] और इस भावुकता का, जिसने तुम्हें पकड़ रखा है, आदि कहाँ है? यह है इन्द्रियों में। 'यह मात्रा स्पर्श (इन्द्रियों और विषयों का संयोग है), जो शीत और उष्ण, सुख और दुःख, सुख और पीड़ा आदि सत्ता के समस्त गुणों को उत्पन्न करता है। वे आते-

१. वही, ११

२. वही, १२–१३

जाते रहते हैं।"[१] मनुष्य इस क्षण दुःखी है, दूसरे में सुखी। इस तरह वह आत्मा के स्वरूप का अनुभव नहीं कर सकता।

सत् का कभी अभाव और असत् का कभी भाव नहीं हो सकता।...इसलिए जान लो कि जो इस समस्त विश्व में व्याप्त है, वह अनादि और अनन्त है। वह अपरिवर्तनीय है। विश्व में ऐसा कोई पदार्थ नहीं है, जो (इस अपरिवर्तनशील को) परिवर्तित कर सके। यद्यपि इस शरीर का आदि और अन्त है, शरीर में निवास करनेवाला असीम है और अनन्त है।'[२]

यह जानते हुए उठ खड़े हो और लड़ो! एक पग भी पीछे न रखो, यही भाव है ... जो भी आये, उससे लड़ कर निपट लो। अन्तरिक्ष से नक्षत्र भले ही हट जायँ। सारा संसार हमारे विरुद्ध क्यों न खड़ा हो जाय। मृत्यु का अर्थ केवल वस्त्रों का परिवर्तन है। उससे क्या? अतः लड़ो! कायर होकर तुम कुछ भी लाभ नहीं उठाते।...एक पग पीछे हटकर तुम किसी भी दुर्भाग्य को टाल नहीं सकते। तुम संसार के सभी देवताओं के निकट रो चुके हो। क्या उससे क्लेश का अन्त हुआ? भारत की जनता छः करोड देवताओं के निकट रोती-कलपती है, और फिर भी कुत्तों की मौत मरती रहती है। ये देवता हैं कहाँ? ...जब तुम सफल हो चुकते हो, तब ये देवता तुम्हारी सहायता करने आते हैं। अतः लाभ क्या है? अन्त तक हिम्मत न हारो...अन्धविश्वासों के आगे यह घुटने टेकना, स्वयं अपने मन के हाथों अपने को बेच देना, मेरी आत्मा, तुम्हें शोभा नहीं देता। तुम असीम अमर, अनादि हो। तुम असीम आत्मा हो! इस कारण दास होना तुम्हें शोभा नहीं देता।...उठो! जागो! खड़े हो और लड़ो! यदि आवश्यक हो तो मर जाओ। तुम्हारी सहायता करनेवाला कोई भी नहीं है। तुम समग्र संसार हो। तुम्हारी सहायता कौन कर सकता है?

'जन्म के पूर्व और मृत्यु के बाद प्राणी हमारी मानवीय इन्द्रियों में अज्ञात रहते हैं। केवल मध्य में ही वे व्यक्त रहते हैं। इसमें शोक करने की क्या बात है?'[३]

'कोई इस (आत्मा) को आश्चर्यवत् देखता है। कोई उसको आश्चर्यवत् कहता है। अन्य उसे आश्चर्यवत् सुनते हैं। अन्य उसे सुनकर भी नहीं समझ पाते।'[४]

लेकिन यदि तुम कहो कि इन सब लोगों की हत्या करना पाप है, तो इस पर

---

१. वही, १४
२. वही, १४-१८
३. वही, २८
४. वही, २९

अपने वर्ण-धर्म की दृष्टि से विचार करो।... 'सुख और दुःख, लाभ और अलाभ, जय और पराजय को समान समझकर तू उठ खड़ा हो और युद्ध कर।'[१]

यह गीता के एक अन्य विचित्र सिद्धान्त—अनासक्ति—का आरम्भ है। अर्थात्, हमें अपने कर्मों का फल इसलिए भोगना पड़ता है कि हम अपने को उनसे संसक्त कर लेते हैं।... 'जो कर्तव्य के निमित्त कर्तव्य के रूप में किया जाता है वही कर्म के बंधनों का नाश कर सकता है।'[२] उसको सीमा से अधिक कर डालने का खतरा तुमको नहीं है।... 'यदि तुम इसका स्वल्प भी करते हो (तो यह योग तुम्हें जन्म-मरण के भीषण चक्र से बचा लेगा)।'[३]

'जान लो, हे अर्जुन, सफलता प्राप्त करनेवाली बुद्धि निश्चयात्मिका बुद्धि ही है। जो मन अपने को सहस्रों विषयों में व्यस्त कर लेता है, अपनी शक्ति को विकीर्ण कर डालता है। कुछ लोग पुष्पिता वाणी बोल सकते हैं और सोचते हैं कि वेदों के परे कुछ है ही नहीं। वे स्वर्ग जाना चाहते हैं। वेदों की शक्ति द्वारा वे भोगों को प्राप्त करना चाहते हैं और अतः वे यज्ञ-यागादि करते रहते हैं।'[४] जब तक इस प्रकार के लोग इन समस्त भौतिकवादी विचारों को नहीं त्यागते, उनको (आध्यात्मिक साधना में) कोई सफलता नहीं प्राप्त हो सकती।[५]

यह एक दूसरा महान् पाठ है। जब तक समस्त भौतिकवादी विचारों को तिलांजलि नहीं दी जाती, आध्यात्मिकता की उपलब्धि कदापि नहीं हो सकती।... इन्द्रियों में क्या है? इन्द्रियाँ सब भ्रम हैं। लोग मरने के बाद भी (स्वर्ग में) उनको—दो आँखों, एक नाक को—धारण किये रखना चाहते हैं। कुछ यह कल्पना करते हैं कि वहाँ उनकी इन्द्रियाँ प्रस्तुत से अधिक संख्या में होंगी। वे ईश्वर को—उसके भौतिक शरीर को—एक सिंहासन पर आसीन चिरंतन काल तक देखते रहना चाहते हैं।... ऐसे व्यक्तियों की वासनाएँ शरीर, खाने-पीने और भोग की होती हैं। वह दीर्घीकृत भौतिकवादी जीवन ही है। मनुष्य इस जीवन के परे किसी अन्य वस्तु की बात सोच नहीं सकता। यह जीवन पूर्णतया शरीर के लिए है। 'ऐसा व्यक्ति उस एकाग्रता को कभी नहीं प्राप्त कर पाता, जो मुक्ति की ओर ले जाती है।'[६]

---

१. वही, ३८
२. वही, ३९
३. वही, ४०
४. वही, ४१–४३
५. वही, ४४
६. वही, ४४

'वेद केवल तीन गुणों—सत्त्व, रजस् और तमस्— से संबंधित विषयों की ही शिक्षा देते हैं।'[1] वेद केवल प्रकृति के विषयों के संबंध में शिक्षा देते हैं। लोग जिस विषय को पृथ्वी पर नहीं देखते, उसके संबंध में कुछ भी सोच नहीं सकते। यदि वे स्वर्ग की बात करते हैं, तो वे एक सिंहासनारूढ़ राजा की, धूप जलाते हुए लोगों की ही कल्पना कर पाते हैं। यह सब प्रकृति है, प्रकृति के परे कुछ नहीं। अतएव वेद प्रकृति के सिवा और कोई शिक्षा नहीं देते। 'प्रकृति के परे जाओ, सत्ता के द्वन्द्वों के परे, स्वयं अपनी सत्ता के परे जाओ, किसीकी चिन्ता न करो— न अच्छे की, न बुरे की।'[2]

हमने स्वयं का अपने शरीरों से तादात्म्य कर रखा है। हम केवल शरीर हैं, या शरीर के अधीन हैं। यदि मुझे कोई चिकोटी काटता है, तो मैं चिल्ला उठता हूँ। यह सब अर्थहीन है, क्योंकि मैं आत्मा हूँ। दुःख, कल्पना, पशु, देवता, दैत्य, हर वस्तु, संपूर्ण संसार की यह शृंखला—यह सब शरीर के साथ अपना तादात्म्य कर लेने से होती है। मैं आत्मा हूँ। जब तुम मेरी चुटकी लेते हो तो मैं उछल क्यों पड़ता हूँ? . . . इस (स्थिति) की ग़ुलामी तो देखो। तुमको लज्जा नहीं लगती? हम धार्मिक हैं! हम दार्शनिक हैं! हम महात्मा हैं! भगवान् हमारा कल्याण करें! हम हैं क्या? जीवित नरक, हम यही हैं! पागल, हम यही हैं!

(शरीर का) विचार हम त्याग नहीं सकते। हम धरतीबद्ध हैं। . . . हमारे भाव क़ब्रिस्तान हैं। शरीर छोड़ने पर भी हम उन (भावो) के कारण सहस्रों तत्त्वों द्वारा आबद्ध रहते हैं।

आसक्ति के बिना कर्म कौन कर सकता है? असली प्रश्न यह है। चाहे उसका कर्म सफल हो या विफल, ऐसा व्यक्ति वही रहता है। भले ही उसका संपूर्ण जीवन-कार्य क्षण भर में जलकर भस्म हो जाय, उसका दिल एक बार भी नहीं बैठता। 'यह वह मनीषी है, जो फलों की चिन्ता किये बिना सदैव कर्म के निमित्त कर्म करता रहता है। इस प्रकार वह जन्म-मरण की पीड़ा के परे चला जाता है। इस प्रकार वह मुक्त हो जाता है।'[2] तब वह देखता है कि यह आसक्ति एक भ्रम है। आत्मा कभी भी आसक्त नहीं हो सकती। . . . तब वह सभी श्रुतियों और दर्शनों के परे चला जाता है।[3] यदि मन भ्रमाकुल और पुस्तकों तथा श्रुतियों द्वारा भँवर में खिंचा पड़ा हो तो इन सारी श्रुतियों से क्या लाभ है? (उनमें) एक यह कहती है,

---

१. वही, ४५
२. वही, ५१
३. वही, ५२

दूसरी वह। तुम किस पुस्तक को लोगे? अकेले खड़े होओ! अपनी आत्मा की महिमा देखो, और देखो कि तुम्हें कर्म करना ही है। तभी तुम निश्चल बुद्धिवाले हो सकोगे।[१]

अर्जुन पूछता है, "स्थितप्रज्ञ व्यक्ति कौन है?"[२]

कृष्ण उत्तर देते हैं, "वह व्यक्ति, जिसने सभी इच्छाओं का त्याग कर दिया है, जो कुछ नहीं चाहता—न यह जीवन ही, न मुक्ति, न देवता, न कर्म, न और कुछ। जब वह पूर्णकाम हो जाता है, तब उसकी कोई कामना शेष नहीं रहती।"[३] उसने आत्मा की महिमा का दर्शन कर लिया है और देख लिया है कि जगत्, देवता और स्वर्ग स्वयं उसकी आत्मा के भीतर हैं। तब देवता देवता नहीं रह जाते, मृत्यु मृत्यु नहीं रह जाती। सब कुछ बदल जाता है। यदि उसकी बुद्धि स्थिर हो गयी हो, यदि उसका मन दुःख से विचलित न होता हो, यदि वह किसी सुख की आकांक्षा न करता हो, यदि वह समस्त आसक्ति, समस्त भय, समस्त आक्रोश से मुक्त हो गया हो, तो ऐसे व्यक्ति को (स्थितप्रज्ञ मुनि) कहते हैं. . .।[४]

'जैसे कछुआ अपने पैरों को भीतर खींच सकता है, और यदि तुम उस पर प्रहार करो तो एक भी पैर बाहर नहीं निकलता, इसी प्रकार स्थितप्रज्ञ भी अपनी ज्ञानेन्द्रियों को भीतर खींच सकता है,'[५] और उन्हें कोई भी वस्तु बाहर जाने के लिए विवश नहीं कर सकती। उसको कुछ भी हिला नहीं सकता, न कोई प्रलोभन, न कुछ और। विश्व टूटकर उसके चारों ओर बिखर जाय, तो भी वह उसके मन में एक लहर नहीं उठा पाता।

इसके बाद एक अत्यन्त महत्त्वपूर्ण प्रश्न आता है। कभी कभी लोग कई दिनों तक का (अनशन) व्रत रखते हैं। . . .निकृष्टतम मनुष्य बीस दिन का व्रत रखने के बाद एकदम सौम्य हो जाता है। व्रत करने और अपने को यातना देने का प्रयोग लोग संसार भर में करते रहे हैं। कृष्ण के विचार में यह सब निरर्थक है। उनका कहना है कि जो व्यक्ति अपने को यातना दे रहा है, उसकी इन्द्रियाँ प्रस्तुत क्षणों में उससे दूर हट जायँगी, लेकिन फिर बीस गुनी शक्ति के साथ प्रकट होंगी। . . .हमें क्या करना चाहिए? (भाव है कि) स्वाभाविक होना चाहिए, तापस नहीं। चलते रहो,

---

१. वही, ५३
२. वही, ५४
३. वही, ५५
४. वही, ५६
५. वही, ५७

कर्म करो, केवल इतना ध्यान रखो कि आसक्त न होने पाओ। जिस व्यक्ति ने अनासक्ति का रहस्य नहीं सीखा और उसका अभ्यास नहीं किया, उसमें प्रज्ञा कभी दृढ़तापूर्वक स्थिर नहीं हो सकती।

मैं बाहर जाता हूँ और अपनी आँखें खोलता हूँ। यदि वहाँ कुछ है, तो मैं उसे अवश्य देखूंगा। मैं ऐसा करने के लिए विवश हूँ। मन इन्द्रियों के पीछे भागता है। अब इन्द्रियों को प्रकृति के प्रति कोई भी प्रतिक्रिया करना त्याग देना चाहिए।

'जब (इन्द्रियबद्ध) जगत् के लिए अँधेरी रात होती है, तब संयमी (व्यक्ति) जागता रहता है। वह उसके लिए दिन का प्रकाश है।...और जब जगत् जागता है, ज्ञानी सोता है।'[1] जगत् कहाँ जागता रहता है? इन्द्रियों में। लोग खाना-पीना चाहते हैं, बच्चे चाहते हैं, और तब वे एक कुत्ते की मौत मर जाते हैं। इन्द्रियों के लिए वे सदैव जगते रहते हैं। उनका धर्म भी केवल इसीलिए है। वे ऐसे ईश्वर का आविष्कार करते हैं, जो उनकी सहायता कर सके, उन्हें और अधिक स्त्रियाँ दे सके, धन दे सके, बच्चे दे सके—लेकिन ऐसा ईश्वर कभी नहीं, जो उन्हें अधिक देवतुल्य बनाने में सहायता दे! 'जहाँ सारा जगत् जागता रहता है, ज्ञानी सोता है। लेकिन जहाँ अज्ञानी सोते रहते हैं, वहाँ ज्ञानी जागता रहता है।'[2] —प्रकाश के उस जगत् में, जहाँ मनुष्य अपने को पक्षी के रूप में नहीं देखता, न पशु के रूप में, न शरीरवत्, वरन् असीम आत्मा, मृत्युरहित, अमर (के रूप में देखता है)। वहाँ, जहाँ अज्ञानी सोते रहते हैं, और जहाँ उनके पास समझने के लिए न समय होता है, न बुद्धि, न शक्ति, वहाँ ज्ञानी जाग्रत रहता है। वह उसके लिए दिन का प्रकाश है।

'जैसे संसार की सारी नदियाँ अपना जल सागर में निरन्तर उड़ेला करती हैं, किंतु सागर का विराट्, गरिमामयस्वरूप अक्षुब्ध और अपरिवर्तित रहता है; उसी प्रकार यद्यपि सारी इन्द्रियाँ प्रकृति से सारे विषय लाती रहती हैं, स्थितप्रज्ञ का समुद्र जैसा हृदय न विचलित होता है, न भयभीत होता है।' दुःखों को करोड़ों नदियों में, सुख को सैकड़ों में आने दो! मैं दुःख का दास नहीं हूँ! मैं सुख का दास नहीं हूँ!

---

१. वही, ६९

२. वही, ७०

गीता (३)

(२९ मई, १९०० ई० को सैन फ़्रांसिस्को में दिया गया भाषण)

अर्जुन ने पूछा, "आपने अभी कर्म का उपदेश दिया, फिर भी आप ब्रह्मज्ञान को सर्वश्रेष्ठ जीवन प्रतिपादित करते हैं। हे कृष्ण, यदि आपके विचार से कर्म की अपेक्षा ज्ञान उत्तम है, तो आप मुझे कर्म करने को क्यों कहते हैं ?"[१]

[श्रीकृष्ण]—"प्राचीन काल से ये दो व्यवस्थाएँ हम लोगों के समय तक चली आ रही हैं। सांख्य दर्शन ज्ञान का सिद्धान्त प्रस्तुत करता है। योगी कर्म का सिद्धान्त प्रस्तुत करते हैं। किन्तु कर्म त्याग कर कोई भी शान्ति-लाभ नहीं कर सकता। इस जीवन में कोई एक क्षण के लिए भी कर्म बन्द नहीं कर सकता। प्रकृतिजन्य गुण उसे कर्म में प्रवृत्त करेंगे। जिसने कर्म करना तो बंद कर दिया और साथ ही मन से उनका चिन्तन करता है, उसके कुछ हाथ नहीं लगता; वह तो बस मिथ्याचारी हो जाता है। परन्तु जो मन द्वारा धीरे धीरे अपनी इन्द्रियों का नियमन कर लेता है, उन्हें कार्य में लगाता है, वह व्यक्ति उससे उत्तम है। इसलिए तुम कर्म करो. . . ।"[२]

"यदि तुम्हें यह रहस्य ज्ञात भी हो गया हो कि तुम्हारा कोई कर्तव्य नहीं है, तुम मुक्त हो, तब भी परोपकार के लिए तुम्हें कार्य करना है। क्योंकि कोई श्रेष्ठ पुरुष जो जो आचरण करता है, साधारण लोग भी उसका अनुकरण करते हैं।[३] यदि कोई श्रेष्ठ पुरुष, जिसने मानसिक शान्ति और मुक्ति प्राप्त कर ली है, कार्य करना बन्द कर दे, तो अन्य सब लोग, जिनमें न वह ज्ञान है और न शान्ति, उसका अनुकरण करने लगेंगे। और इस तरह भ्रम पैदा हो जायगा।[४]

"देखो, हे अर्जुन, कोई ऐसी वस्तु नहीं है, जो मेरे पास न हो और मेरे लिए कुछ प्राप्तव्य भी नहीं है। और फिर भी मैं कर्म करता रहता हूँ। यदि मैं एक क्षण के

---

१. गीता ।।३।१।।

२. वही, २–८

३. वही, २०–२१

४. वही, २२–२४

लिए कार्य करना बन्द कर दूँ तो ये सब लोक [नष्ट हो] जायँगे।[1] जिसे अज्ञानी जन फलासक्त होकर लाभ के लिए करते हैं, उसे अनासक्त विद्वान् फल तथा लाभ की आकांक्षा न रखते हुए करें।"[2]

यदि तुम ज्ञानी भी हो, तब भी अज्ञानियों के बालसुलभ विश्वास को मत डिगाओ,[3] बल्कि उनके स्तर पर उतर जाओ और धीरे धीरे उन्हें ऊपर उठाओ। यह बड़ा शक्तिशाली भाव है और भारत में यह आदर्श बन गया है। यही कारण है कि तुम किसी महान् दार्शनिक को भी मंदिर में जाते और मूर्तियों की पूजा करते देख सकते हो। यह ढोंग नहीं है।

बाद में हम पढ़ते हैं, कृष्ण क्या कहते हैं, "जो लोग अन्य देवताओं की पूजा करते हैं, वे वस्तुतः मेरी पूजा करते हैं।"[4] वह मनुष्य-शरीरधारी भगवान् है, जिसकी पूजा मानव कर रहा है। यदि तुम उसे ग़लत नाम से सम्बोधित करो, तो क्या वह क्रुद्ध होगा? तब तो वह लेशमात्र भगवान् नहीं हो सकता! क्या तुम यह नहीं समझ सकते कि मनुष्य के स्वयं अपने हृदय में जो कुछ है, वही भगवान् है, चाहे वह पत्थर की ही पूजा क्यों न करता हो? इससे क्या!

यदि इस भावना से हम एक बार अपने को मुक्त कर सकें कि मतों में ही धर्म सन्निविष्ट है, तो हम अधिक स्पष्टतापूर्वक समझ जायँगे। धर्मविषयक एक भावना यह रही है कि समस्त संसार का जन्म इस कारण हुआ कि आदम ने वे सेब खा लिये, और निस्तार का कोई मार्ग नहीं है। ईसा मसीह पर विश्वास करो—एक विशेष मनुष्य की मृत्यु पर! परन्तु भारत में बिल्कुल भिन्न भाव है। [वहाँ] धर्म का अर्थ है साक्षात्कार, और कुछ नहीं। मंज़िल तक चाहे कोई चार घोड़ों की बग्घी से जाय, चाहे बिजली की गाड़ी से जाय अथवा ज़मीन पर लेटता हुआ जाय, इससे कोई अन्तर नहीं पड़ता। लक्ष्य एक ही है। [ईसाइयों] के लिए समस्या है कि एक भयावह ईश्वर के कोप से कैसे बचा जाय? भारतीयों के लिए यह है कि वे यथार्थतः जो हैं, वही कैसे हों, अपने लुप्त आत्म-तत्त्व को कैसे पुनः प्राप्त करें।

क्या तुम्हे यह बोध हो गया कि तुम आत्मा हो? जब तुम कहते हो, "मैं कर्ता हूँ", तो उसका तात्पर्य क्या है? यह मांस-पिंड जो शरीर कहलाता है, वह—या आत्मा, जो असीम, नित्य आनन्दस्वरूप, प्रकाशमान और अमर है? तुम सबसे महान्

---

१. वही, २२–२४

२. वही, २५

३. वही, २६–२९

४. गीता ॥९।२३॥

दार्शनिक क्यों न हो, किन्तु जब तक तुम्हारी यह भावना है कि तुम शरीर हो, तब तक तुम उस कीड़े से बढ़कर नहीं हो, जो तुम्हारे पाँव तले रेंग रहा है ! तुम क्षम्य नहीं हो ! तुम्हारी इतनी बुरी दशा है कि तुम सब दर्शनों को जानते हुए भी सोचते हो कि तुम शरीर हो ! शरीरासक्त देवता, यही तो तुम हो ! क्या यह धर्म है ?

आत्मा के रूप में आत्मा का साक्षात्कार धर्म है। हम इस समय क्या कर रहे हैं ? ठीक विपरीत, आत्मा को जड़ समझ रहे हैं। अमर ईश्वर के उपादान से हम लोग मृत्यु और जड़ की रचना करते हैं और मृत, निश्चेतन जड़ के उपादान से हम आत्मा की रचना करते हैं. . . ।

यदि तुम शीर्षासन कर या एक पैर पर खड़े रहकर या प्रत्येक तीन तीन शिरोंवाले पाँच हज़ार देवताओं की पूजा कर [ब्रह्म का साक्षात्कार कर सकते हो]— तो ख़ुशी की बात है ! . . .जिस तरीक़े से कर सको, करो ! किसीको कुछ कहने का अधिकार नहीं है। इसलिए कृष्ण कहते हैं कि यदि तुम्हारी विधि उत्तम और उत्कृष्ट है, तो तुम्हारा काम यह नहीं है कि तुम दूसरे मनुष्य की विधि को बुरी कहो, भले ही तुम्हारी समझ से वह शठतापूर्ण क्यों न हो।

पुनश्च, धर्म विकास [का विषय] है, मूर्खतापूर्ण शब्दों का समुच्चय नहीं। दो हज़ार वर्ष पूर्व एक व्यक्ति ने ईश्वर का साक्षात्कार किया। मूसा ने ईश्वर को एक जलती हुई झाड़ी में देखा। मूसा ने ईश्वर का साक्षात्कार करने के बाद जो किया, क्या उससे तुम्हारा परित्राण होता है ? किसी व्यक्ति ने यदि भगवान् का दर्शन कर लिया, तो उससे तुमको तिल मात्र सहायता नहीं मिल सकती। उससे तुमको केवल उत्तेजना और प्रेरणा मिल सकती है कि तुम भी वही करो। प्राचीनों के उदाहरणों का सारा महत्त्व इसी बात में है। इससे अधिक और कुछ नहीं। वे मार्ग में दिशा-संकेत मात्र हैं। एक आदमी के भोजन करने से दूसरे को तृप्ति नहीं हो सकती। एक व्यक्ति के भगवान् के दर्शन करने से दूसरे व्यक्ति का परित्राण नहीं हो सकता। तुम्हें स्वयं ही ईश्वर का साक्षात्कार करना होगा। ये सब लोग इस प्रश्न पर लड़ रहे हैं कि ईश्वर का प्रकृत रूप क्या है —वह एक शरीर और तीन शिरोंवाला है या छः शरीरों और पाँच शिरोंवाला है। क्या तुमने ईश्वर को देखा है ? नहीं। . . .और उनका विश्वास नहीं है कि वे उसे कभी देख सकते हैं। हम मर्त्य मानव कितने मूर्ख हैं ! निश्चय ही। पागल !

[भारत में] यह परम्परा चली आ रही है कि यदि कोई ईश्वर है, तो वह तुम्हारा भी है और मेरा भी है। सूर्य किसका है ! तुम कहते हो चाचा साम किसी के भी चाचा हैं। यदि कोई ईश्वर है, तो उसे देखने में तुम समर्थ होगे ही। यदि नहीं, तो छोड़ो उसे।

हर एक सोचता है कि उसीकी विधि सर्वोत्तम है। बड़ी अच्छी बात है ! किन्तु

याद रखो, वह तुम्हारे लिए अच्छी हो सकती है। एक ही खाद्य एक के लिए बहुत कुपथ्य हो सकता है और दूसरे के लिए अच्छा पथ्य। क्योंकि यह तुम्हारे लिए अच्छा है, इसलिए बेधड़क यह निष्कर्ष न निकालो कि तुम्हारी विधि प्रत्येक व्यक्ति के लिए उपयुक्त विधि है, और जैक का कोट जॉन और मेरी को भी फ़िट होगा। सभी अशिक्षित, असंस्कृत, विचारहीन स्त्री-पुरुष उस प्रकार के संकीर्ण जामे में कस दिये गये हैं ! तुम लोग स्वयं सोचो। नास्तिक बन जाओ ! जड़वादी बन जाओ ! वह कहीं अच्छा होगा। बुद्धि से काम लो ! . . .तुम्हें यह कहने का क्या अधिकार है कि अमुक व्यक्ति की विधि ग़लत है ? तुम्हारे लिए वह ग़लत हो सकती है। अर्थात्, यदि तुमने वह विधि अपनायी, तो तुम्हारी अवनति होगी, किन्तु इसका यह अर्थ नहीं होता कि वह परिभ्रष्ट हो जायगा। इसलिए, कृष्ण कहते हैं, यदि तुम ज्ञानी हो और किसी को हीन देखते हो, तो उसकी निन्दा मत करो। उसके स्तर पर जाओ और यदि कर सकते हो तो उसकी सहायता करो। उसका विकास होना चाहिए। मैं पाँच घंटे में उसके दिमाग़ में पाँच घड़े ज्ञान उड़ेल सकता हूँ। पर उससे क्या लाभ होगा? वह पहले से भी थोड़ा और निकृष्ट हो जायगा।

यह कर्म-बन्धन कहाँ से आता है? क्योंकि हम आत्मा को कर्म की शृंखला में बाँध देते हैं। भारतीय धार्मिक व्यवस्था के अनुसार दो सत्ताएँ हैं—एक ओर प्रकृति और दूसरी ओर आत्मा। प्रकृति शब्द से केवल बाह्य जगत् का प्रयोजन नहीं है, वरन् हमारे शरीर, मन, इच्छा और यहाँ तक कि उसका भी प्रयोजन है, जो कहता है 'मैं'। उन सबसे परे हैं, वह चिरंतन जीवन और आत्मज्योति— आत्मा। इस दर्शन के अनुसार आत्मा प्रकृति से पूर्णतया पृथक् है, सदैव पृथक् थी और सदैव पृथक् रहेगी। किसी भी समय आत्मा और मन अभिन्न नहीं रहे हैं।

यह स्वतः स्पष्ट है कि तुम जो भोजन करते हो, वह सारे समय मन का निर्माण करता रहता है। वह जड़ है। आत्मा खाद्य के सम्बन्ध से अतीत है। चाहे तुम खाओ या न खाओ, उससे कोई अन्तर नहीं पड़ता। चाहे तुम सोचो या न सोचो, उससे कोई अन्तर नहीं पड़ता। वह असीम प्रकाश है। उसका प्रकाश सदा एक सा है। यदि तुम [किसी प्रकाश के सामने] कोई नीला या हरा शीशा रख दो, तो प्रकाश का वह क्या करेगा? उसका रंग अपरिवर्तनीय है। यह तो मन है, जो बदलता है और विभिन्न रंग प्रदान करता है। जिस क्षण जीवात्मा शरीर को त्याग देती है, सब टूट-फूट कर बिखर जाता है।

प्रकृति में जो सत्य है, वह आत्मा है। स्वयं सत्य—आत्मा का प्रकाश—चलता है और बोलता है तथा [हमारे शरीर, मन आदि के द्वारा] प्रत्येक कार्य करता है। यह आत्मा की ही शक्ति, उसका तत्त्व और उसका जीवन है, जिस

पर जड़ पदार्थ की नानाविध क्रिया हो रही है. . . । यद्यपि आत्मा सबको प्रकाश प्रदान करती है, हमारे सभी विचारों, शारीरिक कार्यों और प्रत्येक कार्य का निमित्त है, तथापि वह स्वयं अच्छे-बुरे, सुख-दुःख, शीतोष्ण तथा प्रकृति के सभी द्वन्द्वों से निर्लिप्त है।

"अतः, हे अर्जुन, ये सभी कर्म प्रकृतिनिष्ठ हैं। प्रकृति. . .हमारे शरीर और मन में अपने ही गुणों को क्रियमाण कर रही है। हम प्रकृति के तद्रूप बन जाते हैं और कहते हैं, 'मैं इसका कर्ता हूँ।' इस प्रकार हम विमूढ़ताग्रस्त हो जाते हैं।"[1]

हम सदैव किसी बाध्यता से कर्म करते हैं। जब भूख मुझे बाध्य करती है, तब मैं खाता हूँ। दुःखभोग तो इससे भी बढ़ कर दासता है। यथार्थ 'मैं' तो नित्य मुक्त है। उसे कुछ करने के लिए कौन बाध्य करता है? दुःख-भोक्ता तो प्रकृति में है। जब हम देहात्मा हो जाते हैं, तभी हम कहते हैं, "मैं दुःख भोग रहा हूँ; मैं श्री अमुक हूँ"—तथा इसी प्रकार की अन्य सब मूर्खतापूर्ण बातें। परन्तु जिसे सत्य का ज्ञान हो गया है, वह अपने को पृथक् रखता है। उसका शरीर चाहे जो करे, उसका मन चाहे जो करे, वह परवाह नहीं करता। किन्तु तुम ध्यान दो, मानव जाति के अधिकांश जन समुदाय को यही भ्रान्ति है, और जब कभी लोग कोई अच्छा कर्म करते हैं, तो समझते हैं कि वे उसके कर्ता हैं। वे अभी उच्चतर दर्शन के समझने के योग्य नहीं हैं। उनको अपने विश्वास से विचलित मत करो! वे अनिष्ट का परिहार कर रहे हैं और इष्ट कार्य में लगे हैं। कितना महान् भाव है! उन्हें वैसा करने दो. . . ! वे पुण्यकर्मा हैं। उत्तरोत्तर वे सोचने लगेंगे कि पुण्य कर्म से भी श्रेष्ठ, गौरवयुक्त और कुछ है। वे साक्षी मात्र रहेंगे और कार्य हो जायगा. . . । धीरे धीरे वे समझ जायँगे। जब वे सभी पापों का परिहार कर चुकेंगे और सब पुण्य कर्म कर चुकेंगे, तब उन्हें यह बोध होने लगेगा कि वे समस्त प्रकृति के अतीत हैं। वे कर्ता नहीं हैं। वे [पृथक्] रहते हैं। वे. . .साक्षी हैं। वे तो बस अलग रहनेवाले द्रष्टा हैं। प्रकृति समस्त जगत् का प्रसव कर रही है. . .। 'हे सौम्य, आरम्भ में केवल सत् था। अन्य किसीका अस्तित्व नहीं था। उसने [इच्छा की] और अन्य सबकी सृष्टि हो गयी।'[2]

'ज्ञानवान भी अपनी प्रकृति के अनुरूप कर्म करते हैं। प्रत्येक प्राणी अपनी प्रकृति के अनुसार कर्म करता है। वह उसका अतिक्रमण नहीं कर सकता।'

---

१. गीता ॥३।२७॥

२. ऐतरेयोपनिषद् ॥१॥; छान्दोग्योपनिषद् ॥६।२–३॥

परमाणु नियम का उल्लंघन नहीं कर सकता। परमाणु चाहे मानसिक हो अथवा शारीरिक, उसे नियम का पालन करना ही पड़ेगा। '[बाह्य निग्रह] से क्या लाभ ?"[1]

जीवन में किसी वस्तु को मूल्यवान क्या बनाता है? न भोग, न स्वामित्व। प्रत्येक वस्तु की मीमांसा करो। तुम्हें पता लगेगा कि हमें कुछ सिखाने में अनुभव के अतिरिक्त अन्य कोई वस्तु मूल्य नहीं रखती। और बहुत से मामलों में सुखभोग की अपेक्षा हमारी कठिनाइयाँ हमें अपेक्षाकृत कहीं श्रेष्ठ अनुभव प्रदान करती हैं। प्रायः प्रकृति के दुलार की अपेक्षा उसके प्रहार से हमें अधिक श्रेष्ठ अनुभव प्राप्त होता है...। (इस भूमिका में) अकाल तक का भी स्थान और मूल्य है...।

कृष्ण के अनुसार हम कोई ऐसे नये प्राणी नहीं हैं, जिनका जन्म अभी हुआ हो। हमारे मन अभिनव नहीं हैं...। आधुनिक युग में हम सभी जानते हैं कि प्रत्येक शिशु [अपने जन्म के साथ] केवल मानव जीवन के ही नहीं, वरन् वनस्पति-जीवन के भी समस्त अतीत को ले आता है। अतीत के सब अध्याय हैं, वर्तमान का यह अध्याय है और भविष्य के अध्यायों का सारा ढेर उसके समक्ष है। प्रत्येक के मार्ग का नक़शा बना है, ख़ाका तैयार है और योजना बनी-बनायी है। इस सब अंधकार के बावजूद, कोई भी कार्य बिना कारण के नहीं हो सकता—कोई घटना, कोई परिस्थिति...। यह हमारा निरा अज्ञान है। निमित्त की समस्त असीम शृंखला...कड़ी कड़ी जुड़कर पुनः प्रकृति से ही निबद्ध है। यह सार्वभौम कार्य-कारण [की शृंखला] है, जिसकी एक कड़ी, एक भाग तुम्हें मिला है और मुझे दूसरा...। और वह [भाग] हमारी प्रकृति है।

अब श्री कृष्ण कहते हैं, "परधर्म अपनाने की चेष्टा करने की अपेक्षा स्वधर्म में मृत्यु प्राप्त करना कहीं अधिक श्रेयस्कर है।"[2] यह मेरा धर्म है और मैं यहाँ नीच हूँ। और तुम वहाँ ऊपर हो और मैं निरन्तर इस प्रलोभन में हूँ कि स्वधर्म त्याग दूँ। सोचता हूँ कि मैं वहाँ जाकर तुम्हारे साथ हो जाऊँगा। और यदि मैं ऊपर जाता हूँ, तो न वहाँ का रहता हूँ, न यहाँ का। हमें इस सिद्धान्त को दृष्टि से ओझल नहीं रखना चाहिए। यह सब विकास का [विषय] है। प्रतीक्षा करो और विकास करो और तब तुमको सब कुछ उपलब्ध होगा, अन्यथा (बहुत बड़ा आध्यात्मिक ख़तरा) होगा। यही धर्म-शिक्षा का आधारभृत रहस्य है।

'लोगों का उद्धार करने' और एक ही मत में सबके निष्ठावान होने से तुम्हारा

---

१. गीता ॥३।३३॥

२. वही, ३५

तात्पर्य क्या है? यह हो नहीं सकता। सामान्य विचारों को मानव जाति को सिखाया जा सकता है। सद्‌गुरु यह पता लगाने में समर्थ होगा कि तुम्हारी निजी प्रकृति क्या है। हो सकता है कि तुम उसे न जानते हो। सम्भव है कि तुम जिसे अपनी प्रकृति सोच बैठे हो, वह बिल्कुल ग़लत हो। वह चेतना तक विकसित नहीं हो पायी है। गुरु वह व्यक्ति है, जिसे जानना चाहिए...। तुम्हारे मुखमंडल पर दृष्टिपात करके उसे समझ जाना चाहिए और तुम्हें [तुम्हारे मार्ग] पर लगा देना चाहिए। हम लोग इधर-उधर टटोलते हैं; संघर्ष करते हैं और नाना प्रकार के कार्य करते हैं तथा कोई प्रगति नहीं कर पाते, अंततः वह समय आता है और हम जीवन-प्रवाह में निमज्जित होकर बहने लगते हैं। उसका लक्षण यह है कि जिस क्षण हम उस नदी में पहुँचते हैं, हम तैरने लगते हैं। तब कोई संघर्ष नहीं रह जाता। उसका पता लगाना है। तब उसे छोड़कर एवं किसी अन्य को अपनाने की अपेक्षा उसी मार्ग में प्राण तक त्याग दो।

ऐसा करने के बजाय हम एक धर्म चलाने लगते हैं, कुछ रूढ़िवादी विधि-विधान बना लेते और मानव जाति के लक्ष्य से विश्वासघात करने लगते हैं और सबके साथ ऐसा व्यवहार करने लगते हैं मानो उन सबकी प्रकृति एक सी है। किन्हीं दो व्यक्तियों के मन तथा शरीर एक नहीं होते...। किन्हीं दो व्यक्तियों का एक धर्म नहीं होता...।

यदि तुम धार्मिक होना चाहते हो, तो किसी संगठनबद्ध धर्म के द्वार में प्रवेश मत करो। वे इष्ट की अपेक्षा सौगुना अधिक अनिष्ट करते हैं, क्योंकि वे प्रत्येक के वैयक्तिक विकास की वृद्धि रोक देते हैं। हर एक चीज पढ़ो, लेकिन अपना आसन दृढ़ रखो। यदि तुम मेरी सलाह लो, तो जाल में अपनी गर्दन मत फँसाओ। जिस क्षण वे तुम्हारे ऊपर अपना फंदा डालने का प्रयत्न करें, तुम अपनी गर्दन हटा लो और अन्यत्र चले जाओ। [जिस प्रकार] मधुमक्खी चुन चुनकर बहुत से फूलों से मधु का संचय करती है, किन्तु किसी फूल के बंधन में नहीं पड़ती, उसी प्रकार तुम भी बंधन में मत पड़ो...। किसी संगठनबद्ध धर्म के द्वार में प्रवेश मत करो। धर्म केवल तुम और तुम्हारे भगवान् के बीच की वस्तु है और किसी तीसरे व्यवित को उसमें हरगिज़ टाँग नहीं अड़ानी चाहिए। ज़रा सोचो, इन संगठनबद्ध धर्मों ने क्या किया है! इन धार्मिक उत्पीड़नों की अपेक्षा कौन सा नेपोलियन अधिक भयंकर था?... यदि तुम और मैं सगठित हो जायँ, तो हम लोग प्रत्येक व्यक्ति से घृणा करने लगेंगे। यदि प्रेम करने का अर्थ केवल दूसरों को घृणा करना है, तो उससे कहीं अच्छा है कि प्रेम ही न करें। यह कोई प्रेम नहीं है। यह तो नरक है। यदि अपने जनों से प्रेम करने का अर्थ अन्य सब लोगों से घृणा करना है, तो

यह पूर्ण स्वार्थ और पाशविकता है। इसका परिणाम यह होगा कि वह तुम्हें पशु बना देगा। अतएव दूसरे के प्रकृत धर्म पर, चाहे वह तुम्हें कितना भी महान् क्यों न प्रतीत हो, चलने की अपेक्षा स्वधर्म पालन करते हुए मर जाना अच्छा है।'[1]

'अर्जुन, सावधान, काम और क्रोध महाशत्रु हैं। उनका शमन करना होगा। [बुद्धिमानों] तक के ज्ञान को वे आवृत कर लेते हैं। इस कामाग्नि को तृप्त नहीं किया जा सकता। इसके अधिष्ठान कर्मेन्द्रिय और मन हैं। आत्मा निःस्पृह है।'[2]

'प्राचीन काल में मैंने इस योग की (विवस्वान् को, विवस्वान् ने मनु को) शिक्षा दी। . . .इस तरह परम्परागत ज्ञान राजर्षियों को प्राप्त हुआ। किन्तु कालान्तर में यह योग नष्ट हो गया। यही कारण है कि आज पुनः मैं तुमको बता रहा हूँ।'[3]

तब अर्जुन ने पूछा,"आप ऐसा क्यों कहते हैं? आप ऐसे पुरुष हैं, जिनका जन्म हाल में हुआ है, और [विवस्वान् का जन्म तो आपसे बहुत पहले हुआ था]। आपने उन्हें सिखाया, इसका क्या अर्थ है?"[4]

तब कृष्ण ने कहा,"हे अर्जुन, तुम और मैं दोनों जन्म-मरण के चक्र से बहुत बार गुज़र चुके किन्तु तुम्हें उन सबकी स्मृति नहीं है। मैं अव्यय, अज और सब भूत-प्राणियों का ईश्वर हूँ। मैं अपनी ही प्रकृति को अधीन कर प्रकट होता हूँ। जब जब धर्म की ग्लानि होती है और अधर्म का अभ्युत्थान होता है, तब तब मैं मानव जाति के सहायतार्थ अवतार लेता हूँ। साधु पुरुषों का उद्धार करने के लिए, दुष्ट कर्म करने-वालों का नाश करने के लिए और धर्म की स्थापना के लिए मैं युग युग में प्रकट होता हूँ। जो भी मनुष्य चाहे जिस किसी मार्ग से मेरे पास पहुँचना चाहता है, मैं उसको उसी मार्ग से मिलता हूँ। किन्तु, हे अर्जुन, तुम जान लो कि कोई मनुष्य मेरे मार्ग से कभी च्युत नहीं हो सकता।"[5] कभी कोई च्युत नहीं हुआ। हम कैसे हो सकते हैं? उसके मार्ग से कोई स्खलित नहीं होता।

. . .सभी समाज असम्यक् सामान्यीकरण पर आधारित हैं। सम्यक् सामान्यीकरण के आधार पर ही नियम निरूपित किया जा सकता है। प्राचीन कहावत क्या है—प्रत्येक नियम का अपना अपवाद होता है? . . .यदि यह नियम

---

१. वही, ३५

२. वही, ३७, ४०

३. गीता ॥४।१–३॥

४. वही, ४

५. वही, ५–८, ११

है, तो यह तोड़ा नहीं जा सकता। उसे कोई तोड़ नहीं सकता। क्या सेब गुरुत्वाकर्षण के नियम को भंग करता है? जिस पल कोई नियम भंग होता है, जगत् का अस्तित्व नहीं रह जाता। एक समय उपस्थित होगा, जब तुम नियम भंग करोगे और उसी क्षण तुम्हारी चेतना, मन और शरीर विलुप्त हो जायँगे।

वहाँ एक आदमी चोरी कर रहा है। वह क्यों चोरी करता है? तुम उसे दंड देते हो। क्यों, क्या तुम उसको स्थान नहीं दे सकते और उसकी शक्ति को कार्य में नहीं लगा सकते? . . .तुम कहते हो, "तुम पापी हो", और बहुत से लोग कहेंगे कि उसने क़ानून को तोड़ा है। मानव जाति का यह यूथ [एकरूपता में] ढकेल दिया गया है और इसी कारण तमाम उपद्रव, पाप और दुर्बलता हैं. . .। दुनिया उतनी बुरी नहीं है, जितनी तुम सोचते हो; हम मूर्खों ने ही उसे बुरी बना रखा है। हम अपने प्रेत और दैत्य रचते हैं और फिर. . .उनसे अपना पिंड नहीं छुड़ा पाते। हम अपनी दृष्टि को अपने हाथ से ढक लेते हैं और चिल्लाते हैं, "कोई हमें प्रकाश दो।" मूर्खो! अपनी आँखों पर से अपने हाथ हटा लो! बस यही इतना है . . .। कोई अपने को दोष नहीं देता, पर हम अपनी रक्षा के लिए देवताओं की दुहाई देते हैं। यही तो तरस की बात है। समाज में इतनी बुराई क्यों है? वे क्या बताते हैं? शरीर, शैतान और औरत। उन्हें तुम अपने लिए सँजोते ही क्यों हो? कोई नहीं कहता कि तुम उन्हें अपने लिए सँजोओ। 'हे अर्जुन, कोई भी मेरे मार्ग से च्युत नहीं हो सकता।'[1] हम लोग मूर्ख हैं और हमारे मार्ग मूर्खतापूर्ण हैं। हमें इस सब माया से गुज़रना पड़ेगा। ईश्वर ने स्वर्ग की रचना की और मनुष्य ने अपने लिए नरक रच डाला।

'कोई कर्म मुझे स्पर्श नहीं कर सकता। मुझे कर्म के फल की स्पृहा नहीं है। जो कोई मुझे ऐसा जानता है, वह कर्म के बंधन में नहीं पड़ता। पहले के मुमुक्षु पुरुष इस रहस्य को जान कर [निरापद भाव से कर्म में प्रवृत्त हो सके]। तुम भी उन्हींकी भाँति कर्म करो।'[2] 'जो पुरुष प्रचंड कर्म में प्रचंड अकर्म, और प्रचंड अकर्म में प्रचंड कर्म देखता है, वही (सचमुच बुद्धिमान है)।'[3] . . .यही तो प्रश्न है—प्रत्येक इन्द्रिय और अंग-प्रत्यंग के सक्रिय होते हुए भी क्या तुममें वह अपार शान्ति है [कि जिससे] कोई भी तुम्हें क्षुब्ध न कर सके? मार्केट स्ट्रीट में खड़े होकर, तमाम भीड़-भाड़ के बीच. . .जो तुम्हारे चारों तरफ़ से गुज़र रही हो,

---

१. वही, ११
२. वही, १४–१५
३. वही, १८

कार की प्रतीक्षा करते समय क्या तुम ध्यानस्थ हो—अविचल तथा शान्त हो? गुफा में, जहाँ तुम्हारे चतुर्दिक शान्ति विराजमान है, वहाँ तुम व्यस्त सक्रिय हो? यदि हो, तो तुम योगी हो, अन्यथा नहीं।

'[ज्ञानी जन उसे पण्डित कहते हैं] जिसके प्रत्येक कार्य संकल्प और कामना से रहित होते हैं और जिनमें कोई स्वार्थ भावना नहीं होती।'[1] जब तक हम लोग स्वार्थी हैं, तब तक सत्य हमारे पास नहीं आ सकता। हम प्रत्येक वस्तु पर अपनी प्रकृति का रंग चढ़ा देते हैं। चीजें हमारे सम्मुख अपने असली रूप में आती हैं। यह नहीं कि वे छिपी हैं, ज़रा भी नहीं! छिपाते तो हम हैं। हमारे पास तूलिका है। कोई वस्तु आती है, और हमें वह पसन्द नहीं आती; हम उस पर अपनी तूलिका ज़रा फेर देते हैं और तब उसको देखते हैं...। हम जानना नहीं चाहते। हम प्रत्येक वस्तु को अपने रंग से रँग देते हैं। सभी कर्मों की प्रेरणा स्वार्थ है। हर एक चीज़ हमारे ही द्वारा छिपी है। हम लोग उस रेशम के कीड़े के सदृश हैं, जो अपने ही शरीर से धागे निकालता है, जिससे कोया बनता है, और देखो, वह उसीमें फँस जाता है। अपने ही कर्मों से वह अपने को बंदीगृह में डाल लेता है। यही हम लोग कर रहे हैं। जिस क्षण मैं 'मैं' कहता हूँ, धागे का एक फेरा घूम जाता है। 'मैं और मेरा' कहा कि दूसरा फेरा घूम जाता है...।

हम कर्म के बिना एक क्षण भी नहीं रह सकते। कर्म करो! किन्तु ठीक उस तरह, जब तुम्हारा पड़ोसी तुमसे कहता है, "आओ और मेरी मदद करो!" तुम जब अपने लिए कार्य करो, तब भी ठीक वही भाव रखो। इससे अधिक नहीं। जॉन के शरीर का जितना मूल्य है, उससे अधिक तुम्हारे शरीर का नहीं है। जॉन के शरीर के लिए तुम जितना करते हो, उससे कुछ अधिक अपने शरीर के लिए मत करो। यही धर्म है।

'जिसकी चेष्टाएँ सभी कामनाओं तथा संकल्पों से रहित हैं, उसने ज्ञान रूपी अग्नि द्वारा सब कर्म-बन्धनों को भस्म कर डाला है। वह पण्डित है।'[2] शास्त्राध्ययन इसे नहीं कर सकता। गधे की पीठ पर पूरे पुस्तकालय की पुस्तकें लादी जा सकती हैं, लेकिन उससे वह विद्वान् कदापि नहीं हो सकता। बहुत से ग्रन्थ पढ़ने से क्या लाभ?' 'कर्म की सब आसक्ति त्याग कर, नित्य तृप्त रहकर, फल की आशा का परित्याग कर, बुद्धिमान पुरुष कार्य करता है और कर्म से अतीत रहता है।'[3]...

---

१. वही, १९
२. वही, १९
३. वही, २०

अपनी माता के गर्भ से मैं नग्न पैदा हुआ और नग्न ही लौटता हूँ। निस्सहाय मैं आया और निस्सहाय जा रहा हूँ। निस्सहाय इस समय भी हूँ। और हम [लक्ष्य] नहीं जानते। उसके विषय में सोचना हमारे लिए भयानक है। ऐसे विचित्र भाव हमारे होते हैं! हम किसी माध्यम के पास जाते हैं। यह देखने के लिए कि क्या प्रेतात्मा हमारी सहायता कर सकती है। ज़रा इस कमज़ोरी पर ग़ौर करो! प्रेत, शैतान, देवी-देवता, कोई भी—आओ! और सब पुरोहितो, सब वंचक पण्डितो! वही समय है, जिस क्षण हम निर्बल होते हैं, वे हमको अपने शिकंजे में ले लेते हैं। तब वे सभी देवताओं को लाते हैं।

मैं अपने देश में देखता हूँ कि कोई व्यक्ति बलवान, शिक्षित और दार्शनिक वन जाता है और कहता है, "यह सब पूजा-पाठ और स्नान मूर्खता है।" . . . किसी व्यक्ति का पिता मर जाता है और उसकी माता मर जाती है। किसी हिन्दू के लिए यह सबसे भयानक सदमा होता है। तुम देखोगे कि वह हर एक गंदे तालाब में स्नान कर रहा है, मंदिर में जा रहा है और धूल चाट रहा है। . . . कोई भी मदद करो! किन्तु हैं हम असहाय। किसीसे कोई सहायता नहीं मिलती। यही सत्य है। मनुष्यों से अधिक देवताओं की संख्या है; और फिर भी कोई मदद नहीं। हम कुत्तों के सदृश मरते हैं—कोई मदद नहीं। सर्वत्र पशुता, अकाल, व्याधि, दुःख और अनिष्ट! और सहायता के लिए सभी पुकारते हैं। किन्तु कोई सहायता नहीं। और फिर भी, आशा के विपरीत आशा करते हुए, हम लोग सहायता के लिए पुकार करते हैं। हाय रे दुःख की दशा! हाय रे उसका आतंक! अपने हृदय में देखो! [कष्ट] के आधे के लिए हम दोषी नहीं हैं, बल्कि दोष हमारे माता-पिता का है। इस दुर्बलता के साथ पैदा हुए, और उसकी अधिकाधिक मात्रा हमारे मस्तिष्क में भर दी गयी। पग पग ही हम उसके परे हो पाते हैं।

असहाय अनुभव करना बड़ी भारी भूल है। किसीसे सहायता की याचना मत करो। अपनी सहायता हम स्वयं हैं। यदि हम अपनी सहायता नहीं कर सकते, तो हमारा सहायक कोई नहीं हैं। . . . 'तुम्हीं एकमात्र अपने बंधु हो, तुम्हीं एकमात्र अपने शत्रु हो। मेरी अपनी आत्मा के अतिरिक्त कोई अन्य शत्रु नहीं है, अपनी आत्मा के अतिरिक्त कोई मित्र भी नहीं है।'[1] यह अन्तिम और सर्वश्रेष्ठ पाठ है और ओह, इसे सीखने में कितना समय लगता है! ऐसा प्रतीत होता है कि हमने उसे वश में कर लिया और दूसरे क्षण पुरानी तरंग आ धमकती है। रीढ़ की हड्डी टूट जाती है। हम निर्बल हो जाते हैं और पुनः

---

१. गीता ॥६।५॥

उसी कुसंस्कार तथा सहायता को पकड़ने के लिए लपकते हैं। सहायता प्राप्त करने की इस मिथ्या भावना के कारण जो महा दुःखराशि तथा सारी (विपत्तियाँ) मिलती हैं, ज़रा उन पर भी विचार करो!

सम्भवतः पुजारी अपने नित्य के घिसे-पिटे शब्दों का उच्चारण करता है और कुछ प्राप्ति की आशा लगाये रहता है। साठ हज़ार व्यक्ति आसमान की ओर निगाह लगाये रहते हैं और प्रार्थना करते हैं तथा पुजारी को दक्षिणा देते हैं। महीने के बाद महीने बीत जाते हैं, फिर भी उनकी निगाह लगी रहती है, दक्षिणा देते रहते हैं और प्रार्थना करते रहते हैं...। इस पर ग़ौर करो! क्या यह पागलपन नहीं है? और क्या है? कौन उत्तरदायी है? तुम धर्म का उपदेश कर सकते हो, परन्तु अविकसित बच्चों के मन को उत्तेजित करना...! तुम्हें इसके लिए दुःख भोगना पड़ेगा। अपने अन्तःकरण में तुम क्या हो? किसीके दिमाग़ में तुमने जो दुर्बलता पैदा करनेवाला विचार भरा है, इसके बदले में तुम्हें चक्रवृद्धि ब्याज देना पड़ेगा। कर्मवाद के अनुसार फलभोग अवश्यम्भावी है।

केवल एक ही पाप है। वह है दुर्बलता। जब मैं बालक था, तो मैंने मिल्टन का 'पैराडाइज़ लास्ट' पढ़ा था। जिस भले व्यक्ति के प्रति मेरे मन में सम्मान पैदा हुआ, वह केवल शैतान था। एकमात्र सन्त है वह आत्मा, जो कभी निर्बल नहीं होती, प्रत्येक का सामना करती है और चौपड़ के खेल के लिए कृतसंकल्प होती है। सन्नद्ध हो जाओ और पाँसा फेंको!...एक पागलपन में दूसरा मत जोड़ो। जो अनिष्ट आने ही वाला है, उसमें अपनी दुर्बलता मत जोड़ो। दुनिया को बस मुझे इतना ही बताना है। बलवान बनो!... तुम प्रेतों और शैतानों की बातें करते हो। हम लोग जीवित शैतान हैं। शक्ति और विकास जीवन के लक्षण हैं। मृत्यु का लक्षण है दुर्बलता। जो भी दुर्बल है, उससे दूर रहो! वह मृत्यु है। अगर यह शक्ति है, नरक में उतर जाओ और उसे पकड़ लो! मुक्ति केवल वीरों के लिए है—**वीरभोग्या वसुन्धरा**। अन्य कोई नहीं, वरन् सर्वश्रेष्ठ वीर ही मुक्ति का अधिकारी है। किसका नरक? किसकी यातना? किसका पाप? किसकी दुर्बलता? किसकी मृत्यु? किसकी व्याधि?

तुम ईश्वर पर विश्वास करते हो। यदि आस्तिक हो, तो वास्तविक ईश्वर पर विश्वास करो। 'तुम पुरुष हो, तुम स्त्री हो, तुम कौमार्य की शक्ति से ओतप्रोत युवा हो और तुम्हीं जीर्ण होकर लाठी टेकते हुए चलते हो।'[1] तुम दौर्बल्य हो। तुम भय हो। तुम स्वर्ग हो और तुम नरक हो। तुम डस लेनेवाले सर्प

१. श्वेताश्वतरोपनिषद् ॥४।३॥

हो। तुम भय रूप में आओ! तुम मृत्यु रूप में आओ! तुम दुःख रूप में आओ! . . .

सब दुर्बलता और सब बंधन कल्पना हैं। उससे एक शब्द कह दो और वह लापता हो जायगी। निर्बल मत बनो! निस्तार का अन्य कोई मार्ग नहीं है. . . । सन्नद्ध हो जाओ और शक्तिशाली बनो! कोई भय नहीं। कोई कुसंस्कार नहीं। सत्य जैसा है, उसका सामना करो! यदि मृत्यु आती है—वह हमारे सभी दुःखों से बढ़कर दुःख है—तो आने दो। हम चौपड़ का पाँसा फेंकने के लिए कृतसंकल्प हैं। यही समग्र धर्म है, जिसे मैं जानता हूँ। मैंने उसे उपलब्ध नहीं कर लिया है, किन्तु मैं उसके लिए संघर्ष कर रहा हूँ। हो सकता है मैं न कर सकूँ, पर तुम कर सकते हो। बढ़ते जाओ!

जहाँ कोई किसी दूसरे को देखता है, दूसरे को सुनता है, जब तक दो हैं, तब तक भय का होना अवश्यम्भावी है और भय ही सारे दुःख का जनक है। जहाँ कोई किसी अन्य को नहीं देखता, जब सब एक हैं, वहाँ कोई न तो दुःखी है और न सन्तप्त है।[1] [केवल] एक [है] और वह अद्वितीय है। इसलिए डरो मत। जागो, उठो, रुको नहीं, जब तक लक्ष्य तक पहुँच न जाओ।

---

१. छान्दोग्योपनिषद् ॥७।२३-२४॥

गीता पर विचार

सन् १८९७ में स्वामी विवेकानन्द अपने कलकत्ते के अल्पवास में प्राय: मठ में ही रहते थे। यह मठ रामकृष्ण मिशन का प्रधान कार्यालय था, और उन दिनों आलमबाज़ार में स्थित था। उस अवधि में कई युवक, जो पहले से ही अपने को तैयार कर रहे थे, उनके पास आये। उन्होंने संन्यास और ब्रह्मचर्य का व्रत लिया और स्वामी जी ने गीता और वेदान्त पर कक्षाएँ लेकर तथा उनसे ध्यान का अभ्यास आरम्भ करा कर उन्हें भावी कार्य के लिए प्रशिक्षित करना शुरू किया। इनमें से एक कक्षा में गीता पर बंगला भाषा में उन्होंने ज़ोरदार प्रवचन किया। मठ की डायरी में प्रवचन का जो संक्षिप्त विवरण अंकित है, उसका हिन्दी रूपान्तर निम्नलिखित है :—

गीता नाम से विख्यात ग्रंथ महाभारत का एक अंश है। गीता को ठीक से समझने के लिए कई बातों का जानना अत्यन्त महत्त्वपूर्ण है। प्रथम तो यह, कि क्या वह सचमुच महाभारत का एक अंश है, अर्थात् क्या यह सच है कि उसके रचयिता, जैसा कि कहा जाता है, वेदव्यास थे, अथवा उस महाकाव्य में वह क्षेपक के रूप में सम्मिलित कर ली गयी है; द्वितीय यह, कि क्या कृष्ण नाम के कोई ऐतिहासिक पुरुष थे; तृतीय यह, कि गीता में कुरुक्षेत्र के जिस महायुद्ध का उल्लेख है, क्या वह सचमुच हुआ था; और चतुर्थ यह कि क्या अर्जुन तथा अन्य लोग वास्तविक ऐतिहासिक पुरुष थे।

अब सर्वप्रथम हम यह देखें कि इस तरह की जाँच-पड़ताल के क्या आधार हैं। हम जानते हैं कि वेदव्यास नाम के कई व्यक्ति हुए, और उनमें से गीता का असली लेखक कौन था—बादरायण व्यास या द्वैपायन व्यास? 'व्यास' तो उपाधि मात्र थी। जो कोई किसी नये पुराण की रचना करता था, वह व्यास के नाम से प्रसिद्ध हो जाता था, जो विक्रमादित्य शब्द के सदृश एक सामान्य नाम था। एक अन्य बात यह है कि साधारण जनता को गीता के विषय में तब तक अधिक जानकारी नहीं थी, जब तक शंकराचार्य ने उस पर अपना महान् भाष्य लिखकर उसे विख्यात नहीं बना दिया। बहुतों का कहना है कि उससे बहुत पहले उस पर बोधायन का भाष्य प्रचलित था। यदि यह सिद्ध हो सके, तो निस्सन्देह गीता की प्राचीनता और व्यास का उसका लेखक होना काफ़ी हद तक मान्य हो सकता है। किन्तु भारत भर में

भ्रमण करते समय मुझे वेदान्त-सूत्र पर बोधायन भाष्य की कोई प्रति नहीं मिली। रामानुज ने उससे अपना श्रीभाष्य संकलित किया, शंकराचार्य ने उसका उल्लेख किया है और स्वयं अपने भाष्य में उन्होंने यत्र-तत्र उसे अंशतः उद्‌धृत तक किया है और स्वामी दयानन्द ने उसकी बड़ी चर्चा की है। कहा जाता है कि रामानुज तक ने कीड़ों-मकोड़ों से खायी हुई एक हस्तलिखित प्रति से, जो संयोग से उन्हें मिल गयी थी, अपने भाष्य को संकलित किया। जब वेदान्त-सूत्र पर लिखा गया बोधायन का यह महान् भाष्य भी अनिश्चितता के अंधकार में इतना ढका हुआ है, तब गीता पर बोधायन भाष्य के अस्तित्व को प्रमाणित करने का प्रयास व्यर्थ है। कुछ लोग यह निष्कर्ष निकालते हैं कि गीता के लेखक शंकराचार्य थे और उन्होंने ही उसे महाभारत के बीच में प्रक्षिप्त कर दिया।

फिर जहाँ तक दूसरा विचारणीय प्रश्न है, कृष्ण के व्यक्तित्व के विषय में बहुत संदेह की स्थिति है। छान्दोग्योपनिषद् में एक जगह हमें देवकी के पुत्र कृष्ण का उल्लेख मिलता है, जिन्होंने एक घोर नामक योगी से आध्यात्मिक शिक्षा प्राप्त की थी। महाभारत में कृष्ण द्वारकाधीश हैं और विष्णुपुराण में गोपियों के साथ लीला करते हुए कृष्ण का वर्णन मिलता है। फिर भागवत् में उनकी रासलीला का विशद वर्णन किया गया है। हमारे देश में अति प्राचीन काल में मदनोत्सव के नाम से एक उत्सव (कामदेव के सम्मान में समारोह) प्रचलित था। बिल्कुल वही चीज़ दोल में रूपान्तरित कर दी गयी और वह कृष्ण के मत्थे मढ़ दी गयी। कौन इतना साहसी हो सकता है, जो ज़ोर देकर कहे कि उनसे सम्बन्धित रासलीला तथा अन्य वस्तुएँ उनके साथ उसी भाँति नहीं जोड़ दी गयीं ? प्राचीन काल में हमारे देश में ऐतिहासिक शोध द्वारा सत्य का पता लगाने की प्रवृत्ति बहुत कम थी। अतएव समुचित तथ्यों और प्रमाणों द्वारा सिद्ध किये बिना ही जिसके विचार में जो सर्वोत्तम जान पड़ता, उसे वह कह डालता था। इसलिए प्रायः ऐसा हुआ कि किसी आदमी ने कोई ग्रंथ रचा और अपने गुरु या किसी अन्य के नाम से उसे प्रचलित कर दिया। ऐसे मामलों में ऐतिहासिक तथ्यों की खोज करनेवाले के लिए सत्य तक पहुँचना बड़े जोखिम का काम है। प्राचीन काल में लोगों को भूगोल का ज़रा भी ज्ञान नहीं था—कल्पना की बेसिर पैर की उड़ानें थीं, अतः हमें मस्तिष्क की ऐसी काल्पनिक सृष्टियों के नमूने मिलते हैं यथा इक्षु-सागर, क्षीर-सागर, घृत-सागर, दधि-सागर, आदि ! पुराणों में हमें मिलता है कि एक की आयु दस हज़ार वर्ष थी, तो दूसरे की आयु एक लाख वर्ष थी ! किन्तु वेद कहते हैं, **शतायुर्वै पुरुषः**—'मनुष्य की आयु एक सौ वर्ष की है।' यहाँ हम किसका मत ठीक मानें ? अतः, कृष्ण के विषय में सही निष्कर्ष पर पहुँचना प्रायः असम्भव है।

यह मनुष्य का स्वभाव है कि वह किसी महान् पुरुष के वास्तविक चरित में तरह तरह की काल्पनिक अतिमानवीय विशेषताएँ जोड़ देता है। कृष्ण के विषय में अवश्य ऐसा हुआ होगा, किन्तु यह बिल्कुल सम्भव प्रतीत होता है कि वह राजा थे। मैं इसे बिल्कुल सम्भव कहता हूँ, क्योंकि प्राचीन काल में हमारे देश में ब्रह्मज्ञान का उपदेश देने में मुख्यतः राजन्य वर्ग ही उद्योग करता था। यहाँ एक और बात पर विशेष रूप से ध्यान देना होगा कि गीता का लेखक चाहे जो कोई रहा हो, हमें उसमें वही शिक्षाएँ मिलती हैं, जो समस्त महाभारत में हैं। इससे हम निरापद रूप से यह निष्कर्ष निकाल सकते हैं कि महाभारत-काल में किसी महान् पुरुष का अभ्युदय हुआ, जिसने तत्कालीन समाज को इस नये परिधान में ब्रह्मज्ञान का उपदेश दिया। एक और बात सामने आती है कि प्राचीन समय में जब एक धर्म-सम्प्रदाय के पश्चात् दूसरे धर्म-सम्प्रदाय का अभ्युदय होता था, तब किसी न किसी नये धर्मशास्त्र का भी प्रणयन होता था और वह उनमें व्यवहृत होने लगता था। यह भी होता था कि काल व्यतीत होने पर धर्म-सम्प्रदाय तथा उसका धर्मशास्त्र दोनों लुप्त हो गये, या धर्म-सम्प्रदाय का तो अस्तित्व मिट गया, किन्तु धर्मशास्त्र बचा रह गया। इस प्रकार, यह बिल्कुल सम्भव है कि गीता किसी ऐसे धर्म-सम्प्रदाय का शास्त्र रही हो, जिसने अपने उच्च एवं श्रेष्ठ विचारों को इस पवित्र ग्रंथ में समाविष्ट किया हो।

अब तीसरा प्रश्न है, जो कुरुक्षेत्र के युद्ध के विषय से सम्बन्धित है। इसके समर्थन में कोई विशेष प्रमाण नहीं प्रस्तुत किया जा सकता। परन्तु इसमें संदेह नहीं है कि कुरुओं और पांचालों में एक युद्ध हुआ था। दूसरी बात यह है कि रण-क्षेत्र में, जहाँ विशाल सेना व्यूहबद्ध खड़ी हो और लड़ने के लिए सन्नद्ध हो, बस अन्तिम संकेत की प्रतीक्षा कर रही हो, ज्ञान, भक्ति और योग के विषय में इतनी अधिक चर्चा कैसे हो सकती थी? और क्या रणक्षेत्र के कोलाहल और खलबली में कृष्ण तथा अर्जुन के संवाद के प्रत्येक शब्द को नोट करने के लिए वहाँ कोई शीघ्रलिपिक उपस्थित था? कुछ लोगों का कहना है कि कुरुक्षेत्र-युद्ध केवल एक रूपक है। जब हम उसके गुह्य अभिप्राय का सारांश निकालते हैं, तो उसका अर्थ उस युद्ध से होता है, जो निरन्तर मनुष्य के अन्तःकरण में उसकी दैवी तथा आसुरी प्रवृत्तियों में हो रहा है। यह अर्थ भी विवेकवर्जित नहीं हो सकता।

चौथा प्रश्न लो। अर्जुन तथा अन्य लोगों की ऐतिहासिकता के विषय में सन्देह का काफ़ी आधार है और वह आधार यह है—अत्यन्त प्राचीन ग्रन्थ, शतपथ ब्राह्मण है। उसमें कहीं पर उन सभी नामों का उल्लेख है, जो अश्वमेध यज्ञ के अनुष्ठाता थे, किन्तु वहाँ अर्जुन तथा अन्य लोगों के नामों के उल्लेख की कौन कहे, उनका

संकेत भी नहीं है, यद्यपि उसमें जनमेजय का वर्णन है, जो परीक्षित के पुत्र और अर्जुन के प्रपौत्र थे, फिर भी महाभारत तथा अन्य ग्रन्थों में कहा गया है कि युधिष्ठर, अर्जुन तथा अन्य लोगों ने अश्वमेध यज्ञ किया।

यहाँ एक बात विशेष रूप से याद रखनी चाहिए कि इन ऐतिहासिक खोजों और हमारे वास्तविक उद्देश्य के बीच कोई सम्बन्ध नहीं है। हमारा वास्तविक उद्देश्य वह ज्ञान है, जो धर्मोपार्जन कराता है। यदि इसकी सारी ऐतिहासिकता आज पूर्ण रूप से मिथ्या प्रमाणित हो जाय, तब भी इससे हमें कोई क्षति नहीं पहुँचेगी। तब तुम पूछ सकते हो कि इतनी ऐतिहासिक शोध से क्या लाभ है? इससे लाभ है, क्योंकि हमें सत्य का पता लगाना है। वह हमें अज्ञानवश ग़लत भावनाओं में बंधे नहीं रहने देगा। इस देश में इस प्रकार की छानबीन के महत्त्व को लोग बहुत कम समझते हैं। बहुत से धर्म-सम्प्रदायों का विश्वास है कि बहुजनहिताय किसी अच्छी बात का उपदेश देने में, एक असत्य कह देने से कोई हानि नहीं है, बशर्ते उससे उपदेश को सहायता मिले, या दूसरे शब्दों में उद्देश्य पावन होने से साधनों के अपावन होने के दोष का परिमार्जन हो जाता है। अतः हम देखते हैं कि हमारे तन्त्र ग्रन्थों में से बहुतों का आरम्भ 'महादेव ने पार्वती से कहा' से होता है। किन्तु हमारा कर्तव्य यह होना चाहिए कि हमें स्वयं सत्य की पूरी प्रतीति हो जाय और हम केवल सत्य में ही विश्वास करें। कुसंस्कार अथवा सत्य की छानबीन किये बिना प्राचीन परंपराओं के विश्वास में इतना बल है कि वह लोगों का हाथ-पाँव जकड़ देता है, इतना जकड़ देता है कि ईसा मसीह, मुहम्मद और अन्य महापुरुष तक ऐसे बहुत से कुसंस्कारों के प्रति आस्था रखते थे और उन्हें विदा न कर सके। तुम्हें सदा अपनी दृष्टि सत्य पर जमाये रखनी चाहिए और सभी कुसंस्कारों का पूर्णतया परिहार करना चाहिए।

अब हमें यह देखना चाहिए कि गीता में क्या है। उपनिषदों का अध्ययन करें तो हम देखते हैं कि बहुत से असम्बद्ध विषयों की भूलभुलैया में भटकने पर सहसा किसी महान् सत्य की चर्चा छिड़ जाती है, ठीक वैसे ही जैसे किसी विशाल वीरान प्रदेश में किसी यात्री को अकस्मात् यत्र-तत्र अति सुन्दर गुलाब मिल जाता है, जिसकी पत्तियाँ, काँटे, जड़ें सभी परस्पर उलझी हैं। उनकी तुलना में गीता इन सत्यों के सदृश है, जो सुन्दर ढंग से यथास्थान व्यवस्थित है — वह एक सुन्दर पुष्पमाला के या सर्वोत्तम चुने हुए फूलों के एक गुलदस्ते के समान है। उपनिषदों में कई स्थलों पर श्रद्धा की विस्तृत विवेचना की गयी है, किन्तु भक्ति का उल्लेख अल्प ही है। दूसरी ओर गीता में भक्ति की बार बार विवेचना ही नहीं की गयी है, वरन् उसमें भक्ति की अन्तर्निष्ठ भावना चरम उत्कर्ष तक पहुँच गयी है।

अब गीता के कुछ प्रमुख प्रसंगों पर दृष्टिपात करें, जिनकी उसमें चर्चा है। गीता की मौलिकता किस बात में है, जिससे पूर्ववर्ती सभी शास्त्रों से वह विशिष्ट मानी जा सकती है ? यद्यपि उसके प्रवर्तन के पूर्व योग, ज्ञान, भक्ति आदि सभी के दृढ़ अनुयायी थे, तथापि वे सब आपस में विवाद करते थे। अपने चुने हुए मार्गों की सर्वोत्कृष्टता का प्रत्येक दावा करता था। इन विभिन्न मार्गों में समन्वय स्थापित करने का किसीने कभी प्रयत्न नहीं किया। गीता के रचयिता ने ही सर्वप्रथम उनमें समन्वय का प्रयास किया। तत्कालीन प्रचलित सभी धर्म-सम्प्रदायों के सर्वोत्तम तत्त्वों को उन्होंने लिया और गीता में सूत्रबद्ध कर दिया। किन्तु जहाँ आपस में लड़ने-झगड़नेवाले इन धर्म-सम्प्रदायों में पूर्ण समन्वय प्रस्तुत करने में कृष्ण विफल हुए, वहाँ इस उन्नीसवीं शताब्दी में वह रामकृष्ण परमहंस द्वारा पूर्णतः सम्पन्न हुआ।

इसके पश्चात् है निष्काम कर्म, आसक्ति रहित कर्म। आजकल लोग इसका अर्थ कई तरह से करते हैं। कुछ लोग कहते हैं कि अनासक्त होने का अर्थ है निरभिप्राय हो जाना। यदि उसका यथार्थ यही है, तब तो हृदयहीन पशु और दीवारें निष्काम कर्म के सम्पादन के सबसे बढ़िया नमूने हैं। फिर लोग जनक का उदाहरण रखते हैं और चाहते हैं कि निष्काम कर्म के अभ्यास में सिद्धहस्त होने में उनको भी वैसी ही मान्यता दी जाय। जनक (शाब्दिक अर्थ, पिता) ने वह गौरव बच्चे पैदा कर उपार्जित नहीं किया था, किन्तु ये लोग एक झुंड बच्चों के पिता होने की एक-मात्र अर्हता पर जनक बनना चाहते हैं ! नहीं ! सच्चे निष्काम कर्मी (बिना कामना के काम करनेवाले) को न तो पशु बनना है, न जड़, न हृदयहीन। वह तामसिक नहीं, बल्कि विशुद्ध सात्त्विक होता है। उसका हृदय प्रेम और सहानुभूति से इतना ओतप्रोत है कि वह अपने प्रेम से सारे विश्व को लपेट सकता है। किन्तु संसार साधारणतः उसके सर्वग्राही प्रेम तथा सहानुभूति को पूरी तरह समझ नहीं पाता।

धर्म के विभिन्न मार्गों का समन्वय और निःस्पृह या निष्काम कर्म—ये गीता की दो प्रमुख विशेषताएँ हैं।

अब हम द्वितीय अध्याय से कुछ पढ़ें—

संजय उवाच

तं तथा कृपयाविष्टमश्रुपूर्णाकुलेक्षणम्।
विषीदन्तमिदं वाक्यमुवाच मधुसूदनः ॥१॥

श्रीभगवानुवाच

कुतस्त्वा कश्मलमिदं विषमे समुपस्थितम्।
अनार्यजुष्टमस्वर्ग्यमकीर्तिकरमर्जुन ॥२॥

क्लैब्यं मा स्म गमः पार्थ नैतत्त्वय्युपपद्यते।
क्षुद्रं हृदयदौर्बल्यं त्यक्त्वोत्तिष्ठ परंतप॥३॥

संजय ने कहा—जो अर्जुन करुणा और विषाद से अभिभूत हो गया था और जिसके नेत्र आँसुओं से गीले हो गये थे, उससे मधुसूदन ने ये शब्द कहे :—

श्री भगवान् ने कहा—

हे अर्जुन, तुझको ऐसे विषम स्थल में यह नैराश्य किस हेतु प्राप्त हुआ? यह तो अनार्यों के जैसा है, अकीर्तिकारी है और स्वर्ग-प्राप्ति के विपरीत है।

हे पृथा-पुत्र, तू नपुंसकता को मत प्राप्त हो, यह तेरे योग्य नहीं है। हृदय की क्षुद्र दुर्बलता को त्याग कर, हे शत्रुतापी, उठ।

तं तथा कृपयाविष्टम् से आरम्भ होनेवाले श्लोक में कैसे कवित्वपूर्ण और कैसे सुन्दर ढंग से अर्जुन की सच्ची स्थिति का चित्रण किया गया है! तब श्री कृष्ण अर्जुन को उपदेश देते हैं, और **क्लैब्यं मा स्म गमः पार्थ** अदि कहकर वह लड़ने के लिए अर्जुन को प्रेरित क्यों कर रहे हैं? क्योंकि अर्जुन में युद्ध से विरति विशुद्ध सत्त्व गुण की अति प्रबलता के कारण पैदा नहीं हुई। अनिच्छा पैदा होने का कारण बिल्कुल तमस् था। सत्त्व-गुण-प्रधान व्यक्ति की प्रकृति होती है कि वह जीवन की सभी स्थितियों में—चाहे सम्पत्ति हो अथवा विपत्ति हो—समभाव से शान्त रहता है। किन्तु अर्जुन त्रस्त था, वह करुणा से आकुल था। वह रणक्षेत्र में लड़ने के अलावा किसी दूसरे अभिप्राय से नहीं आया था, इस सीधे से तथ्य से सिद्ध हो जाता है कि उसमें युद्ध की जन्मजात प्रवृत्ति थी और उस ओर झुकाव था। हमारे जीवन में भी बहुधा ऐसी घटनाएँ देखी जाती हैं। बहुत से लोग सोचते हैं कि उनकी प्रकृति सात्त्विक है, परन्तु वस्तुतः वे तामसिक के अतिरिक्त और कुछ नहीं होते। बहुत से लोग गन्दे तरीक़े से रहते हैं और अपने को परमहंस मान बैठते हैं! क्यों? क्योंकि शास्त्र कहते हैं कि परमहंस लोग किसी जड़ या पागल या गंदे जीव सदृश रहते हैं। परमहंसों की उपमा बच्चों से दी जाती है, लेकिन इसे समझना चाहिए कि यह उपमा एकांगी है। परमहंस और बालक एक तथा अभिन्न नहीं हैं। वे केवल एक से प्रतीत होते हैं, मानो दो छोरों पर स्थित दो ध्रुव हों। एक ज्ञानातीत अवस्था में पहुँच गया है और दूसरे को ज्ञान का आभास तक नहीं हुआ है। प्रकाश के सबसे द्रुत और मन्द कम्पन, दोनों ही, हमारी स्थूल दृष्टि की पहुँच के परे हैं, किन्तु एक में प्रखर ताप है और दूसरे में, हम कह सकते हैं कि ताप प्रायः बिल्कुल नहीं होता। सत्त्व और तमस् के परस्पर विरोधी गुण भी ऐसे ही हैं, निस्संदेह, कई दृष्टियों से तो वे एक प्रतीत होते हैं, लेकिन उनमें आकाश-पाताल की भिन्नता है। तमोगुण को अपने

को सत्त्व के वेश-विन्यास में दिखाना बहुत प्रिय है। यहाँ महायोद्धा अर्जुन में वह तमस् दया (करुणा) के छद्म वेश में आया है।

अर्जुन को जिस मोह ने घर दबाया है, उसके निवारण के लिए भगवान् ने क्या कहा? जैसा कि मैं सदा उपदेश देता हूँ कि किसी व्यक्ति को पापी कहकर तुम्हें उसकी निंदा नहीं करनी चाहिए, बल्कि तुम्हें उसका ध्यान उसमें विद्यमान सर्वशक्तिमत्ता की ओर आकृष्ट करना चाहिए, वैसे ही भगवान् अर्जुन से कहते हैं। **नैतत्त्वय्युपपद्यते**—'यह तुम्हारे योग्य नहीं है!' 'तुम अविनाशी आत्मा हो, सब दोषों से परे हो। अपनी सत्य प्रकृति को भूलकर और अपने को पापी समझकर, तुमने अपने को वैसा बना लिया है, जैसा कि कोई शारीरिक पापों तथा मानसिक शोक से पीड़ित हो—यह तुम्हारे योग्य नहीं है।'—भगवान् इस प्रकार कहते हैं, "**क्लैब्यं मा स्म गमः पार्थ**—हे पृथा-पुत्र, नपुंसकता को न प्राप्त हो। दुनिया में न तो पाप है, न दुःख है, न रोग है और न शोक है; यदि दुनिया में कोई ऐसी वस्तु है, जिसे पाप कहा जा सकता है, तो वह है—'भय'। जान लो कि जिस किसी काम से तुममें गुप्त शक्ति पैदा हो, वह पुण्य है; और जो तुम्हारे शरीर और मन को निर्बल बनाये, वह सचमुच पाप है। इस निर्बलता और इस हृदय-दुर्बलता को दूर भगाओ! **क्लैब्यं मा स्म गमः पार्थ**! तुम बहादुर हो, वीर हो; यह तुम्हारे अयोग्य है।"

यदि तुम लोग, ऐ मेरे बच्चो, दुनिया को यह सन्देश पहुँचा सको कि **क्लैब्यं मा स्म गमः पार्थ नैतत्त्वय्युपपद्यते**—तो ये सारे रोग, शोक, पाप और विषाद तीन दिन में धरती से निर्मूल हो जायँ। दुर्बलता के ये सब भाव कहीं नहीं रह जायँगे। इस समय सर्वत्र है—भय के स्पंदन का यह प्रवाह। प्रवाह को उलट दो; उलटा स्पंदन लाओ, और देखो, जादू का रूपान्तर! तुम सर्वशक्तिमान हो—तोप के मुँह तक जाओ, जाओ तो, डरो मत। अति अधम पापी से घृणा मत करो, उसके बाहर को मत देखो। दृष्टि को अन्तर्मुख करो, जहाँ परमात्मा का निवास है। तुरही की ध्वनि से विश्व को निनादित कर दो, 'तुममें कोई पाप नहीं है, तुममें कोई दुःख नहीं है, तुम परम शक्ति के आगार हो। उठो, जागो और भीतर के देवत्व को अभिव्यक्त करो।'

यदि कोई यह श्लोक पढ़ता है—**क्लैब्यं मा स्म गमः पार्थ नैतत्त्वय्युपपद्यते। क्षुद्रं हृदयदौर्बल्यं त्यक्त्वोत्तिष्ठ परंतप**—तो उसे सम्पूर्ण गीता-पाठ का लाभ होता है, क्योंकि इसी एक श्लोक में पूरी गीता का संदेश निहित है।

रचनानुवाद : गद्य—१

योग के चार मार्ग[1]

हमारी प्रधान समस्या मुक्त होना है। अतएव यह स्पष्ट है कि जब तक हम अपने ब्रह्म होने की अनुभूति प्राप्त नहीं कर लेते, हम मोक्ष प्राप्त नहीं कर सकते। इस सिद्धि को प्राप्त करने के अनेक मार्ग हैं। इन पद्धतियों का जातीय नाम योग (जोड़ना, अपने को अपनी वास्तविकता से जोड़ना) है। विविध वर्गों में विभक्त इन योगों को मुख्यतया चार में वर्गीकृत किया जा सकता है; और चूँकि प्रत्येक ब्रह्म की सिद्धि का केवल परोक्ष मार्ग है, वे विभिन्न स्वभाव के लोगों के अनुकूल हैं। यह स्मरण रखना चाहिए कि मिथ्या मनुष्य वास्तविक मनुष्य या ब्रह्म नहीं हो जाता। ब्रह्म को लेकर 'होने' जैसा कुछ नहीं होता। वह सदा मुक्त, सदा पूर्ण है; केवल उस अविद्या को दूर होना है, जिसने संप्रति उसके स्वरूप को आच्छन्न कर रखा है। अतः योग की सभी प्रणालियों (और प्रत्येक धर्म ऐसी ही एक पद्धति का प्रतिनिधि है) का लक्ष्य इस अविद्या को हटाना और आत्मा को अपने स्वरूप की पुनः स्थापना करने देना है। इस मोक्ष में प्रमुख सहायक अभ्यास और वैराग्य हैं। वैराग्य जीवन से अनासक्त होना है, क्योंकि भोग की इच्छा ही अपने साथ बंधनों को लाती है; और अभ्यास योगों में से किसी एक की सतत साधना है।

कर्मयोग : कर्मयोग कर्म के द्वारा मन को शुद्ध करना है। शुभ या अशुभ कर्म किये जाने पर शुभ या अशुभ परिणाम अवश्य उत्पन्न होता है; कारण विद्यमान होने पर कोई भी शक्ति उसे रोक नहीं सकती। अतएव जब तक शुभ कार्य शुभ कर्म, और अशुभ कार्य अशुभ कर्म उत्पन्न करते रहेंगे, कभी भी मोक्ष प्राप्त कर सकने की आशा से रहित आत्मा शाश्वत बंधनों में पड़ी रहेगी। कर्म केवल शरीर या मन से संबद्ध है, आत्मा से नहीं; वह आत्मा के समक्ष एक पर्दा भर डाल सकता है। अशुभ कर्म द्वारा डाला पर्दा अविद्या है। शुभ कर्म में नैतिक बल को पुष्ट करने की शक्ति है। इस प्रकार वह अनासक्ति को उत्पन्न करता है, अशुभ कर्म के प्रति प्रवृत्ति को नष्ट करता और फलस्वरूप मन को निर्मल करता है। किंतु कर्म यदि मोक्ष की प्रेरणा से किया जाता है, तो वह केवल इस भोग को उत्पन्न करता है, मन या चित्त को शुद्ध नहीं

---

१. स्वामी जी की प्रथम अमेरिका यात्रा में एक पश्चिमी शिष्य के प्रश्नों के उत्तर के रूप में उनके द्वारा लिखित।

करता। अतएव समस्त कर्म उसके फलों को भोगने की इच्छा से नितांत मुक्त होकर किया जाना चाहिए। कर्मयोगी के समस्त भय तथा इहलोक या परलोक में भोग की इच्छा को सदा के लिए निकाल देना चाहिए। इसके अतिरिक्त, प्रतिदान की इच्छा से रहित यह कर्म स्वार्थपरता को नष्ट कर देगा, जो सारे बंधनों की जड़ है। कर्मयोगी का जीवन-मंत्र है 'मैं नहीं, वरन तू', और आत्मोत्सर्ग का कोई भी परिमाण उसके लिए अधिक नहीं होता। किंतु ऐसा वह स्वर्ग जाने, नाम और यश कमाने या इस संसार में कोई अन्य लाभ उपलब्ध कर सकने की इच्छा से नितान्त मुक्त होकर करता है। इस प्रकार के निःस्वार्थ कर्म की व्याख्या और हेतु यद्यपि केवल ज्ञानयोग में ही मिलते हैं, पर मनुष्य की नैसर्गिक दिव्यता, बिना किसी प्रच्छन्न स्वार्थभाव के, दूसरों के हित मात्र के लिए, उसका संप्रदाय या मत जो भी हो, उसे समस्त उत्सर्ग से प्रेम करने के लिए विवश करती है। बहुतेरे लोगों के लिए धन का बंधन बहुत बड़ा होता है; और धन के प्रति प्रेम के आस-पास जम गयी पपड़ी को तोड़ने के निमित्त उनके लिए कर्मयोग परमावश्यक है।

दूसरा है भक्तियोग : भक्ति अथवा पूजा अथवा किसी रूप में प्रेम मनुष्य के लिए सबसे अधिक सरल, सुखद और स्वाभाविक मार्ग है। इस विश्व की नैसर्गिक स्थिति आकर्षण की है; और अनिवार्य रूप से उसका अंत वियोग में होता है। यहाँ तक कि मानव हृदय में प्रेम मिलन की नैसर्गिक प्रेरणा है; और यद्यपि वह स्वयं क्लेश का एक बड़ा कारण है, सम्यक् पात्र के प्रति सम्यक रूप से निर्दिष्ट होने पर वह मुक्ति प्रदान करता है। भक्ति का आलंबन ईश्वर है। प्रेम बिना एक कर्ता और आलंबन के नहीं हो सकता। इसके अतिरिक्त प्रेम का आलंबन पहले एक ऐसा प्राणी होना चाहिए, जो हमारे प्यार का प्रतिदान दे सके। अतएव प्रेम का ईश्वर किसी न किसी अर्थ में एक मानवीय ईश्वर होना चाहिए। वह प्रेम का ईश्वर होना आवश्यक है। ऐसा ईश्वर है या नहीं, इस प्रश्न के बावजूद, यह एक तथ्य है कि जिनके हृदय में प्रेम है, उनके प्रति यह ब्रह्म प्रेम के ईश्वर के रूप में, व्यक्तित्व रूप में प्रकट होता है।

उपासना के वे रूप जो ईश्वर को एक न्यायाधीश, दंडदाता, अथवा भय के कारण जिसकी आज्ञा पालन करना पड़े, ऐसा कुछ समझते हैं, प्रेम कहलाने के पात्र नहीं हैं, यद्यपि ये उपासना के वे रूप हैं, जो शनैः शनैः उच्चतर रूपों में विकसित हो जाते हैं। अब हम स्वयं प्रेम पर विचार करेंगे। प्रेम का प्रतिनिधान हम एक ऐसे त्रिभुज द्वारा प्रस्तुत करेंगे, जिसके आधार का पहला कोण निर्भयता का है। जब तक भय रहता है, प्रेम नहीं होता। प्रेम सारे भय का निराकरण कर देता है। माँ अपने बच्चे की रक्षा करने के लिए एक बाघ का भी सामना करेगी। दूसरा कोण (इस

बात का) है कि प्रेम कभी कुछ चाहता नहीं, माँगता नहीं। तीसरा कोण अथवा शीर्ष यह है कि प्रेम स्वयं प्रेम के निमित्त प्रेम करता है। प्रेम ही केवल वह रूप है, जिसमें प्रेम को प्रेम किया जाता है। यह सर्वोच्च अमूर्तीकरण है और यह वही है जो ब्रह्म है।

तीसरा है राजयोग। इस योग की संगति इन योगों में प्रत्येक से हो जाती है। आस्थावान या आस्थारहित सभी वर्गों की जिज्ञासाओं से इसकी संगति हो जाती है, और यह धार्मिक जिज्ञासा का यथार्थ उपकरण है। जिस प्रकार हर विज्ञान की अनुसंधान करने की अपनी विशिष्ट पद्धति होती है, उसी प्रकार राजयोग धर्म की पद्धति है। विविध शरीर-संरचनाओं के अनुरूप इस विज्ञान का व्यावहारिक उपयोग भी विविध होता है। इसके मुख्य अंग प्राणायाम, ध्यान और धारणा हैं। जो लोग ईश्वर में विश्वास करते हैं, किसी गुरु से प्राप्त कोई प्रतीकात्मक नाम, जैसे ओ३म् या अन्य पवित्र शब्द इसमें बड़े सहायक सिद्ध होते हैं। ओ३म् इनमें महानतम है और उसका अर्थ है ब्रह्म। इन पवित्र नामों का जप करते हुए उनके अर्थ की धारणा करना मुख्य अभ्यास है।

चौथा है ज्ञानयोग। यह तीन अंगों में विभक्त है। पहला: इस सत्य का श्रवण कि आत्मा ही एकमात्र वास्तविकता है और सब माया (सापेक्षता) है। दूसरा: इस दर्शन पर सभी दृष्टिकोणों से मनन। तीसरा: इसके आगे सारे तर्क-वितर्क को वर्जित करके सत्य की अनुभूति प्राप्त करना। यह अनुभूति इतने प्रकार से प्राप्त होती है: (१) इस बात के निश्चय से कि ब्रह्म ही सत्य है, और सब मिथ्या है; (२) भोग की समग्र इच्छा का त्याग; (३) मन और इन्द्रियों का संयम; (४) मुक्त होने की तीव्र आकांक्षा। इस सत्य की सतत धारणा और आत्मा को उसके वास्तविक स्वरूप का सदैव स्मरण कराते रहना ही इस योग के मार्ग हैं। यह योग सर्वोच्च किंतु कठिनतम है। इसको बुद्धि के द्वारा तो बहुत से लोग ग्रहण कर लेते हैं, लेकिन उसकी सिद्धि बहुत कम लोग कर पाते हैं।

कल्प-विराम एवं परिवर्तन

यह समस्त विश्व खोये हुए संतुलन का एक दृष्टांत है। समस्त गति क्षुब्ध विश्व द्वारा अपनी साम्यावस्था पुनः प्राप्त करने के निमित्त संघर्ष है; वह (साम्यावस्था) गति नहीं हो सकती। अतः आंतरिक जगत् के संदर्भ में यह अवस्था विचार के परे होगी, क्योंकि विचार स्वयं ही एक गति है। यद्यपि सारे संकेत प्रसार के द्वारा पूर्ण साम्यावस्था प्राप्त कर लेने के पक्ष में हैं और समग्र विश्व उसीकी ओर दौड़ रहा है, हमें यह कहने का अधिकार नहीं है कि वह अवस्था कभी प्राप्त ही नहीं की जा सकती। इसके अतिरिक्त, उस साम्यावस्था में किसी भी विविधता का होना असंभव है। उसके लिए समजातीय होना आवश्यक है; क्योंकि जब तक दो भी परमाणु शेष रहेंगे, वे एक दूसरे को आकृष्ट और विकृष्ट करते रहकर संतुलन को भंग करते रहेंगे। अतएव साम्य की यह अवस्था एकत्व, विराम और समजातीयता की है। अंतस् की भाषा में, साम्य की यह अवस्था न विचार है, न शरीर, और न वह कुछ जिसे हम गुण कहते हैं। एकमात्र वस्तु जिसके लिए हम कह सकते हैं कि वह बनाये रखेगी, है स्वयं उसका अपना स्वरूप, सत्-चित-आनंद।

इसी प्रकार यह अवस्था दो नहीं हो सकती। अनिवार्य रूप से उसे एक इकाई होना चाहिए, और मैं, तुम आदि के समस्त काल्पनिक भेद, विभिन्न विविधताएँ विलुप्त होनी चाहिए; क्योंकि वे सब परिवर्तन या माया की अवस्था के हैं। यह कहा जा सकता है कि परिवर्तन की यह अवस्था आत्मा को अब प्राप्त हुई है, जो यह सिद्ध करती है कि इसके पूर्व उसकी अवस्था विराम और मुक्ति की थी; अब इस समय विभेदीकरण की अवस्था ही यथार्थ है, समजातीयता की अवस्था आदिम अपरिपक्वता की है, जिससे यह परिवर्तनशील अवस्था निर्मित हुई है; और उस विभेदरहित अवस्था में पुनः लौट जाना अपकर्ष मात्र ही होगा। यदि यह सिद्ध किया जा सकता कि सजातीयता और विजातीयता की दो अवस्थाएँ ही समस्त काल में केवल एक बार घटित होनेवाली दो अवस्थाएँ हैं, तो इस तर्क में कोई बल हो सकता था। जो एक बार घटित होता है, वह बारंबार घटित होता है। विराम का अनुगमन परिवर्तन—

---

१. स्वामी जी की प्रथम अमेरिका यात्रा में एक पश्चिमी शिष्य द्वारा पूछे प्रश्नों के उत्तर में उनके द्वारा लिखित।

विश्व—करता है। किंतु उस विराम के पूर्व अन्य परिवर्तन हुए होंगे, और इस परिवर्तन के बाद विराम की अन्य अवस्थाएँ घटित होंगी। यह सोचना उपहासास्पद होगा कि कभी विराम की अवधि थी, जिसके बाद यह परिवर्तन आया जो अब सदा चलता रहेगा। प्रकृति में प्रत्येक कण यह दिखलाता है कि वह बारंबार एक कल्पीय विराम और परिवर्तन को प्राप्त होता रहता है।

विराम की दो अवधियों के बीच के कालांतर को एक कल्प कहते हैं। किंतु यह कल्पीय विराम (प्रलय) पूर्ण सजातीयता का नहीं हो सकता, अन्यथा भविष्य में अभिव्यक्ति (सृष्टि) होना समाप्त हो जायगा। यह कहना असंगत है कि परिवर्तन (सृष्टि) की प्रस्तुत अवस्था विराम की पूर्वगामी अवस्था की तुलना में अधिक श्रेष्ठ है, क्योंकि उस दशा में प्रलय या विराम की आगामी अवधि काल में अधिक सुदूरवर्ती होने के कारण अधिक पूर्ण होगी! प्रकृति में उन्नति या अवनति नहीं होती। वह बारंबार उन्हीं रूपाकारों को व्यक्त करती रहती है। वस्तुतः नियम शब्द का अर्थ ही यह है। लेकिन आत्माओं को लेकर एक उन्नति अवश्य होती है। अर्थात्, आत्माएँ अपने स्वरूप के निकटतर आती हैं, और प्रत्येक कल्प में वे बड़ी संख्या में इस प्रकार चक्कर काटते रहने से मुक्ति प्राप्त करती हैं। यह कहा जा सकता है कि चूंकि जीवात्मा विश्व और प्रकृति का अंश है और बारंबार वापस आती रहती है, आत्मा के लिए कोई मुक्ति नहीं हो सकती, क्योंकि उस दशा में विश्व को विनष्ट करना आवश्यक हो जाता है। उत्तर यह है कि जीवात्मा माया के माध्यम से एक मिथ्या वस्तु है, और स्वयं प्रकृति से अधिक सत्य नहीं। वस्तुतः यह जीवात्मा निरुपाधिक निरपेक्ष (पर) ब्रह्म ही है।

प्रकृति में जो कुछ सत्य है वह ब्रह्म है, केवल वह माया के अध्यास से इस विविधता या प्रकृति के रूप में भासित होता है। भ्रम होने के कारण माया को सत्य नहीं कहा जा सकता; फिर भी वह इस गोचर प्रपंच की सृष्टि कर रही है। यदि यह पूछा जाय कि स्वयं भ्रम होते हुए माया यह सब किस प्रकार उत्पन्न कर सकती है, तो हमारा उत्तर यह है कि उत्पाद्य अविद्या होने के कारण उत्पादक भी वही होना चाहिए। ज्ञान के द्वारा अज्ञान की उत्पत्ति कैसे हो सकती है। अतः यह माया विद्या और अविद्या (सापेक्ष ज्ञान), इन दो रूपों में कार्य करती है; और यह विद्या अविद्या या अज्ञान को नष्ट करने के उपरांत स्वयं नष्ट हो जाती है। यह माया अपने को स्वयं नष्ट कर डालती है और जो निश्शेष रहता है, वह है ब्रह्म, सत् का सार तत्त्व, ज्ञान और आनंद। अतः प्रकृति में जो भी वास्तविकता है, वह यह ब्रह्म है, और हमें प्रकृति तीन रूपों में प्राप्त होती है—ईश्वर, चेतन और अचेतन, अर्थात्, ईश्वर, व्यक्तितायुक्त आत्माएँ, और अचेतन प्राणी। इन सबकी वास्तविकता ब्रह्म है,

यद्यपि माया के कारण वह विविध प्रतीत होता है। किंतु ईश्वर का दर्शन वास्तविकता के निकटतम और उच्चतम है। (व्यक्तितायुक्त) सगुण ईश्वर की धारणा मनुष्य के लिए सर्वोच्च संभव विचार है। ईश्वर में आरोपित समस्त गुण उसी अर्थ में सत्य हैं, जिसमें प्रकृति के गुण सत्य हैं। फिर भी हमें यह कभी नहीं भूलना चाहिए कि सगुण ईश्वर माया के माध्यम से देखा जानेवाला ब्रह्म ही है।

विकास के लिए संघर्ष[1]

वृक्ष बीज के पहले होता है या बीज वृक्ष के पहले, यह पुराना विकल्प ज्ञान के हमारे सभी रूपों में सूत्रवत् विद्यमान है। सृष्टि-क्रम में बुद्धि प्रथम है या भौतिक द्रव्य; विचार प्रथम है या बाह्य अभिव्यक्ति; हमारा यथार्थ स्वरूप स्वतंत्र है या नियमों से बद्ध; विचार भौतिक द्रव्य की सृष्टि करता है या भौतिक द्रव्य विचार की; प्रकृति के अनवरत परिवर्तन विराम के विचार के पूर्व होते हैं या विराम का विचार परिवर्तन के विचार के पूर्व—ये सभी प्रश्न उसी असमाधेय प्रकार के हैं। लहरों की एक माला के उत्थान और पतन के सदृश वे एक अपरिवर्तनीय अनुक्रम में एक दूसरे का अनुगमन करते हैं और लोग अपनी रुचि, शिक्षा, या स्वभाव की विशिष्टता के अनुसार इस या उसका पक्ष-ग्रहण करते हैं।

जैसे यदि एक ओर यह कहा जाय कि प्रकृति के विभिन्न भागों के समायोजन को देखने से यह स्पष्ट है कि वह बुद्धियुक्त कार्य का परिणाम है; तो दूसरी ओर यह तर्क दिया जा सकता है कि विकास के दौरान में बुद्धि स्वयं ही भौतिक द्रव्य और शक्ति के द्वारा उत्पन्न होने के कारण इस संसार के पूर्व नहीं हो सकती। यदि यह कहा जाय कि प्रत्येक आकार की उत्पत्ति के पूर्व मन में (उसका) भाव होना अनिवार्य है, तो उतने ही बलपूर्वक यह तर्क किया जा सकता है कि स्वयं भाव की सृष्टि अनेक बाह्य अनुभवों द्वारा होती है। एक ओर हमारे नित्य स्वतंत्र होने के भाव से याचना की जाती है; दूसरी ओर, इस तथ्य से कि विश्व में कुछ भी कारणरहित न होने के कारण, जड़ और चेतन प्रत्येक वस्तु, कारणता के नियम से जकड़ी हुई है। यदि यह कहा जाय कि इच्छा के द्वारा शरीर में उत्पन्न परिवर्तनों से स्पष्ट है कि विचार इस शरीर का स्रष्टा है; तो उतना ही स्पष्ट यह है कि चूँकि शरीर में घटित परिवर्तनों से विचार में परिवर्तन उत्पन्न हो जाता है, शरीर ने ही मन को उत्पन्न किया होगा। यदि यह तर्क किया जाय कि विश्वव्यापी परिवर्तन किसी पूर्वगामी विराम का परिणाम है, तो उतनी ही तर्कसंगत युक्ति यह सिद्ध करने के लिए दी जा सकती है कि अपरिवर्तनशीलता का भाव, गति के तुलनात्मक अंतरों द्वारा प्रसूत एक भ्रामक सापेक्ष धारणा है।

---

१. स्वामी विवेकानन्द की पहली अमेरिका यात्रा में एक शिष्य के प्रश्नों के उत्तर के रूप में स्वामी जी द्वारा लिखित।

इस प्रकार अंतिम विश्लेषण में समस्त ज्ञान इस दुश्चक्र में—कारण और कार्य की अनिश्चित अन्योन्याश्रितता में—विभक्त हो जाता है। तर्क के नियमों की कसौटी पर कसने से इस प्रकार का ज्ञान अशुद्ध सिद्ध होता है; और सबसे विचित्र बात यह है कि यह ज्ञान, सत्य ज्ञान से तुलना करने पर नहीं, वरन् उन्हीं नियमों से अशुद्ध सिद्ध होता है, जो अपने आधार के लिए उसी दुश्चक्र पर अवलंबित हैं। अतः यह स्पष्ट है कि हमारे समस्त ज्ञान की विशेषता यह है कि वह अपनी अपर्याप्तता को स्वयं ही सिद्ध कर देता है। इसके अतिरिक्त हम यह भी नहीं कह सकते कि वह मिथ्या है, क्योंकि हम जितनी भी सत्ता को जानते या सोच सकते हैं, वह इसी ज्ञान के अंतर्गत है। न हम यह अस्वीकार कर सकते हैं कि वह सभी व्यावहारिक कार्यों के लिए पर्याप्त है। मानवीय ज्ञान की यह दशा, जिसमें बाह्य और अंतर्जगत् दोनों ही समाविष्ट हैं, माया कहलाती है। वह अपनी अशुद्धता स्वयं ही प्रमाणित कर देती है, अतः वह मिथ्या है। वह पशु-मानव की समस्त व्यावहारिक आवश्यकताओं के निमित्त पर्याप्त होने के अर्थ में ही सत्य है।

बाह्य जगत् में क्रिया करने में माया अपने को आकर्षण और विकर्षण की दो शक्तियों में व्यक्त करती है। अंतः (जगत्) में उसकी अभिव्यक्तियाँ कामना और अ-कामना (प्रवृत्ति और निवृत्ति) हैं। समस्त विश्व बाहर की ओर भागने का प्रयास कर रहा है। प्रत्येक अणु अपने केंद्र से उड़ जाने का प्रयत्न कर रहा है। अंतः जगत् में प्रत्येक विचार नियंत्रण के परे जाने की कोशिश कर रहा है। फिर, बाह्य जगत् का प्रत्येक कण एक अन्य शक्ति—केंद्रगामी से अवरुद्ध होता और केंद्र की ओर खींचा जाता है। इसी प्रकार विचार-जगत् में नियंत्रक शक्ति बाहर जाने-वाली इन सभी कामनाओं को अवरुद्ध करती है।

भौतिकीकरण की अर्थात् यांत्रिक क्रिया-कलाप के स्तर की ओर अधिकाधिक खींचते जाने की इच्छाएँ, पशु-मानव की हैं। इन्द्रियों के इन समस्त बंधनों का निराकरण कर देने की इच्छा उत्पन्न होने पर ही मनुष्य के हृदय में धर्म का उदय होता है। इस प्रकार हम देखते हैं कि धर्म का समग्र अभिप्राय मनुष्य को इंद्रियों के बंधनों में फँसने से बचाना और अपनी स्वतंत्रता को सिद्ध करने में उसकी सहायता करना है। उस लक्ष्य की ओर निवृत्ति की इस शक्ति के प्रथम प्रयास को नैतिकता कहते हैं। समग्र नैतिकता का अभिप्राय इस अधःपतन को रोकना और इस बंधन को तोड़ना है। समस्त नैतिकता को विधायक और निषेधात्मक तत्त्वों में विभक्त किया जा सकता है; या तो वह कहती है, 'यह करो', या कहती है, 'यह न करो।' जब वह कहती है, 'न करो', तो स्पष्ट है कि वह मनुष्य को दास बना डालनेवाली किसी इच्छा पर रोक है। जब वह कहती है, 'करो', तो उसका आशय स्वतंत्रता का मार्ग-प्रदर्शन

तथा उस अधःपतन को भग्न करना है, जिसने मानवीय हृदय को पहले से ही जकड़ रखा है।

यह नैतिकता तभी संभव है, जब मनुष्य को कोई मुक्ति प्राप्त करनी हो। पूर्ण मुक्ति उपलब्ध कर सकने के संयोगों के प्रश्न के अतिरिक्त यह स्पष्ट है कि समस्त विश्व प्रसार के निमित्त संघर्ष का, या दूसरे शब्दों में मुक्ति प्राप्त करने का, एक दृष्टांत है। यह असीम देश एक परमाणु तक के लिए भी पर्याप्त नहीं है। पूर्ण मुक्ति की सिद्धि हो जाने तक प्रसार के निमित्त यह संघर्ष चिरंतन रूप से चलता ही रहता है। यह नहीं कहा जा सकता कि मुक्ति प्राप्त करने के निमित्त यह संघर्ष दुःख का वर्जन और सुख को प्राप्त करने के लिए है। निम्नतम कोटि के प्राणी भी, जिनमें ऐसी कोई भावना नहीं हो सकती, विकास के निमित्त संघर्ष कर रहे हैं; और अनेक लोगों के अनुसार स्वयं मनुष्य इन्हीं प्राणियों का प्रसार है।

धर्म का जन्म[1]

वन के वे बहुरंगी पंखुड़ियोंवाले, अपने सिर झुकाये, कूदते, उछलते, हवा की हर लहर से खेलते सुंदर फूल; शोभन पंखोंवाले वे सुंदर पक्षी, जिनके मधुर गीतों से हर वन-वीथी गुंजायमान थी—अभी कल वहाँ थे, मेरी सांत्वना, मेरे साथी, और आज वे चले गये—कहाँ? मेरे साथ खेलनेवाले, मेरे दुःख-सुख के, विनोद और मनोरंजन के साथी—वे भी चले गये—कहाँ? वे जिन्होंने मेरे बचपन में मुझे पाला-पोसा, जिन्होंने अपने जीवनपर्यन्त मेरे प्रति एक ही विचार रखा—मेरे लिए सब कुछ करना—वे भी चले गये—कहाँ? हर कोई, हर चीज़ चली गयी, जा रही है और चली जायगी। वे कहाँ चले जाते हैं? यह प्रश्न आदिम मानव के मन में उत्तर पाने के लिए आग्रह कर रहा था। तुम पूछ सकते हो, "ऐसा क्यों, क्या उसे अपने सम्मुख हर वस्तु विघटित होती और धूल में मिल जाती नहीं दिखलायी पड़ती थी? उसे अपना सिर इस बात में ज़रा भी खपाने की क्या ज़रूरत थी कि वे कहाँ चले जाते हैं?"

आदिम मनुष्य के लिए पहले तो हर वस्तु सजीव है, और उसके निकट पूर्ण विनाश के अर्थ में मृत्यु कोई अर्थ नहीं रखती। लोग उसके पास आते हैं, चले जाते हैं, फिर आते हैं। कभी कभी वे चले जाते और नहीं आते। अतएव संसार की प्राचीनतम भाषा में मृत्यु को सदैव एक प्रकार के चले जाने के द्वारा व्यक्त किया गया है। यही धर्म का आरंभ है। इस प्रकार आदिम मनुष्य अपनी कठिनाई के समाधान की खोज सर्वत्र कर रहा था—वे सब कहाँ चले जाते हैं?

अपनी गरिमा से प्रदीप्त प्रातःकालीन सूर्य एक सुषुप्त जगत् के लिए प्रकाश और ताप और हर्ष लाता है। वह मन्द गति से यात्रा करता है और हाय, नीचे, नीचे गहरे में विलुप्त हो जाता है; लेकिन अगले दिन वह फिर प्रकट होता है—गरिमामय, सुंदर। और वह है कमल—नील, सिंधु और दजला, सभ्यता की जन्म-भूमियों, का अद्‌भुत फूल—सुबह, जब सौर रश्मियाँ उसकी बंद पंखुड़ियों को स्पर्श करती हैं, वह खुल जाता है और सूर्य के ढलने पर पुनः बंद हो जाता है। अतएव कुछ ऐसे थे जो आते, चले जाते और पुनरुज्जीवित होकर अपनी क़ब्रों से उठ खड़े

---

१. स्वामी जी की पहली अमेरिका यात्रा में एक पश्चिमी शिष्य द्वारा पूछे गये प्रश्नों के उत्तर में उनके द्वारा लिखित।

होते। यह पहला समाधान था। अतः प्राचीनतम धर्मों में सूर्य और कमल प्रमुख प्रतीक हैं। यह प्रतीक क्यों?—क्योंकि अमूर्त विचार, अभिव्यक्त होने पर वह जो भी हो, दृष्टिगम्य, स्पर्श्य और स्थूल परिधानों को धारण करके ही आने के लिए विवश है। यही नियम है। सत्ता के परे चले जाने के रूप में नहीं, वरन् उसीमें चले जाने के रूप में, अपगत हो जाने के भाव को केवल एक परिवर्तन, एक क्षणिक रूपांतर के द्वारा ही व्यक्त किया जा सकता था; और उस केंद्रक के रूप में जिसके आस-पास नया विचार अभिव्यक्ति पाने के लिए फैलता है, प्रतिक्षेप के आधार पर एक ऐसे विषय का लिया जाना अनिवार्य है, जो इंद्रियों को स्पर्श करे, कंपन उत्पन्न करता मन तक पहुँचे, और एक नये विचार को जगाये। और इसीलिए सूर्य तथा कमल प्रथम प्रतीक हुए।

सर्वत्र गहरे गड्ढे विद्यमान हैं—इतने अँधेरे, इतने उदास; नीचे सब अँधेरा और भयानक है; पानी के नीचे हम देख नहीं सकते, हम अपनी आँखें भले ही खोल लें; ऊपर प्रकाश है, प्रकाश ही प्रकाश, रात में भी सुंदर नक्षत्रीय चमू अपना प्रकाश फैलाता रहता है। तब वे, जिनसे मैं स्नेह करता हूँ, कहाँ चले जाते हैं? निश्चय ही नीचे तमसाच्छन्न स्थान को नहीं, वरन् ऊपर, शाश्वत प्रकाश के राज्य में। इसको एक नये प्रतीक की आवश्यकता पड़ी। यहाँ अग्नि है, अपनी ज्वालाओं की अद्‌भुत भास्वर जिह्वाओं से युक्त—एक वन को अल्प समय में खा जानेवाली, भोजन पकानेवाली, गर्मी देनेवाली, और वन्य पशुओं को दूर भगा देनेवाली—यह प्राणदायक, प्राणरक्षक अग्नि; और फिर उसकी लपटें—जो सबकी सब ऊपर जाती हैं, नीचे कभी नहीं। अब यहाँ एक दूसरा विद्यमान था—यह अग्नि जो उन्हें ज्योति के स्थलों में ऊपर ले जानेवाली अग्नि—हमें और ज्योति क्षेत्रों में अपगत लोगों को जोड़नेवाली मध्यस्थ कड़ी। मनुष्य के प्राचीनतम आलेख का आरंभ इस प्रकार होता है, 'हे अग्नि, तू ज्योतिर्मयों के प्रति हमारा दूत।' अतएव वे खाद्य तथा पेय पदार्थ, और उनकी समझ में इन 'ज्योतिर्मयों' को जो जो प्रिय हो सकता था, उसे अग्नि में रखने लगे। यज्ञ का यह आरंभ था।

इस सीमा तक पहले प्रश्न का समाधान हो गया, कम से कम इन आदिम मानवों की आवश्यकताओं को संतुष्ट कर सकने की सीमा तक। तब दूसरा प्रश्न उठा: कहाँ से यह सब आया है? यह पहले क्यों नहीं आया? चूँकि हम किसी आकस्मिक परिवर्तन को अधिक याद रखते हैं; सुख, हर्ष, प्राप्ति, भोग हमारे मन पर उतना गहरा प्रभाव नहीं डालते, जितना दुःख, शोक और हानि। हमारी प्रकृति है हर्ष, आनंद, परितोष और सुख की। जो भी उसे वेग से भंग करता है, स्वाभाविक गतिविधि की अपेक्षा अधिक गहरा प्रभाव डालता है। अतएव मृत्यु की समस्या का

समाधान पहले एक प्रबल क्षोभक के रूप में हुआ। तदुपरांत अधिक प्रगति के साथ दूसरा प्रश्न उठा : वे आये कहाँ से ? हर प्राणवान वस्तु गतिशील है; हम गतिशील हैं, हमारा संकल्प हमारे अंगों को गति देता है, हमारे अंग हमारे संकल्प के अधीन विविध आकार की रचना करते हैं। अतएव जो जो गति देता है, उसमें प्रेरक के रूप में संकल्प है। यह बात पुरातन काल के मानव-शिशु के लिए उतनी ही सत्य थी, जितनी आजकल के शिशु-मानव के लिए। वायु में संकल्प या इच्छा है; बादल, संपूर्ण प्रकृति, पृथक् इच्छाओं, मनों और आत्माओं से पूर्ण हैं। वे इस सबका सर्जन उसी प्रकार कर रहे हैं, जैसे हम विविध वस्तुओं का निर्माण करते हैं; वे—'देव', 'एलोहिम' इस सबके स्रष्टा हैं।

इसके साथ ही साथ समाज का भी विकास हो रहा था। समाज में एक राजा होता था—तो ज्योतिर्मयों, एलोहिमों में क्यों न हो ? अतः एक परम 'देव', एक एलोहिम-जहवेह, देवताओं का देवता है, वह एक ईश्वर जिसने अपने संकल्प से इस सबकी, इन ज्योतिर्मयों की भी सृष्टि की है। लेकिन जैसे उसने विभिन्न नक्षत्रों और ग्रहों को नियुक्त किया है, उसी प्रकार उसने विभिन्न 'देवों' या देवदूतों को प्रकृति के विभिन्न व्यापारों का अधिपति नियुक्त किया है—किसीको मृत्यु का, किसीको जन्म का इत्यादि। शेष सबसे अनंत शक्तिशाली होने के कारण एक परम सत्ता की धारणा, समस्त धर्मों के दो महान् स्रोतों, आर्य और सेमिटिक जातियों में, उभयनिष्ठ रही है। किंतु यहाँ से आर्य एक नूतन आरंभ और विशाल नया पथ ग्रहण करते हैं। उनका ईश्वर एक परम सत्ता मात्र ही नहीं था, वह द्योस पितर, स्वर्गनिवासी पिता भी था। यही प्रेम का आरंभ है। सेमिटिक ईश्वर केवल वज्रपात करनेवाला, मात्र भीषण, विक्रांत चमूपति है। इन सबमें आर्यों ने पिता का नया भाव जोड़ दिया। आगामी प्रगति के साथ यह भेद और भी अधिक स्पष्ट हो जाता है; मानवता की सेमिटिक शाखा में प्रगति इस विंदु पर रुक गयी। सेमिटिक के ईश्वर का दर्शन नहीं किया जा सकता, उसको देखना मृत्यु है; लेकिन आर्यों के ईश्वर का केवल दर्शन ही नहीं किया जा सकता, वरन् वह सत्ता का लक्ष्य है, जीवन का एकमात्र ध्येय उसका दर्शन करना है। सेमिटिक अपने देवाधिदेव की आज्ञा का पालन दंड के भय से करता है और उसके आदेशों का अनुसरण करता है। आर्य अपने पिता से प्रेम करता है; और फिर वह माँ और अपने मित्र को जोड़ देता है। और वे कहते हैं, "मुझे प्रेम करो, मेरे कुत्ते को प्रेम करो।" अतः उसकी हर कृति से प्रेम करना चाहिए, क्योंकि वे उसके हैं। सेमिटिक के लिए यह जीवन एक चौकी है, जहाँ हमारी नियुक्ति हमारी स्वामिभक्ति की परीक्षा के निमित्त हुई है; आर्य के लिए यह जीवन हमारे लक्ष्य के मार्ग में (एक स्थल) है। सेमिटिक के अनुसार यदि हम

अपना कर्तव्य भली भाँति करते रहें, तो हमें स्वर्ग में सुख से सदा पूर्ण रहनेवाला निवास प्राप्त होगा। आर्य के लिए वह निवास-स्थल स्वयं ईश्वर ही है। सेमिटिक के लिए ईश्वर की सेवा एक साध्य के निमित्त एक साधन है और वह है आनंद तथा भोग के रूप में प्राप्त होनेवाला प्रतिदान। आर्य के लिए दु:ख और सुख, प्रत्येक वस्तु साधन है और साध्य है ईश्वर। सेमिटिक ईश्वर की उपासना स्वर्ग जाने के निमित्त करता है। आर्य ईश्वर को प्राप्त करने के निमित्त स्वर्ग को त्याग देता है। संक्षेप में मुख्य अंतर यही है। आर्य जीवन का लक्ष्य और साध्य ईश्वर का दर्शन करना, प्रेमपात्र का मुखड़ा देखना है, क्योंकि उसके बिना वह जी नहीं सकता। 'तेरे बिना सूरज, चाँद और तारे अपनी ज्योति से रहित हो जाते हैं।'

शिव जी का भूत

(स्वामी जी के देहावसान के बहुत समय उपरान्त उनके कमरे में काग़ज़ इत्यादि सँभालते समय उनके हाथ की लिखी हुई यह अपूर्ण कहानी मिली थी।)

जर्मनी के एक ज़िले में बैरन (Baron) 'क' रहते थे। अभिजात वंश में जन्म लेकर बैरन 'क' यौवनावस्था में उच्च पद, मान, धन, विद्या एवं अनेकानेक गुणों से सम्पन्न हुए। अनेक सुन्दरी, धनाढ्य, उच्च कुलवाली युवतियाँ बैरन 'क' के प्रणय की आकांक्षिणी थीं। सुन्दर रूपवाले, गुणवान तथा उच्च वंशवाले विद्वान् युवक को दामाद के रूप में पाने के लिए कौन माता-पिता लालायित न होंगे? उच्च वंश की एक सुंदरी युवती ने युवक बैरन 'क' के मन को आकर्षित कर लिया था, किन्तु विवाह में अभी देरी थी। बैरन के पास धन, मान सब कुछ था; किन्तु एकमात्र बहन छोड़कर अपना कहने को उनके और कोई न था। वह बहन परम सुन्दरी एवं विदुषी थी। बैरन का यह संकल्प था कि पहले वे अपनी बहन के इच्छानुसार उसका किसी सुपात्र से विवाह कर देंगे, बहुत सा धन-धान्य देकर उसे विदा कर देंगे और फिर उसके बाद अपना विवाह करेंगे। माता, पिता और भाई सभी का स्नेह उसी एक बहन पर था; उसकी शादी किये बिना स्वयं विवाह करके बैरन सुखी नहीं होना चाहते थे। उस पर पाश्चात्य देश का यह नियम है कि विवाह के उपरान्त वर अपने माता-पिता, भाई-बहन—किसीके साथ नहीं रहता; उसकी स्त्री अपने पति को लेकर स्वतन्त्र रहती है। पति का स्त्री के साथ श्वशुर-गृह में रहना समाजसम्मत है, किन्तु पत्नी स्वामी के माता-पिता के साथ रहने कभी नहीं आती। इसीलिए उन्होंने अपना विवाह बहन के विवाह होने तक स्थगित रखा था।

*　　　　*　　　　*

आज कई महीनों से उसकी बहन की कोई ख़बर नहीं मिली है। नाना प्रकार के विलासपूर्ण और नौकर-नौकरानियों से युक्त अपने प्रासाद को छोड़कर, यहाँ तक कि एकमात्र भाई के प्रेम की भी उपेक्षा करके उनकी बहन चुपके से न जाने कहाँ चली गयी है। बहुत खोज की गयी, किन्तु सब चेष्टाएँ असफल हुईं। यह शोक बैरन 'क' के हृदय में शूल की तरह चुभा हुआ है। भोजन एवं मनोरंजन में अब उन्हें किसी प्रकार की रुचि नहीं रह गयी। सदैव खिन्न और उदासीन रहते हैं। उनके आत्मीय

लोग उनकी बहन की आशा छोड़कर बैरन 'क' का मानसिक स्वास्थ्य सुधारने के लिए विशेष चेष्टा करने लगे। उनके आत्मीय लोग उनके लिए विशेष चिन्तित रहते हैं, उनकी प्रणयिनी भी अब विशेष शंकित रहती है।

* * *

पेरिस में एक बड़ी प्रदर्शनी है। यहाँ विभिन्न देशों और दिशाओं से अनेक गुणी आकर इकट्ठे हुए हैं—अनेक देशों की शिल्प-रचना, कारीगरी का काम आज पेरिस में केन्द्रित हुआ है। शायद इस आनन्द-तरंग में शोक से जर्जरित हृदय पुनः स्वाभाविक स्वास्थ्य लाभ कर सके, दुःख-चिन्ता छोड़कर मनोरंजक विषयों में शायद आकृष्ट हो सके—इसी आशा से, आत्मीयों की राय से, मित्रों के साथ बैरन 'क' पेरिस रवाना हुए।

ईसा-अनुसरण

[स्वामी जी ने अमेरिका जाने के बहुत पहले १८८९ ई० में 'साहित्य-कल्पद्रुम' नामक मासिक-पत्रिका (अब बन्द हो गयी है) में Imitation of Christ नामक विश्वविख्यात पुस्तक का अनुवाद करना आरम्भ किया था। इस अनुवाद का शीर्षक उन्होंने 'ईसा-अनुसरण' दिया था। इस पत्रिका के प्रथम भाग के प्रथम अंक से लेकर पंचम अंक तक में इस पुस्तक के छः अध्याय प्रकाशित हुए थे। यहाँ वे अध्याय दिये जा रहे हैं। इसकी 'भूमिका' स्वामी जी की मौलिक रचना है।]

भूमिका

'ईसा-अनुसरण' समस्त ईसाई-जगत् की एक अत्यन्त आदरणीय निधि है। यह ग्रन्थ किसी रोमन कैथलिक संत द्वारा लिखा गया है---लिखित कहना तो भूल होगी---इस पुस्तक का प्रत्येक अक्षर ईसा-प्रेम में मस्त इन सर्वत्यागी महात्मा के हृदय के रक्त-विन्दुओं से अंकित है। जिस महापुरुष की ज्वलन्त सजीव वाणी ने आज चार सौ वर्ष तक करोड़ों नर-नारियों के हृदय को अद्‌भुत मोहिनी शक्ति के बल से आकृष्ट कर रखा है, कर रहा है तथा करेगा, जो महापुरुष आज प्रतिभा एवं साधन की शक्ति से सहस्रों सम्राटों द्वारा भी पूजित हुए हैं तथा जिनकी अलौकिक पवित्रता के सामने, आपस में सदैव से लड़नेवाला असंख्य सम्प्रदायों में विभक्त ईसाई-समाज अपने बड़े पुराने वैषम्य को छोड़कर नतमस्तक हो रहा है---उन्होंने इस पुस्तक में अपना नाम तक नहीं दिया। और देंगे क्यों? जिन्होंने समस्त पार्थिव भोग-विलास को, इस जगत् की समस्त मान-प्रतिष्ठा को विष्ठा की भाँति त्याग दिया, वे क्या कभी क्षुद्र नाम के भिखारी हो सकते हैं? वाद के लोगों ने अनुमान करके 'टामस आ केम्पिस' नामक एक कैथलिक सत को ग्रन्थकार निर्धारित किया है; इसमें कितना सत्य है, यह तो ईश्वर ही जानें, पर इसमें सन्देह नहीं कि वे जगत्पूज्य हैं।

इस समय हम ईसाई राजा की प्रजा हैं।[1] राज-अनुग्रह से अनेक प्रकार के स्वदेशी एवं विदेशी ईसाइयों को हमने देखा है। आज हम ऐसे मिशनरी महापुरुष

---

१. जिस समय यह लेख लिखा गया था।

देख रहे हैं, जो इस प्रकार का प्रचार तो करते हैं कि 'आज जो कुछ है खाओ, कल के लिए चिन्ता न करो'; किन्तु वे स्वयं आगामी दस साल के हिसाब एवं संचय में व्यस्त हैं ! हम यह भी देख रहे हैं कि 'जिन्हें सिर टेकने तक को स्थान न था' उनके शिष्य, उनके प्रचारक दूल्हे की तरह विलासिता में सज-धजकर ईसा के ज्वलन्त त्याग एवं निःस्वार्थता के प्रचार में संलग्न हैं ! किन्तु प्रकृत ईसाई एक भी नहीं दिखलायी दे रहा है। इस अद्भुत विलासी, अत्यन्त दाम्भिक महा अत्याचारी तथा ठाट-बाट से रहनेवाले प्रोटेस्टेन्ट ईसाई सम्प्रदाय को देखकर ईसाइयों के बारे में हमारी जो अत्यन्त कुत्सित धारणा हो गयी है, वह इस पुस्तक को पढ़ने से सम्यक् रूप से दूर हो जायगी।

'सब सयानों का एक मत'—समस्त यथार्थ ज्ञानियों का एक प्रकार का ही मत होता है। पाठक इस पुस्तक को पढ़ते पढ़ते गीता में भगवदोक्त **सर्व धर्मान् परित्यज्य मामेकं शरणं व्रज** इत्यादि उपदेशों की शत शत प्रतिध्वनि देख सकेंगे। दीनता, आर्त एवं दास्य-भक्ति की पराकाष्ठा इस ग्रन्थ की प्रत्येक पंक्ति में अंकित है और इसका पाठ करते करते तीव्र वैराग्य, अत्यद्भुत आत्मसमर्पण और निर्भरता के भाव से हृदय उद्वेलित हो जाता है। जो अन्ध कट्टरता के वशीभूत होकर, ईसाइयों का लेख समझकर इस पुस्तक को अश्रद्धा की दृष्टि से देखते हैं, उनके लिए हम वैशेषिक दर्शन के एक सूत्र का केवल उल्लेख करते हैं—**आप्तोपदेशवाक्यः शब्दः।**

अर्थात् सिद्ध पुरुषों के उपदेश प्रमाणस्वरूप हैं और इसीका नाम शब्द-प्रमाण है। इस स्थान पर टीकाकार ऋषि जैमिनि कहते हैं कि आर्य और म्लेच्छ दोनों का ही आप्त पुरुष होना सम्भव है।

यदि 'यवनाचार्य' इत्यादि ग्रीक ज्योतिष-पण्डितों ने पुरातन काल में आर्यों के समीप इस प्रकार का प्रतिष्ठा-लाभ किया था, तो फिर इस पर विश्वास नहीं होता कि इस भक्तशिरोमणि की यह पुस्तक इस देश में सम्मान प्राप्त न करेगी।

जो कुछ भी हो, इस पुस्तक का अनुवाद हम पाठकों के सामने क्रमशः उपस्थित करेंगे। आशा है कि जो बहुमूल्य समय पाठकगण हज़ारों सारहीन उपन्यास तथा नाटकों में नष्ट करते हैं, उसका कम से कम एक शतांश तो वे इसके अध्ययन में अवश्य लगायेंगे।

जहाँ तक सम्भव हो सका है, अनुवाद को ज्यों का त्यों बनाये रखने की चेष्टा की गयी है—कहाँ तक सफल हुआ हूँ, कह नहीं सकता। जो वाक्य बाइबिल से सम्बन्धित किसी विषय का उल्लेख करते हैं, उनकी नीचे टीका दे दी गयी है।

किमधिकमिति।

प्रथम अध्याय

प्रथम परिच्छेद

'ईसा-अनुसरण' तथा संसार और समस्त सांसारिक असार वस्तुओं के प्रति वैराग्य

१. प्रभु कह रहे हैं, "जो कोई मेरा अनुगमन करता है, वह अन्धकार में पैर नहीं रखता।"[१]

यदि हम सचमुच आलोक पाने के इच्छुक हैं एवं हृदय के सब प्रकार के अन्धकार से मुक्त होने की आकांक्षा करते हैं, तो ईसा की ये बातें हमें याद दिला रही हैं कि उनके जीवन और चरित्र का अनुसरण हमें अवश्य ही करना चाहिए।

अतएव, ईसा के जीवन पर मनन करना हमारा प्रधान कर्तव्य है।[२]

२. उन्होंने जो शिक्षा प्रदान की है, वह अन्य सब महात्माओं द्वारा दी हुई शिक्षा से बढ़कर है एवं जो व्यक्ति पवित्र आत्मा द्वारा संचालित हैं, वे इसके अन्दर छिपी हुई 'मान्ना'[३] प्राप्त करेंगे।

---

१. जोहन ८।१२॥

He that followeth me &c.

दैवी ह्येषा गुणमयी मम माया दुरत्यया।
मामेव ये प्रपद्यन्ते मायामेतां तरन्ति ते॥ गीता ॥७।१४॥

—'मेरी सत्त्वादि त्रिगुणमयी माया नितान्त दुरतिक्रम्य है; जो व्यक्ति केवल मेरी ही शरण में आकर भजन करता है, केवल वही इस दुस्तर माया के पार जाता है।'

२. To meditate &c.

ध्यात्वैवात्मानमहर्निशं मुनिः।
तिष्ठेत् सदा मुक्तसमस्तबन्धनः॥ रामगीता ॥

—'मुनि इस प्रकार रात-दिन परमात्मा के ध्यान द्वारा समस्त संसार-बन्धनों से मुक्त होते हैं।'

३. इज़रायल के निवासी जब रेगिस्तान में आहार की कमी से कष्ट पा रहे थे, उस समय ईश्वर ने उनके लिए एक प्रकार की खाद्य-सामग्री बरसायी थी—उसका नाम 'मान्ना' था।

किन्तु ऐसा अनेक बार होता है कि बहुत से लोग ईसा के शुभ समाचार को बारम्बार सुनकर भी उसकी प्राप्ति के लिए किसी प्रकार की चेष्टा नहीं करते, क्योंकि वे ईसा की आत्मा से अनुप्राणित नहीं हुए हैं। अतएव, यदि तुम आनन्दित हृदय से एवं सम्पूर्ण रूप से ईसा के वाक्य-तत्त्व में डूबना चाहते हो, तो उनके जीवन के साथ अपने जीवन का सम्पूर्ण सादृश्य स्थापित करने के लिए अधिक सचेष्ट हो जाओ।[१]

३. 'त्रित्ववाद'[२] के सम्बन्ध में गम्भीर गवेषणा करने से तुम्हें क्या लाभ होगा, यदि तुममें नम्रता का अभाव उस ईश्वरीय त्रित्व को असन्तुष्ट करता है?

निश्चय ही उच्च वाक्य-सौन्दर्य मनुष्य को पवित्र एवं निष्कपट नहीं बना सकता; किन्तु धार्मिक जीवन उसे ईश्वर का प्रिय बनाता है।

अनुताप में हृदय-वेदना सहन करूँगा,—उसका सर्वलक्षणयुक्त विवरण नहीं जानना चाहता।

---

१. But it happens &c.

श्रुत्वाप्येनं वेद न चैव कश्चित्।। गीता।।

—'सुनकर भी अनेक इसे नहीं समझ पाते।'

न गच्छति विना पारं व्याधिरौषधशब्दतः।
विनाऽपरोक्षानुभवं ब्रह्मशब्दैर्न मुच्यते।। विवेकचूड़ामणि।।६४।।

—'औषधि शब्द उच्चारण करने से ही व्याधि दूर नहीं होती, अपरोक्षानुभव के बिना ब्रह्म ब्रह्म कहने से ही मुक्ति लाभ नहीं होता।'

श्रुतेन किं यो न च धर्ममाचरयेत्।। महाभारत।।

—'यदि धर्म-आचरण नहीं करते हो, तो वेद पढ़कर क्या होगा?'

२. ईसाई मत में जनकेश्वर (पिता), पवित्र आत्मा एवं तनयेश्वर (पुत्र) —ये एक में तीन, तीन में एक हैं।

३. Surely sublime language &c.

वाग्वैखरी शब्दझरी शास्त्रव्याख्यानकौशलम्।
वैदुष्यं विदुषां तद्वद्भुक्तये न तु मुक्तये।। विवेकचूड़ामणि।।६।।

—'नाना प्रकार के वाक्यविन्यास एवं शब्द-छटा — यह सब जिस प्रकार शास्त्रव्याख्या का एक कौशल मात्र है, उसी प्रकार पण्डितों का पाण्डित्य-प्रकर्ष केवल भोग के लिए है, मुक्ति के लिए नहीं।'

यदि सम्पूर्ण बाइबिल तथा समस्त दार्शनिकों के मत तुम जानते हो, तो उससे तुम्हें क्या लाभ होगा, यदि तुम भगवत्प्रेम तथा ईश्वर-कृपा से वंचित हो ?[1]

'असार से भी असार, सभी असार है, केवल उनसे प्रेम करना ही सार है, एकमात्र उनकी सेवा करना ही सार है।'[2]

तभी सर्वोच्च ज्ञान तुम्हारा होगा, जब तुम स्वर्गराज्य प्राप्त करने के लिए संसार से घृणा करोगे।

४. अतएव धन ढूँढ़ना एवं उस नश्वर वस्तु में विश्वास स्थापित करना असार है।

मान ढूँढ़ना अथवा उच्च पद प्राप्त करने की चेष्टा करना भी असार है।

अन्त में कठिन दंड-भोग करानेवाली शारीरिक वासनाओं के वश में होना तथा उनके लिए व्याकुल होना असार है।

जीवन का सद्व्यवहार करने की चेष्टा न करके दीर्घ जीवन प्राप्त करने की इच्छा असार है।

पर-काल के संचय की चेष्टा न कर केवल इह-जीवन के विषय में चिन्ता करना असार है।

जहाँ अविनाशी आनन्द विद्यमान है, उस स्थान पर शीघ्र ही पहुँचने की चेष्टा न करके अत्यन्त शीघ्र विनाशशील वस्तु से प्रेम करना असार है।

५. उपदेशक के इस वाक्य का सर्वदा स्मरण करो—'नेत्र देखकर तृप्त नहीं होते, कर्ण सुनकर तृप्त नहीं होते।'[3]

परिदृश्यमान पार्थिव पदार्थ से मन के अनुराग को हटाकर अदृश्य राज्य में हृदय के समुदय प्रेम को प्रतिष्ठित करने की विशेष चेष्टा करो, क्योंकि यदि तुम

---

१. कोरिन्थियन्।।१३।२।।

२. इक्लिज़ियास्टिक १।२—Vanity of vanities, all is vanity &c.

के सन्ति सन्तोऽखिलवीतरागाः।

अपास्तमोहाः शिवतत्त्वनिष्ठाः।। मणिरत्नमाला—शंकराचार्य।।

'जो लोग समस्त सांसारिक विषयों में आशाशून्य होकर एकमात्र शिवतत्त्व में निष्ठावान् हैं, वे ही साधु हैं।'

३. इक्लिज़ियास्टिक।१।८।।

समस्त इन्द्रियों के वश में हो जाओगे, तो तुम्हारी बुद्धिवृत्ति कलंकित हो जायगी और तुम ईश्वर की दया को खो बैठोगे।[1]

द्वितीय परिच्छेद

अपने ज्ञान के सम्बन्ध में हीन भाव

१. स्वभावतः सभी लोग ज्ञान-प्राप्ति की इच्छा करते हैं; किन्तु, ईश्वर से न डरने पर, उस ज्ञान से क्या लाभ है?

अपनी आत्मा की कल्याण-चिन्ता छोड़कर, जो नक्षत्र-मण्डल की गतिविधि का निरीक्षण करने में व्यस्त हैं, ऐसे अहंकारी पण्डित की अपेक्षा वह दीन कृषक, जो विनीत भाव से ईश्वर की सेवा करता है, क्या निश्चय ही श्रेष्ठ नहीं है?

जिन्होंने अपने आप को अच्छी तरह से पहचान लिया है, वे अपनी दृष्टि में अति निम्न हैं और मनुष्यों की प्रशंसा से वे किंचिन्मात्र भी आनन्दित नहीं हो सकते। मैं जगत् के समस्त विषयों को भले ही जान लूँ, पर यदि मेरी निःस्वार्थ सहानुभूति न हो, तो फिर जो ईश्वर मेरे कर्मानुसार मेरा विचार करेंगे, उनके सम्मुख मेरे ज्ञान की उपयोगिता ही क्या?

२ अत्यन्त ज्ञान-लालसा को त्याग दो; क्योंकि उससे चित्त अत्यन्त विक्षिप्त हो जाता है और भ्रम आ घुसता है।

पण्डित होने से ही विद्या प्रदर्शित करने तथा प्रतिभाशाली कहलाने की वासना आ जाती है।

इस प्रकार के अनेक विषय हैं, जिनके ज्ञान से किसी प्रकार का आध्यात्मिक लाभ नहीं होता; और वे अत्यन्त मूर्ख हैं, जो अपने परित्राण में सहायता करनेवाले विषयों का परित्याग कर इन सब विषयों में मन को लगाये रहते हैं।

वाक्यबाहुल्य से आत्मा की तृप्ति नहीं होती, परन्तु साधु-जीवन अन्तःकरण में शान्ति प्रदान करता है और पवित्र बुद्धि ईश्वर में निर्भरता स्थापित करती है।

---

१. Strive therefore &c.

न जातु कामः कामानामुपभोगेन शाम्यति।
हविषा कृष्णवर्त्मेव भय एवाभिवर्धते।। महाभारत ।।

—'काम्य वस्तु के उपभोग द्वारा कामना की निवृत्ति नहीं होती, वरन् अग्नि में घृत डालने की भाँति वह अत्यन्त बढ़ जाती है।'

३. यदि समधिक ज्ञान के साथ ही साथ तुम्हारा जीवन भी समधिक पवित्र न हो, तो तुम्हारा ज्ञान एवं धारणा-शक्ति जितनी अधिक होगी, तुम्हारा उतना ही अधिक कठोर विचार होगा।

अतएव अपनी दक्षता एवं विद्या के लिए बहु-प्रशंसित होने की इच्छा न करो; बल्कि जो ज्ञान तुमको दिया गया है, उसको भय का कारण समझो।

यदि इस प्रकार का विचार तुम्हारे अन्दर आये कि 'मुझे बहुत से विषयों का ज्ञान है एवं मेरी बुद्धि विलक्षण है', तो स्मरण रखो कि ऐसे अनेक विषय हैं, जिनका तुम्हें ज्ञान नहीं।

ज्ञान के अहंकार में फूलो मत; बल्कि अपनी अज्ञता को स्वीकार करो। तुम्हारी अपेक्षा कितने ही पण्डित विद्यमान हैं, ईश्वरादिष्ट शास्त्र-ज्ञान में तुम्हारी अपेक्षा कितने ही अभिज्ञ लोग मौजूद हैं। इस सबको देखते हुए भी फिर क्यों तुम अपने को दूसरों की अपेक्षा उच्च समझते हो?

यदि अपने लिए कल्याणप्रद कोई विषय जानना अथवा सीखना चाहते हो, तो ससार में अपरिचित एवं नगण्य होकर रहना पसन्द करो।

४. स्वयं को अपने यथार्थ रूप में जानना अर्थात् अपने को अत्यन्त छोटा समझना सबसे अधिक मूल्यवान तथा उत्कृष्ट शिक्षा है। अपने को छोटा समझना एवं दूसरों को श्रेष्ठ समझना और उनकी मगल-कामना करना ही श्रेष्ठ ज्ञान तथा सम्पूर्णता का लक्षण है।

यदि यह देखो कि कोई प्रत्यक्ष रूप में पाप कर रहा है अथवा कोई किसी प्रकार का अपराध कर रहा है, तो भी अपने को श्रेष्ठ न समझो।

हम सबका पतन हो सकता है; फिर भी, तुम्हारी यह दृढ़ धारणा रहनी चाहिए कि तुम्हारी अपेक्षा अधिक दुर्बल और कोई नहीं है।

तृतीय परिच्छेद

सत्य की शिक्षा

१. सुखी तो वही मनुष्य है, जिसे सत्य स्वयं ही शिक्षा देता है—नश्वर शब्दों अथवा सांकेतिक चिह्नों द्वारा नहीं, वरन् अपने स्वरूप द्वारा।

हमारा मत एवं हमारी समस्त इन्द्रियाँ हमें अत्यधिक धोखा देती हैं; क्योंकि वस्तु का प्रकृत तत्त्व पहचानने में हमारी दृष्टि की गति अत्यन्त अल्प है।

गुप्त एवं गूढ़ विषयों का निरन्तर अनुसन्धान करने से क्या लाभ होगा?

उनको यदि न जाना, तो भी अन्तिम विचार के दिन[1] हम निन्दित न होंगे।

उपकारी एवं आवश्यक वस्तु को त्यागकर स्वेच्छा से केवल उत्सुकता उत्पन्न करनेवाले और अपकारी विषय का अनुसन्धान करना अत्यन्त निर्बुद्धि का कार्य है। नेत्र रहते हुए भी हम नहीं देख रहे हैं!

२. न्याय-शास्त्र सम्बन्धी पदार्थों का विचार करने में हम क्यों व्यस्त रहते हैं? अनेक सन्देहपूर्ण तर्कों से वे ही मुक्त होते हैं, जिन्हें सनातन वाणी[2] उपदेश देती है।

उस अद्वितीय वाणी से सब पदार्थ निःसृत हुए हैं, समस्त पदार्थ उसी वाणी का ही निर्देश कर रहे हैं; वही आदि है और वही हमें उपदेश प्रदान करती है।

उस वाणी के बिना न तो कोई कुछ समझ सकता है और न किसी विषय पर यथार्थ रूप से विचार ही कर सकता है।

वे ही अचल रूप से प्रतिष्ठित हैं, वे ही ईश्वर में संस्थित हैं, जिनका उद्देश्य केवल एक है, जिनके समक्ष समस्त पदार्थ एक अद्वितीय कारण का निर्देश करते हैं और जो एक ज्योति में ही समस्त पदार्थों का दर्शन करते हैं।

हे ईश्वर, हे सत्य, मुझे अपने साथ अनन्त प्रेम में एक कर लो।

बहुत से विषयों को सुनकर तथा उनका पठन कर मैं तो अत्यन्त क्लान्त हो जाता हूँ; मेरा समस्त अभाव, मेरी सब वासनाएँ तुम्हीं में निहित हैं।

सब आचार्यगण निर्वाक् हो जायँ, संसार तुम्हारे सामने स्तब्ध हो जाय; हे प्रभो केवल तुम्हीं बोलो।

३. मनुष्य का मन जितना ही संयत एवं अन्तस्तल से सरल होता है, उतना ही वह गम्भीर विषयों में सहज में प्रवेश कर सकता है; क्योंकि उसका मन आलोक पाता है।

पवित्र, सरल एवं अटल व्यक्ति अनेक कार्य करने पर भी विचलित नहीं होता, क्योंकि वह ईश्वर के माहात्म्य को प्रकाशित करने के लिए ही सब कार्य करता है तथा अपने सम्बन्ध में क्रियाहीन होने के कारण सब प्रकार से स्वार्थशून्य होता है। हृदय के भीतर पैठी हुई आसक्ति से बढ़कर और कौन पदार्थ तुम्हें अधिक सताता या बाधा पहुँचाता है?

---

१. ईसाई मत में महाप्रलय के दिन ईश्वर सबका विचार करेंगे एवं पाप या पुण्यानुसार नरक या स्वर्ग प्रदान करेंगे।

२. यह वाणी बहुत कुछ वेदान्तियों की 'माया' की तरह है। इसीका ईसा के रूप में अवतार हुआ था।

ईश्वरानुरागी साधु पहले से ही अपने मन में निर्धारित कर लेते हैं कि उन्हें कौन कौन से कार्य करने होंगे। उन सब कार्यों के करने में वे कभी भी विकृत आसक्ति-जनित इच्छा द्वारा प्रेरित नहीं होते; परन्तु सम्यक् विचार द्वारा अपने समस्त कार्यों को नियमित करते हैं।

जो आत्म-विजय के लिए चेष्टा कर रहे हैं, उनकी अपेक्षा और अधिक कठिन संग्राम कौन करता है?

स्वयं पर विजय प्राप्त करना, दिन पर दिन अपने ऊपर आधिपत्य जमाते जाना तथा धर्म में आगे बढ़ते जाना---यही हमारा एकमात्र कर्तव्य है।

४. इस जगत् में, समस्त पूर्णता में ही अपूर्णता विद्यमान है। हमारा कोई भी तत्त्वानुसन्धान पूर्णतया सन्देहरहित नहीं होता।

गम्भीर वैज्ञानिक तत्त्वानुसन्धान की अपेक्षा अपने को नगण्य समझना ईश्वर-प्राप्ति का निश्चित पथ है।

किन्तु विद्या के गुणमात्र अथवा किसी विषय के ज्ञानवर्द्धक विवेचित होने पर, वह निन्दित नहीं है, क्योंकि वह कल्याणप्रद एवं ईश्वरादिष्ट है।

किन्तु सद्बुद्धि और साधु-जीवन विद्या की अपेक्षा अधिक वांछनीय हैं।

बहुत से लोग साधु होने की अपेक्षा विद्वान् होने की अधिक चेष्टा करते हैं, इसका फल यह होता है कि वे बहुधा कुमार्ग में विचरण करने लगते हैं, और उनका सारा परिश्रम या तो अत्यल्प फल उत्पन्न करता है या बिल्कुल निष्फल हो जाता है।

५. अहो! सन्देह पैदा करने में मनुष्य जिस प्रकार यत्नशील रहता है, पाप दूर करने या पुण्य बोने में यदि उसी प्रकार रहता, तो आज पृथ्वी पर इस प्रकार के अमंगल और पाप-कार्य न होते; धार्मिक लोगों में इस प्रकार की उच्छृंखलता भी न रहती।

अन्तिम विचार के दिन निश्चय ही यह न पूछा जायगा कि तुमने क्या पढ़ा है; पूछा यही जायगा कि तुमने क्या किया है। यह न पूछा जायगा कि तुमने किस कुशलता से वाक्य-विन्यास किया है; बल्कि धर्म में कहाँ तक जीवन-यापन किया है---यही पूछा जायगा।

जिनके साथ तुम अच्छी तरह परिचित थे एवं जिन्होंने अपने अपने व्यवसायों में विशेष उन्नति प्राप्त कर ली थी, वे सब पण्डित और अध्यापकगण आज कहाँ हैं, बता सकते हो?

आज तो अन्य व्यक्ति उनके स्थान पर अधिकार ग्रहण कर रहे हैं; और यह निश्चित रूप से कहा जा सकता है कि वे लोग उनके बारे में तनिक भी चिन्ता नहीं करते।

जब तक वे जीवित थे, तभी तक उनकी कुछ गिनती थी; अब कोई उनकी बात भी नहीं करता।

६. अहो! सांसारिक गरिमा कैसे शीघ्र नष्ट हो जाती है! अहा! उनका जीवन यदि उनके ज्ञान की भाँति होता, तो हम समझते कि उनके अध्ययन और मनन सफल हुए हैं।

ईश्वर की सेवा के लिए किसी प्रकार की चेष्टा न कर, विद्या के कोरे अहंकार में कितने ही लोगों का विनाश हो जाता है!

संसार में वे दीन-हीन होना नहीं चाहते, वे बड़े कहलाना चाहते हैं; और इसीलिए तो वे इतने अहंकारी होते हैं!

वे ही वास्तविक महान् हैं, जिनकी सहानुभूति निःस्वार्थ है।

वे ही वास्तविक महान् हैं, जो अपनी दृष्टि में स्वयं अत्यन्त छोटे हैं तथा उच्च पद द्वारा प्राप्त होनेवाले सम्मान को भी बहुत ही तुच्छ समझते हैं।

वे ही यथार्थ ज्ञानी हैं, जो ईसा को पाने के लिए समस्त पार्थिव वस्तुओं को विष्ठा की भाँति समझते हैं।

वे ही यथार्थ पण्डित हैं, जो ईश्वर की इच्छा से अपने को संचालित करते हैं और अपनी स्वयं की इच्छा त्याग देते हैं।

चतुर्थ परिच्छेद

कार्य में बुद्धिमत्ता

१. प्रत्येक प्रमाद अथवा मनोवेगजनित इच्छा पर ही हमें बिश्वास न कर लेना चाहिए, परन्तु सतर्कता एवं धैर्य के साथ उक्त विषय का ईश्वर के साथ जो सम्बन्ध है, उस पर विचार करना चाहिए।

अहा! हम इतने दुर्बल हैं कि प्रायः बहुत जल्द दूसरों की प्रशंसा की अपेक्षा उनकी निन्दा पर अधिक विश्वास कर लेते हैं और फिर जगह जगह उसका वर्णन करते फिरते हैं।

जो लोग पवित्रता में उन्नत हैं, वे बुरे प्रवादों पर सहसा विश्वास नहीं करते; क्योंकि वे जानते हैं कि मनुष्य की दुर्बलता उसे दूसरों की निन्दा करने और झूठ बोलने में अत्यन्त प्रबल बना देती है।

२. जो कार्य में हठी नहीं हैं तथा विशेष विपरीत प्रमाण होने पर भी अपने ही मत को पकड़े रहने का जिनका स्वभाव नहीं है, जो लोग जो कुछ सुनते हैं उसी पर विश्वास नहीं कर लेते और सुनने पर भी उसे तुरन्त बताते नहीं फिरते, वे अत्यन्त बुद्धिमान हैं!

३. बुद्धिमान एवं सद्विवेकी लोगों के समीप उपदेश ग्रहण करो, और केवल अपनी बुद्धि का ही अनुसरण न करके, तुम्हारी अपेक्षा जो अधिक जानते हैं, उनसे ज्ञान प्राप्त करके उत्तम विवेचना करो।

साधु-जीवन मनुष्य को ईश्वर की दृष्टि में बुद्धिमान बनाता है, और इस प्रकार का व्यक्ति यथार्थ में बहुदर्शन प्राप्त करता है। जो अपने को जितना ही नगण्य समझेगा तथा जितने अधिक परिमाण में ईश्वर के इच्छाधीन रहेगा, वह सदैव उसी परिमाण में बुद्धिमान एवं शान्तिपूर्ण बना रहेगा।

पंचम परिच्छेद

शास्त्र-पाठ

१. सत्य का अनुसन्धान शास्त्र में करना होगा, वाक्चातुर्य में नहीं। जिस परमात्मा की प्रेरणा से बाइबिल लिखी गयी है, उसीके सहारे बाइबिल पढ़ना उचित है।[1]

शास्त्र पढ़ने के समय कूट तर्क त्यागकर हमें कल्याण का ही अनुसन्धान करना चाहिए।

जिन ग्रंथों में विद्वत्ता एवं गम्भीरतापूर्ण अनेक गहन विषयों का वर्णन है, उन्हें पढ़ने के लिए हमारी जिस प्रकार रुचि होती है, उसी प्रकार अत्यन्त सरल रूप से लिखे हुए किसी भक्ति-ग्रंथ में भी हमारी रुचि होनी चाहिए।

ग्रन्थकार की ख्याति अथवा अप्रसिद्धि देखकर अपने मन को विचलित न करो। केवल सत्य के प्रति अपने प्रेम द्वारा प्रेरित होकर तुम अध्ययन करो।[2]

किसने लिखा है इस बात पर ध्यान न देकर, क्या लिखा है उसी पर सावधानी से विचार करना चाहिए।

२. मनुष्य चले जाते हैं, किन्तु ईश्वर का सत्य चिरकाल तक रहता है। विभिन्न रूपों में ईश्वर हमसे कह रहे हैं कि उनके पास किसी व्यक्तिविशेष का आदर नहीं है।

शास्त्र पढ़ते पढ़ते जिन सब बातों को केवल उड़ती नज़र से ही देखना उचित

---

१. नैषा तर्केण मतिरापनेया—'तर्क के द्वारा भगवत्सम्बन्धी ज्ञान प्राप्त नहीं किया जा सकता।' कठोपनिषद् ॥१।२।९॥

२. आददीत शुभां विद्यां प्रयत्नादवरादपि ॥ मनु ॥
—'नीच से भी यत्नपूर्वक उत्तम विद्या ग्रहण करो।'

है, बहुधा उन्हीं बातों का मर्म जानने तथा उनकी आलोचना करने में हम व्यग्र हो जाते हैं। इस प्रकार हमारी उत्सुकता हमें अनेक बार बाधा पहुँचाती है।

यदि भलाई की इच्छा करते हो, तो नम्रता, सरलता एवं विश्वास के साथ अध्ययन करो, और कभी भी पण्डित कहलाकर परिचित होने की वासना न रखो।

षष्ठ परिच्छेद

घोर आसक्ति

१. जब कोई मनुष्य किसी वस्तु के लिए अत्यन्त उत्सुक हो जाता है, तब उसकी आभ्यन्तरिक शान्ति नष्ट हो जाती है।[1]

अभिमानी और लोभी लोग कभी शान्ति नहीं पाते, किन्तु नगण्य और विनीत लोग सदैव शान्ति से जीवन-यापन करते हैं। जो मनुष्य स्वार्थ के बारे में अब भी पूर्ण रूप से उदासीन नहीं हुआ है, वह शीघ्र ही प्रलोभित हो जाता है और अत्यन्त साधारण तथा नगण्य विषय भी उसे पराजित कर देते हैं।[2]

जिसकी आत्मा दुर्बल है तथा जो अब भी इन्द्रिय-भोगों में आबद्ध है, उसके लिए काल में उत्पन्न और नष्ट होनेवाले इन्द्रियगत विषयों में आसक्तिपूर्ण पार्थिव वासना से अपने को विच्छिन्न करना अत्यन्त कठिन है। इसीलिए जब वह अनित्य

---

१. इन्द्रियाणां हि चरतां यन्मनोऽनुविधीयते।
तदस्य हरति प्रज्ञां वायुर्नावमिवाम्भसि॥ गीता॥२।६७॥

—'चंचल इन्द्रियों के पीछे जानेवाला मन उस मनुष्य की प्रज्ञा को उसी प्रकार नष्ट कर देता है, जैसे वायु नाव को जल में मग्न कर देती है।'

२. ध्यायतो विषयान्पुंसः संगस्तेषूपजायते।
संगात् संजायते कामः कामात् क्रोधोऽभिजायते॥
क्रोधात्भवति सम्मोहः सम्मोहात् स्मृतिविभ्रमः।
स्मृतिभ्रंशाद् बुद्धिनाशो बुद्धिनाशात्प्रणश्यति॥ गीता॥२।६२–६३॥

—'विषयों की चिन्ता करने से मनुष्य में उनके प्रति आसक्ति उत्पन्न हो जाती है। आसक्ति से वासना की, तथा अतृप्त वासना से क्रोध की उत्पत्ति होती है। क्रोध से मोह होता है एवं मोह से स्मृति भ्रमित हो जाती है। स्मृतिभ्रंश होने से नित्यानित्यविवेक नष्ट हो जाता है और विवेक नष्ट हो जाने से उसका पूर्णतः पतन हो जाता है।'

पदार्थों को किसी तरह त्यागने की चेष्टा करता है, तो उसका मन दुःखी हो जाता है और किसीके तनिक भी बाधा पहुँचाने से वह क्रुद्ध हो उठता है।

इसके अतिरिक्त यदि वह कामनाओं के पीछे दौड़ता है, तो फिर उसका मन पाप के भार का अनुभव करता है और उसके फलस्वरूप वह अशान्ति-भोग करता है, क्योंकि जिस शान्ति को वह ढूँढ़ रहा था, इन्द्रियों द्वारा आबद्ध होने के कारण, वह उस ओर अग्रसर न हो सका।

अस्तु, मन में यथार्थ शान्ति इन्द्रियों पर विजय-लाभ से ही मिलती है, इन्द्रियों का अनुगमन करने से नहीं। अतः जो व्यक्ति सुख के अभिलाषी हैं, उनके हृदय में शान्ति नहीं है; जो व्यक्ति अनित्य बाह्य विषयों का अनुसरण करते हैं, उनके मन में भी शान्ति नहीं है; किन्तु जो आत्माराम हैं एवं जिनका अनुराग तीव्र है, वे ही शान्ति के अधिकारी होते हैं।[1]

---

१. यततो ह्यपि कौन्तेय पुरुषस्य विपश्चितः।
इन्द्रियाणि प्रमाथीनि हरन्ति प्रसभं मनः॥ गीता ॥२।६०॥

—'हे कौन्तेय, चंचल सबल इन्द्रियाँ संयमी धीर पुरुष के मन को भी बलपूर्वक हर लेती हैं।'

पत्रावली—७

पत्रावली

(खेतड़ी के महाराज को लिखित)

द्वारा ऋषिवर मुकर्जी
चीफ़ जज, काश्मीर
१७ सितम्बर, १८९८

महाराज,

मैं यहाँ दो सप्ताह बहुत अस्वस्थ रहा। अब अच्छा हो रहा हूँ। मेरे पास पैसे नहीं हैं। यद्यपि मेरे अमेरिकन मित्र सामर्थ्य के अनुसार मेरी यथायोग्य सहायता कर रहे हैं—मुझे हमेशा उन लोगों के आगे हाथ पसारने में लाज आती है–खासकर बीमारी के दवादारू, पथ्य वगैरह के लिए। संसार में मुझे एक ही आदमी के सामने हाथ पसारने में कभी लज्जा का अनुभव नहीं होता और वह आप हैं। आप दें या नहीं—कोई बात नहीं। यदि संभव हो तो कृपया कुछ रुपये भेजिए। आप कैसे हैं? मैं अक्तूबर के मध्य तक नीचे उतर रहा हूँ।

जगमोहन से कुमार साहब के पूर्ण आरोग्य लाभ का संवाद सुनकर प्रसन्न हुआ। अब वे मज़े में हैं; आशा है, आप भी सानंद हैं।

सदैव आपका,
विवेकानन्द

(श्री हरिपद मित्र को लिखित)

श्रीनगर, काश्मीर
१७ सितम्बर, १८९८

कल्याणीय,

तुम्हारे पत्र तथा 'तार' से सब समाचार विदित हुए। प्रभु से प्रार्थना करता हूँ कि तुम निर्विघ्न सिन्धी भाषा की परीक्षा में उत्तीर्ण हो।

बीच में मेरी तबियत खराब हो जाने के कारण कुछ विलम्ब हो गया, नहीं तो इसी सप्ताह के अन्दर पंजाब जाने की अभिलाषा थी। इस समय बंगाल में गर्मी अधिक होने के कारण डॉक्टर जाने को मना कर रहे हैं। अक्तूबर के अन्तिम सप्ताह तक सम्भवतः मैं कराची पहुँचूंगा। इस समय मैं एक प्रकार से ठीक हूँ। मेरे साथ इस बार कोई भी नहीं है। सिर्फ़ दो अमेरिकन महिलाएँ हैं। सम्भवतः लाहोर

में मैं उनका साथ छोड़ दूंगा। कलकत्ता अथवा राजपूताने में वे मेरी प्रतीक्षा करेंगी। कच्छ, भुज, जूनागढ़, भावनगर, लिमडी तथा बड़ौदा होकर सम्भवतः मैं कलकत्ता पहुँचूंगा। नवम्बर अथवा दिसम्बर माह में चीन तथा जापान होकर अमेरिका जाना है--इस समय मेरी ऐसी इच्छा है, आगे प्रभु की इच्छा। यहाँ पर मेरा सम्पूर्ण खर्च उक्त दो अमेरिकन महिलाएँ दे रही हैं और कराची तक का किराया भी उनसे लेने का विचार है। यदि तुम्हें सुविधा हो तो ५०) रुपये 'तार' से श्री ऋषिवर मुकर्जी, चीफ़ जज, काश्मीर स्टेट श्रीनगर के पते पर भेज देना। इससे मेरी एक बड़ी सहायता हो जायगी, क्योंकि हाल ही में बीमारी के कारण कुछ रुपये व्यर्थ में खर्च करने पड़े हैं एवं सर्वदा विदेशी शिष्यों से आर्थिक सहायता माँगने में लज्जा प्रतीत होती है।

सदा शुभाकांक्षी,
विवेकानन्द

(खेतड़ी के महाराज को लिखित)

लाहोर
१६ अक्तूबर, १८९८

महाराज,

तार के बादवाले पत्र में मैंने अपने स्वास्थ्य के संबंध में लिखा था---इसलिए मैंने आप के तार का जवाब तार से नहीं दिया।

इस बार काश्मीर में मैं बहुत बीमार रहा। अब अच्छा हूँ और आज ही सीधे कलकत्ता जा रहा हूँ। पिछले दस वर्षों से मैंने बंगाल की श्री दुर्गा-पूजा (जो बहुत धूमधाम से होती है और जिसका बंगाल में विशेष महत्व है) नहीं देखी है। मुझे आशा है कि इस बार पूजा में मैं वहाँ उपस्थित रहूँगा।

पश्चिमी बंधु एक या दो सप्ताह में जयपुर देखने जायँगे। यदि जगमोहन वहाँ हो, तो कृपया उसको इस बात की ताक़ीद कर दें कि वह उन लोगों की देखभाल करे और उन्हें जयपुर शहर तथा प्राचीन कला-संग्रह आदि दिखला लावे।

मैंने अपने गुरुभाई सारदानन्द से कह दिया है। रवाना होने के पहले ही वे मुंशी जी को सूचना दे देंगे।

आप और कुमार साहब कैसे हैं ? सदा की भाँति आपके लिए मंगल कामना करता हुआ—

आपका,
विवेकानन्द

पुनश्च---अब मेरा पता होगा :

मठ, बेलूड़, ज़िला हावड़ा, बंगाल

(श्री हरिपद मित्र को लिखित)

लाहोर
१६ अक्तूबर, १८९८

कल्याणीय,

काश्मीर में मेरा स्वास्थ्य एकदम खराब हो चुका है तथा ९ वर्षों से श्री दुर्गा-पूजा देखने का अवसर भी प्राप्त नहीं हुआ है—अतः कलकत्ता रवाना हो रहा हूँ। अमेरिका जाने का संकल्प इस समय त्याग चुका हूँ। जाड़े में कराची आने के मुझे अनेक अवसर मिलेंगे।

मेरे गुरुभाई सारदानन्द लाहोर से ५०) रुपये कराची भेज देंगे। तुम दुःखित न होना—सब कुछ प्रभु की इच्छा है। मैं इस वर्ष तुम लोगों से मिले बिना कहीं भी नहीं जाऊँगा—यह निश्चित जानना। सबको मेरा आशीर्वाद।

सदा शुभाकांक्षी,
विवेकानन्द

(खेतड़ी के महाराज को लिखित)

मठ, बेलूड़,
ज़िला हावड़ा, बंगाल
२६ अक्तूबर, १८९८

महाराज,

मैं आप के स्वास्थ्य के लिए अत्यधिक चिन्तित हूँ। लौटती वार आपसे मिलने की बड़ी अभिलाषा थी, किन्तु मेरा स्वास्थ्य ऐसा गिरा कि मुझे जल्दी ही यहाँ भाग आना पड़ा। मुझे लगता है, मेरे हृदय में कोई गड़बड़ी है।

बहरहाल, आपके स्वास्थ्य के संवाद के लिए बहुत उद्विग्न हूँ। आप चाहें तो मैं खेतड़ी आ सकता हूँ। दिनरात आप के मंगल के लिए प्रार्थना कर रहा हूँ। कुछ अप्रिय घटे भी तो धीरज मत छोड़िएगा। माँ सर्वदा आपकी रक्षा कर रही हैं।

सभी समाचार लिखकर सूचित करें। ' ' 'आप और कुमार साहब कैसे हैं?
प्यार और अनंत आशीर्वाद के साथ—

आपका,
विवेकानन्द

(खेतड़ी के महाराज को लिखित)

मठ, बेलूड़
हावड़ा ज़िला
(?) नवम्बर, १८९८

महाराज,

आप तथा कुमार साहब का स्वास्थ्य अच्छा जानकर प्रसन्न हूँ। जहाँ तक मेरे स्वास्थ्य का प्रश्न है, मेरा हृदय कमजोर हो गया है। मैं नहीं समझता कि जलवायु परिवर्तन से कोई लाभ होगा। क्योंकि पिछले चौदह वर्षों से मैं लगातार तीन महीने तक कहीं ठहरा होऊँ—मुझे याद नहीं। मेरा ख्याल है कि यदि कई महीने तक एक ही स्थान पर रहने का संयोग सम्भव हो, तो इससे कुछ लाभ हो सकता है। बहरहाल, मुझे इसकी चिंता नहीं। जो भी हो, मुझे लगता है कि मेरा इस जीवन का 'कार्य' समाप्त हो गया है। अच्छे और बुरे, सुख और दुःख की धारा में मेरी जीवन-नौका थपेड़े खाती हुई अब तक चली। एक बड़ी शिक्षा जो मुझे मिली है, वह यह कि जीवन दुःख के सिवा और कुछ नहीं है। माँ ही जानती हैं कि क्या अच्छा है। हम सभी कर्म के हाथों में हैं—उसीके आदेशानुसार हम चलते हैं—अस्वीकार नहीं कर सकते। जीवन में एक ही तत्त्व है—जो किसी भी क़ीमत पर अमूल्य है—वह है प्रेम। अनन्त प्रेम ! असीम आकाश जैसा विस्तीर्ण, समुद्र की भाँति गम्भीर; जीवन का यह एक महान् लाभ है। इस तत्त्व को प्राप्त करनेवाला सौभाग्यवान है।

आपका,
विवेकानन्द

(खेतड़ी के महाराज को लिखित)

मठ, बेलूड़
१५ दिसम्बर, १८९८

महाराज,

आपका कृपापत्र श्री दुलीचंद के नाम ५००) रु० की दर्शनी-हुंडी के साथ, प्राप्त हुआ। मैं अब तनिक अच्छा हूँ। कह नहीं सकता यह सुधार स्थायी होगा या नहीं।

जैसा कि सुन रहा हूँ, क्या इस शीत-काल में आपके कलकत्ता आने की सूचना सही है? बहुत से राजा नये वाइसराय का अभिनन्दन करने आ रहे हैं। अखबारों से यह पता चला है कि सीकर के महाराजा यहीं हैं।

आपके लिए सदैव प्रार्थना करते हुए —

आपका,
विवेकानन्द

मठ, बेलूड़,
१५ दिसम्बर, १८९८

प्रिय—

...'माँ' ही हमारी एकमात्र पथ-प्रदर्शिका हैं। और जो कुछ हो रहा है अथवा होगा, सब कुछ उनके ही विधानानुसार होगा।

तुम्हारा,
विवेकानन्द

(श्रीमती मृणालिनी बसु को लिखित)

देवघर, वैद्यनाथ,
द्वारा बाबू प्रियनाथ मुकर्जी
२३ दिसम्बर, १८९८

माँ,

तुम्हारा पत्र पाकर मुझे बड़ा आनन्द हुआ। तुम जो समझी हो वह ठीक है। **स ईशोऽनिर्वचनीयप्रेमस्वरूपः**—ईश्वर अनिर्वचनीय प्रेमस्वरूप है। नारद द्वारा वर्णन किया हुआ ईश्वर का यह लक्षण स्पष्ट है और सब लोगों को स्वीकार है, यह मेरे जीवन का दृढ़ विश्वास है। बहुत से व्यक्तियों के समूह को समष्टि कहते हैं और प्रत्येक व्यक्ति व्यष्टि कहलाता है। तुम और मैं—दोनों व्यष्टि हैं, समाज समष्टि है। तुम और मैं—पशु, पक्षी, कीड़ा, कीड़े से भी तुच्छ प्राणी, वृक्ष, लता, पृथ्वी, नक्षत्र और तारे ये प्रत्येक व्यष्टि हैं और यह विश्व समष्टि है, जो वेदान्त में विराट् हिरण्यगर्भ या ईश्वर कहलाता है और पुराणों में ब्रह्मा, विष्णु, देवी, इत्यादि।

व्यष्टि को व्यक्तिगत स्वतन्त्रता होती है या नहीं, और यदि होती है तो उसका नाम क्या होना चाहिए, व्यष्टि को समष्टि के लिए अपनी इच्छा और सुख का सम्पूर्ण त्याग करना चाहिए या नहीं—ये प्रत्येक समाज के लिए चिरन्तन समस्याएँ हैं। सब स्थानों में समाज इन समस्याओं के समाधान में संलग्न रहता है। ये बड़ी बड़ी तरंगों के समान आधुनिक पश्चिमी समाज में हलचल मचा रही हैं। जो समाज के आधिपत्य के लिए व्यक्तिगत स्वतन्त्रता का त्याग चाहता है, वह सिद्धान्त समाजवाद कहलाता है और जो व्यक्ति के पक्ष का समर्थन करता है, वह व्यक्तिवाद कहलाता है।

समाज का व्यक्ति पर निरन्तर शासन तथा संस्था एवं नियमबद्धता द्वारा बलपूर्वक आत्मत्याग, और इसके परिणाम तथा फल का ज्वलन्त उदाहरण—यही हमारी मातृभूमि है। इस देश में शास्त्रीय आज्ञानुसार मनुष्य जन्म लेते हैं, वे

नियम-विधि से आजीवन खाते-पीते हैं, और विवाह तथा विवाह-सम्बन्धी कार्य भी इसी प्रकार करते हैं, यहाँ तक कि शास्त्रों के नियमानुसार ही वे मरते भी हैं। एक विशेष गुण को छोड़कर यह कठिन नियमबद्धता दोषों से परिपूर्ण है। गुण यह है कि बहुत थोड़े यत्न से मनुष्य एक या दो काम अति उत्तम रीति से कर सकते हैं, क्योंकि कई पीढ़ियों से उस काम का दैनिक अभ्यास होता है। जो स्वादिष्ट शाक और चावल इस देश के रसोइया तीन मिट्टी के ढेले और कुछ लकड़ियों की सहायता से तैयार कर सकते हैं, वह और कहीं नहीं मिल सकता। एक रुपये मूल्य के बहुत ही प्राचीन समय के करघे जैसे सरल यंत्र की सहायता से, पैर गढ़े में रखकर २०) गज की मलमल बनाना केवल इसी देश में सम्भव हो सकता है। एक फटा टाट और रेंडी के तेल से जलाया हुआ मिट्टी का दीया—ऐसे पदार्थों की सहायता से केवल इसी देश में अद्‌भुत विद्वान उत्पन्न होते हैं। कुरूप और विकृत पत्नी के प्रति असीम सहनशीलता तथा दुष्ट और अयोग्य पति के प्रति आजन्म भक्ति, यह भी इसी देश में सम्भव है। यह तो हुआ उज्ज्वल पक्ष।

परन्तु यह काम वे लोग करते हैं, जिनका जीवन निर्जीव यंत्र के समान व्यतीत होता है। उनमें मानसिक क्रिया नहीं है, उनके हृदय का विकास नहीं होता, उनका जीवन स्पन्दनहीन है, आशा का प्रवाह बन्द है, उनमें इच्छाशक्ति की कोई प्रबल उत्तेजना नहीं है, सुख का तीव्र अनुभव नहीं है, न प्रचंड दुःख ही उन्हें स्पर्श करता है; उनकी प्रतिभाशाली बुद्धि में निर्माण-शक्ति कभी हलचल नहीं मचाती, नवीनता की कोई अभिलाषा नहीं है, और न नयी वस्तुओं के प्रति आदर-भाव ही है। उनके हृदयाकाश के बादल कभी नहीं हटते, प्रातःकालीन सूर्य की छवि कभी उनके मन को मुग्ध नहीं करती। उनके मन में यह कभी नहीं आता कि इससे अच्छी भी कोई अवस्था हो सकती है, यदि ऐसा विचार आता भी है तो विश्वास नहीं होता, विश्वास होता है, तो उद्योग नहीं हो पाता। और उद्योग होने पर उत्साह का अभाव उसे मार देता है।

यदि यह निश्चित है कि नियम से रहने से प्रतिष्ठा प्राप्त होती है, यदि परम्परा से चली आयी हुई प्रथा का कठोरता से पालन करना पुण्य है, तब बताइए कि वृक्ष से बढ़कर पुण्यात्मा कौन हो सकता है, और रेलगाड़ी से बढ़कर भक्त और महात्मा कौन है? किसने पत्थर के टुकड़े को प्रकृति का नियमोल्लंघन करते हुए देखा? किसने गाय-भैंस को पाप करते हुए जाना?

यंत्रचालित अति विशाल जहाज और महाबलवान रेल का इंजन जड़ हैं, वे हिलते हैं और चलते हैं, परन्तु वे जड़ हैं। और वह जो दूर से नन्हा सा कीड़ा अपने जीवन की रक्षा के लिए रेल की पटरी से हट गया, वह क्यों चैतन्य है?

यंत्र में इच्छा-शक्ति का कोई विकास नहीं है। यंत्र कभी नियम का उल्लंघन करने की कोई इच्छा नहीं रखता। कीड़ा नियम का विरोध करना चाहता है और नियम के विरुद्ध जाता है, चाहे उस प्रयत्न में वह सिद्धि लाभ करे या असिद्धि; इसलिए वह चेतन है। जिस अंश में इच्छा-शक्ति के प्रकट होने में सफलता होती है, उसी अंश में सुख अधिक होता है और जीव उतना ही ऊँचा होता है। परमात्मा की इच्छा-शक्ति पूर्णरूप से सफल होती है, इसलिए वह उच्चतम है।

शिक्षा किसे कहते हैं? क्या वह पठन-मात्र है? नहीं। क्या वह नाना प्रकार का ज्ञानार्जन है? नहीं, यह भी नहीं। जिस संयम के द्वारा इच्छा-शक्ति का प्रवाह और विकास वश में लाया जाता है और वह फलदायक होता है, वह शिक्षा कहलाती है। अब सोचो कि शिक्षा क्या वह है, जिसने निरन्तर इच्छा-शक्ति को बलपूर्वक पीढ़ी दर पीढ़ी रोककर प्रायः नष्ट कर दिया है, जिसके प्रभाव से नये विचारों की तो बात ही जाने दो, पुराने विचार भी एक एक करके लोप होते चले जा रहे हैं; क्या वह शिक्षा है, जो मनुष्य को धीरे धीरे यंत्र बना रही है? जो स्वयंचालित यंत्र के समान सुकर्म करता है, उसकी अपेक्षा अपनी स्वतन्त्र इच्छा-शक्ति और बुद्धि के बल से अनुचित कर्म करनेवाला मेरे विचार से श्रेयस्कर है। जो मनुष्य मिट्टी के पुतले, निर्जीव यंत्र या पत्थरों के ढेर के सदृश हों, क्या उनका समूह समाज कहला सकता है? इस प्रकार का समाज कैसे उन्नत हो सकता है? यदि इस प्रकार कल्याण सम्भव होता, तो सैकड़ों वर्षों से दास होने के बदले हम पृथ्वी के सबसे प्रतापी राष्ट्र होते, और यह भारत मूर्खता की खान होने के बदले, विद्या के अनन्त स्रोत का उत्पत्ति-स्थान होता।

तब क्या आत्मत्याग एक गुण नहीं है? बहुतों के सुख के लिए एक आदमी के सुख को बलिदान करना क्या सर्वश्रेष्ठ पुण्यकर्म नहीं है? अवश्य है, परन्तु बंगला कहावत के अनुसार 'क्या घसने-माँजने से रूप उत्पन्न हो सकता है? क्या धरने-बाँधने से प्रीति होती है?' जो सदैव ही भिखारी है, उसके त्याग में क्या गौरव? जिसमें इन्द्रिय-बल न हो, उसके इन्द्रिय-संयम में क्या गुण? जिसमें विचार का अभाव हो, हृदय का अभाव हो, उच्च अभिलाषा का अभाव हो, जिसमें समाज कैसे बनता है—इस कल्पना का भी अभाव हो, उसका आत्मत्याग ही क्या हो सकता है? विधवा को बलपूर्वक सती करवाने में किस प्रकार के सतीत्व का विकास दिखायी पड़ता है? कुसंस्कारों की शिक्षा देकर लोगों से पुण्यकर्म क्यों करवाते हो? मैं कहता हूँ—मुक्त करो; जहाँ तक हो सके लोगों के बन्धन खोल दिये जायँ। क्या कीचड़ से कीचड़ धोया जा सकता है? क्या बन्धन को बन्धन से हटा सकते हैं? ऐसा उदाहरण कहाँ है? जब तुम सुख की कामना समाज के

लिए त्याग सकोगी, तब तुम भगवान् बुद्ध बन जाओगी, तब तुम मुक्त हो जाओगी, परन्तु वह दिन दूर है। पुनः, क्या तुम समझती हो कि अत्याचार द्वारा वह प्राप्त हो सकता है? 'अरे, हमारी विधवाएँ आत्मत्याग का कैसा उदाहरण होती हैं! बालविवाह कैसा मधुर होता है! ऐसी कोई दूसरी प्रथा हो सकती है? ऐसे विवाह में पति-पत्नी में प्रेम को छोड़कर अन्य कोई भाव हो सकता है!!' दबी आवाज़ से यह विलाप चारों ओर से सुनायी देता है। परन्तु पुरुषों को, जिन्हें इस अवस्था में प्रभुत्व प्राप्त है, आत्म-संयम की आवश्यकता नहीं! दूसरों की सेवा से बढ़कर कोई गुण हो सकता है? परन्तु यह तर्क ब्राह्मणों पर लागू नहीं है— दूसरे लोग उसे करें! सच तो यह है कि इस देश में माता-पिता और सम्बन्धी अपने स्वार्थ के लिए, और समाज के साथ एक प्रकार का समझौता करके स्वयं को बचाने के लिए, अपनी सन्तान तथा दूसरों के कल्याण को निष्ठुरतापूर्वक बलिदान कर देते हैं और पीढ़ियों से चली आनेवाली ऐसी शिक्षा ने उनके मन को ऐसा थोथा बना दिया है कि यह कार्य बहुत आसानी से हो जाता है। जो वीर है, वही सचमुच आत्मत्याग कर सकता है। कायर, कोड़े के डर से, एक हाथ से आँसू पोंछता है और दूसरे हाथ से दान देता है। ऐसे दान का क्या उपयोग? विश्वव्यापी प्रेम इससे बहुत दूर है। छोटे पौधों को चारों ओर से रूँधकर सुरक्षित रखना चाहिए। यदि एक व्यक्ति से निःस्वार्थ प्रेम करना सीखा जाय, तो यह आशा की जा सकती है कि धीरे धीरे विश्वव्यापी प्रेम उत्पन्न हो जायगा। यदि एक विशेष इष्टदेवता की भक्ति प्राप्त हो सकती है, तो सर्वव्यापक विराट् से धीरे धीरे प्रेम उत्पन्न होना सम्भव है।

इसलिए जब हम एक व्यक्ति के लिए आत्मत्याग कर सकें, तब समाज के लिए आत्मत्याग की चर्चा करना चाहिए, उससे पहले नहीं। सकाम बनने से ही निष्काम बना जा सकता है। आरम्भ से यदि कामना न होती तो उसका त्याग कैसे होता? और उसका अर्थ भी क्या होता? यदि अंधकार न होता, तो प्रकाश का क्या अर्थ हो सकता था?

सप्रेम सकाम उपासना पहले आती है। छोटे की उपासना से आरम्भ करो, बड़े की उपासना स्वयं आ जायगी।

माँ, तुम चिन्तित मत हो। प्रबल वायु बड़े वृक्षों से ही टकराती है। 'अग्नि को कुरेदने से वह अधिक प्रज्वलित होती है।' 'साँप को सिर पर मारने से वह अपना फन उठाता है' इत्यादि। जब हृदय में पीड़ा उठती है, जब शोक की आँधी चारों ओर से घेर लेती है, जब मालूम होता है कि प्रकाश फिर कभी न होगा, जब आशा और साहस का प्रायः लोप हो जाता है, तब इस भयंकर आध्यात्मिक तूफ़ान में ब्रह्म की अन्तर्ज्योति चमक उठती है। वैभव की गोद में पला हुआ, फूलों में पोसा

हुआ, जिसने कभी एक आँसू भी नहीं बहाया, क्या ऐसा कोई व्यक्ति कभी बड़ा हुआ है, उसका अन्तर्निहित ब्रह्मभाव कभी व्यक्त हुआ है? तुम रोने से क्यों डरती हो? रोना न छोड़ो! रोने से नेत्रों में निर्मलता आती है और अन्तर्दृष्टि प्राप्त होती है। उस समय भेद की दृष्टि—मनुष्य, पशु, वृक्ष आदि धीरे धीरे लोप होने लगते हैं और सब स्थानों में और सब वस्तुओं में, अनन्त ब्रह्म की अनुभूति होने लगती है। तब—

> **समं पश्यन् हि सर्वत्र समवस्थितमीश्वरम्।**
> **न हिनस्त्यात्मनात्मानं ततो याति परां गतिम्॥**

—'सर्वत्र ही ईश्वर को समभाव से उपस्थित देखकर वह आत्मा को आत्मा से हानि न पहुँचाकर परमगति को प्राप्त करता है।'

सदैव तुम्हारा शुभचिन्तक,
विवेकानन्द

(श्रीमती ओलि बुल को लिखित)

वैद्यनाथ, देवघर
२९ दिसम्बर, १८९८

प्रिय धीरा माता,

यह आपको पहले ही विदित हो गया है कि मैं आपका साथ देने में समर्थ नहीं हो सकूँगा। आपके साथ जाने लायक शारीरिक शक्ति मैं संचय नहीं कर पा रहा हूँ। छाती में जो सर्दी जम चुकी थी, वह अभी तक विद्यमान है, और उसका फल यह है कि उसने मुझे भ्रमण के योग्य नहीं रखा है। सच बात यह है कि यहाँ पर क्रमशः मैं आरोग्य प्राप्त कर लूँगा, ऐसी मुझे आशा है।

मुझे यह पता चला है कि मेरी बहन विगत कुछ वर्षों से किसी विशेष संकल्प को लेकर अपनी मानसिक उन्नति के लिए प्रयत्नशील है। बंगला साहित्य के द्वारा जितना जाना जा सकता है—खासकर तत्त्वज्ञान के विषय में—उसने उसको अधिगत कर लिया है और उसका परिणाम भी विशेष कम नहीं है। इस बीच में उसने अपना नाम अंग्रेजी तथा रोमन अक्षरों में लिखना सीख लिया है। इस समय उसे विशेष शिक्षा प्रदान करना मानसिक परिश्रम-सापेक्ष है; अतः उस कार्य से मैं विरत हूँ। कोई कार्य किये बिना मैं समय बिताना चाहता हूँ एवं बलपूर्वक विश्राम ले रहा हूँ।

अब तक मैंने आप पर केवल श्रद्धा ही की है, किन्तु वर्तमान घटनाओं से ऐसा प्रतीत हो रहा है कि महामाया ने आपको मेरी दैनिक जीवनचर्या पर दृष्टि रखने के लिए नियुक्त किया है; अतः प्रेम के साथ ही प्रगाढ़ विश्वास भी हो गया

है। इसके आगे मैं अपने जीवन तथा कार्यप्रणाली के बारे में यह सोचूँगा कि आपको माँ की आज्ञा मिल चुकी है, अतः सारा उत्तरदायित्व मेरे कन्धे से हटाकर आपके द्वारा महामाया जो निर्देश देंगी, उसे ही मैं मानता रहूँगा।

यूरोप अथवा अमेरिका में शीघ्र ही मैं आपसे मिल सकूँगा,

आपकी स्नेहास्पद सन्तान,
विवेकानन्द

(श्रीमती मृणालिनी बसु को लिखित)

देवघर, वैद्यनाथ,
३ जनवरी, १८९९

माँ,

तुम्हारे पत्र में कई एक अति कठिन प्रश्नों का ज़िक्र हुआ है। एक छोटे से पत्र में उन सब प्रश्नों का विस्तारपूर्वक उत्तर देना सम्भव नहीं, परन्तु बहुत संक्षेप में उत्तर लिख रहा हूँ।

१. ऋषि मुनि, या देवता, किसीका भी सामर्थ्य नहीं कि वे सामाजिक नियमों का प्रवर्तन करें। जब समाज के पीछे किसी समय की आवश्यकताओं का झोंका लगता है, तब वह आत्मरक्षा के लिए आप ही आप कुछ आचारों की शरण लेता है। ऋषियों ने केवल उन सभी आचारों को एकत्र कर दिया है, बस। जैसे आत्मरक्षा के लिए मनुष्य कभी कभी बहुत से ऐसे उपायों का प्रयोग करता है, जो उस समय तो रक्षा पाने के लिए उपयोगी हों, परन्तु भविष्य के लिए बड़े ही अहितकर ठहरें, वैसे ही समाज भी बहुत अवसरों पर उस समय तो बच जाता है, पर जिस उपाय से वह बचता है, वही अन्त में भयंकर हो जाता है।

जैसे, हमारे देश में विधवा-विवाह का निषेध। ऐसा न सोचना कि ऋषियों या दुष्ट पुरुषों ने उन नियमों को बनाया है। यद्यपि पुरुष स्त्रियों को पूर्णतया अपने अधीन रखना चाहते हैं, तो भी बिना समाज की सामयिक आवश्यकता की सहायता लिये वे कभी कृतकार्य नहीं होते। इन आचारों में से दो विशेष ध्यान देने योग्य हैं—

(क) छोटी जातियों में विधवा-विवाह होता है।

(ख) उच्च जातियों में पुरुषों की अपेक्षा स्त्रियों की संख्या अधिक है।

अब यदि हर एक लड़की का विवाह करना ही नियम हो, तो एक एक लड़की के लिए एक एक पति मिलना ही मुश्किल है, फिर दो-तीन कहाँ से आयें? इसीलिए समाज़ ने एक तरफ़ की हानि कर दी है, यानी जिसको एक बार पति मिल गया है, उसको वह फिर पति नहीं देता; अगर दे तो एक कुमारी को पति नहीं मिलेगा।

दूसरी तरफ देखो कि जिन जातियों में स्त्रियों की कमी है, उनमें ऊपर लिखी बाधा न होने से विधवा-विवाह प्रचलित है।

यही बात जाति-भेद तथा अन्य सामाजिक आचारों के सम्बन्ध में है।

पाश्चात्य देशों में कुमारियों को पति मिलना दिन पर दिन कठिन होता जा रहा है। यदि किसी सामाजिक आचार को बदलना हो, तो पहले यही ढूंढ़ना चाहिए कि उस आचार की जड़ में क्या आवश्यकता है, और केवल उसीके बदलने से वह आचार आप ही आप नष्ट हो जायगा। ऐसा किये बिना केवल निन्दा या स्तुति से काम नहीं चलेगा।

२. अब प्रश्न यह है कि क्या समाज के बनाये हुए ये नियम, अथवा समाज का संगठन ही उस समाज के जनसाधारण के हितार्थ हैं? बहुत से लोग कहते हैं कि हाँ, पर कोई कोई कहते हैं कि ऐसा नहीं, कुछ मनुष्य औरों की अपेक्षा अधिक शक्ति प्राप्त कर दूसरों को धीरे धीरे अपने अधीन कर लेते हैं और कुछ छल-बल या कौशल से अपना मतलब हासिल कर लेते हैं। यदि यह सच है, तो इस बात का क्या अर्थ है कि अशिक्षित मनुष्यों को स्वाधीनता देने में डर रहता है? और फिर स्वाधीनता का अर्थ ही क्या है?

मेरे तुम्हारे धन आदि छीन लेने में कोई बाधा न रहने का नाम तो स्वाधीनता है नहीं, बल्कि तन, मन या धन का, बिना दूसरों को हानि पहुँचाये, इच्छानुसार उपयोग करने ही का नाम स्वाधीनता है। यह तो मेरा स्वाभाविक अधिकार है और उस धन, विद्या या ज्ञान को प्राप्त करने में समाज के अन्तर्गत प्रत्येक व्यक्ति को समान सुविधा रहनी चाहिए। दूसरी बात यह है कि जो लोग कहते हैं कि अशिक्षित या ग़रीब मनुष्यों को स्वाधीनता देने से अर्थात् उनको अपने शरीर और धन आदि पर पूरा अधिकार देने तथा उनके वंशजों को धनी और ऊँचे दर्जे के आदमियों के वंशजों की भाँति ज्ञान प्राप्त करने एवं अपनी दशा सुधारने में समान सुविधा देने से वे उच्छृंखल बन जायँगे, तो क्या वे समाज की भलाई के लिए ऐसा कहते हैं अथवा स्वार्थ से अन्धे होकर? इंग्लैंड में भी मैंने इस बात को सुना है कि अगर नीच लोग लिखना-पढ़ना सीख जायँगे, तो फिर हमारी नौकरी कौन करेगा?

मुट्ठी भर अमीरों के विलास के लिए लाखों स्त्री-पुरुष अज्ञता के अन्धकार और अभाव के नरक में पड़े रहें! क्योंकि उन्हें धन मिलने पर या उनके विद्या सीखने पर समाज उच्छृंखल हो जायगा!!

समाज है कौन? वे लोग जिनकी संख्या लाखों है? या तुम और मुझ जैसे दस-पाँच उच्च श्रेणीवाले?

यदि यह सच भी हो, तो भी तुममें और मुझमें ऐसा घमंड किस बात का है कि हम और सब लोगों को मार्ग बतायें? क्या हम लोग सर्वज्ञ हैं?

उद्धरेदात्मनात्मानम्—आप ही अपना उद्धार करना होगा। सब कोई अपने आपको उबारे। सभी विषयों में स्वाधीनता, यानी मुक्ति की ओर अग्रसर होना ही पुरुषार्थ है। जिससे और लोग शारीरिक, मानसिक और आध्यात्मिक स्वाधीनता की ओर अग्रसर हो सकें, उसमें सहायता देना और स्वयं उसी तरफ़ बढ़ना ही परम पुरुषार्थ है। जो सामाजिक नियम इस स्वाधीनता के स्फुरण में बाधा डालते हैं, वे ही अहितकर हैं और ऐसा करना चाहिए जिससे वे शीघ्र नष्ट हो जायँ। जिन नियमों के द्वारा सब जीव स्वाधीनता की ओर बढ़ सकें, उन्हींकी पुष्टि करनी चाहिए।

इस जन्म में दर्शन होते ही किसी व्यक्तिविशेष पर—चाहे वह वैसा गुणवान भले ही न हो—हमारा जो हार्दिक प्रेम हो जाता है, उसे हमारे यहाँ के पंडितों ने पूर्व जन्म का ही फल बतलाया है।

इच्छा-शक्ति के बारे में तुम्हारा प्रश्न बड़ा ही सुन्दर है और यही समझने योग्य विषय है। वासनाओं का नाश ही सभी धर्मों का सार है, पर इसके साथ इच्छा का भी निश्चय नाश हो जाता है, क्योंकि वासना तो इच्छाविशेष ही का नाम है। अच्छा, तो यह जगत् क्यों हुआ? और इन इच्छाओं का विकास ही क्यों हुआ? कई एक धर्मों का कहना है—बुरी इच्छाओं का ही नाश होना चाहिए, न कि सदिच्छाओं का। इस लोक में वासना का त्याग परलोक में भोगों के द्वारा पूर्ण हो जायगा। अवश्य पंडित लोग इस उत्तर से सन्तुष्ट नहीं हैं। दूसरी तरफ़ बौद्ध लोग कहते हैं कि वासना दुःख की जड़ है और उसका नाश ही श्रेय है। परन्तु मच्छर मारते हुए आदमी ही को मार डालने की तरह, बौद्ध आदि मतों के अनुसार दुःख का नाश करने के प्रयत्न में हमने अपनी आत्मा को भी मार डाला है।

सिद्धान्त यह है कि हम जिसे इच्छा कहते हैं, वह उससे भी बढ़कर किसी अवस्था का निम्न परिणाम है। 'निष्काम' का अर्थ है इच्छा-शक्तिरूप निम्न परिणाम का त्याग और उच्च परिणाम का आविर्भाव। यह उच्च परिणाम मन और बुद्धि के गोचर नहीं; परन्तु जैसे देखने में मुहर रुपये और पैसे से अत्यन्त भिन्न होने पर भी हम निश्चित जानते हैं कि मुहर दोनों ही से श्रेष्ठ है, वैसे ही वह उच्चतम अवस्था—उसे मुक्ति कहो या निर्वाण या और कुछ—मन-बुद्धि के गोचर न होने पर भी इच्छा आदि सब शक्तियों से बढ़कर है। यद्यपि वह 'शक्ति' नहीं, तो भी शक्ति उसीका परिणाम है, इसीलिए वह बढ़कर है; यद्यपि वह इच्छा नहीं, पर इच्छा उसीका निम्न परिणाम है, अतः वह उत्कृष्टतर है। अब समझ

लो, पहले सकाम, और आगे चलकर निष्काम रीति से ठीक ठीक इच्छा-शक्ति के उपयोग का फल यह होगा कि इच्छा-शक्ति पहले से बहुत उन्नत दशा को पहुँच जायगी।

गुरु-मूर्ति का पहले ध्यान करना पड़ता है, बाद में उसे लय कर इष्ट-मूर्ति की स्थापना करनी पड़ती है। जिस पर भक्ति एवं प्रेम हो वही इष्ट के रूप में ग्राह्य है।···

मनुष्य में ईश्वर-बुद्धि का आरोप करना बड़ा ही कठिन है, पर सतत प्रयत्न करने से अवश्य सफलता मिलती है। ईश्वर हर एक मनुष्य में विराजता है, चाहे वह इसे जाने या न जाने; तुम्हारी भक्ति से उस ईश्वरत्व का उसमें अवश्य ही उदय होगा।

तुम्हारा सदैव शुभाकांक्षी,
विवेकानन्द

(कुमारी जोसेफ़िन मैक्लिऑड को लिखित)

मठ, बेलूड़
हावड़ा, बंगाल
२ फ़रवरी, १८९९

प्रिय 'जो',

तुम अब तक न्यूयार्क पहुँच गयी होगी और बहुत दिनों की अनुपस्थिति के बाद फिर अपने स्वजनों के बीच हो। इस यात्रा में भाग्य ने प्रति पद पर तुम्हारा साथ दिया है—यहाँ तक कि समुद्र भी शांत था और जहाज़ में अवांछित-साथियों का भी सर्वथा अभाव था। किंतु, मेरी अवस्था ठीक विपरीत रही। मुझे बहुत दुःख है कि मैं तुम्हारे साथ क्यों नहीं गया। और न वैद्यनाथ के वायु परिवर्तन से ही कोई लाभ हुआ। मैं तो वहाँ मृतप्राय हो गया था। आठ दिनों तक दम घुटता रहा। मुझे उस अर्धमृतकावस्था में ही कलकत्ते लाया गया। और यहाँ मैं पुनर्जीवन के लिए संघर्ष कर रहा हूँ।

डॉक्टर सरकार मेरा इलाज कर रहे हैं।

मैं अब पहले जैसा उदास नहीं हूँ। मैंने अपने भाग्य से समझौता कर लिया है। यह वर्ष हमारे लिए बहुत कठिन प्रतीत हो रहा है। माँ ही सब कुछ अच्छी तरह जानती हैं। योगानन्द, जो माँ के घर में रहता था, गत मास से बीमार है और समझो कि मृत्यु के द्वार पर ही है। माँ ही सब कुछ अच्छी तरह जानती हैं, मैं फिर से काम में जुट गया हूँ। हालाँकि स्वयं कुछ नहीं करता। अपने शिष्यों को भारत के कोने कोने में फिर एकबार अलख जगाने भेजा है। सबसे बड़ी बात है—तुम

जानती हो—कोष की कमी। अब तो तुम अमेरिका में हो, प्रिय 'जो'—हमारे यहाँ के काम के लिए कुछ कोष एकत्र करके भेजो न!

मैं मार्च तक स्वास्थ्य लाभ कर लूँगा और अप्रैल तक यूरोप के लिए प्रस्थान कर दूँगा। फिर, सब कुछ माँ के हाथ में है।

मैंने जीवन में शारीरिक तथा मानसिक—दोनों कष्ट भोगे हैं। किंतु मुझ पर माँ की असीम दया है। अपने प्राप्य से अधिक आनन्द और आशीर्वाद मैंने प्राप्त किया है। मैं माँ को असफल करने के लिए संघर्ष नहीं कर रहा हूँ, बल्कि इसलिए कि वह मुझे सदा संघर्ष में रत पायेंगी। और लड़ाई के मैदान में ही मैं अंतिम साँस लूँगा।

मेरा प्यार और आशीर्वाद।

तुम्हारा,
विवेकानन्द

(कुमारी मेरी हेल को लिखित)

मठ, बेलूड़,
हावड़ा ज़िला
१६ मार्च, १८९९

प्रिय मेरी,

श्रीमती ऐडम्स को धन्यवाद कि तुम शैतान लड़कियों को अंततः उन्होंने पत्र लिखने के लिए उकसाया ही; 'आँखों से दूर, मन से दूर'—यह जितना भारत में सत्य है, उतना ही अमेरिका में; और दूसरी युवती महिला जो भागते भागते अपना प्यार छोड़ गयी, लगता है वह गोता खिलाने के योग्य है।

हाँ, मैं अपने शरीर के साथ हिंडोले का खेल खेलता रहा हूँ। वह कई महीने से मुझे विश्वास दिलाने का प्रयत्न कर रहा है कि उसका भी काफ़ी अस्तित्व है।

फिर भी कोई भय नहीं, क्योंकि मानसिक चिकित्सा में पारंगत चार बहनें मेरे पास हैं, इस समय घबड़ाहट नहीं है। तुम लोग मुझे एक लंबा और ज़ोर का झटका दो, तुम सब मिलकर; और फिर मैं उठ खड़ा हो जाऊँगा।

तुम अपने साल में एकवाले पत्र में मेरे विषय में इतना अधिक और उन चार चुड़ैलों के विषय में इतना कम क्यों लिखती हो, जो शिकागो के एक कोने में खौलती हुई देगची के ऊपर मन्त्र गुनगुनाती रहती हैं?

क्या तुमने मैक्समूलर की नयी पुस्तक, 'रामकृष्ण: उनका जीवन एवं उपदेश', (Ramkrishna: His Life and Teachings) देखी है?

अगर तुमने उसे अभी तक न पढ़ा हो, तो पढ़ो और माँ को भी पढ़ाओ। माँ

कैसी हैं? सफ़ेद हो रही हैं? और फ़ादर पोप? क्या तुम सोच सकती हो कि अमेरिका से हमारे यहाँ अन्तिम यात्री कौन थे? 'ब्रदर, लव इज़ ए ड्राइंग कार्ड' एवं 'मिसेस मील'; वे आस्ट्रेलिया एवं अन्य स्थानों में बहुत ही शानदार कार्य कर रहे हैं; वे ही पुराने साथी (फ़ेलोज़)—अगर बदले भी हैं वे, तो किंचित मात्र। मेरी इच्छा है कि तुम भारत की यात्रा करतीं,—वह भविष्य में ही कभी हो सकेगी। हाँ मेरी, कुछ महीने पहले जब मैं तुम्हारी लम्बी चुप्पी से घबड़ा रहा था, तो मैंने सुना कि तुम एक 'विली' फँसा रही थीं; अतः नृत्य एवं पार्टी आदि में व्यस्त थीं और इससे तुम्हारी लिखने में असमर्थता निश्चय ही समझ में आती है। परन्तु 'विली' हों तो, न हों तो, यह मत भूलना कि मुझे मेरे रुपये अवश्य मिलने चाहिए। हैरिएट को तो जब से अपना 'लड़का' मिल गया है, समझदारी के साथ चुप लगा गयी है; परन्तु मेरे रुपये कहाँ हैं? उसको तथा उसके पति को इसकी याद दिलाना। अगर वे 'ऊली' (Wooley) हैं, तो मैं चिपक जानेवाला बंगाली हूँ, जैसा कि अंग्रेज़ हमें यहाँ पर कहा करते हैं—हे ईश्वर मेरे रुपये कहाँ हैं?

अंततः गंगा-तट पर हमने एक मठ बना ही लिया; धन्यवाद है अमेरिकन एवं अंग्रेज़ मित्रों को। माँ से कहना कि वे सावधानी से देखती जायँ। तुम्हारी यांकी भूमि को मैं अपने मूर्तिपूजक मिशनरियों द्वारा आप्लावित करने जा रहा हूँ।

श्री ऊली से बताना कि वे बहन तो पा गये, लेकिन अभी तक उन्होंने भाई का मूल्य नहीं चुकाया। क्योंकि बैठके में धूम्रपान-रत विचित्र वेष में यह भूत जैसा काला मोटा आदमी था, जिसकी वजह से भयभीत होकर कितने प्रलोभन दूर हो गये और अनेक कारणों में यह भी एक था, जिससे ऊली को हैरिएट मिल सकी। चूँकि इस कार्य में मेरा बहुत बड़ा योग है, अतः इसका मैं पारिश्रमिक चाहता हूँ आदि आदि। ज़ोरों से मेरी वकालत करना, क्यों, करोगी न?

मैं कितना चाहता तो हूँ कि कुमारी 'जो' के साथ इस गर्मी में मैं अमेरिका आ सकूँ; किन्तु मनुष्य योजनाएँ बनाता है, और उन्हें विघटित कौन कर देता है? विघटित करनेवाला सदैव ईश्वर नहीं होता है। अच्छा, जैसा चल रहा है चलने दो। यहाँ पर अभयानन्द, मेरी लुई को तुम जानती हो, आयी है, और उसका बम्बई एवं मद्रास में अच्छा स्वागत हुआ। कल वह कलकत्ते आ रही है, और हम भी उसका शानदार स्वागत करेंगे।

मेरा स्नेह कुमारी 'हो', श्रीमती ऐडम्स, मदर चर्च, फ़ादर पोप तथा सात सागर पार के मेरे अन्य सभी मित्रों को। हम सात सागरों में विश्वास करते हैं—क्षीर-सागर, मधु-सागर, दधि-सागर, सुरा-सागर, रस-सागर, लवण-सागर, और

एक नाम भूल रहा हूँ कि वह क्या है। तुम चारों बहनों के लिए मैं अपना प्यार मधु-सागर के माध्यम से थोड़ा मद्य मिलाकर ताकि वह सुस्वादु बन जाय, प्रेषित कर रहा हूँ।

सदा शुभेच्छु तुम्हारा भाई,
विवेकानन्द

पुनश्च—नत्यों के मध्य जब समय मिले तो उत्तर देना। वि०

बेलूड़ मठ,
११ अप्रैल, १८९९

प्रिय—,

दो वर्ष के शारीरिक कष्ट ने मेरी बीस वर्ष की आयु का हरण कर लिया है। ठीक है, इससे आत्मा का कोई परिवर्तन नहीं होता है—क्या ऐसा होता है? वह आत्मविस्मृत आत्मा अपने भाव में विभोर होकर तीव्र एकाग्रता तथा व्याकुलता के साथ उसी प्रकार अवस्थित है।...

तुम्हारा,
विवेकानन्द

(श्रीमती सरला घोषाल को लिखित)

बेलूड़ मठ,
१६ अप्रैल, १८९९

श्रीमती जी,

आपका कृपापत्र पाकर मुझे अति हर्ष हुआ। यदि किसी ऐसे विषय के त्याग से, जिससे मुझे या मेरे गुरु-भाइयों को विशेष प्रेम है, अनेक सच्चे और शुद्ध-चित्त देशभक्त हमारे कार्य में आकर सहायता करेंगे, तो विश्वास रखिए कि हम ऐसे त्याग से तनिक भी न झिझकेंगे, आँसू की एक भी बूंद न बहायेंगे—और यह हम अपने व्यवहार में चरितार्थ करके दिखा सकते हैं। परन्तु अभी तक ऐसे किसी व्यक्ति को सहायता करने के लिए अग्रसर होते हुए मैंने नहीं देखा। कुछ लोगों ने केवल अपने प्रिय शौक़ को हमारे से बदलने का प्रयत्न किया है—बस, इतना ही है। यदि हमारे देश की अथवा मनुष्य जाति की वास्तविक सहायता होती हो तो गुरु-पूजा त्यागने की क्या बात है, हम कोई भी घोर पाप करने को या ईसाइयों की 'अनन्तकाल तक नरक-यातना' भोगने को भी तैयार हैं। परन्तु मनुष्य का अध्ययन करते करते मेरे सिर के बाल सफ़ेद हो गये हैं। यह संसार एक अत्यन्त दुःखप्रद स्थान है। बहुत दिनों से एक ग्रीक दार्शनिक के समान दीपक हाथ में लेकर मैंने घूमना आरम्भ

कर दिया है। एक सर्वप्रिय गीत, जो मेरे गुरु सदैव गाते थे, मुझे इस समय याद आ रहा है:

दिल जिससे मिलता है,
वह जन अपने नयनों से परिचय देता।
हैं तो ऐसे दो-एक जन,
जो करते विचरण,
जग की अनजानी राहों पर।

इतना ही कहना है। कृपया यह जानिये कि इसमें एक शब्द की भी अतिशयोक्ति नहीं है—आप भी इसे यथार्थ रूप में पायेंगी।

परन्तु मुझे उन देशभक्तों पर कुछ सन्देह है, जो हमारा साथ तभी देने को तैयार हैं, जब हम अपनी गुरु-पूजा त्याग दें। अच्छा, यदि वे अपने देश की सेवा में सचमुच इतना उद्योग और परिश्रम कर रहे हैं कि प्रायः मृतप्राय से हुए जाते हैं, तो प्रश्न यह उठता है कि सिर्फ़ गुरु-पूजा की ही एक समस्या से उनका सारा काम कैसे रुक जाता है।...

क्या वह प्रबल तरंगशालिनी नदी, जिसके वेग से मानो पहाड़, पर्वत बहे जा रहे थे, गुरु-पूजा मात्र से हिमालय की ओर लौटायी जा सकती थी? क्या आप समझती हैं कि इस प्रकार की स्वदेश-भक्ति से कोई महान् कार्य सिद्ध हो सकता है या इस तरह की सहायता से कोई विशेष उपकार हो सकता है? शायद आप ही लोग इसको समझती हों। मैं तो कुछ नहीं समझता। एक प्यासे को इतना जल-विचार, भूख से मृतप्राय व्यक्ति का यह अन्न-विचार एवं यह नाक-भौं सिकोड़ना! मुझे ऐसा लगता है कि वे लोग 'ग्लास-केस' के अन्दर रखने योग्य हैं; कार्य के समय वे लोग जितना ही पीछे रहें, उतना ही उनका कल्याण है।

प्रीत न माने जात-कुजात।
भूख न माने बासी भात॥

किन्तु इसमें सब मेरी भूल हो सकती है। यदि गुरु-पूजा रूपी गुठली के गले में फँसने से सब मरने लगें, तो यही अच्छा है कि गुठली को ही छोड़ दिया जाय।

खैर, इस विषय पर विस्तारपूर्वक आपसे बातचीत करने की मेरी अत्यन्त अभिलाषा है। ये सब बातें करने के लिए रोग, शोक एवं मृत्यु ने मुझको अब तक अवसर दिया है—एवं विश्वास है कि वे आगे भी देंगे।

इस नववर्ष में आपकी सम्पूर्ण कामनाएँ पूर्ण हों।

किमधिकमिति,
विवेकानन्द

(खेतड़ी के महाराज को लिखित)

मठ, आलमबाज़ार
१४ जून, १८९९

प्रिय मित्र,

मैं यहाँ जिस अवस्था में हूँ—चाहता हूँ कि श्रीमान् भी उसी अवस्था में रहें। अभी आपको मित्रता और प्यार की अत्यंत आवश्यकता है।

मैंने कई सप्ताह पहले आपको एक पत्र लिखा था, किंतु आपका कोई संवाद नहीं मिला। आशा है, आपका स्वास्थ्य बहुत अच्छा चल रहा होगा। मैं इसी महीने की २० तारीख़ को फिर इंग्लैण्ड की यात्रा कर रहा हूँ।

समुद्रयात्रा से संभवतः कुछ लाभ हो, इसकी भी आशा मुझे है।

आप सभी संकटों से संरक्षित रहें और समस्त शुभ की छाया आप पर सदा बनी रहे।

आपका,
विवेकानन्द

पुनश्च—जगमोहन को मेरा प्यार और अलविदा!

(श्री ई० टी० स्टर्डी को लिखित)

पोर्ट सईद,
१४ जुलाई, १८९९

प्रिय स्टर्डी,

अभी अभी तुम्हारा पत्र ठीक ठीक आ पहुँचा। पेरिस के एम० नौबल का भी एक पत्र मिला है। कुमारी नोबल को अमेरिका से कई पत्र मिले हैं।

एम० नोबल ने लिखा है कि उनको दीर्घकाल तक बाहर रहना होगा; अतः उन्होंने मुझे लन्दन से पेरिस में अपने यहाँ आने की तिथि को पीछे हटा देने के लिए लिखा है। तुम्हें यह निश्चित रूप से पता है कि इस समय लन्दन में मेरे मित्रों में से अधिकांश लोग नहीं हैं; कुमारी मैक्लिऑड मुझे जाने के लिए बहुत ही ज़ोर दे रही हैं। वर्तमान परिस्थिति में इंग्लैण्ड में रहना मुझे युक्तियुक्त प्रतीत नहीं हो रहा है। साथ ही मेरी आयु भी समाप्त हो रही है—ख़ासकर इस बात को सत्य मानकर ही मुझे चलना होगा। मेरा वक्तव्य यह है कि यदि हमें अमेरिका में वस्तुतः कुछ करना हो, तो अपनी सारी बिखरी हुई शक्ति केन्द्रित करने का सबसे अच्छा अवसर यही है—अगर हम उन्हें यथार्थ रूप से सुनियन्त्रित न कर सकें तो भी। तब कुछ महीनों के बाद मुझे इंग्लैण्ड लौटने का अवसर प्राप्त होगा एवं भारतवर्ष लौटने के पूर्व तक दत्तचित्त होकर मैं कार्य कर सकूँगा।

मैं समझता हूँ कि अमेरिका के कार्यों को समेटने के लिए तुम्हारा आना नितान्त आवश्यक है। अतः यदि सम्भव हो, तो मेरे साथ ही तुम्हारा आना उचित है। मेरे साथ तुरीयानन्द जी हैं। सारदानन्द का भाई बोस्टन जा रहा है।...यदि तुम अमेरिका न भी आ सको, तो भी मेरा जाना उचित है—तुम्हारी क्या राय है?

तुम्हारा,
विवेकानन्द

(कुमारी जोसेफ़िन मैक्लिऑड को लिखित)

दि लिम्स,
वुड साइड्स, विम्बिल्डन,
३ अगस्त, १८९९

प्रिय 'जो',

आख़िर हमें चैन मिली। मुझे एवं तुरीयानन्द को यहाँ रहने का सुन्दर स्थान मिल गया है। सारदानन्द का भाई कुमारी नोबल के साथ है और अगले सोमवार को वह प्रस्थान कर रहा है।

समुद्र-यात्रा से मेरे स्वास्थ्य में काफ़ी सुधार हुआ है। यह डम्बलों के साथ व्यायाम करने और मानसूनी तूफ़ान के द्वारा लहरों में टक्कर खाते स्टीमर से ही हुआ। क्या यह विचित्र बात नहीं है? आशा है कि यह ऐसा ही चलेगा। हमारी माँ—भारत की पूज्या ब्राह्मणी गाय, कहाँ है? मैं समझता हूँ कि वह तुम्हारे साथ न्यूयार्क में है।

स्टर्डी, श्रीमती जॉनसन एवं और सब लोग बाहर हैं। इससे मार्गो चिन्तित है। वह अगले महीने तक अमेरिका (संयुक्तराज्य) नहीं आ सकती है। मैं धीरे धीरे समुद्र से स्नेह करने लग गया हूँ। मत्स्यावतार मेरे ऊपर है, ऐसा मुझे भान होता है; मुझ बंगाली को ऐसा विश्वास है कि उसकी प्रचुर मात्रा मुझमें है।

अल्बर्टा के हाल-चाल क्या हैं..., बूढ़े लोग और अन्य लोग कैसे हैं? श्रीमती ब्रेर रैबिट का एक सुन्दर पत्र मुझे मिला था; वह हमसे लन्दन में नहीं मिल सकीं; हम लोगों के पहुँचने के पहले ही वह प्रस्थान कर चुकी थीं।

यहाँ पर सुहावना और गर्म है; या जैसा लोग कहते हैं, बहुत गर्म। मैं इस समय एक शून्यवादी हो गया हूँ, जो 'शून्य' या 'कुछ नहीं' में विश्वास करता है। कोई योजना नहीं, कोई अनुचिन्ता नहीं, किसी भी काम के लिए प्रयत्न नहीं, पूर्ण रूपेण मुक्त। अच्छा 'जो', स्टीमर पर जब कभी मैंने तुम्हारी या देव-गाय की निन्दा की, मार्गो ने सदा तुम्हारा पक्ष लिया। बेचारी बच्ची, उसको क्या पता! 'जो' इन सबका यही तात्पर्य है कि लन्दन में कोई कार्य नहीं हो सकता,

क्योंकि तुम यहाँ नहीं हो। तुम मेरा भाग्य जान पड़ती हो! पीसे जाओ, बूढ़ी देवी, यह कर्म है और कोई इससे बच नहीं सकता। कहा जा सकता है कि इस समुद्र-यात्रा से मैं वर्षों छोटा नजर आ रहा हूँ। केवल जब हृदय धक्का देता है, तभी मुझे अपनी अवस्था का भान होता है। हाँ, तो यह अस्थि-चिकित्सा (Osteopathy) क्या है? क्या मेरा उपचार करने के लिए वे एक-दो पसली काटकर अलग कर देंगे। मैं कभी नहीं होने दूंगा, निश्चित ही मेरी पसलियों से...की रचना नहीं होने की। मेरी हड्डियाँ गंगा में मूँगे बनने के लिए निर्मित हैं। अगर प्रतिदिन तुम मुझे एक पाठ पढ़ाओ, तो अब मैं फ्रेंच पढ़ सकता हूँ, लेकिन व्याकरण से कुछ वास्ता नहीं—मैं केवल पढ़ूंगा और तुम उसकी अंग्रेजी में व्याख्या करना। कृपया अभेदानन्द को मेरा स्नेह देना और तुरीयानन्द के स्थान पर तैयार रहने के लिए कहना। मैं उसके साथ प्रस्थान करूँगा। शीघ्र लिखना।

सस्नेह,
विवेकानन्द

(कुमारी मेरी हेल्बॉयस्टर को लिखित)

द्वारा कुमारी नोबल,
२१ए, हाई स्ट्रीट, विम्बलडन,
(?) अगस्त, १८९९

प्रिय मेरी,

मैं फिर लन्दन में हूं। इस ब.र कोई व्यस्तता नहीं, किसी चीज़ के लिए उतावलापन नहीं; एक कोने में शान्तिपूर्वक बैठ गया हूँ—अवसर मिलते ही अमेरिका प्रस्थान करने की प्रतीक्षा में हूँ। मेरे प्राय: सभी मित्र लन्दन से बाहर हैं—ग्रामों या अन्य स्थानों में, एवं मेरा स्वास्थ्य भी पर्याप्त रूप से ठीक नहीं है।

हाँ, तो तुम कनाडा के अपने एकान्त, झीलों एवं उपवनों के मध्य सुखपूर्वक हो। यह जानकर कि तुम पुनः अपने उत्कर्ष की चोटी पर हो, मैं ख़ुश हूँ, बहुत ख़ुश। तुम सतत वहाँ बनी रहो!

तुम अब तक 'राजयोग' का अनुवाद समाप्त न कर सकीं—ठीक है, कोई जल्दी नहीं है। तुम जानती हो कि अगर इसे पूरा होना है, तो समय एवं अवसर अवश्य आयेगा, अन्यथा हम व्यर्थ ही प्रयत्न करते हैं।

अपने लघु किंतु प्रबल ग्रीष्म में कनाडा आजकल अवश्य ही सुन्दर हो रहा होगा, और स्वास्थ्यप्रद भी।

कुछ सप्ताह में मैं न्यूयार्क में होने की आशा करता हूँ और इसके आगे क्या होगा मुझे मालूम नहीं। आगामी वसन्त में मैं इंग्लैण्ड फिर आने की आशा करता हूँ।

यह मेरी उत्कट अभिलाषा है कि कोई आपदा किसीके भी पास न फटके, लेकिन आपदा ही एक ऐसी वस्तु है, जो हमें अपने जीवन की गहराइयों में अन्तर्दृष्टि प्रदान करती है। क्या यह ऐसा नहीं करती ?

अन्तर्वेदना के क्षणों में सदा के लिए जकड़े द्वार खुलते प्रतीत होते हैं और प्रकाश का एक प्रवाह अन्दर प्रविष्ट होता प्रतीत होता है।

अवस्था के साथ साथ हम सीखते चलते हैं। खेद की बात है कि यहाँ हम अपने ज्ञान का उपयोग नहीं कर पाते। जिस क्षण हमें लगता है कि हम सीख रहे हैं, उसी क्षण रंगमंच से जल्दी से हटा दिये जाते हैं। और यह माया है !

यदि हम ज्ञानी खिलाड़ी हों, तो नक़ली संसार की यहाँ कोई सत्ता नहीं होगी, यह खेल आगे चले ही न। आँखों में पट्टी बाँधे हमें खेलना होगा। हममें से किसीने इस नाटक में खलनायक की भूमिका ली है और किसीने नायक की—कदापि चिन्ता न करो, यह सब एक नाटक है। यही एक सान्त्वना है। रंगमंच पर क्या नहीं है—वहाँ दैत्य हैं, सिंह हैं, चीते हैं, लेकिन उन सबका मुँह बँधा है। वे उछलते हैं, लेकिन काट नहीं सकते। संसार हमारी आत्मा का स्पर्श नहीं कर सकता है। यदि तुम चाहो, तो टुकड़े टुकड़े हो गये एवं रक्त बहते शरीर में भी तुम अपने मन में महत्तम शान्ति का आनन्द लेती रह सकती हो।

और इसका यही एक मार्ग है कि आशाहीनता को प्राप्त किया जाय। क्या उसका तुम्हें ज्ञान है ? यह नैराश्य की जड़-बुद्धि नहीं है, यह तो एक विजेता की उन वस्तुओं के प्रति अवज्ञा है, जिनको उसने प्राप्त कर लिया है, जिनके लिए उसने संघर्ष किया है और फिर जिनको अपने महत्त्व की तुलना में नगण्य समझ कर ठुकरा दिया है। इस आशाहीनता, इच्छाहीनता, उद्देश्यहीनता का ही प्रकृति के साथ सामंजस्य है। प्रकृति में कोई सामंजस्य नहीं, कोई तर्क नहीं, कोई क्रम नहीं; उसमें पहले भी अस्तव्यस्तता थी, अब भी है।

निम्नतम मनुष्य भी अपने पार्थिव मन के द्वारा प्रकृति के साथ एकलय है; उच्चतम भी अपने पूर्ण ज्ञान के साथ वैसा ही है। ये तीनों ही उद्देश्यहीन, स्वच्छन्द एवं आशारहित हैं—तीनों ही सुखी हैं।

तुम एक गप्पी पत्र की आशा करती हो, है न यह बात ? गप्पों के लिए मेरे पास कोई अधिक सामग्री नहीं है। अन्तिम दो दिन श्री स्टर्डी आये थे। कल वे वेल्स—अपने घर जा रहे हैं।

दो-एक दिन में न्यूयार्क-यात्रा के लिए मुझे टिकट लेने हैं।

कुमारी साउटर एवं मैक्स गिसिक के सिवा अब तक यहाँ लन्दन में जो पुराने मित्र हैं, उनमें किसीसे भी मैं नहीं मिला हूँ। वे सदा की भाँति बहुत ही सहृदय रहे हैं।

वूँकि अब तक लन्दन के विषय में मुझे कुछ भी मालूम नहीं, इसलिए मेरे पास तुम्हारे लिए कोई समाचार नहीं है। मुझे पता नहीं कि गरट्रुड आर्चार्ड कहाँ है, अन्यथा मैंने उसे लिखा होता। कुमारी केट स्टील भी बाहर है। वह वृहस्पति या शनिवार को आनेवाली है।

मुझे पेरिस में ठहरने के लिए एक मित्र का निमन्त्रण मिला है, वे एक अच्छे पढ़े-लिखे भद्र फ़ान्सीसी हैं, लेकिन इस बार मैं नहीं जा सका। कभी फिर, कुछ दिन के लिए मैं उनके साथ रहने की आशा करता हूँ। मैं अपने कुछ पुराने मित्रों से मिलने एवं उनसे नमस्कार-प्रणाम करने की आशा करता हूँ।

निश्चय ही तुमसे अमेरिका में मिलने की आशा है। या तो अपने पर्यटन के सिलसिले में मैं अप्रत्याशित ही ओटावा आ सकता हूँ या तुम्हीं न्यूयार्क आ जाओ।

शुभेच्छा, तुम्हारा मंगल हो।

भगवत्पदाश्रित,
विवेकानन्द

(स्वामी ब्रह्मानन्द को लिखित)

लन्दन,
१० अगस्त, १८९९

अभिन्नहृदय,

तुम्हारे पत्र से बहुत समाचार विदित हुए। जहाज़ में मेरा शरीर ठीक था; किन्तु ज़मीन पर उतरने के बाद पेट में वायु की शिकायत होने के कारण कुछ ख़राब है। यहाँ पर बड़ी गड़बड़ी है—गर्मी के दिन होने के कारण मित्र लोग भी बाहर गये हुए हैं। इसके अलावा शरीर भी साधारणतया ठीक नहीं है एवं भोजन आदि के विषय में भी बहुत सी असुविधाएँ हैं। अतः दो-चार दिन के अन्दर अमेरिका रवाना हो रहा हूँ। श्रीमती बुल को हिसाब भेज देना—ज़मीन, मकान तथा भोजन इत्यादि पर कितना खर्च हुआ है, प्रत्येक विषय का विवरण पृथक् पृथक् हो।

सारदा ने लिखा है कि पत्रिका अच्छी प्रकार से नहीं चल रही है। मेरे भ्रमण-वृत्तान्त को पर्याप्त विज्ञापन देकर छापें तो सही—देखते देखते ग्राहकों की बाढ़ सी आ जायगी। पत्रिका के तीन-चौथाई हिस्से में केवल सिद्धान्त की बातें छापने से क्या वह लोकप्रिय हो सकती है?

अस्तु, पत्रिका पर सतर्क दृष्टि रखना। समझ लेना कि मानो मैं चल बसा हूँ। यह समझकर तुम लोग स्वतन्त्रता के साथ कार्य करते रहो। 'रुपया-पैसा, विद्या-बुद्धि सब कुछ दादा पर निर्भर है'—ऐसा समझने से सर्वनाश निश्चित है। यदि

सब धन, यहाँ तक कि पत्रिका के लिए भी, मैं एकत्र करूँगा, लेख भी मेरे ही होंगे, तो फिर तुम सब लोग क्या करोगे? फिर अपने साहब लोग क्या कर रहे हैं? मैंने अपनी भूमिका अदा कर दी है। तुम लोगों से जो बने करो। वहाँ न तो कोई एक पैसा ला सकता है और न प्रचार ही कर सकता है, अपने ही कार्य को संचालित करने की बुद्धि किसीमें नहीं है, एक पंक्ति भी लिखने में कोई समर्थ नहीं है एवं बेकार ही सब लोग महात्मा हैं! . . .तुम लोगों की जब यह दशा है, तब तो मैं चाहता हूँ कि छः महीने के लिए काग़ज़-पत्र, रुपये-पैसे, प्रचार इत्यादि सब कुछ नवागतों को सौंप दो। वे भी यदि कुछ न कर सकें, तो सब बेच-बाच कर जिनके जो रुपये हैं, उन्हें उनकी रक़म वापस कर फ़कीर बन जाओ। मठ का कोई समाचार मुझे नहीं मिलता है। शरत् क्या कर रहा है? मैं कार्य चाहता हूँ। मरने से पहले मैं यह देखना चाहता हूँ कि आजीवन कष्ट उठाकर मैंने जो ढाँचा खड़ा किया, वह किसी प्रकार चल रहा है। रुपये-पैसे के प्रत्येक मामले में समिति से परामर्श कर लेना। प्रत्येक खर्च के लिए समिति की स्वीकृति प्राप्त कर लेना। नहीं तो तुम्हें बदनामी मोल लेनी पड़ेगी! जो लोग रुपये देते हैं, वे एक न एक दिन हिसाब अवश्य जानना चाहेंगे—ऐसी ही रीति है। हर समय हिसाब तैयार न रखना बहुत ही ख़राब बात है। . . .प्रारम्भ में ऐसी शिथिलता से ही लोग बेईमान बन जाते हैं। मठ में जो लोग हैं, उनको लेकर एक समिति का गठन करो और प्रत्येक खर्च के लिए उनकी स्वीकृति ली जाय, उसके बिना कोई भी खर्च नहीं किया जा सकेगा। मैं कार्य चाहता हूँ, उद्यम चाहता हूँ—चाहे कोई मरे अथवा कोई जिये! संन्यासी के लिए मरना-जीना क्या है?

शरत् यदि कलकत्ते को जाग्रत न कर सके. . .तुम यदि इस वर्ष के अन्दर बुनियाद खड़ी न कर सके तो देखना कैसा तमाशा होगा! मैं कार्य चाहता हूँ—किसी प्रकार का पाखण्ड नहीं। परमाराध्या माता जी को मेरा साष्टांग प्रणाम।

सस्नेह तुम्हारा,
विवेकानन्द

रिजले,
२ सितम्बर, १८९९

प्रिय—,

जीवन संघर्षों एवं भ्रान्तियों की समष्टि मात्र है। . . .जीवन का रहस्य भोग नहीं है, किन्तु अनुभव के द्वारा शिक्षा प्राप्त करना है। किन्तु हाय, जिस क्षण हम लोगों की वास्तविक शिक्षा प्रारम्भ होती है, उसी क्षण हम लोगों का बुलावा आ

जाता है। इसीको बहुत से लोग परजन्म के अस्तित्व का प्रबल प्रमाण मानते हैं।... सर्वत्र ही कार्यों में एक तूफ़ान उठना मानो एक अच्छी ही बात है। उससे सब कुछ स्वच्छ हो जाता है तथा उस कार्य का असली रूप सबके सामने स्पष्ट हो उठता है। पुनः उसका निर्माण किया जाता है, किन्तु उसकी आधारशिला दुर्भेद्य पत्थर की होती है।

तुम्हारा शुभेच्छु,
विवेकानन्द

(श्रीमती ओलि बुल को लिखित)

रिजले मॅनर,
४ सितम्बर, १८९९

प्रिय माँ,

इधर पिछले छः महीनों से मैं भाग्य के दुश्चक्र की चरमावस्था में रहा हूँ। जहाँ कहीं भी जाता हूँ दुर्भाग्य मेरा पीछा नहीं छोड़ता। लगता है कि इंग्लैण्ड में स्टर्डी अपने काम से ऊब गया है, हम भारतीयों में वह कोई तपस्विता नहीं पा रहे हैं। यहाँ ज्यों ही मैं पहुँचता हूँ, ओलिया को तेज़ दौरा हो जाता है।

क्या मैं आपके पास शीघ्र पहुंच जाऊँ? मैं जानता हूँ कि मैं आपकी कुछ अधिक सहायता नहीं कर पाऊँगा, परन्तु अधिक से अधिक उपयोगी हो सकने का प्रयत्न करूँगा।

आशा है कि आपका सब कुछ शीघ्र ही ठीक हो जायगा और इस पत्र के पहुंचने के पहले ही ओलिया पूर्णरूप से स्वस्थ हो जायगी। 'माँ' को सब विदित है। मेरे विषय में यही सब कुछ है।

सतत सस्नेह भवदीय,
विवेकानन्द

(कुमारी मेरी हेल को लिखित)

रिजले मॅनर
(?) सितम्बर, १८९९

प्रिय मेरी,

हाँ, मैं पहुँच गया। ग्रीनेकर से मुझे ईसाबेल का एक पत्र मिला था। आशा है कि मैं शीघ्र ही हैरिएट एवं उससे मिलूँगा। हैरिएट डब्ल्यू० समान रूप से मौन रहे हैं। चिन्ता मत करो, मैं अपने अवसर की प्रतीक्षा करूँगा और श्री वूली के करोड़पति बन जाते ही अपने पैसे की माँग करूँगा। तुमने मदर चर्च एवं फ़ादर पोप के विषय में कोई बात नहीं लिखी, केवल मेरे विषय में समाचारपत्रों में प्रका-

शित कुछ ख़बरें लिखी हैं। बहुत पहले से मैंने समाचारपत्रों में दिलचस्पी लेना छोड़ दिया, वे मुझे केवल जनता के सम्मुख बनाये रखते हैं और इससे किसी तरह, जैसा तुमने लिखा है, मेरी किताबों की कुछ बिक्री हो जाती है। क्या तुम जानती हो कि मैं अब क्या करने का प्रयत्न कर रहा हूँ। मैं भारत एवं उसकी जनता के विषय में एक किताब लिख रहा हूँ—कुछ लघु, सरल, चलता। मैं पुनः फ़्रेंच सीखने जा रहा हूँ। अगर इस वर्ष ऐसा करने में मैं असफल हुआ, तो अगले वर्ष मैं पेरिस-प्रदर्शनी ढंग से देख नहीं पाऊँगा। यहाँ मैं अधिक फ्रेंच सीखने की आशा करता हूँ, जहाँ नौकर भी फ्रेंच में बातचीत करते हैं।

तुमने क्या कभी श्रीमती लेगेट से मुलाक़ात की? वह तो एकदम भव्य हैं। उनके अतिथि के रूप में मैं अगले साल पेरिस जा रहा हूँ, जैसे कि मैं पहली बार गया था।

कार्य-संचालन के केन्द्र के रूप में तथा दर्शन-शिक्षा एवं धर्म के तुलनात्मक अध्ययन के लिए अब मैंने गंगा-तट पर एक मठ की स्थापना कर ली है।

इधर तुम क्या करती रहीं? पढ़ती रही हो? लिखती रही हो? तुमने कुछ नहीं किया। इस समय तक तुम बहुत कुछ लिख सकती थीं। अगर तुम केवल मुझे फ़्रेंच ही पढ़ा पातीं, तो अब तक मैं बहुत अंशों में फ़्रेंच हो गया होता और तुमने यह नहीं किया, केवल मुझे बकवास करने की प्रेरणा दी। तुम कभी ग्रीनेकर भी नहीं गयीं। आशा है कि वह हर वर्ष पुष्ट होता जा रहा है।

ईसाई-विज्ञान के २४ फ़ुट और ६०० पौण्डों की तुम अपनी चिकित्सा से मुझे अच्छा नहीं कर पायीं। तुम्हारी चिकित्सा-शक्ति के प्रति मैं अपना विश्वास खोता जा रहा हूँ। सैम (Sam) कहाँ है? इधर सारे समय शक्तिभर सावधान रह सकनेवाला वह, कितना सुशील बालक है, उसके हृदय के लिए साधुवाद।

शीघ्रता से मेरे बाल सफ़ेद हो रहे थे, लेकिन किसी तरह रुक गये। मुझे खेद है कि अब कुछ थोड़े से ही सफ़ेद बाल हैं, यद्यपि अनुसंधान करने से बहुत से प्रकाश में आ जायँगे। मैं इसको पसन्द करता हूँ और बकरे की तरह एक लम्बा सफ़ेद नूर उगाने जा रहा हूँ। यूरोप में मदर चर्च एवं फ़ादर पोप अच्छे ढंग से समय बिता रहे हैं। स्वदेश लौटते समय मैंने इसका कुछ आभास पाया। और तुम शिकागो में सिण्डरेला नृत्य में व्यस्त हो—यह तुम्हारे लिए कितनी अच्छी बात है। इन बूढ़ों को अगले साल पेरिस जाने और तुमको अपने साथ ले लेने के लिए राजी करो। वहाँ देखने के लिए बहुत से अद्भुत दृश्य होंगे। दूकान बंद करने के पूर्व फ़्रांसीसी अन्तिम एवं महान् प्रयत्न कर रहे हैं—ऐसा लोग कहते हैं।

बहुत, बहुत दिनों से तुमने मेरे पास कोई पत्र नहीं भेजा, ठीक है न। इस

पत्र को पाने की तुम पात्री नहीं हो, लेकिन तुम जानती ही हो कि मैं कितना भला हूँ—और विशेषतया इसलिए कि मृत्यु क़रीब आ रही है, मैं किसीसे झगड़ा करना नहीं चाहता। ईसाबेल एवं हैरियट से मिलने के लिए मैं मर रहा हूँ। मुझे यह आशा है कि ग्रीनेकर सराय में उन लोगों की रोग-निवारण की शक्ति और बढ़ गयी है और वे मुझे इस वर्तमान अवनति से उबारने में सहायता करेंगी। मेरे ज़माने में इस सराय में आध्यात्मिक आहार अधिक मात्रा में मौजूद थे और भौतिक सामग्री की मात्रा कम थी। अस्थि-चिकित्सा विज्ञान के विषय में क्या तुम कुछ जानती हो ? यहाँ न्यूयार्क में एक ऐसे व्यक्ति हैं, जो सचमुच अद्भुत कार्य कर रहे हैं।

एक सप्ताह के भीतर मैं उनसे अपनी हड्डियों की परीक्षा कराने जा रहा हूँ। कुमारी 'हो' कहाँ है ? वह कितनी भद्र और कितनी अच्छी मित्र हैं। हाँ, तो मेरी, यह कितनी विचित्र बात है कि तुम्हारे परिवार, मदर चर्च अ.र उनके पादरी ने—मठवासी और लौकिक दोनों प्रकार के—मेरे ऊपर किसी अन्य परिवार की अपेक्षा, जिसे मैं जानता हूँ, अधिक प्रभाव डाला है। ईश्वर सतत तुम्हारा कल्याण करे। इस समय मैं आराम कर रहा हूँ और लेगेट-दम्पति कितने उदार हैं कि मुझे घर जैसा लग रहा है। ड्यूई-जुलूस देखने के लिए मैं न्यूयार्क जाने की सोच रहा हूँ। मैंने वहाँ के अपने मित्रों से मुलाक़ात नहीं की है।

अपने विषय में सब बातें मुझे बताना। मैं सुनने के लिए बहुत इच्छुक हूँ। तुम 'जो' को तो जानती हो। मैंने अपनी लगातार बीमारी से उनकी भारत-यात्रा में विघ्न उपस्थित कर दिया, किंतु वे बहुत ही क्षमाशील एवं सज्जन हैं। वर्षों से श्रीमती बुल और वे मेरी अभिभावक देवदूत रही हैं। आगामी सप्ताह में श्रीमती बुल के यहाँ आने की आशा है।

वे यहाँ पहले आ गयी होतीं, लेकिन उनकी पुत्री (ओलिया) को बीमारी का दौरा चलता रहा। उसने बहुत कष्ट झेला, लेकिन अब खतरे से बाहर है। यहाँ पर श्रीमती बुल ने लेगेट के कुटीरों में से एक ले रखा है और यदि शीत ऋतु का आगमन समय से पहले नहीं होता, तो हम यहाँ अभी एक महीने तक आनन्द उठा सकते हैं। स्थान कितना मनोरम है—उपवनों एवं लॉनों से सुयुक्त।

एक दिन मैंने गॉल्फ़ खेलने का प्रयत्न किया; मुझे यह बिल्कुल ही मुश्किल नहीं जान पड़ता है—केवल इसके लिए अच्छे अभ्यास की आवश्यकता है। क्या तुम अपने 'गॉल्फ़िंग' मित्रों से मिलने के लिए कभी फिलाडेलफ़िया नहीं गयीं ? तुम्हारी योजनाएँ क्या हैं ? अपने शेष जीवन में क्या करने को सोच रही हो ? क्या किसी कार्य के लिए तुमने विचार किया है ? मुझे एक लम्बा पत्र लिखना। लिखोगी ? जब मैं नेपुल्स के मार्गों से गुज़र रहा था, मैंने एक महिला को देखा, जो तीन और

महिलाओं के साथ जा रही थीं, वे निश्चय ही अमेरिकी थीं। वह तुमसे इतना मिलती-जुलती थीं कि मैं उनसे कुछ कहने ही जा रहा था, किंतु जब मैं नज़दीक गया मुझे अपनी ग़लती मालूम हो गयी। सम्प्रति विदा। शीघ्र लिखना।

सतत तुम्हारा प्यारा भाई,
विवेकानन्द

(श्रीमती ओलि बुल को लिखित)

रिजले,
४ सितम्बर, १८९९

प्रिय श्रीमती बुल,

. . . मेरी तो वही एक बात है—माँ ही सब कुछ जानती हैं। . . .

आपका,
विवेकानन्द

(श्री ई० टी० स्टर्डी को लिखित)

रिजले मॅनर,
१४ सितम्बर, १८९९

प्रिय स्टर्डी,

लेगेट के घर में मैं केवल विश्राम ही ले रहा हूँ और कुछ भी नहीं कर रहा हूँ। अभेदानन्द यहीं पर है। वह अत्यन्त परिश्रम कर रहा है। दो-एक दिन के अन्दर ही एक माह तक विभिन्न स्थानों में कार्य करने के लिए वह चल देगा। फिर न्यूयार्क में कार्य करने के लिए आयेगा।

तुम्हारे बताये हुए तरीक़े के आधार पर मैं कुछ करने के लिए प्रयत्नशील हूँ; किन्तु हिन्दुओं के बारे में हिन्दू द्वारा लिखी गयी पुस्तक को पाश्चात्य देश में कितना आदर प्राप्त होगा—मैं नहीं कह सकता। . . .

श्रीमती जॉनसन के मतानुसार किसी धार्मिक व्यक्ति को रोग होना उचित नहीं है। उनको अब यह भी मालूम हो रहा है कि मेरा सिगरेट आदि पीना भी पाप है, आदि आदि। मेरी बीमारी के कारण कुमारी मुलर ने मुझे छोड़ दिया। मुझे एवं तुम्हें यह सोचना चाहिए कि सम्भवतः उनकी धारणा पूर्णतया ठीक है। किन्तु मैं जैसा था, ठीक वैसा ही हूँ। भारत में अनेक व्यक्तियों ने इस दोष के लिए जिस प्रकार आपत्ति की है, उसी प्रकार यूरोपीय लोगों के साथ भोजन करना भी उनकी दृष्टि में दोषयुक्त है। यूरोपियनों के साथ मैं भोजन करता हूँ, इसलिए मुझे एक पारिवारिक देव-मन्दिर से निकाल दिया गया था। मैं चाहता हूँ कि मेरा गठन इस प्रकार का हो कि प्रत्येक व्यक्ति अपनी इच्छानुसार मुझे मोड़ सके।

किन्तु यह दुर्भाग्य की बात है कि मुझे ऐसा व्यक्ति देखने को नहीं मिलता, जिससे कि सब कोई सन्तुष्ट हों। खासकर जिसे अनेक स्थलों में घूमना पड़ता है, उसके लिए सबको सन्तुष्ट करना सम्भव नहीं है।

जब मैं पहले अमेरिका आया था, तब पतलून न रहने से लोग मेरे प्रति दुर्व्यवहार करते थे; इसके बाद मज़बूत आस्तीन तथा कॉलर पहनने के लिए मुझे बाध्य किया गया—अन्यथा वे मुझे स्पर्श नहीं कर सकते थे। अगर उनके द्वारा दी गयी खाद्य-सामग्री मैं नहीं खाता था, तो वे मुझे अत्यन्त व्यंग्यात्मक दृष्टि से देखते थे—इसी प्रकार सारी बातें थीं।

ज्योंही मैं भारत पहुँचा, वहाँ पर तत्काल ही मेरा मस्तक मुण्डन कराकर उन्होंने मुझे कौपीन धारण कराया; फलतः मुझे 'बहुमूत्र' की बीमारी हो गयी। सारदानन्द ने कभी अपने अन्तर्वास को नहीं त्यागा, इसलिए उसके जीवन की रक्षा हो गयी—उसे केवल सामान्यरूप से वातग्रस्त होना पड़ा तथा विपुल लोकनिन्दा सहनी पड़ी।

इसमें सन्देह नहीं कि सब कुछ मेरा कर्मफल ही है—और इसलिए इसमें मैं आनन्द ही अनुभव करता हूँ। क्योंकि यद्यपि इससे तात्कालिक कष्ट होता है, फिर भी इसके द्वारा जीवन में एक विशेष प्रकार का अनुभव प्राप्त होता है; और यह अनुभव, चाहे इस जीवन में हो अथवा दूसरे जीवन में उपयोगी ही सिद्ध होता है।...

जहाँ तक मेरा प्रश्न है, मैं स्वयं उतार-चढ़ाव के बीच में होकर अग्रसर हो रहा हूँ। मैं सदा यह जानता तथा प्रचार करता रहा हूँ कि प्रत्येक आनन्द के बाद दुःख उपस्थित होता है—अगर चक्रवृद्धि व्याज के साथ नहीं, तो कम से कम मूलधन के रूप में ही। संसार से मुझे बहुत प्यार मिला है; इसलिए यथेष्ट घृणा प्राप्त करने के लिए भी मुझे प्रस्तुत रहना होगा। और इससे मुझे खुशी ही है—क्योंकि इसके द्वारा मेरा यह मतवाद प्रमाणित हो रहा है कि प्रत्येक उत्थान के साथ ही साथ उसके अनुरूप पतन भी रहता है।

अपनी ओर से मैं अपने स्वभाव तथा नीति पर अवलम्बित हूँ—एक बार जिसको मैंने अपने मित्र के रूप में माना है, वह सदा के लिए मेरा मित्र है। इसके अलावा भारतीय रीति के अनुसार बाहरी घटनाओं के कारणों का अनुसधान करने के लिए मैं भीतर की ओर ही देखता हूँ।

मैं यह जानता हूँ कि मुझ पर चाहे जितनी भी विद्वेष एवं घृणा की तरगें उपस्थित क्यों न हों, उनके लिए मैं जिम्मेवार हूँ एवं यह जिम्मेवारी एकमात्र मुझ पर ही है। इसकी अपेक्षा उसका और कोई रूपान्तर होना सम्भव नहीं है।

श्रीमती जॉनसन ने एवं तुमने एक बार और अन्तर्मुखी होने के लिए मुझे जो सावधान किया है, तदर्थ तुम दोनों को अनेक धन्यवाद।

सदा ही की तरह स्नेहशील तथा शुभाकांक्षी,
विवेकानन्द

(कुमारी मेरी हेल को लिखित)

रिजले मॅनर
३ अक्तूबर, १८९९

प्रिय मेरी,

तुम्हारे कृपा-पत्र के लिए धन्यवाद। इस समय बहुत ठीक हूँ और प्रतिदिन स्वस्थ होता जा रहा हूँ। आशा है कि श्रीमती बुल एवं उनकी पुत्री आज या कल आ जायँगी। इस प्रकार हमारे लिए आनन्दप्रद समय का दूसरा दौर प्रारम्भ होगा—हाँ तुम्हारे लिए तो हर समय आनन्द है। मैं खुश हूँ कि तुम फ़िलाडेलफ़िया जा रही हो, लेकिन इस बार उतना खुश नहीं हूँ जितना तब था—जब करोड़पति क्षितिज पर दिखलायी पड़ रहा था। बहुत प्यार के साथ—

तुम्हारा प्रिय भाई,
विवेकानन्द

(कुमारी मेरी हेल को लिखित)

रिजले मॅनर,
३० अक्तूबर, १८९९

प्रिय आशावादिनी,

तुम्हारी चिट्ठी मिली और इसके लिए अनुगृहीत हूँ कि किसी बात ने आशावादी एकान्तवाद को सक्रिय होने के लिए विवश किया है। यों तो तुम्हारे प्रश्नों ने नैराश्य के स्रोत को ही खोल दिया है। आधुनिक भारत में अंग्रेजी शासन का केवल एक ही सान्त्वनादायक पक्ष है कि एक बार फिर उसने अनजाने ही भारत को विश्व के रंगमंच पर लाकर खड़ा कर दिया है, उसने वाह्य जगत् के संपर्क को इस पर लाद दिया है। अगर जनता के मंगल के लिए यह किया गया होता, तो जिस तरह परिस्थितियों ने जापान की सहायता की, भारत के लिए इसका परिणाम और भी आश्चर्यजनक होता। जब मुख्य ध्येय खून चूसना हो, कोई कल्याण नहीं हो सकता। मोटे रूप से जनता के लिए पुराना शासन अधिक अच्छा था, क्योंकि जनता से वह सब कुछ नहीं छीनता था और उसमें कुछ न्याय था, कुछ स्वतन्त्रता थी।

कुछ सौ आधुनीकृत, अर्धशिक्षित एवं राष्ट्रीय चेतनाशून्य पुरुष ही वर्तमान

अंग्रेज़ी भारत का दिखावा हैं—और कुछ नहीं। मुस्लिम इतिहासकार फ़रिश्ता के अनुसार १२वीं शताब्दी में ६० करोड़ हिन्दू थे—अब २० करोड़ से भी कम।

भारत को जीतने के लिए अंग्रेज़ों के संघर्ष के मध्य शताब्दियों की अराजकता, अंग्रेज़ों द्वारा १८५७-५८ में किये गये भयावह जनवधों और इससे भी अधिक भयावह अकालों, जो अंग्रेज़ी शासन के अनिवार्य परिणाम बन गये हैं (देशी राज्यों में कभी अकाल नहीं पड़ता) और उनमें लाखों प्राणियों की मृत्यु के बावजूद भी जनसंख्या में काफ़ी वृद्धि होती रही है; तब भी जनसंख्या उतनी नहीं है जब देश पूर्णतः स्वतन्त्र था—अर्थात् मुस्लिम शासन के पूर्व। भारतीय श्रम एवं उत्पादन से भारत की वर्तमान आबादी की पाँच गुनी आबादी का भी आसानी से निर्वाह हो सकता है, यदि भारतीयों की सारी वस्तुएँ उनसे छीन न ली जायं।

यह आज की स्थिति है—शिक्षा को भी अब अधिक नहीं फैलने दिया जायगा; प्रेस की स्वतन्त्रता का गला पहले ही घोंट दिया गया है, (निरस्त्र तो हम पहले से ही कर दिये गये हैं) और स्व-शासन का जो थोड़ा अवसर हमको पहले दिया गया था, शीघ्रता से छीना जा रहा है। हम इन्तज़ार कर रहे हैं कि अब आगे क्या होगा! निर्दोष आलोचना में लिखे गये कुछ शब्दों के लिए लोगों को कालापानी की सज़ा दी जा रही है, अन्य लोग बिना कोई मुक़दमा चलाये जेलों में ठूँसे जा रहे हैं; और किसीको कुछ पता नहीं कि कब उनका सर धड़ से अलग हो जायगा।

कुछ वर्षों से भारत में आतंकपूर्ण शासन का दौर है। अंग्रेज सिपाही हमारे देशवासियों का खून कर रहे हैं, हमारी बहनों को अपमानित कर रहे हैं—हमारे खर्च से ही यात्रा का किराया और पेन्शन देकर स्वदेश भेजे जाने के लिए! हम लोग घोर अंधकार में हैं—ईश्वर कहाँ है? मेरी, तुम आशावादिनी हो सकती हो, लेकिन क्या मेरे लिए यह सम्भव है? मान लो तुम इस पत्र को केवल प्रकाशित भर कर दो—तो उस कानून का सहारा लेकर जो अभी अभी भारत में पारित हुआ है, अंग्रेज़ी सरकार मुझे यहाँ से भारत घसीट ले जायगी और बिना किसी कानूनी कार्रवाई के मुझे मार डालेगी। और मुझे यह मालूम है कि तुम्हारी सभी ईसाई सरकारें इस पर खुशियाँ मनायेंगी, क्योंकि हम ग़ैरईसाई हैं। क्या मैं भी सोने चला जा सकता हूँ और आशावादी हो सकता हूँ? नीरो सबसे बड़ा आशावादी मनुष्य था! समाचार के रूप में भी वे इन भीषण बातों को प्रकाशित करना नहीं चाहते, अगर कुछ समाचार देना आवश्यक भी हो तो 'रॉयटर' के संवाददाता ठीक उलटा झूठा समाचार गढ़ कर देते हैं! एक ईसाई के लिए ग़ैरईसाई की हत्या भी वैधानिक मनोरंजन है! तुम्हारे मिशनरी ईश्वर का उपदेश

करने जाते हैं, लेकिन अंग्रेजों के भय से एक शब्द भी सत्य कह पाने का साहस नहीं कर पाते, क्योंकि अंग्रेज़ उन्हें दूसरे दिन ही लात मारकर निकाल बाहर कर देंगे।

शिक्षा-संचालन के लिए पूर्ववर्ती सरकारों द्वारा अनुदत्त सम्पत्ति एवं ज़मीन को गले के नीचे उतार लिया गया है और वर्तमान सरकार रूस से भी कम शिक्षा पर व्यय करती है। और शिक्षा भी कैसी?

मौलिकता की किंचित् अभिव्यक्ति भी दबा दी जाती है। मेरी, अगर कोई वास्तव में ऐसा ईश्वर नहीं है, जो सबका पिता है, जो निर्बल की रक्षा करने में सबल से भयभीत नहीं है और जिसे रिश्वत नहीं दिया जा सकता, तो सब कुछ हमारे लिए निराशा ही है। क्या कोई इसी प्रकार का ईश्वर है? समय बतायेगा।

हाँ तो, मैं ऐसा सोच रहा हूँ कि कुछ सप्ताह में शिकागो आ रहा हूँ और इन विषयों पर पूर्ण रूप से बात करूँगा। इस समाचार के सूत्र को प्रकट न करना।

प्यार के साथ सतत तुम्हारा भाई,

विवेकानन्द

पुनश्च—जहाँ तक धार्मिक सम्प्रदायों का प्रश्न है ब्राह्मसमाज, आर्यसमाज तथा अन्य व्यर्थ की खिचड़ी पकाते हैं। वे मात्र अंग्रेज मालिकों के प्रति कृतज्ञता की ध्वनियाँ हैं, जिससे कि वे हमें साँस लेने की आज्ञा दे सकें। हम लोगों ने एक नये भारत का श्री गणेश किया है—एक विकास—इस बात की प्रतीक्षा में कि आगे क्या घटित होता है। हम तभी नये विचारों में आस्था रखते हैं, जब राष्ट्र उनकी माँग करता है और जो हमारे लिए सत्य हैं। ब्राह्मसमाजी के लिए सत्य की यह कसौटी है, 'जिसका हमारे मालिक अनुमोदन करें'; किन्तु हमारे लिए वह सत्य है, जो भारतीय बुद्धि एवं अनुभूति द्वारा मण्डित है। संघर्ष आरम्भ हो गया है—हमारे एवं ब्राह्मसमाज के बीच नहीं, क्योंकि वे पहले से ही निष्प्राण हो गये हैं, बल्कि इससे भी अधिक एक कठिन, गम्भीर एवं भीषण संघर्ष।

वि०

(श्री ई० टी० स्टर्डी को लिखित)

द्वारा श्री एफ० लेगेट,
रिजले मॅनर,
अल्सटर काउण्टी,
न्यूयार्क

प्रिय स्टर्डी,

अधूरे पते के कारण तुम्हारा पिछला पत्र इधर-उधर चक्कर लगाकर मेरे पास पहुँचा।

संभवतः तुम्हारी आलोचना का अधिकांश न्यायसंगत एवं सही है। और यह भी सम्भव है कि एक दिन तुम्हें यह पता चले कि इन सबका उदय दूसरे मनुष्यों के प्रति तुम्हारी कुछ घृणा से होता है और मैं केवल बलि का बकरा था।

फिर भी इस बात के लिए कटुता नहीं आनी चाहिए, क्योंकि अपनी समझ में मैंने किसी ऐसी चीज़ का दंभ नहीं किया, जो मुझमें नहीं है। न ऐसा करना मेरे लिए सम्भव है, क्योंकि मेरा एक घण्टे का सहवास भी किसीको मेरे धूम्रपान एवं चिड़चिड़े स्वभाव आदि से परिचित करा देगा। 'प्रत्येक मिलन वियोग से सम्बद्ध है' —यही वस्तुओं की प्रकृति है। निराशा भी मैं नहीं महसूस करता हूँ। आशा है कि अब आप में कोई कटुता नहीं रहेगी। कर्म ही हमको मिलाता है और कर्म ही जुदा भी कराता है।

मुझे पता है कि तुम कितने संकोची हो और दूसरों की भावना को ठेस पहुँचाने से कितना घृणा करते हो। महीनों तक चलनेवाली तुम्हारी मानसिक यातना का भी मुझे पूरा एहसास है, जब तुम ऐसे लोगों के साथ कार्य करने के लिए संघर्ष-रत रहे, जो तुम्हारे आदर्श से इतने भिन्न थे। पहले मैं इसका बिल्कुल ही अनुमान नहीं कर पाया, अन्यथा मैं तुमको बहुत कुछ अनावश्यक मानसिक परेशानी से बचा सकता था। यह फिर कर्म का फल है।

हिसाब पहले नहीं पेश किया गया, क्योंकि काम अभी भी खत्म नहीं हुआ है; और मैं अपने दाता को पूरे कार्य की समाप्ति पर ही एक सर्वांगपूर्ण हिसाब देना चाहता था। अभी केवल पिछले साल ही कार्य प्रारम्भ हुआ है, क्योंकि बहुत काल तक कोष के लिए हमें प्रतीक्षा करनी पड़ी और मेरा तरीक़ा यह है कि हम स्व-प्रेरित सहायता की प्रतीक्षा करते हैं, कभी माँगते नहीं।

मैं अपने समस्त कार्य में इसी विचार का अनुगमन करता हूँ, क्योंकि मैं खूब अच्छी तरह जानता हूँ कि मेरा स्वभाव बहुत से लोगों को अप्रसन्न करनेवाला है। अतः तब तक इन्तज़ार करता हूँ, जब कोई स्वयं मुझे चाहता है। एक क्षण की सूचना पर विदा हो जाने के लिए मैं अपने को हमेशा तैयार रखता हूँ। और विदाई के मामले में न तो मैं कोई बुरा मानता हूँ और न इसके विषय में अधिक सोचता ही हूँ, क्योंकि जिस तरह का बनजारा जीवन मेरा है, उसमें ऐसी बातें हमेशा होती रहती हैं। केवल इसीलिए दुःखी हूँ कि न चाहते हुए भी मैं दूसरों को कष्ट देता हूँ। मेरी कोई डाक अगर आपके पास आये, तो कृपया भेज दीजियेगा। सदा आप सुखी-समृद्ध रहें, ऐसी मेरी सदा प्रार्थना है।

विवेकानन्द

(भगिनी निवेदिता को लिखित)

रिजली,
१ नवम्बर, १८९९

प्रिय मार्गट,

मुझे ऐसा मालूम हो रहा है कि मानो तुम्हारे हृदय में किसी प्रकार का विषाद है। घबड़ाओ मत, कोई भी चीज़ चिरस्थायी नहीं है। जो भी हो, जीवन तो अनन्त नहीं है। मैं उसके लिए अत्यन्त कृतज्ञ हूँ। जगत् में जो लोग सर्वश्रेष्ठ एवं परम साहसी होते हैं, उनके भाग्य में कष्ट ही लिखा होता है; किन्तु यद्यपि उसका प्रतिकार सम्भव है, फिर भी जब तक ऐसा न हो, तब तक के लिए इस प्रकार की घटना भावी अनेक युगों तक कम से कम स्वप्न दूर करने की शिक्षा के रूप में भी ग्रहण करने योग्य है। मैं तो स्वाभाविक दशा में अपनी वेदना-यातनाओं को आनन्द के साथ ग्रहण करता हूँ। इस जगत् में किसी न किसीको दुःख उठाना ही पड़ेगा, मुझे खुशी है कि प्रकृति के सम्मुख बलि के रूप में जिनको उपस्थित किया गया है, मैं भी उनमें से एक हूँ।

तुम्हारा,
विवेकानन्द

(श्रीमती ओलि बुल को लिखित

द्वारा ई० गर्नसी, एम० डी०,
१८०, डब्ल्यू० ५९, मैड्रिड,
१५ नवम्बर, १८९९

प्रिय श्रीमती बुल,

आखिरकार अभी केम्ब्रिज आने का इरादा मैंने कर ही लिया है। जो कहानियाँ मैं शुरू कर चुका हूँ, उन्हें मुझे पूरी करना होगा। मैं नहीं समझता कि इनमें से पहली मार्गो ने मुझे वापस की थी।

मेरे कपड़े परसों तैयार हो जायँगे, और तब मैं चल पड़ने के लिए तैयार हो जाऊँगा। बस, भय मुझे सिर्फ़ इस बात का है कि वहाँ तमाम जाड़े मुझे लगातार जलसों और व्याख्यानों के कारण मानसिक शान्ति के बजाय अशान्ति ही झेलनी पड़ेगी। खैर, शायद आप वहाँ मेरे लिए कहीं किसी कमरे का प्रबन्ध कर सकें, जहाँ इन सब झंझटों से मैं अपने को बचाये रख सकूँ। और फिर मैं एक ऐसे स्थान पर जाने में घबड़ा रहा हूँ, जहाँ कि परोक्ष रूप से एक भारतीय मठ होगा। इन मठवालों का नाम मात्र ही मुझे घबड़ा देने के लिए पर्याप्त है। और वे इन पत्रों आदि से मार डालने को कृतसंकल्प हैं।

फिर भी जैसे ही मुझे कपड़े मिल जायँगे, वैसे ही मैं आ जाऊँगा—इसी हफ्ते में। आपको मेरे खातिर न्यूयार्क आने की आवश्यकता नहीं। यदि आपको निजी काम हो तो और बात है। मॉण्टक्लेयर की श्रीमती ह्वीलर का एक अत्यन्त कृपापूर्ण निमन्त्रण मुझे मिला था। बोस्टन को रवाना होने के पूर्व कम से कम कुछ घण्टों के लिए मैं मॉण्टक्लेयर घूम पड़ूँगा।

मैं काफ़ी अच्छा हूँ और ठीक ठाक हूँ; मेरी चिन्ता को छोड़कर मेरे साथ और कोई गड़बड़ी नहीं है, और अब मुझे विश्वास हो गया है कि इसे भी मैं उखाड़ फेंकूंगा।

मुझे आपसे केवल एक चीज़ चाहिए—और मुझे भय है कि वह मुझे आपसे नहीं मिल सकेगी—वह यह कि आप भारत पत्र आदि लिखते समय उसमें अप्रत्यक्ष रूप से भी कहीं कोई मेरा उल्लेख न करें। मैं कुछ समय के लिए या शायद हमेशा के लिए छिपा रहना चाहता हूँ। मैं उस दिन को कितना कितना कोसता हूँ, जब मुझे पहले-पहल प्रसिद्धि मिली!

सस्नेह,
विवेकानन्द

(भगिनी निवेदिता को लिखित)

न्यूयार्क,
१५ नवम्बर, १८९९

प्रिय मार्गट,

...सभी बातों को ध्यान में रखते हुए मैं नहीं समझता कि मेरे शरीर के लिए किसी प्रकार की चिन्ता का कारण है। इस प्रकार का उत्तेजनशील शरीर समय समय पर महान् संगीत ध्वनित करने तथा अंधकार में विलाप करने का उपयुक्त उपकरण होता है।

तुम्हारा,
विवेकानन्द

(श्री ई० टी० स्टर्डी को लिखित)

द्वारा एफ० एच० लेगेट,
२१, पश्चिम, ३४वीं स्ट्रीट,
न्यूयार्क,
नवम्बर, १८९९

प्रिय स्टर्डी,

यह पत्र अपने आचरण के समर्थन में नहीं लिख रहा हूँ। यदि मैंने कोई पाप

किया है तो शब्दों से उसका मोचन नहीं हो सकता, न ही किसी प्रकार का प्रतिबन्ध सत्कार्य को अग्रसर होने से रोक सकता है।

पिछले कुछ महीनों से बराबर मैं इस विषय में सुनता आ रहा हूँ कि पश्चिमवालों ने मेरे भोग के लिए कितने कितने ऐशो-आराम के साधन जुटाये हैं, और यह कि ऐशो-आराम के इन साधनों का मुझ जैसा पाखण्डी उपभोग भी करता रहा है, जब कि इस बीच बराबर मैं दूसरों को त्याग की शिक्षा देता रहा हूँ। और ये ऐशो-आराम के साधन और इनका उपभोग ही कम से कम इंग्लैण्ड में मेरे काम में सबसे बड़ा रोड़ा रहा है। मैंने क़रीब क़रीब अपने मन को यह विश्वास कर लेने के लिए सम्मोहित कर दिया है कि मेरे जीवन के नीरस मरु-प्रदेश में यह एक नख़लिस्तान जैसी चीज़ रही है—जीवन-पर्यन्त के दुःखों-कष्टों तथा निराशाओं के बीच प्रकाश का एक लघु केन्द्र!—कठिन परिश्रम और कठिनतर अभिशापों से भरे जीवन में एक क्षण का विश्राम!—और यह नख़लिस्तान, यह लघु केन्द्र, यह क्षण भी केवल इन्द्रिय-भोग के लिए!!

मैं बहुत खुश था, मैं दिन में सैकड़ों बार उनकी कल्याण-कामना करता था, जिन्होंने यह सब प्राप्त कराने में मेरी सहायता की। परन्तु देखिए न, तभी आपका पिछला पत्र आता है, बिजली की कड़क की तरह, और सारा स्वप्न उड़ जाता है। मैं आपकी आलोचना के प्रति अविश्वास करने लगता हूँ, बल्कि मुझमें ऐशो-आराम के साधन और उनके भोग आदि की सारी बातों और इसके अतिरिक्त दूसरी चीज़ों की स्मृतियों पर बहुत थोड़ी आस्था शेष रह जाती है। यह सब कुछ मैं आपको लिख रहा हूँ, यदि आप उचित समझें, तो आशा है आप इसे मित्रों को दिखा देंगे और बतायेंगे कि मैं कहाँ ग़लती पर हूँ।

मुझे 'रीडिंग' में आपका आवास याद है, जहाँ मुझे दिन में तीन बार उबली हुई पातगोभी और आलू, भात तथा उबली हुई दाल खाने को दी जाती थी और साथ ही वह चटनी भी, जो आपकी पत्नी मुझे सारे समय कोस कोस कर देती थीं। मुझे याद नहीं कि कभी आपने मुझे सिगार पीने को दिया हो—शिलिंगवाली या पेंसवाली। न ही मुझे याद है कि मैंने आपसे भोजन या आपकी पत्नी के सदा कोसते रहने के विषय में कोई शिकायत की हो, हालाँकि घर में मैं हमेशा एक चोर की तरह भय से सदा काँपता और प्रतिदिन आपके लिए काम करता रहता था।

अगली स्मृति मुझे सेंट जॉर्ज रोड स्थित उस मकान की है, जहाँ आप और कुमारी मूलर उस घर के मालिक थे। मेरा भाई बेचारा वहाँ बीमार था और —ने उसे खदेड़ दिया। वहाँ भी मुझे याद नहीं आता कि मुझे कोई ऐशो-आराम

मिला—न खान-पान के विषय में और न शय्या-बिस्तर के विषय में। यहाँ तक कि कमरे के विषय में भी नहीं।

दूसरा स्थान जहाँ मैं ठहरा, वह कुमारी मूलर का घर था। यद्यपि वह मेरे प्रति बहुत मेहरबान रहीं, पर मैं सूखे मेवे और फल खाकर गुजारा करता था। फिर अगली स्मृति लन्दन के उस 'अन्ध-कूप' की है, जहाँ मुझे दिन-रात कार्य करना पड़ता था। और अक्सर पाँच-छः जनों के लिए भोजन भी पकाना पड़ता था; और जहाँ अधिकांश रात्रियाँ मुझे रोटी के टुकड़े और मक्खन के सहारे गुज़ार देनी पड़ती थीं।

मुझे याद है एक बार श्रीमती— ने मुझे भोजन पर बुलाया, रात को ठहरने की जगह भी दी, पर अगले ही दिन घर भर में धूम्रपान करनेवाले काले जंगली की निन्दा करती रहीं।

कैप्टन सेवियर तथा श्रीमती सेवियर को छोड़कर मुझे याद नहीं कि इंग्लैण्ड में किसीने एक रूमाल जितना टाट का टुकड़ा भी कभी मुझे दिया हो। बल्कि इंग्लैण्ड में शरीर और मस्तिष्क से रात-दिन काम करने के कारण ही मेरी तन्दुरुस्ती गिर गयी। यही सब कुछ आप इंग्लैण्ड-वासियों ने मुझे दिया, जब कि बराबर मुझसे जी-तोड़ काम लेते रहे। और अब मुझे इस 'ऐशो-आराम' के लिए कोसा जा रहा है। आपमें से किन लोगों ने मुझे कोट पहनाया है? किसने सिगार दिया है? किसने मछली या गोश्त का टुकड़ा? आपमें से किसे ऐसा कहने की हिम्मत है कि मैंने उससे खाने-पीने की, या धूम्रपान या कपड़े-लत्ते या रुपये-पैसे की याचना की?—से पूछिए, भगवान् के लिए पूछिए, अपने मित्रों से पूछिए, और सबसे पहले खुद अपने से पूछिए, 'अपने अन्दर स्थित उस परमेश्वर से जो कभी सोता नहीं।'

आपने मेरे काम के लिए रुपया दिया है। उसकी एक एक पाई यहाँ है। आपकी आँखों के सामने मैंने अपने भाई को दूर भेज दिया, शायद मरने के लिए, पर मुझे यह गवारा नहीं हुआ कि उस अमानत के धन में से उसे एक कौड़ी भी दे दूं।

दूसरी ओर मुझे इंग्लैण्ड के सेवियर-दम्पति की याद आती है, जिन्होंने ठंड में मेरी कपड़ों से रक्षा की, मेरी अपनी माँ से बढ़कर मेरी सेवा की और मेरी परेशानियों तथा मेरी दुर्बलताओं को साथ साथ झेला। और उनके हृदय में मेरे प्रति आशीर्वाद भाव के अतिरिक्त और कुछ नहीं है। और चूंकि श्रीमती सेवियर को किसी गौरव की परवाह नहीं थी, इसलिए वे आज हज़ारों लोगों की दृष्टि में पूज्य हैं. और मरने के बाद वे हम ग़रीब भारतवासियों की एक महान् उपकारकर्त्री के रूप में लाखों लोगों द्वारा स्मरण की जायँगी। और इन लोगों ने मेरे ऐशो-आराम

के लिए मुझे कभी नहीं कोसा, हालाँकि मुझे उसकी यदि आवश्यकता हो या मैं उसे चाहूँ तो वे उसे देने के लिए तत्पर हैं।

श्रीमती बुल, कुमारी मैक्लिऑड, और श्री तथा श्रीमती लेगेट के विषय में आपसे कुछ कहने की आवश्यकता नहीं। मेरे प्रति उनका कितना स्नेह और कृपाभाव है, यह आप जानते हैं। श्रीमती बुल और कुमारी मैक्लिऑड तो हमारे देश भी जा चुकी हैं, वहाँ घूमी-फिरी और रही हैं, जैसा कि अभी तक किसी विदेशी ने नहीं किया, और वहाँ का सब कुछ झेला है, पर ये न मुझे कोसती हैं न मेरे ऐशो-आराम को। बल्कि यदि मैं अच्छा खाना चाहूँ या एक डॉलरवाला सिगार पीना चाहूँ, तो इससे वे खुश ही होंगी। और इन्हीं लेगेट और बुल परिवारों ने मुझे खाने को भोजन और तन ढकने को वस्त्र दिया, जिनके पैसों से मैं धूम्रपान करता रहा और कई बार तो अपने मकान का मैंने किराया चुकता किया; जब कि मैं आपके देशवासियों के लिए मरता-खपता रहा और मेरे शरीर की बोटियों के बदले आप लोग मुझे गंदे दरबे तथा भुखमरी प्रदान करते रहे, और साथ ही मन में यह आरोप भी पालते रहे कि मैं वहाँ 'ऐश' कर रहा हूँ।

'गरजनेवाले मेघ बरसते नहीं;
वर्षा के मेघ बिना गरजे धरती को आप्लावित कर देते हैं।'

देखिए. . ., जिन्होंने सहायता दी है या अभी भी कर रहे हैं, वे कोई आलोचना नहीं करते, न कोसते हैं; यह तो केवल उनका काम है, जो कुछ नहीं करते, जो सिर्फ़ अपने स्वार्थ-साधन में मस्त रहते हैं। इन निकम्मे, हृदयहीन, स्वार्थी, निकृष्ट लोगों का आलोचना करना मेरे लिए सबसे बड़ा वरदान हो सकता है। मैं अपने जीवन में इसके सिवा और कुछ नहीं चाहता कि इन बेहद मतलबी लोगों से कोसों दूर रहूँ।

ऐशो-आराम की बातें! इन आलोचकों को एक के बाद एक परखिए तो सबके सब मिट्टी के लोंदे निकलेंगे, किसीमें भी जीवन-चेतना का कहीं लेश नहीं। ईश्वर को धन्यवाद है कि ऐसे लोग देर-सबेर अपने असली रंग में उतर आते हैं। और आप मुझे इन हृदयहीन स्वार्थी लोगों के कहने पर अपना आचरण और कार्य नियमित करने की सलाह देते हैं, और हतबुद्धि होते हैं, क्योंकि मैं ऐसा नहीं करता!

जहाँ तक मेरे गुरुभाइयों की बात है, वे जो मैं कहता हूँ, वही करते हैं। यदि उन्होंने कहीं कोई स्वार्थ दिखाया है, तो वह मेरे आदेश पर ही, अपनी इच्छा से नहीं।

जिस 'अंध-कूप' में आपने मुझे लन्दन में रखा, जहाँ मुझे काम करते करते मर।

जाने दिया और सारे समय प्राय: भूखा रखा, क्या वहाँ आप अपने बच्चों को रखना चाहेंगे? क्या श्रीमती—ऐसा चाहेंगी? वे 'संन्यासी' हैं, और इसका अर्थ है कि कोई संन्यासी अपना जीवन अनावश्यक रूप से बरबाद न करे, न ही 'अनावश्यक कष्ट-सहन करे।'

पश्चिम में यह सब कष्ट सहन करते समय हम केवल संन्यासी-धर्म का उल्लंघन ही करते रहे हैं। वे मेरे भाई हैं, मेरे बच्चे हैं। मैं अपनी खातिर उन्हें कुँए में मरने देना नहीं चाहता। जितना जो कुछ भी शुभ है, सत्य है, उसकी सौगन्ध खाकर कहता हूँ कि मैं उन्हें उनकी कष्ट-साधनाओं के बदले इस तरह भूखों मरते, खपते और कोसे जाते नहीं देखना चाहता।

एक बात और। मुझे बड़ी खुशी होगी, यदि आप मुझे दिखा सकें कि कहाँ मैंने देह को यातना देने का प्रवचन किया है। जहाँ तक शास्त्रों की बात है, यदि कोई पंडित-शास्त्री संन्यासियों तथा परमहंसों के लिए जीवन-व्यवस्था के नियमों के आधार पर हमारे विरुद्ध कुछ कह सकने का साहस करे, तो मुझे प्रसन्नता ही होगी।

हाँ . . . मेरा हृदय दुखता है। मैं सब समझता हूँ। मुझे पता है कि आप कहाँ हैं—आप उन लोगों के चंगुल में फँसे हुए हैं, जो आपको मेरे विरुद्ध इस्तेमाल करना चाहते हैं। मेरा मतलब आपकी पत्नी से नहीं। वह तो इतनी सीधी है कि कभी खतरनाक हो ही नहीं सकती। लेकिन मेरे बेचारे भाई, आपके पास मांस की गंध है—थोड़ा सा धन है।—और गिद्ध चारों ओर मँडरा रहे हैं। यही जीवन है।

आपने प्राचीन भारत के विषय में ढेरों बातें कही थीं। वह भारत अब भी जीवित है, . . . वह मरा नहीं है, और वह जीवित भारत आज भी बिना किसी भय या अमीर की कृपा के, बिना किसीके मत की परवाह किये—चाहे वह अपने देश में हो, जहाँ उसके पैरों में जंजीर पड़ी है या वहाँ जहाँ उस जंजीर का सिरा हाथ में पकड़े उसका शासक है—अपना संदेश देने का साहस रखता है। वह भारत अब भी जीवित है . . .—अमर प्रेम और शाश्वत निष्ठा का वह अपरिवर्तनीय भारत, अपने रीति-रिवाजों में ही नहीं, वरन् उस प्रेम, निष्ठा और मैत्री भाव में भी! और उसी भारत की सन्तानों में से एक नगण्य मैं आपको प्यार करता हूँ, . . . 'भारतीय प्रेम' की भावना से प्यार करता हूँ, और आपको इस भ्रमजाल से मुक्त करने के लिए हजारों तन न्यौछावर कर सकता हूँ।

सदैव आपका,

विवेकानन्द

(स्वामी ब्रह्मानन्द को लिखित)

अमेरिका,
२० नवम्बर, १८९९

अभिन्नहृदय,

शरत् के पत्र से समाचार विदित हुए। . . .तुम्हारी हार-जीत के साथ मेरा कोई सम्बन्ध नहीं है, तुम लोग समय रहते अनुभव प्राप्त कर लो। . . .मुझे अब कोई बीमारी नहीं है। मैं पुनः . . .विभिन्न स्थलों में घूमने के लिए रवाना हो रहा हूँ। चिन्ता का कोई स्थान नहीं है, माभैः। तुम्हारे देखते देखते सब कुछ दूर हो जायगा, केवल आज्ञा पालन करते जाना, सारी सिद्धि प्राप्त हो जायगी।— जय माँ रणरंगिणी! जय माँ, जय माँ रणरंगिणी! वाह गुरु, वाह गुरु की फ़तह!

. . .सच तो यह है कि कायरता से बढ़कर दूसरा कोई पाप नहीं है; कायरों का कभी उद्धार नहीं होता है—यह निश्चित है। और सारी बातें मुझसे सह ली जाती हैं, कायरता सहन नहीं होती। जो उसे नहीं छोड़ सकता, उसके साथ सम्बन्ध रखना क्या मेरे लिए सम्भव हो सकता है? . . .एक चोट सहकर वेग से दस चोटें जमानी होंगी . . .तभी तो मनुष्यता है। कायर लोग तो केवल दया के पात्र हैं!!

आज महा माँ का दिवस है, मैं आशीर्वाद दे रहा हूँ कि आज की रात्रि में ही माँ तुम लोगों के हृदयों में नृत्य करे एवं तुम लोगों की भुजाओं में अनन्त शक्ति प्रदान करे! जय काली, जय काली, जय काली! माँ अवश्य ही अवतरित होगी —महाबल से सर्वजय—विश्वविजय होगी; माँ अवतरित हो रही है, डरने की क्या बात है? किससे डरना है? जय काली, जय काली! तुम्हारे एक एक व्यक्ति की पद-चाप से धरातल कम्पित हो उठेगा। . . .जय काली! पुनः आगे बढ़ो, आगे बढ़ो! वाह गुरु, जय माँ, जय माँ; काली, काली, काली! तुम लोगों के लिए रोग, शोक, आपत्ति, दुर्बलता कुछ भी नहीं हैं! तुम्हारे लिए महाविजय, महालक्ष्मी, महाश्री विद्यमान हैं। माभैः माभैः। विपत्ति की सम्भावना दूर हो चुकी है, माभैः! जय काली, जय काली!

विवेकानन्द

पुनश्च—मैं माँ का दास हूँ, तुम लोग भी माँ के दास हो—क्या हम नष्ट हो सकते हैं, भयभीत हो सकते हैं? चित्त में अहंकार न आने पावे, एवं हृदय से प्रेम दूर न होने पावे। तुम्हारा नाश होना क्या सम्भव है? माभैः! जय काली, जय काली!

(स्वामी ब्रह्मानन्द को लिखित)

२१ पश्चिम, ३४ नं० रास्ता, न्यूयार्क,
२१, नवम्बर, १८९९

प्रिय ब्रह्मानन्द,

हिसाब ठीक है। मैंने उन कागज़ों को श्रीमती बुल को सौंप दिया है तथा उन्होंने विभिन्न दाताओं को उक्त हिसाब के विभिन्न अंश सूचित करने की ज़िम्मेवारी अपने ऊपर ली है। पहले की कठोर चिट्ठियों में मैंने जो कुछ लिखा है, उसका कुछ ख्याल न करना। उससे तुम्हारा भला ही होगा। प्रथम, उसके फलस्वरूप भविष्य में तुम व्यवहार-कुशल होकर नियमित रूप से ठीक ठीक हिसाब रखना सीखोगे एवं अन्य गुरुभाइयों को भी सिखा सकोगे। द्वितीय, इन भर्त्सनाओं के बाद भी यदि तुम लोग साहसी न बन सको, तो मैं तुमसे और कुछ भी आशा भविष्य में नहीं करूँगा। तुम लोगों को मरते हुए भी देखना चाहता हूँ, फिर भी तुम्हें संग्राम करना होगा! सिपाही की तरह आज्ञा-पालनार्थ अपनी जान तक दे दो एवं निर्वाण-लाभ करो, किन्तु कायरपन को कभी प्रोत्साहन नहीं दिया जा सकता।

कुछ दिन तक के लिए लोप हो जाना मेरे लिए आवश्यक हो गया है। उस समय न तो कोई मुझे पत्र दे और न मुझे ढूंढ़े। मेरे स्वास्थ्य के लिए ऐसा करना नितान्त आवश्यक है। मेरे स्नायु दुर्बल हो गये हैं—बस इतना ही, और कोई विशेष बात नहीं है।

तुम्हारा सर्वांगीण कल्याण हो। मेरी कठोरता के लिए नाराज़ न होना। चाहे मैं कुछ भी क्यों न कहूँ—मेरा हृदय तुमसे छिपा नहीं है। तुम लोगों का सर्वविध मंगल हो। विगत प्रायः एक वर्ष से मैं मानो एक प्रकार के आवेश के साथ बढ़ रहा हूँ। मैं इसका कारण नहीं जानता हूँ। भाग्य में इस प्रकार की नरक-यातना को भोगना लिखा हुआ था—और मैं उसे भोग चुका हूँ। वास्तव में मैं पहले की अपेक्षा बहुत कुछ अच्छा हूँ। प्रभु तुम लोगों के सहायक बनें! चिर विश्राम के लिए शीघ्र ही मैं हिमालय जा रहा हूँ। मेरा कार्य समाप्त हो चुका है।

सदा प्रभुपदाश्रित
तुम्हारा,
विवेकानन्द

पुनश्च—श्रीमती बुल अपना प्यार प्रेषित कर रही हैं।

(श्रीमती एफ़० एच० लेगेट को लिखित)

शिकागो,
२६ नवम्बर, १८९९

प्रिय श्रीमती लेगेट,

आपकी कृपा, विशेषतः आपके कृपापूर्ण पत्र के लिए आपको बहुत बहुत धन्यवाद। मैं अगले वृहस्पतिवार को शिकागो से रवाना हो रहा हूँ और इसके लिए टिकट तथा बर्थ का इंतजाम कर लिया है।

कुमारी नोबल यहाँ बहुत अच्छी तरह से हैं और अपना रास्ता बना रही हैं। अभी उस दिन मैंने अल्बर्टा को देखा—वह अपने यहाँ के आवास का एक एक क्षण आनन्द से गुज़ार रही है और बहुत खुश है। कुमारी एडम्स (जेन एडम्स) तो सदा की भाँति मेरे लिए देवदूत ही हैं।

चलने के पहले मैं 'जो जो' को तार भेजूँगा और रात भर पढ़ूँगा।

आपको तथा श्री लेगेट को प्यार।

आपका चिर स्नेहाबद्ध,
विवेकानन्द

(श्रीमती एफ़० एच० लेगेट को लिखित)

शिकागो,
३० नवम्बर, १८९९

माँ,

मांदाम काल्वे के आगमन के अतिरिक्त और कोई नया समाचार नहीं है। काश कि मैं उनसे कई बार मिला होता! एक विशाल चीड़-तरु को भीषण झंझा के विरुद्ध लड़ते हुए देखना एक भव्य दृश्य है—है न?

आज रात मैं यहाँ से चल दूंगा। ये पंक्तियाँ शीघ्रता में लिख रहा हूँ क्योंकि ए— मेरा इन्तजार कर रहे हैं। श्रीमती एडम्स सदा की तरह कृपालु हैं। मार्गट आनन्दपूर्वक है। कैलिफ़ोर्निया पहुँचकर और समाचार दूंगा।

फ़ैन्किनसेन्स को प्यार।

आपका पुत्र,
विवेकानन्द

(भगिनी निवेदिता को लिखित)

लॉस एंजिलिस,
६ दिसम्बर, १८९९

प्रिय मार्गट,

तुम्हारी छठी तारीख आ पहुँची है, किन्तु उससे भी मेरे भाग्य में कोई खास अन्तर नहीं हुआ है। क्या तुम यह समझती हो कि स्थान-परिवर्तन से कोई विशेष उपकार होगा? किसी किसीका स्वभाव ही ऐसा है कि दुःख-कष्ट भोगना ही वे पसन्द करते हैं। वस्तुतः जिन लोगों के बीच मैंने जन्म लिया है, यदि उनके लिए मैं अपना हृदय न्यौछावर नहीं कर देता, तो दूसरे के लिए मुझे वैसा करना ही पड़ता—इसमें कोई सन्देह नहीं है। किसी किसीका स्वभाव ही ऐसा होता है—क्रमशः यह मैं समझ रहा हूँ। हम सभी सुख के पीछे दौड़ रहे हैं—यह सत्य है; किन्तु कोई कोई व्यक्ति दुःख के अन्दर ही आनन्दानुभव करते हैं—क्या यह नितान्त अद्भुत नहीं है? इसमें हानि कुछ भी नहीं है; केवल विचार करने का विषय इतना ही है कि सुख-दुःख दोनों ही संक्रामक हैं। इंगरसोल ने एक बार कहा था कि यदि वे भगवान् होते, तो रोगों को संक्रामक न बना कर स्वास्थ्य को ही वे संक्रामक बनाते। किन्तु स्वास्थ्य भी रोगों की तुलना में समान भाव से संक्रामक है—यह महत्त्वपूर्ण बात एक बार भी उनके ध्यान में नहीं आयी। विपत्ति तो यही है! मेरे व्यक्तिगत सुख-दुःख से जगत् का कुछ बनता-बिगड़ता नहीं है—केवल मुझे इतना ही देखना है कि वे दूसरों में संक्रमित न हों। यही एक महान् तथ्य है। ज्यों ही कोई महापुरुष दूसरे मनुष्य की अवस्था से दुःखित होते हैं, वे गम्भीर बन जाते हैं, अपनी छाती पीटने लगते हैं और सबको बुलाकर कहते हैं, 'तुम लोग इमली का पना पिओ, अंगार फाँको, शरीर पर राख मलकर गोबर के ढेर पर बैठे रहो और आँखों में आँसू भरकर करुण स्वर से विलाप करते रहो।' मुझे ऐसा दिखायी दे रहा है कि उन सभी में त्रुटियाँ थीं—वास्तव में थीं। यदि जगत् के बोझ को अपने कन्धों पर लेने के लिए तुम यथार्थतः प्रस्तुत हो, तो पूर्ण रूप से उसे ग्रहण करो; किन्तु यह ख्याल रखो कि तुम्हारा विलाप एवं अभिशाप हमें सुनायी न दे। तुम अपनी यातनाओं के द्वारा हमें इस प्रकार भयभीत न करो कि अन्त में हमें यह सोचना पड़े कि तुम्हारे निकट न जाकर अपने दुःख के बोझ को लेकर स्वयं बैठे रहना ही हमारे लिए कहीं उचित था। जो व्यक्ति यथार्थ में जगत् का बोझ अपने ऊपर लेता है, वह तो जगत् को आशीर्वाद देता हुआ अपने मार्ग में अग्रसर होता रहता है। वह न तो किसीकी निन्दा करता है और न समालोचना ही; इसका तात्पर्य यह नहीं है कि जगत् में पाप का कोई अस्तित्व न हो; प्रत्युत उसका कारण यह है कि उसने

स्वेच्छापूर्वक स्वतः प्रवृत्त होकर उसे अपने ऊपर लिया है। यह मुक्तिदाता ही है, जिसे 'अपने मार्ग पर आनन्दपूर्वक चलना चाहिए, मुक्तिकामी के लिए यह आवश्यक नहीं है।'

आज प्रातःकाल केवल यही सत्य मेरे सम्मुख प्रकाशित हुआ है। यदि यह भाव स्थायी रूप से मेरे अन्दर आकर मेरे समग्र जीवन में छा जाय तब कहीं ठीक होगा।

दुःख के बोझ से जर्जरित जो जहाँ कहीं भी हो, चले आओ, अपना सारा बोझ मुझे देकर तुम अपनी इच्छानुसार चलते रहो तथा सुखी बनो और यह भूल जाओ कि मेरा अस्तित्व किसी समय था।

सदा प्यार के साथ,
तुम्हारा पिता,
विवेकानन्द

(श्रीमती ओलि बुल को लिखित)

१२ दिसम्बर, १८९९

प्रिय श्रीमती बुल,

आपने ठीक ही समझा है—मैं निष्ठुर हूँ, वास्तव में बहुत ही निष्ठुर हूँ। किन्तु मुझमें जो कोमलता आदि है, वह मेरी दुर्बलता है। काश! यह दुर्बलता यदि मुझमें कम होती, बहुत कम होती! हाय! यही है मेरी दुर्बलता तथा यही है मेरे सभी दुःखों का कारण। अच्छा, नगरपालिका हम लोगों से कर वसूल करना चाहती है—ठीक है; वह मेरी ग़लती है कि मैंने 'मठ' को एक न्यास-प्रलेख (deed of trust) द्वारा जनता की सम्पत्ति नहीं बनाया। अपने वत्सों के प्रति मैं कटु भाषा का प्रयोग करता हूँ, इसके लिए मैं दुःखित हूँ; किन्तु वे लोग भी यह अच्छी तरह जानते हैं कि संसार में और किसीकी अपेक्षा मैं ही उन्हें अधिक प्यार करता हूँ।

यह सच है कि मुझे दैवी सहायता मिली है! किन्तु ओह! उस दैवी सहायता के एक एक कण के लिए मुझे अपना एक एक सेर खून देना पड़ा है। उसके बिना शायद मैं अधिक सुखी होता और अच्छा मनुष्य हुआ होता। वर्तमान परिस्थिति बहुत ही अंधकारमय प्रतीत होती है; किन्तु मैं योद्धा हूँ, युद्ध करते करते ही मैं मरूँगा, हार नहीं मानूँगा; इसी कारण तो बच्चों पर मैं नाराज हो जाता हूँ। मैं तो उन्हें युद्ध करने के लिए नहीं बुला रहा हूँ—मैं तो सिर्फ़ यह चाहता हूँ कि वे लोग मेरे युद्ध में बाधा न खड़ी करें।

अपने भाग्य के प्रति मुझे कोई भी द्वेष नहीं है। किन्तु हाय! मैं चाहता हूँ कि कोई व्यक्ति, मेरे बच्चों में से एक भी मेरे साथ रहकर सभी प्रतिकूल अवस्थाओं में संग्राम करता रहे।

आप किसी प्रकार की दुश्चिन्ता न करें; भारतवर्ष में किसी भी कार्य के लिए मेरी उपस्थिति आवश्यक है। पहले की अपेक्षा मेरा स्वास्थ्य अब काफ़ी अच्छा है; शायद समुद्र-यात्रा से और भी अच्छा हो जाय। खैर, इस समय अमेरिका में पुराने मित्रों से मिलने के सिवाय और कुछ काम मैंने नहीं किया। मेरी यात्रा का खर्च 'जो' के पास से मिल जायगा, इसके अतिरिक्त श्री लेगेट के पास मेरे कुछ पैसे हैं। भारत में कुछ दान मिलने की मुझे आशा है। भारत के विभिन्न प्रान्तों के अपने मित्रों में से किसीसे भी मैं नहीं मिल पाया। मुझे आशा है कि पन्द्रह हज़ार रुपये एकत्र हो जायँगे, जिससे पचास हज़ार पूरे हो जायँगे। फिर इसको जन-सम्पत्ति क़रार दे देने से नगरपालिका के कर से मुक्ति मिल जायगी। यदि मैं पन्द्रह हज़ार नहीं एकत्र कर सकता हूँ, तो यहाँ पर प्राणोत्सर्ग कर देना बेहतर है, बजाय अमेरिका में समय गँवाने के। जीवन में मैंने अनेक ग़लतियाँ की हैं; किन्तु उनमें प्रत्येक का कारण रहा है अत्यधिक प्यार। अब प्यार से मुझे घृणा हो गयी है! हाय! यदि मेरे पास भक्ति बिल्कुल न होती! वास्तव में मैं निर्विकार और कठोर वेदान्ती होना चाहता हूँ! जाने दो, यह जीवन तो समाप्त ही हो चुका। अगले जन्म में प्रयत्न करूँगा। मुझे इस बात का दुःख है—खासकर आजकल—कि मेरे बन्धुओं को मेरे पास से आशीर्वाद की अपेक्षा कष्ट ही अधिक मिला है। जिस शान्ति और निर्जनता की खोज मैं बहुत समय से कर रहा हूँ, मैं कभी प्राप्त न कर सका।

अनेक वर्षों पूर्व मैं हिमालय गया था, मन में यह दृढ़ निश्चय कर कि मैं वापस नहीं आऊँगा। इधर मुझे समाचार मिला कि मेरी बहन ने आत्महत्या कर ली। फिर मेरे दुर्बल हृदय ने मुझे उस शान्ति की आशा से दूर फेंक दिया!! उसी दुर्बल हृदय ने, जिन्हें मैं प्यार करता हूँ, उनके लिए भिक्षा माँगने मुझे भारत से दूर फेंक दिया, और आज मैं अमेरिका में हूँ! शान्ति का मैं प्यासा हूँ; किन्तु प्यार के कारण मेरे हृदय ने मुझे उसे न पाने दिया। संग्राम और यातनाएँ, यातनाएँ और संग्राम! खैर, मेरे भाग्य में जो लिखा है वही होने दो, और जितने शीघ्र यह समाप्त हो जाय, उतना ही अच्छा है। लोग कहते हैं कि मैं भावुक हूँ, किन्तु परिस्थितियों के बारे में सोचिए तो सही!! आप मुझसे कितना स्नेह करती हैं—आप मुझ पर कितनी कृपा रखती हैं! फिर भी मैं आपके दुःखों का कारण बना! इस कारण मैं बहुत दुःखी हूँ; किन्तु जो होना था, हो गया—अब

उसका कोई उपाय नहीं! अब मैं ग्रंथियाँ काटना चाहता हूँ या इसी प्रयत्न में मर जाऊँगा।

आपकी सन्तान,
विवेकानन्द

पुनश्च—महामाया की इच्छा पूर्ण हो! सैन फ्रैंसिस्को होकर भारत जाने का खर्च मैं 'जो' से माँगूंगा। यदि वह देगी तो शीघ्र ही मैं जापान होते हुए भारत के लिए प्रस्थान करूँगा। इसमें एक माह लग जायगा। आशा है कि भारत में काम चलाने लायक़ या उसे सुप्रतिष्ठित करने लायक़ दान वहाँ इकट्ठा कर सकूँगा।... काम की आखिरी अवस्था बहुत ही अंधकारमय और बहुत ही विशृंखल दिखायी दे रही है—अवश्य मुझे ऐसा ही प्रतीत हो रहा था। किन्तु आप यह कदापि न सोचें कि मैं एक क्षण के लिए भी रण छोड़ दूंगा। भगवान् आपको आशीर्वाद दें। काम करते करते आखिर रास्ते में मरने के लिए प्रभु मुझे यदि अपने छकड़े का घोड़ा भी बनायें, तो भी 'उनकी' इच्छा पूर्ण हो। अभी आपका पत्र पाकर मैं अति आनन्दित हूँ, जो मुझे बहुत वर्षों तक नहीं मिला। वाह गुरु की फ़तह! गुरुदेव की जय हो!! हाँ, जैसी भी अवस्था क्यों न आये—जगत् आये, नरक आये, देवगण आयें, माँ आये—मैं संग्राम में लड़ता ही रहूँगा, हार कदापि नहीं मानूंगा। रावण ने साक्षात् भगवान् के साथ युद्ध कर तीन जन्म में मुक्तिलाभ किया था! महामाया के साथ युद्ध करना तो गौरव की बात है!

भगवान् आपका एवं आपके सभी इष्ट-मित्रों का मंगल करे। मैं जितना योग्य हूँ, उससे अधिक, अत्यधिक आपने मेरे लिए किया है।

क्रिश्चिन तथा तुरीयानन्द को मेरा प्यार।

आपका,
विवेकानन्द

(श्रीमती ओलि बुल को लिखित)

२२ दिसम्बर, १८९९

प्रिय धीरा माता,

आज कलकत्ते के एक पत्र से विदित हुआ कि आपके भेजे हुए 'चेक' वहाँ पहुँच गये हैं; उस पत्र में अनेक धन्यवाद तथा कृतज्ञता प्रकट की गयी है।

लन्दन की कुमारी सूटर ने छपे हुए पत्र के द्वारा मुझे नव वर्ष का अभिवादन भेजा है। मेरा विश्वास है कि आपने उनको जो हिसाब भेजा है, अब तक उन्हें वह मिल गया होगा। आपके पते पर सारदानन्द के नाम जो पत्र आये हों, उन्हें भेज देने की कृपा करें।

हाल में मेरा शरीर अस्वस्थ हो गया था; इसलिए शरीर मलनेवाले डॉक्टर ने रगड़ रगड़कर मेरे शरीर से कई इंच चमड़ा उठा डाला है! अभी तक मैं उसकी वेदना अनुभव कर रहा हूँ। निवेदिता का एक अत्यन्त आशाप्रद पत्र मुझे मिला है। पॅसाडेना में मैं पूर्ण परिश्रम कर रहा हूँ एवं मुझे आशा है कि यहाँ पर मेरा कार्य कुछ अंशों में सफल होगा। यहाँ पर कुछ लोग अत्यन्त उत्साही हैं। इस देश में 'राजयोग' पुस्तक वास्तव में बहुत ही सफल सिद्ध हुई है। मानसिक दशा की ओर से यथार्थ में मैं पूर्ण रूप से अच्छा हूँ; इस समय मुझे जो शान्ति प्राप्त है, वह पहले कभी भी मुझे प्राप्त नहीं हुई थी। जैसे कि उदाहरणस्वरूप कहा जा सकता है कि वक्तृता देने से मेरी नींद में किसी प्रकार की हानि नहीं होती है। यह निश्चय ही एक प्रकार का लाभ है। कुछ कुछ लिखने का कार्य भी कर रहा हूँ। यहाँ की वक्तृताओं को एक संकेतलिपिक ने 'नोट' किया था। यहाँ लोग इनको प्रकाशित कराना चाहते हैं।

'जो' के पास स्वामी 'स' ने जो पत्र लिखा है, उससे पता चला कि मठ में सब कुशलपूर्वक हैं एवं कार्य भी अच्छी तरह से चल रहा है। जैसा कि सदा होता रहा है, योजनाएँ भी क्रमशः कार्य में परिणत हो रही हैं। किन्तु मेरा कथन तो यही है कि 'सब कुछ माँ ही जानती हैं।' वे मुझे मुक्ति प्रदान करें तथा अपने कार्य के लिए किसी दूसरे व्यक्ति को चुन लें। हाँ, एक बात और है और वह यह कि गीता में फलाकांक्षा छोड़कर कार्य करने का जो उपदेश दिया गया है, उसके ठीक ठीक मानसिक अभ्यास का यथार्थ उपाय क्या है—यह मैंने आविष्कृत कर लिया है। ध्यान, मनःसंयोग तथा एकाग्रता के साधन के सम्बन्ध में मुझे ऐसा ज्ञान प्राप्त हुआ है कि उसके अभ्यास से सब प्रकार के कष्ट-उद्वेगों से हम छुटकारा पा सकते हैं। मन को अपनी इच्छानुसार किसी स्थल पर केन्द्रित कर रखने के कौशल के सिवाय यह और कुछ नहीं है। अस्तु, आपकी अपनी दशा क्या है—बेचारी धीरा माता! माँ बनने में यही संकट है, यही दण्ड है! हम लोग केवल अपनी ही बातें सोचते हैं, माता के लिए कभी चिन्तित नहीं होते। आप किस प्रकार हैं, आपकी स्थिति कैसी है? आपकी पुत्री तथा श्रीमती ब्रिग्स के क्या समाचार हैं?

तुरीयानन्द सम्भवतः अब तक स्वस्थ हो उठा होगा एवं कार्य में जुट गया होगा। बेचारे के भाग्य में केवल कष्ट है! किन्तु आप इस पर ध्यान न देना। यातनाओं के भोगने में भी एक प्रकार का आनन्द है, यदि वे दूसरों के लिए हों। क्या यह ठीक नहीं? श्रीमती लेगेट कुशलपूर्वक हैं; 'जो' भी ठीक हैं; और वे कह रही हैं कि मैं भी ठीक ही हूँ। हो सकता है कि उनकी बातें ठीक हों। अस्तु, मैं कार्य

करता हुआ चला जा रहा हूँ और कार्यों में सलग्न रहता हुआ ही मरना चाहता हूँ—अवश्य ही यदि माँ की यही इच्छा हो। मैं संतुष्ट हूँ।

आपकी चिरसन्तान,
विवेकानन्द

(भगिनी निवेदिता को लिखित)

४२१, २१वाँ रास्ता,
लॉस एंजिलिस,
२३ दिसम्बर, १८९९

प्रिय निवेदिता,

वास्तव में मैं चुम्बकीय चिकित्सा-पद्धति (magnetic healing) से क्रमशः स्वस्थ होता जा रहा हूँ। सच बात यह है कि अब मैं अच्छी तरह से हूँ। मेरे शरीर का कोई भी यन्त्र कभी नहीं बिगड़ा—स्नायुसम्बन्धी दुर्बलता तथा अजीर्ण ने ही मेरे शरीर में गड़बड़ी पैदा की थी।

अब मैं प्रतिदिन या तो भोजन से पहले हो या बाद में कोसों तक टहलने जाता हूँ। मैं पूर्णरूप से स्वस्थ हो चुका हूँ और मेरा यह दृढ़ विश्वास है कि मैं ठीक ही रहूँगा।

अब चक्र घूम रहा है—माँ उसे घुमा रही हैं। उनका कार्य जब तक समाप्त नहीं होता, तब तक वे मुझे छोड़ना नहीं चाहतीं—असली बात यही है।

देखो, इंग्लैण्ड उन्नति की ओर किस प्रकार से अग्रसर हो रहा है। इस खून-खराबी के बाद वहाँ के लोगों को इस प्रकार की 'लगातार लड़ाई, लड़ाई, लड़ाई' की अपेक्षा महान् एवं श्रेष्ठ वस्तु के चिन्तन का अवकाश प्राप्त होगा। यही हमारे लिए सुअवसर है। अब हम पृथक् पृथक् टोली बनाकर कुछ प्रयत्नशील होकर उन्हें पकड़ेंगे, पर्याप्त मात्रा में धन एकत्र करेंगे एवं उसके बाद भारत के कार्य को भी पूर्णरूप से चालू कर देंगे।

मेरी प्रार्थना है कि इंग्लैण्ड केपकॉलोनी से हाथ धो बैठे; इस प्रकार अपनी शक्ति को भारत पर केन्द्रित करने में वह समर्थ हो सकेगा। ये तट-प्रदेश एवं प्राय-द्वीप इंग्लैण्ड के लिए किसी लाभ के नहीं—सिवाय इसके कि इंग्लैण्ड इसके झूठे गर्व से फूल उठे, जो इसके संचित खून एवं सम्पत्ति दोनों को विनष्ट कर देगा। चारों ओर की अवस्थाएँ बहुत कुछ आशाप्रद प्रतीत हो रही हैं; अतः तैयार हो जाओ। चारों बहन तथा तुम मेरा स्नेह जानना।

विवेकानन्द

(श्रीमती ओलि बुल को लिखित)

९२१ पश्चिम, २१ वाँ रास्ता,
लॉस एंजिलिस,
२७ दिसम्बर, १८९९

प्रिय धीरा माता,

आगामी नववर्ष आपके लिए शुभ हो एवं इसी प्रकार से अनेक बार होता रहे— मेरी यही अभिलाषा है। मेरा स्वास्थ्य पहले की अपेक्षा बहुत कुछ अच्छा है तथा कार्य करने लायक़ यथेष्ट शक्ति भी मुझे प्राप्त हो गयी है। अब मैंने कार्य भी प्रारम्भ कर दिया है तथा सारदानन्द को कुछ रुपये—१३०० रुपये—क़ानूनी कार्यवाही के लिए भेज दिये हैं। आवश्यकता पड़ने पर और भी भेज दूँगा। तीन सप्ताह से सारदानन्द का कोई समाचार नहीं मिला है; और आज सूर्योदय से पूर्व मैंने एक दुःस्वप्न देखा है। मैं बीच बीच में बेचारे बालकों के साथ न जाने कितना कठोर व्यवहार करता हूँ! फिर भी ऐसे आचरणों के बावजूद भी वे यही जानते हैं कि मैं ही उनका सर्वोत्तम मित्र हूँ।

'राजयोग एवं महाराज खेतड़ी के द्वारा प्राप्त जो ५०० पौण्ड से कुछ अधिक रक़म मैंने स्टर्डी के पास रख छोड़ी थी, वह श्री लेगेट पा चुके हैं। अब श्री लेगेट के पास मेरे क़रीब एक हज़ार डालर हो गये हैं। यदि मैं मर जाऊँ, तो कृपया यह रक़म मेरी माँ के पास भेज दीजियेगा। तीन सप्ताह पूर्व मैंने उनको 'तार' द्वारा यह सूचित कर दिया है कि मैं अब सम्पूर्णरूप से स्वस्थ हो चुका हूँ। मुझे यदि और अधिक अस्वस्थ न होना पड़े, तो जैसा स्वास्थ्य इस समय है, उसीसे कार्य चलता रहेगा। मेरे लिए आप क़तई चिन्तित न हों; पूर्ण उद्यम के साथ मैं कार्य में जुट गया हूँ।

मुझे दुःख है कि मैं अन्य कोई कहानी नहीं लिख सका हूँ। उसके अलावा मैंने और भी कुछ कुछ लिखा है एवं प्रतिदिन ही कुछ लिखने की आशा रखता हूँ। पहले की अपेक्षा इस समय मैं अधिक शान्ति का अनुभव कर रहा हूँ तथा यह समझ गया हूँ कि इस शान्ति को स्थायी बनाये रखने का एकमात्र उपाय दूसरों को शिक्षा प्रदान करना है। कार्य ही मेरे लिए एकमात्र 'सेफ़्टी वाल्व' (व्यर्थ गैस निकाल कर यन्त्र की रक्षा करने का द्वार) है। मुझे कुछ परिष्कृत मस्तिष्कवाले व्यक्तियों की आवश्यकता है, जो कि उद्यम से कार्य करने के साथ ही साथ मेरे आनुषंगिक समस्त विषयों की भी देखभाल कर सकें। भारत में ऐसे लोगों की खोज के लिए बहुत समय नष्ट होने का मुझे डर है; और यदि ऐसे लोग वहाँ प्राप्त भी हों, तो उन्हें किसी पाश्चात्यवासी से शिक्षा लेना उचित है। साथ ही मेरे लिए कार्य

सम्पन्न करना तभी सम्भव होता है, जब कि मुझे पूर्णतया अपने ही पैरों पर खड़ा होना पड़ता है। एकाकी अवस्था में मेरी शक्ति का विकास अधिक होता है। माँ की इच्छा भी मानो ऐसी ही है। 'जो' का यह विश्वास है कि माँ के हृदय में अनेक बड़ी बड़ी योजनाएँ हैं—मैं चाहता हूँ कि उसकी धारणा सत्य हो। 'जो' तथा निवेदिता मानो वास्तव में भविष्यद्रष्टा बनती जा रही हैं। मैं केवल इतना ही कह सकता हूँ कि मैंने अपने जीवन में जो कुछ कष्ट उठाये हैं, जो कुछ यातनाएँ सही हैं—वे सब आनन्दपूर्ण आत्मत्याग में परिणत होंगी, यदि माँ पुनः भारत की ओर दृष्टिपात करें।

कुमारी ग्रीनस्टिडल ने मुझे एक अत्यन्त सुन्दर पत्र लिखा है—उसका अधिकांश भाग आप से सम्बन्धित है। तुरीयानन्द के बारे में उनकी धारणा भी उच्च है। तुरीयानन्द से मेरा प्यार कहें। मुझे विश्वास है कि वह अच्छी तरह से कार्य सम्पादन कर सकेगा। उसमें साहस तथा धैर्य है।

मैं शीघ्र कार्य करने के लिए कैलिफ़ोर्निया जा रहा हूँ। कैलिफ़ोर्निया छोड़ते समय तुरीयानन्द को मैं वहाँ पर बुला लूँगा और उसे प्रशान्त महासागर के किनारे पर कार्य में जुटा दूँगा। मेरी यह निश्चित धारणा है कि वहाँ एक विशाल कार्यक्षेत्र है। 'राजयोग' नामक पुस्तक यहाँ पर बहुत ही प्रचलित है, ऐसा भान होता है। कुमारी ग्रीनस्टिडल को आपके मकान में बहुत शान्ति मिली है, एवं वे आनन्दपूर्वक हैं। इससे मुझे अत्यन्त खुशी हुई। दिनोंदिन सब विषयों में उन्हें सुविधा प्राप्त हो। उनमें अपूर्व कार्यदक्षता तथा उद्यम हैं।

'जो' ने एक महिला-चिकित्सक का आविष्कार किया; वे शरीर मलकर चिकित्सा करती हैं। हम दोनों ही उनके चिकित्साधीन हैं। 'जो' का यह ख्याल है कि उन्होंने मुझे बहुत कुछ चंगा कर दिया है। और उसका खुद का भी यह दावा है कि उस पर भी चिकित्सा का अलौकिक प्रभाव हुआ है। विचित्र चिकित्सा के फलस्वरूप अथवा कैलिफ़ोर्निया के 'वजन' (ozone) के कारण या वर्तमान ग्रहदशा दूर हो जाने की वजह से, चाहे जो भी कुछ कारण हो, मैं स्वस्थ हो रहा हूँ। भरपेट भोजन के बाद तीन मील पैदल घूमना निस्सन्देह एक बहुत बडी बात है !

ओलिया को मेरा हार्दिक स्नेह तथा आशीर्वाद दें तथा डा० जेम्स एवं बोस्टन के अन्यान्य बन्धुओं से मेरा प्यार कहें।

आपकी चिरसन्तान,
विवेकानन्द

(कुमारी मेरी हेल को लिखित)

द्वारा श्रीमती ब्लाजेट,
९२१ पश्चिम, २१ वीं स्ट्रीट,
लॉस एंजिलिस,
२७ दिसम्बर, १८९९

प्रिय मेरी,

क्रिसमस और नव वर्ष तुम्हारे लिए सुख तथा उल्लासपूर्ण हों और इन्हीं जैसा तुम्हारा जन्मदिन बार-बार आवे। ये सब शुभकामनाएँ, प्रार्थनाएँ तथा बधाइयाँ तुम्हें एक साँस में भेज रहा हूँ। तुम जानकर प्रसन्न होगी कि मैं स्वस्थ हो गया हूँ। डॉक्टर कहते हैं कि यह केवल बदहज़मी थी, हृदय या गुर्दे की ख़राबी नहीं; अब कुछ नहीं है। और अब मैं दिन में तीन मील तक घूमता हूँ—वह भी डट कर भोजन कर लेने के बाद!

जरा सोचो तो, जिस व्यक्ति ने मेरा इलाज किया वह मेरे धूम्रपान करने पर बल देता है! अतः मैं ठाठ से धूम्रपान कर रहा हूँ और इससे मुझे आराम ही है। स्पष्ट रूप से कहूँ तो यह घबराहट आदि सब अजीर्ण के कारण ही थी और कुछ नहीं।

...मैं काम भी कर रहा हूँ; पर कठिन परिश्रम नहीं; लेकिन फिर मुझे इसकी परवाह भी नहीं, इस बार मैं पैसा पैदा करना चाहता हूँ। यह सब मार्गट से कह देना, विशेषकर धूम्रपानवाली बात। तुम जानती हो मेरा इलाज कौन कर रहा है? कोई डांक्टर नहीं, कोई 'क्रिश्चियन साइंस हीलर' (Christian science healer) नहीं, बल्कि एक महिला 'मैगनेटिक हीलर' (magnetic healer), जो जितनी बार मेरा इलाज करती हैं, उतनी बार मुझे लगता है कि मेरी चमड़ी छिल गयी। वे चमत्कार करती हैं—केवल घर्षण द्वारा आपरेशन करती हैं, यहाँ तक आन्तरिक आपरेशन भी, जैसा कि उनके मरीज़ मुझे बताते हैं!

काफ़ी रात हो गई है। मुझे मार्गट, हैरियट, ईसाबेल तथा 'मदर चर्च' को अलग अलग पत्र लिखना छोड़ना पड़ेगा। आधा काम तो इच्छा से ही पूरा हो जाता है। वे सब जानती हैं कि मैं उन्हें कितने उत्कट रूप से चाहता हूँ। अतः इस समय तुम मेरे लिए माध्यम बन जाओ और उन तक नव वर्ष का मेरा संदेश पहुँचा दो।

यहाँ जाड़ा बिल्कुल उत्तर भारत जैसा है, अलबत्ता कभी कभी दिन थोड़े गर्म हो जाते हैं। गुलाब भी यहाँ हैं और सुन्दर ताड़ भी। खेतों में जौ की फ़सल खड़ी है; यहाँ जिस काटेज में मैं रहता हूँ, उसके चारों ओर गुलाब और दूसरे कई फूल लगे हैं। मेरी मेज़बान श्रीमती ब्लाजेट शिकागो की महिला हैं—मोटी,

बूढ़ी और अत्यन्त हाज़िरजवाब! शिकागो में उन्होंने मेरा व्याख्यान सुना था और मेरे प्रति मातृवत् व्यवहार करती हैं।

मुझे अत्यन्त खेद है कि अंग्रेज़ों ने दक्षिणी अफ़्रीका में एक तातार को पकड़ लिया। तम्बू के बाहर ड्यूटी पर तैनात एक सैनिक ने चिल्लाकर कहा कि उसने एक तातार को पकड़ लिया है। "उसे अन्दर ले आओ"—तम्बू के भीतर से हुक्म आया। "वह नहीं आयेगा"—संतरी ने उत्तर दिया। "तब तुम खुद चले आओ", दुबारा हुक्म सुनाई दिया। "वह मुझे भी आने नहीं देता।" इसीसे मुहावरा बना 'तातार पकड़ना'। तुम कोई न पकड़ना।

इस समय मैं प्रसन्न हूँ और आशा करता हूँ कि शेष जीवन ऐसा ही रहूँगा। इस समय तो मैं 'क्रिश्चियन साइंस' की मनःस्थिति में हूँ—कुछ भी बुरा नहीं है, और 'प्रेम ही सब चालों में तुर्पचाल।'

अगर मैं प्रचुर धन अर्जित कर सकता, तो मुझे बड़ी खुशी होती। कुछ तो कर भी रहा हूँ। मार्गट से कहो कि मैं काफ़ी रुपया पैदा करने जा रहा हूँ और जापान, हॉनॉलूलू, चीन और जावा होते हुए घर वापस जा रहा हूँ। जल्दी रुपया कमाने के लिए यह एक उत्तम स्थान है, सैन फ़ान्सिस्को इससे भी अच्छा है। क्या उसने कुछ रुपया कमाया ?

तुम्हें करोड़पति नहीं मिला? क्यों नहीं तुम आधे या चौथाई करोड़ से शुरू करतीं? कुछ भी न होने से कुछ होना अच्छा है। हमें तो रुपया चाहिए, फिर वह मिशिगन झील में जाय, हमें कोई आपत्ति नहीं। अभी उस दिन यहाँ हल्का भूकम्प आया था। मुझे आशा है यह शिकागो भी गया है और वहाँ ईसाबेल के घर-घरौंदे उलट-पुलट कर रख दिये हैं। काफ़ी देर हो रही है। मुझे जँभाई आ रही है, इसलिए यहीं छोड़ता हूँ। विदा। आशीर्वाद तथा स्नेह सहित—

विवेकानन्द

(श्रीमती ओलि बुल को लिखित)

१७ जनवरी, १९००

प्रिय धीरा माता,

सारदानन्द के लिए प्रेषित कागज़ात के साथ आपका पत्र मिला; उसमें कुछ सुसंवाद भी है। इस सप्ताह में और भी कुछ सुसंवाद पाने की आशा में हूँ। आपने अपनी योजनाओं के सम्बन्ध में कुछ भी तो नहीं लिखा है। कुमारी ग्रीनस्टिडल ने मुझे एक पत्र लिखकर आपके प्रति अपनी गम्भीर कृतज्ञता प्रकट की है—ऐसा कौन है जो आपके प्रति कृतज्ञता प्रकट किये बिना रह सकता है? आशा है कि आजकल तुरीयानन्द भली भाँति कार्य में संलग्न होगा।

सारदानन्द को २००० रु० भेजने में समर्थ हो सका हूं। इसमें कुमारी मैक्लिऑड एवं श्रीमती लेगेट सहायक सिद्ध हुईं; अधिकांश उन लोगों द्वारा दिया गया है, शेषांश व्याख्यान से प्राप्त हुआ। यहाँ पर अथवा अन्यत्र कहीं वक्तृता के द्वारा विशेष कुछ होने जाने की मुझे कोई आशा नहीं है। उसमें मेरा व्ययनिर्वाह भी नहीं होता है। केवल इतना ही नहीं, पैसा देने की सम्भावना के कारण कोई भी दिखाई नहीं देता है। इस देश में वक्तृता के क्षेत्र का उपयोग विशेष रूप से किया गया है और लोगों में वक्तृता सुनने की भावना समाप्त हो चुकी है।

निस्सन्देह मेरा स्वास्थ्य अच्छा है। चिकित्सक की राय में मैं कहीं भी जाने के लिए स्वच्छन्द हूँ; निदान चलता रहेगा, और मैं कुछ ही महीनों में पूर्णतया स्वस्थ हो जाऊँगा। वह इस बात पर दृढ़ है कि मैं ठीक हो चुका हूँ; शेष कमियाँ प्रकृत्या पूरी हो जायँगी। ख़ासकर स्वास्थ्य सुधारने के लिए ही मैं यहाँ पर आया था और उसका सुफल मुझे प्राप्त हुआ है। साथ साथ २००० रु० भी मिले, जिससे कानूनी कार्यवाहियों का खर्च भी सँभल गया। अब मुझे ऐसा प्रतीत हो रहा है कि वक्तृता-मंच पर खड़े होने का मेरा कार्य समाप्त हो चुका है; उस प्रकार के कार्यों द्वारा अपना स्वास्थ्य नष्ट करना अब मेरे लिए आवश्यक नहीं है।

अब मुझे यह स्पष्ट दिखायी दे रहा है कि मठ सम्बन्धी सारी चिन्ताओं से मुझे अपने को मुक्त करना होगा और कुछ समय के लिए माँ के पास जाना होगा। मेरी वजह से उन्होंने बहुत कष्ट उठाया। उनके अन्तिम दिन को व्यवधान रहित बनाने के लिए मुझे प्रयत्न करना चाहिए। क्या आप जानती हैं कि महान् शंकराचार्य को भी ठीक ऐसा ही करना पड़ा था? माँ के कुछ अन्तिम दिनों में उनको भी अपनी माँ के पास लौटना पड़ा था। मैं इसको स्वीकार करता हूँ, मैं आत्मसमर्पण कर चुका हूं। सदा से अधिक इस समय मैं शान्त हूँ। केवल आर्थिक दृष्टि से ही कुछ कठिनाई है। हाँ, भारतीय लोग कुछ ऋणी भी हैं। मैं मद्रास तथा भारत के कुछ मित्रों से प्रयत्न करूँगा। अस्तु, मुझे अवश्य प्रयत्न करना चाहिए, क्योंकि मुझे यह पूर्वाभास हो चुका है कि मेरी मा अब अधिक दिनों तक जीवित न रह सकेंगी। इस प्रकार के सर्वश्रेष्ठ त्याग का आह्वान भी मुझे मिल रहा है कि उच्चाभिलाषा, नेतृत्व तथा यशाकांक्षाओं को मुझे त्यागना होगा। मेरा मन इसके लिए प्रस्तुत है तथा मुझे यह तपस्या करनी होगी। लेगेट के पास के एक हज़ार डालर, और यदि कुछ अधिक एकत्र किया जा सके, आवश्यकता पड़ने पर काम चलाने के लिए पर्याप्त होंगे। क्या आप मुझे भारत वापस भेज देंगी? मैं हर क्षण तत्पर हूँ। मुझसे मिले बिना फ़्रांस न जायँ। अब मैं कम से कम 'जो' एवं निवेदिता के कल्पना-विलासों की तुलना में व्यावहारिक बन गया हूँ। मेरी ओर से वे अपनी

कल्पनाओं को रूप प्रदान करें—मेरे निकट अब उनका स्वप्नों से अधिक कोई मूल्य नहीं है। मैं, आप, सारदानन्द एवं ब्रह्मानन्द के नाम से मठ की वसीयत कर देना चाहता हूँ। ज्यों ही सारदानन्द के यहाँ से कागज़ात मेरे पास आ जायँगे, मैं यह कर दूँगा। तब मुझे छुट्टी होगी। मैं चाहता हूँ विश्राम, एक मुट्ठी अन्न, कुछ एक पुस्तकें तथा कुछ विद्वत्तापूर्ण कार्य। 'माँ' अब मुझे यह प्रकाश स्पष्ट रूप से दिखा रही हैं। इतना अवश्य है कि उन्होंने सर्वप्रथम इसका आभास आपको ही दिया था। किन्तु उस समय मुझे विश्वास नहीं हुआ था। किन्तु फिर भी अब यह स्पष्ट है कि १८८४ में अपनी माँ को छोड़ना एक महान् त्याग था और आज अपनी माँ के पास लौट जाना उससे भी बड़ा त्याग है। शायद 'माँ' की यही इच्छा है कि प्राचीन काल के महान् आचार्य की भाँति मैं भी कुछ अनुभव करूँ, है न यह बात ? मैं अपनी अपेक्षा आपकी परिचालना में अधिक विश्वास रखता हूँ। 'जो' एवं निवेदिता के हृदय महान् हैं; किन्तु मेरे परिचालनार्थ 'माँ' अब आपको प्रकाश भेज रही हैं। क्या आप प्रकाश देख रही हैं? आप क्या परामर्श देती हैं? कम से कम मुझे बिना घर भेजे आप इस देश से बाहर मत जाइए।

मैं तो केवल एक बच्चा हूँ; मुझे कौन सा कार्य करना है? मैं अपना अधिकार आपको सौंप रहा हूँ। मुझे यह दिखायी दे रहा है। वक्तृता-मंच से अब वाणी प्रचार करना मेरे लिए सम्भव नहीं है। यह बात किसीको मत बतायें—यहाँ तक कि 'जो' को भी नहीं। इससे मैं आनन्दित ही हूँ। मैं विश्राम चाहता हूँ। मैं थक गया हूँ, ऐसी बात नहीं है; किन्तु अगला अध्याय होगा—वाक्य नहीं, किन्तु अलौकिक स्पर्श, जैसा कि श्री रामकृष्ण देव का था। 'शब्द' आपके पास चले गये हैं और 'आवाज़' निवेदिता के यहाँ। अब मुझमें ये नहीं हैं। मैं प्रसन्न हूँ। मैं समर्पित हो चुका हूँ। केवल मुझे भारत में ले चलिए, क्या आप नहीं ले चलेंगी? 'माँ' आपको ऐसा करने के लिए प्रेरित करेंगी, मैं निश्चित हूँ।

आपकी चिरसन्तान
विवेकानन्द

(भगिनी निवेदिता को लिखित)

लॉस एंजिलिस, कैलिफ़ोर्निया,
२४ जनवरी, १९००

प्रिय निवेदिता,

मुझे लगता है कि मैं जिस शान्ति और विश्राम की खोज में हूँ, वह मुझे कभी प्राप्त नहीं होगा। फिर भी महामाया दूसरों का—कम से कम मेरे स्वदेश का—मेरे द्वारा कुछ कल्याण करा रही हैं; और इस उत्सर्ग के भाव का अवलम्बन कर

अपने भाग्य के साथ समझौता करना बहुत कुछ सरल है। हम सभी अपने अपने भावों में आत्म-बलिदान कर रहे हैं। महापूजन हो रहा है—एक महान् बलिदान के बिना और किसी प्रकार से इसका कोई अर्थ नहीं निकलता है। जो स्वेच्छापूर्वक अपने मस्तक आगे बढ़ा देते हैं, वे अनेक यातनाओं से मुक्ति पा जाते हैं। और जो बाधा उपस्थित करते हैं, उन्हें बलपूर्वक दबाया जाता है एवं उनको कष्ट भी अधिक भोगना पड़ता है। मैं अब स्वेच्छा से आत्मसमर्पण करने के लिए कटिबद्ध हूँ।

तुम्हारा,
विवेकानन्द

(भगिनी निवेदिता को लिखित)

कुमारी मिड् का मकान,
४४७, डगलस बिल्डिंग,
लॉस एंजिलिस, कैलिफ़ोर्निया,
१५ फ़रवरी, १९००

प्रिय निवेदिता,

तुम्हारा—का पत्र आज मुझे पॅसाडेना में प्राप्त हुआ। मालूम होता है कि 'जो' तुम्हें शिकागो में नहीं मिल सकी; किन्तु न्यूयार्क से उन लोगों का कोई समाचार मुझे अभी तक प्राप्त नहीं हुआ है। इंग्लैण्ड से बहुत से अंग्रेजी समाचार-पत्र मुझे प्राप्त हुए हैं—लिफ़ाफ़े पर एक पंक्ति में मेरे प्रति शुभेच्छा प्रकट की गयी है एवं उस पर एफ़० एच० एम० के दस्तखत हैं। उनमें विशेष ज़रूरी चीज़ कुछ भी नहीं थी। कुमारी मूलर को मैं एक पत्र लिखना चाहता था; किन्तु मुझे उनका पता नहीं मालूम है। साथ ही मुझे यह डर भी हुआ कि कहीं पत्र लिखने से वे भयभीत न हो उठें!

इसी बीच श्रीमती लेगेट ने मेरी सहायता के लिए दस साल तक वार्षिक १०० डालर के हिसाब से अनुदान की योजना प्रारम्भ कर दी तथा सन् १९०० के लिए १०० डालर देकर उसने इस सूची में सबसे पहले अपना नाम लिखाया, दो व्यक्ति उन्होंने इसके लिए और भी ढूंढ़े हैं। फिर मेरे सब मित्रों के पास उन्होंने इसमें सम्मिलित होने के लिए पत्र लिखना प्रारम्भ कर दिया। जब वे श्रीमती मिलर को लिखती रहीं, मैं शर्मिन्दा हो गया। किन्तु मेरे जानने के पहले उन्होंने लिखा था। एक बहुत ही नम्र किन्तु उत्साहहीन पत्र, मेरी के द्वारा लिखा हुआ, श्रीमती हेल के यहाँ से उसे मिला, जिसमें उसने मेरे प्रति अपने स्नेह का विश्वास दिलाते हुए अपनी असमर्थता प्रकट की थी। श्रीमती हेल एवं मेरी अप्रसन्न हैं, ऐसा मुझे डर है। लेकिन इसमें मेरा कुछ भी दोष नहीं है!!

श्रीमती सेवियर के पत्र से मुझे यह विदित हुआ कि कलकत्ते में निरंजन अत्यन्त बीमार पड़ गया है—पता नहीं, उसका शरीरान्त हो गया है या नहीं। अस्तु, निवेदिता, अब मैं नितान्त कठोर बन चुका हूँ—पहले की अपेक्षा मेरी दृढ़ता बहुत कुछ बढ़ चुकी है—मेरा हृदय मानो लोहे की पत्तियों से जड़ दिया गया है। अब मैं संन्यास जीवन के समीप पहुँचता जा रहा हूँ। दो सप्ताह से सारदानन्द के यहाँ से मुझे कोई भी समाचार नहीं मिला। मुझे प्रसन्नता है कि तुम कहानियाँ पा गयीं; अगर उचित समझो तो फिर से लिख डालो। उनको प्रकाशित करा दो, अगर कोई ऐसा मिल सके। उससे प्राप्त रक़म अपने कार्य में लगाओ। मुझे कोई ज़रूरत नहीं है। मैं अगले सप्ताह में सैन फ़्रैंसिस्को जा रहा हूँ; आशा है कि वहाँ पर मुझे सुविधाएँ प्राप्त होंगी। जब अगली बार मेरी से मिलो, तो उससे कहो कि श्रीमती हेल की सालाना १०० डालर की सहायता से मुझे कुछ नहीं करना है। उन लोगों का मैं बहुत कृतज्ञ हूँ।

डरने की कोई बात नहीं है—तुम्हारे विद्यालय के लिए धन अवश्य प्राप्त होगा, इसमें कोई सन्देह नहीं है। और यदि कदाचित् धन न मिले, तो उससे हानि ही क्या है? 'माँ' जानती हैं कि किस रास्ते से वे ले जाना चाहती हैं। वे चाहे जिस रास्ते से ले जायँ, सभी रास्ते समान हैं। मुझे यह पता नहीं है कि मैं शीघ्र ही पूर्व[1] की ओर जाऊँगा अथवा नहीं। यदि जाने का सुयोग मिला तो मैं निश्चित ही इण्डियाना जाऊँगा।

इस प्रकार के अन्तर्जातीय मिलन का उद्देश्य महान् है—जैसे भी हो सके तुम उसमें अवश्य सम्मिलित हो; और यदि तुम माध्यम बनकर कुछ भारतीय महिला-समितियों को उसमें सम्मिलित कर सको, तो और भी अच्छा है।...

कुछ परवाह नहीं है, हमें सब कुछ सुविधाएँ प्राप्त होंगी। यह युद्ध ज्यों ही समाप्त हो जायगा, तत्क्षण हम इंग्लैण्ड पहुँच जायँगे एवं वहाँ ज़ोरशोर से कार्य करने का प्रयत्न करेंगे—ठीक है न? 'स्थिरा माता' को क्या कुछ लिखा जाय? यदि उन्हें लिखना तुम्हें उचित प्रतीत हो, तो उनका पता मुझे भेज देना। उसके बाद क्या उन्होंने तुमको कोई पत्र लिखा है?

कठोर एवं कोमल, सभी लोग ठीक हो जायँगे—धैर्य बनाये रखो। ये जो तुम्हें विविध अनुभव प्राप्त हो रहे हैं, मैं तो इसे ही पसन्द करता हूँ। मुझे भी शिक्षा मिल रही है। जिस समय हम कार्य करने के लिए उपयुक्त सिद्ध होंगे, ठीक उसी

---

[1] पूर्व अर्थात् न्यूयार्क की ओर।

समय धन और लोग अपने आप हमारे समीप आ पहुँचेंगे ! इस समय मेरी स्नायु-प्रधान प्रकृति एवं तुम्हारी भावनाएँ आपस में मिल जाने से गड़बड़ी हो सकती है। इसीलिए माँ मेरी स्नायुओं को धीरे धीरे आरोग्य प्रदान कर रही हैं और तुम्हारी भावनाओं को भी शान्त करती जा रही हैं। फिर हम अग्रसर होंगे, इसमें सन्देह ही क्या है। अब अनेक महान् कार्य सम्पन्न होंगे—यह निश्चित जानना। अब हम प्राचीन देश यूरोप के मूलाधार तक को हिला डालेंगे।

मैं क्रमशः शान्त तथा धीर बनता जा रहा हूँ—चाहे जो भी कुछ क्यों न हो, मैं प्रस्तुत हूँ। अब की बार इस प्रकार से कार्य में जुट जायँगे कि उसके पग पग पर हमें सफलता प्राप्त होगी—एक भी प्रयास व्यर्थ नहीं होगा—यही मेरे जीवन का अग्रिम अध्याय है। मेरा स्नेह जानना।

विवेकानन्द

पुनश्च—तुम अपना वर्तमान पता लिखना।

वि०

(श्रीमती ऑलि बुल को लिखित)

लॉस एंजिलिस,
१५ फ़रवरी, १९००

प्रिय धीरा माता,

यह पत्र आपको जब प्राप्त होगा, उससे पहले ही मैं सैन फ़ांसिस्को रवाना हो जाऊँगा। कार्य के सम्बन्ध में आपको सब कुछ विदित ही है। मैंने कोई विशेष कार्य नहीं किया है; किन्तु प्रतिदिन मेरा हृदय—देह एवं मन दोनों ही—अधिकतर सबल बनता जा रहा है। किसी किसी दिन मुझे ऐसा प्रतीत होता है कि मैं सब कुछ बरदाश्त कर सकता हूँ और सब प्रकार के दुःखों को भी सहन कर सकता हूँ। कुमारी मूलर ने जो कागज़ का बण्डल भेजा था, उसमें कोई उल्लेखनीय कागज़ नहीं था। उनका पता न जानने के कारण मैंने उन्हें कुछ नहीं लिखा, इसके अलावा मुझे डर भी था।

अकेले रहने पर ही मैं अधिक अच्छी तरह से कार्य कर सकता हूँ; और जब मैं सम्पूर्णतः निःसहाय रहता हूँ, तभी मेरे देह एवं मन सबसे अधिक अच्छे रहते हैं ! जब मैं अपने गुरुभाइयों को छोड़कर आठ वर्ष तक अकेला रहा था, तब कभी एक दिन के लिए भी मैं बीमार नहीं पड़ा था। अब पुनः अकेला रहने के लिए प्रस्तुत हो रहा हूँ ! यह निःसन्देह एक आश्चर्य की बात है। किन्तु माँ मुझे उसी प्रकार रखना चाहती हैं—जैसे कि 'जो' कहती है 'अकेले गैण्डे की तरह घूमना' अभीष्ट है।...

बेचारे तुरीयानन्द को न जाने कितना कष्ट उठाना पड़ा है, किन्तु उसने मुझे कुछ भी नहीं लिखा—वह नितान्त सरलहृदय तथा भोलाभाला है। श्रीमती सेवियर के पत्र से मालूम हुआ कि बेचारा निरंजनानन्द कलकत्ते में इतना अधिक बीमार हो गया है कि अब तक वह जीवित है अथवा नहीं, यह भी नहीं कहा जा सकता। हाँ एक बात और है, सुख-दुःख दोनों ही आपस में हाथ पकड़कर चलना पसन्द करते हैं। यह एक अद्‌भुत घटना है। वे मानो एक शृंखला बाँधकर चलते हैं। मेरी बहन के पत्र से विदित हुआ कि उसने जिस कन्या को पाला था, उसका देहान्त हो गया। भारत के भाग्य में मानो दुःख ही दुःख लिखा हुआ है। ठीक है, ऐसा ही होने दो! सुख-दुःख में अब किसी प्रकार की प्रतिक्रिया मुझमें नहीं होती! इस समय मानो मैं लोहे जैसा बन चुका हूँ। होने दो—'माँ' की इच्छा ही पूर्ण हो!

गत दो वर्षों से मैंने जो अपनी दुर्बलता का परिचय दिया है, तदर्थ मैं अत्यन्त ही लज्जित हूँ। उसकी समाप्ति से मुझे खुशी है।

आपकी चिरस्नेहाबद्ध सन्तान,
विवेकानन्द

(कुमारी मेरी हेल को लिखित)

पॅसाडेना,
२० फ़रवरी, १९००

प्रिय मेरी,

श्री हेल की मृत्यु के दुःखद समाचार के साथ तुम्हारा पत्र मुझे कल मिला। मैं दुःखित हूँ, क्योंकि मठ-जीवन की शिक्षाओं के बावजूद भी हृदय की भावनाएँ बनी रहती हैं; और फिर जिन अच्छे लोगों से मैं जीवन में मिला उनमें श्री हेल एक उत्कृष्ट व्यक्ति थे। निस्सन्देह तुम्हारी स्थिति दुःखपूर्ण तथा दयनीय है; और यही हाल 'मदर चर्च' का और हैरियट तथा बाक़ी लोगों का भी है, ख़ासकर जब कि अपने तरह का यह पहला दुःख तुम लोगों को मिला है, ठीक है न? मैं तो कई को खो चुका हूँ, बहुत दुःख झेल चुका हूँ और विचित्र बात है कि किसीके गुजर जाने के बाद दुःख यह सोचकर होता है कि हम उस व्यक्ति के प्रति काफ़ी भले नहीं रहे। जब मेरे पिता मरे, तब मुझे महीनों तक कसक बनी रही, जब कि मैं उनके प्रति अवज्ञाकारी भी था।

तुम बहुत आज्ञाकारी रही हो। और यदि तुम्हारे मन में इस प्रकार की बातें आती हैं, तो वह शोक के कारण ही।

मुझे लगता है मेरी कि जीवन का वास्तविक अर्थ तुम्हारे लिए अभी ही खुला है। हम लाख अध्ययन करें, व्याख्यान सुनें और लम्बी-चौड़ी बातें करें, पर यथार्थ

शिक्षक और आँख खोलनेवाला तो अनुभव ही है। यह जैसा है, उसी रूप में उत्तम है। सुख और दुःख से हम सीखते हैं। हम नहीं जानते कि ऐसा क्यों है, पर हम देखते हैं कि ऐसा है और यही पर्याप्त है। 'मदर चर्च' को तो अपने धर्म से आश्वासन मिलता है। काश, हम सभी निर्विघ्न रूप से सुस्वप्न देख सकते।

तुम अभी तक जीवन में छाँह पाती रही हो। मैं तो सारे समय तेज घाम में जलता और हाँफता रहा हूँ। अब एक क्षण को तुम्हें जीवन के इस दूसरे पक्ष की झलक मिली है। पर मेरा जीवन इस तरह के लगातार आघातों से बना है, सैकड़ों गुने गहरे आघातों से और वह भी निर्धनता, छल और मेरी अपनी मूर्खता के कारण! निराशावाद! तुम समझोगी कि कैसे यह आ दबोचता है। खैर, मैं तुमसे क्या कहूँ मेरी? तुम इस तरह की सब बातें जानती हो। मैं केवल इतना ही कहता हूँ—और यह सत्य है—कि यदि दुःख का विनिमय संभव हो और मेरा मन हर्ष से परिपूर्ण हो तो मैं अपना मन तुमसे हमेशा हमेशा के लिए बदल लूं। जगन्माता इसे अच्छी तरह जानती हैं।

तुम्हारा भाई,
विवेकानन्द

(स्वामी अखण्डानन्द को लिखित)

ॐ तत् सत्

कैलिफ़ोर्निया,
२१ फ़रवरी, १९००

कल्याणवरेषु,

तुम्हारा पत्र पाकर और विस्तारपूर्वक सब समाचार पढ़कर मुझे अति हर्ष हुआ। विद्या और पाण्डित्य बाह्य आडम्बर हैं और बाह्य भाग केवल चमकता है; परन्तु सब शक्तियों का सिंहासन हृदय होता है। ज्ञानमय, शक्तिमय तथा कर्ममय आत्मा का निवासस्थान मस्तिष्क में नहीं वरन् हृदय में है। **शतं चैका च हृदयस्य नाड्यः**—हृदय की नाड़ियाँ एक सौ एक हैं, इत्यादि। मुख्य नाड़ी का केन्द्र जिसे संवेदक समूह (sympathetic ganglia) कहते हैं, हृदय के निकट होता है; और यही आत्मा का निवास दुर्ग है। जितना अधिक तुम हृदय का विकास कर सकोगे, उतनी अधिक तुम्हारी विजय होगी। मस्तिष्क की भाषा तो कोई कोई ही समझता है, परन्तु हृदय की भाषा, ब्रह्मा से लेकर घास के तिनके तक सभी समझ सकते हैं। परन्तु हमें अपने देश में तो ऐसे लोगों को जाग्रत करना है, जो मृतप्राय हैं। इसमें समय लगेगा, परन्तु यदि तुममें असीम धीरज और उद्योगशक्ति है, तो सफलता निश्चित रूप से ही प्राप्त होगी। इसमें तनिक भी त्रुटि नही हो सकती।

अंग्रेज़ कर्मचारियों का क्या दोष है? क्या वे परिवार, जिनकी अस्वाभाविक निर्दयता के बारे में तुमने लिखा है, भारत में अनोखे हैं? या ऐसों का बाहुल्य है? पूरे देश में यह एक ही कथा है। परन्तु यह स्वार्थपरता जो हमारे देश में साधारणतः पायी जाती है, निरी दुष्टता का ही परिणाम नहीं है। यह पाशविक स्वार्थपरता शताब्दियों की निष्फलता और अत्याचार का फल है। यह वास्तविक स्वार्थपरता नहीं है, वरन अगाध नैराश्य है। सफलता के पहले झोंके में यह शान्त हो जायगा। अंग्रेज़ कर्मचारी चारों ओर इसीको देखते हैं, इसीलिए उन्हें आरम्भ से ही विश्वास कैसे हो सकता है? परन्तु मुझे यह बताओ कि जब सच्चा कार्य वे प्रत्यक्ष देखते हैं, तो वे क्या सहानुभूति नहीं प्रकट करते? देशी कर्मचारी क्या इस प्रकार कर सकेंगे?

इन उग्र दुर्भिक्ष, बाढ़, रोग और महामारी के दिनों में कहो तुम्हारे कॉंग्रेस-वाले कहाँ हैं? क्या यह कहना पर्याप्त होगा कि 'राजशासन हमारे हाथ में दे दो?' और उनकी सुनेगा भी कौन? यदि मनुष्य काम करता है, तो क्या उसे अपना मुख खोलकर कुछ माँगना पड़ता है? यदि तुम्हारे जैसे दो हज़ार लोग कई ज़िलों में काम करते हों, तो राजकाज के विषय में अंग्रेज़ स्वयं बुलाकर तुमसे सलाह लेंगे!! **स्वकार्यमुद्धरेत्प्राज्ञः**—'बुद्धिमान मनुष्य को अपना कार्य स्वयं पूर्ण करना चाहिए'. . . अ—को केन्द्र खोलने की आज्ञा नहीं मिली, परन्तु इससे क्या? क्या किशनगढ़ ने नहीं मान लिया? उसे चुपचाप काम करने दो, किसीसे कुछ कहने की या विवाद करने की आवश्यकता नहीं है। जो जगज्जननी के इस कार्य में सहायता करेगा उस पर उनकी कृपा होगी और जो उसका विरोध करेगा वह केवल—**अकारणाविष्कृतवैरदारुणः**—अकारण ही दारुण वैर का आविष्कार ही न करेगा, वरन् अपने भाग्य पर भी कुठाराघात करेगा।

शनैः पन्थाः इत्यादि, सब अपने समय पर होगा। बूंद बूंद से घड़ा भरता है। जब कोई बड़ा काम होता है, जब नींव पड़ती है या मार्ग बनता है, जब दैवी शक्ति की आवश्यकता होती है—तब एक या दो असाधारण मनुष्य विघ्न और कठिनाइयों के पहाड़ को पार करते हुए चुपचाप और शान्ति से काम करते हैं। जब सहस्रों मनुष्यों का लाभ होता है, तब बड़ा कोलाहल मचता है और पूरा देश प्रशंसा से गूंज उठता है। परन्तु तब तक वह यन्त्र तीव्रता से चल चुका होता है और कोई बालक भी उसे चलाने का सामर्थ्य रखता है या कोई भी मूर्ख उसकी गति में वृद्धि कर सकता है। किन्तु यह अच्छी तरह समझ लो कि एक या दो गाँवों का जो उपकार हुआ है, वह अनाथालय जिसमें बीस-पचीस अनाथ ही हैं तथा वे ही दस-बीस कार्यकर्ता—नितान्त पर्याप्त हैं और यही वह केन्द्र बनाता है, जो कभी नष्ट होने

का नहीं। यहाँ से लाखों मनुष्यों को समय पर लाभ पहुँचेगा। अभी हमको आधे दर्जन सिंह चाहिए, उसके बाद सैकड़ों गीदड़ भी उत्तम काम कर सकेंगे।

यदि अनाथ बालिकाएँ तुम्हारे आश्रय में किसी प्रकार आ जायँ, तो तुम उन्हें सबसे पहले ले लेना। नहीं तो ईसाई मिशनरी उन बेचारियों को ले जायँगे। यदि तुम्हारे पास उनके लिए विशेष प्रबन्ध नहीं है, तो इसकी क्या चिन्ता? जगज्जननी की इच्छा से उनका प्रबन्ध हो जायगा। घोड़ा मिलने पर चाबुक अपने आप आ जायगा। अभी लड़कों और लड़कियों को एक साथ ही रखो। एक नौकरानी रख लो, वह लड़कियों की देखभाल करेगी; वह उन्हें अलग अपने पास सुलायेगी। अभी तुम्हें जो मिले, उसे ले लो, चुनाव छँटाव मत करना। बाद में सब कुछ अपने आप ठीक हो जायगा। प्रत्येक उद्योग में विघ्नों का सामना करना पड़ता है, परन्तु धीरे धीरे मार्ग सुगम हो जाता है।

अंग्रेज़ कर्मचारी को मेरी ओर से बहुत बहुत धन्यवाद का संदेशा देना। निर्भय होकर काम करो—कैसे वीर हो! शाबास! शाबास!! शाबास!!!

भागलपुर में केन्द्र खोलने के लिए जो तुमने लिखा है, वह विचार—विद्यार्थियों को शिक्षा देना इत्यादि—निःसन्देह बहुत अच्छा है, परन्तु हमारा संघ दीनहीन, दरिद्र, निरक्षर किसान तथा श्रमिक समाज के लिए है और उनके लिए सब कुछ करने के बाद जब समय बचेगा, केवल तब कुलीनों की बारी आयेगी। प्रेम द्वारा तुम उन किसान और श्रमिक लोगों को जीत सकोगे। इसके पश्चात् वे स्वयं थोड़ा सा धन संग्रह करके अपने गाँव में ऐसे ही संघ बनायेंगे, और धीरे धीरे उन्हीं लोगों में शिक्षक पैदा हो जाँयगे।

कुछ ग्रामीण लड़के और लड़कियों को विद्या के आरम्भिक सिद्धान्त सिखा दो और अनेक विचार उनकी बुद्धि में बैठा दो। इसके बाद प्रत्येक ग्राम के किसान रुपया जमा करके अपने अपने ग्रामों में एक एक संघ स्थापित करेंगे। **उद्धरेदात्मनात्मानम्**—'अपनी आत्मा का अपने उद्योग से उद्धार करो।' यह सब परिस्थितियों में लागू होता है। हम उनकी सहायता इसीलिए करते हैं, जिससे वे स्वयं अपनी सहायता कर सकें। वे तुम्हें प्रतिदिन का भोजन प्राप्त करा देते हैं, यही इस बात का द्योतक है कि कुछ यथार्थ कार्य हुआ है। जिस क्षण उन्हें अपनी अवस्था का ज्ञान हो जायगा और वे सहायता तथा उन्नति की आवश्यकता को समझेंगे, तब जानना कि तुम्हारा प्रभाव पड़ रहा है, एवं तुम ठीक रास्ते पर हो। धनवान श्रेणी के लोग दया से गरीबों के लिए जो थोड़ी सी भलाई करते हैं, वह स्थायी नहीं होती और अन्त में दोनों पक्षों को हानि पहुँचाती है। किसान और श्रमिक समाज मरणासन्न अवस्था में हैं, इसलिए जिस चीज़ की आवश्यकता है, वह यह है कि धनवान उन्हें

अपनी शक्ति को पुनः प्राप्त करने में सहायता दें और कुछ नहीं। फिर किसानों और मज़दूरों को अपनी समस्याओं का सामना और समाधान स्वयं करने दो। परन्तु तुम्हें सावधान रहना चाहिए कि ग़रीब किसान-मज़दूर और धनवानों में परस्पर कहीं जाति-विरोध का बीज न पड़ जाय। यह ध्यान रखो कि धनिकों के प्रति दुर्वचन न कहो—**स्वकार्यमुद्धरेत्प्राज्ञः**—'ज्ञानी मनुष्य को अपना कार्य अपने उद्योग से करना चाहिए।'

गुरु की जय हो! जगज्जननी की जय हो! भय क्या है! अवसर, औषधि तथा इनका उपयोग स्वयं ही आ उपस्थित होंगे। मैं परिणाम की चिन्ता नहीं करता, चाहे अच्छा हो या बुरा। इतना काम यदि तुम करोगे, तो मुझे हर्ष होगा। वाद-प्रतिवाद, मूल-पाठ, शास्त्र, साम्प्रदायिक मत-मतान्तर—इनसे मैं अपनी इस बढ़ती हुई उम्र में विष की तरह द्वेष करता हूँ। यह निश्चित रूप से जानो कि जो काम करेगा, वह मेरे सिर की मुकुट-मणि होगा। व्यर्थ शब्दों का विवाद और शोर मचाने में हमारा समय नष्ट हो रहा है और हमारी जीवन-शक्ति क्षीण हो रही है तथा मनुष्य जाति के कल्याण के लिए एक पग भी हम आगे नहीं बढ़ पा रहे हैं। माभैः—'डरो मत!' शाबाश! निश्चय ही तुम वीर हो। श्री गुरु तुम्हारे हृदय-सिंहासन पर स्थित रहें और जगज्जननी तुम्हें मार्गप्रदर्शन करें! इति।

विवेकानन्द

(कुमारी मेरी हेल को लिखित)

१२५१ पाइन स्ट्रीट,
सैन फ्रैंसिस्को,
२ मार्च, १९००

प्रिय मेरी,

तुम्हारी बड़ी कृपा है जो तुमने शिकागो आने के लिए मुझे आमंत्रित किया। काश कि मैं वहाँ इस क्षण ही उपस्थित हो सकता! किन्तु मैं धनोपार्जन में व्यस्त हूँ, बस दुःख केवल इतना है कि मैं अधिक नहीं कर पाता। तुम जानती हो मुझे घर वापस लौटने के लिए किसी भी प्रकार से पर्याप्त पैसा पैदा करना है। यहाँ एक नया कार्यक्षेत्र मुझे मिला है, जहाँ सैकड़ों लोग, जो मेरी पुस्तकें पढ़कर पहले ही से प्रस्तुत हैं, मेरी बातें सुनने को उत्सुक हैं।

यह सही है कि अर्थोपार्जन करना कठिन और मन्द कार्य है। यदि मैं दो-चार सौ भी बना लूँ, तो मुझे बेहद खुशी होगी। इस समय तक तुम्हें मेरा पिछला पत्र मिल चुका होगा। मुझे आशा है कि महीने-छः हफ़्ते में मैं पूरब की ओर आ रहा हूँ।

तुम सब कैसी हो? 'मदर' से मेरा हार्दिक स्नेह कहना। काश, उनकी जैसी शक्ति मुझमें भी होती! वे एक सच्ची ईसाइन हैं। मेरा स्वास्थ्य काफ़ी अच्छा है, पर वह पुरानी ताक़त अभी नहीं आ पायी है। आशा है कि किसी दिन आ जायगी, पर छोटी छोटी चीज़ों के लिए भी कितना कठिन श्रम करना पड़ता है! मेरी बड़ी इच्छा है कि कम से कम कुछ दिनों के लिए ही मुझे आराम-चैन मिल पाता। मुझे पूरा विश्वास है कि शिकागो में अपनी बहनों के पास मुझे यह मिल सकता है। ख़ैर, जैसी कि मेरी कहने की आदत है, जगन्माता सब कुछ जानती हैं। वे भली भाँति जानती हैं। पिछले दो वर्ष विशेषतया बुरे रहे हैं। मैं एक मानसिक नरक की स्थिति में रह रहा था। अब वह कुछ कुछ दूर हो चला है और मैं आशा करता हूँ कि यह सब अच्छे दिनों और अच्छी स्थिति के लिए ही हुआ है। तुमको और बहनों को तथा 'मदर' को बहुत आशीर्वाद। मेरी, तुम सदैव मेरे कर्कश एवं संघर्षपूर्ण जीवन में मधुरतम स्वर-ध्वनियों के समान रही हो। फिर यह तुम्हारे अच्छे महान् कर्मों का फल था कि बिना किसी दमनशील वातावरण के तुम्हें जीवन आरम्भ करने का मौक़ा मिला। मैं तो जीवन में एक क्षण का भी विश्राम नहीं जानता। मानसिक रूप से जीवन मेरे लिए सदा एक दबाव की तरह रहा है। ईश्वर तुम्हारा कल्याण करें।

तुम्हारा चिरस्नेही भाई,
विवेकानन्द

(कुमारी जोसेफ़िन मैक्लिऑड को लिखित)[1]

५७ रामकान्त बोस स्ट्रीट
कलकत्ता,
१२ नवम्बर, १८९८

प्रिय 'जो',

मैंने कल रविवार को कुछ मित्रों को रात्रि के भोजन के लिए आमंत्रित किया है।....

हम आशा करते हैं कि तुम चाय हमारे साथ पिओगी। तब तक सारी तैयारी हो जायगी।

श्री माँ आज सबेरे नया मठ देखने जा रही हैं। मैं भी वहाँ जा रहा हूँ। आज

---

१. यह और इसका परवर्ती पत्र इस खण्ड के यथाक्रम ३५६ और ३८६ पृष्ठ के अन्तर्गत हैं।

सायंकाल ६ बजे निवेदिता अध्यक्षता करने जा रही है। यदि तुम्हारी इच्छा हो और श्रीमती बुल स्वस्थ हों, तो अवश्य आना।

प्रभुपदाश्रित तुम्हारा,
विवेकानन्द

(कुमारी हेल को लिखित)

१ ईस्ट, ३९ वीं स्ट्रीट,
न्यूयार्क,
२० नवम्बर, १८९९

प्रिय मेरी,

मैं कल शायद कैलिफ़ोर्निया के लिए प्रस्थान करूँगा। रास्ते में दो-एक दिन के लिए शिकागो में रुकूंगा। यात्रा के समय तुम्हें एक तार भेजूंगा। स्टेशन पर किसीको भेज देना; क्योंकि अब रास्ता ढूंढ़ने में मैं जितना अक्षम हो गया हूँ, उतना पहले कभी नहीं था।

तुम्हारा भाई,
विवेकानन्द

अनुक्रमणिका

മംഗളോദയം

കാലം മറന്ന കഥ

എ. വിജയൻ

തൃശൂർ ജില്ലയിലെ തൈക്കാട്ടുശ്ശേരിയിൽ ജനനം. പ്രാഥമിക വിദ്യാഭ്യാസം തൈക്കാട്ടുശ്ശേരിയിൽ. തുടർവിദ്യാഭ്യാസം കൊല്ലം, തൃശൂർ ജില്ലകളിൽ. കേന്ദ്രആഭ്യന്തരവകുപ്പിൽ ഉദ്യോഗസ്ഥനായി ഡൽഹി, ബീഹാർ, തമിഴ്നാട്, കേരളം, മിസ്സോറാം എന്നീ സംസ്ഥാനങ്ങളിലും ആന്തമാൻ-നിക്കോബർ, ലക്ഷദ്വീപ് എന്നീ കേന്ദ്രഭരണപ്രദേശങ്ങളിലുമായി നാല്പതിൽ കൂടുതൽ വർഷങ്ങൾ നീണ്ടുനിന്ന ഔദ്യോഗികജീവിതം. ഇപ്പോൾ തൃശൂർ-അയ്യന്തോളിൽ താമസം.

നോവൽ

കാലം മറന്ന കഥ

എ. വിജയൻ

MANGALODAYAM
an imprint of GREEN BOOKS

mangalodayam
an imprint of green books pvt. ltd
gb building, civil lane road, ayyanthole,
thrissur- 680 003, kerala, ph: +91 487-2381066, 2381039
website: www.greenbooksindia.com
e-mail: info@greenbooksindia.com

kaalam maranna katha
novel
by
a. vijayan

first published january 2020

cover design : bb
cover photo : graphicsquare

branches:
thrissur 0487-2422515
thiruvananthapuram 0471-2335301
calicut 0495 4854662
ernakulam 8589095007

isbn : 978-93-89671-14-8

GMGPL/023/2020

അവതാരിക

ഡോ.പി.വി. കൃഷ്ണൻനായർ

കലാസൃഷ്ടിയുടെ മൗലികപ്രേരണ ആത്മാവിഷ്കാരമാണ്. കല ആവിഷ്കരണം തന്നെയാണെന്ന് പറയുന്നുണ്ട് പ്രസിദ്ധ കലാചിന്തകനായ ബനഡിറ്റോ ക്രോചേ. ആത്മാവിനകത്തെ വിങ്ങലാണ് കലാസൃഷ്ടിക്ക് ജന്മം കൊടുക്കുക എന്ന ക്ലേശകരമായ സാധനയിലേക്ക് കലാകാരനെ തള്ളിനീക്കുന്നത് എന്ന് പലരും സമർത്ഥിച്ചിട്ടുണ്ട്. അവനവനിൽ നിന്നുള്ള ഒരുതരം രക്ഷപ്പെടലാണ് എഴുത്ത് അടക്കമുള്ള എല്ലാ കലാസൃഷ്ടികളും. എഴുത്തുകാരന്റെ വ്യക്തിജീവിതവും വികാരാത്മകതയും അനുഭവസാന്ദ്രതയും ഭാഷയിലേക്ക് പകർത്തുമ്പോൾ സാഹിത്യസൃഷ്ടിയുണ്ടാകുന്നു. ദേശത്തെയും കാലത്തെയുമാണ് അവർ എഴുതുന്നത്. അപ്പോൾ തലമുറകൾ തലമുറകളായി ജീവിതത്തിന്റെ ചങ്ങലക്കണ്ണികൾ നീളം വെക്കുന്നു. സാമാന്യജീവിതത്തിന്റെ ചക്രം മാറ്റമില്ലാതെ, നിലയ്ക്കാതെ ചലിച്ചുകൊണ്ടിരിക്കുന്നു. അതാണ് ജീവിതം; നാമെല്ലാം ഭാഗഭാക്കാവുന്ന സാക്ഷാൽ ജീവിതം. മാതാപിതാക്കളും കുടുംബവും ബന്ധുക്കളും അയൽപക്കങ്ങളും അതാതിന്റെ കൊച്ചുകൊച്ചു വൃത്തങ്ങളിൽ ഈ ചലനങ്ങൾ ആവർത്തിച്ചുകൊണ്ടിരിക്കുന്നു. അഭിലാഷങ്ങളുടെയും സ്വപ്നങ്ങളുടെയും അപകടമാണ് മനുഷ്യൻ.

മനുഷ്യൻ സാമൂഹ്യമൂല്യങ്ങളുമായി ബന്ധപ്പെടുന്നു. സമുദായത്തിന്റെ പ്രാഥമികഘടന കുടുംബമാണ്. കുടുംബബന്ധങ്ങളിലാണ് ജീവിതചൈതന്യത്തിന്റെ സാന്ദ്രത ഏറ്റവും കൂടുതലുള്ളത്. കുടുംബബന്ധങ്ങൾ ആജീവനാന്തബന്ധങ്ങളാണ്. മാതൃപിതൃപുത്രബന്ധം, ഭാര്യാഭർത്തൃബന്ധം ഇവയിലാണ് അനുഭൂതിയുടെ ഏറ്റവും ഉജ്ജ്വലമായ പൂക്കൾ കിളുർക്കുന്നത്. ഹൃദയത്തിന് വാതിൽ മാത്രമല്ല ഉള്ളത്. ആ വാതിലുകൾ ബുദ്ധിയുടെ നിയന്ത്രണത്തിലുമല്ല. സ്ഥലം, കാലം, വ്യക്തിത്വം ആദിയായവയാൽ ബന്ധിതമാണ് നമ്മുടെ ബോധം. മനുഷ്യവ്യക്തിത്വം ഏകരസമോ ഏകഭാവമോ ഏക വസ്തുനിർമ്മിതമോ ആയ ഒരു ശില്പമല്ല. പാരമ്പര്യത്തിന്റെ ചാലിലൂടെ ഒഴുകിച്ചേർന്ന വിഭിന്നങ്ങളായ പല വ്യക്തിത്വാംശങ്ങളുടെ ചോദനകളുടെ ഒരു സങ്കലനം മാത്രമാണത്. ഒന്നിച്ചു കഴിയുമ്പോഴും ഓരോരുത്തരും ഒറ്റയ്ക്കാണ് ജീവിക്കുന്നത് എന്ന് ചിന്തകന്മാർ പറയുന്നത് അതുകൊണ്ടാണ്.

എ. വിജയന്റെ 'കാലം മറന്ന കഥ' എന്ന നോവൽ വായിച്ചപ്പോൾ മനസ്സിൽ ഉരുണ്ടുകൂടിയ ചിന്താശകലങ്ങളെയാണ് മുകളിൽ ഞാൻ കുറിച്ചുവെച്ചത്. നല്ല പാരായണസുഖമുള്ള ഒരു കുടുംബനോവലാണിത്. എഴുത്തുകാരന്റെ ആത്മകഥാംശമാണ് അതിൽ തുടിച്ചുനിൽക്കുന്നത്. കുടുംബമാണ് ഈ നോവലിസ്റ്റിന്റെ സ്വർണ്ണഖനി. കുടുംബം കേന്ദ്രവും ദേശം അർദ്ധവ്യാസവുമായി വരച്ച ആത്മകഥയുടെ പരാഗരേണുക്കൾ നിറഞ്ഞ ഒരു നോവലാണ് 'കാലം മറന്ന കഥ'. മലയാളത്തിൽ നല്ല കുടുംബനോവലുകളുണ്ട് – എം.ടിയുടെ നാലുകെട്ട്, ഉറൂബിന്റെ ഉമ്മാച്ചു, പാറപ്പുറത്തിന്റെ അരനാഴിക നേരം എന്നിവ ഉദാഹരണം. നമ്മുടെ ഭാഷയിൽ നല്ല പ്രാദേശിക നോവലുകളുമുണ്ട്. തകഴിയുടെ ചെമ്മീൻ, മലയാറ്റൂരിന്റെ വേരുകൾ, കോവൂരിന്റെ കാട് തുടങ്ങിയവ. താൻ അറിഞ്ഞിട്ടുള്ള വ്യക്തികളിൽനിന്നാണ് നോവലിസ്റ്റിന്റെ പാത്രസൃഷ്ടി. തന്മയത്വമുള്ള കഥാപാത്രങ്ങളെ സൃഷ്ടിക്കുന്നതിൽ നോവലിസ്റ്റ് വിജയിച്ചിട്ടുള്ളതായി കാണാം. നാം എന്നെങ്കിലും കണ്ടിട്ടുള്ളതിൽനിന്ന്, അറിഞ്ഞിട്ടുള്ളതിൽനിന്ന്, അനുഭവിച്ചിട്ടുള്ളതിൽനിന്ന് – ഇവയിൽ നിന്നാണ് സാഹിത്യം രൂപംകൊള്ളുന്നതെന്ന് ഹെമിങ്‌വേ പറഞ്ഞു.

ഗ്രന്ഥകർത്താവിന് നന്നായി കഥ പറയാനറിയാം. ഇതിനെയാണല്ലോ നാം സാഹിത്യഭാഷയിൽ ഭാവം, പ്രമേയം എന്നൊക്കെ പറയുന്നത്. കഥയെ ഒഴിവാക്കാനാഗ്രഹിച്ച ഹെൻറി ജെയിംസിനെപോലുള്ള എഴുത്തുകാർപോലും കഥയെ നോവലിന്റെ ഒരു വഷളൻ സന്താനമായി അംഗീകരിക്കുന്നുണ്ട്. നോവലിസ്റ്റ് പ്രധാനമായും ചെയ്യേണ്ടത് കഥ പറയലാണ്, കഥ പറയലാണ്, കഥ പറയലാണ് എന്ന് മൂന്നുതവണ ആവർത്തിക്കുന്നുണ്ട് സ്വയം നോവലിസ്റ്റും നോവലിന്റെ സ്വരൂപത്തെക്കുറിച്ച് ഗ്രന്ഥം രചിച്ച വിമർശകനുമായ ഇ.എം. ഫോസ്റ്റർ. തനിക്ക് ഒരു അനുജത്തി ജനിക്കുന്നതു മുതൽ താൻ സ്കൂളിലേക്ക് പോകുന്നതുവരെയുള്ള കാലത്തെ കഥയാക്കി മാറ്റുന്നു നോവലിസ്റ്റ്. പാരായണസുഖം ഈ കൃതിയുടെ മേന്മയാണ്.

ഒരു നോവലിനെ നിലനിർത്തുന്നത് കഥാപാത്രങ്ങളാണ്. മണ്ണിന്റെ മണമുള്ള നിരവധി കഥാപാത്രങ്ങളെ സൃഷ്ടിക്കുവാൻ നോവലിസ്റ്റിന് കഴിഞ്ഞിട്ടുണ്ട്. പഴയ കാരണവരായ പപ്പുമാൻ, കുടുംബദ്രോഹിയായ ഈച്ചരമ്മാൻ, ആർത്തിപ്പണ്ടാരമായ പപ്പൻ, മില്ലാക്കരേച്ചി, അമ്മൂമ്മ, രാവുണ്ണ്യേട്ടൻ, അമ്മ, ചെറിയമ്മ, അച്ഛൻ, അച്ചുമ്മാൻ, ഈച്ചരമ്മാൻ – ഇവരെയെല്ലാം സ്വാഭാവികതയോടെ ചിത്രീകരിച്ചിരിക്കുന്നു.

ആ കാലത്തെ മനസ്സിലാക്കാനുള്ള താക്കോലുകളാണ് 'കാലം മറന്ന കഥ'യിലെ കഥാപാത്രങ്ങൾ. ജാതിബന്ധങ്ങളിലും വർണധർമ്മങ്ങളിലും അടിയുറച്ച ഒരു കാലത്തിന്റെ അയഞ്ഞ സ്വഭാവം പഴയ കാലത്തിന്റെ സ്ഥലരാശിയോട് ചേർത്തുവെക്കുകയാണ് ഗ്രന്ഥകർത്താവ് ചെയ്യുന്നത്.

സ്ഥലകാലബന്ധിതമാണ് ഏത് നോവലും. എന്നാൽ 'കാലം മറന്ന കഥ'യിൽ പ്രമുഖ സ്ഥാനം കാലത്തിനും ദേശത്തിനുമാണ്. ആ അർത്ഥത്തിൽ ഈ നോവലിന്റെ ശീർഷകം അർത്ഥപൂർണ്ണമാണ്. ഭൂതകാലം

ഈ നോവലിനെ ആവേശിച്ചിരിക്കുന്നു. നഷ്ടപ്പെട്ടുപോയ കാലത്തെ ക്കുറിച്ചുള്ള നൊസ്റ്റാൾജിയ ഇതിൽ നിറഞ്ഞുനിൽക്കുന്നു – 'എനിക്കു മുണ്ടായിരുന്നു സുഖം മുറ്റിയ നാളുകൾ' എന്ന് വിജയൻ ചുണ്ടിൽ മന്ത്രി ക്കുന്നത് ഈ നോവൽ വായിക്കുമ്പോൾ നിങ്ങൾക്കു കേൾക്കാം. പഴമ യുടെ കലവറതന്നെ തന്റെ കൃതിയിൽ വിജയൻ ഒരുക്കിയിരിക്കുന്നു. ഇരുപത്തെട്ട് കെട്ട്, അയ്യപ്പവിളക്ക്, തിരുവാതിരക്കളി, ശിവരാത്രി നോമ്പ്, ഭസ്മക്കൊട്ട, ഊഞ്ഞാലാട്ടം, ഓണത്തപ്പൻ, ശീവോതിവരവ്, പൂതത്താ ന്മാർ... എത്രയെത്ര പഴയകാലചിത്രങ്ങൾ. അപ്പൻതമ്പുരാൻ തന്റെ നോവലായ 'ഭൂതരായരി'ൽ പറഞ്ഞതുപോലെ നമ്മളും പറഞ്ഞുപോകും – 'അന്നത്തെ മലനാട് എവിടെ, ഇന്നത്തെ കേരളമെവിടെ? എന്തോ കഥ.'

ഫോക്‌ലോർ വിജ്ഞാനത്തിൽ താത്പര്യമുള്ളവർക്ക് വേണ്ടുവോളം വിഭവങ്ങൾ ഈ നോവൽ നൽകും. ഒരു പ്രത്യേക ആഗ്രഹത്തിന്റെയോ ആദർശത്തിന്റെയോ പേരിലാണ് നോവലിസ്റ്റ് ഭൂതകാലത്തിലേക്ക് നോക്കുന്നത്. ജീവിതസത്യത്തെ ആഗ്രഹാനുസാരം നിറം പിടിപ്പിക്കു മ്പോഴാണ് ആദർശം രൂപംകൊള്ളുന്നത്. ജീവിതത്തിൽനിന്ന് കിട്ടുന്ന അനുഭവങ്ങളേക്കാൾ അഗാധസ്പർശിയാണ് നല്ല കൃതിയിൽനിന്ന് കിട്ടുന്ന അനുഭവം. നാട്ടുപാരമ്പര്യങ്ങളും പ്രാദേശിക പാരമ്പര്യങ്ങളും ഇതിൽ നിറഞ്ഞുനിൽക്കുന്നു.

ആ അർത്ഥത്തിൽ ഈ നോവൽവായന ഒരു സാംസ്കാരികാനുഭവ മാണ്. ഐന്ദ്രിയമായ അനുഭവങ്ങളുടെ സമാഹാരമാണ് 'കാലം മറന്ന കഥ'. കാഴ്ചകളിൽകൂടിയാണ് നമ്മൾ ലോകത്തെ സൃഷ്ടിച്ചെടുക്കുന്നത്. തന്റെ കുട്ടിക്കണ്ണുകൾ കണ്ട് ലോകത്തെ തിരിച്ചുപിടിക്കാനുള്ള ശ്രമം. ബാല്യകാലം ജീവിതത്തനിമയാണ്. നോവൽ വായിച്ചുപോകുമ്പോൾ ഇത്രയും കാര്യങ്ങൾ ഗ്രന്ഥകർത്താവിന്റെ മനസ്സിൽ ഉണ്ടായിരുന്നുവല്ലോ എന്ന് അദ്ഭുതം തോന്നുന്നു. കുടുംബത്തിലെ ആചാരങ്ങളും രീതികളു മാണ് ഒരു വ്യക്തിയെ സംസ്കരിച്ചെടുക്കുന്നത്. അതുവഴിയാണ് നാം ജീവിതമെന്ന പ്രക്രിയയ്ക്ക് രൂപം നൽകുന്നതെന്ന് ഈ നോവൽ ഒരി ക്കൽകൂടി വായനക്കാരെ ബോധ്യപ്പെടുത്തും. നേർവരയിലൂടെ നീങ്ങുന്ന ഒരു വിവരണാത്മകത ഈ നോവലിന്റെ സ്വഭാവമാണ്. സവിശേഷമായ ഭാഷാപ്രയോഗം ഈ ഗ്രന്ഥത്തിന് ഒരു പുതുമ നൽകുന്നു. ലളിതമായ വിവരണാത്മകസ്വഭാവമുള്ളതാണെങ്കിലും ഭാഷയുടെ വേര് പഴമയിലാണ്. തന്റെയും തന്റെ നാടിന്റെയും ജീവചരിത്രം തന്നെയാണ് ശ്രീ. വിജയൻ നോവലായി എഴുതുന്നത്. ടോൾസ്റ്റോയിയുടെയും മാക്സിംഗോർക്കിയു ടെയും ടാഗോറിന്റെയും കുട്ടിക്കാലസ്മരണകൾ ഞാൻ വായിച്ചിട്ടുണ്ട്. അവ സ്മരണകൾ മാത്രമാണ്, കലാപരമായ പ്രസന്നതയുള്ള ഓർമ്മ കൾ. എന്നാൽ ക്രമീകൃതമായ കാലത്തുടർച്ചകളെ സുഘടിതയുക്തി യുടെ താവളമാക്കിയ ഒരു നോവലാണ് വിജയന്റെ 'കാലം മറന്ന കഥ'. അതൊരു പൂങ്കുലപോലെയാണ്. ഓരോ പൂവിനും നിരവധി ഇതളുക ളുണ്ട്. "തിരിഞ്ഞുനോക്കുമ്പോൾ ജീവിതം നിറഞ്ഞുനിൽക്കുന്നതായി തോന്നുന്നു. ചപ്പും ചവറും കൊണ്ടായിരിക്കാം. എങ്കിലും നിറവുണ്ട്"

എന്ന് ഉറൂബ് 'സുന്ദരികളും സുന്ദരന്മാരും' എന്ന നോവലിൽ പറഞ്ഞത് സ്മരണീയം. ലോകപ്രസിദ്ധമായ ഒരു പ്രതിഭ എഴുതി-"എഴുത്തുകാരന്റെ ആത്മാവിലെ ഓരോ രഹസ്യവും അയാളുടെ ഓരോ അനുഭവവും അയാളുടെ മനസ്സിന്റെ ഓരോ ഗുണവിശേഷവും അയാളുടെ രചനകളിൽ വലുതായി എഴുതപ്പെട്ടിരിക്കുന്നു." ഈ പുസ്തകത്തിനും അത് ബാധകമാണ്.

ക്രാഫ്ടിൽ ഗ്രന്ഥകർത്താവ് വളരെ ശ്രദ്ധിച്ചിട്ടുണ്ടെന്ന് ഈ നോവൽ വായിച്ചാൽ നമുക്ക് മനസ്സിലാകും. കഠിനമായ അദ്ധ്വാനം, തിരുത്തൽ - മാറ്റിയെഴുതൽ ആവശ്യപ്പെടുന്ന ഒന്നാണത്. ബോധപൂർവ്വമായ, ശ്രമകരമായ ക്രാഫ്ടാണ് ഈ കൃതിയുടേത്. സംഭവങ്ങളുടെ അടുക്കും ക്രമവും കഥാപാത്രങ്ങളുടെ സംഭാഷണവും പലതവണ മാറ്റിയെഴുതിയാൽ മാത്രമേ അത് സാധ്യമാവൂ. ഒരു ഗ്രാമജീവിതത്തിന്റെ സജീവചിത്രം പകർത്തിയ കൃതിയാണിത്. വ്യക്തികളുടെ അഥവാ കഥാപാത്രങ്ങളുടെ ചിത്രീകരണത്തിലെ നിഷ്ഠയാണ് ഇതിലെ കഥാപാത്രങ്ങൾക്ക് വിശ്വസനീയത നൽകുന്നത്. കഥാപാത്രങ്ങളെ സ്വയം പ്രവർത്തിപ്പിക്കുകയും അവരുടെ സ്വഭാവഘടനയനുസരിച്ച് അവരെ വളരാൻ വിടുകയും ചെയ്യുക വഴിയാണ് നോവലിസ്റ്റ് ആ വിശ്വസനീയത കൈവരിക്കുന്നത്. ആഖ്യായികാകാരന്റെ വക്കാലത്തുമായല്ല അവർ നമ്മുടെ മുമ്പിൽ വരുന്നത്. തന്റേതായ ആഖ്യാനവൈഭവങ്ങളിലൂടെ അനുഭവപ്രതീതിയും വികാരാനുഭവവും വായനക്കാരിൽ ഉളവാക്കാൻ ശ്രീ. വിജയന് കഴിഞ്ഞിട്ടുണ്ട്. അതിന് ഏറ്റവും സഹായകമായത് നോവലിന്റെ ഭാഷയാണെന്ന അഭിപ്രായക്കാരനാണ് ഞാൻ. നമ്മുടെ കൺമുമ്പിൽ നടക്കുന്ന പ്രത്യക്ഷ ദൃശ്യങ്ങളിലൂടെ കഥയെ നാടകീയമായി മുന്നോട്ടു കൊണ്ടുപോകുന്നതിൽ ഭാഷ ഗ്രന്ഥകാരനെ ഏറെ സഹായിച്ചിട്ടുണ്ട്. കഴിഞ്ഞകാലത്തിന്റെ സ്മരണകളെ ഒന്നിടവിട്ട് കലർന്ന അതിന്റെ മിശ്രഘടനയെ ഒരു ശൃംഖലയാക്കി അതിന് ജീവനും സജീവതയും നൽകിയത് ഇതിലെ ഭാഷയാണ്. ഉദാഹരണങ്ങൾ വായനക്കാർക്ക് സ്വയമേവാഗതമാണ്.

മനുഷ്യപ്രകൃതിയുടെ സമഗ്രപഠനമാണ് സാഹിത്യരചന, പ്രത്യേകിച്ചും നോവൽ. ഓരോരുത്തരുടെ കൈയിലും ഓരോന്നായിരിക്കും നോവൽ. നോവലിസ്റ്റുകൂടിയായ ഒരു സാഹിത്യവിമർശകൻ ഇങ്ങനെ എഴുതിയിട്ടുണ്ട് - 'മനുഷ്യപ്രകൃതി ഒരു മുന്തിരിത്തോട്ടമാണെന്നിരിക്കട്ടെ. എങ്കിൽ മുന്തിരിച്ചാറാണ് കവിത. മുന്തിരിക്കുല നാടകം. നോവലോ, ആകെക്കൂടിയുള്ള മുന്തിരിത്തോട്ടവും." നോവലിന്റെ സമഗ്രതയിലാണ് ഊന്നൽ. നോവൽ രചന സങ്കീർണമായ ഒരു അനുഭവമാണ്. ആദ്യകൃതിയാവുമ്പോൾ പ്രത്യേകിച്ചും. ലളിതവും സുതാര്യവുമായ ആഖ്യാനശൈലിയിൽ, കഥനതന്ത്രങ്ങളോടെ ഈ ഗ്രന്ഥം രചിച്ച ശ്രീ. വിജയന് ആത്മവിശ്വാസത്തോടെ സാഹിത്യരചനയിൽ മുന്നോട്ടു പോകാം. എല്ലാവിധ ഭാവുകങ്ങളും നേർന്നുകൊണ്ട് ഞാൻ ഈ കൃതി സഹൃദയസമക്ഷം അവതരിപ്പിച്ചുകൊള്ളുന്നു. ■

കുഞ്ഞിപ്പെങ്ങൾ

ഉറക്കം തെളിഞ്ഞിട്ടില്ല. വെളിച്ചം മുഖത്തടിച്ചപ്പോൾ കണ്ണ് ചിമ്മി ചിമ്മി തുറന്നു. പുതപ്പ് തപ്പിയെടുത്ത് മൂടി വീണ്ടും ചുരുണ്ടുകൂടി.

"അയ്യോ അമ്മേ ഹാവൂ..."

അമ്മയുടെ ഞരക്കത്തോടെയുള്ള കരച്ചിൽ. കണ്ണുതുറന്ന് അങ്ങനെ ത്തന്നെ കിടന്നു. തെക്കേ അറയിൽ മണ്ണെണ്ണവിളക്കിന്റെ വെളിച്ചത്തിൽ ഇളകിയാടുന്ന നിഴലുകൾ.

"ന്റെ തേവരേ ഒരാപത്തും വരുത്തല്ലേ... രണ്ടും രണ്ടു ബാകത്താക്കി ത്തരണേ..."

അമ്മൂമ്മ മേലോട്ട് നോക്കി കൈകൂപ്പി. വെളുത്ത മുണ്ടും റവുക്കയും വ്യക്തമായി കണ്ടു. മനസ്സിലായി മൂകാമി. നാലഞ്ചു ദിവസം മുൻപ് പപ്പ നോടൊപ്പം മുറ്റത്ത് ഗോലി കളിച്ചുകൊണ്ടിരുന്നപ്പോൾ വടക്കേ വീട്ടിലേക്ക് കയറിപ്പോകുന്നത് കണ്ടിരുന്നു. തലയിൽ തലോടി ചിരിച്ചപ്പോൾ ചുവന്ന കല്ലുമൂക്കുത്തി തിളങ്ങി. അന്ന് അന്തിക്ക് നിലവിളക്കിന്റെ മുന്നിലിരുന്നു നാമം ചൊല്ലുന്നതിനോടൊപ്പം വിരലുകൾകൊണ്ട് നിഴൽചിത്രമുണ്ടാക്കി രസിക്കുമ്പോൾ പപ്പൻ കിതച്ചുകൊണ്ട് ഓടിവന്നു.

"ടാ, എന്റമ്മ പെറ്റു. ആണ്."

കുറച്ചുകഴിഞ്ഞപ്പോൾ മുറ്റത്തുനിന്ന് അമ്മൂമ്മ വിളിച്ചു.

"ട്യേ, ആ തോർത്തിങ്കട് താ. ഞാനൊന്ന് മുങ്ങീട്ട് വരാം."

വീർത്ത വയറുമായി അമ്മ മെല്ലെ ഉമ്മറത്തെത്തി.

"കുട്ടീ, എങ്ങനെ? കൊഴപ്പൊന്നൂല്ലല്ലോ? സമയം നോക്കീട്ടില്ലേ?"

"അതൊക്കെ വന്നട്ട് പറയാം. ഇരുട്ടായാ തോട്ടിലെറങ്ങാൻ പറ്റില്ല്യ. ഇപ്പൊ ദാ ശാരദ്യേംണ്ട്."

അമ്മൂമ്മ പപ്പന്റെ വീട്ടിലേക്ക് നടന്നു.

അത്താഴത്തിനിരിക്കുമ്പോൾ അമ്മൂമ്മ പറയുന്നത് കേട്ട് അടുത്തിരുന്നു.

"പേടീണ്ടാർന്നു. കഴിഞ്ഞ തവണത്തെപ്പോലെ തലയ്ക്ക് പകരം കുട്ടീടെ ചന്തി വന്നാലോന്ന്. അങ്ങന്യേല്ലേ ഇതിനു മുമ്പത്തെ പോയത്.

രാവിലെ തൊടങ്ങീതല്ലേ പേറ്റ്നോവ്. സർക്കാര് മിഡ്‌വൈഫിനെ വേണെങ്കി കൊണ്ടരാംന്ന് മൂകാമ്യന്നെ പറഞ്ഞു. കൊറച്ചൂടെ കാക്കാംന്ന് വാസുനായരാ പറഞ്ഞത്. എന്തായാലും തേവര് കാത്തു. തൊടം ഇത്തിരി കൊറവാ. നാള് ചതയാന്നാ തോന്നണേ.

"നിപ്പോ നെന്റെ കാര്യാ."

അമ്മൂമ്മ അമ്മയെ നോക്കി.

"വടക്കേലേക്ക് ചോറും കൂട്ടാനും കൊടുത്തയച്ചില്ലേ?" എണീറ്റു കൊണ്ട് അമ്മൂമ്മ ചോദിച്ചു. അമ്മയുടെ വയറ്റിൽ ഒരു കുഞ്ഞാവയു ണ്ടെന്ന് അറിയാം. ഉറക്കത്തിൽ കാല് അമ്മയുടെ വയറ്റിൽ തട്ടാതിരി ക്കാൻ ഈയിടെയായി അമ്മൂമ്മയുടെ കൂടെയാണ് കിടപ്പ്.

"ഇനി എന്നാവോ അമ്മേടടുത്ത് കെടക്കാൻ പറ്റ്വാ..."

"ഹാവൂ... അമ്മേ വയ്യല്ലോ..." അമ്മയുടെ കരച്ചിൽ കേട്ടാണ് ഉണർന്നത്. പുതപ്പ് മാറ്റി എണീറ്റിരുന്നു. വയറ്റിൽ ആകെക്കൂടി എന്തോ ഒരു പന്തിയില്ലായ്മ. ആരും ശ്രദ്ധിക്കുന്നില്ല. തെല്ലുറക്കെ, "എനിക്കപ്പീ ടണം."

അടുക്കളയിൽനിന്ന് ആവി പാറുന്ന വെള്ളവുമായി വന്ന അമ്മൂമ്മ തെക്കേ അറ വാതിൽക്കൽ വെള്ളം കൊടുത്ത് പെട്ടെന്ന് തിരിച്ചുവന്നു. കിടക്കയിൽ കുനിഞ്ഞു നോക്കി. തോളിൽ പിടിച്ചുയർത്തി മുറ്റത്തേക്ക് കൊണ്ടുപോയി ഇരുത്തി ഇറയത്തെ ഇരുട്ടിലേക്ക് നോക്കി പറഞ്ഞു. .

"പാറുട്ട്യേടത്ത്യേ ഇവനെ ഒന്ന് നോക്കിക്കോളൂ."

മറുപടിക്ക് കാത്തുനിൽക്കാതെ അമ്മൂമ്മ അകത്തേക്കുതന്നെ കയറി പ്പോയി. വയർ ശാന്തമായിക്കഴിഞ്ഞപ്പോൾ ആരോടുമല്ലാതെ ഇരുട്ടിലേക്ക് നോക്കി പറഞ്ഞു.

"മതി."

"വാ... ചൗതിപ്പിക്കാം."

ഇരുട്ടിൽനിന്നൊരു പരുപരുത്ത ശബ്ദം

"വേണ്ട... വേണ്ട... മില്ലാക്കരേച്ചി വേണ്ട. കഴുത്തിക്കൂടെ വെള്ള മൊഴിക്കും." നനഞ്ഞ മണ്ണിൽ ചവുട്ടി പ്രതിഷേധിച്ചു.

"ഇങ്കട് വാ ചെക്കാ. നിന്ന് ചിണുങ്ങാണ്ട്."

മില്ലക്കരേച്ചി പറഞ്ഞു.

പുറത്തെ അടുപ്പിൽ നിന്നുണ്ടാകുന്ന വെളിച്ചത്തിലേക്ക് ഇറങ്ങിവന്നു അമ്മൂമ്മ.

"പാറുട്ട്യേടത്ത്യേ അവനു തണുക്കുന്നുണ്ടാവും. അതോണ്ട് ചന്തി മാത്രം കഴീച്ചാ മതി."

ഇരുമ്പുചങ്ങലയ്ക്കിട്ട് പിടിച്ചപോലെ മില്ലാക്കരേച്ചിയുടെ പരുക്കൻ കൈകൾ കിണറ്റിൻകരയിലേക്ക് വലിച്ചു. മൺതൊട്ടിയിലെ തണുത്ത

വെള്ളം കോരി പതിവുപോലെ കഴുത്തിൽനിന്ന് താഴോട്ട് ഒഴിച്ചു. തുലാ മാസത്തിലെ തണുപ്പിൽ ദേഹമാകെ വിറച്ചു. അയയിൽനിന്ന് തോർത്തെടുത്ത് പുറവും കാലും തുടപ്പിച്ചു.

"നി പോയി സൗസറ് ഇട്ടോ." മില്ലാക്കരേച്ചി പറഞ്ഞു.

മുറ്റത്തേക്ക് വഴിപോലെ നീണ്ടുകിടക്കുന്ന വെളിച്ചത്തിൽ ചവുട്ടി അകത്തേക്ക് കയറി. ഉള്ളിൽനിന്ന് അമ്മയുടെ ഞരക്കവും മൂളലും. വാതിൽക്കൽ ചെന്നെത്തി നോക്കി.

"കുട്ടിക്കെന്താ വടെ കാര്യം? പോയി കെടക്കോ." മൂകാമി.

തളത്തിലെ കിടക്കയിൽ ചുമരും ചാരിയിരുന്നു. മുറിയിൽനിന്നും പുറത്തുവന്ന ശാരദോപ്പോൾ ഉമ്മറത്തെ വാതിൽ തുറന്ന് പുറത്തേക്ക് നോക്കി പിറുപിറുത്തു:

"അവരെ കാണാനില്ലല്ലോ?"

അമ്മയുടെ മൂളലും ഞരക്കവും കൂടിക്കൂടി വന്നു. പാവം അമ്മ. ഒന്നു കാണാൻപോലും കഴിയുന്നില്ലല്ലോ. കരച്ചിൽ വന്നു. കിഴക്കേ കോലായിൽ ഇരുന്ന് മുറുക്കാൻ ചവയ്ക്കുന്ന മില്ലാക്കരേച്ചിയുടെ നിഴൽ കണ്ടപ്പോൾ തട്ടാൻ രാമന്റെ തള്ളയാടിനെ ഓർമ്മ വന്നു.

"നൊമ്മള് സമയത്തിനെന്നെ എത്തീടാ കുട്ട്യേ."

ഉമ്മറത്തുനിന്ന് വല്ല്യമുത്തശ്ശീടെ ശബ്ദം.

വല്യമുത്തശ്ശീം എത്തിയിരിക്കുന്നു.

"മെല്ലെ... ചവിട്ടുപടീടെ ഒരു കല്ല് എളകീട്ടുണ്ട്. സൂക്ഷിച്ച്..."

ഇരുട്ടിൽനിന്ന് രാവുണ്ണ്യേട്ടന്റെ ശബ്ദം.

രാവുണ്ണ്യേട്ടന്റെ കൈ പിടിച്ച് വല്യമുത്തശ്ശി അകത്തേക്ക് വന്നു. ഇടത്തേ കൈയിൽ ഒരു ടൈംപീസ്. കട്ടിളപ്പടി ചാരി രാവുണ്ണ്യേട്ടൻ ഉമ്മറത്തുതന്നെ നിന്നു. ടൈംപീസ് മുറിയുടെ മൂലയ്ക്കൽവെച്ച് വല്യമുത്തശ്ശി അറയിലേക്ക് കടന്നു. ടൈംപീസിലേക്ക് നോക്കി അതിന്റെ ടിക്, ടിക്, ശബ്ദം കേട്ടിരുന്നു.

"നീ ഉണർന്നരിക്ക്വാണോ...? വാ നമ്മക്ക് ചെറ്യമ്മേടവടെന്ന് ഒരു വെളക്ക് മേടിക്കാം."

രാവുണ്ണ്യേട്ടൻ വിളിച്ചു.

കൈ കഴുത്തിൽ ചുറ്റി രാവുണ്ണ്യേട്ടൻ മുന്നിൽ നടത്തി. പയറ്റുതടങ്ങൾ ചാടിക്കടന്ന് വടക്കേ വീടിന്റെ ഉമ്മറത്തെത്തിയപ്പോഴാണ് ശ്വാസം നേരെ വീണത്.

"കുമാരാ... കുമാരാ..."

കുമാരേട്ടൻ തന്നെയാണ് വാതിൽ തുറന്നത്. അകത്തെ മുറിയിൽ തിരി താഴ്ത്തി കത്തിയിരുന്ന കോഴിമുട്ടച്ചിമ്മിനി ഉണർന്നു.

"മൂകാമി വന്നോടാ? അമ്മേ നീയാ കൊണ്ടന്നേ?"

പെറ്റുകിടക്കുന്ന മാധവിച്ചെറിയമ്മ വല്യമുത്തശ്ശിയെക്കുറിച്ച് തിരക്കിയതാണ്.

"ഒരു വെളക്ക് വേണം. ഓപ്പൾക്ക് സന്ധ്യയ്ക്ക് സുകല്ല്യായ തൊടങ്ങി. മൂകാമിണ്ട്. മുത്തശ്ശീം എത്തീട്ട്ണ്ട്."

"ടൈംപീസ് മറന്നില്ലല്ലോ? ഞാൻ പെറ്റപ്പോ ഇവിടെ പിന്നെ പപ്പന്റച്ഛന്റെ വാച്ചുണ്ടായിരുന്നു. ഇന്ന് രാത്രി പെട്രോളായതുകൊണ്ട് വാച്ചും കെട്ടിപ്പോയി."

പൊലീസുകാരനായ കുഞ്ഞച്ഛനെ ഉദ്ദേശിച്ചാണ് ചെറിയമ്മ പറഞ്ഞത്.

"കുട്ടി ഭൂമി തൊടണ സമയമാണ് ജനനസമയമെന്നും അത് നോക്കി വേണം ജാതകം എഴുതാനെന്നും പറഞ്ഞുകേട്ടിട്ടുണ്ട്. ചെറിയമ്മയെ സഹായിക്കാൻ എത്തിയിരുന്ന കുഞ്ഞച്ഛന്റെ വകയിലുള്ള അമ്മായി അകത്തെ മുറിയിൽനിന്നു പുറത്തുവന്നു. മരപ്പടിയിൽനിന്ന് കുമാരേട്ടൻ എടുത്ത പാനീസ് വിളക്ക് കൊളുത്തിയത് അവരാണ്. തളത്തിൽ ചുമരിനോട് ചേർന്നു.നിലത്ത് കുരിശിൽ തറച്ചപോലെ പപ്പൻ കിടക്കുന്നു. മുഖം ചുളിച്ച് കണ്ണു തുറന്ന് എല്ലാവരെയും നോക്കി വീണ്ടും കണ്ണടച്ചു. വിളക്കെടുത്ത് രാവുണ്ണ്യേട്ടൻ മുന്നിൽ നടന്നു. മുറ്റത്തിറങ്ങിയപ്പോൾ തോളിൽ ആരോ തൊട്ടപോലെ തോന്നി. ഞെട്ടിപ്പോയി.

"ഞാനൂണ്ട്." പപ്പൻ.

"രണ്ടും മുമ്പിൽ നടക്ക്."

രാവുണ്ണ്യേട്ടൻ കൈ പിടിച്ച് മുന്നിൽ നടത്തി.

കാറ്റത്താടുന്ന നാളം കെടാതെ വിളക്കുമായി പിന്നാലെ രാവുണ്ണ്യേട്ടൻ. പപ്പന്റെ കൈ തോളിൽ അമർന്നപ്പോൾ വല്ലാത്തൊരു ആശ്വാസം തോന്നി. ഇറയത്തേക്ക് കയറുമ്പോൾ ഉള്ളിൽനിന്ന് കുട്ടിയുടെ കരച്ചിൽ. "ആവൂ..." രാവുണ്ണ്യേട്ടന്റെ ശ്വാസം കഴുത്തിൽ തട്ടി. വാതിൽക്കൽ മൂകാമിയുടെ ചിരിക്കുന്ന മുഖം.

"ജയങ്കുട്ട്യേ കുഞ്ഞിപ്പെങ്ങളാട്ടോ."

പൂച്ചെടിത്തണ്ട് കടിച്ചുചവയ്ക്കുന്ന പപ്പൻ തിരിഞ്ഞുനോക്കി.

"നെനക്ക് അന്യേത്തി. എനിക്ക് അന്യേൻ."

മങ്ങിയ വെളിച്ചത്തിൽ അവന്റെ പച്ചനിറം കലർന്ന പൂച്ചക്കണ്ണുകൾ തിളങ്ങി. ഉറക്കം വന്നില്ല. വിരിപ്പിൽതന്നെയിരുന്നു. പപ്പൻ വീണ്ടും കിടന്നു. ശാരദോപ്പോളും മൂകാമിയും മുറിയിൽനിന്ന് പുറത്തേക്ക് വന്നു.

"മോന് കെടക്കാർന്നില്ലേ? അമ്മേ കാണണോ? വാ, തൊടണ്ടട്ടാ..." അമ്മൂമ്മ പറഞ്ഞു.

അകത്തെ നിലത്ത് വിരിച്ചിരിക്കുന്ന പായയിൽ അമ്മ നിണ്ടുനിവർന്നു കിടക്കുന്നു. അമ്മയുടെ അടുത്ത് തുണികൊണ്ട് ആകെ പൊതിഞ്ഞ് മുഖം മാത്രം പുറത്തു കാണുന്നപോലെ കുട്ടിയെ കിടത്തിയിട്ടുണ്ട്. കണ്ണടച്ചു കിടക്കുന്ന കുഞ്ഞുവാവയ്ക്ക് ചുവന്ന നിറം. അമ്മ കൈകാട്ടി വിളിച്ചു.

"എന്തിനാടീ അവനെ അയിത്താക്കണേ?" അമ്മൂമ്മയുടെ ചോദ്യം.

"ഇഷ്ടായോ കുഞ്ഞിപ്പെങ്ങളെ?" ശാരദോപ്പോൾ തുണിയിൽ പൊതിഞ്ഞ കുട്ടിയെ ചൂണ്ടിക്കാണിച്ച് ചോദിച്ചു.

"നാളെ കുളിക്കണേന്റെ മുമ്പ് മോന് വാവേ തൊടാംട്ടോ."

അമ്മൂമ്മ കൊണ്ടുവന്ന കട്ടൻകാപ്പി കുടിക്കാൻ പതുക്കെ കൈകുത്തി എണീക്കുന്ന അമ്മ പറഞ്ഞു.

"ഇത്തിരി കഴിഞ്ഞാ കുട്ട്യേ മൊല വലിപ്പിക്കണംട്ടോ. മറക്കണ്ട." തളത്തിൽനിന്ന് മൂകാമി.

"അമ്മ അവിടെ കെടന്ന് നടൊന്നു നീർത്തിക്കോളൂ." അമ്മൂമ്മ വല്യമുത്തശ്ശിയെ നോക്കി പറഞ്ഞു.

തോളിലിട്ടിരുന്ന തോർത്ത് കുടഞ്ഞ് നിലത്ത് വിരിച്ച് വല്യമുത്തശ്ശി പായ തൊടാതെ കാലും നീട്ടിയിരുന്നു.

"വെളുത്തിട്ട് പോയാ പോരേ?"

അമ്മൂമ്മ മൂകാമിയെ നോക്കി ചോദിച്ചു.

"നിപ്പോ വെളുക്കാൻ എന്താള്ളേ?" തൃപ്രയാറ് തേവരുടെ നെയമവെടി പൊട്ടീട്ട് നേരം കൊറായി."

" അല്ല കുട്ടി എന്താ നാള്?"

മുത്തശ്ശി ചോദിക്കുന്നത് കേട്ടു.

മൂകാമി കണക്കുകൂട്ടി പറഞ്ഞു. "അശ്വതി."

"ഒന്നു കുളിച്ച് വീട്ടിലെത്തുമ്പോഴേക്കും നേരം വെളുക്കും. മുല്ലയ്ക്കലെ മാലത്യമ്മേടെ മോള് മാസം തെകഞ്ഞിരിക്ക്യാ. കടിഞ്ഞൂലാ. എപ്പളാ ആള് വര്യാന്ന് അറീല്യാ."

"ചൂട്ട് വേണോ മൂകാമ്യേ?"

"ഏയ് ഈ വെളിച്ചത്തില് ചൂട്ട് വീശിപ്പോയാ ആളോള് ചിരിക്കും."

"നാളെ ഈ വഴി വരോ? നിക്ക്വാട്ടോ. ദേ, വരുന്നു."

അമ്മൂമ്മ ശാരദോപ്പോളോട് ആംഗ്യം കാണിച്ചു. മടിയിൽനിന്നെടുത്ത് എന്തോ നീട്ടി. മുറ്റത്തിറങ്ങിയ മൂകാമിയുടെ കൂടെ ശാരദോപ്പോൾ പടി വരെ പോയി. തിരിച്ചുവന്ന് പറഞ്ഞു.

"വല്യമ്മേ ഞാൻ കുളിക്കാൻ പോവാ. വരാറായോ?"

"ഇല്ല്യ. നീ നടന്നോ. രാവുണ്ണീടെ കൂടെ അമ്മേ അയയ്ക്കണം. അത് കുളിക്കാണ്ട് വെള്ളം തൊടില്ല."

അവരുടെ വർത്തമാനത്തിനിടയിൽ ഉറങ്ങിപ്പോയത് എപ്പോഴാണാവോ? ഉണർന്നപ്പോൾ കണ്ടത് കുട്ടിയെ ഒരു പാളയിൽ കിടത്തിയിരിക്കുന്നതാണ്. രാവുണ്ണ്യേട്ടൻ മുഖത്തും ദേഹത്തും ഇളനീർ തളിച്ചു. അമ്മാവനാണത്രെ വെള്ളം തളിക്കേണ്ടത്. കുട്ടി കണ്ണുതുറന്ന് വീണ്ടും

അടച്ചു. തലേദിവസം ഇളനീര് മൂക്ക് ചെത്തി അടുക്കളമൂലയിൽ വെച്ചിരിക്കുന്നത് കണ്ടു. അത് ഇതിനാണല്ലേ? ജയനോർത്തു.

"നെന്റെ സൊഭാവം കിട്ടാണ്ടിരുന്നാ മതി. കുട്ടിക്ക്." അമ്മൂമ്മ രാവുണ്ണ്യേട്ടനോട് പറഞ്ഞു.

"നീ ഉണർന്നോ? വാ. പല്ല് തേപ്പിച്ച് തരാം."

അമ്മൂമ്മ ജയനെ നോക്കി.

മുറ്റത്തിറങ്ങിയപ്പോൾ വടക്കുഭാഗത്ത് മണ്ണ് ഇളകിക്കിടക്കുന്നു. പരന്ന കരിങ്കല്ല് അതിനുമീതെ വെച്ചിട്ടുണ്ട്.

"അമ്മയ്ക്ക് വേതുഴിയാൻ മറ കെട്ടാനാ..."

അമ്മൂമ്മ വന്ന് കൈയിൽ പിടിച്ചു.

"ഉപ്പുമാവ് കഴിച്ചോ? കട്ടൻ ചായാ. കൊറച്ച് കഴിഞ്ഞ് കുളിച്ചാ മതി. അമ്മൂമ്മയ്ക്കിന്ന് നല്ല പണീണ്ട്."

അകത്തു ചെന്നു നോക്കി. അമ്മയും കുഞ്ഞാവയും ഉറക്കമാണ്. പപ്പനെ കാണാനില്ല. വല്യമുത്തശ്ശിയും പോയിരിക്കുന്നു.

ഉള്ളിച്ചോറ്

അനിയത്തി ജനിച്ച് അധികനാളായില്ല. രാവിലെ വയറുനിറച്ച് ഇഡ്ഡലി ഉള്ളിച്ചമ്മന്തി കൂട്ടി കഴിച്ചു. രാവുണ്ണ്യേട്ടൻ അങ്ങനെയാ പറയാറുണ്ട്. വടക്കേ വീടിന്റെ മുറ്റത്തുതന്നെയുണ്ട്.പപ്പൻ. മണ്ണിരയെ ഈർക്കിലുകൊണ്ട് കുത്തിക്കോർക്കുകയാണ്. കണ്ടാൽ അറപ്പും പേടിയുമാണ് തോന്നുക. പച്ചീർക്കിലികൊണ്ട് കുടുക്കുണ്ടാക്കി അമ്പലക്കുളത്തിൽനിന്ന് പിടയുന്ന നീർക്കോലിയെ പിടിച്ച് മുഖത്തിനുനേരെ കാട്ടി പേടിപ്പിക്കും.

"ജയാ, ഇവടെ കുട്ടീടടുത്ത് വന്നിരുന്ന് കളിക്ക്. ഞാൻ വേതുഴിഞ്ഞിട്ട് വരാം." അമ്മ പറഞ്ഞു.

മെടഞ്ഞ ഓല നീളത്തിൽ കുത്തിനിർത്തി അമ്മയ്ക്കു കുളിക്കാൻ വേണ്ടി മാത്രം വടക്കേ മുറ്റത്ത് മറയുണ്ടാക്കിയിട്ടുണ്ട്. അവിടെ പതിച്ച കരിങ്കല്ലിന്റെ ചുവട്ടിൽ മറുകുട്ടിയെ കുഴിച്ചിട്ടിട്ടുണ്ടെന്നാണ് പപ്പൻ പറഞ്ഞത്. നായോ കുറുക്കനോ മാന്താതിരിക്കാനാണത്രെ കല്ല് പതിച്ചിരിക്കുന്നത്. കുട്ടി ജനിക്കുമ്പോൾ കൂടെയുണ്ടാകുന്നതാണത്രെ മറുകുട്ടി. പപ്പന് എല്ലാം അറിയാം. മുറ്റത്ത് ഇഷ്ടികവെച്ചുണ്ടാക്കിയ അടുപ്പിൽ വലിയൊരു ചെമ്പിൽ പലതരം ഇലകളും പച്ചമഞ്ഞളുമിട്ട് വെള്ളം എന്നും തിളപ്പിക്കുന്നതു കാണാം. ഒരിക്കൽ തിളച്ചുവരുന്ന വെള്ളത്തിൽ ചെമ്പരത്തിപ്പൂ പറിച്ചിട്ടതിന് തല്ലുകൊണ്ടില്ലെന്നേയുള്ളൂ. ഓടിയതുകൊണ്ട് രക്ഷപ്പെട്ടു.

"കുട്ടി തുണി മൊകത്തിടാതെ നോക്കണേ..."

അമ്മ കുഴമ്പിന്റെ കുപ്പിയും ചതച്ച ഇഞ്ചയുമായി പുറത്തേക്കിറങ്ങി. ഇനി കുഴമ്പ് തേച്ച് കുറെ നേരമിരിക്കും. മറയ്ക്കകത്ത് ഒരു മരസ്റ്റൂളിട്ടിട്ടുണ്ട്. പുറത്ത് കുഴമ്പ് പുരട്ടിക്കൊടുക്കുന്നത് അമ്മൂമ്മയാണ്. കുറേ കഴിയുമ്പോൾ ചെമ്പിൽനിന്ന് ആവി പാറുന്ന വെള്ളം വയറ്റിലും പുറത്തും പാർന്നുകൊണ്ടിരിക്കും.

"എന്തു ചൂടാ അമ്മേ, പൊള്ളിക്കല്ലേ?" അമ്മയുടെ പരാതി കേൾക്കാം.

"വയറ് പോവാൻ ഇഞ്ചകൊണ്ട് നന്നായി ഉഴിയണം. നീ അടങ്ങിയിരിക്ക്. വേണ്ടത് വേണ്ടപോലെ ചെയ്തില്ലെങ്കി പത്തുനാല്പത് വയസ്സാവുമ്പോഴേക്ക് നടുവേദന തല്ലിക്കളഞ്ഞാ മാറില്ല."

അകായിൽ നിലത്ത് പുൽത്തടുക്കിൽ തുണി വിരിച്ച് കുട്ടിയെ കിടത്തിയിട്ടുണ്ട്. തലയ്ക്കു ചുറ്റും അമ്മയുടെ പഴയ സാരി ചുരുട്ടി തെരിക പോലെ വെച്ചിരിക്കുന്നു. കുട്ടിയെ അത്ര ഇഷ്ടായില്ല. കുട്ടിയെ കാണാൻ വരുന്നവരൊക്കെ. 'ജയാ, പെങ്ങളെ ഇഷ്ടായില്ലേ?'ന്ന് ചോദിക്കുമ്പോൾ തലയാട്ടുമെന്നേയുള്ളൂ. പകലൊക്കെ കുട്ടി ഉറക്കമാണ്. മുല കുടിക്കാൻ മാത്രം ഉണരും. കണ്ണ് ചിമ്മി, കൈ ചുരുട്ടി അങ്ങനെ കിടക്കും. കുമ്മട്ടിക്കായ ഈർക്കിലിയിൽ കുത്തി വണ്ടിയുണ്ടാക്കി കുട്ടിയുടെ ചുറ്റും ബസ്സിന്റെ ശബ്ദമുണ്ടാക്കി ഓടിച്ചു കളിക്കുകയായിരുന്നു. അപ്പോഴാണ് ഓർത്തത്. പപ്പന് രണ്ടു നിലയുള്ള വണ്ടി ഉണ്ടാക്കാനറിയാം. മനസ്സിൽ വിചാരിച്ചപ്പോഴേക്കും പപ്പനെത്തി. കൈയിൽ ഒരു കാലിത്തീപ്പെട്ടിയുണ്ട്. കുട്ടി കണ്ണു തുറന്ന് കാല് കുടഞ്ഞപ്പോൾ പുതപ്പിച്ചിരുന്ന തുണി ഊർന്നുപോയി. പൊക്കിള് കറുത്ത് ചുരുണ്ട് പുകയിലഞെട്ടിപോലെയിരിക്കുന്നു.

"ഇദെന്താ ഇങ്ങനെ?"

"അത് മുഴോനും ഒണങ്ങീട്ടില്ല്യ. ഒണങ്ങ്യാ ഇതുപോലാവും." പപ്പൻ പൊക്കിൾ കാണിച്ചു. ഒരു കുഴി മാത്രം.

"നെനക്കും അങ്ങന്യാ." തപ്പിനോക്കി. ശരിയാണ്.

"ഒന്നു തൊട്ടുനോക്കട്ടെ. കുട്ടിക്ക് വേതനിക്ക്വോ?" കുട്ടിയുടെ പൊക്കിൾകൊടി ചൂണ്ടി പപ്പനോട് ചോദിച്ചു.

"ഏയ്..."

ഒന്നു തൊട്ടു. പിന്നെ അമർത്തി. ഒടുവിൽ ഒരു വലി കൊടുത്തു. കുട്ടി പിടഞ്ഞ് കരയാൻ തുടങ്ങി. ഞെട്ടലോടെ കൈ വലിച്ചുനോക്കുമ്പോൾ പപ്പൻ അവന്റെ വീടിന്റെ ഉമ്മറത്ത്.

"ജയാ... എന്താ കുട്ടി കരേണേ? നീയെന്താ കാണിച്ചേ?"

അമ്മൂമ്മ ഓടിവന്നു കുട്ടിയെ നോക്കി. പൊക്കിൾക്കൊടിയുടെ അവിടെ ചോര പൊടിഞ്ഞിരിക്കുന്നു. അമ്മൂമ്മ കുഞ്ഞിനെ വാരിയെടുത്തു. കരച്ചിൽ നിർത്തുന്നില്ല.

"എന്താ ചെയ്തേ?" അമ്മൂമ പരിഭ്രമത്തോടെ ചോദിച്ചു. കൈയകലത്തു അല്പം മാറിനിന്നു.

"ഒന്നും ചെയ്തില്ല. സത്യം. കുട്ടീടെ ആ സാതനത്തിന്മേ ഒന്നു തൊട്ടതാ. അതിനാ അത് പേപേന്ന് കരേണേ."

അമ്മൂമ്മ കുട്ടിയെ തുണിത്തൊട്ടിലിൽ കിടത്തി പതുക്കെ ആട്ടി. കരച്ചിൽ കുറഞ്ഞു.

"ഞാനങ്കട് വരട്ടെ. നിനക്ക് വെച്ചിട്ട്ണ്ട്." അമ്മ വിളിച്ചുപറഞ്ഞു.

"മാറിപ്പോ. അതൊറങ്ങി."

അമ്മൂമ്മ വീണ്ടും മുറ്റത്തേക്കിറങ്ങി. പപ്പൻ വീണ്ടും എത്തിയിരിക്കുന്നു. അകത്തേക്ക് കയറിവന്ന അമ്മ കണ്ണുരുട്ടി. വെളുത്തുള്ളിയും ചുവന്നുള്ളിയും നെയ്യിൽ കിടന്ന് മൂക്കുമ്പോഴുള്ള മണം. അമ്മയ്ക്ക് പ്രത്യേകമായുണ്ടാക്കുന്നതാണ്. ചീനച്ചട്ടിയിൽ കുറച്ച് അമ്മൂമ്മ ബാക്കി വെക്കാറുണ്ട്. ഇന്നിനി ഉള്ളിച്ചോറ് കിട്ടുമെന്നു തോന്നുന്നില്ല.ദ്വേഷ്യത്തിൽ കൈ ചുരുട്ടി നക്കി പല്ലുകടിച്ച് ഉമ്മറത്തിണ്ണയിൽ കുത്തി പപ്പനെ നോക്കി. എന്തോ തമാശ കണ്ടിട്ടെന്നപോലെ അവൻ ചിരിച്ചു.

ഇരുപത്തെട്ട്കെട്ട്

കുട്ടിയുടെ ഇരുപത്തെട്ടിന് ചരട് കെട്ടിയത് രാവുണ്ണ്യേട്ടനാണ്. കുളിച്ച് കുറിയിട്ട് രാവുണ്ണ്യേട്ടൻ തളത്തിൽ കത്തിച്ചുവെച്ച നിലവിളക്കിനു മുമ്പിൽ ചമ്രം പടിഞ്ഞിരുന്നു. കുട്ടിയെ കുളിപ്പിച്ച് അമ്മ രാവുണ്ണ്യേട്ടന്റെ മടിയിൽ വെച്ചുകൊടുത്തു. "നീ അവടിരുന്നോ."

രാവുണ്ണ്യേട്ടന്റെ അടുത്ത് അമ്മ പിടിച്ചിരുത്തി. മുന്നിൽ ഒരു തൂശനിലയിൽ വയമ്പരച്ചത്, കരിവള, കറുത്ത ചരട്, കൺമഷി എല്ലാം ഒരുക്കിവെച്ചിരുന്നു. സാധനങ്ങളെല്ലാം അങ്ങാടിയിൽനിന്ന് രാവുണ്ണ്യേട്ടനെക്കൊണ്ട് വാങ്ങിപ്പിച്ചതാണ്. വയമ്പ് ചാണക്കല്ലിൽ അരച്ചെടുക്കുന്നത് കണ്ടു. കൺമഷി ഉണ്ടാക്കാൻ പൂവാംകുറുന്നില മില്ലാക്കരേച്ചിയാണ് കൊണ്ടുവന്നത്. അതിന്റെ നീര് പിഴിഞ്ഞെടുത്ത് വെള്ളത്തിരിത്തുണിയിൽ കത്തിച്ച് മഷിക്കൂടിൽ കരിപിടിപ്പിക്കും. ആ കരി ചുരണ്ടിയെടുത്ത് നല്ലെണ്ണയും കർപ്പൂരവും ചേർത്ത് ചാലിച്ചാൽ മഷിയാവുമത്രെ.

രാവുണ്ണ്യേട്ടൻ മൂന്നു പ്രാവശ്യം വയമ്പ് വായിൽ വെച്ചുകൊടുത്തു. നെറ്റിയിൽ തൊടുവിച്ചു. ദേഹത്തെല്ലാം തടവി. കറുത്ത ചരട് അരയിൽ കെട്ടി. കൺമഷിയെഴുതിച്ചപ്പോൾ കുട്ടി കരഞ്ഞു. കരിവള രണ്ടു കൈയിലും ഇടീച്ചു. വെറ്റില കാതിനോടു ചേർത്ത് ഒരു കാത് പൊത്തി മറ്റേ കാതിൽ മൂന്നു പ്രാവശ്യം പേര് വിളിച്ചു. പത്മിനി, പത്മിനി, പത്മിനി. തട്ടാൻ രാമൻ കാതു കുത്താൻ തുടങ്ങിയപ്പോൾ കുട്ടി പിടഞ്ഞുകരഞ്ഞു. രണ്ടു ചെറിയ കമ്മൽ അയാൾതന്നെ കാതിലിട്ടുകൊടുത്തു. കുട്ടി പെട്ടെന്നുതന്നെ കരച്ചിൽ നിർത്തി.

"നെന്റെ കാതും കുത്തി കമ്മിലിട്ടിട്ടുണ്ടാർന്നു. അയിന്റെ അടയാളം ദാ ഇപ്പോഴുമുണ്ട്. ഒരു കമ്മലിന്റെ ചങ്കീരി കളഞ്ഞു. അപ്പോ മറ്റേത് അഴിച്ചുവെച്ചു." അമ്മൂമ്മ ചെറുചിരിയോടെ പറഞ്ഞു.

കാത് തപ്പിനോക്കി. രണ്ടു ചെറിയ തുള മാത്രം. സൂക്ഷിച്ചുനോക്കി യാൽ കാണാം. ഇക്കണ്ടമാന്റെ കാതിലെ കടുക്കൻ ഓർമ്മ വന്നു. ചുവന്ന കല്ല് വെച്ച കടുക്കൻ. ഇരുപത്തെട്ടിന് സദ്യയൊന്നും ഉണ്ടായിരുന്നില്ല.

അച്ഛൻ അവധിയിൽ വരുന്നു എന്നറിഞ്ഞപ്പോൾ മുതൽ വീട്ടിൽ അച്ഛനെക്കുറിച്ചുള്ള സംസാരമാണ്.

"നെനക്ക് കണ്ടാ മനസ്സിലാവോടാ?" അമ്മയ്ക്ക് സംശയം.

ഒരു ദിവസം പപ്പനോടൊപ്പം മുറ്റത്ത് ഗോലി കളിച്ചുകൊണ്ടിരിക്കുക യായിരുന്നു. വെള്ള പാന്റും ഷർട്ടുമിട്ട് ചുമട്ടുകാരനെക്കൊണ്ട് വലിയൊരു പെട്ടി എടുപ്പിച്ച് പൊക്കമുള്ള ഒരാൾ പടികടന്നുവരുന്നത് കണ്ടപ്പോഴേ മനസ്സിലായി 'അച്ഛൻ'. അടുത്തെത്തി കുനിച്ചുപിടിച്ച തല ഉയർത്തി. മുഖം നിറയെ ചിരിയുമായി അമ്മ ഇറങ്ങിവന്നു. അമ്മയുടെ പിന്നിലേക്കോടി ഒളിഞ്ഞുനോക്കി. വലിയ മീശയുണ്ട്. അപ്പോഴേക്കും അച്ഛൻ ഉമ്മറത്തേക്ക് കയറിയിരുന്നു. പെട്ടി ഇറക്കാൻ സഹായിച്ച് കൂലിക്കാരന് കാശ് കൊടുത്ത് തിരിഞ്ഞപ്പോഴാണ് പപ്പനെ കണ്ടത്.

"എന്തൊക്ക്യാ വിശേഷങ്ങള്. ഇപ്പോ ഏതു ക്ലാസ്സിലായി? തന്റെ അച്ഛ നുണ്ടോ വീട്ടിൽ?" പപ്പനൊന്നും മിണ്ടിയില്ല.

പപ്പന്റെ നോട്ടം അച്ഛൻ കൊണ്ടുവന്ന പെട്ടിയിലായിരുന്നു. അക ത്തേക്ക് കയറിയ അച്ഛൻ മുറിയിലേക്ക് നോക്കി.

"ഒറങ്ങാ. ഇപ്പോ കെടന്നേള്ളൂ. ഒണർത്തണ്ട." പത്മിനിയെക്കുറി ച്ചാണ്. അച്ഛൻ തൊട്ടിലിലേക്ക് എത്തിനോക്കി. എന്നിട്ട് അമ്മയുടെ മുഖത്തു നോക്കി ചിരിച്ചു. കൈ ചുറ്റിയിരിക്കുന്ന മുണ്ടിൽ തുടച്ച് ചായ യുമായി അടുക്കളവാതിൽക്കൽ അമ്മൂമ്മ. ചായ വാങ്ങി മെല്ലെ മെല്ലെ കുടിക്കുന്നതിനിടയിൽ അച്ഛൻ ചോദിച്ചു:

"രാവുണ്ണി?"

"ഊരു തെണ്ടാൻ എറങ്ങി."

ബാഗിൽനിന്നൊരു മുണ്ട് എടുത്തുടുത്ത് ഒരു ടവൽ കഴുത്തിൽ ചുറ്റി അച്ഛൻ ഇറങ്ങി.

"കുളിച്ചിട്ടു വരാം. വീട്ടിലുണ്ടാവും."

പുറത്തേക്കിറങ്ങുമ്പോൾ ചോദിച്ചു.

"നീ വരണോടാ. അമ്പലക്കുളത്തില് കുളിച്ചു വരാം."

അമ്മയുടെ മുഖത്തേക്ക് നോക്കിയതല്ലാതെ ഉത്തരം പറഞ്ഞില്ല. അച്ഛൻ നടന്നു.

"ടാ, പെട്ടി തൊറക്കുമ്പോ ന്നെ വിളിക്കണംട്ടോ." പപ്പൻ ഓടിപ്പോ കുമ്പോൾ ഉറക്കെ വിളിച്ചു പറഞ്ഞു.

അച്ഛന്റെ പെട്ടി പൂട്ടിയിട്ടുണ്ട്. തൊട്ടുനോക്കി. ഊണു കഴിച്ചെന്നു വരുത്തി പപ്പൻ ഓടിവന്നു. കളിക്കാൻ ഒരു രസവും തോന്നിയില്ല. അടുക്കളയിൽ സാമ്പാറിന് കടുകു വറുക്കുന്ന നല്ല മണം.

"അച്ഛന്റോടെ പോയി അച്ഛനോട് ഉണ്ണാൻ വരാൻ പറ." അമ്മ പറഞ്ഞു. അച്ഛനെ വിളിക്കാൻ പോണം.

അച്ഛന്റെ വീട്ടിലേക്ക് പോകാൻ പേടിയാണ്. കൈസർനായ മുറ്റത്തു തന്നെയുണ്ടാവും. പപ്പനും കൂടെ വന്നു. അവന് കൈസറിനെ പേടിയില്ല. കൈ ഞൊടിച്ച് വിളിച്ചാൽ വാലാട്ടി അടുത്തുവരും.

"ഇതിനെന്താ നെന്നെ കാണുമ്പോ മാത്രം ഒരെളക്കം?"

നായയെ കണ്ടാൽ ഓടരുതെന്ന് മനസ്സിൽ ഉറപ്പിച്ചാലും നായ വന്നാൽ ഓടിപ്പോകും. നിന്നാൽ അത് അടുത്തുവന്ന് മുൻകാലുകൾ തോളത്തു വെച്ച് രണ്ടു കാലിൽ നിൽക്കും. ഓടിയാൽ പിന്നാലെ ഓടി കാലിന്റെ കുതിയിൽ കപ്പും. ഇതിനുംപുറമെ പപ്പന്റെ പരിഹാസവും.

"ദാ നെനക്ക് കപ്പ് തരാൻ ഒരുത്തൻ നിക്കണു. ഓരോരുത്തരുടെ ബാഗ്യം. എത്ര പാടുപെട്ടാ ആളോളക്ക് കപ്പ് കിട്ടണേ. ഇവന് കപ്പ് വെറുതെ കൊടുക്കാൻ പട്ട്യോള് വരി നിക്കണു."

അച്ഛന്റെ വീടിന്റെ പടിക്കൽ സംശയിച്ചുനിന്നു. അച്ഛൻ ഇറയത്തെ ചാരുകസേരയിൽ ഇരുപ്പുണ്ട്. ചംക്രമാൻ –അച്ഛന്റെ അമ്മാമൻ– തിണ്ണയിലിരുന്നു നെറ്റിക്കു മീതെ കൈവെച്ച് പടിക്കലേക്ക് നോക്കി. തിരിച്ചറിഞ്ഞപ്പോൾ

"മോൻ പോരേ. കൈസറേ വല്യമ്മാൻ പിടിച്ചോളാം. അച്ഛനെ വിളിക്കാൻ വന്നതാ? സദ്യ ഇണ്ടോടാ കുട്ടാ?"

"അന്നാ ശരി. കാണാം അമ്മാമേ..." അച്ഛൻ അമ്മാമനോട് പറഞ്ഞു.

എണീറ്റ് മുറ്റത്തിറങ്ങി തോളത്ത് കൈയിട്ട് അച്ഛൻ ഒപ്പം നടന്നു. നിറയെ രോമങ്ങളുള്ള അച്ഛന്റെ കൈയിനു നല്ല തണുപ്പ്. പപ്പനെ ഇടങ്കണ്ണിട്ടു നോക്കി. കൈസർ പടിവരെ വാലാട്ടി പിന്നാലെ വന്നു.

അച്ഛന്റെ അടുത്തുതന്നെ ഇലയിട്ട് ഉണ്ണാനിരുന്നു. മോരുകൂട്ടാനും പപ്പടവും കൂട്ടി ഒരു ഉരുള വായിൽ തന്നു. പപ്പന് വലിയൊരു ഉരുള കൈയിൽ വെച്ചുകൊടുത്തു. രാവുണ്ണ്യേട്ടൻ ഉണ്ണാനെത്തിയത് കുറേ വൈകിയിട്ടാണ്. അപ്പോഴേക്കും അച്ഛൻ ഉച്ചയുറക്കത്തിന് കിടന്നിരുന്നു. അമ്മൂമ്മ ചെറിയമ്മയുടെ കോലായിലിരുന്നു കൂട്ടംകൂടുകയായിരുന്നു. പപ്പൻ അച്ഛൻ കൊടുത്ത ബിസ്കറ്റ് പാക്കറ്റുകൾ ഓരോന്നായി പൊളിച്ചു തിന്നുകൊണ്ടിരുന്നു.

അജീർണ്ണം പിടിക്കൂട ചെക്കാ. മതി തിന്നത്. ഇങ്കട് താ. താഴെ ഒന്നുണ്ട്ന്ന് ഓർമ്മീണ്ടോ. അതൊരു മിണ്ടാപ്രാണി. കൊടുത്തത് തിന്നും ന്നല്ലാണ്ട് ഒരു വാശീല്ല്യ."

ചെറിയമ്മ ഇത്തിരി ദ്വേഷ്യത്തിലാണ് പറഞ്ഞതെന്ന് തോന്നി.

പപ്പൻ പിടികൊടുക്കാതെ അകത്തേക്കോടി. അമ്മൂമ്മയുടെ മടിയിൽ കിടന്ന് ബ്രൂച്ചുകൊണ്ട് കളിക്കുകയായിരുന്നു. അച്ഛന്റെ പെട്ടിയിൽനിന്ന് കിട്ടിയതാണ്. കടിച്ചുതുറക്കാൻ നോക്കിയതാണ്. പെട്ടെന്ന് ക്ടീം എന്നൊരു ശബ്ദം. അത് തൊണ്ടയിലേക്കിറങ്ങി. പിടഞ്ഞെണീറ്റിരുന്നു. വലിയ ശബ്ദത്തോടെ ഓക്കാനിക്കാൻ ശ്രമിച്ചു.

“ന്റെ തേവരേ...” തലയിൽ കൈവെച്ച് അമ്മൂമ്മ കരഞ്ഞു. ചെറിയമ്മ ഓടിപ്പോയി അടുക്കളയിൽനിന്ന് ഒരു ഉരുള ചോറുകൊണ്ടുവന്ന് വായിലേക്ക് കുത്തിത്തിരുകി. ഓക്കാനത്തോടുകൂടി ചോറും ബ്രൂച്ചും പുറത്ത്. ബഹളം കേട്ട് അമ്മയും പിന്നാലെ അച്ഛനും ഓടിവന്നു. അമ്മൂമ്മ പൊക്കിയെടുത്ത് നെഞ്ചോട് അടുക്കിപ്പിടിച്ചിരിക്കയായിരുന്നു. വന്ന വഴി തുടയിൽ ആഞ്ഞൊരടി. വേദനകൊണ്ട് പുളഞ്ഞു. വീണ്ടും കൈ പൊക്കിയപ്പോൾ അമ്മ അച്ഛനെ തടഞ്ഞു. അന്നു രാത്രി അത്താഴസമയതത് മാറിനിന്നപ്പോൾ അമ്മ ബലമായി അച്ഛന്റെ അടുത്ത് പിടിച്ചിരുത്തി. ചെറിയൊരു ഉരുള വായിൽ തന്നിട്ട്,

“കുറുമ്പ് കാണിക്കരുത് ട്ടോ. അതെങ്ങാനും എറങ്ങിപ്പോയിരുന്നെങ്കിലോ?” തലയാട്ടി സമ്മതിച്ചു.

അച്ഛൻ വന്നിട്ടുണ്ടെന്നറിഞ്ഞ് ഒരു ദിവസം ആശാരി രാമൻ മുറ്റത്തെത്തി.

“കുടിയിരിക്കണ പെര കുംഭത്തിന് മുമ്പ് കെട്ടിമേയണംന്നാ ശാത്രം.” രാമൻ പറഞ്ഞു. “മ്മക്കൊന്ന് പൊളിച്ചടുക്കണ്ടേ മ്പ്രാക്കളേ” രാമൻ കൂട്ടിച്ചേർത്തു.

“നമക്ക് നോക്കാം രാമാ.” അച്ഛൻ രാമനെ സമാധാനിപ്പിച്ചു.

“രാമന് മോൻ ശങ്കരനെപ്പറ്റി പറയാൻ നൂറ് നാവാ. അവൻ നമ്മുടെ രാവുണ്ണീടെ കൂടെ പഠിച്ചേർന്നു. നാലിൽ തോറ്റപ്പോ പടിത്തം നിർത്തി.”

“ഇപ്പോ ആശാരിപ്പണീല് അച്ഛനേക്കാൾ മിടുക്കനാ.” അമ്മ അച്ഛനെ നോക്കി പറഞ്ഞു.

കിട്ടുന്ന കൂലി മുഴുവനും കള്ളുഷാപ്പിൽ കൊടുത്ത് ആടിയാടി വീട്ടിലെത്തുന്ന രാമനാശാരിക്ക് ഒറ്റയൊരാളെ മാത്രമേ പേടിയുള്ളൂ. മകൻ ശങ്കരനെ. ശങ്കരൻ ചില ചിട്ടകളൊക്കെ കൊണ്ടുവന്നു. പണി കഴിഞ്ഞാൽ രണ്ടുപേരുടെയും കൂലി ഒരുമിച്ച് വാങ്ങും. കള്ളുഷാപ്പിൽ കയറുമ്പോൾ ശങ്കരൻ അച്ഛനു വേണ്ടത്ര വാങ്ങിക്കൊടുക്കും. പണിസമയത്ത് ഒരു തുള്ളിപോലും കുടിക്കാൻ സമ്മതിക്കില്ല. ആ വിശ്വാസംകൊണ്ട് രാമനും മകനും എന്നും പണിയുണ്ടാകും. കുടിച്ചുകഴിഞ്ഞാൽ രാമൻ ആളാകെ മാറും. അപ്പോഴേക്കും ശങ്കരൻ വീട്ടിലേക്ക് പുറപ്പെട്ടിരിക്കും. രാമനാകട്ടെ വീട്ടിൽ പോകാതെ പീടികത്തിണ്ണയിലോ ആൾത്താമസമില്ലാത്ത ഏതെങ്കിലും വീടിന്റെ ഉമ്മറത്തോ രാത്രി കഴിച്ചുകൂട്ടും. അതൊരു പതിവായതു

കൊണ്ട് ചില ദിവസങ്ങളിൽ വീട്ടിൽ എത്തിയില്ലെങ്കിലും ആർക്കും വേവലാതിയില്ല. ഒരിക്കൽ പുല്ലൂർ ഷാപ്പിലെ വീപ്പയിൽ ഒരു പെരുച്ചാവി വീണു ചത്തു. അതറിഞ്ഞ് നെഞ്ചത്ത് കൈ വെച്ച് പറഞ്ഞൂത്രെ, "ന്റെ തൈവേ, അവന്റെ ഒരു ഭാഗ്യം. എത്രയായയലും വയറ് നിറച്ചല്ലേ കുടിച്ചത്."

ഒരിക്കൽ കശുമാവിൻതോപ്പിൽ കിടന്നുറങ്ങാൻ തുടങ്ങിയപ്പോൾ കുറുക്കന്മാർ വളഞ്ഞത്രെ. കൈയിലുണ്ടായിരുന്ന, പുകഞ്ഞുകൊണ്ടിരുന്ന ചൂട്ടുകൊണ്ട് കുറുക്കന്മാരെ കുത്തിയോടിച്ചു എന്നാണ് കഥ. ഒരു രാത്രി ഇരുട്ടത്ത് ദിക്കറിയാതെ നടന്ന് അക്കരക്കാരുടെ പറമ്പിലെ കിണറ്റിൽ കാല് തെറ്റി വീണു. കുപ്പ കൊണ്ടിട്ട് പകുതി തൂർന്ന ഒരു കിണറായി രുന്നു അത്. വൈകി ആ വഴിക്ക് വന്ന ആരോ ശബ്ദം കേട്ട് എത്തി നോക്കി. ചൂട്ടിന്റെ വെളിച്ചത്തിൽ ഒരു പഴമ്പായ എടുത്ത് അതിനടുത്ത് കിടന്നിരുന്ന പിഞ്ഞിയ തലയണ വെച്ച് ഉറങ്ങാനുള്ള പുറപ്പാടിലാണ് രാമൻ..

"രാമന് എവിടെ ചെന്നാലും ഒരു പെർമേണ്ട്. ഇവടേ്യം രാമന് ഒരു പായേം തലയണേം പടച്ചമ്പ്രാൻ കരുതീക്കണൂ."

പെറ്റ പെണ്ണുങ്ങൾ പുല മാറുമ്പോഴോ, അയിത്തക്കാർ നാലാംകുളി കഴിഞ്ഞ് കൊണ്ടിട്ടതോ ആവാം. എന്തായാലും രാമന് അന്നു രാത്രി ഉറക്കം സുഖമായി.

"ന്നാ ഞാനങ്കട്..."

അച്ഛൻ അമ്മയോട് എന്തോ പറഞ്ഞു.

കൊടുത്തത് മടിയിൽ തിരുകി.

"ഓ, വേണ്ടപ്പോ വിളിച്ചാ മതി. രാമന് ഇവടത്തെ കഴിഞ്ഞിട്ടേയുള്ളൂ."

പടി കടന്നുപോകുന്നത് നോക്കിനിന്നു.

"അല്ല നീ ഇതുവരെ പല്ല് തേച്ചില്ലേ?"

"അമ്മേ ഇന്നലെ തന്നത് കൊറച്ച് തര്വോ?"

വന്ന ദിവസം രാത്രി ഊണുകഴിഞ്ഞ് ചെറിയ ബാഗിൽനിന്ന് എന്തോ എടുത്ത് അച്ഛൻ പല്ലുതേക്കുന്നത് കണ്ടു.

"പേസ്റ്റും ബ്രഷുമാണ്."

ഇത്തിരി വിരലിൽ വെച്ചുതന്നിട്ട് അമ്മ പറഞ്ഞു.

"പല്ലിന്മേ തേച്ചട്ട് തുപ്പിക്കളണംട്ടോ."

"നല്ല മണം. ഇനി തൊട്ട് എനിക്കും പേസ്റ്റ് മതി. ഉമിക്കരി വിരലു കൊണ്ട് തേക്കണ്ട."

കിട്ടുമെങ്കിൽ കിട്ടട്ടെ. പപ്പനെ തോല്പിക്കാൻ തൽക്കാലം ഒരു വഴി യായി.

ദേശവിളക്ക്

"ധനു ആറാന്ത്യാത്രേ നമ്മടെ ദേശവെളക്ക്. അപ്പോ മണ്ഡലം കഴിയില്ലേ? ഇത്തവണ പപ്പന്റച്ഛനും കുമാരനും മാലയിട്ണ്ട്. രാവുണ്ണീം പോട്ടേ ഏടത്ത്യേ." ചെറിയമ്മ പറഞ്ഞതിന് അമ്മൂമ്മ ഒന്നും മറുപടി പറഞ്ഞു കേട്ടില്ല. വൃശ്ചികം ഒന്നാംതീയതി രാവുണ്ണ്യേട്ടൻ മാലയിട്ടു. മുണ്ടുപെട്ടിയുടെ കള്ളറയിൽ സൂക്ഷിച്ചുവെച്ചിരുന്ന തുളസിക്കുരുമാല കഴുകി എടുത്തതും തിരുമേനിക്ക് മാല പൂജിക്കുമ്പോൾ ദക്ഷിണ കൊടുക്കാൻ ചില്ലറ കൊടുത്തതും അമ്മൂമ്മയാണ്. കുഞ്ഞച്ഛൻ മൂന്നുപേർക്കുമുള്ള കറുത്ത മുണ്ട് ഒരുമിച്ച് അങ്ങാടിയിൽനിന്ന് വാങ്ങിയിരുന്നു. അമ്പലക്കുളത്തിൽ കുളിച്ച് തേവരെ തൊഴുത് നടയ്ക്കൽനിന്ന് മാലയിട്ട് കറുത്ത മുണ്ടുടുത്തുവന്ന രാവുണ്ണ്യേട്ടനെയാണ് രാവിലെ കണികണ്ടത്. അമ്മൂമ്മ നേരത്തെ കുളിച്ച് അടുക്കളയിൽ കേറിയിരിക്കുന്നു. ഇനി എല്ലാം ശുദ്ധമായിട്ട് വേണം. "സ്വാമിയേ ശരണം അയ്യപ്പാ..." എന്നുള്ള ശരണംവിളി വഴിയിൽനിന്ന് ഇടയ്ക്കിടെ കേൾക്കാനുണ്ട്. മാലയിട്ട അയ്യപ്പന്മാർ അതിലെ കടന്നുപോകുമ്പോഴുള്ള ശരണംവിളിയാണ്. ഇനി മകരവിളക്കു കഴിയുന്നതുവരെ ഇങ്ങനെത്തന്നെയായിരിക്കും

കുഞ്ഞച്ഛൻ മുമ്പും പലതവണ പോയിട്ടുണ്ട്. കുമാരേട്ടനും രാവുണ്ണ്യേട്ടനും ആദ്യമായാണ് പോകുന്നത്. അതുകൊണ്ടാണവരെ 'കന്നി അയ്യപ്പന്മാർ' എന്നു പറയുന്നത്. വീട്ടിലെ അയ്യപ്പന്മാർക്ക് എന്നും ഒരിക്കലൂണാണ്. രാത്രി എന്തെങ്കിലും പലഹാരം ഉണ്ടാക്കും. വയറുനിറച്ച് കിട്ടാറില്ലെങ്കിലും അവർ കഴിച്ചതിന്റെ ബാക്കി ഒരു പങ്ക് കിട്ടും. മാലയിട്ടാൽ പിന്നെ പുറത്തുനിന്നൊന്നും കഴിക്കരുത്. അയിത്തക്കാരെ കണ്ടാൽ മുങ്ങിക്കുളിക്കണം. ചാണകം മുങ്ങുന്ന വെള്ളത്തിൽ കലക്കി കുറച്ച് കുമ്പിളിലെടുത്ത് കുടിക്കുകയും വേണം.

ഒരു ദിവസം പപ്പൻ ഓടിവന്ന് പറഞ്ഞു: "കുമാരസാമി ഇന്ന് ചാണകവെള്ളം കുടിച്ചു. പണിക്കത്തി ജാനൂന്റെ മോള് ലീല എടവഴീല് നേരെ വന്നൂത്രേ."

വിവരമറിഞ്ഞ ജാനു സാമികോപം പേടിച്ച് ഓടിവന്ന് ചെറിയമ്മയോട് തെറ്റ് പറയുകയായിരുന്നു.

"തെരണ്ട് തീണ്ടാർന്ന പെമ്പിള്ളേര് അശുദ്ധായാൽ സാമ്യോളെ കണ്ടാ മാറിപ്പോയ്ക്കൂടേ. കലികാലം. എന്തും ആവാന്നായി." മില്ലാക്കരേച്ചി മുരണ്ടു.

ദേശവിളക്കിന്റെ പിരിവിന് വന്നപ്പോൾ 'അടുത്താഴ്ച തരണ്ട്' എന്നു പറഞ്ഞ് അമ്മൂമ്മ അവരെ തിരിച്ചയച്ചു. നെയ്തേങ്ങയ്ക്ക് വേണ്ട നെയ്യ് മില്ലാക്കരേച്ചി മഠത്തിൽനിന്നാണ് കൊണ്ടുവന്നത്. 'നാഴൂരി നെയ്യ് തെകയില്ലേ? എടത്തരം മൂന്നു തേങ്ങയ്ക്കല്ലേ?"

കുഞ്ഞച്ഛൻസ്വാമിയുടെ ഒഴിവുപോലെ ഒരു ദിവസം 'വിത്തളവ്' നടന്നു. അയ്യപ്പന്മാർക്ക് കെട്ടുനിറയ്ക്ക് വേണ്ട അരിയാക്കാനുള്ള നെല്ലാണ്. നിലവിളക്ക് കത്തിച്ച് അതിനു മുന്നിൽ ഒരു പറയിൽ നെല്ല് നിറച്ച് പൂജിച്ചു. ഇരുമുടിക്കെട്ടിലേക്കുള്ളത് ഉണക്കലരി. പമ്പാസദ്യയ്ക്ക് പുഴുക്കലരി. അത് കുത്തിയെടുത്തത് അമ്മൂമ്മ തന്നെയാണ്. ചേറാനും കൊഴിക്കാനും മില്ലാക്കരേച്ചി സഹായിച്ചു. ഒരു ദിവസം സ്കൂളിൽനിന്ന് വന്നപ്പോൾ അമ്മയേയും പപ്പിയേയും കണ്ടില്ല. ഇനി നാലുദിവസം അച്ഛന്റെ വീട്ടിലായിരിക്കും. പെണ്ണുങ്ങൾക്ക് അശുദ്ധി വന്നാൽ സാമി മാരുടെ കൂടെ ഒരേ വീട്ടിൽ താമസിച്ചുകൂടാ.

"അപ്പോ അമ്മൂമ്മയ്ക്കെന്നാ അശുദ്ധിവരണേ?"

"അമ്മൂമ്മയ്ക്ക് വയസ്സായില്ലേ കുട്ടാ?'

അഞ്ച് അമ്പലംപൂട്ടി നടത്തുന്ന ദേശവിളക്കിനു പന്തലിടുന്നത് മന പ്പറമ്പിലാണ്. അന്ന് കാലത്തുമുതൽ അവിടെത്തന്നെ പറ്റിക്കൂടി. നാട്ടിൽനിന്ന് കിട്ടുന്നത്ര വാഴപ്പോളയും കുരുത്തോലയും കുലവാഴകളും കൊണ്ടുവരും. രാവിലെ കുന്നുപോലെ കൂടിക്കിടക്കുന്ന വാഴപ്പോളകൾ ഉച്ചയാവുമ്പോഴേക്കും പല വലിപ്പത്തിൽ മുറിച്ച് ഒതുക്കിവെച്ചിരിക്കുന്നത് കണ്ടു. സന്ധ്യയാവുമ്പോഴേക്കും അതുകൊണ്ട് അഞ്ച് അമ്പലമുണ്ടാക്കി അവയ്ക്കു മുകളിൽ കുരുത്തോലകൊണ്ട് താഴികക്കുടം വെയ്ക്കും. പോള കൊണ്ട് പതിനെട്ടു പടികൾ, ചെരാത് ഉറപ്പിക്കാനുള്ള വലയങ്ങൾ എല്ലാം വളരെ കൃത്യമായി ഉണ്ടാക്കും.

"ചേർപ്പ് ഭാഗത്ത്ന്ന് വരണോരാ. അവർക്കിതെന്ന്യാ പണി."

നാട്ടിൽ മാലയിട്ട അയ്യപ്പന്മാരെല്ലാം ഓരോരോ സഹായവുമായി അവിടെയുണ്ട്. ഉച്ചയ്ക്ക് ഊണുകഴിക്കാൻ ഓടിപ്പോയി വേഗം തിരിച്ചു വന്നു. "അവിടന്ന് വേറെ എവടേക്കും പോവ്വല്ലേട്ടാ." നെയ്യ് നിറക്കാനുള്ള തേങ്ങ ചുരണ്ടിക്കൊണ്ടിരുന്ന അമ്മൂമ്മ പറഞ്ഞു. രാവുണ്ണ്യേട്ടൻ കുരു ത്തോലകൊണ്ട് പന്തലിനു തോരണം കെട്ടിക്കൊണ്ടിരിക്കുന്നു. കുമാ രേട്ടനും പരമുസാമിയും പെട്രോൾമാക്സ് വിളക്ക് തൂക്കാൻ കാല് നാട്ടാ നുള്ള കുഴി കുത്തുന്നു. മലരിലെ നെല്ല് പെറുക്കുന്നതും അലറിപ്പൂ ഇതളാ ക്കുന്നതും അമ്മൂമ്മയെപ്പോലെ പ്രായമായവരാണ്. വൈകീട്ടുള്ള സദ്യയ്ക്ക് ഉത്സാഹിക്കുന്നവരുടെ ഇടയിലിരുന്നു പപ്പൻ ഉണ്ണാനുള്ള ഇല തുടയ്ക്കുന്നു. പഴമസ്വാമി രാവുണ്ണി വൈദ്യര് പന്തലിൽ ഒരു മരസ്റ്റൂളിൽ എല്ലാവരേയും ഉത്സാഹിപ്പിച്ച് ഇരിക്കുന്നുണ്ടായിരുന്നു. കൈയിൽ അയ്യപ്പ മുദ്രയായ ചൂരലുണ്ട്. അഞ്ച് അമ്പലങ്ങളിൽ കടുത്ത സ്വാമി, മാളികപ്പുറ ത്തമ്മ, കരിമല ശാസ്താവ്, വാവരുസ്വാമി പിന്നെ സാക്ഷാൽ അയ്യപ്പ സ്വാമി. സന്ധ്യയ്ക്ക് ശരണംവിളിയോടെ അഞ്ച് അമ്പലങ്ങളിലും വിളക്ക് കൊളുത്തി. വലിയ തൂശനിലയിൽ അവിലും മലരും പഴവും കൽ ക്കണ്ടവും കൂമ്പാരമായി വെച്ചിട്ടുണ്ട്. കടുത്ത സ്വാമിയുടെ അമ്പലത്തിനു

മുന്നിലെ പൂജാവസ്തുക്കളുടെ കൂട്ടത്തിൽ പ്രത്യേകമായി പുകയില കണ്ടു. തേവരുടെ അമ്പലത്തിൽനിന്നാണ് പാലക്കൊമ്പ് എഴുന്നള്ളിച്ചത്. അപ്പോഴേക്കും വീട്ടിലുള്ളവരെത്തി. കുഞ്ഞച്ചൻ സമയത്തിനുതന്നെ വന്ന് കുളിച്ച് പന്തലിൽ നിൽക്കുന്നത് കണ്ടു. കെട്ടുനിറയ്ക്കാനുള്ളവരുടെ ബന്ധുക്കൾ എത്തിയപ്പോൾ പന്തൽ നിറഞ്ഞു. മാരാത്തെ സുകുമാരൻ ചേട്ടനാണ് പാലക്കൊമ്പ് പിടിച്ചത്.

"അതൊരു ചടങ്ങാ. പാലമരത്തിന്റെ കൊമ്പന്ന്യാ." കണ്ടുനിന്ന ആരോ പറഞ്ഞു.

രണ്ടുവരിയായി താലമെടുത്ത പെൺകുട്ടികൾ. അച്ഛന്റെ വീട്ടിലെ ചേച്ചിമാർ രണ്ടുപേരും താലമെടുത്തിരുന്നു. നടുവിൽ അയ്യപ്പന്റെ വലിയ ചിത്രം മാലയിട്ട് പിടിച്ചത് വാര്യത്തെ മണികണ്ഠനായിരുന്നു. താലത്തിൽ കവുങ്ങിൻപൂക്കുലയും കത്തുന്ന ചെരാതും. എണ്ണ തീരുമ്പോൾ വീണ്ടും ഒഴിച്ചുകൊടുക്കുന്നത് മനയ്ക്കലെ കാര്യസ്ഥൻ ശങ്കരൻനായരായിരുന്നു.

"നീ ആദ്യം കാണാ. ആ ഉടുക്കുകൊട്ടണോര് നി പന്തലിൽ വന്ന് വെളുക്കോളം ശാസ്താംപാട്ട് പാടും."

താലക്കാർക്ക് മുന്നിൽ ഉടുക്കുകൊട്ടി പാടിനടക്കുന്നവരെ ചൂണ്ടി പപ്പൻ പറഞ്ഞു. പാലക്കൊമ്പ് എഴുന്നള്ളിപ്പ് പന്തലിലെത്തിയതോടെ പൂജയ്ക്കുള്ള ഒരുക്കമായി. പഴമസ്വാമി അഞ്ച് അമ്പലത്തിലും പൂജിച്ചു. എന്നിട്ടാണ് കെട്ടുനിറ. കൂടുതൽ പേരുള്ളതുകൊണ്ട് കെട്ടുനിറയ്ക്കാൻ ഗുരുസ്വാമിമാരായി നാലുപേർ ഇരുന്നു. കെട്ടുനിറ തുടങ്ങിയപ്പോൾ കുമാരേട്ടന്റെയും രാവുണ്ണ്യേട്ടന്റെയും കുഞ്ഞച്ചന്റെയും കെട്ടുകളിൽ അരി വാരിയിട്ടു. അമ്മ തന്ന ചില്ലറ ദക്ഷിണയായി കൊടുത്തു. ശരണംവിളി യോടെ നെയ്തേങ്ങ നിറച്ചു. എല്ലാവരുടേയും കെട്ട് നിറച്ചുകഴിഞ്ഞപ്പോൾ പഴമസ്വാമി എല്ലാ ഇരുമുടിക്കെട്ടുകളും നിരത്തിവെച്ച് കർപ്പൂരമുഴിഞ്ഞു. പിന്നെ കെട്ടേറ്റി ജാഥപോലെ ശരണംവിളിച്ച് അമ്പലം പ്രദക്ഷിണം വെച്ച് വീണ്ടും കെട്ടിറക്കി.

"വെശന്ന് കണ്ണ് കണ്ടൂടാ... ഇതെന്ത് പൂജ്യാ..." പപ്പൻ ഇടയ്ക്കിടെ പിറുപിറുത്തു.

ചെറിയമ്മ കണ്ണുരുട്ടി. ഇല വെച്ചപ്പോൾ ആദ്യപന്തിയിൽതന്നെ ഇരുന്നു. സദ്യ ഒരുവിധം ഒതുങ്ങിയപ്പോൾ ശാസ്താംപാട്ട് തുടങ്ങി. കുറെ പേർ വീടുകളിലേക്ക് തിരിച്ചുപോയി. അച്ഛന്റെ വീട്ടിലെ ചേച്ചിമാരുടെ കൂടെ അമ്മേം പപ്പിയും പോയി.

പോകുന്നതിനുമുമ്പ്, "അഹമ്മതി കാട്ടാണ്ട് അടങ്ങിയിരുന്നോ" എന്ന് പറഞ്ഞ് ചില്ലറ കൈയിൽ തന്നു. നിലത്തു വിരിച്ച പായിൽ കാലുംനീട്ടി യിരിക്കുന്ന അമ്മൂമ്മയെ ചാരിയിരുന്നു.

"ആ താടി വെച്ച് മെലിഞ്ഞ ആളാണ് ആശാൻ."

അടുത്തിരുന്നിരുന്ന പപ്പൻ പറഞ്ഞു.

"അമ്മദേവി എഴുന്നള്ളുംനേരം
എന്തെല്ലാം അടയാളം
കൊമ്പ് കുഴൽ താളം മേളം
മുഴങ്ങുന്ന പള്ളിശംഖ്
കുറയാതെ പതിനെട്ട് വാദ്യങ്ങൾ
അടുപ്പിച്ച്..."

വന്ദനസ്തുതിയോടെ തുടങ്ങി അയ്യപ്പചരിതത്തിലേക്ക് കടന്നു. അയ്യപ്പന്റെ ജനനം, ചെറുപ്പകാലം, പന്തളം രാജകൊട്ടാരത്തിലെ ജീവിതം, പിന്നെ പുലിപ്പാലിന് പോകുന്ന സമയമായി. വെളുപ്പാൻകാലത്താണ് പാൽക്കിണ്ടി എഴുന്നള്ളിക്കുക. എപ്പോഴോ ഉറങ്ങിപ്പോയി. ചിലമ്പിന്റെയും അരമണിയുടെയും ശബ്ദം കേട്ടാണ് ഉണർന്നത്. മാളികപ്പുറത്തമ്മയ്ക്കുവേണ്ടി തുള്ളുന്ന വെളിച്ചപ്പാടിന് ചുവന്ന പട്ടാണ്. മറ്റുള്ളവർക്ക് കറുത്ത അരക്കെട്ട്. കൈയിൽ വാളിനു പകരം ചുരിക. പപ്പൻ തീരെ ഉറങ്ങിയില്ലത്രെ. അവൻ അയ്യപ്പനും വാവരുമായുള്ള വെട്ടും തടയും കണ്ടൂത്രെ. സങ്കടം വന്നു. ഉറങ്ങാതിരിക്കാമായിരുന്നു. പൊലിപാട്ട് ആയപ്പോൾ ഉറക്കം മുഴുവനും പോയി. ഓരോരുത്തരേയും പേരെടുത്ത് പറയുമ്പോഴാണ് പൊലിപണം വെക്കുന്നത്. അമ്മ തന്ന ചില്ലറ പോക്കറ്റിലുണ്ട്.

"കണ്ടനയ്യന് കാണിപൊലിച്ചാൽ
കണ്ടകശ്ശനി വേറിട്ടുപോകും."

പപ്പനോടൊപ്പം എണീറ്റ് ചെന്ന് തട്ടിൽ പണംവെച്ച് നമസ്കരിച്ചു. മംഗളം പാടി അവസാനിപ്പിച്ചപ്പോഴേക്കും നേരം വെളുത്തു. മലകേറാനുള്ള അയ്യപ്പന്മാർ കുളിക്കാൻ പോയി.

"വാ നമുക്ക് പോവാം." അമ്മൂമ്മ എഴുന്നേറ്റു.

ദേഹത്തോട് ചേർത്തുപിടിച്ച് അമ്മൂമ്മ നടത്തി.

"അമ്മൂമ്മ മലയ്ക്ക് പോയിട്ടുണ്ടോ?"

"അതിനുള്ള ബാഗ്യണ്ടായില്ല. ചെറുപ്പത്തിൽ ആരും കൊണ്ടോവാനുണ്ടായില്ല. ചെറുപ്പക്കാരികൾ പൊയ്ക്കൂടാ. ഇപ്പോ വേണങ്കി പോവാം."

"ഞാൻ കൊണ്ടോവാം." ശരിയെന്ന് അമ്മൂമ്മ മൂളി.

"കുട്ട്യോൾക്ക് മലകേറാൻ വെഷമംണ്ടാവില്ല്യ. സാമി കാത്തോളും. പതിനെട്ടാംപടി ചവിട്ടാനും വേണം ഒരു ബാഗ്യം." ഇക്കാവമ്മ നെടുവീർപ്പിട്ടു.

"ഇവരെന്നാ അമ്മൂമ്മേ തിരിച്ചുവര്വാ?"

"നാളെ മല കേറി അന്നന്നെ അഭിഷേകം നടന്നാ നാളെ വേഗം മല എറങ്ങാം. എന്തായാലും അഞ്ചൂസം വേണം."

"എനിക്ക് അപ്പോം മലരും തിന്നാൻ കൊത്യായി. ഒരപ്പം മുഴോനും തരണംട്ടോ." പപ്പൻ പറഞ്ഞു.

“വീഴാണ്ട് നോക്കി നടക്കെടാ ആർത്തിപണ്ടാരം.” ചെറിയമ്മ കൈ വീശി.

“അയ്യപ്പാന്ന് ശെരിക്ക് പറയാൻ അറിയാത്തോനാ...”

അപ്പോഴാണ് ഓർത്തത് പപ്പൻ എപ്പോഴും അയ്പ്പ എന്നാണ് പറയുക.

“സാമ്യേ ശരണം അയ്പ്പ.”

മിടുക്കൻകുട്ടി

തിരുവാതിരയ്ക്ക് ഒരാഴ്ച മുമ്പുതന്നെ കൂവവേര് തേടിപ്പിടിച്ച് പൊടിയാക്കി വെക്കും. എല്ലാ വീട്ടിലേക്കും വേണ്ട കൂവപ്പൊടി ഉണ്ടാക്കുന്ന പണി ശാരദോപ്പോൾ ഏറ്റെടുക്കും. കൂവവേര് കഴുകി തൊലി ചെത്തി അരച്ച് പല പ്രാവശ്യം തെളിവെള്ളം ഊറ്റിക്കളഞ്ഞ് അടിയിൽ ഊറുന്ന മാവ് ഒരു രാത്രി മുഴുവൻ വെള്ളം വാർന്നുപോകാൻ ഈരിഴതോർത്തിൽ കിഴി കെട്ടി തൂക്കിയിടും. വെള്ളം തോർന്നാൽ വെയിലത്തിട്ട് ഉണക്കിയെടുക്കും. നന്നായി ഉണങ്ങുന്നതോടെ കൂവപ്പൊടി തയ്യാർ. ഓരോ പങ്ക് എല്ലാ വീട്ടിലുമെത്തും.

പുഴുക്കിനുള്ള ചേമ്പും ചേനയും കാച്ചിലും കായും കുറെയൊക്കെ തൊടിയിൽനിന്ന് കിട്ടും. കൂർക്ക പങ്കിട്ടെടുക്കും. പയറ്, മുതിര, തുവര, കടല തുടങ്ങിയ ധാന്യങ്ങൾ തലേദിവസം തന്നെ വെള്ളത്തിൽ കുതിർത്താനിടും. ചിലപ്പോൾ മഠത്തിൽനിന്ന് മില്ലാക്കരേച്ചി ഇടിച്ചക്ക ഒരു കഷണം കൊണ്ടുവരും. എല്ലാംകൂടി വേവിച്ച് തേങ്ങ ചേർത്ത് പുഴുക്കുണ്ടാക്കാൻ അമ്മൂമ്മയ്ക്ക് ഒരു പ്രത്യേക കഴിവാണ്.

വെളുപ്പിന് തിരുവാതിരക്കുളിക്ക് പെണ്ണുങ്ങൾ ചൂട്ട് കത്തിച്ച് പുറപ്പെടും. ആരും വിളിക്കാതെതന്നെ അവരോടൊപ്പം പോകാൻ രാവിലെ എണീറ്റു.

“വേണ്ട മോനേ, നല്ല തണുപ്പുണ്ട്.”

വാശി പിടിച്ചപ്പോൾ സമ്മതിച്ചു. “ന്നാ പോരേ...”

“വേഗം പല്ല് തേച്ച് വാ.”

വാതിൽ തുറന്ന് പുറത്തെ ഇരുട്ടിലേക്ക് നോക്കിയപ്പോൾ ശങ്കയായി.

“ന്ക്ക് പേട്യാവും. അകത്തുനിന്ന് അമ്മ ദേഷ്യപ്പെട്ടു. ”അവടെ നെന്നെ പിടിക്കാനാരും നിക്കിണില്ല്യ.“

“വാ...” അമ്മൂമ്മ ഇറയത്തുവന്ന് ചുവരിന്റെ മുകളിലെ പാട്ടയിൽനിന്ന് ഉമിക്കരിയെടുത്ത് കൈവെള്ളയിൽ വെച്ച് തന്നു. പച്ചീർക്കിലയുടെ ഒരു തുണ്ട് തിണ്ണമേൽ ചിമ്മിനി വിളക്കിനടുത്ത് വെച്ചു.

“വേഗം വാ...” എന്നു പറഞ്ഞ് അമ്മൂമ്മ അകത്തേക്ക് പോയി.

പല്ലു തേച്ചെന്ന് വരുത്തി മുറ്റത്തേക്ക് നീട്ടിത്തുപ്പി കിണ്ടിയിലെ വെള്ളമെടുത്ത് മുഖം കഴുകുമ്പോഴാണ് ഇറയത്ത് ചായ്ച്ചുകെട്ടിയിരുന്ന ഓലക്കെട്ട് വിട്ട് തൂങ്ങിനിൽക്കുന്നത് കണ്ടത്. വിളക്കെടുത്ത് ഓലത്തുമ്പിൽ മെല്ലെ തൊടുവിച്ചു. പെട്ടെന്ന് പിൻവലിച്ചു. മഞ്ഞിൽ ഓല തണുത്തിരുന്നു. വീണ്ടും ഓലത്തുമ്പിൽ തിരി തൊടുവിച്ച് അങ്ങനെതന്നെ നിന്നു. ഓലക്കീറിന്റെ നനയാത്ത ഭാഗത്തേക്ക് തീ പടർന്നു.

"കല്യാണേമ്മേ, മാലോ ദേ പെരേമ്മേ തീ." അടുത്ത വീട്ടിലെ വേലിക്കൽനിന്ന് ഇക്കാവമ്മ അലറി വിളിച്ചു.

ഒച്ചകേട്ട് പേടിച്ചുപോയി. മുറ്റത്തേക്ക് ചാടി. ചെമ്പരത്തിക്കാടിന്റെ പിന്നിൽ ഒളിച്ചു. അകത്തുനിന്ന് അമ്മൂമ്മ ഓടിവന്നു. കിണ്ടിയിലെ ബാക്കി വെള്ളം കത്തുന്ന ഓലയിലേക്കൊഴിച്ചു. പിന്നെ തീ പിടിച്ച ഓല വലിച്ചിട്ടു. പകുതി കത്തിത്തീർന്ന ഓല മുറ്റത്തുവീണ് പുകഞ്ഞു. മില്ലാക്കരേച്ചി ഒരു ചെമ്പിൽ വെള്ളം കൊണ്ടുവന്ന് പുരപ്പുറത്തേക്കൊഴിച്ചു. അമ്മ അകായിയുടെ വാതിൽക്കൽ വന്നു.

"ആ കുട്ടി ചെയ്തതാ. ജയൻ. വെളക്കും പൊക്കിപ്പിടിച്ച് നിക്കണത് ഞാങ്കണ്ടു." ഇക്കാവമ്മ വേലിക്കപ്പുറത്ത് നിന്ന് വിളിച്ചു പറഞ്ഞു.

"എവിട്യാ അവൻ." അമ്മൂമ്മ അലറി.

"അടിച്ച് തൊട പൊളിക്കണം." മില്ലാക്കരേച്ചി.

"ജയാ, നെനക്ക് ഞാൻ വെച്ചിട്ട്ണ്ട്, ഇങ്കട് വാ." അമ്മ ഇരുട്ടിലേക്ക് നോക്കി പറഞ്ഞു.

കിട്ടാൻ പോകുന്ന അടിയെക്കുറിച്ചോർത്തപ്പോൾ തണുപ്പും പേടിയും തോന്നിയില്ല. വിളക്കുമായി അമ്മൂമ്മ മുറ്റത്തും കിണറ്റിൻകരയിലും തിരയുന്നത് ശ്വാസമടക്കി നോക്കിനിന്നു. മില്ലാക്കരേച്ചി ഇറയത്തിരുന്നു മുറുക്കാൻ ചവച്ചുതുടങ്ങി. കാലിന്മേൽകൂടി അരിച്ചുകയറിയ പ്രാണിയെ തട്ടിക്കളഞ്ഞ് വെളിച്ചത്തിലേക്ക് നോക്കിനിന്നു.

"ദൈവേ, കെട്ടാത്ത കെണറാണല്ലോ. കുട്ടി പേടിച്ച് ഇരുട്ടില് ദിക്കറിയാണ്ട് അവിടേക്കോടിയിട്ടുണ്ടാവോ?" അമ്മൂമ്മയുടെ ശബ്ദത്തിൽ ആശങ്കയുണ്ടായിരുന്നു.

അമ്മ പുറത്തിറങ്ങി വന്ന് ഇരുട്ടിലേക്ക് നോക്കി.

"മോനേ... ജയാ. എവട്യാ നീ. അമ്മ അടിക്കില്ല്യ."

"തിരുവാതിര കുളിക്കാൻ പോണ്ടേ. ദേ എല്ലാരും വന്നു."

"സത്യല്ലേ അടിക്കില്ലല്ലോ?" എന്നു ചോദിച്ച് പുറത്തേക്ക് വന്നു.

അമ്മൂമ്മ അടുത്തുവന്ന് കൈ പിടിച്ചു. അമ്മ കനപ്പിച്ചൊന്നു നോക്കി അകത്തേക്ക് പോയി. വായിൽ മുറുക്കാൻ തുപ്പിക്കളഞ്ഞ് മില്ലാക്കരേച്ചി.

"അയിന്റെ നോട്ടം കണ്ടില്ലേ? ചുണ്ടുകുത്തി മണി കോർക്കണം. എന്തടാ നെന്റെ മുണ്ടാട്ടംമുട്ട്യോ?"

അമ്മൂമ്മയുടെ മുണ്ടിന്റെ കോന്തല പിടിച്ച് അമ്മയുടെ കൈയകലത്ത് അകത്തേക്ക് കയറി. അടിക്കില്ലെന്ന് സത്യം ചെയ്ത ഒരേയൊരാൾ അമ്മൂമ്മയാണ്. അമ്മ പറഞ്ഞതുപോലെ വാക്ക് പാലിക്കാറില്ല. പടിക്കൽ ചൂട്ടും വെളിച്ചവും. തിരുവാതിരക്കുളിക്കാരുടെ പുറപ്പാടാണ്. ഇക്കാവോമ്മ പടി കടന്ന് മുറ്റത്തെത്തി. മുണ്ടും തോർത്തുമെടുക്കാൻ അമ്മൂമ്മ അകത്തേക്ക് പോയപ്പോൾ മെല്ലെ അവരോട് ചോദിച്ചു.

"ഇക്കാവമ്മ കണ്ടോ?"

"എന്തുട്ടാ കുട്ട്യേ?"

"ഞാൻ പെരയ്ക്ക് തീ വെക്കണത്."

"ഉവ്വുവ്വ്. മിടുക്കൻ..." അവർ പൊട്ടിച്ചിരിച്ചു.

മുണ്ടും തോർത്തുമെടുത്ത് പുറത്തുവന്ന അമ്മൂമ്മയുടെ കൈപിടിച്ച് നടന്നു.

"ഞാനുണ്ട് വല്യമ്മേ..." പപ്പൻ പടിക്കൽ.

"വന്നോ."

"നീ ഞാൻ വിചാരിച്ചപോലല്ലല്ലോ."

പപ്പൻ തോളത്ത് തട്ടി പറഞ്ഞു. തീവെപ്പിനെ ഉദ്ദേശിച്ചായിരിക്കും പപ്പൻ പറഞ്ഞത്.

ഇടവഴിയുടെ അറ്റത്ത് ഇക്കാവമ്മേടെ മോൾ അമ്മിണിച്ചേച്ചി, ശാരദോപ്പോൾ, അച്ഛൻ പെങ്ങളുടെ മകൾ രാധേച്ചി, ചങ്കമാന്റെ മുതുകു വളഞ്ഞ കാളി അമ്മായി, പിന്നെ കണ്ടു പരിചയം മാത്രമുള്ള രണ്ടുമൂന്നു പെണ്ണുങ്ങൾ. കുളത്തിലെ വെള്ളം തലേന്ന് ആരോ ഐസിട്ട് വെച്ച പോലെ തണുത്തിരിക്കുന്നു. തൊട്ടു നോക്കിയപ്പോൾ കുളിക്കാനുള്ള ഉത്സാഹം ചൂടുപോലെ കെട്ടു. കുളക്കടവിന്റെ മൂലയ്ക്കൽ അടിച്ചുകൂട്ടിയിരുന്ന ചപ്പും ചവറും ചൂട്ടുകൊണ്ട് കത്തിച്ച് കൈയിൽ കരുതിയിരുന്ന ഉണങ്ങിയ രണ്ട് ചകിരിപ്പൊളി അമ്മൂമ്മ അതിലേക്കിട്ടു. തീ വളരെ പതുക്കെ തെളിയാൻ തുടങ്ങി. കൈകൾ കത്രികപോലെ നെഞ്ചത്ത് പിണച്ചുവെച്ച് പപ്പന്റെ കൂടെ തീ കാഞ്ഞ് കുളിക്കാരുടെ തുണിക്ക് കാവലിരുന്നു.

"ധനുമാസത്തിൽ തിരുവാതിര
ഭഗവാന്റെ തിരുനാളാണേ
ഉണ്ണരുത്, ഉറങ്ങരുത്.
ഭഗവാനും തിരുനൊയമ്പ്
ഭഗവതിക്കും തിരുനൊയമ്പ്."

വെള്ളത്തിൽ തുടിച്ച് പെണ്ണുങ്ങൾ ഈണത്തിൽ പാടി.

"എന്തുട്ടാടാ ഇവറ്റ തൊള്ളതൊറക്കണേ."

പപ്പന് പാട്ട് അത്ര പിടിച്ചില്ലാന്നാ തോന്നണത്.

കുളി കഴിഞ്ഞ് ഈറൻമാറി കുറി തൊട്ടു. എന്തൊക്കെയോ പുല്ലു കൾ (പാതിരപൂവാണത്രേ) ചൂടി.

തിരിച്ചുപോരുമ്പോൾ അമ്മിണിച്ചേച്ചി ചോദിച്ചു.

"നിങ്ങളെന്താ കുളിക്കാഞ്ഞേ?"

കൂന്നു നടക്കുന്ന കാളിഅമ്മായിയാണ് സംസാരിച്ചത്.

"അയിനു തിരുവാതിരക്കുളി പെണ്ണുങ്ങൾക്കല്ലേ?"

രാവിലെതന്നെ അമ്മൂമ്മ കുളിപ്പിച്ചു. കൂവ കുറുക്കിയതും പപ്പടവും പുഴുക്കും വയറുനിറയെ കഴിച്ചു. നോമ്പുകാർക്കുള്ള പഴവും ഇളനീരും തന്നു. എന്നാൽ മുറുക്കാൻ ചോദിച്ചപ്പോൾ തന്നില്ല. "തല തിരിയുംത്രേ."

കളിയടയ്ക്ക ഒരു കഷ്ണം അമ്മൂമ്മ അമ്മ കാണാതെ വായിലിട്ടു തന്നു. അച്ഛൻ വീട്ടിൽ പുളിമാവിലാണ് മുളകൊണ്ട് ഊഞ്ഞാൽ ഇട്ടിരിക്കുന്നത്. നല്ലവണ്ണം മൂത്ത പച്ചമുള ഒരു ഭാഗം പിളർന്ന് അഴിവെച്ച്, മുള മരത്തിനോട് ചേരുന്ന ഭാഗത്ത് ഉളികൊണ്ട് ഓട്ടയുണ്ടാക്കി. കൈത പിണ്ടം തീയിൽ ചുട്ട് വളച്ച് തുളയുണ്ടാക്കി. ആ തുളയോട് ചേർത്ത് കനത്ത മുളയാണി തിരുകിക്കേറ്റി ഉറപ്പിച്ചാണ് ഊഞ്ഞാൽ ഉണ്ടാക്കുന്നത്. അയൽപക്കത്തുള്ള വീടുകളിലെ സ്ത്രീകളും കുട്ടികളും എല്ലാവരും ഊഞ്ഞാലാടാൻ വരും. ആശാരിക്ക് നല്ല കാശ് കൊടുത്തിട്ടാണത്രെ അച്ഛോപ്പോൾ ഊഞ്ഞാൽ കെട്ടിക്കുന്നത്. മാവിന്റെ ഉയർന്ന കൊമ്പിന്റെ അറ്റത്ത് ഒരു പടല പഴം കെട്ടിത്തൂക്കിയിട്ടുണ്ടാവും. ഊഞ്ഞാലാടി കുതിച്ചുയർന്ന് ആ പഴം കടിച്ചെടുക്കണം. ആ മത്സരത്തിൽ ജയിക്കുന്ന ആൾക്ക് ഓണപ്പുടവ സമ്മാനമായി കിട്ടും. സമ്മാനം ചംക്രാമ്മാന്റെ വക യായിരിക്കും. ശാരദോപ്പോളും അമ്മിണിയും കാള്യമ്മായിയുടെ മരുമകൾ വിലാസിനേച്ചീം ഗോവിന്ദാരുടെ വീട്ടിലെ കമലേച്ചീം മത്സരത്തിൽ തോറ്റു.

"വാ... ഇരിക്ക് ഞാൻ ആട്ടിത്തരാം."

അമ്മിണി വിളിച്ചു. മനസ്സില്ലാമനസ്സോടെ ചെന്നു. ഊഞ്ഞാൽ മുന്നാക്കം പോയി. പിന്നിലേക്ക് ആഞ്ഞപ്പോൾ തല കറങ്ങുന്നതുപോലെ തോന്നി. കയറിന്റെ ഊഞ്ഞാലിൽ ഇരിക്കുന്ന സുഖമില്ല.

"മതി... മതി... എനിക്കെറങ്ങണം."

നേരത്തെ ഊഞ്ഞാൽപടിയിൽ എണീറ്റുനിന്ന് കുതിച്ച് ആടിയ പപ്പനെ നിർബന്ധിച്ചാണ് താഴെ ഇറക്കിയത്. രക്ഷപ്പെട്ട് ഒരു വശത്തേക്ക് മാറി നിന്നപ്പോൾ അടുത്തെത്തിയ പപ്പൻ മന്ത്രിച്ചു: "പേടിത്തൂറി."

കാള്യമ്മായി കൂന്നുകൂന്ന് ഊഞ്ഞാലിൽ കേറി. നല്ല വേഗതയായ പ്പോൾ എണീറ്റുനിന്ന് കുതിക്കാൻ തുടങ്ങി. ഒടുവിൽ പഴം കടിച്ചെടുത്ത് മടങ്ങി.

"ന്നാലും തള്ളേടെ ഊക്ക്." പപ്പന്റെ അഭിപ്രായം കേട്ട അമ്മിണി ച്ചേച്ചി ചിരിച്ചു.

"ജയാ, ഉച്ചയ്ക്ക് വടെ ഉണ്ടാ മതി. പപ്പാ നീയും നിക്ക്ട്ടോ." അച്ഛൻപെങ്ങൾ ക്ഷണിച്ചു.

ഊണുകഴിഞ്ഞാൽ മുറ്റത്ത് തിരുവാതിരക്കളി. അച്ഛന്റെ മരുമക്കൾ രാധേച്ചീം മാലത്യേച്ചീം കളിക്കാരുടെ കൂടെ നിന്നു. പുഷ്പോത്തെ ബ്രാഹ്മണിഅമ്മേടെ അടുത്ത് അവരും കളി പഠിക്കാൻ പോകുന്നുണ്ടത്രെ. ഗണപതിസ്തുതിയോടെയാണ് തുടങ്ങിയത്. സന്ധ്യയ്ക്ക് നാമം ചൊല്ലാറുള്ളതുകൊണ്ട് അത് അറിയാം.

ഗജാനനം ഭൂതഗണാദിസേവിതം
കപിത്ഥജംബു പല (ഫല) സാരബഷിതം (ഭക്ഷിതം)
ഉമാ സുതം ശോകവിനാശകാരണം
നമാമി വിഘ്നേശ്വര പാദപങ്കജം."

പിന്നെ അമ്മ മൂളി കേൾക്കാറുള്ളതുകൊണ്ട് പെട്ടെന്നോർമ്മ വന്നു.

"കൈ തൊഴാം... കൃഷ്ണ
കൈ തൊഴാം..."

വെയിലാറുന്നതുവരെ പല കീർത്തനങ്ങളും പാടി കളിച്ചു.

കാള്യമ്മായി പാടിയ

"ഒരു പിടി പണം വാരി മടിയിലിട്ടു
കോഴിക്കോട്ടങ്ങാടി മുഴുവൻ തെണ്ടി." എന്ന വരികൾ മാത്രം മനസ്സിൽനിന്ന് പോയില്ല.

കളി കഴിഞ്ഞപ്പോൾ എല്ലാവർക്കും ചായയും വറുത്തുപ്പേരിയും കൊടുത്തു. വീട്ടിലേക്ക് ഓടുന്നതിനിടയിൽ മൂളി നോക്കി.

"ഒരു പിടി പണം വാരി മടിയിലിട്ടു..."

ആ വരികൾ നന്നേ രസിച്ചു.

പപ്പൻ

ഉച്ചയൂണു കഴിഞ്ഞ് അമ്മയും അമ്മൂമ്മയും ചെറിയമ്മയും 'ഒന്നു നടു ചായ്ക്കുമ്പോൾ' പപ്പന്റെ കൂടെ ഇഷ്ടംപോലെ അലഞ്ഞുനടക്കാം.

"കാടോടിനടക്കാണ്ട് ഉമ്മറത്തിരുന്ന് എന്തെങ്കിലും കളിച്ചാ മതിട്ടോ... അടുത്ത കൊല്ലം ഒന്നിൽ ചേരേണ്ടതാ. രാവുണ്ണി സ്ലേറ്റിൽ എഴുതിത്തന്നത് വല്ലപ്പോഴും എഴുതിപ്പഠിച്ചൂടേ?" അമ്മൂമ്മ ചോദിച്ചു.

അച്ഛൻ ലീവിൽ വന്നപ്പോൾ അന്തോണി മാപ്ലേടെ കടയിൽനിന്ന് സ്ലേറ്റും ഒരു പെട്ടി പെൻസിലും വാങ്ങിത്തന്നിരുന്നു. പെൻസില് മുഴുവൻ പൊട്ടുംപൊടിയുമായി. വല്ലപ്പോഴും രാവുണ്ണ്യേട്ടൻ കൊണ്ടുവരുന്ന ചോക്ക് കഷണം പപ്പൻ എങ്ങനെയെങ്കിലും സ്വന്തമാക്കും. എഴുതാനും

പഠിക്കാനും അവന് ഇഷ്ടമില്ല. നന്നായി പടം വരയ്ക്കും. കുളക്കടവിന്റെ കല്ലുമതിലിലും വായനശാലയുടെ തേക്കാത്ത ചുവരിലുമൊക്കെയാണ് ചുവരിലുമാണ് മറ്റാരും കാണാതെ പടം വരയ്ക്കുന്നത്.

"ഇവന്റെ ഒപ്പള്ളോരൊക്കെ നാലിലാ. ഇവൻ ഇപ്പോഴും രണ്ടില്. അക്ഷരം എഴുതാനറിയാത്ത ഇവനെ മുന്നിലേക്കാക്കീട്ട് എന്തു ചെയ്യാനാന്നാ വാരസ്യാരു ടീച്ചറ് ചോദിക്കണേ. 'അ' എന്നെഴുതാൻ കുമാരൻ ഇവനെ കെട്ടിയിട്ടടിച്ചതാ. എന്തു കാര്യം? ഈ കുട്ട്യേക്കൂടി കൊണ്ടു നടന്ന് കേടാക്കുംന്നാ ന്റെ പേടി."

ചെറിയമ്മയ്ക്ക് പപ്പനെക്കുറിച്ചെപ്പോഴും വേവലാതിയാണ്. മുറ്റത്ത് വീഴുന്ന നിഴലിന്റെ നീളം കൂടുന്നതും നോക്കിയിരിക്കുമ്പോൾ പപ്പൻ പിന്നിൽ വന്ന് തോണ്ടി. ഒന്നും മിണ്ടാതെ പിന്നാലെ ചെന്നു. അടുക്കളയുടെ മൂലയിൽ ചക്കക്കുരു കുന്നുപോലെ കൂട്ടിയിട്ടിരിക്കുന്നു. കിണറ്റിന്റെ വക്കത്തെ പ്ലാവിൽ ഇത്തവണ ധാരാളം ചക്കയുണ്ടായി. കുറേ നാളുകളായി ചക്കകൊണ്ടുള്ള കൂട്ടാനാണ് എല്ലാ ദിവസവും. രാവുണ്ണ്യേട്ടൻ മിക്ക ദിവസവും ഉണ്ണാനിരിക്കുമ്പോൾ അമ്മൂമ്മയുമായി വഴക്കിടും.

"വേറൊന്നും കിട്ടീലേ കൂട്ടാന്."

"ഓ പിന്നെ എളമുറതമ്പ്രാന് അമറേത്തിന് എട്ടുകൂട്ടം കറി ആയാലോ?" അമ്മൂമ്മ കളിയാക്കും.

പപ്പൻ ഒരുപിടി ചക്കക്കുരു വാരിയെടുത്തു.

"നമുക്ക് ചുട്ടുതിന്നാം."

അടുപ്പിൽ അപ്പോഴും കനലുണ്ട്. അടുപ്പിലേക്കിട്ട ചക്കക്കുരുവിന്റെ മീതെ കുഴുതലിന്റെ കോരികൊണ്ട് കനൽ കോരിയിട്ട് മൂടി. പൊട്ടലും ചീറ്റലും. ചൂടുള്ള അടുപ്പിൻകല്ലിൽ തൊട്ടപ്പോൾ വിരൽ വലിച്ചെടുത്ത് വായിലിട്ടു. പകയോടെ തിരിഞ്ഞുനോക്കി. പപ്പൻ ചെയ്യുന്നതെല്ലാം ശ്രദ്ധിച്ച് പിന്നിൽ നിൽക്കുകയായിരുന്നു. പപ്പന്റെ മുഖത്തും തലയിലും നിറയെ വെണ്ണീർ പാറി. ഓരോ ചക്കക്കുരുവും തോണ്ടി പുറത്തെടുത്ത് കുഴുതലിന്റെ വാ കൊണ്ട് വേവു നോക്കി മെല്ലെ ചൂടാറ്റി തോല് കളഞ്ഞ്, കടിച്ചു നോക്കി ചൂടാറിയെന്നുറപ്പു വരുത്തി വായിലിട്ട് ചവച്ചു തുടങ്ങി.

"എനിക്കും താടാ." ക്ഷമയില്ലാതായപ്പോൾ കൈ നീട്ടി.

ഇടയ്ക്കിടെ വെന്ത ചക്കക്കുരു ഓരോന്നോരോന്നായി മുഴുവനും പോക്കറ്റിൽ തിരുകുന്ന പപ്പന്റെ കൈയിൽ കയറിപ്പിടിച്ചു. ഒരെണ്ണം കൈയിൽ തടഞ്ഞു.

"നെനക്ക് ഞാൻ തരണ്ട്. ന്നാ പിടിച്ചോ."

അവൻ പെട്ടെന്ന് അടുപ്പിൽനിന്ന് കുഴുതൽ കോരി എടുത്ത് ജയന്റെ പൊക്കിളിന് മീതെ വെച്ചു. അലറിക്കരച്ചിൽ കേട്ട് ചെറിയമ്മ ഓടിയെത്തി. അപ്പോഴേക്കും പപ്പൻ പുറത്തേക്ക് ചാടി ഓടി. പൊള്ളിയ ഭാഗം കുനിഞ്ഞ് നിന്ന് ഊതിക്കൊണ്ട് ചെറിയമ്മ പറഞ്ഞു.

“വാ, തേൻ പുരട്ടിത്തരാം. മോൻ കരേണ്ട. കുഞ്ഞച്ചൻ വരട്ടെ. അവനെ ശരിയാക്കണ്ട്. മൂന്നെണ്ണത്തിനെ കുഴിക്കു കൊടുത്ത് കിട്ടിയ ഒരെണ്ണം ഇങ്ങനെയായല്ലോ.” ചെറിയമ്മ പല്ല് കടിച്ചു. ആ കുരുത്തം കെട്ടവന്റെ സ്വഭാവം എപ്പോഴാ മാറാന്ന് പറയാൻ വയ്യ.

അമ്മയും അമ്മൂമ്മയും ഓടിവന്നപ്പോഴും തേങ്ങിക്കരയുകയായിരുന്നു. മില്ലാക്കരേച്ചി പ്രാകി: “പണ്ടാറക്കാലൻ.”

അമ്മൂമ്മ പൊള്ളിയ കൈ ഊതിക്കൊണ്ടിരുന്നു. “ജയാ, മോനേ... കരയല്ലേ? വാ അമ്മൂമ്മ എടുക്കാം.”

അന്ന് പിന്നെ പപ്പനെ ആ വഴിക്ക് കണ്ടില്ല. പിറ്റേന്ന് പപ്പൻ ഒന്നും സംഭവിച്ചിട്ടില്ലാത്തപോലെ ചിരിച്ചുകൊണ്ട് അടുത്തുവന്നു.പപ്പനെ വിശ്വസിക്കാൻ പാടില്ല. അവന്റെ സ്വാഭാവത്തിന് എപ്പോഴും മാറ്റം വന്നു കൊണ്ടിരിക്കും. ജയനോർത്തു.

ശിവരാത്രി

കാലും മുഖവും കഴുകി അന്തിക്ക് നാമം ചൊല്ലണമെന്ന് അമ്മൂമ്മയ്ക്ക് നിർബന്ധമാണ്. വടക്കേ തിണ്ണയിൽ കാലും നീട്ടിയിരുന്നു. മില്ലാക്കരേച്ചി പരുക്കൻ ശബ്ദത്തിൽ ഒട്ടും ഈണമില്ലാതെ നീട്ടി ചൊല്ലും.

“രാമ രാമ പാഹിമാം
മുകുന്ദരാമ പാഹിമാം
രാമപാദം ചേരണേ
മുകുന്ദരാമ പാഹിമാം”

അമ്മൂമ്മയും അമ്മയും പതുക്കെയാണ് ചൊല്ലുന്നത്. ഗുരുവായൂരപ്പൻ ചെറിയ കുട്ടിയായി നെന്മേനി ഇല്ലത്തെ ഉണ്ണിനമ്പൂരിയുടെ കൈയിൽ നിന്ന് ഉപ്പുമാങ്ങയും കയ്പക്ക കൊണ്ടാട്ടവും കൂട്ടി ചോറുണ്ട കഥ നാമമായി അമ്മൂമ്മ പറഞ്ഞുതന്നിട്ടുണ്ട്. കഴകക്കാരന് നിവേദ്യച്ചോറ് കിട്ടിയില്ലെന്നു വന്നപ്പോൾ അയാൾ ശാന്തിക്കാരനായ കുട്ടിയുടെ അച്ഛനോട് പരാതി പറഞ്ഞത്രെ. അച്ഛൻ മകനെ ശിക്ഷിക്കാൻ തുടങ്ങിയപ്പോൾ താനാണ് ഉണ്ടത്. ഉണ്ണിയെ തല്ലണ്ട എന്ന് ശ്രീകോവിലിൽനിന്നൊരു അശരീരി കേട്ടത്രെ. അമ്മൂമ്മ നല്ല നല്ല കഥകൾ നാമമായി പറഞ്ഞു തരും. കാശിസ്നാനത്തിനുപോയ രണ്ടുപേരിൽ ഒരാൾ വഴിയിൽ കണ്ട ചാവാറായ ഒരു പശുവിനെ രക്ഷിച്ച് അവിടെത്തന്നെ നിന്നു. രണ്ടാമൻ കാശിക്ക് യാത്ര തുടർന്നു. എന്നാൽ ഒന്നാമൻ ചെയ്ത പുണ്യംകൊണ്ട് കാശിയിൽ കുളിച്ച ഫലം അയാൾക്ക് അവിടെത്തന്നെ കിട്ടിയത്രെ. രണ്ടാമനാകട്ടെ കാശിയിലെത്താനും കഴിഞ്ഞില്ല. നല്ല ഈണത്തിൽ അമ്മൂമ്മ ചൊല്ലും. അതുപോലെ പാടാൻ അറിയില്ല. പപ്പൻ ചില ദിവസങ്ങളിൽ

മണി കൊട്ടി ഉറക്കെ ഭജന പാടുന്നതു കേൾക്കാം. അമ്പലത്തിൽ ഭജനക്കാർ പാടുന്നതുകേട്ട് പഠിച്ചതാണ്.

"കൃഷ്ണ കൃഷ്ണ മുകുന്ദ ജനാർദ്ദനാ

കൃഷ്ണ ഗോവിന്ദനാരായണ ഹരേ."

അറിയുന്ന അഞ്ചാറ് വരികൾ വീണ്ടും വീണ്ടും പാടും. ചിലപ്പോൾ ചെറിയമ്മ നിർബന്ധിച്ചാലും നിലവിളക്കിനു മുമ്പിലിരിക്കില്ല. ആ സമയത്ത് ഇടവഴി മുക്കിലോ മനപ്പറമ്പിലോ കറങ്ങിനടക്കും.

ഉമ്മറത്തെ ഉത്തരത്തിൽ തൂക്കിയിട്ടിട്ടുള്ള ഭസ്മക്കൊട്ടയിൽനിന്ന് ഭസ്മമെടുത്തപ്പോൾ കുറച്ചു നിലത്തു വീണുപോയി.

"കളയല്ലേ കുട്ട്യേ, ശിവരാത്രിക്ക് നിം സമയംണ്ട്."

ഭസ്മമുണ്ടാക്കുന്നത് വലിയ പണി തന്നെയാണ്. ശിവരാത്രിക്കു മുമ്പു തന്നെ പശുച്ചാണകം ചെറിയ ഉരുളകളാക്കി വെയിലത്തുവെച്ച് ഉണക്കിയെടുക്കും. തിരുമംഗലം ശിവക്ഷേത്രത്തിൽ ദീപാരാധനയ്ക്ക് വെടിപൊട്ടുമ്പോൾ തുളസിച്ചെടിയുടെ ഉണങ്ങിയ കമ്പുകൾ കൂട്ടി അതിനകത്ത് ചാണക ഉരുളകൾവെച്ച് തീ കൊടുക്കും. പിറ്റേ ദിവസത്തേക്ക് അത് ഭസ്മമായി ഉപയോഗിക്കാൻ പാകത്തിലായിട്ടുണ്ടാവും. അത് വാരി മരം കൊണ്ടുള്ള ഭസ്മക്കൊട്ടയിൽ നിറയ്ക്കും. പിറ്റേകൊല്ലത്തെ ശിവരാത്രി വരെ സന്ധ്യയ്ക്ക് ആ ഭസ്മമാണ് "ഓം നമഃ ശിവായ" എന്ന് ജപിച്ച് നെറ്റിയിൽ തൊടുന്നത്. ശിവരാത്രിയെക്കുറിച്ചോർക്കുമ്പോൾ ഇളനീരാണ് മനസ്സിൽ എത്തുക. രാവിലെ അമ്പലത്തിൽ തൊഴുതുപോരുമ്പോൾ അഭിഷേകം കഴിഞ്ഞ് മാറ്റിയിടുന്ന ഇളനീര് മൂന്നാലെണ്ണംവീതം കൊണ്ടുപോരും. അമ്മൂമ്മ അത് വെട്ടിപ്പൊളിച്ച് അതിനകത്തെ മധുരമുള്ള കാമ്പ് തോണ്ടി തിന്നാൻപാകത്തിലാക്കിത്തരും.

"ഇതിനകത്ത് ഒന്നൂല്യാലോ. നല്ലത് നോക്കി എടുക്കാർന്നില്ലേ?"

നിരാശയോടെ കരിക്ക് തെങ്ങിൻകുഴിയിലേക്ക് വലിച്ചെറിയും. പപ്പൻ കൊണ്ടുവന്നത് പൊളിച്ച് രസത്തോടെ തിന്നുന്നത് കൊതിയോടെ നോക്കി നിൽക്കും. ചിലപ്പോൾ ഉറച്ച കാമ്പ് രണ്ടുമൂന്നു കഷ്ണം നീട്ടും. വൈകീട്ട് പെണ്ണുങ്ങൾക്ക് ഒരിക്കലാണ്. ഒരിക്കലിനുള്ളത് എല്ലാവർക്കുംകൂടി ഏതെങ്കിലും ഒരു വീട്ടിൽ ഉണ്ടാക്കും. അരി കുതിർത്തി തേങ്ങയും ഉപ്പും ജീരകവും ചേർത്തരച്ച് ഉരുട്ടി വെള്ളത്തിലിട്ടു വേവിച്ചെടുക്കുന്ന കൊഴുക്കട്ട തിന്നാൻവേണ്ടി 'എനിക്കും ഒരിക്കലാ' എന്നു പറഞ്ഞ് അമ്മൂമ്മയുടെ കൂടെ നിൽക്കും. സന്ധ്യയ്ക്കാണ് അമ്പലത്തിൽ ശിവരാത്രിവിളക്ക്. ചുറ്റമ്പലത്തിലും മതിലിന്മേലുള്ള കൽവിളക്കിലും തിരി കൊളുത്തും.

"ലക്ഷം ദീപംന്നൊക്കെ പറയും. അതൊക്കെ തൃശൂര് വടക്കുംനാഥന്റെ അമ്പലത്തില്. ഇത് ചെറ്യേ അമ്പലല്ലേ. കഷ്ടി ആയിരം ഇണ്ടാവേരിക്കും." ഒരിക്കൽ രാവുണ്ണ്യേട്ടൻ പറഞ്ഞു.

പപ്പൻ അമ്പലത്തിൽ ചെന്നാൽ ചെറിയൊരു പന്തമെടുത്ത് കത്തിച്ച് തിരി തെളിക്കുന്നവരുടെ കൂടെ നിൽക്കും. വീട്ടിലാണെങ്കിൽ കൊഴുക്കട്ടയും കട്ടൻകാപ്പിയും കഴിച്ച് കുറച്ചു നേരം ഉറക്കമൊഴിക്കുന്ന കൂട്ടുകാരുടെ കൂട്ടത്തിലിരിക്കും. ആരെങ്കിലും ഒരാൾ ശിവപുരാണം വായിക്കും. ഉറക്കംതൂങ്ങിയും സംസാരിച്ചും കോട്ടുവാ വിട്ടും ഒരുവിധം എല്ലാവരും നേരം വെളുപ്പിക്കും. ശിവരാത്രി നോമ്പ് പൂർത്തിയാവണമെങ്കിൽ ഉറക്കമൊഴിക്കണംത്രെ.

പാലാഴി കടഞ്ഞപ്പോൾ അമൃതിന്റെ കൂടെ വിഷവും കിട്ടി. ലോകരക്ഷയ്ക്കായി ശിവൻ ആ വിഷം പാനം ചെയ്തു. വിഷബാധയുണ്ടാവാതിരിക്കാൻ കൈലാസത്തിൽ പാർവ്വതിയും ഭൂതഗണങ്ങളും ഉറങ്ങാതെ ശിവന് കാവലിരിക്കും. അതുകൊണ്ടാണത്രെ ശിവഭക്തർ ശിവരാത്രി ഉറക്കമൊഴിക്കുന്നത് പുണ്യമായി കരുതുന്നത്. അമ്മയോടൊപ്പം ഉറങ്ങാതിരിക്കാൻ നോക്കി. പറ്റിയില്ല. എപ്പോഴോ ഉറങ്ങിപ്പോയി. ഇനി അടുത്ത കൊല്ലം നോക്കാം.

ചോറൂണ്

തൈച്ചിറ ഭഗവതി അമ്പലത്തിൽവെച്ചാണ് പത്മിനിക്ക് ചോറ് കൊടുത്തത്.

"വീട്ടുകാരേയും അടുത്ത ശേഷക്കാരേയും വിളിക്കണം." അമ്മ ആഗ്രഹം പറഞ്ഞു.

അരിയും പലചരക്കും അങ്ങാടിയിൽനിന്ന് രാവുണ്ണ്യേട്ടൻ വാങ്ങിക്കൊണ്ടുവന്നു. അച്ഛന്റെ വീട്ടിൽനിന്നാണ് നാളികേരം കൊണ്ടുവന്നത്. ഉണ്ണാനുള്ള ഇല അപ്പുറത്തും ഇപ്പുറത്തുമുള്ള തൊടികളിൽനിന്ന് മുറിച്ചു. ഇക്കണ്ടമാനും വല്ല്യമുത്തശ്ശീം തലേദിവസം ഉച്ചയ്ക്കുതന്നെ എത്തി. ഇക്കാവോമ്മ മെടഞ്ഞിട്ട രണ്ടുകെട്ട് ഓല നാല് കാല് നാട്ടി അതിന്മേൽ കെട്ടി ഉപായത്തിലൊരു പന്തൽ. മഠത്തിൽനിന്ന് കൊണ്ടുവന്ന ചാണകം കൊണ്ട് മുറ്റം മെഴുകി ശരിപ്പെടുത്തിയത് മില്ലാക്കരേച്ചിയും അമ്മൂമ്മയുമായിരുന്നു. വലിയ ചെമ്പുപാത്രങ്ങളും ഉരുളിയും തെക്കേമനയ്ക്കൽ നിന്ന് എടുപ്പിച്ചു. അടുക്കളമുറ്റത്ത് മൂന്ന് വെട്ടുകല്ല് പൂട്ടി അടുപ്പുണ്ടാക്കി. സന്ധ്യയ്ക്ക് തന്നെ ദേഹണ്ണം തുടങ്ങി. മുറിക്കാനും ചിരകാനും അരയ്ക്കാനുമായി ശാരദോപ്പോൾ, വിലാസിനേച്ചി, അമ്മിണ്യോപ്പോൾ, രാവുണ്ണ്യേട്ടൻ എല്ലാവരും ഉണ്ട്. വെപ്പുപണിയുടെ മേൽനോട്ടം ഇക്കണ്ടമാനാണ്. പുറത്ത് ദേഹണ്ണപ്പണിക്ക് പോവാറുണ്ടത്രെ.

"നല്ല വരായാ..."

ഒരിക്കൽ ചെറിയമ്മ അമ്മൂമ്മയോട് പറയുന്നതു കേട്ടു.

ഉമ്മറത്ത് തിണ്ണയിൽ കുഞ്ഞച്ഛനും അച്ഛനും മഠത്തിലെ കുട്ടിശ്ശങ്ക രേട്ടനും നാട്ടുവിശേഷങ്ങൾ പറഞ്ഞുകൊണ്ടിരിക്കുന്നു. ഉമ്മറത്തും വടക്കേമുറ്റത്തും ഓരോ പെട്രോമാക്സ് വിളക്ക് കത്തിച്ചുതൂക്കിയിട്ടുണ്ട്. അടുക്കളത്തിണ്ണയിൽ പായവിരിച്ച് മില്ലാക്കരേച്ചിയോടൊപ്പം മുത്തശ്ശി കാല് നീട്ടിയിരുന്നു. മില്ലാക്കരേച്ചി മടിശ്ശീലപോലുള്ള മുറുക്കാൻ സഞ്ചി അഴിച്ച് വെറ്റിലയെടുത്ത് ചുണ്ണാമ്പും അടയ്ക്ക പൊടിച്ചതും ചേർത്ത് വായിലിട്ടു. പുകയിലെ ഞെട്ടി പൊട്ടിച്ച് എല്ലാംകൂടി ചവയ്ക്കാൻ തുടങ്ങി. പല്ലില്ലാത്ത വല്ല്യമുത്തശ്ശി കുറച്ചു മുമ്പ് അമ്മൂമ്മ ഇടിച്ചുകൊടുത്ത മുറുക്കാൻ കുറേ നേരമായി ചവച്ചുകൊണ്ടിരിക്കയാണ്. വിളക്കിന്റെ വെളിച്ചത്തിൽ പറന്നുനടക്കുന്ന പ്രാണികളെ നോക്കി കുറേ നേരമിരുന്നു. തേങ്ങ ചിരകുന്ന ഇക്കാവമ്മേടെ മകൻ പരമേട്ടന്റെ അടുത്തുചെന്ന് പപ്പൻ തേങ്ങാക്കൊത്തിനുവേണ്ടി കൈ നീട്ടി. രണ്ടുപേർക്കും ഓരോ കൊത്തു നീട്ടി.

"പോയി ഒറങ്ങിക്കൂടേ നിങ്ങക്ക്?"

"കട്ടൻകാപ്പി വേണോ അമ്മേ?" അമ്മൂമ്മ വല്ല്യമുത്തശ്ശിയുടെ അടുത്തു വന്നിരുന്നു. വാ തുറന്ന് വായ്ക്കകത്ത് മുറുക്കാനെന്ന് കാണിച്ചു.

ഉറക്കം വരുന്നുണ്ട്. അമ്മൂമ്മയെ ചാരി അടുക്കളത്തിണ്ണയിൽ കിടന്നു.

"അമ്മേടെ ദണ്ണം എങ്ങനേണ്ട്?"

മുത്തശ്ശി ഇരുന്നിടത്തുനിന്ന് കുറച്ച് എഴുന്നേറ്റ് ചുണ്ടിൽ വിരൽവെച്ച് നീട്ടിത്തുപ്പി. തിണ്ണയ്ക്കരികിൽ കൊഴുത്ത ചുവന്ന മുറുക്കാൻതുപ്പൽ.

"എന്നേ്യം കൊണ്ടേ പോവൂ. മേത്ത് മുഴോനും അരിച്ചുനടക്കാ. ദേ നോക്ക്... തട്ടിക്കുടഞ്ഞ് അടിച്ചുകൂട്ടി മുട്ട്യാല് ക്ടും ക്ടും എന്നാ ഒച്ച. മുട്ടി മുട്ടി നകം തേഞ്ഞു. ഒന്നൂല്ല്യ, ന്റെ തോന്നലാന്നാ ഇക്കണ്ടേൻ പറേണേ. ഒക്കെ ആ കള്ളൻ നമ്പൂരി ഡാക്കിട്ടറ് പറ്റിച്ചതാ."

"ചിന്നൻ... തള്ളയ്ക്ക് ചിന്നനാടാ..."അടുത്തെത്തിയ പപ്പൻ പതുക്കെ പറഞ്ഞു. "പൊസ്തകം നോക്കീട്ടാത്രെ അയാള് മരുന്ന് തരാ. അയാടെ ഫെബ്രുമണ്ട് തിന്നേപ്പിന്ന്യാ ഇത്രേം കൂടീത്." വല്യമുത്തശ്ശി രോഷ ത്തോടെ തുടർന്നു.

"ഓമിയോപ്പൊതി ഡോക്ടറാ അയാള് അമ്മേ... മരുന്നോണ്ട് ബേദ മായവരുംണ്ട്." അമ്മൂമ പറഞ്ഞു.

"ന്റെ മുമ്പി വന്നാ, ദാ ഈ വടികൊണ്ട്അയാൾക്കൊന്ന് കൊടു ക്കാനാ..." അടുത്തുവെച്ചിരുന്ന ഊന്നുവടി മുത്തശ്ശി ഉയർത്തിക്കാണിച്ചു.

"മുത്ത്യമ്മേ... ദേ വരുന്നൂ നമ്പൂരി." പപ്പൻ മുത്തശ്ശിയെ കളിയാക്കി.

"നീ മാളൂന്റെ ചെക്കനല്ലേ? കുരുത്തംകെട്ടോൻ." മുത്തശ്ശി ഒച്ചവെച്ചു.

"മതി. മതി. പോയി ഒറങ്ങെടാ."

അമ്മൂമ്മ ഞങ്ങളെ രണ്ടുപേരെയും ഓടിച്ചുവിട്ടു.

“ന്റെ ചോറൂണും ഭഗോതീടെ നടയ്ക്കലായിരുന്നോ?”

“അല്ലാണ്ട്. നമ്മടെ പരദേവതല്ലേ? വിളിച്ചാ വിളിപ്പൊറത്താ.”

എപ്പോഴാണ് ഉറങ്ങിപ്പോയതെന്നറിയില്ല. രാവിലെ അമ്മൂമ്മ വിളിച്ചു ണർത്തി.

“എണീറ്റ് പല്ല് തേക്ക്. അമ്പലത്തിലേക്ക് പോണുണ്ടോ? വാ... കുളിപ്പിച്ചു തരാം.”

അമ്മൂമ്മ തന്ന ശർക്കരച്ചായ നിന്നനില്പിൽ കുടിച്ച് ഓടി. പത്മിനിയെ പുതിയ ഉടുപ്പ് ഇടീച്ചിട്ടുണ്ട്. പൗഡർ ഇടീച്ച് കണ്ണെഴുതി നല്ല ചന്തം. അടുത്തേക്ക് ചെന്നപ്പോൾ അമ്മ കുറച്ച് പൗഡർ മുഖത്തിട്ടുതന്നു. പുറത്ത് അച്ഛൻ തിരക്കുകൂട്ടി.

“എറങ്ങാറായില്ലേ?”

“ദാ വന്നു.” അമ്മ വിളിച്ചുപറഞ്ഞു.

“ഞാൻ വന്നാ പറ്റില്ല. പോയിട്ട് വാ...” അമ്മൂമ്മ.

അമ്പലത്തിൽ നടപ്പുരയിൽ നിലവിളക്ക് കത്തിച്ചുവെച്ചിട്ടുണ്ട്. അടുത്തായി ഒരു പലകയും. നമ്പൂരി അകത്തുനിന്ന് ഒരു നാക്കില കൊണ്ടുവന്നു. ഇലയിൽ നിവേദ്യച്ചോറും പായസവും ഉപ്പും വിളമ്പി. തീർത്ഥക്കിണ്ടിയിലെ വെള്ളം ആദ്യം കുട്ടിക്ക് വായിൽ കൊടുത്തു. പൂവും ചന്ദനവും അച്ഛൻ അവളെ തൊടുവിച്ചു. നിലവിളക്കിനു മുന്നിൽ ചമ്രം പടിഞ്ഞിരുന്ന് ഇലയിൽ വിളമ്പിയതെല്ലാം കൂടി ഞെരടി കുട്ടിയുടെ വായിൽ കൊടുത്തു. അവൾ നൊണച്ചിറക്കി. അമ്മയും കുട്ടിയുടെ വായിൽ കൊടുത്തു.

“ഇത്തിരി മോനും കൊടുത്തോ...” മൂന്നാമത് കൊടുത്തത് അവൾ തുപ്പിക്കളഞ്ഞു.

ഇലയിൽ ബാക്കിവന്ന പായസം എടുത്ത് അമ്മ വായിൽ തന്നു. നല്ല സ്വാദ്. ഇല കളഞ്ഞ് വെള്ളം തളിച്ച് അവിടെ ശുദ്ധമാക്കി. തൊഴുതു പുറത്തുവന്നതോടെ ചോറൂണ് കഴിഞ്ഞു. വീട്ടിൽ എത്തി കുറച്ചു കഴിഞ്ഞപ്പോൾ ഇല വെച്ചു. പായസം ഇലയിൽനിന്ന് കഴിക്കാൻ വിഷമിക്കുന്നതു കണ്ടപ്പോൾ അമ്മൂമ്മ ഗ്ലാസ്സിലൊഴിച്ചുതന്നു. സദ്യയൂണു കഴിഞ്ഞ് ഓരോരുത്തരായി പോയിത്തുടങ്ങി. വല്യമുത്തശ്ശിയോട് രണ്ടു ദിവസം നിൽക്കാൻ അമ്മൂമ്മ നിർബന്ധിച്ചെങ്കിലും ഇക്കണ്ടമ്മാന്റെ അമ്മായി ഇറങ്ങിയപ്പോൾ മുത്തശ്ശിയും പോയി. ശാരദോപ്പോളും അമ്മൂമ്മയും കൂടി കിണറ്റിൻകരയിൽ പാത്രം കഴുകുന്ന ശബ്ദം കേൾക്കാം. ആരുടേയും കണ്ണിൽപ്പെടാതെ മുറ്റത്തിറങ്ങി. പപ്പൻ ഓടിവന്നു.

“മനപ്പറമ്പീ ഇപ്പോ തോനേ അണ്ടി വീണട്ടുണ്ടാവും. വാ പോയി നോക്കാം.”

കരാറുകാരൻ ലാസറു മാപ്പിള കഞ്ഞികുടിക്കാൻ പോകുന്ന നേരം പപ്പനറിയാം. തുറന്നു കിടക്കുന്ന ഇല്ലിപ്പടി മാറ്റി പറമ്പിനകത്ത് കയറി.

പൊക്കം കുറഞ്ഞ ഒരു മാവിന്റെ താഴ്ന്ന കൊമ്പിൽ കേറി പപ്പൻ കുലുക്കി. തുരുതുരാന്ന് പഴുത്ത മാങ്ങകൾ. അണ്ടി ഉരിഞ്ഞെടുക്കാൻ തുടങ്ങിയതേയുള്ളൂ.

"ദേ ലാസറു മാപ്പിള. ഓടിക്കോ..." പപ്പനോടൊപ്പം ഓടി.

ഓടുന്നതിനിടയിൽ കൂട്ടിയിട്ടതിൽനിന്നും പപ്പൻ ഒരുപിടി വാരി. തിരിഞ്ഞുനോക്കാതെ പപ്പന്റെ പിന്നാലെ വെറും കയ്യോടെ പാഞ്ഞു. മുള്ളുപടി കടന്ന് പുറത്തെത്തിയപ്പോൾ ഇടവഴിയുടെ അറ്റത്ത് ലാസറു മാപ്പിള. കുടവയറു കുലുക്കി തിടുക്കത്തിൽ വരുന്നു. കൈയിലുള്ള വടി ഉയർത്തി എന്തോ പറയുന്നുണ്ട്. അമ്പലത്തിന്റെ മതിൽക്കെട്ടിനകത്ത് എത്തിയത് എങ്ങനെ എന്നറിയില്ല.

"മാപ്ല ആൽത്തറവരേ വരൂ. അമ്പലമതിൽക്കകത്ത് കേറ്യാ കളി മാറും."പപ്പൻ മിടുക്ക് പറഞ്ഞു. കുളത്തിന്റെ കരയിലൂടെയാണ് വീട്ടിലേക്ക് തിരിച്ചുപോന്നത്.

"നമ്മള കണ്ടിട്ടുണ്ടാവോ പപ്പാ?"

"കണ്ടിട്ടുണ്ടാവും. ആരാന്ന് മനസ്സിലായിട്ടുണ്ടാവില്ല്യ. തിരിച്ചറിഞ്ഞാൽ... വീട്ടിലാണെങ്കിൽ അച്ഛനുണ്ട്. അടി ഉറപ്പ്. "തേവരേ കാത്തോളണേ..."

"പേടിക്കണ്ടടാ. നമ്മളെ അയാള് തിരിച്ചറിയില്ല. ഇതാണു പറയണേ, താൻ പാതി ദൈവം പാതി."

പക്ഷേ പപ്പനോടൊപ്പം ചിരിക്കാൻ കഴിഞ്ഞില്ല.

അച്ചുമ്മാൻ

പാട്ടി അമ്മുട്ടിയെ വിളിച്ചുകൊണ്ടുവരാനാണ് അമ്മൂമ്മയുടെ കൂടെ പോയത്. കുഞ്ഞാവയ്ക്ക് നല്ല സുഖമില്ല. പാല് കുടിച്ചാൽ ഉടനെ ശർദ്ദിക്കും. എല്ലാ നേരത്തും കരച്ചിൽതന്നെ.

"ഏടത്ത്യേ ആ പാട്ട്യേ വിളിച്ചൊന്ന് ഊതിക്കോ. കൊതി പറ്റീതാവും. ആളോള് കാണച്ചിലേ മൊല കൊടുക്കരുതെന്ന് ഞാനവളോട് എപ്പളും പറയണതാ..." ചെറിയമ്മ അമ്മയെ കുറ്റപ്പെടുത്തി.

അമ്മുട്ടി കുറച്ചു ദൂരെയാണ് താമസിക്കുന്നത്. രാവിലത്തെ വെയിലിന് നല്ല ചൂട്. അമ്മൂമ്മയോടൊപ്പം നടന്നു വയ്യാണ്ടായപ്പോൾ വരേണ്ടിയിരുന്നില്ലെന്ന് തോന്നി. അമ്മൂമ്മയുടെ പിന്നാലെ വലിഞ്ഞ് നടന്നു.

"നീയെന്താ കുട്ട്യേ പിന്നിലേക്കാ നടക്കണേ...?" അമ്മൂമ്മയുടെ ഒരു കളിയാക്കൽ ചോദ്യം.

അത് കേട്ട് ഓടി ഒപ്പമെത്തി.

"നമക്ക് ഊത്യാ പോരേ? എന്തിനാ പാട്ട്യേ വിളിക്കാൻ ഇത്രേം ദൂരെ വന്നേ?" ജയൻ ചോദിച്ചു.

"അത് ഇന്നാള് നെന്ക് പുളിച്ചുതേട്ടലും നെഞ്ചരിച്ചലും വന്നില്ലേ? അന്ന് പാട്ടി ഉപ്പൂതി തന്നത് മറന്നോ? ദെണ്ണം മാറാൻ പാട്ട്യേന്നെ ഊതണം." അമ്മ വിശദീകരിച്ചു.

അമ്മയുടെ കൈയിൽനിന്ന് കുറച്ച് ഉപ്പ് വാങ്ങി പഴുത്ത പ്ലാവിലയിൽ വെച്ച് കൈ അടച്ചുപിടിച്ച് എന്തൊക്കെയോ ചുണ്ടിനുതാഴെ പറഞ്ഞ് ഒടുവിൽ ഫൂ എന്ന് ശക്തിയായി പല തവണ അന്ന് പാട്ടി ഊതി. ഇതിനിടയിൽ കോട്ടുവാ ഇട്ടുകൊണ്ടിരുന്നു. പാട്ടി ഊതിയ ഉപ്പ് കഞ്ഞിയിലിട്ട് കഴിച്ചു.

"പിടിച്ച പിടിയാലെ അന്ന് നെന്റ് ദെണ്ണം മാറീല്ലേ? അതൊരു അറിവാ. ഒരൂട്ട് മന്ത്രം. പാണന്മാർക്ക് പാരമ്പര്യായിട്ട് ഒടിവെക്കാനും അറിയും. ഇപ്പോ അങ്ങനൊക്കെ ചെയ്താൽ പൊലീസ് പിടിക്കും. നമ്മടെ തറവാട്ടിലെ അച്ചുമ്മാനെ ഒടിവെച്ച കദൊക്കെ എനിക്ക് കേട്ടറിവേള്ളൂ. ഞാൻ ജനിക്കണേനും മുമ്പത്തെ കാര്യാ." അമ്മൂമ്മ ഒരു പഴയ കഥ പറഞ്ഞു.

പാടൂർ പണിക്കരിൽനിന്നും ജോതിഷം പഠിച്ച് അച്ചുമ്മാൻ വൈദ്യം പഠിക്കാൻ മൂസ്സിന്റെ കൂടെ കൂടി. അച്ചുമ്മാനായിരുന്നത്രെ ശിഷ്യരിൽ മിടുക്കൻ. ഗുരൂന് വലിയ കാര്യായിരുന്നു. കുന്തം കേറി പട്ടരുടെ മകൻ ശേഷുസ്വാമിയായിരുന്നു മറ്റൊരു ശിഷ്യൻ. ശേഷുവിന്റെ അച്ഛൻ മഹാദേവനയ്യർ ഉത്സവത്തിന് ആനപ്പുറത്തും കയറാറുണ്ട്. ഒരിക്കൽ ആനപ്പുറത്ത് വെൺചാമരം പിടിച്ച് ഇരുന്നിരുന്ന പട്ടർ ഉറക്കം തൂങ്ങി താഴെ വീണു. ആനക്കാലിൽ പെടാതിരുന്നത് പാപ്പാന്റെ തോട്ടിയിൽ തടഞ്ഞതുകൊണ്ടാണത്രെ. പുറത്തും തോളിലും ചില മുറിവുകളൊക്കെ പറ്റി. എന്തായാലും പാപ്പാന്റെ കുന്തത്തിൽ തട്ടി വീണതുകൊണ്ട് അന്നുമുതൽ ആളുകൾ മഹാദേവനയ്യരെ 'കുന്തം കേറി പട്ടർ' എന്നു വിളിക്കാൻ തുടങ്ങി. ശേഷുപട്ടർക്ക് അച്ചുമ്മാനോട് കടുത്ത അസൂയയായിരുന്നു.

ഒരു മുപ്പെട്ട് തിങ്കളാഴ്ച സന്ധ്യയ്ക്ക് പതിവുള്ള കുളി കഴിഞ്ഞ് അച്ചുമ്മാൻ അമ്പലത്തിൽ കേറി ധന്വന്തരിമൂർത്തിയെ തൊഴുത് പുറത്തിറങ്ങി. വഴിയിൽ കണ്ട പരിചയക്കാരോട് വിശേഷങ്ങൾ ചോദിച്ച് ഒറ്റയ്ക്ക് നടന്ന് ആലിൻചുവട്ടിലെത്തി. എന്തോ കണ്ട് പേടിച്ചലറി. അലർച്ച കേട്ട് അടുത്തുള്ളവർ ഓടിയെത്തിയപ്പോൾ അച്ചുമ്മാൻ തറയിൽ മലർന്ന് കിടന്ന് കൈകാലിട്ടടിക്കുന്നു. ആരൊക്കെയോ ചേർന്ന് ആൽത്തറയിൽ കിടത്തി. വായിൽനിന്ന് ചോരയൊഴുകുന്നുണ്ടായിരുന്നത്രെ. കണ്ണുകൾ ചോരച്ച് തുറിച്ചുനിന്നു. "മതിയായില്ല്യേ?" എന്നോ മറ്റോ വ്യക്തമല്ലാത്ത വാക്കുകൾ അതോടൊപ്പം ഒരു പല്ലും ഒരു കവിൾ ചോരയും തുപ്പി. കുറെ പ്രാവശ്യം ഇത് ആവർത്തിച്ചത്രെ. അങ്ങനെ എല്ലാ പല്ലുകളും കടിച്ചു

പിടിച്ച് തുപ്പി കിടന്നുതന്നെ കണ്ണടച്ചു. ഇതിനെപ്പറ്റി നാട്ടുകാരുടെ ഇടയിൽ പിറുപിറുപ്പുണ്ടായി; ശേഷു പാണിക്കരെക്കൊണ്ട് ചെങ്കൊടി വെപ്പിച്ചതാണെന്ന് ചിലർ അഭിപ്രായപ്പെട്ടു. വെളുത്തു കൊഴുത്ത ഒരു കാളക്കൂറ്റൻ അച്ചുമ്മാനെ വലംവെക്കുന്നതും മുക്കുറയിട്ട് തെക്കോട്ട് ഓടിപ്പോകുന്നതും കണ്ടവരുണ്ടത്രെ. അത് ഒടിയനാണെന്നാണ് അവർ പറയുന്നത്.

"അച്ചുമ്മാന്റെ ചേട്ടൻ ശങ്കരമ്മാൻ ചെറുപ്പത്തിൽതന്നെ നാടുവിട്ട് ദേശാടനം നടത്തി സന്ന്യാസിയെപ്പോലെ കഴിയുകയായിരുന്നു. കുറെ നാളുകൾക്ക് ശേഷം തിരിച്ചെത്തിയിരുന്നു. വീട്ടിൽ കേറാറില്ല. ഓച്ചിറ ക്ഷേത്രത്തിൽ തന്നെ ജപവും ധ്യാനവുമായി കഴിയുകയായിരുന്നു. അനുജന്റെ വിവരമറിഞ്ഞപ്പോൾ പറഞ്ഞൂത്രെ.

"അവന് അത്രേ ആയുസ്സുള്ളൂ. കരിങ്കുട്ടി, രക്ഷസ്, മൂർത്തികളുടെ സാന്നിധ്യം അവടെ ഉണ്ടായിരുന്നു. മതിയായോ എന്ന് കൂട്ടത്തിൽ നിന്നിരുന്ന ആരെങ്കിലും പറഞ്ഞിരുന്നെങ്കിൽ രക്ഷപ്പെട്ടേനേ. ഇത്രയും ജനങ്ങളുടെ മുന്നിൽവെച്ച് മരിക്കാനായിരിക്കും വിധി. ആയുസ്സ് അത്രെള്ളൂ എന്ന് കരുതാ." ശങ്കരമ്മാൻ നെടുവീർപ്പിട്ട് കുറെനേരം മിണ്ടാതിരിക്കും. പുലകുളി കഴിഞ്ഞ് നാടുവിട്ടശേഷം പിന്നീട് ശങ്കരമ്മാൻ തിരിച്ചുവന്നിട്ടില്ല.

പാട്ടിയുടെ വീടെത്തിയത് അറിഞ്ഞില്ല. പാട്ടി അമ്മുട്ടിയേയും കൂട്ടി തിരിച്ച് വീട്ടിലെത്തുന്നതുവരെ അമ്മൂമ്മയും പാട്ടിയും തമ്മിലായിരുന്നു സംസാരം. വയസ്സ് എൺപതായി. മക്കൾക്ക് തൊഴിലും വരവുമുണ്ട്. പാണൻ രാമൻ മരിച്ചതിൽപിന്നെ എവിടെയും പോകാറില്ല. ആളുകൾക്കിപ്പോൾ വിശ്വാസമില്ലാതായി.

"പിന്നെ അമ്രാള് വിളിച്ചാ വരാതിരിക്ക്വോ. ന്റെ കാലം കഴിഞ്ഞാ ഈ പണി അന്യം നിന്ന് പോം."

പാട്ടിയേയും കൂട്ടി വീട്ടിലെത്തി അടുക്കളത്തിണ്ണയിലിരുന്ന് പാട്ടി വെള്ളം ഊതിക്കൊടുത്തു. കുട്ടിയുടെ ചോറൂണ് കഴിഞ്ഞിട്ടില്ലാത്തതുകൊണ്ട് ഉപ്പ് കൊടുക്കാൻ പാടില്ല്യാത്രേ. അമ്മ കൊടുത്ത ദക്ഷിണ മുണ്ടിന്റെ കോന്തലയിൽ കെട്ടി. ചൂടുചായ ഊതിയൂതി കുടിക്കുന്ന പാട്ടിയെ കുറച്ചുനേരം പകയോടെ നോക്കിനിന്നു. അച്ചുമ്മാനെ ഒടിവെച്ചു കൊന്ന നിന്റെ പ്രതികാരം എന്നതുപോലെ. പിന്നെ അമ്മൂമ്മ കേൾക്കാതെ പതുക്കെ ചോദിച്ചു.

"ആരാ അച്ചുമ്മാനെ ഒടിവെച്ചത്?" കാര്യം പിടികിട്ടാതെ പാട്ടി ചോദിച്ചു.

"കയ്മള്കുട്ടി എന്താ പറയണ്?" പിന്നെ പാട്ടി പല്ലില്ലാത്ത വാ തുറന്നു ചിരിച്ചു.

പപ്പുമ്മാൻ

പത്മിനി രാത്രിയിൽ പായയിലും വിരിപ്പിലും മൂത്രമൊഴിക്കും. അതുകൊണ്ട് അമ്മയുടെ കൂടെ രാത്രി കിടക്കാറില്ല. ഉറങ്ങുന്നതുവരെ ഓരോന്ന് പറഞ്ഞും മൂളിക്കേട്ടും അമ്മൂമ്മയോട് ചേർന്നുകിടക്കുന്നതാണ് ഇഷ്ടം. സ്കൂളിൽ നാരായണനും കുട്ടിശങ്കരനും ഏറ്റവും അടുപ്പമുള്ള ചങ്ങാതിമാരെന്ന് അമ്മൂമ്മയ്ക്കറിയാം. അമ്മയ്ക്കറിയില്ല. സ്കൂളിലെ വിശേഷങ്ങൾ അമ്മൂമ്മ ചോദിച്ചറിയും. അമ്മയാണെങ്കിൽ

"ജയാ നാളേക്കുള്ളത് എഴുത്യോ? ഈ പാഠപുസ്തകത്തിന്റെ പേജങ്ങന്യാ കീറീത്..." എന്നു മാത്രമാണ് അന്വേഷണം.

ഒരു ദിവസം അമ്മൂമ്മ ചോദിച്ചു. "മോന് ആരാവാനാ ഇഷ്ടം?"

ജയൻ മിണ്ടാതെ കിടന്നതേയുള്ളൂ.

"അമ്മൂമ്മ മോഹിച്ചിട്ടെന്താ? കണ്ടില്ലേ ഒരുത്തൻ തേരാപാര നടക്കണത്." അമ്മൂമ ഇത്തിരി സങ്കടത്തോടെ പറഞ്ഞു.

രാവുണ്ണ്യേട്ടനെയായിരിക്കും അമ്മൂമ ഉദ്ദേശിച്ചത്. രാവുണ്ണ്യേട്ടന്റെ കാര്യത്തിൽ അമ്മൂമ്മയ്ക്ക് വളരെ സങ്കടമുണ്ട്.

"മോൻ നമ്മടെ പപ്പുമ്മാനേപോലാവണം. യോഗ്യനാവണം."

'പപ്പുമ്മാൻ' എന്നു കേട്ടതോടെ എണീറ്റിരുന്നു.

"വേണ്ട കെടന്നോ. പറയാം. അമ്മൂമ പഴയ കാലത്തെ തറവാട്ടിലെ കാരണവവരായിരുന്ന പപ്പുമാനെപ്പറ്റി അമ്മൂമ്മ പറയാൻ തുടങ്ങി. പപ്പുമ്മാൻ കൊച്ചി പൊലീസിൽ തോക്ക് കൈയിൽ വെക്കാൻ അധികാരമുള്ള നൂറോളം പൊലീസുകാരിൽ ഒരാളായിരുന്നു. ഉദ്യോഗസംബന്ധമായ എന്തോ കാര്യത്തിനായി ഒരിക്കൽ കൊച്ചിക്കായലിൽ ബോട്ടിൽ യാത്ര ചെയ്യുമ്പോൾ തോക്ക് കായലിൽ വീണുപോയി. കൂടെയുള്ളവരുടെ സഹായത്തോടെ അപ്പോൾ കഴിയുന്നവിധം തെരഞ്ഞെങ്കിലും തോക്ക് കിട്ടിയില്ല. തോക്ക് പോയാൽ ശിക്ഷ കൊലക്കയറ് തന്നെ. അമ്മാമൻ ഭയന്ന് വിറച്ചു. അപ്പോൾ പൊലീസിൽത്തന്നെയുള്ള ഒരു ചങ്ങാതിയാണ് ഭദ്രകാളിയുടെ ഉപാസകനായിരുന്ന പുളിയാമ്പുള്ളി നമ്പൂര്യച്ഛനെക്കുറിച്ച് പപ്പുമ്മാന് പറഞ്ഞുകൊടുത്തത്. കീഴ്വഴക്കങ്ങൾ തെറ്റിച്ച് ജീവിച്ച നമ്പൂര്യച്ഛൻ വിളിച്ചാൽ വിളിപ്പുറത്തെത്തുന്ന ദിവ്യനാണെന്ന് ആളുകൾ വിശ്വസിക്കുന്നു. തോക്ക് നഷ്ടപ്പെട്ട ദിവസം രാത്രി വളരെ വൈകിയാണ് വേവലാതിയോടെ പപ്പുമ്മാൻ തറവാട്ടിലെത്തിയത്. കുളികഴിഞ്ഞ് പരദേവതയെയും നമ്പൂര്യച്ഛനെ മനം നൊന്ത് പ്രാർത്ഥിച്ചു.

"തോക്ക് കിട്ടിയാൽ ആടുവെട്ടിക്കലശം നടത്തി തറവാട്ടിൽ നമ്പൂര്യച്ഛനെ കുടിയിരുത്താം."

ആ രാത്രി സ്വപ്നത്തിൽ കായലിന്റെ ആഴംകുറഞ്ഞ ഭാഗത്ത് തോക്ക് അടിഞ്ഞിട്ടുണ്ടെന്ന് പപ്പുമ്മാന്റെ മനസ്സിൽ നമ്പൂര്യച്ഛൻ തോന്നിപ്പിച്ചു.

അപ്രകാരം തോക്ക് കിട്ടുകയും ചെയ്തു. പ്രാർത്ഥിച്ചപ്രകാരം തറവാടിന്റെ കിഴക്കേമുറ്റത്ത് തറയിൽ ബ്രഹ്മരക്ഷസ്, കരിങ്കുട്ടി എന്നിവരോടൊപ്പം നമ്പൂര്യച്ചനേയും കുടിയിരുത്തി. വർഷംതോറും മുടങ്ങാതെ കലശം നടത്തിപ്പോന്നു. " അന്നുമുതൽ നമ്മടെ തറവാട്ടില് എല്ലാ തലമുറേലും ഒരാളെങ്കിലും പൊലീസോ പട്ടാളക്കാരനോ ഉണ്ടാവും. അത് നമ്പൂര്യച്ചന്റെ അനുഗ്രഹാ. മോൻ വെറും പൊലീസല്ല, ഇൻസ്പെട്രാവണം." അമ്മൂമ്മ തുടർന്നു.

"എന്തു പ്രതാപ്യാർന്നു പപ്പുമ്മാൻ. ഇവടത്തെ തീവണ്ടിയാപ്പീസ് തൊട്ട് തൈച്ചേരി ഭഗവത്യമ്പലത്തിന്റെ പടിഞ്ഞാറ് വരെ തീവണ്ടിപ്പാതേല് വല്യ ഒരു വളവുണ്ട്. നീ നോക്കീട്ടുണ്ടോ? അമ്മൂമ്മ ചോദിച്ചു. "അതിനു കാരണം പപ്പുമ്മാനാ."

ഷൊർണ്ണൂർ നിന്ന് കൊച്ചിവരെ തീവണ്ടിപ്പാത പണിയാൻ അന്നത്തെ കൊച്ചി മഹാരാജാവ് കല്പനയായകാലം. തൃപ്പൂണിത്തുറ പൂർണ്ണത്രയീശന്റെ സ്വർണ്ണനെറ്റിപ്പട്ടം പതിന്നാല് എണ്ണം വിറ്റാണ് പാത പണിയാൻ പണമുണ്ടാക്കിയത്. പാത പണിയലിന്റ എഞ്ചിനീയർ ഒരു സായ്പായിരുന്നു. അയാൾ പാത പണിയാൻ സ്ഥലമെടുപ്പ് തുടങ്ങി. തറവാട്ടുപറമ്പിന്റെ കിഴക്കുഭാഗവും അമ്പതുപറ കണ്ടവും പൊന്നുംവിലയ്ക്കെടുക്കാൻ മഹാരാജാവ് ഉത്തരവായി. പാത കടന്നുപോകുന്നവഴി കുറ്റിയടിച്ച് വേർതിരിക്കാൻ തുടങ്ങിയപ്പോൾ സങ്കടത്തോടെ പപ്പുമ്മാനും നാട്ടുകാരിൽ ചിലരും ചേർന്ന് മഹാരാജാവിനെ കണ്ട് സങ്കടമുണർത്തിച്ചു. എന്നാൽ മഹാരാജാവ് നിരസിച്ചു. എഞ്ചിനീയറോട് പണി തുടരാനും ആജ്ഞാപിച്ചു.

പെട്ടെന്നൊരു ദിവസം എഞ്ചിനീയർ അത്യാവശ്യമായി മദിരാശിക്ക് പോയി. പോകുന്നതിനു മുമ്പ് പണി തുടങ്ങാനുള്ള നിർദ്ദേശങ്ങൾ ബാക്കിയുള്ള പണിക്കാർക്ക് നൽകിയിരുന്നു. വൈകാതെ അദ്ദേഹം ബിലാത്തിക്ക് കപ്പൽ കയറി എന്നും പറയുന്നു. ഇക്കാര്യങ്ങളെല്ലാം പപ്പുമ്മാൻ അപ്പപ്പോൾ അറിയുന്നുണ്ടായിരുന്നു. എഞ്ചിനീയർ ഇല്ലാതെ പിറ്റേന്ന് പണി തുടങ്ങുകയാണെന്ന് നാട്ടുകാരായ പണിക്കാർ പറഞ്ഞറിഞ്ഞു. തറവാട്സ്വത്ത് നഷ്ടപ്പെടാതിരിക്കാൻ പപ്പുമ്മാൻ പലവഴികളും ആലോചിച്ചു. നമ്പൂര്യച്ചനെ നെഞ്ചുരുകി ധ്യാനിച്ചു. പണി തുടങ്ങുന്നതിന്റെ തലേന്ന് അന്നു രാത്രി വിശ്വസ്തരായ മൂന്നാലു പണിക്കാരേയുംകൂട്ടി തറവാട്ടുപാടത്ത് ചെന്ന് കുറ്റിയടിച്ചിരുന്ന ഭാഗത്തുനിന്ന് അര മൈലോളം നീളത്തിൽ അടയാളക്കുറ്റികൾ മാറ്റി അടിച്ചു. നേരം വെളുത്തപ്പോൾ കരാറുകാരും പണിക്കാരും എത്തി പാത പണി തുടങ്ങി. പപ്പുമ്മാൻ കുറ്റിയടിച്ച് പാത നിലവിൽ വന്നു. പക്ഷേ ആർക്കും ഒരു സംശയവും തോന്നിയില്ല. തീവണ്ടി ഓടാൻ തുടങ്ങിയിട്ടും ആർക്കും ഒന്നും മനസ്സിലായില്ല. ഒക്കെ പറഞ്ഞുകേട്ട കതകളാ മോനേ." അമ്മൂമ്മ നെടുവീർപ്പിട്ടു. ഏതായാലും

തീവണ്ടിപ്പാതയ്ക്ക് ഇന്നും ആ ഭാഗത്ത് ഒരു വളവുണ്ട്. ആ വഴി തൊട്ടേ തീവണ്ടിയിൽ യാത്ര ചെയ്തിട്ടുള്ളവർക്കെല്ലാം അക്കാര്യം ശ്രദ്ധിച്ചാൽ മനസ്സിലാകും.

"ഷൊർണൂർന്ന് വരണതും പോണതുമായ എല്ലാ തീവണ്ടികളും ഈ വളവിലെത്തുമ്പോ വളരെ പതുക്ക്യാ പോണത്."

"ന്ന്ട്ട് നമ്മടെ പറമ്പൊക്കെ എങ്ങന്യാ അമ്മൂമ്മേ ഇല്ല്യാണ്ടായേ?"

"ഒന്നും പറയണ്ട കുട്ട്യേ. ആ കുടുംബദ്രോഹി ഈച്ചരമ്മാൻ..."

അമ്മൂമ്മയുടെ ശബ്ദമുയർന്നു. അമ്മ കേൾക്കാതിരിക്കാൻ വീണ്ടും ഒച്ച താഴ്ത്തി. "ഈച്ചരമ്മാൻ പപ്പുമ്മാന്റെ മരുമോനാ, അമ്മാമന്റെ ഒരു ഗുണോം മണോം ഒന്നും കിട്ടീല്ലാത്ത ജന്തു. പ്രായവണേന് മുമ്പുതന്നെ പത്തായത്തീന്ന് നെല്ലെടുത്ത് വിൽക്കാനും തൊടീലേ മരം വെട്ടി വിക്കാനും തുടങ്ങി. മദ്യസേവ, നാട്ടിലാകെ സംബന്ധം. അതിന്നായി ഓരോന്നായി വിറ്റു മുടിച്ചു. ദുഷ്ടനാ... ദുഷ്ടൻ... പാടത്തിറങ്ങി കൃഷി നശിപ്പിക്കുന്ന മിണ്ടാപ്രാണികളുടെ കണ്ണില് മുളകു അരച്ച് പുരട്ടും. വായില് വറുത്ത ചരല് കോരിയിടും. വല്ലാത്തൊരു ജന്മം. ചോദിക്കാൻ ആരുംല്യ. എല്ലാർക്കും പേട്യാ. തറവാട്ടില് പെണ്ണുങ്ങൾ മാത്രേല്ലേയുള്ളൂ.? ജീവിതത്തില് അയാൾ ഒരൊറ്റ നല്ല കാര്യേ ചെയ്തിട്ടുള്ളൂ. മാപ്പിള ലഹളക്കാലായിരുന്നു. തട്ടിപ്പറിക്കലും കൊള്ളിവെക്കലും. ഒക്കെ നടക്കുന്ന കാലം. പെണ്ണുങ്ങളെ കണ്ടോണം മാപ്പിളമാര് ഉപദ്രവിക്കമായിരുന്നു. ആറാട്ടുപുഴ രാത്രിപൂരത്തിന് ചങ്ങാതിമാരുമായി പോയതായിരുന്നു ഈച്ചരമ്മാൻ. പതിവുപോലെ പോയതാ. കാർന്നോമാരുടെ സുകൃതം കൊണ്ടാവും തറവാട്ടിലെന്തോ ആപത്ത് ഉണ്ടെന്ന് ഉൾവിളി തോന്നി. ചോദിച്ചൂത്രെ. കത്തിച്ച ചൂട്ടുംപിടിച്ച് ഓട്ടായിരുന്നു ആറാട്ടുപുഴയിൽനിന്ന് വീട്ടിലേക്ക്. കൂടെ മങ്ങാട്ടെ ശ്രീധരനും. ദൂരെ നിന്നു കണ്ടു തറവാടിന് ചുറ്റും കുറെ മാപ്പിളമാർ. പിന്നെ അയൽക്കാര് കുറെപ്പേര് കൂടി മാപ്പിളമാരെ പേടിച്ച് രാത്രി അവടെണ്ടായിരുന്നു. കുട്ട്യോളും പെണ്ണുങ്ങളും കൂട്ടനെലവിളി. "ഈച്ചരമാൻ മാപ്പിളമാർ കാണാതെ പറമ്പീന്ന് ഒണങ്ങിയ ഓലമടലുകൾ പെറുക്കി ഒരു മൊളേടെ പല ഭാഗത്തായി കെട്ടിവെച്ചു. ശ്രീധരനും അങ്ങനെ ഒന്ന് ഇണ്ടാക്കി. ഓലയ്ക്ക് തീ കൊടുത്ത് കഴുത്തിൽ വെച്ച് കാവടിപോലെ രണ്ട് വട്ടം കറങ്ങി ആടിയത്രെ. അതിനു മുമ്പ് പിന്നാമ്പുറത്തൂടെ ശബ്ദോം വെളിച്ചോം ഇടയിൽക്കൂടെ ഓടി നടന്ന കന്നുകാലികളേയും കണ്ടപ്പോൾ എന്തോ പന്തികേടാണെന്ന് തോന്നിയ മാപ്പിളമാർ ഓടിപ്പോയത്രെ.

കോട്ടുവായിട്ടപ്പോൾ അമ്മൂമ്മ പറഞ്ഞു. "മതി... മതി... പറയാൻ തൊടങ്ങ്യാ ന്ക്ക് ഒരുതരം ആവേശാ. നിനക്കാണെങ്കിൽ എത്ര കേട്ടാലും പോരാ. ഇനി ഒറങ്ങ്."

പൂരപ്പറമ്പിലേക്ക്

പൂരം ദിവസങ്ങളിൽ തെച്ചേരിയിൽ നല്ല രസമാണ്. തലേന്ന് മുതൽ അമ്പലപ്പറമ്പിലൊക്കെ ഇഷ്ടംപോലെ ചുറ്റിനടക്കാം. അമ്മൂമ്മയും അമ്മയും വലിയ തടസ്സങ്ങളൊന്നും പറയില്ല.

“നമ്മടെ ദേശത്തെ പൂരല്ലേ. അവൻ സന്തോഷിക്കട്ടെ.”

പൂരത്തലേന്ന് കൈയിലുണ്ടായിരുന്ന കാശ് കഴിഞ്ഞു. കളർ മിഠായിയും കപ്പലണ്ടിയും വാങ്ങിത്തിന്നു. പത്മിനിക്ക് ഒരു കിലുക്ക വാങ്ങാൻ മറന്നില്ല. പപ്പൻ അവന്റെ കാശുകൊണ്ട് നിറമുള്ള സർവത്ത് വാങ്ങി കുടിച്ചു. മിഠായിക്കാരൻ ഒട്ടുന്ന പശപോലുള്ള മാവ് കൊണ്ട് കൈയിന്മേൽ വാച്ചുണ്ടാക്കി കൊടുത്തത് നക്കി നക്കി നടക്കുന്നത് കണ്ട പ്പോൾ രാവുണ്ണ്യേട്ടൻ അവനെ ശാസിച്ചു.

“അത് നല്ലതല്ലടാ. കഴുകിക്കളയ്.”

വെളുപ്പിന് തുടങ്ങുന്ന പൂരത്തിന് വിതാനിക്കാൻ കുരുത്തോല തോരണമുണ്ടാക്കുന്നത് കുറെനേരം നോക്കിനിന്നു. അപ്പുമാരാരുടെ മരുമകൻ വേണുച്ചേട്ടൻ ഓലകൊണ്ട് പീപ്പിയുണ്ടാക്കിത്തന്നു. കൈയിൽ കെട്ടാൻ ഒരു ഓലവാച്ചും. ആനച്ചമയങ്ങളും തീവെട്ടി വിളക്കുകളും മനയ്ക്കലെ പടിപ്പുരയ്ക്കൽ ത്തിനകത്ത് ആളുകൾക്ക് കാണാൻ ഭംഗി യിൽ ഒരുക്കിവെച്ചിട്ടുണ്ട്. വഴിയിൽ കണ്ടപ്പോൾ രാവുണ്ണ്യേട്ടൻ പറഞ്ഞു. “ഇരുട്ടാവണേന് മുമ്പ് വീട്ടി പോ. ഇപ്പോ അന്വേഷിക്കാൻ തൊടങ്ങീട്ടു ണ്ടാവും.” രാവുണ്ണ്യേട്ടൻ കൂട്ടുകാരുമായി ഉല്ലസിച്ച് നടക്കുകയാണ്. പപ്പനെ വിളിക്കാൻ നിക്കാതെ വീട്ടിലേക്ക് പോയി.

പിറ്റേന്ന് രാവിലെ ആരും എണീപ്പിക്കാതെതന്നെ ഉണർന്നു. അന്നാണ് രാത്രിപ്പൂരം. പല്ലുതേച്ച് നേരെ കിണറ്റിൻകരയിൽ പാട്ടയിൽ കോരിവെ ച്ചിരുന്ന വെള്ളമെടുത്ത് തന്നത്താൻ കുളിച്ചു. ശബ്ദംകേട്ട്, “തല നന്നായി തോർത്ത്യോ നീ.” അടുക്കളയിൽനിന്ന് അമ്മൂമ്മ വിളിച്ചുചോദിച്ചു. അക ത്തേക്ക് വന്നപ്പോൾ തോളിലിട്ട മുണ്ടുകൊണ്ട് തല ഒന്നുകൂടി അമർത്തി ത്തുടച്ചു.

കഴിഞ്ഞ തവണ അച്ഛൻ വാങ്ങിത്തന്ന ട്രൗസറും കള്ളിഷർട്ടുമിട്ട് നെറ്റിയിൽ ഒരു ചന്ദനക്കുറിയുമായി സന്ധ്യയ്ക്ക് ഉമ്മറത്തെത്തി.

“ആയ്... സുന്ദരനായിട്ടുണ്ടല്ലോ.” മുറ്റത്ത് കുഞ്ഞച്ഛൻ.

“ജയാ... ന്നാ ഇത് തിന്നിട്ടു പോ.” അമ്മ വിളിച്ചു.

പൊടിയരികൊണ്ടുണ്ടാക്കിയ ഉപ്പുമാവും പഴവും. വടക്കേവീട്ടിൽനിന്ന് പപ്പനും ഇറങ്ങിവന്നു. പൂരപ്പറമ്പിലും അതിനു മുന്നിലുള്ള വായനശാല യിലും പൂരക്കച്ചവടക്കാർക്കിടയിലുമായി ചുറ്റിക്കറങ്ങി. വീട്ടിൽനിന്ന് കുഞ്ഞച്ഛനോടൊപ്പം ഇറങ്ങിയപ്പോൾ “കുഞ്ഞച്ഛന്റെ കയ്യ് വിടരുത്.” അമ്മ ഓർമ്മിപ്പിച്ചു.

വൈകീട്ട് നിറമാല തൊഴാൻ വന്നപ്പോൾ അമ്മൂമ്മയുടെ കൂടെ കൂടി. ചുറ്റമ്പലത്തിന്റെ ചുമരുകളിൽ നിറയെ ചെരാതുകൾ. അതിലൊക്കെ പ്രകാശിക്കുന്ന വിളക്കുകൾ കാണാൻ നല്ല ഭംഗി. അമ്പലത്തിലും പന്തലിലും ആകെ പ്രകാശം. വൈകീട്ട് പൂരപ്പറമ്പിലെ സ്റ്റേജിൽ നടക്കുന്ന ഭജനയും പാട്ടുകച്ചേരിയും കേൾക്കാൻ അമ്മൂമ്മയോടൊപ്പം ഇരുന്നു. കച്ചേരി കേട്ട് മടുത്ത് ഉറക്കം തൂങ്ങിയപ്പോൾ പപ്പൻ വന്നു വിളിച്ചു. ആദ്യം അമ്മൂമ്മ സമ്മതിച്ചില്ല.

"ആ എന്ത്രോഴിഞ്ഞാല് നോക്കാനാ വല്യമ്മേ വേറെ എവിട്യം പോവില്ല." പപ്പൻ ഉറപ്പിച്ചു പറഞ്ഞു. നടന്ന് ചെന്നെത്തിയത് കൊട്ടുകാരുടെ മുന്നിലാണ്. വാദ്യത്തിലൊന്നും ഒരു രസവും തോന്നിയില്ല. ഈ പപ്പനെന്തിനാ ഇങ്ങോട്ടു വന്നത്? പപ്പൻ പോക്കറ്റിൽനിന്ന് ഒരു വാളൻ പുളിയെടുത്ത് കൊമ്പു വിളിക്കുന്ന ഒരാളുടെ മുഖത്ത് നോക്കി നക്കാൻ തുടങ്ങി. അയാൾ മുഖം തിരിച്ച് നിന്നു. വീണ്ടും മേളം മുറുകിയപ്പോൾ അയാൾ കൊമ്പുയർത്തി. അപ്പോഴും പപ്പൻ പുളി നക്കിക്കൊണ്ടിരുന്നു. അയാൾ ദ്വേഷ്യത്തോടെ നോക്കി പിന്നിലേക്ക് നീങ്ങി. വീണ്ടും തിരിച്ചു വന്നു. ഒന്നും മനസ്സിലാവാതെ അങ്ങോട്ടുമിങ്ങോട്ടും നോക്കി മിഴിച്ചുനിന്നു. ഇതിനിടയിൽ പൂരം നടത്തിപ്പുകാരിൽ ഒരാൾ വന്ന് പപ്പന്റെ ചെവിയിൽ പിടിച്ച് ആൾക്കൂട്ടത്തിൽനിന്ന് പുറത്തേക്ക് കൊണ്ടുവന്നു. പന്തിയല്ല കാര്യങ്ങൾ എന്നു തോന്നിയതുകൊണ്ട് പപ്പനെ നോക്കാൻ നിൽക്കാതെ അമ്മൂമ്മയുടെ അടുത്തേക്കോടി. അമ്മൂമ്മ അപ്പോഴും അവിടെ ഇരിക്കയായിരുന്നു. പിന്നാലെ വന്ന പപ്പൻ വല്ലാതെ കിതയ്ക്കുന്നുണ്ടായിരുന്നു.

"കൊമ്പും കുഴലും വിളിക്കണോർക്ക് പുളി തിന്നണത് കണ്ടാ വായിൽ വെള്ളം വരും. അപ്പോ ഊതാൻ പറ്റില്ല. ഞാനൊന്ന് പരീക്ഷിച്ചതാ."

മേളത്തിന്റെ ഭാഗത്തേക്ക് പിന്നെ പോയില്ല. ആ വഴിക്ക് പോകാൻ പേടിയായിരുന്നു. ഒരു മീശക്കാരൻ പപ്പനെ നോട്ടമിട്ട് നിൽക്കുന്നുണ്ടായിരുന്നു. പപ്പൻ അയാളെ നോക്കാതെ എന്തൊക്കെയോ പറഞ്ഞുകൊണ്ടിരുന്നു. മേളം കഴിഞ്ഞതോടെ വെടിക്കെട്ട് തുടങ്ങി. ഒഴിഞ്ഞുമാറി ഒരിടത്തുനിന്നാണ് കണ്ടത്. അമിട്ടിന്റെ ഒച്ച കേട്ടപ്പോൾ ചെവി പൊത്തി. പൂപോലെ പൊട്ടിവിരിയുന്നത് കൗതുകത്തോടെ കണ്ടുനിന്നു. എല്ലാം കഴിഞ്ഞ് വീട്ടിലെത്തിയപ്പോൾ നേരം വെളുക്കാൻ ഏറെ താമസമില്ലെന്ന് മനസ്സിലായി.

രാത്രിപൂരത്തിന് പോയി വന്നുകിടന്നപ്പോൾ നേരം വെളുത്തിരുന്നു. ഉറക്കം മതിയാവാഞ്ഞതുകൊണ്ട് കണ്ണുതുറക്കാൻതന്നെ വിഷമം തോന്നി. രാവിലെ അമ്മ പകുതി താങ്ങിപ്പിടിച്ച് ഉമ്മറത്തിണ്ണയിലിരുത്തി. കാപ്പി കുടിച്ച് വീണ്ടും ഉറങ്ങാൻ കിടന്നു.

"നമ്മടെ പൂരം അങ്ങനെ കഴിഞ്ഞു. ഉച്ചയ്ക്ക് പപ്പൻ വന്നു വിളിച്ചു. അപ്പോഴാണ് പകൽപ്പൂരസമയത്ത് മുഴുവൻ വീട്ടിൽ കിടന്നുറങ്ങുകയായിരുന്നുവെന്ന് മനസ്സിലായത്. "നി ആറാട്ടുപുഴ പൂരാ. പാടത്ത് കൂട്ടിയെഴുന്നള്ളിപ്പിന് ചാല് കീറി തൃപ്രയാറ്റ് തേവര് എത്തുമ്പോൾ വെളുപ്പിനു മൂന്നുമണ്യാവും. അപ്പോ പാടത്തുള്ള ആള്വോള് പാതി കുറയുംത്രെ. തേവരെ കണ്ടാ പൂരത്തിന് വന്ന മരിച്ചവരുടെ ആത്മാക്കൾ മാഞ്ഞുപോവും. അതാത്രേ തെരക്ക് ഒഴിയണത്. ഞാൻ ഒരു കൊല്ലം അച്ഛന്റെ കൂടെ പോയിട്ടുണ്ട്. കൊയ്ത്തു കഴിഞ്ഞ കണ്ടത്തിലാ പൂരം. അത് ആ പൂരത്തിന്റെ വിശേഷാ. അതൊന്നൂല്ല പൂരം. തൃശൂര് പൂരാ പൂരം. എന്തോരം ആനകളാ. രണ്ട് ടീമായിട്ട് കൊടമാറ്റം മത്സരാത്രേ. ഞാൻ കണ്ടിട്ടില്ലട്ടോ. പൂരം അവസാനിക്കണത് വെടിക്കെട്ടായിട്ടാ. വീടും കെട്ടിടങ്ങളുമൊക്കെ വെറക്കും. കൂട്ടപൊരിച്ചല് വരുമ്പോൾ ആകെ ഒരു മിന്നല് മാത്രം. കുമാരേട്ടൻ ഒരിക്കെ പോയിട്ടുണ്ട്. ഞാനും പോവും. നിന്നേം കൊണ്ടോവാം."

ഉറക്കം തൂങ്ങിക്കൊണ്ട് പപ്പൻ പറയുന്നത് കേട്ടിരുന്നു.

ബലൂൺകാരും പൊരിക്കച്ചവടക്കാരും പൂരപ്പറമ്പിൽനിന്ന് പോയിത്തുടങ്ങിയിരിക്കുന്നു. ആളുകളെ കുത്തിനിറച്ച് ബസ്സ് പൊടിപറത്തി കടന്നുപോയി.

"അല്ലാ നീ ഇവിടിരിക്ക്യാ. വാ, പല്ലുതേച്ച് കുളിക്ക്. ന്നട്ട് വല്ലതും കഴിക്കാം." അമ്മൂമ്മ പിടിച്ചെഴുന്നേല്പിച്ചു.

"നീയെന്താ പപ്പാ കഴിച്ചേ?'

ഉത്തരം പറയാതെ പപ്പൻ എണീറ്റോടി.

ആനപ്പിണ്ടം

ആറാട്ടുപുഴ പൂരത്തിന്റെ പിറ്റേന്ന് കിണറ്റിനടുത്ത് പല്ലുതേച്ചു നിൽക്കുമ്പോൾ ഒരാന പടി കടന്നുവന്നു. മുന്നിൽ ഒരാൾ കൈ വീശി നടക്കുന്നുണ്ട്. തോട്ടിയും കോലുമായി പാപ്പാൻ കൂടെയുണ്ട്. പപ്പൻ ചാടി മുറ്റത്തെത്തി. അമ്മൂമ്മയും മില്ലാക്കരേച്ചിയും അടുക്കള മുറ്റത്തേക്കിറങ്ങി.

"പാറുട്ട്യേടത്തി ഇല്ലേ?"

തിണ്ണയിലേക്ക് കയറിയ ആൾ ചോദിച്ചു.

"കൊച്ചുട്ടാ... ആനേ അതിരിലെ ആ പുളീമേ തളച്ചോ." ആനക്കാരനോട് വന്നയാൾ പറഞ്ഞു.

മില്ലാക്കരേച്ചി മുറ്റത്തുകൂടി ഉമ്മറത്തെത്തി. അമ്മൂമ്മയും പിന്നാലെ വന്നു. മില്ലാക്കരേച്ചിയെ കണ്ടപ്പോൾ അയാൾ വീണ്ടും മുറ്റത്തേക്കിറങ്ങി.

"മനസ്സിലായില്ലേ? മുല്ലക്കരേന്നാ. വാസു. കുഞ്ഞിമാളൂന്റെ ഇളയ മോനാ."

കുറച്ചു നേരത്തേക്ക് ആരും ഒന്നും മിണ്ടുന്നില്ല.

"ഓ... വാസു. പുന്നേരി ഇല്ലത്തെ കാര്യസ്സൻ. സമ്മന്തം ചെയ്ത് കൊണ്ടോയാ കുഞ്ഞിമാളൂനെ നീ അറില്ല്യേ. ന്റെ ചിറ്റശ്ശീടെ മോൾടെ മോളാ കുഞ്ഞിമാളു."

അമ്മൂമ്മ തലയാട്ടി.

"കേറീരിക്ക്യോ വാസു." മില്ലക്കരേച്ചി പറഞ്ഞു.

"മുല്ലക്കരേന്ന് പോന്നേ പിന്നെ ആര്യേം കണ്ടിട്ടില്ല."

മില്ലാക്കരേച്ചി തിണ്ണയിലിരുന്നു. തുടർന്നു പറഞ്ഞു.

അമ്മൂമ്മ അടുക്കളയിൽനിന്ന് ചായയും ഇലക്കീറിൽ ഉപ്പുമാവും കൊണ്ടുവന്നു.

"അയാൾക്കും കൊടുക്ക്." മില്ലക്കരേച്ചി ആനപ്പാപ്പനെ ചൂണ്ടി പറഞ്ഞു.

"കൊച്ചുട്ടാ... ന്നാ ചായ."

മില്ലാക്കരേച്ചി മുറുക്കാൻ പൊതിയഴിച്ചു.

"നീ മുറുക്ക്വോ വാസ്വോ?" മില്ലക്കരേച്ചി മുറുക്കാൻ പൊതി വാസുവിന്റെ നീക്കി വെച്ചു.

കൈയും വായും കഴുകി വന്ന വാസ്വേട്ടൻ പറഞ്ഞു.

"വല്ലപ്പോഴും."

പപ്പൻ ആനയുടെ അടുത്തുനിന്ന് മാറുന്നില്ല.

"ആനേടെ മുമ്പിലൊന്നും പോണ്ടാ ജയാ." അമ്മൂമ്മ തടഞ്ഞു.

ആനയ്ക്ക് കൊടക്കാൻ പഴം വാങ്ങാൻ കുഞ്ഞച്ചൻ കുമാരേട്ടനെ കടയിലേക്ക് അയച്ചു.

"ആനേടെ പേരെന്താ?"

"ഗണപതി"

"കുത്ത്വോ?"

"കുട്ടി ആനേടെ അടുത്തേക്ക് പോണ്ട. നെന്റെ പേരെന്താ?"

"ജയൻ."

"വാസൂന് കുട്ട്യോള് എത്ര്യാ?" മുല്ലക്കരേച്ചിക്ക് വിശേഷങ്ങൾ ചോദിച്ചിട്ട് മതിയാവുന്നില്ല.

"മൂന്നു പേരാ. മൂത്തോന് സർക്കാര് ജോല്യാ. താഴെ രണ്ട് പെണ്ണുങ്ങളാ. കല്യാണം കഴിച്ചുകൊടുത്തു. തരക്കേടില്ല. ഒരുത്തി താണിക്കുടത്തിനടുത്താ. അവടെ കൊറച്ച് കൃഷീക്കെണ്ട്. അവടെ ചെല്ലുമ്പോൾ

അമ്പലത്തിൽ പോവും. നമ്മടെ ധർമ്മദൈവാന്നൊക്കെ അമ്മ പറഞ്ഞു കേട്ടിട്ടുണ്ട്. നമ്മടെ കുടുംബചരിത്രം പറഞ്ഞാ ന്റെ പിള്ളേര് കളിയാക്കി ചിരിക്കും."

"ചിരിക്കണ്ട വാസ്വോ. സത്യാ. കോഴിക്കോട് സാമൂരീടെ മന്ത്രി മങ്ങാട്ടച്ചന്റെ കീഴിൽ നമ്മടെ ശങ്കുമാൻ വല്യ പടനായരായിരുന്നു. പിന്നെ മങ്ങാട്ടച്ചനായിട്ട് പെണങ്ങി മുല്ലക്കരേ വന്ന് അണിയത്ത്ന്ന് സംബന്ധം ചെയ്ത് അവടെ പാർക്കാൻ തൊടങ്ങീന്നൊക്കെ ഞാൻ എത്ര കേട്ടടക്കണു. മുല്ലക്കരേലെ എട്ടുകെട്ടും സ്രാമ്പീം പടിപ്പുരേം ഒക്കെ നിങ്ങള് കണ്ടിട്ടില്ലെങ്കിലും ഞാൻ കണ്ടിട്ടുണ്ട്. നെന്റെ മുത്തശ്ശീം. ശങ്കുമാന്റെ മൂന്നാം തലമൊറക്കാരാ. തൈച്ചേരീലെ അണിയത്തുകാർ. ഒരു നടപ്പുദീനം വന്ന് മുല്ലക്കരയിലെയടക്കം എല്ലാരും ചത്തൊടുങ്ങി. അയിനുമുമ്പേന്നെ സൊത്തൊക്കെ അന്യാതീനമായിട്ടുണ്ടാർന്നു. ന്റെ താവഴീല് ഞാൻ മാത്രം ബാക്ക്യായി. നെന്റെ അമ്മൂമ്മ അന്ന് മറത്തംകോട് ഇല്ലത്ത് പാർക്കാൻ പോയിരിക്കാർന്നു. അതോണ്ട് അത് രക്ഷപ്പെട്ടു. ന്നെ പപ്പുമാനാ തൈച്ചേരിക്ക് കൊണ്ടോന്നത്. അന്നുതൊട്ട് വേനംകുളങ്ങര അമ്മേടെ കരുണേം മടത്തിലെ ചോറും ഇങ്ങനെ കഴീണു."

"ഇവൻ കല്യാണ്യോപ്പളുടെ മോൾടെ മോനല്ലേ? എന്താ ഇങ്ങനെ വായും പൊളിച്ച് നിക്കണേ? ഇവന്റച്ഛൻ പട്ടാളത്തിലല്ലേ?" വാസു ചോദിച്ചു.

പത്മിനിയേയുമെടുത്ത് അമ്മ ചിരിച്ചുകൊണ്ട് ഉമ്മറത്തെത്തി.

"നീയിവിടെ കദേം കേട്ട് നിക്കാ. നെനക്കൊന്നും കഴിക്കണ്ടേ? പഴംപുരാണം കേട്ടാ പിന്നിവന് ബോദല്ല്യാണ്ടാവും. ന്റെ അമ്മ്യാ അതിനു കാരണം."

"ഇവിടെല്ലാവർക്കും പുച്ചാ. അവനെങ്കിലും കഴിഞ്ഞ കാര്യങ്ങള് കേട്ട് മനസ്സിലാകട്ടെ."

അമ്മൂമ്മ അടുക്കളയിൽനിന്ന് പുറത്തേക്ക് വന്നു.

"ഉണ്ടിട്ട് പോയാ മതി വാസ്വോ."

"അയ്യോ. ഇല്ല. ഉച്ചയ്ക്കു മുമ്പേ അങ്ങെത്തണം. എറങ്ങ്യായി."

"പപ്പന് ഒരു ആനവാല് വേണം."

"അയ്യോ കുട്ട്യേ മനയ്ക്കലെ ഉണ്ണിതിരുമേനീടെ കുട്ടിക്ക് മോതിരം പണിയാൻ കൊറച്ചീസം മുമ്പ് മുറിച്ചതാ." വാസ്വേട്ടൻ തീർത്ത് പറഞ്ഞു.

ആന പടി കടക്കുന്നതുവരെ പപ്പൻ പിന്നാലെതന്നെ നടന്നു. പടിക്കൽ പപ്പന്റെ മുന്നിൽ ആന മൂത്രമൊഴിച്ച് പിണ്ടമിട്ടു. പപ്പന്റെ മുഖഭാവം കണ്ടപ്പോൾ ചിരി വന്നു.

"വാല് കിട്ടീല്ലെങ്കിലെന്താ പിണ്ടം കിട്ടീല്ല്യേ?" പപ്പൻ കണ്ണുരുട്ടി നോക്കി.

മില്ലാക്കരേച്ചി

മില്ലാക്കരേച്ചി മുറ്റമടിക്കുന്ന ശബ്ദം കേട്ടാണ് വീട്ടിൽ എല്ലാവരും ഉറക്കമുണരുന്നത്. അമ്മൂമ്മ മാത്രം നേരത്തെ എണീറ്റിട്ടുണ്ടാവും. ഇന്ന് ചൂലിനേക്കാൾ പരുപരുത്ത ഒച്ചയിൽ എന്തോ പറഞ്ഞുകൊണ്ടിരിക്കുന്നുണ്ട്.

“പൂരപ്പറമ്പ് പോലാ മുറ്റം. നീയെന്തിനാടാ കടലാസ് കീറി മുറ്റത്ത് വെതറണേ?”

തിണ്ണയിൽ ഉറക്കച്ചടവോടെയിരിക്കുന്ന രാവുണ്ണ്യേട്ടനോടാണ്.

“ഒട്ടകം രാവിലെ തൊടങ്ങി.” രാവുണ്ണ്യേട്ടൻ പിറുപിറുത്തു.

മില്ലാക്കരേച്ചി നടക്കുമ്പോൾ ഒട്ടകത്തെ ഓർമ്മ വരുമെന്ന് എല്ലാവരും പറയാറുണ്ട്. തറവാട്ടിലെ മറ്റൊരു താവഴിയിൽപെട്ട മില്ലാക്കരേച്ചിക്ക് കൂടപ്പിറപ്പുകളില്ല. വീട്ടിൽ ആരോടും അത്ര അടുപ്പമില്ല. അടുക്കളയോട് ചേർന്ന ചായ്പിലാണ് രാത്രി കിടക്കുക. രാവിലെ നേരത്തെ ഉണർന്ന് മുറ്റമടിച്ച് തളിച്ച് കുളികഴിഞ്ഞാൽ നേരേ മഠത്തിലേക്ക് പോവും. അവിടെ പുറംപണിയാണ്.

“പാടുള്ളപ്പോ ഞാനാരേം കഷ്ട്ടപ്പെടുത്തില്ല. കേറി കെടക്കാൻ ഒരിടോം അവനവന്റേന്ന് പറയാൻ ആരെങ്കിലും ഇണ്ടായിരിക്കണം. അത്രന്നെ.” അവർ ഇടയ്ക്ക് പറയും.

പകലത്തെ ഭക്ഷണമൊക്കെ മഠത്തിൽനിന്നായിരിക്കും. സന്ധ്യയ്ക്ക് പണി കഴിഞ്ഞ് വരുമ്പോൾ രാത്രി കഴിക്കാനുള്ളത് ഒരു അലുമിനിയ തൂക്കുപാത്രത്തിൽ കൊണ്ടുവരും. മഠത്തിൽ ചിലപ്പോൾ പിറന്നാളോ ചാത്തമോ ഉണ്ടെങ്കിൽ വൈകീട്ട് വരുമ്പോൾ തലയിൽ ഇലയിട്ടു മൂടിയ പിച്ചളപോണി കാണാം. അടുക്കളയിൽ പോണി ഇറക്കിവെച്ച് ഓരോരോ ഇലപ്പൊതികൾ തുറന്ന് നിരത്തിവെക്കും. അവിയൽ, കാളൻ, എരിശ്ശേരി. കാണുമ്പോൾതന്നെ വായിൽ വെള്ളമൂറും.ചിലപ്പോൾ സാമ്പാർ ചോറിന്റെ കൂടെ ചേർത്തിളക്കീട്ടുണ്ടാവും. ചെറിയൊരു മൊന്തയിൽ ഇത്തിരി പായസവും കാണും. പങ്കുപറ്റാൻ പപ്പനും എത്തും. രാവുണ്ണ്യേട്ടൻ ആ വഴിക്ക് തിരിഞ്ഞുനോക്കില്ല.

“തള്ള എച്ചില് വാരിക്കൊണ്ടരണതാ. ന്ക്ക് വേണ്ട.”

പ്രത്യേകമായി ഒരപ്പമോ കുറച്ച് അവലോ കിട്ടിയാൽ അത് ഒരിലപ്പൊതിയിൽ മടിയിൽ തിരുകിയിട്ടുണ്ടാവും. വീട്ടിലെത്തിയാൽ ഇലപ്പൊതി മടിയിൽ നിന്നെടുത്ത് നീട്ടും. പപ്പടക്കാരി പാറുവിനോട് ചിലപ്പോൾ കുടുംബപുരാണം, മങ്ങാട്ടച്ചന്റെ പാരമ്പര്യം ഇവയൊക്കെ വിസ്തരിക്കുന്നത് കേൾക്കാം. മുണ്ടിന്റെ കോന്തലകൊണ്ട് കണ്ണുതുടച്ച്, മൂക്ക് ചീറ്റി ഒറ്റയ്ക്ക് ഇരിക്കുന്നതു കാണുമ്പോൾ വിഷമം തോന്നാറുണ്ട്. പിൻകുടുമ

പോലെ തലയിൽ കുറച്ചു മുടി. കൈയിലും കാലിലും നിറയെ രോമം. തവിട്ടുനിറമുള്ള രോമങ്ങൾ ചുണ്ടിനുമീതെ. പരുപരുത്ത ഒച്ച.

"ഈ മില്ലാക്കരേച്ചി എന്താ ഇങ്ങനെ, ആണുങ്ങളെപ്പോലെ?" ഒരു നാൾ ചോദിച്ചു.

പപ്പൻ ചിരിച്ചു. എന്നിട്ട് അല്പം ശബ്ദം താഴ്ത്തി.

"ഞാനൊരു കാര്യം പറഞ്ഞാൽ ആരോടും പറയില്യാന്ന് അമ്മേ പിടിച്ച് സത്യം ചെയ്യ്."

ആണയിട്ടപ്പോൾ പപ്പൻ പേടിപ്പിച്ചു.

"നി പറഞ്ഞാ നെന്റെ അമ്മേടെ തല പൊട്ടിത്തെറിക്കും. ടാ, മില്ലാക്കരേച്ചി നപുംസകാ."

എന്തോ കുഴപ്പമാണെന്നല്ലാതെ എന്താന്ന് മനസ്സിലായില്ല. പപ്പനും അറിയില്ല. കവലയിൽ മുടിവെട്ടുന്ന പുരുഷു പറഞ്ഞതാണത്രെ. അമ്മൂമ്മയോട് ചോദിച്ചാലോ? അമ്മയുടെ തല പൊട്ടിത്തെറിക്കുന്നത് പല രാത്രിയിലും ഉറക്കം കെടുത്തി. വേണ്ട, മില്ലാക്കരേച്ചി അങ്ങനെത്തന്നെയിരുന്നോട്ടെ.

ഈച്ചരമ്മാൻ

പിറ്റേന്ന് പകലൊക്കെ ഈച്ചരമ്മാനെക്കുറിച്ചാണ് ആലോചിച്ചത്. വൈകീട്ട് ഇറക്കാലിൽ വീഴുന്ന മഴവെള്ളം കയ്യെത്തി തെറിപ്പിച്ചുകൊണ്ടിരുന്നപ്പോൾ പപ്പൻ മുന്നിലെത്തി. "എന്താടാ..." തോൾ വെട്ടിച്ച് ഒന്നുമില്ലെന്ന് കാണിക്കുക മാത്രം ചെയ്തു. "അമ്മയ്ക്കെന്താ, നിങ്ങടെ കുശുകുശുപ്പ് ഞാൻ കേക്കണുണ്ട്. ഇത്തിരില്ല്യാത്ത ചെക്കനോടല്ലേ തറവാട്ടുപുരാണം." അന്നു രാത്രി കിടന്നതും ഉറങ്ങിപ്പോയി. പിറ്റേന്ന് അമ്മൂമ്മയോട് ഈച്ചരമ്മാനെക്കുറിച്ച് ചോദിച്ചു. "മോൻ ഇതുവരെ അതൊന്നും മറന്നില്ലേ? വന്ന് കെടക്ക്."

"ഈച്ചരമ്മാനെ ആലോചിക്കുമ്പോഴൊക്കെ നെന്റെ മുത്തച്ഛന്യാ ഓർമ്മ വരണത്. നീ കണ്ടില്ലല്ലോ? ഒത്ത ശരീരം ഇരുണ്ട നെറം തലയുയർത്തിപ്പിടിച്ച് നടന്നുവരണത് കണ്ടാ മതി. അത്രയ്ക്ക് ഐശ്വര്യാ. നെനക്ക് മുത്തച്ഛന്റെ ശായ കൊറച്ച് കിട്ടീട്ടുണ്ട്. പപ്പുമ്മാന്റെ കാലശേഷം ഈച്ചരമ്മാൻ തറവാട്ടുസ്വത്തുക്കൾ ഇഷ്ടക്കാരികൾക്ക് കൊടുത്തു മുടിച്ചു. സേവ പറയുന്നോർക്കും കൊടുക്കും. കുറ്റുമുക്കിലുള്ള ഭാര്യവീട്ടിലേക്ക് കണക്കില്ലാതെ പാത്രങ്ങളും നെല്ലുമൊക്കെ കടത്തി. വേണ്ട നേരത്ത് കൃഷിപ്പണി തൊടങ്ങീല്ല്യ. അമ്മേ്യം ഞങ്ങള് മൂന്നു പെങ്കുട്ട്യോളും

ഇളയത് ഇക്കണ്ടനും. വെരലും കടിച്ച് അവൻ ഞങ്ങടെ നെഴല്പോലെ നടക്കും. ഒരു പേടിത്തൂറി.

"ഈച്ചരമ്മാന് ആദ്യേം പേടിക്കണ്ടാന്നായി. നെന്റെ മുത്തച്ഛൻ തെക്കേ താന്നിയത്ത്ന്നാ. അച്ഛൻ ഒരു നമ്പൂര്യാ. ചെറുപ്പത്തിലേ നാടുവിട്ട് പോയി എവട്യാന്ന് കൊറെ നാള് ആർക്കും അറിയണുണ്ടായിരുന്നില്ല. ബർമ്മയിലോ മലയേലൊക്കെ പോയിട്ടുണ്ടത്രെ. അവടത്തെ പട്ടാളക്കാര് തടവുകാരനാക്കി കൊറെക്കാലം തേയിലത്തോട്ടത്തില് കഴിഞ്ഞു. ഒരു ദിവസം പട്ടാളക്കാരുടെ കണ്ണുവെട്ടിച്ച് ഓടിപ്പോന്നതാ. ഏതോ കപ്പലില് കുടകിലെത്തി. അവടെ കാപ്പിത്തോട്ടത്തിലാണ് പണി. അവടത്തെ സൂപ്രണ്ടിന്റെ മകളായി ലോഹ്യത്തിലായത്രെ. ഇവട്ന്ന് പോയ ആരോ അവിടെണ്ട്ന്ന് അമ്മയ്ക്ക് വിവരം കൊടുത്തു. അമ്മ നേരിട്ടു ചെന്ന് മോനെ കയ്യോടെ കൊണ്ടന്നു. നാട്ടിലെത്തി കൃഷിപ്പണ്യൊക്കെ... തൊടങ്ങി.

കുടകുകാരി സൂപ്രണ്ടിന്റെ മകൾ കൈവിഷം കൊടുത്തിരുന്നൂത്രെ. സ്വന്തം വശത്ത് നിൽക്കാൻ മന്ത്രവാദം ചെയ്ത് എന്തെങ്കിലും ഭക്ഷണത്തിന്റെ കൂടെ കഴിപ്പിക്കുന്ന എന്തോ മരുന്നാണത്രേ കൈവിഷം. അതോണ്ട് ആദ്യൊക്കെ സംബന്ധത്തിന്റെ കാര്യം പറഞ്ഞാ ദേഷ്യം വരും. ഊരകത്തെ മന്ത്രവാദിയെ വരുത്തി മുത്തച്ഛന്റെ അമ്മ കൈവിഷം ശർദ്ദിപ്പിച്ചു. ഒരു ഏലസ്സ് നെറച്ച് അരയിലും കെട്ടിച്ചു. എപ്പോഴും അരയിലുണ്ടായിരുന്ന ഏലസ് മരിക്കണേന്റെ രണ്ടൂസം മുമ്പാ കാണാണ്ടായത്."

കുറച്ചുനേരം മിണ്ടാതിരുന്ന് അമ്മൂമ്മ കണ്ണുതുടച്ചു. ന്റെ അമ്മയ്ക്കന്നെ ഒരു നമ്പൂരി സംബന്ധം ചെയ്യണംന്നായിരുന്നു മോഹം. ഈ ആലോചന വന്നപ്പോൾ വേറൊന്നും നോക്കീല. വീട്ടിൽ ആൺതൊണല്ല്യാണ്ട് അമ്മ കൊറേ കഷ്ടപ്പെട്ടു കാലായിരുന്നു. സംബന്ധം കഴിഞ്ഞപ്പോപിന്നെ ഇവടത്തെ കാര്യങ്ങള് സ്വന്തം തറവാട്ടുകാര്യങ്ങൾ പോലാ നോക്ക്യേർന്നത്. പണിക്കാരുടെ ഒപ്പം നിന്ന് എല്ലാ പണീം ചെയ്യും. പാടത്ത് പണി തുടങ്ങിയാൽ നെല്ലളന്ന് പത്തായത്തിലാക്കീട്ടേ സ്വന്തം തറവാട്ടിലേക്ക് പോവൂ. കൊയ്ത്തു കഴിഞ്ഞൂന്ന് അറിഞ്ഞാൽ എത്തും ഈച്ചരമ്മാൻ. അതും നെന്റെ മുത്തച്ഛൻ ഇവിടില്യാന്ന് അറിഞ്ഞാൽ നെല്ല് ചാക്കിൽ നെറച്ച് കൊണ്ടോവും.നെന്റെ മുത്തച്ഛൻ ഒന്നും പറയില്ല.തറവാട്ടിൽ കാർന്നോരല്ലേ കൊണ്ടുപോണത്. ഒരിക്കൽ വിത്തിനുവെച്ച നെല്ല് മുഴോനും കൊണ്ടുപോയി. അത് നെന്റെ മുത്തച്ഛനെ ചൊടിപ്പിച്ചു. പിന്നെ ഒരു ശിവരാത്രിക്ക് ന്ക്ക് നല്ല ഓർമ്മേണ്ട്. 'ഓപ്പോളേ'ന്ന് വിളിച്ച് ഈച്ചരമ്മാൻ അമ്മേടടുത്തേക്ക് പടികേറി വന്നു. എന്നിട്ട് ആരേയും നോക്കാതെ നേരെ പത്തായപ്പുരയിലേക്ക് കേറി. വാതിൽപ്പടി തടഞ്ഞ് നെന്റെ മുത്തച്ഛനങ്ങനെ നിക്കാ." ഈച്ചരമ്മാൻ അപ്പോ ഒന്നു പരുങ്ങി.

"ഓപ്പോളേ ഉമ്മറത്തു കണ്ടില്ല. ഇവിടെണ്ടോന്ന് നോക്കീതാ..." ഈച്ച രമ്മാൻ മുത്തച്ഛന്റെ മുഖത്തേക്ക് നോക്കിയില്ല.

"ഇതൊക്കെ എന്നോടെന്തിനാ പറേണേ. നിങ്ങടെ വീട്. എപ്പോ വേണമെങ്കിലും വരാം. പോകാം." മുത്തച്ഛൻ അൽപം ഈർഷ്യയോടെ പറഞ്ഞു.

ഈച്ചരമ്മാൻ വിഷയം മാറ്റി.

"ഞാൻ ശിവരാത്രിക്ക് പൊറപ്പെട്ടതാ. ഗോവാലൻ വരണണ്ടെങ്കി ഒന്നിച്ചു രാത്രി വണ്ടിക്ക് പോകാം." ഈച്ചരമ്മാൻ പറഞ്ഞു.

അത്താഴത്തിനിരുന്നപ്പോ അമ്മ ഈച്ചരമ്മാനെ വിളിച്ചു.

"ഗോതമ്പുകഞ്ഞി വെളമ്പട്ടെ ഈച്ചരാ."

"വേണ്ട. ഞാൻ കഞ്ഞി കുടിച്ചിട്ടാ എറങ്ങീത്." ഈച്ചരമ്മാൻ പറഞ്ഞു.

ശിവരാത്രിക്കായി രണ്ടുപേരും തീവണ്ടിയാപ്പീസിൽ വണ്ടി കേറാനെത്തി. ഈച്ചരമ്മാൻ ടിക്കറ്റെടുക്കാൻ പോയതാ. മുത്തച്ഛൻ കുറേനേരം കാത്തുനിന്നത്രെ.പിന്നെ ഈച്ചരമ്മാനെ കണ്ടില്ല. അപ്പോഴാണ് ഈച്ചരമ്മാന്റെ കള്ളത്തരം മനസ്സിലാക്കിയത്. മുത്തച്ഛൻ ഊടുവഴിയിൽ കൂടി മുള്ളുവേലി ചാടിക്കടന്ന് വീടിന്റെ മുറ്റത്തെത്തി. അപ്പോൾ ഈച്ചരമ്മാൻ മുത്തശ്ശിയോട് തർക്കിക്കുന്ന ഒച്ച കേട്ടു: "ഗോവാലൻ രാപകലില്ലാതെ കഷ്ടപ്പെട്ടുണ്ടാക്കണതാ ഈച്ചരാ. നീയിങ്ങനെ കണക്കില്ലാതെ കൊണ്ടോയാൽ ഈ പിള്ളേർക്ക് ഞാനെന്ത് കൊടുക്കും? കൊണ്ടോയിത് മതി. ഇനി ഞാൻ സമ്മതിക്കില്ല."

"ഈ ഗോവാലനാരാ ന്റെ തറവാട്ടില് ഭരണം നടത്താൻ. അവന് ഞാൻ വെച്ചിട്ടുണ്ട്."

"ന്നാ തരാനുള്ളത് ഇപ്പൊ തന്നളാ." മുത്തച്ഛൻ പറഞ്ഞു.

മുന്നിൽ ചാടിക്കേറി ചെന്നുനിന്നപ്പോൾ ഈച്ചരമ്മാൻ ഏതു വഴിക്കു പോയെന്ന് അറിയില്ല. അമ്മൂമ്മ കണ്ണുതുടച്ചു.

"എല്ലാം പെട്ടെന്നായിരുന്നു. നമ്മടെ സുകൃതക്ഷയം. അമ്പലക്കുളത്തിലാ മുത്തച്ഛൻ കെട്ടിയിരുന്ന ഏലസ് പോയത്. അതിനുശേഷം എപ്പോഴും മൗനം. ഊണില്ല്യ, കുളീല്ല്യാ, ഊരകത്തെ മന്ത്രവാദിയെ കണ്ട് നഷ്ടപ്പെട്ടതുപോലൊരു ഏലസ്സ് നെറയ്ക്കാൻ ഏർപ്പാടാക്കീതാ. അതിനുമുമ്പന്നെ എല്ലാം കഴിഞ്ഞു. രാത്രി ഒറങ്ങാൻ കെടന്ന ആളെ രാവിലെ കണ്ടില്ല. തെരഞ്ഞ് ചെന്നപ്പോ വടക്കെ തൊടീല് ഒരു കശുമാവിന്മേ തൂങ്ങി നിൽക്കുന്നു. ന്റെ തേവരേ... ഞാങ്കണ്ടില്ല."

അമ്മൂമ്മയുടെ തേങ്ങൽ. നെഞ്ചിലേറ്റു കിടന്നപ്പോൾ കണ്ണുനിറഞ്ഞൊഴുകി. ഉറക്കത്തിൽ എപ്പോഴോ മുത്തച്ഛന്റെ ചിരിക്കുന്ന മുഖം കണ്ടതുപോലെ തോന്നി.

ചട്ടുകാലനും കരടിയും

പാടവരമ്പിൽനിന്ന് പറിച്ചെടുത്ത ഞൊട്ടാഞൊടിയം ഊതി നെറ്റിയിൽ കുത്തിപ്പൊട്ടിച്ച് പപ്പനോടൊപ്പം നടന്നു. ഇക്കാവേമ്മയും അമ്മൂമ്മയും തൊട്ടുപിന്നാലെ വരുന്നുണ്ടായിരുന്നു. ആര്യങ്കാവിൽ പതിവുള്ള കുളിച്ചുതൊഴലിനു പോയതാണ്. ഇടവഴിയിലേക്കു കയറുന്നിടത്ത് എതിരേ മൂത്തേടത്തെ രാവുണ്ണിനായർ; കറുത്ത് തടിച്ച ദേഹത്തൊക്കെ രോമമുള്ള കുടവയറനായ അയാളെ പപ്പൻ 'കരടി' എന്നാണ് വിളിക്കുന്നത്. അയാൾ ഇക്കാവ്വോമ്മയെ നോക്കി ചിരിച്ചു. അമ്മൂമ്മ അയാളെ കാണാത്തപോലെ നടന്നു.

"ഇപ്പോ രാവുണ്യാരാ കാര്യസ്ഥത. അപ്പാരെ തീരെ പൊറത്തേക്ക് കാണാറില്ല. വയ്യ്യാണ്ടായീന്നാ തോന്നണേ." ഇക്കാവമ്മ പറഞ്ഞു.

അമ്മൂമ്മ നീട്ടിയൊന്നു മൂളുക മാത്രം ചെയ്തു.

"അത്ര വേഗൊന്നും അയാള് പോവില്ല ഇക്കാവേ. അത്രയ്ക്ക് ഞങ്ങളെ ദ്രോഹിച്ചിട്ടുണ്ട്. ആ പടിക്കലെത്തുമ്പോ നെഞ്ഞത്തൊരു തീയാ."

പാതവക്ക് വരെ പരന്നുകിടക്കുന്ന നാലുകെട്ടും തൊഴുത്തും കുളവുമുള്ള തൊടി കാണിച്ച് പപ്പൻ പറയാറുള്ളത് ഓർത്തു.

"ഇതൊക്കെ നമ്മട്യായിരുന്നു. ചട്ടുകാലൻ അപ്പാരും കരടീംകൂടി തട്ടിയെടുത്തതാ."

മുത്തച്ഛന്റെ ദുർമരണത്തിനുശേഷം മനം മാറ്റം വന്ന ഈച്ചരമ്മാൻ കുറച്ച് നാൾ ദേശാടനത്തിനുപോയി. വീട്ടുചെലവിനുതന്നെ കഷ്ടപ്പെടുന്ന കാലം. പടുതോൾ മനയ്ക്കലേക്ക് മുത്തശ്ശിയെ പെട്ടെന്നൊരു ദിവസം വിളിപ്പിക്കയായിരുന്നു. പഴയ കാലത്ത് വീട്ടുപണിക്കായി ഏഴു വണ്ടി മരവും അമ്പതു പണവും പടുതോൾ മനയ്ക്കലലിൽനിന്ന് കടം വാങ്ങിയതിന്റെ ഓലകൾ കാണിച്ച് അന്ന് വാങ്ങിയ കടം തിരികെ ചോദിച്ചു. തറവാട്ടിൽ കാരണവരായിരുന്ന പപ്പുമ്മാനും നാണുമ്മാനും ഒപ്പിട്ട ഓലകളാണത്രെ കാണിച്ചത്. പപ്പുമ്മാന്റെ കാലത്ത് തന്നെ പത്തു വണ്ടി നെല്ല് കടത്തിലേക്ക് തിരിച്ചടയ്ക്കാനായി മനയ്ക്കൽ എത്തിച്ചിട്ടുണ്ടെന്ന് മുത്തശ്ശി പറഞ്ഞെങ്കിലും കാര്യമുണ്ടായില്ല. അതിനു രേഖകളൊന്നുമില്ലത്രെ. മനയ്ക്കലെ കാര്യസ്ഥൻ മൂത്തേടത്ത് അപ്പുനായരായിരുന്നു. കോടതിവ്യവഹാരം എന്നൊക്കെ കേട്ടാൽ പേടിച്ചു വിറയ്ക്കുന്ന സ്ഥിതിയായിരുന്നു വല്യ മുത്തശ്ശിക്ക്. മനയ്ക്കലെ അന്നത്തെ മൂപ്പ് ഗോവിന്ദൻ നമ്പൂരി "അപ്പു പറേണപോലെ. ഒക്കെ അപ്പൂനേ അറിയൂ" എന്ന് കാര്യസ്ഥൻ അപ്പുനായരെ ഉദ്ദേശിച്ച് പറയുന്നതല്ലാതെ സ്വന്തമായി ഒരു തീരുമാനവുമെടുക്കാറില്ല. കടം വാങ്ങിയത് തിരിച്ചുകൊടുക്കാൻ പറ്റിയില്ലെങ്കിൽ തറവാടും പറമ്പും മനക്കലേക്ക് വിട്ടുകൊടുക്കാൻ പറഞ്ഞ് അപ്പുനായര് വലിയ മുത്തശ്ശിയെ അലട്ടാൻ തുടങ്ങി. കൈവശമുള്ളതൊക്കെ

കൊടുത്താലും ബാധ്യത തീരില്ല, എതിർക്കാതെ വിട്ടുകൊടുത്താൽ എന്തെങ്കിലും ഇളവു കിട്ടും. പൊലീസും കോടതിയുമായി മുന്നോട്ടു പോയാൽ ജയിലില് വരെ പോകേണ്ടിവരും. ഇടയ്ക്ക് അപ്പുനായർ ഭീഷണിപ്പെടുത്തിക്കൊണ്ടിരിക്കുന്നു. തവണകളായി കടം വീട്ടാനുള്ള അവസരംപോലും അപ്പുനായരുടെ പ്രേരണ മൂലം നമ്പൂരി നൽകിയില്ല. അപ്പുനായരുടെ ഉദ്ദേശം പറമ്പും പാടവും നാലുകെട്ടും സ്വന്തമാക്കാനായിരുന്നു. "കള്ളൻ" അമ്മൂമ പിന്നെയും പ്രാകി. അമ്മൂമ ആരോടെന്നില്ലാതെ പറഞ്ഞുകൊണ്ടിരുന്നു.

മുത്തശ്ശി കുരുശാരുമനക്കലെ തിരുമേനിയെ കണ്ട് സങ്കടം പറഞ്ഞു: "ആ ഗോയിന്ദൻ ഒരു ശപ്പനാ. അച്ഛൻതിരുമേനിയായിരുന്നെങ്കി വേണ്ടില്ല്യായിരുന്നു. നാരായണി ഒരു കാര്യം ചെയ്യാ. അവടന്ന് എറങ്ങേണ്ടി വന്നാ നെനക്കും കുട്ട്യോൾക്കും കേറിക്കെടക്കാൻ സ്ഥലം ഇവിടെ തരണ്ട്. അറിയിക്ക്യാ.പേടിക്കണ്ട." അപ്പുനായരുടെ ശല്യപ്പെടുത്തലുകളിൽ സഹികെട്ട് പുകുഷന്മാർ തുണയില്ലാത്തതിനാൽ വലിയ മുത്തശ്ശി മക്കളേയും പേരക്കുട്ടികളേയും കൂട്ടി ഒരു നാൾ നാലുകെട്ടും പറമ്പും പാടവും ഉപേക്ഷിച്ച് കുരുശ്ശാരു മനയ്ക്കലെ വൈശ്രവണൻ നമ്പൂതിരി പറഞ്ഞപോലെ അവരുടെ വെട്ടുവഴിക്കടുത്തുള്ള പറമ്പിൽ കുടിൽ കെട്ടി താമസം തുടങ്ങി.

"ന്റെ തേവരേ നീ തന്നെ ചോദിച്ചോളണേ..." എന്ന് മനസ്സുരുകി പ്രാർത്ഥിച്ചു. കാലാന്തരത്തിൽ പുരവെയ്ക്കാൻ കല്ലും മുളയും സഹായിക്കാൻ പണിക്കാരേയും മനയ്ക്കൽനിന്ന് വിട്ടു. അമ്മേം ഞങ്ങള് പെങ്കുട്ട്യോളും പാടത്തും പറമ്പിലും രാപ്പകല് കഷ്ടപ്പെട്ട് ദാ ഇതൊക്കെയുണ്ടാക്കീട്ടുണ്ട്.എന്തു സൂത്രം കാണിച്ചിട്ടാ അപ്പാറ് നമ്പൂരീടെ കയ്യീന്ന് നമ്മടെ ഭൂമി സ്വന്തമാക്കീതെന്ന് ആർക്കും അറിയില്ല്യ. എത്ര കഷ്ടപ്പെട്ടു. ന്റെ അമ്മ. ഇപ്പോ ഇക്കണ്ടന്റെ കൂടെ വയസ്സുകാലത്ത് സുകാ. ദേഹണ്ണ പണീന്ന് അവന് നല്ല വരായിണ്ട്. ജാനൂം പിള്ളേരും കുരുത്തോളള്ളോരാ. അമ്മേ അസ്സലായി നോക്കും." അമ്മൂമ്മ നെടുവീർപ്പിട്ടു.

"ആ പറമ്പിലെ മാവുകളും പ്ലാവുകളും പലതും നെന്റെ മുത്തച്ഛന്റെ കൈയോണ്ട് വെച്ചതാ. കൊളത്തിന്റെ വക്കത്ത് കർപ്പൂരവല്ലി. പഴുത്ത മാങ്ങയ്ക്ക് കർപ്പൂരത്തിന്റെ വാസന്യാ. തൊഴുത്താവിന്റെ മാങ്ങ്യാ. കടുമാങ്ങയ്ക്ക് നല്ലത്. പടിക്കെ ഇണ്ടായിരുന്ന വട്ടമാവ് മുറിച്ചൂന്നാ തോന്നണേ."

അമ്മൂമ്മയെപ്പോലെതന്നെ അന്നു രാത്രി ഉറക്കം വരാതെ കുറെനേരം തിരിഞ്ഞും മറിഞ്ഞും കിടന്നു. മൂത്തേടത്തെ പരമേശ്വരനെയും ശങ്കരൻ കുട്ടിയെയും സ്കൂളിൽ കാണാറുണ്ട്. എന്തിനാ ഞങ്ങടെ മൊതല് തട്ടിയെടുത്തതെന്ന് ചോദിക്കണം?

ഓപ്പ

അമ്മ ഓപ്പ എന്നു വിളിക്കുന്ന, കൊച്ചിയിൽ ജോലി ചെയ്തിരുന്ന അമ്മാവനെ കാണാൻ പോകാൻ അമ്മൂമ്മ വിളിച്ചപ്പോൾ എന്തെന്നില്ലാത്ത സന്തോഷം തോന്നി. പപ്പൻ അവന്റെ അച്ഛന്റെ വീട്ടിൽ പോയി വന്നിട്ട് പറയാറുള്ള വിശേഷങ്ങൾ കേട്ടപ്പോൾ മുതൽ തുടങ്ങിയതാണ് എവിടെയെങ്കിലുമൊക്കെ പോയി വന്ന് പപ്പൻ പറയുന്നതുപോലെയുള്ള കാര്യങ്ങൾ പറയണമെന്ന്. ചിയ്യാരത്തുള്ള അച്ഛന്റെ വീട്ടിലേക്ക് ചെറിയമ്മയും കുമാരേട്ടനും പപ്പനും ചേർന്ന് ആ വഴിയിൽകൂടി ഓടിയിരുന്ന കെ.എം.എസ്. ബസ്സിൽ കയറി പോകുമ്പോൾ തോന്നിയിട്ടുണ്ട് ആരുടെയെങ്കിലും കൂടെയൊക്കെ ബസ്സിൽ കയറി എവിടെയെങ്കിലുമൊക്കെ പോകാൻ കഴിയണേ എന്ന്. അച്ഛന്റെ വീട്ടിൽ പോയി വരുന്ന പപ്പന് എന്തെങ്കിലുമൊക്കെ എപ്പോഴും പറയാനുണ്ടാകും. തൈച്ചേരിയിലെ ചെമ്മൺ റോഡിൽനിന്ന് ബസ്സ് പുല്ലൂരിലെത്തി ടാറിട്ട റോഡിൽകൂടി ചീറിപ്പായുന്നത്, മറ്റു വണ്ടികളെ വെട്ടിച്ച് മുന്നേറുന്നത് അവൻ വിസ്തരിക്കും. പപ്പന്റെ അച്ഛന്റെ വീട്ടിനടുത്തുള്ള ഒഴിഞ്ഞുകിടക്കുന്ന ബംഗ്ലാവിനെക്കുറിച്ചും അതിനു മുന്നിൽ നിൽക്കുന്ന സപ്പോട്ടമരത്തിനെക്കുറിച്ചും വിളഞ്ഞുനിൽക്കുന്ന സപ്പോട്ട പപ്പനും കുമാരേട്ടനും പറിച്ചെടുത്ത് പഴുത്തത് തിന്നുന്നതും പഴുക്കാത്തത് വീട്ടിലേക്ക് കൊണ്ടുവന്ന് പഴുക്കാൻ വെക്കുന്നതും അങ്ങനെ പലതും. ആൾത്താമസമില്ലാത്ത ബംഗ്ലാവിന്റെ പൂട്ടിയിട്ട ഗേറ്റ് ചാടിക്കടന്നാണ് സപ്പോട്ട പറിക്കുന്നതെന്നും ഗേറ്റ് കടക്കുന്ന രീതിയെക്കുറിച്ചുമൊക്കെ പപ്പൻ വിശദമായി പറയും.

അമ്മേടെ ഓപ്പ സ്വന്തം അമ്മൂമ്മയേയും അനിയത്തിയായ അമ്മയേയും അനിയനായ രാവുണ്ണ്യേട്ടനേയും കാണാൻ എപ്പോഴും വരാറില്ല. ചിലപ്പോഴെല്ലാം അമ്മൂമ്മയ്ക്ക് മണി ഓർഡറായി പണം അയയ്ക്കാറുണ്ടെന്നു മാത്രം. ചില മാസങ്ങളിൽ അമ്മൂമ്മ അമ്മാവനെക്കാണാൻ കൊച്ചിക്ക് പോകും. അത് സാധാരണയായി വീട്ടിൽ കാശിന് ബുദ്ധിമുട്ട് ഉണ്ടാകുമ്പോഴായിരിക്കും. വേറെ ജാതിക്കാരിയായ സ്ത്രീയെയാണ് അമ്മാവൻ കല്യാണം കഴിച്ചിരിക്കുന്നതെന്നും അതുകൊണ്ടാണ് അവർ വീട്ടിൽ വരാത്തതെന്നും പപ്പൻ പറയാറുണ്ട്. അത് സത്യമായിരിക്കുമെന്ന് തോന്നി. കാരണം കിഴക്കേ വീട്ടിലെ അച്ചു ഒരിക്കൽ നേരിട്ടുതന്നെ പറയുകയുണ്ടായി അമ്മാമൻ കല്യാണം കഴിച്ചതൊരു അന്യജാതിക്കാരിയെയാണെന്ന്. പ്രായമുള്ള ഒരു മകൻ അമ്മാമനുണ്ടെന്നുംകൂടി അന്ന് അച്ചു പറയുകയുണ്ടായി.

ഒരു ദിവസം അതിരാവിലെ അമ്മൂമ്മ കൊച്ചിക്കു പോകാൻ ഒരുങ്ങി. റെയിൽവേസ്റ്റേഷൻവരെ അമ്മൂമ്മയുടെ കൂടെ നടന്നാണ് പോയത്. എറണാകുളത്തേക്കുള്ള പാസഞ്ചർ തീവണ്ടിയിൽ കയറി. ടിക്കറ്റെടുക്കാൻ പ്രായമായെങ്കിലും ടിക്കറ്റ് എടുക്കുന്നില്ലെന്ന് അമ്മൂമ്മ പറഞ്ഞു.

ഒരു ടിക്കറ്റ് മാത്രം എടുത്തു. "ട്രെയിനിൽ ചെക്കിംഗ് ഉണ്ടായാൽ അപ്പോൾ നോക്കാം" ആദ്യത്തെ തീവണ്ടിയാത്ര. പുറത്തേക്ക് നോക്കിയപ്പോൾ തീവണ്ടി പുറപ്പെട്ടപ്പോൾ പുറത്തേക്ക് ജനലിൽകൂടി നോക്കിയപ്പോൾ അദ്ഭുതം തോന്നി. മരങ്ങളും ചെടികളുമെല്ലാം പിറകോട്ടോടുന്നു. അത് അമ്മൂമ്മയെ കാട്ടികൊടുത്തപ്പോൾ അമ്മൂമ്മ ചിരിച്ചുകൊണ്ട് പറഞ്ഞു, "അതങ്ങന്യൊ മോനേ."

എറണാകുളം റെയിൽവേ സ്റ്റേഷനിലിറങ്ങി പച്ചാളമെന്ന സ്ഥല ത്തേക്ക് നടന്നാണ് പോയത്. അവിടെയാണമ്മാമൻ താമസിക്കുന്നത്. മണൽ വിരിച്ച തെങ്ങിൻതോപ്പുകൾക്കും ചെറുകുളങ്ങൾക്കും ഇടയിലൂടെ കൈയും പിടിച്ച അമ്മൂമ്മ നടന്നു. അമ്മോവൻ താമസിക്കുന്ന ചെറിയ വീടിനടുത്തെത്തിയപ്പോൾ വഴിയരികിൽ നിന്നിരുന്ന ചിലർ അമ്മൂമ്മയെ നോക്കി മെല്ലെപ്പറയുന്നതു കേട്ടു, "അച്ചുവേട്ടന്റെ അമ്മ." കൂടെയുള്ള താരാണെന്നു ചോദിച്ചപ്പോൾ "മോൾടെ മോനാ." അമ്മാവന്റെ വീട്ടിൽ എത്തിയപ്പോഴേക്കും അമ്മായിയും അവരുടെ അമ്മയും അടുത്തെത്തി. പുരയുടെ പിൻഭാഗത്ത് കളിച്ചുകൊണ്ടിരുന്ന അമ്മാമന്റെ മൂത്ത മകനും ഓടിയെത്തി. മെലിഞ്ഞ ശരീരം കണ്ടിട്ടാവാം അവൻ സൂക്ഷിച്ചുനോക്കി ക്കൊണ്ടിരുന്നു. പപ്പിയോളം പ്രായമുള്ള അമ്മാവന്റെ രണ്ടാമത്തെ പെൺകുട്ടി അകത്തെ മുറിയിൽ നല്ല ഉറക്കത്തിലായിരുന്നു.

അമ്മൂമ്മയുടെ വരവ് ആ വീട്ടിൽ ഒരാഘോഷമായി മാറിക്കഴിഞ്ഞി രുന്നു. അമ്മാവി അന്യജാതിക്കാരിയായതുകൊണ്ടോ എന്തോ അമ്മൂമ്മ യോട് വളരെ ഭയഭക്തിബഹുമാനത്തോടെയാണ് പെരുമാറിയിരുന്നത്. "ജയാ മോൻ മീൻ കൂട്ട്വോ?"അമ്മായി അന്വേഷിച്ചു.

അവർ എന്നുമെന്നും മാൻ കഴിക്കുന്ന കൂട്ടരായിരുന്നു. ഉച്ചയ്ക്ക് ചെമ്മീൻകറിയും മീൻ വറുത്തതും കൂട്ടിയാണ് ഊണുകഴിച്ചത്. ഉച്ചയ്ക്കു ശേഷം അമ്മാമന്റെ മകന്റെ കൂടെ മുറ്റത്തിറങ്ങി. രണ്ടുമൂന്നു വീടുകൾക്കി ടയിൽ വെള്ളത്തിനായി കുഴിച്ച ആഴം കുറഞ്ഞ കിണറുകൾ. എല്ലാ ആവശ്യങ്ങൾക്കും ചുറ്റുമുള്ള വീട്ടുകാർ അതിൽനിന്നാണ് വെള്ളമെടു ക്കുന്നത്. വെയിൽ കുറഞ്ഞപ്പോൾ അമ്മാമന്റെ മകൻ സുരൻ പച്ചാളം കായൽ കാണാൻ വിളിച്ചു. ആദ്യം അമ്മൂമ്മ വേണ്ടെന്നു പറഞ്ഞെങ്കിലും അമ്മായിയുടെയും അവരുടെ അമ്മയുടെയും സുരന്റെയും നിർബന്ധ ത്തിനു വഴങ്ങി സമ്മതിച്ചു. കായൽ ആദ്യമായി കാണുകയാണ്. കുറെ നേരം ചുറ്റിനടന്ന് തിരിച്ചു വീട്ടിലെത്തിയപ്പോൾ സന്ധ്യ മയങ്ങിക്കഴിഞ്ഞി രുന്നു. കത്തിച്ചുവെച്ച ചിമ്മിനിവിളക്കിനു ചുറ്റുമിരുന്ന് അമ്മൂമ്മയും സുരന്റെ മുത്തശ്ശിയും നാട്ടുവർത്തമാനങ്ങൾ പറഞ്ഞു. സുരന്റെ കൂടെ കൈമലർത്തിയും താഴ്ത്തിയുമുള്ള വീശക്കൊട്ടാരം കളിച്ചു. അടുക്കള യിലായിരുന്ന അമ്മായി രാത്രിഭക്ഷണം വിളമ്പുമ്പോൾ പറഞ്ഞു, അമ്മാമൻ എത്തുമ്പോൾ രാത്രി വളരെ വൈകും. മദ്യം വിൽക്കുന്ന

ഹോട്ടലിലാണ് അമ്മാവൻ മാനേജരായി ജോലി ചെയ്യുന്നത്. സുരനുമായി കളി നിർത്തി നിലത്തുവിരിച്ച പായിൽ ഉറങ്ങാൻ കിടന്നു. എപ്പോഴാണുറങ്ങിയതെന്ന് അറിഞ്ഞില്ല. അതിരാവിലെ അമ്മൂമ്മ വിളിച്ചപ്പോഴാണുണർന്നത്. കണ്ണു തുറന്നു നോക്കിയപ്പോൾ അമ്മൂമ്മയോടൊപ്പം അമ്മാമൻ. കാലത്തുതന്നെയുള്ള തീവണ്ടിക്കു പോണമെന്നു വാശി പിടിക്കുന്ന അമ്മൂമ്മ രണ്ടു ദിവസം കഴിഞ്ഞു പോയാൽ മതിയെന്നു നിർബന്ധിക്കുന്ന അമ്മാമൻ. ഒടുവിൽ അമ്മൂമ്മ തന്നെ ജയിച്ചു. കാലത്തുള്ള തീവണ്ടിക്കുതന്നെ പുല്ലൂരിലേക്ക് യാത്ര തിരിച്ചു. പോരുമ്പോൾ “അവനൊരു ഒരു കുപ്പായം വാങ്ങിക്കൊടുക്കണം.” അമ്മൂമ്മയുടെ കൈയിൽ കാശ് വെച്ചുകൊടുക്കുമ്പോൾ അമ്മാവന്റെ കണ്ണ് നിറയുന്നത് കണ്ടു.

രാവുണ്ണ്യേട്ടൻ

രാവുണ്ണിക്ക് പഠനത്തിൽ ശ്രദ്ധയില്ല.

പരീക്ഷയ്ക്ക് മുമ്പുതന്നെ പുല്ലൂർ സ്കൂളിലെ ശങ്കരൻമാഷ് അമ്മൂമ്മയോട് ഇടയ്ക്കിടയ്ക്ക് പറഞ്ഞിരുന്നു. രാവുണ്ണ്യേട്ടന് മുമ്പ്തന്നെ സ്കൂളിൽ പോകാനും പഠിക്കാനുമൊന്നും താത്പര്യമില്ല. സ്കൂളിൽ നിന്നെത്തിയാൽ കാപ്പി കുടിച്ച് ഒറ്റ പോക്കാണ് കൂട്ടുകാരുമൊത്ത് കളിക്കാൻ. പിന്നെ വിളക്കുവെച്ച് കഴിഞ്ഞാലാണ് വീട്ടിൽ തിരിച്ചെത്തുക. പാഠപുസ്തകങ്ങൾ നിവർത്തിവെച്ച് ഉറക്കെ വായിച്ചുകൊണ്ടിരിക്കും. ദിവസവും ഒരേ വിഷയമാണ് വായിക്കുന്നത്. എന്തെങ്കിലും എഴുതുന്നത് ഒരിക്കലും ആരും കണ്ടിട്ടില്ല. കുമാരേട്ടൻ രാത്രി വൈകുന്നതുവരെ എഴുതുന്നതും പഠിക്കുന്നതും കാണുമ്പോൾ അമ്മൂമ്മ നെടുവീർപ്പിടും. രണ്ടുപേരും ഒരേ ക്ലാസിലാണ് പഠിക്കുന്നത്. കുമാരേട്ടൻ ഒരിക്കലും രാവുണ്ണ്യേട്ടനെപ്പറ്റി ഏഷണി പറയാൻ വരാറില്ല. ഒരിക്കൽ അമ്മയാണ് ചോദിച്ചത്. “നീയെന്താ രാവുണ്ണ്യേ എന്നും ഒരേ പാഠംതന്നെ വായിക്കണത്?”

അതോടെ ഉറക്കെയുള്ള വായന നിർത്തി. ഉറക്കംതൂങ്ങി പുസ്തകത്തിൽ നോക്കിയിരിക്കുമ്പോൾ അടുത്തുചെന്നാൽ കണ്ണുരുട്ടി ഓടിക്കും.

“ഇന്നത്തെ വഴിപാട് കഴിഞ്ഞെങ്കി വന്നോ. അത്താഴം കാലായി. അത് മുടക്കണ്ട.” അമ്മൂമ്മ പറയും.

പാത്രങ്ങൾ കഴുകി അടുക്കള തുടച്ച് അമ്മൂമ്മ ഉമ്മറത്തെത്തുമ്പോൾ രാവുണ്ണ്യേട്ടനെ കാണില്ല. ഒന്നുകിൽ ശാരദോപ്പോളുടെ തിണ്ണയിൽ അല്ലെങ്കിൽ പടിക്കൽ കൂട്ടുകാരുടെ കൂടെ. എന്താണ് സംസാരിക്കുന്നതെന്ന് മനസ്സിലാവില്ലെങ്കിലും ഉറക്കെയുറക്കെയുള്ള ശബ്ദം കേൾക്കും.

എല്ലാവരും ഉറങ്ങാൻ കിടന്നിട്ടേ കേറിവരികയുള്ളൂ. പുറത്തെ വാതിലട യ്ക്കുന്നത് രാവുണ്ണ്യേട്ടനായിരിക്കും. നല്ല നേരമാണെങ്കിൽ കൂടെ കിടക്കാൻ സമ്മതിക്കും.

ചിലപ്പോൾ "വേണ്ട, വേണ്ട. അമ്മേടെ കൂടെ കെടന്നാ മതി." എന്ന് വിലക്കും.

പിറ്റേ ദിവസം പപ്പനാണ് കള്ളി വെളിച്ചത്താക്കുക.

"ഇന്നലെ രാവുണ്ണ്യേട്ടൻ രണ്ടാമത്തെ സിനിമയ്ക്ക് പോയി. നാരേണനും വെളുത്തേടത്തെ കുട്ടപ്പനും ഇണ്ടാർന്നു. ഞാങ്കേട്ടുഷൂളം."

കൈപ്പടം ചുണ്ടിൽവെച്ച് ഒരു പ്രത്യേക രീതിയിലുണ്ടാക്കുന്ന ശബ്ദം സൂചനയാണ്. ഷൂളംവിളി പടിക്കൽ നിന്നുയരുമ്പോൾ രാവുണ്ണ്യേട്ടൻ പതുക്കെ വീട്ടിൽനിന്നിറങ്ങും.

ഒഴിവുദിവസങ്ങളിൽ പകൽ മുഴുവനും വെളുത്തേടത്ത് കുട്ടപ്പന്റെ കൂടെയായിരിക്കും. ഉമ്മറത്ത് അലക്കാൻ കൂട്ടിയിട്ടിരിക്കുന്ന വിഴുപ്പുകെട്ടി ന്മേൽ ഇരിക്കുന്നതു കാണാം. അമ്മൂമയുടെ പരിചയക്കാരാരെങ്കിലും ആ വഴിക്കു ചെന്നാൽ തുണിക്കെട്ടിനു പിന്നിലൊളിക്കും. ആരെങ്കിലും പറഞ്ഞ് വീട്ടിലറിഞ്ഞാൽ പ്രശ്നമായി. ഉച്ചയ്ക്ക് തിടുക്കത്തിൽ ഉണ്ണാ നെത്തുന്ന രാവുണ്ണ്യേട്ടനെ നോക്കി അമ്മൂമ്മ അലറും, "കുരുത്തംകെട്ടത്, കുളിക്കാണ്ട് അകത്തേക്ക് കയറിപ്പോകരുത്. ശുദ്ധാശുദ്ധം നോക്കാതെ വീട് മുടിപ്പിക്കാനുണ്ടായ അസത്ത്. പോ, പോയി കുളിച്ചു വാ." രാവു ണ്ണ്യേട്ടൻ പിറുപിറുത്തുകൊണ്ട് കിണറ്റിൻകരയിലേക്ക് നടക്കും. ആദ്യ മൊക്കെ മുങ്ങിക്കുളിക്കണമെന്ന് നിർബന്ധമായിരുന്നു. കുളത്തിലേ ക്കെന്നു പറഞ്ഞ് പോയി വെള്ളമെടുത്ത് മുണ്ടിലും മുഖത്തും തളിച്ച് തോർത്തുമുക്കി കുളിച്ചപോലെ വരുന്നത് കണ്ടുപിടിച്ചത് പപ്പനാണ്. അന്നുമുതൽ രാവുണ്ണ്യേട്ടന് പപ്പനെ കാണുന്നത് ചതുർത്ഥിയായി. കിണ റ്റിൻകരയിൽ ആയാൽ അമ്മയോ അമ്മൂമ്മയോ ഒരു പാള വെള്ളം തല യിലൊഴിച്ചുകൊടുത്ത് ശുദ്ധം വരുത്തിയിട്ടേ പാളയും കയറും കൈയിൽ കൊടുക്കൂ. അമ്മൂമ്മയാണെങ്കിൽ തലയിൽകൂടി വെള്ളമൊഴിച്ച് പുറ ത്തൊരു വീക്കും വെച്ചുകൊടുക്കും.

ഞായറാഴ്ചയോ മറ്റു ഒഴിവുദിവസങ്ങളിലോ ആകെയുള്ള ട്രൗസറു കളും ഷർട്ടുകളും തിരുമ്മി വൃത്തിയാക്കി അയക്കോലിൽ അമ്മ തോരാ നിടും. അതു മാത്രമാണ് രാവുണ്ണ്യേട്ടൻ വീട്ടിലുണ്ടെന്നതിന്റെ തെളിവ്. അമ്പലപ്പറമ്പിൽ കൂട്ടുകാരുടെ കൂടെ ചുട്ടീം കോലും കെട്ടുപന്തും ഒക്കെ കളിച്ച് വിയർത്തുകുളിച്ചായിരിക്കും വരിക. കൈയിലൊരു കെട്ടുപന്ത് എപ്പോഴുമുണ്ടാവും. രാവിലെ അമ്പലക്കുളത്തിലൊരു കുളി. കുഞ്ഞി വാവയ്ക്ക് വേണ്ടി അമ്മ വാങ്ങിവെച്ചിട്ടുള്ള ടാൽകം പൗഡർ കുടഞ്ഞ് മുഖത്തും കഴുത്തിലും നന്നായി പൂശും. നെറ്റിയിലൊരു ചന്ദനക്കുറി.

തിരുമ്മിവെച്ച ട്രൗസറും ഷർട്ടുമിട്ട്, മുടി വശത്തേക്ക് വകഞ്ഞ് മൂന്നാലിഴ നെറ്റിയിലേക്ക് വീണുകിടക്കുന്ന വിധത്തിൽ ചീവിയൊതുക്കും. ഒരുങ്ങി വന്നാൽ കാണാൻ നല്ല ചന്തമാണെന്ന് രാവുണ്ണ്യേട്ടനുതന്നെ അറിയാം. വെളുത്ത് മെലിഞ്ഞ് നീണ്ട് രാവുണ്ണ്യേട്ടൻ അമ്മൂമ്മയെപോലെയാണ്.

ചില ദിവസങ്ങളിൽ രാവുണ്ണ്യേട്ടൻ രാവിലെ കാപ്പികുടി കഴിഞ്ഞ് ഇറങ്ങിയാൽ ഉണ്ണാൻ കൃത്യമായി നേരത്തെത്തും. അമ്മൂമ്മ പ്രാകും, വഴക്കു പറയും. ഒരു കൂസലുമില്ല. ഉണ്ണാൻ വന്നാൽ കുറച്ചുനേരം തപ്പിപ്പിടിച്ച് നിക്കും. ഊണായില്ലെങ്കിൽ

"ഞാൻ പോണൂ ഓപ്പളേ..."

"നിക്കടാ, ദാ, ആയി. ഈ കൂട്ടാനൊന്ന് വറത്തിട്ടോട്ടെ." അമ്മ അടുക്കളയിൽനിന്ന് വിളിച്ചു പറയും.

"ഓ. പിന്നെ ദിവാൻ പേഷ്കാരടെ ഉദ്യോഗല്ലേ? തിന്നണങ്കി കൊറച്ച് നിക്കട്ടെ." അമ്മൂമ്മ ശകാരിക്കും.

എല്ലാ കൊല്ലവും വിഷുവിന് പടക്കം വാങ്ങാനും ഇടയ്ക്ക് സിനിമ കാണാനുമുള്ള കാശ് രാവുണ്ണ്യേട്ടൻ തന്നെത്താൻ ഉണ്ടാക്കും. തോട്ടുവക്കത്തുനിന്ന് പറമ്പുകളിൽനിന്നും കുറുന്തോട്ടി വേരോടെ പറിച്ചെടുത്ത് കഴുകി മണ്ണ് കളഞ്ഞ് തലേദിവസം വെള്ളത്തിലിട്ടുവെക്കും. പിന്നെ വെയിലത്തിട്ടൊന്ന് വാട്ടും. തൂക്കം കൂടാനാണ് അങ്ങനെ ചെയ്യുന്നത്. പിറ്റേന്ന് കുറുന്തോട്ടി വൈദ്യശാലയിൽ കൊടുത്ത് കിട്ടുന്ന കാശ് കുടുക്കയിൽ ഇട്ടുവെക്കും. ഉച്ചനേരത്ത്, തെക്കേക്കരക്കാരുടെയും മറ്റും കശുമാവിൻതോപ്പുകളിൽ വേലിപ്പഴുതിലൂടെ നുഴഞ്ഞ് കയറി അണ്ടി പെറുക്കിയെടുക്കും. കടക്കാൻ പറ്റാത്ത പറമ്പുകളിൽ നിന്ന് ഇല്ലിമുള്ളുകൊണ്ട് വീണുകിടക്കുന്ന കശുമാങ്ങകൾ കുത്തി വേലിക്ക് മുകളിലൂടെ എടുത്ത് അണ്ടി ഉരിഞ്ഞെടുക്കും. മില്ലാക്കരേച്ചി മുറ്റം മെഴുകാൻ മഠത്തിൽനിന്നും കൊണ്ടുവരുന്ന ചാണകത്തിൽ പരിക്കുകളോടെ കിടക്കുന്ന അണ്ടികൾ തോണ്ടിയെടുത്ത് കഴുകിയുണക്കും. പശു കശുമാങ്ങ തിന്നുന്നതുകൊണ്ടാണ് ചാണകത്തിലൂടെ പുറത്തേക്ക് വരുന്നത്. കൂട്ടുകാരുമായി അണ്ടി കളിക്കുമ്പോൾ എതിരാളി ചൂണ്ടിക്കാട്ടുന്ന ഏത് അണ്ടിയും വക്കൻ കൊണ്ടെറിഞ്ഞ് കളിയിലെ മുഴുവൻ അണ്ടിയും സ്വന്തമാക്കാൻ രാവുണ്ണ്യേട്ടന് പ്രത്യേക കഴിവാണ്. വലിയൊരു കശുവണ്ടി തുരന്ന് എളുമ്പിൽ കൂടിനകത്ത് വെച്ച് പരിപ്പ് എറുമ്പിനെക്കൊണ്ട് തീറ്റിച്ച് അതിനകത്ത് ഈയം ഉരുക്കിയൊഴിച്ചാണത്രേ വക്കൻ ഉണ്ടാക്കുന്നത്. സത്യമാണോ എന്തോ, നേരിൽ കണ്ടിട്ടില്ല. ഒരു കാര്യം അറിയാം. ഈയം പൂശാൻ നടക്കുന്ന കുഞ്ഞനും രാവുണ്ണ്യേട്ടനും അടുത്ത കൂട്ടുകാരാണ്. മാത്രമല്ല ഒന്നു രണ്ട് കനമുള്ള വക്കനണ്ടിയും രാവുണ്ണ്യേട്ടന്റെ കൈയിലുണ്ട്. പിറ്റേന്ന് ഈയംപൂശുകാരൻ കുഞ്ഞന് എന്തെങ്കിലും ചില്ലറ കൊടുത്ത് ഒന്നുരണ്ടു വക്കൻ രാവുണ്ണ്യേട്ടൻ തരപ്പെടുത്തിയതാണ്. പല

വിധത്തിലായി കിട്ടുന്ന അണ്ടിയെല്ലാം ഒരു ദിവസം വെള്ളത്തിലിട്ട് പിറ്റേന്ന് വെയിലത്തുണക്കും. തൂക്കം കൂട്ടാനുള്ള വിദ്യയാണത്. എല്ലാംകൂടി വില്ക്കാൻ നേരത്ത് സാധാരണ അരച്ചാക്ക് അണ്ടിയുണ്ടാവും. മഠത്തിലെ ശംഭുവിന്റെ സൈക്കിൾ കടം വാങ്ങി അണ്ടി ചാക്കിലാക്കി അത് സൈക്കിലേൽ വെച്ചുകെട്ടി വലിയങ്ങാടിയിൽ കൊണ്ടുപോയി വിൽക്കും. രാവുണ്ണ്യേട്ടന് സ്വന്തമായി ഒരു ഇരുമ്പുപെട്ടിയുണ്ട്. ആർക്കും കേറാൻ പറ്റാത്ത തട്ടിൻമുകളിലാണ് പെട്ടിവെയ്ക്കുന്നത്. ഇടയ്ക്ക് വാതിലിൽ പിടിച്ചുകയറി മുറിയുടെ ഇടച്ചുമരിലിരുന്ന് പെട്ടി തുറന്നു നോക്കും. ഒരു ദിവസം ചോദിച്ചു.

"രാവുണ്ണ്യേട്ടാ, അതിനകത്ത് എന്തൂട്ടാ? കാട്ടിത്തരോ?"

"തൊടരുത്...' എന്ന താക്കീതോടെ പെട്ടി താഴെയിറക്കി. തുറന്നപ്പോൾ സിനിമാപാട്ടുപുസ്തകങ്ങൾ, നോട്ടീസിൽനിന്നു വെട്ടിയെടുത്ത സിനിമാക്കാരുടെ പടങ്ങൾ, കറുത്ത ചില്ലുള്ള കണ്ണട, വിസിൽ, തീപ്പെട്ടിപടങ്ങൾ... പിന്നൊരു കുടുക്ക. എന്തൊക്കെ സാധനങ്ങൾ.

"കണ്ടില്ലേ? നി പൊക്കോ."

പെട്ടി ഇരുന്നേടത്തുതന്നെ വെച്ച് രാവുണ്ണ്യേട്ടൻ പുറത്തേക്ക് പോയി. അമ്മൂമ്മ വഴക്കുപറയുകയോ തല്ലുകയോ ചെയ്താൽ രാവുണ്ണ്യേട്ടൻ അരിശം തീർക്കുന്നത് മേൽപുരയിലെ ഓട്ടിൻപുറത്തേക്ക് കല്ല് വലിച്ചെറിഞ്ഞാണ്. വീട്ടിൽ കാശിനെന്തെങ്കിലും ആവശ്യം വന്നാൽ അമ്മയോ അമ്മൂമ്മയോ "രാവുണ്ണ്യേ, നാലണ താടാ... തിരിച്ചുതരുമ്പോ അഞ്ചണ തരാം." എന്ന് പറഞ്ഞ് വാങ്ങും. ചിലപ്പോൾ കൊടുക്കും. അല്ലെങ്കിൽ "ഞാനറിയാണ്ട് അതീന്നെടുത്താൽ അപ്പോ കാണാം" എന്ന് കണ്ണുരുട്ടും.

രാവുണ്ണ്യേട്ടനെ വീട്ടിലെല്ലാവർക്കും പേടിയായിരുന്നു. അതുകൊണ്ട് ആ പെട്ടിയുടെ നേരെ ആരും നോക്കാറില്ല. വിഷുവിന് തലേദിവസം തന്നെ വലിയങ്ങാടിയിൽനിന്ന് രാവുണ്ണ്യേട്ടൻ പടക്കം വാങ്ങിക്കൊണ്ടുവരും. നേരത്തെ അത്താഴം കഴിഞ്ഞ് അമ്മൂമ്മ കണിക്ക് ഒരുക്കുമ്പോൾ ഉമ്മറത്തിണ്ണയിൽ രാവുണ്ണ്യേട്ടൻ പടക്കം തരംതിരിക്കുകയാവും. അപ്പോൾ പൊട്ടിക്കേണ്ടത്, കണി കണ്ടതിനുശേഷം, നേരം വെളുത്തിട്ട് എന്നിങ്ങനെ വേർതിരിച്ച് വെക്കും. ഒരു മുറത്തിൽ പടക്കങ്ങൾ പരത്തിവെച്ച് അതിനു നടുവിൽ മണ്ണെണ്ണവിളക്ക് വെച്ച് പരിശോധിക്കുമ്പോൾ അമ്മൂമ്മ പറയും, "കുട്ട്യേ... ആ തലേക്കല്ലന് പ്രാന്താ. അല്ലെങ്കി വിളക്കിന്റെ താഴെ ഇങ്ങനെ പടക്കം ആരെങ്കിലും പരത്തിവെക്കോ. ഒരു തീപ്പൊരി അതിലെങ്ങാൻ വീണാ കഴിഞ്ഞില്ലേ? വീടെന്നെ കത്തിപ്പോവൂലോ ന്റെ തേവരേ... പടിക്കെ കൊണ്ടോയി കത്തിക്കടാ." അമ്മൂമ്മ അലറും.

കുഞ്ഞച്ചൻ പൊലീസിന് അങ്ങാടിയിലെ പടക്കകടക്കാർ കൊടുക്കുന്ന 'സമ്മാനപ്പൊതി' കുമാരേട്ടനും പപ്പനും അവരുടെ മുറ്റത്തുതന്നെ

വെച്ച് പൊട്ടിക്കും. പപ്പൻ ഏറുപടക്കം മാത്രമല്ല മാലപ്പടക്കംവരെ പൊട്ടിക്കും. പപ്പന് പേടിയില്ല. കഴിഞ്ഞ കൊല്ലത്തെ വിഷുവിന്റെ തലേ ന്നാൾ രാവുണ്ണ്യേട്ടൻ ഒരു പൊതി നീട്ടിക്കാണ്ട് പറഞ്ഞത് ഓർമ്മയുണ്ട്.

"ജയാ... ന്നാ നെനക്കുള്ളത്." രാവുണ്ണ്യേട്ടൻ തന്ന പൊതി തുറന്നു നോക്കിയപ്പോൾ കുറച്ച് കമ്പിത്തിരിയും മത്താപ്പും മാത്രം. ഒരു മേശപ്പൂ പോലുമില്ല. സങ്കടവും ദ്വേഷ്യവുമാണ് വന്നത്. അവർ പടക്കങ്ങൾ പൊട്ടി ക്കുന്നതും നോക്കി തിണ്ണയിലിരുന്നു. കണി ഒരുക്കിയതും ഓരോരുത്തരെ യായി വിളിച്ചുണർത്തി കണി കാണിച്ചതും അമ്മൂമ്മയാണ്. അകായിൽ ഒരു മൂലയ്ക്ക് ശ്രീകൃഷ്ണന്റെ പടത്തിനു മുന്നിൽ വെച്ച ഉരുളിയിൽ കൊന്നപ്പൂവും വെള്ളരിക്കയും കത്തിച്ച നിലവിളക്കിനു രണ്ടുവശത്തും തേങ്ങാമുറിയിൽ അരിത്തിരിയും പുകയുന്ന ചന്ദനത്തിരിയും. എല്ലാറ്റിനും പിന്നിൽ വലിയൊരു ചക്ക. മുന്നിലിട്ട പലകയിൽ അമ്മൂമ്മ പിടിച്ചിരുത്തി. "നന്നായി കണ്ടോട്ടാ... കൊല്ലം മുഴോനും നല്ലത് വരണ്ടേ?"

കണി കണ്ട് എഴുന്നേറ്റു.

"ന്ക്ക് ഏറ്റവും ഇഷ്ടം അമ്മൂമ്മേ ആണ്."

അമ്മൂമ്മയെ കെട്ടിപ്പിടിച്ച് വീണ്ടും ഉറങ്ങി.

ഉണർന്നത് എന്തോ ശബ്ദവും കരച്ചിലും കേട്ടാണ്. രാവുണ്ണ്യേട്ടൻ നേരത്തെ എണീറ്റ് മുറ്റത്തും പടിക്കലും പൊട്ടാതെ കിടന്ന പട്ടക്കങ്ങൾ തപ്പിയെടുത്ത് എല്ലാം കൂട്ടിയിട്ട് തീ കൊടുത്തു. വലിയൊരു പൊട്ടലും ഉറക്കെയുള്ള കരച്ചിലും. ഓടിച്ചെന്ന അമ്മൂമ്മ 'ചതിച്ചല്ലോ ന്റെ തേവരേ..." എന്ന് നെഞ്ചത്തടിച്ചു. ഉറക്കച്ചടവോടെ മുറ്റത്തെത്തിയപ്പോൾ രാവുണ്ണ്യേ ട്ടൻ മുഖം പൊത്തിയിരിക്കുന്നതാണ് ആദ്യം കണ്ടത്. കൈകളും നെഞ്ചും നെറ്റിയും പൊള്ളി. അമ്മൂമ്മ തേൻകുപ്പിയോടെ രാവുണ്ണ്യേട്ടന്റെ മുഖത്ത് കമഴ്ത്തി.

കുഞ്ഞച്ഛൻ വന്നുനോക്കീട്ട് പറഞ്ഞു.

"രാവിലെ ആസ്പത്രി വരെ ഒന്ന് പോട്ടെ. ചെലപ്പോ ഒരു കുത്തി വെപ്പ് വേണ്ടിവരും. പോയി കൊറച്ച് കെടക്ക്."

രാവിലെ ആസ്പത്രിയിൽ പോയി. കുഞ്ഞച്ഛൻതന്നെയാണ് കൊണ്ടു പോയത്. പൊള്ളിയ സ്ഥലത്ത് നിറയെ കുമിളകൾ വന്നു. പുരട്ടാനും കഴിക്കാനും മരുന്നു വാങ്ങി. നീറ്റലും പുകച്ചിലുംകൊണ്ട് രാവുണ്ണ്യേട്ടൻ ഒരാഴ്ചയോളം കഷ്ടപ്പെട്ടു. കെട്ടിയിട്ടപോലെ വീട്ടിൽതന്നെയിരിക്കുന്ന തിലായിരുന്നു രാവുണ്ണ്യേട്ടന് വിഷമം. മുറിവുണങ്ങിയിട്ടും പൊള്ളിയ തിന്റെ വടുക്കൾ വെളുത്ത മുഖത്തും ദേഹത്തും കറുത്ത ചെറിയ പാടു കളുണ്ടാക്കി. "ഈ മൊകോം വെച്ച് നി ഞാൻ സ്കൂളിൽ പോവില്ല" രാവിണ്ണ്യേട്ടൻ പറഞ്ഞു.

"ഓണം വരാനൊരു മൂലം പോലായല്ലോ ഏടത്ത്യേ." രാവുണ്ണ്യേ ട്ടനെ നോക്കി ചെറിയമ്മ മൂക്കത്ത് വിരൽവെച്ചു.

പുതിയ സ്കൂളിലേക്ക്

അക്കൊല്ലം രാവുണ്ണ്യേട്ടൻ തോറ്റു. പപ്പനും കുമാരേട്ടനും ജയിച്ചു. പപ്പന്റെ സന്തോഷം കണ്ടപ്പോൾ ചെറിയമ്മ കളിയാക്കി.

"സ്കൂളുകാർക്ക് നാണായിട്ട് നെന്നെ ജയിപ്പിച്ചതാ."

അമ്മയാണ് തുടങ്ങിവെച്ചത്.

"ജയനെ പുതിയ സ്കൂളിൽ ചേർക്കണ്ടേ? അവന്റെ അച്ഛൻ പറഞ്ഞേ ല്പിച്ചിട്ടാ പോയിക്കണേ."

ഒരു ദിവസം അമ്മൂമ്മ പോയി പുല്ലൂര് സ്കൂളീന്ന് പേര് വെട്ടി. തൈച്ചേരിസ്കൂളിൽ ചേർക്കാനുള്ള കടലാസ്സുമായി വന്നു. അമ്മുട്ടി ടീച്ചറെ പോയി കണ്ടു. ദിവസം രണ്ടു നേരവും വീടിനു മുന്നിലൂടെ സ്കൂളിലേക്ക് പോകുന്ന ടീച്ചറാണ്. ടീച്ചർ ചേർക്കാൻ വേണ്ട സഹായ മൊക്കെ ചെയ്തു. ആദ്യദിവസം അമ്മതന്നെ കൊണ്ടുവിട്ടു. പിന്നെ പാറൂ ട്ടിടെ മോൾടെ ലീലയെ ഏർപ്പാടാക്കി. രാവിലെ വീട്ടിൽ നിന്നിറങ്ങു മ്പോൾ അമ്മ പറയും.

"അവനെ ക്ലാസ്സിലിരുത്തീട്ടേ നീ പോകാവൂട്ടോ. പപ്പന്റെ കൂടെ വിടാൻ ധൈര്യല്ല്യ. വൈകീട്ട് വരുമ്പോ കൊണ്ടരവംവേണം."

പുതിയ സ്ലേറ്റും ഒന്നുരണ്ട് പെൻസിൽ കഷണങ്ങളും സഞ്ചിയിലാക്കി കൈയിൽ തന്നിട്ട് പറഞ്ഞു.

"തേവരേ... നന്നായി മനസ്സി വിചാരിച്ചോ."

സ്കൂളിൽ പുതിയ ക്ലാസ്സുമുറികളുടെ പണി നടക്കുന്നതുകൊണ്ട് ആദ്യത്തെ കുറച്ചു ദിവസം ഉച്ചവരെ മാത്രമേ സ്കൂളുള്ളൂ. ലീലയും പപ്പനും ഉണ്ണാൻ വരുമ്പോൾ വീട്ടിലേക്ക് വരാം. അവർ ഊണുകഴിച്ച് തിരികെ പോകും. അമ്പലത്തിലേക്കോ കവലയിലേക്കോ പോകുമ്പോൾ സ്കൂൾ കണ്ടിട്ടുണ്ട്. അതുകൊണ്ട് സ്കൂളിലേക്ക് പോകുന്നതിൽ പ്രത്യേ കിച്ച് വിഷമമൊന്നും തോന്നിയില്ല. പരിചയക്കാരാരുമില്ല. ഒന്നാം ക്ലാസിൽ ചേർന്ന ചില കുട്ടികൾ കരയുന്നുണ്ടായിരുന്നു. ഒരു കുട്ടിയുടെ മുഖത്ത് കണ്ണീരിനൊപ്പം മൂക്കീരും ഒലിച്ചിറങ്ങുന്നത് കണ്ടപ്പോൾ അറപ്പ് തോന്നി. കുറച്ചു ദിവസം കഴിഞ്ഞപ്പോൾ അവരുടെ കരച്ചിലൊക്കെ മാറി. സ്കൂൾ ഇഷ്ടപ്പെട്ടു എന്നു തോന്നി..

ഒരു ദിവസം കുറെനേരത്തേക്ക് ടീച്ചർ വന്നില്ല.

"ടാ ശീനീ..." ജനലിന്റെ പുറത്ത് പപ്പൻ.

ചിലപ്പോൾ പപ്പൻ ശീനി, ശീനവെടി എന്നൊക്കെ വിളിക്കാറുണ്ട്.

"ഈ പിരീഡ് ക്ലാസില്ല. ആഫീസ് മുറീല് ടീച്ചർമാരുട മീറ്റിങ്ങാ. നീ വാ. ഞാൻ സ്കൂളൊക്കെ കാട്ടിത്തരാം." അവൻ കഴിഞ്ഞ കൊല്ലവും അവിടെത്തന്നെ പഠിച്ചിരുന്നതുകൊണ്ട് എല്ലാം നന്നായി അറിയാം.

മണി അടിച്ചാലും ലീലയുടെ കൂടെയല്ലാതെ വീട്ടിലേക്ക് തനിയെ വരരുതെന്നാണ് അമ്മ പറഞ്ഞിട്ടുള്ളത്. സംശയിച്ച് പപ്പന്റെ കൂടെ മുറ്റത്തിറങ്ങി. വരാന്തയിലും ക്ലാസ്സുകളുടെ മുന്നിലും കുട്ടികൾ കൂടി നിൽക്കുന്നു. വരാന്തയുടെ അറ്റത്ത് പൊക്കം കുറഞ്ഞ ഒരു കുട്ടി പപ്പനെ നോക്കിക്കൊണ്ട് നിൽക്കുന്നു.

"നീ അവനെ നോക്കണ്ട. അതാ ചുന്ന്യേൻ."

പപ്പന്റെ കൂടെ കണ്ടപ്പോൾ പലരും അന്വേഷിച്ചു.

"ഇതാരാടാ?"

"ന്റെ ശേഷക്കാരനാ. ജയൻ."

സ്കൂളിൽ പതിവായി വരാറില്ലെങ്കിലും പപ്പനെ എല്ലാവർക്കുമറിയാം.

നല്ല പൊക്കവും അതിനൊത്ത വണ്ണവുമുള്ള കുട്ടി ചന്ദ്രു "അവനെ എല്ലാർക്കും പേട്യാ."

"ഈ ചന്ദ്രു, ചുന്ന്യേന്റെ മരുമോനാ."

നടക്കുന്നതിനിടയിൽ പപ്പൻ ഓരോന്ന് പറഞ്ഞുകൊണ്ടിരുന്നു. ക്ലാസ് നടക്കുന്നതിന്റെ തൊട്ടടുത്ത് പുതിയ ക്ലാസുകൾ പണിതുകൊണ്ടിരിക്കുന്നുണ്ട്. മേൽക്കൂരയിലിരുന്ന് ഓടുമേയുന്ന ആശാരിയുടെ കോണകവാല് കഴുക്കോലിനിടയിൽകൂടി തൂങ്ങിക്കിടക്കുന്നതു കണ്ടപ്പോൾ ചിരി വന്നു.

"കുട്ടികളെന്താ വരാന്തയിലിറങ്ങി നടക്കുന്നത്? എല്ലാവരും അവരവരുടെ ക്ലാസുകളിലേക്ക് പോകൂ. ഓട്ടിൻകഷണം തലയിൽ വീഴില്ലേ?"

വടിയുമായി വന്ന ടീച്ചർ എല്ലാവരേയും ഓടിച്ചു. തിരിഞ്ഞുനോക്കാതെ ഓടി ക്ലാസിലെത്തി ബഞ്ചിലിരുന്നപ്പോഴാണ് ശ്വാസം വീണത്. വാതിൽക്കലേക്ക് നോക്കിയിരുന്ന് മയങ്ങിപ്പോയി. കൂട്ടമണി കേട്ട് എണീറ്റപ്പോഴേക്കും ലീല വന്ന് കൈപിടിച്ചു.

"വാ, ഇന്നിനി ക്ലാസില്ല."

വഴിയിലെത്തിയപ്പോഴേക്കും പപ്പൻ പിന്നാലെയെത്തി. രാവിലെ പുസ്തകം വാങ്ങാനുള്ള കാശ് അമ്മ ടീച്ചറെ ഏല്പിക്കാനായി തന്നയച്ചിരുന്നു. പുസ്തകം അടുത്താഴ്ച കിട്ടുമെന്നാണ് ടീച്ചർ പറഞ്ഞത്.

"കുപ്പായം മാറ്റി കാലും മുഖവും കഴുകി വാ." അമ്മൂമ്മ കുപ്പായം ഊരാൻ സഹായിച്ചു.

പെട്ടെന്ന് അമ്മയുടെ ദ്വേഷ്യത്തിലുള്ള ചോദ്യം.

"ജയാ സ്ലേറ്റ് എവടെ?"

സഞ്ചിയിൽ സ്ലേറ്റ് രാവിലെ സ്കൂളിലേക്ക് പോകുമ്പോൾ ഉണ്ടായിരുന്നു. പിന്നെ എവിടെപ്പോയി?

"അത് സ്കൂളീ കാണും. നീ കുട്ട്യേ അന്താളിപ്പിക്കേണ്ട. നാളെ വരുമ്പൊ കൊണ്ടരണം ട്ടോ."

സ്ലേറ്റ് കിട്ടിയില്ല. "സ്ലേറ്റിന്റെ കാര്യം അമ്മ മറക്കണേ തേവരേ" എന്ന് പ്രാർത്ഥിച്ചിട്ടും കാര്യമുണ്ടായില്ല. സ്കൂൾവിട്ട് ചെല്ലുന്നതും കാത്ത് അമ്മ നിൽക്കുന്നുണ്ടായിരുന്നു. ഒടുവിൽ അമ്മൂമ്മ ഇടപെട്ട് അന്നുതന്നെ പുതിയതൊന്ന് വാങ്ങി.

"ഇത് കളഞ്ഞാ പിന്നെ നെലത്ത് എഴുതിപ്പടിച്ചോ."

സംസാരംകേട്ട് കേറിവന്ന ചെറിയമ്മ ചോദിച്ചു. "ഇന്നും പോയ്യാ സ്ലേറ്റ്? അവടെ നേരെ വിപരീതാ. പെൻസിലും സ്ലേറ്റും കൂടിക്കൂടി വരാ. രാവിലെ ഞാൻ എല്ലാം പൊതിഞ്ഞുകെട്ടി ഓടിച്ചുവിടും. ഒരു ദിവസം കാണില്ല. പിറ്റേദിവസം വീണ്ടും ചങ്കരൻ തെങ്ങിന്മേതന്നെ. ചോദിച്ചാ പറയാ അവന് കുട്ട്യോള് സന്തോഷായിട്ട് കൊടുക്കണതാത്രെ."

മുഖത്തു നോക്കിയപ്പോൾ അമ്മ കണ്ണുരുട്ടി.

"സാരല്ല്യ. സൂഷിക്കേണ്ടേ മോനേ. അതൊക്കെ പോട്ടേ, പുത്യേ സ്കൂള് ഇഷ്ടായോ? കേക്കട്ടെ.കൂട്ടുകാരൊക്കെ ണ്ടോ? " ചെറിയമ്മ മെല്ലെ ചോദിച്ചു.

"കാക്കേ കാക്കേ കൂടെവിടെ... എന്നു തുടങ്ങി.

കൂട്ടിനകത്തൊരു കുഞ്ഞുണ്ടോ... ചെറിയമ്മ തുടർന്നു.

കുഞ്ഞിനു തീറ്റ കൊടുക്കാഞ്ഞാ

കുഞ്ഞു കെടന്നു കരഞ്ഞീടും...

അങ്ങനെയൊരു പാട്ടാ. ബാക്കി അമ്മൂമ്മ പാടിത്തരും." മറുപടി യൊന്നും പറഞ്ഞില്ല. തൽക്കാലം അമ്മയിൽനിന്നും രക്ഷപ്പെട്ടു.

അച്ഛാച്ചൻ

അന്തോണി മാപ്ലേടെ പീടികയിൽനിന്ന് പപ്പനോടൊപ്പം മെല്ലെ നടന്നുവരിയയായിരുന്നു.

"നി രണ്ട് മാസം പരമസുകം." പപ്പൻ ഒറ്റക്കാലിൽ ചാടിച്ചാടി മുന്നിൽ.

വൈദ്യശാലയുടെ അടുത്തെത്തിയപ്പോൾ വഴിമുടക്കി ഒരാൾ മുന്നിൽ. പെട്ടെന്നായതുകൊണ്ട് ഒന്നു ഞെട്ടി. മുഖത്ത് നിറയെ വസൂരിക്കല. കാതിൽ ചുവന്ന കല്ലിന്റെ വില്ലുകടുക്കൻ.

"മിടുക്കാ. പരൂഷ കഴിഞ്ഞോ?" വെറ്റിലക്കറ പിടിച്ച പല്ലുകൾ പുറത്തു കാട്ടി ചോദിച്ചു.

ആളെ തീരെ ഇഷ്ടമായില്ല. കറുത്തു തടിച്ച ചുണ്ടുകളിൽ ചിരി. രണ്ടുപേർക്കും ഇടയിൽ നിന്ന പപ്പൻ തിരിഞ്ഞ് പതുക്കെ ചെവിയിൽ പറഞ്ഞു "നെന്റെ അച്ഛന്റെ അച്ഛൻ. "

കൈ നിവർത്തിയപ്പോൾ നാലഞ്ചു നാരങ്ങമിഠായി. മുഖം തിരിച്ച് അങ്ങനെതന്നെ നിന്നു. പപ്പന്റെ നേരെ നീട്ടി. "മുഴോനും എടുത്തോ. അവനും കൊടുക്കണംട്ടോ."

റോഡ് മുറിച്ച് കടന്ന് വൈദ്യശാലയ്ക്കുള്ളിലേക്ക് പോയി. അച്ഛാച്ചനെ കണ്ട കാര്യം വീട്ടിൽ പറഞ്ഞപ്പോൾ അമ്മ ഒന്നും മിണ്ടിയില്ല.

"മക്കള് മൂന്നാലെണ്ണംണ്ട്. ന്നാലും ചത്താ തല പിടിക്കാൻ നെന്റെ അച്ഛനെന്നെ വേണം.മൂത്തോനല്ലേ? " അമ്മമ പറഞ്ഞു.

"എന്നാ ഇങ്കട് വിളിച്ചൂടേ അമ്മമ്മേ?" ചോദിച്ചു.

"അസ്സലായി. നെന്റെ അച്ഛൻ അറിയണ്ട. അത്രയ്ക്ക് കൊള്ളരുതായ കാണിച്ചിട്ടുണ്ട്, നല്ല കാലത്ത്."

ജീവിതത്തിൽ ആർക്കും ഒരു ഉപകാരവുമുണ്ടായിട്ടില്ല. കാശ് കിട്ടിയിരുന്ന സമയത്ത് നാടോടികളെപ്പോലെ യാത്രയാണ്. തറവാടിന് ചേരാത്ത ചിലയിടത്ത് ബന്ധവും തുടങ്ങി. അച്ചമ്മ മരിച്ചപ്പോഴും തറവാട്ടിൽ വന്നില്ല. കുറെ കാലത്തേക്ക് എവിടെയാണെന്ന് ഒരു വിവരവുമില്ലായിരുന്നു. അച്ഛനെ നോക്കിവളർത്തിയത് അച്ഛമ്മയും അമ്മാവന്മാരുമാണ്. ഇപ്പോൾ കുറെ കാലത്തിനുശേഷം തിരിച്ചുവന്നിരിക്കയാണ്. വീട്ടുകാരും ബന്ധുക്കളും അടുപ്പിക്കില്ല. കേറിക്കിടക്കാനൊരിടമില്ല. തിരുമേനിയോട് സങ്കടം പറഞ്ഞപ്പോൾ കിട്ടിയ പണിയാണ് പാറാവ്.

"നെന്റെ അച്ഛാച്ചൻ ആ കരിങ്കുരങ്ങൻ വഴീല് നോക്കി നിക്കണെ കണ്ടൂലോ?"

ഒരു ദിവസം മില്ലാക്കരേച്ചി പറഞ്ഞു.

"നന്നേ ക്ഷീണിച്ചടക്കണൂ. ഈച്ചരമ്മാന്റെ ഗതി വരല്ലേന്നാ ന്റെ പ്രാത്ഥന." കേട്ടുകൊണ്ടുവന്ന അമ്മൂമ്മ പറഞ്ഞു.

"ന്താ ഈച്ചരമ്മാന്റെ കദ?"

"പിന്നെ സിനിമാ കദേല്ലേ... പോയി ഒറങ്ങെടാ ചെക്കാ." അമ്മ ഒച്ചവെച്ചു. അന്നു പറഞ്ഞില്ലെങ്കിലും പിറ്റേദിവസം ഒച്ചതാഴ്ത്തി അമ്മൂമ്മ പറഞ്ഞു.

"പുഴുത്തു ചത്തു. തറവാട്ടീന്ന് കിട്ടാവുന്നതെല്ലാം തട്ടി ഭാര്യവീട്ടിലേക്ക് പോയതാ. പിന്നെ തിരിഞ്ഞുനോക്കീട്ടില്ല. അങ്ങനെയിരിക്കുമ്പോ ഒരൂസം ഒരു കാളവണ്ടി പടിക്കല് വന്നുനിക്കണൂ. അമ്മായീം മൂത്ത മോളും വണ്ടിക്കാരനും താങ്ങിപ്പിടിച്ച് ഈച്ചരമ്മാനെ തറവാടിന്റെ

തിണ്ണേമ്മെ കെടത്തി. കാലിലും മൊകത്തും നീരുണ്ട്. വായ ഒരു വശ ത്തേക്ക് കോടീട്ടുണ്ട്.

"ഏടത്ത്യേ ആൾക്കിനി ഇവടെ പാർക്കണംത്രേ." ഉമ്മറത്തേക്ക് വന്ന അമ്മ ഒരൊറ്റ ആട്ട്. ഫേ.... ചൂലേ കടക്ക് പൊറത്ത്. ഒള്ളതൊക്കെ ഊറ്റി ചണ്ട്യായപ്പോ തള്ളാൻ ഇതെന്താ വഴിയമ്പലാ. വന്ന വണ്ടീലെന്നെ എടുത്തോ."

കോടിയ വായിലൂടെ ഒഴുകുന്ന തുപ്പലിനോടൊപ്പം ഈച്ചരമ്മാൻ എന്തോ പറയാൻ ശ്രമിക്കുന്നുണ്ടായിരുന്നത്രെ. എല്ലാവരേയും ചീത്ത വിളിച്ച് പ്രാകി അമ്മായി ഈച്ചരമ്മാനെ തിരികെ കൊണ്ടുപോയി. പിന്നീട് വേണ്ട തരത്തിൽ ശ്രദ്ധിക്കാത്തതുകൊണ്ട് മുതുകിലെ കുരു പഴുത്ത് അവസാനം പുഴു വരാൻ തുടങ്ങി. ദുർഗന്ധംകൊണ്ട് ആരും അടുത്തേക്ക് പോവില്ല. മരിച്ചപ്പോൾ അമ്മൂമ്മയും ചെറിയമ്മയും കാരണവരായ ഇക്ക ണ്ടമാനും പോയി. പുല കഴിയുന്നതുവരെ ഇക്കണ്ടമ്മാൻ അവിടെ നിന്നു.

"എത്ര്യായാലും സ്വന്തം അമ്മാമനല്ലേ? പെലകുളി കഴിഞ്ഞ് പതി നാറിന്റെ അന്നന്നെ അവൻ എറങ്ങി."

അച്ഛാച്ചനും ആരും നോക്കാനില്ലാണ്ട് പുഴു അരിച്ച് ചാവ്വോ? ഓർത്ത പ്പോൾ സങ്കടം തോന്നി. വൈദ്യശാലയുടെ അടുത്തെത്തിയാൽ മുത്ത ച്ഛനെ ചുറ്റും നോക്കും. കണ്ടാൽ അടുത്തുവരും.മരുന്നുണ്ടാക്കാൻ കൊണ്ടു വരുന്ന നെല്ലിക്കയോ ചക്കരയോ നീട്ടും. അച്ഛന്റെ വിശേഷ ങ്ങൾ തിരക്കും. വീട്ടിൽ പറയാറില്ല. തിന്നുന്നതിന്റെ പങ്ക് കിട്ടുന്നതു കൊണ്ട് പപ്പനും രഹസ്യമാക്കി വെച്ചു. ഒരു ദിവസം രണ്ടാളേയും വിളിച്ച് സ്വാമിയുടെ കടയിൽനിന്ന് ചായയും പപ്പടവടയും വാങ്ങിത്തന്നു.

തിരിച്ചിറങ്ങുമ്പോൾ തലയിൽ തലോടി. എപ്പോഴും ചുവന്നിരിക്കുന്ന ആ കണ്ണുകളിൽ നനവിന്റെ തിളക്കം കണ്ടു. വസൂരിക്കലയുള്ള, കറുത്ത ചുണ്ടുകളുള്ള മുഖത്തിന് എന്തോ ഭംഗിയുണ്ടെന്ന് അന്ന് ആദ്യമായി തോന്നി.

നാലാംകുളി

പടി കടന്നപ്പോൾ, ചെറിയമ്മ ഉമ്മറത്തുനിന്നു വിളിച്ചു.

"ഏടത്ത്യേ, ഒരൂട്ടം പറയാനുണ്ട്."

മുറ്റത്തെത്തിയപ്പോഴേക്കും ചെറിയമ്മ ഇറങ്ങിവന്നു. വെളുപ്പിനു കുളിച്ചു തൊഴാൻ പോയതാണ്. വിശന്ന് പ്രാണൻ പോകുന്നുണ്ട്. എന്നിട്ടും അമ്മൂമ്മയുടെ അടുത്തുതന്നെ നിന്നു.

"മങ്ങാട്ടെ ശുശീല വന്നിരുന്നു. അവൾടെ പെങ്കിടാവ് തെരണ്ടൂത്രെ.

നാലാംകുളി ശ്ശി കേമായിട്ട് വേണംന്നാ മങ്ങാട്ടമ്മയ്ക്ക്. ശുശീലെന്ന്യാ ഷണിക്കാൻ വന്നത്."

നാല് കഴിയണേന്റെ മുമ്പ് എന്തെങ്കിലും പലഹാരം കൊണ്ടോവണ്ടേ? അവര് നമ്മടെ എണങ്ങരാ. ഇവടെ എന്ത് വിശേഷണ്ടെങ്കിലും കാർന്നോര് നാണ്വാര് മുമ്പെയെത്തും." അമ്മൂമ്മ പറഞ്ഞുനിർത്തി.

"ഞാനും അതന്ന്യാ ആലോചിച്ചേ. നമ്മക്ക് അരിയുണ്ടേ്യം അവല് നനച്ചതും കൊണ്ടോയാലോ? അതാവുമ്പോൾ എളുപ്പാണ്. തവള ക്കണ്ണന്റെ കൊറച്ച് കുത്തരി അവടെ കാണണം. നല്ല വെളഞ്ഞ തേങ്ങ ഉണ്ടാവില്ലേ? പിന്നെ അവലും ബെല്ലോം വേടിപ്പിക്കാം."ചെറിയമ്മ പറഞ്ഞു.

"അവല് ഞാൻ നോക്കട്ടെ. ആ പണ്ടാരത്തീടെ കയ്യില് കാണും. ഇന്നാള് പപ്പടം കൊണ്ടന്നപ്പോ ആ വട്ടില് അവല് കണ്ടു. വേണോന്ന് എന്നോട് ചോദിച്ചതാ. എവിട്യോ കൊയ്ത്തിനു പോയപ്പോ കിട്ട്യ നെല്ല് ഇടിച്ചതാത്രെ. നീ ശർക്കര വേടിപ്പിക്ക്." അമ്മൂമ മറുപടിയും പറഞ്ഞു.

അമ്മൂമ്മ കോലായിലേക്ക് കയറിയപ്പോൾ പിന്നാലെ ചെന്നു. അമ്മ വാതിൽക്കൽ കണ്ണുരുട്ടി നിൽക്കുന്നുണ്ട്.

"നെനക്ക് വെശപ്പും ദാഹോം ഒന്നൂംല്ല്യേ? വല്ല്യോര് സംസാരിക്കണത് വിഴുങ്ങി വയറ് നെറഞ്ഞോ? പാത്യാമ്പുറത്ത് കിണ്ണത്തിൽ ദോശ വെച്ചി ട്ടുണ്ട്. പോണീല് ചട്ണീം. വേണങ്കി തിന്നോ."

മേൽമുണ്ട് അഴക്കോലിലിട്ട് ഉടുത്ത മുണ്ട് മാടിക്കുത്തി അമ്മൂമ്മ അടുക്കളയിലേക്ക് വന്നു.

"മോൻ ഇരുന്നോ. അമ്മൂമ്മ ഇപ്പോ ചായ തെളപ്പിക്കാം."

ചെറിയ അടുപ്പിൽ തീ കൂട്ടി വെള്ളമൊഴിച്ച പാത്രം അടുപ്പത്ത് വെച്ചു.

ദോശ വായ നിറയെ വാരിത്തിന്നപ്പോൾ ചുമ വന്നു.

"പതുക്കെ തിന്ന്... നെറുകേൽ കേറ്റി ശ്വാസംമുട്ടി ചാവണ്ട." അടുക്കളയിലെത്തിയ അമ്മ ഒച്ചവെച്ചു.

"നീ അതിനെ പ്രാവാണ്ട് അങ്കട് പോ."

ഒരു ഗ്ലാസ്സിൽ വെള്ളമെടുത്ത് കുടിപ്പിച്ച് അമ്മൂമ്മ നെറുകയിൽ തട്ടി.

"നീ ഇണ്ടടാ ശർക്കര മേടിക്കാൻ?"

വാതിൽക്കൽ പപ്പൻ ചുരുട്ടിപ്പിടിച്ച തുണിസഞ്ചിയുമായി നിൽക്കുന്നു.

കേട്ടപാടേ ചാടിയെണീറ്റു.

"ടാ... ടാ... ഇത് മുഴോനും കഴിച്ചിട്ട് പോയാ മതി."

അന്തോണിമാപ്ലയുടെ കടയിൽ ചാക്കിൽ നിറച്ച് തേങ്ങാപ്പിണ്ണാക്ക് ഉണ്ട്. ഇളംമധുരമുള്ള പിണ്ണാക്ക് രണ്ടുമൂന്നു കഷണം എടുത്താലും ഒന്നും

പറയില്ല. ശർക്കര കൂട്ടി തിന്നാൻ നല്ല സ്വാദാണ്. ആലോചിച്ചപ്പോൾ വായിൽ വെള്ളമൂറി. അന്ന് ഊണുകഴിഞ്ഞ് ചെറിയമ്മ വന്നത് വറുത്ത അരിയുമായാണ്. അടുക്കളത്തിണ്ണയിൽ കിടക്കുന്ന തിരിക്കല്ലിൽ അരി പൊടിക്കാൻ തുടങ്ങിയപ്പോൾ അടുത്തുകൂടി. തിരികല്ലിനു താഴെ ഒരു കടലാസ് വിരിച്ച് കുഴിയിൽ കുറേശ്ശെ അരി വാരിയിട്ട് ചെറിയമ്മ തിരിച്ചപ്പോൾ അരിപ്പൊടി കടലാസിൽ ചിതറിവീണു. പപ്പൻ കൈ നീട്ടിയപ്പോൾ നല്ല കൊട്ട് കൈയിന്മേൽതന്നെ കിട്ടി. ശാരദോപ്പോൾ ശർക്കര ഉരുക്കാൻ തുടങ്ങിയിരിക്കുന്നു. നല്ല മണം.

"പാവിന്റെ മൂപ്പ് നോക്കണംട്ടോ ശാരദേ..."

"നൂല് പാകം പോരേ?"

"അതുമതി. അടുപ്പീന്ന് എറക്കിക്കോ. പാത്രത്തിലിരുന്ന് ഒന്നുകൂടി മൂക്കും. ന്നാ നി തേങ്ങ ചെരവിക്കോ. നാലെണ്ണം വേണ്ടിവരും."

തേങ്ങയും അരിപ്പൊടിയും ചേർത്ത് നല്ലോണം ഇളക്കി, ഇളംചൂടോടെ ഉരുട്ടാൻ തുടങ്ങി. "ഇത്ര വലിപ്പം വേണ്ടടീ. എണ്ണം തെകയണ്ടേ?"ചെറിയമ്മ പറഞ്ഞു.

ചെറിയ ഓരോ ഉണ്ട രണ്ടുപേരുടെയും കൈയിൽ തന്നിട്ട് ശാരദോപ്പോൾ പറഞ്ഞു.

"ഇല്ലങ്കി ഇവരുടെ കൊതി പറ്റും."

പപ്പൻ ഒറ്റവായിൽ തന്നെ ആ ഉണ്ട തിന്നു. അനിയത്തി പത്മിനിയെയുംകൊണ്ട് അമ്മ വന്നപ്പോൾ അവൾക്കും കൊടുത്തു കുഞ്ഞിക്കൈയിൽ ഒരെണ്ണം, അവൾ തിന്നാറായിട്ടില്ലെങ്കിലും.

"ബാക്കി ചെറിയ ഉണ്ടകളാക്കിക്കോ ശാരദേ. പിള്ളേർക്ക് ഓരോന്നു കൂടി കൊടുക്കാം."

അപ്പോഴേക്കും അമ്മൂമ്മ അവിലുമായെത്തി.

"ശർക്കര ഉരുക്കീത് ബാക്കീണ്ടോ? ഇല്ലെങ്കി ഉരുക്കാൻ വെയ്ക്കാം. പാവിന്റെ മൂപ്പ് മുമ്പത്തെപ്പോലെ തന്നെ."

എള്ളും പൊട്ടുകടലയും വറുത്തത് മുറത്തിൽ പരത്തിവെച്ചിട്ടുണ്ട്.

"ന്നാ മൂന്നാല് ഏലക്കാ പൊടിച്ചിട്ടോ..."

ചെറിയമ്മ ഏലയ്ക്കാ മടിയിൽ നിന്നെടുത്ത് കൊടുത്തു. അവിലിനുള്ള തേങ്ങ അമ്മയാണ് ചിരകിയത്. എല്ലാംകൂടി ചേർത്ത് ഇളക്കി പൊത്തിവെച്ചു. സ്വാദ് നോക്കാൻ കുറേശ്ശെ കിട്ടി. അരിയുണ്ട വലിയത് നോക്കി 51 എണ്ണം ഒരു ടിന്നിലാക്കി. അവില് നനച്ചത് അടുക്കിലാക്കി ഇല വാട്ടി മൂടിക്കെട്ടി.

"നി ആരൊക്ക്യാ പോണേ?"

"ഞാനില്ല്യ ഏടത്ത്യേ. കുമാരന്റച്ഛൻ ഡ്യൂട്ടി എറങ്ങണ ദെവസാ.

ഏടത്തീം ശാരദ്യേം മതി. നാലാം ദിവസം പറ്റീച്ചാ ഞാനും മാലൂം പോവാം.”

“അമ്മൂമ്മേ ഞാനും...”അമ്മൂമ ജയനെ നോക്കി.

“ഞാൻ റെഡി വല്യമ്മേ...” പപ്പൻ ആവേശത്തോടെ പറഞ്ഞു.

“ആയി... മോശത്തരം. ആണുങ്ങള് വരില്ലടാ.” ശാരദോപ്പോൾ കളിയാക്കി.

“അവറ്റ പോന്നോട്ടെടീ. കുട്ട്യോളല്ലേ? നീ പോയി മുണ്ട് മാറ്റി വാ.” വഴി നീളെ അമ്മൂമ്മ സ്വന്തം തെരണ്ടുകല്യാണത്തിനെക്കുറിച്ചാണ് പറഞ്ഞത്. ക്ഷമ കെട്ടപ്പോൾ ജയൻ ചോദിച്ചു,

“ഇദെന്താ അമ്മൂമ്മേ തെരണ്ടുകല്യാണം?”

“അദ് നമ്മടെ ഇടയിലെ ഒരാചാരാ. ആദ്യം താലികെട്ട് കല്യാണം. പ്രായായാ തെരണ്ടു കല്യാണം. ഒടുക്കം പൊടമുറി.” അമ്മൂമ വീണ്ടും ചിരിച്ചു. മങ്ങാട്ടെത്തിയപ്പോൾ ദേശക്കാരായ ചില സ്ത്രീകളെ കണ്ടു.

“ഇദ് മാലൂന്റെ മോനല്ലേ?”

മുറുക്കിക്കൊണ്ടിരുന്ന ഒരു വല്യമ്മ ചോദിച്ചു.

“അച്ഛന്റെ തനിസ്വരൂപം. ഞാനിവന്റെ അച്ചനെ കണ്ടിട്ട് ശി കാലായി. മോനേ, ഞാൻ നെന്റെ അച്ഛന്റെ വകയിലൊരു അമ്മായ്യാ. ഗോപാലൻ പട്ടാളത്തീന്ന് പോന്നോ?” അമ്മൂമയ്ക്ക് നേരെ കുറെ ചോദ്യങ്ങൾ.

“എല്ലാരും വന്ന കാലിൽ നിക്കാണ്ട് ഇരിക്ക്. കുട്ട്യോള് ഇവിടെ വന്നിരിക്ക്.”

മുന്നിൽ വിരിച്ച പുൽപ്പായ ചൂണ്ടി മങ്ങാട്ടമ്മ ലോഹ്യം പറഞ്ഞു.

പഴം നുറുക്കും പപ്പടവും തട്ടങ്ങളിൽ മുന്നിൽ കൊണ്ടുവെച്ചു. സുശീല അമ്മായി ഓട്ടുഗ്ലാസുകളിൽ ചായയുമായി വന്നു.

“ഞാനവടെ വന്നപ്പോ ഏടത്തി കുളിച്ചുതൊഴാൻ പോയ്ക്കണൂന്ന് മാലതി പറഞ്ഞു.” സുശീല തുടർന്നു.

“കുട്ടി എടുത്തൂ?” അമ്മൂമ്മ ചായ കുടിച്ച് എഴുന്നേറ്റ് ചോദിച്ചു. .

“തെക്കേ അറേല്ണ്ട്. ഒതുങ്ങി ഇരിക്കില്ല്യ. കൂട്ടിത്തൊട്ട് അയിത്താക്കാണ്ട് നോക്കണ്ടേ. പഴേ രീതിന്ന്യാ ഇവടെ.” അപ്പോൾ സുശീലയാണ് മറുപടി പറഞ്ഞത്.

കമ്പിളിയുടെ മീതെ വെളുത്ത മുണ്ട് വിരിച്ച് മുറിയുടെ മൂലയിൽ ചമ്രം പടിഞ്ഞിരിക്കുന്നു തിരണ്ട കല്യാണപ്പെണ്ണ്. പട്ടുപാവാടയും ബ്ലൗസും. എല്ലാവരേയും ഒന്നിച്ചു കണ്ടപ്പോൾ തല താഴ്ത്തിയിരുന്നു.

“മോടെ പേരെന്താ?” അമ്മൂമ്മയാണ് ചോദിച്ചത്.

“മല്ലിക.” അവൾ ഇത്തിരി നാണത്തോടെ പറഞ്ഞു.

"ഏതു ക്ലാസിലാ?" ശാരദോപ്പോൾ ചോദിച്ചു.

"എട്ടില്." മല്ലിക ഇപ്രാവശ്യം തല ഉയർത്തി.

ഇനിയും ചോദ്യങ്ങളുണ്ടോ എന്ന മട്ടിൽ മുഖമുയർത്തി മല്ലിക എല്ലാവരേയും നോക്കി. മുന്നിലിരിക്കുന്ന തട്ടത്തിൽനിന്ന് അരിയും പൂവുമെടുത്ത് അമ്മൂമ്മയും ശാരദോപ്പോളും മല്ലികചേച്ചിയുടെ തലയിൽ തൂവി. മുറിയിലേക്ക് കടന്നുവന്ന സുശീലമ്മായിയോട് പറഞ്ഞു.

"ന്നാ ഞങ്ങള് യാത്രല്ല്യ. വെളക്ക് വെയ്ക്കുമ്പോഴേക്കും എത്തണം."

"ആ പാത്രങ്ങള് പിന്നെ പോരേ ഏടത്ത്യേ?" സുശീല ചോദിച്ചു.

"മതി. മതി."

"മറ്റന്നാ വരില്ലേ? രാവിലെ കുളിപ്പിക്കാൻ കൂടെ ശാരദ വര്വോ? കൊര വിടാൻ ആരെങ്കിലും വേണ്ടേ? നമ്മടെ പൊറത്തെ പറമ്പിലെ കൊളത്തിലാ കുളി. കെട്ടി ഉടുപ്പിക്കാനും വരക്കുറി വരയ്ക്കാനുമൊക്കെ അറിയണ ഒരാളാവുമ്പോ നന്നായി. ന്റെ അനിയത്തിമാരൊക്കെ എത്തും. പക്ഷേ ഒന്നിനും ചടങ്ങുകളറീല്ല്യ. വാൽക്കണ്ണാടി എന്താ എന്ന് വരെ ചോദിക്കും." മങ്ങാട്ടമ്മ പറഞ്ഞു.

ഇറങ്ങുമ്പോൾ ഉമ്മറക്കോലായിയിൽ കാരണവർ നാമ്പ്വാര് ഇരിക്കുന്നുണ്ടായിരുന്നു.

"എപ്പഴാ വന്നേ? ഞാനൊന്ന് അമ്പലപ്പറമ്പ് വരെ പോയി." നാമ്പ്വാര് പറഞ്ഞു.

"കൊറച്ച് സമയായി. എറങ്ങാ." അമ്മൂമ തല തിരിച്ച് പറഞ്ഞു.

എല്ലാവരും മുറ്റത്തിറങ്ങി.

പടിക്കലെത്തിയപ്പോൾ ശാരദോപ്പോൾ ചോദിച്ചു,

"ഈ നാമ്പ്വാര് അഞ്ചലോട്ടക്കാരനായിരുന്നോ വല്ല്യമ്മേ?"

"നിനക്ക് കണ്ട ഓർമ്മീണ്ടാവില്ല്യ. ഞാനെന്റെ ചെറുപ്പത്തിൽ ശ്ശി കണ്ടിട്ടുണ്ട്. കത്തുകളും മറ്റു സർക്കാർ ഉരുപ്പടികളും മുദ്രവെച്ച ഒരു സഞ്ചിയിൽ തലയിലാണ് വെക്കുക. കൈയിൽ അറ്റത്ത് കിലുങ്ങണ മണി പിടിപ്പിച്ച ഒരു ഉരുണ്ട വടിയുണ്ടാവും. മണീടെ ഒച്ച കേട്ടാ ആളോള് വഴി മാറും. ഓടണംന്നാ നിയമം. വേഗം നടക്കണതാ ഞാൻ കണ്ടടക്കണേ. സർക്കാര് ജോല്യാ. ശുശീലേടെ നേരമ്മാവനാ. സംബന്ധം കഴിച്ചിട്ടില്ല. തറവാട്ടിൽ പെങ്ങടെ കൂടെ തന്ന്യാ താമസം."

"ആ കുട്ടീടെ കഴുത്തിലെ കൊഴല് മോതിരം വല്യമ്മ കണ്ടോ? അച്ഛന്റെ വീട്ടീന്ന് കൊടുത്തതാത്രെ. രണ്ടു സ്വർണ്ണവളേം മോതിരോം കാലിലേക്ക് വെള്ളി പാദസ്വരോം ഒക്കെ അവര് കൊണ്ടുവരുംത്രെ."

"ശുശീലേടെ നായർക്ക് കോയമ്പത്തൂര് പാത്രക്കച്ചോടാ. നല്ല

വരുമാനാ. ജാതീല് ഇത്തിരി താഴ്ന്ന പള്ളിച്ചാൽ നായരാണെങ്കിലും വീട്ടില് തരക്കേടില്ല."

ഇടവഴി തിരിഞ്ഞപ്പോൾ മുന്നിലെത്തിയ സ്ത്രീ ചിരിച്ചു.

പുള്ളോത്തി സരസു. കുടവും കിണ്ണവും കാണാനില്ലല്ലോ?

"മങ്ങാട്ട്ന്നാ? മറ്റന്നാ രാത്രി പാട്ടുണ്ട്. അതിന്റെ ചെല ഒരുക്കത്തിന് ഒന്ന് അവിടംവരെ പോവാ."

പുള്ളോത്തി സരസുവിനേയും വീണയുംകൊണ്ട് നടക്കുന്ന പുള്ളോൻ കുമാരനേയും അറിയാം. എല്ലാ മാസവും ആയില്യം നാളിൽ മനയ്ക്കലെ സർപ്പക്കാവിൽ പൂജയ്ക്ക് ശേഷം പുള്ളോൻപാട്ട് പാടും. വിളിച്ചാൽ വീട്ടിൽ വന്ന് കുട്ടികളുടെ നാവേറ് പാടും.

"കണ്ണനാം ഉണ്ണീടെ നാവേറ് പാടുന്നേൻ."

പപ്പൻ പതുക്കെ മൂളി. പത്മിനിയുടെ നാവേറ് പാടിയത് ഓർമ്മയുണ്ട്.

"അമ്മയ്ക്ക് കണ്ണാണ്."

അച്ഛന് പൊന്നാണ്

മുത്തശ്ശിയമ്മയ്ക്കോ കണ്ണിനും കണ്ണാണ്."

പപ്പൻ തുടർന്ന് പാടി.

"പത്മിനിക്കുട്ടീടെ നാവേറ് പാടുന്നേൻ."

ഉറക്കെ പാടാൻ നാണം തോന്നിയതുകൊണ്ട് മനസ്സിൽ മൂളി.

"നീയെന്തടാ ചിരിക്കണേ...?" പപ്പൻ.

"വെറുതെ."

പൂതത്താന്മാർ

ആര്യങ്കാവിൽ മുപ്പെട്ടു വ്യാഴാഴ്ച കുളിച്ചുതൊഴാൻ അമ്മമ്മയും ശാര ദോപ്പോളും പതിവായി പോകാറുണ്ട്.

"അമ്മൂമ്മേ ഞാനുണ്ട്."

"പോരേ."

പപ്പൻ സ്കൂളിൽ പോവാതെ പുരയ്ക്കുചുറ്റും തപ്പിപ്പിടിച്ച് നിൽക്കു ന്നുണ്ടായിരുന്നു.

"ഇന്ന് പടിത്തള്ള ദെവസാ. എന്നാലും അമ്പലത്തിലേക്കല്ലേ. അങ്ങ നേങ്കിലും സദ്ബുദ്ധി കിട്ടട്ടെ."

ചെറിയമ്മ സമ്മതിച്ചു. നിവേദ്യപായസത്തിനുള്ള സാധനങ്ങൾ നേരത്തെ ഒരുക്കിയിരുന്നു. ഒരു പോണിയിൽ ഉണക്കലരി, ശർക്കര, തേങ്ങ,

പിന്നെ നന്നായി ഉണക്കിയ വിറക് ചെറുതായി കൊത്തി അടുക്കിയത് ഒരു കെട്ട്. ഓത്തുള്ള അമ്പലമായതുകൊണ്ട് നാലമ്പലത്തിനകത്തേക്ക് കേറ്റില്ല. നമ്പൂരിമാർക്ക് മാത്രമേ അകത്ത് കടക്കാൻ പാടുള്ളൂ. നിവേദ്യ സാധനങ്ങൾ നമ്പൂരിയെ ഏല്പിച്ച് പുറത്തെ കടവിലിറങ്ങി കുളിച്ചു.

പുറത്തുനിന്നു തൊഴുതുകഴിഞ്ഞപ്പോൾ തിരുമേനി തീർത്ഥത്തോടൊപ്പം ഗണപതിഹോമത്തിന്റെ കുറച്ച് പ്രസാദവും തന്നു. പപ്പനോട് മത്സരിച്ച് അത് തിന്നുതീർത്തു. ചുറ്റമ്പലത്തിലിരുന്ന് ഓത്തുചൊല്ലുന്ന നമ്പൂരിക്കുട്ടികളെ നോക്കിനിന്നു. "നമ്പൂരിമാരുടെ വേദം പടിക്കലാ ഈ കാണണത്." ഓയിക്കൻ നമ്പൂര്യാ പടിപ്പിക്ക്യാ. എവിടെന്നൊക്ക്യാ വന്ന കുട്ട്യോളുണ്ട്. താമസം മനയ്ക്കലാ"

ചെറിയ തോർത്തിന്റെ ഉള്ളിൽക്കൂടി അവരുടെ കോണകവാല് കാണാം. കഴുത്തിൽ കറുത്ത ചരടിന്മേൽ എന്തോ കോർത്തിട്ടിട്ടുണ്ട്. നിലത്ത് നിരന്നിരുന്ന് ഈണത്തിൽ തലയാട്ടി മന്ത്രം ചൊല്ലുന്നു. പായസത്തോടൊപ്പം തിരുമേനി അമ്മൂമ്മയ്ക്ക് പടച്ചോറും കൊടുത്തു. ദക്ഷിണ കൊടുത്ത് മതിലിനു പുറത്തുവന്നു. ഇലക്കീറിൽ അമ്മൂമ്മ തന്ന പായസം ചൂടോടെ രണ്ടുപേരും കഴിച്ചു. അപ്പോഴാണ് പുറത്തെ ഗോപുരം കണ്ണിൽ പെട്ടത്. എന്തൊരു പൊക്കം. പണി മുഴുവനായിട്ടില്ല. തിരിച്ചുവരുമ്പോൾ അമ്മൂമ്മ പറഞ്ഞു.

"അത് പൂതത്താന്മാർ കെട്ടീതാ."

തിരുനെൽവേലിയിൽ നിന്നാണത്രെ കല്പണിക്കാർ വന്നത്. മൂന്നാൾ പൊക്കത്തിൽ രണ്ട് ഒറ്റക്കൽത്തൂണുകൾ രണ്ടു ഭാഗത്തായി ഉയർത്തി. അതിനു മുകളിൽ കുറുകെ പാത്തിപോലെ പരന്ന ഒറ്റക്കല്ല് വെക്കാനാണ് പണിക്കാർ ശ്രമിച്ചത്. എത്ര ശ്രമിച്ചിട്ടും അവർക്ക് കല്ല് പൊക്കാൻ കഴിഞ്ഞില്ല. പണി പൂർത്തിയാക്കാതെ അവർ നിരാശയോടെ തിരിച്ചുപോയി. അടുത്ത ദിവസം നട തുറക്കുന്നതിനുമുമ്പ് ക്ഷേത്രക്കുളത്തിൽ മുങ്ങിക്കയറിയ മേൽശാന്തി കണ്ട കാഴ്ച അസാധാരണവലിപ്പമുള്ള രണ്ടാളുകൾ പടിഞ്ഞാറേ വഴിയിൽ മറയുന്നു. ഗോപുരത്തിന്റെ മുകളിൽ കരിങ്കല്ലിന്റെ പാളി യഥാസ്ഥാനത്ത് വെച്ചിരിക്കുന്നു. സാധാരണ മനുഷ്യർക്ക് ഇത്ര വലിയ കല്ല് പൊക്കി കമഴ്ത്തിവെക്കാൻ പറ്റില്ല. തലേന്നു രാത്രി അമ്പലമുറ്റത്തുനിന്ന് തട്ടലും മുട്ടലും കേട്ടവരുണ്ടത്രെ. അത് ഭൂതത്താന്മാരായിരുന്നത്രെ.

"ആ കരിങ്കല്ല് വീഴ്വോ അമ്മൂമ്മേ?" ജയൻ ചോദിച്ചു.

"ടാ നീ വിശ്വസിച്ചോ? ബഡായി." പപ്പൻ ചുണ്ടു കോട്ടി.

"അപ്പോ സത്യല്ലേ?"

പപ്പൻ വാ കൊണ്ടൊരു ഒച്ചയുണ്ടാക്കി മുമ്പേ ഓടി. നാലാൾപൊക്കമുള്ള ഭൂതത്താന്മാരെ മനസ്സിലോർത്ത് സാവധാനം നടന്നു.

അയ്യ

ചെറിയമ്മ പപ്പനെ ശകാരിക്കുന്നതു കേട്ടാണ് ഉറക്കമുണർന്നത്.

"എന്താട്യേ കൊറേ നേരായീലോ. എന്തിനാ അതിനെ ഇങ്ങനെ പ്രാവണേ." അമ്മൂമ ഈർഷ്യയോടെ ചോദിച്ചു.

ചെറിയമ്മ അടുക്കളമുറ്റത്തേക്ക് വന്നു. കൈയിൽ മൂന്നാല് വിറകു പൂളുകളുണ്ട്.

"ഏടത്തി ഇതൊന്നു നോക്കോ. പച്ചമാവിന്റെ പൂളാ. അവന്റെ തലേ ണേടെ അടീന്ന് കിട്ടീതാ. പ്രാന്തുണ്ടോ ചെക്കന്ന്നാ ന്റെ സംശം."

"എന്തെങ്കിലുമാട്ടെ. നീയത് കളഞ്ഞോ. കാര്യം കഴിഞ്ഞില്ലേ?"

"കുരുത്തംകെട്ടോൻ നന്നാവില്ല." പിറുപിറുത്തുകൊണ്ട് ചെറിയമ്മ അകത്തേക്ക് പോയി.

രാവിലെ കൊള്ളി ഇസ്റ്റുവും ചായയും കഴിച്ച് ഏമ്പക്കം വിട്ട് ഉമ്മ റത്തുവന്നപ്പോൾ പപ്പൻ ഒരു സഞ്ചിയുമായി മുറ്റത്ത്.

"ഇണ്ടോടാ അന്തോണിമാപ്ലേടെ കടേല്ക്ക്."

"അമ്മേ..."

"ശരി, ശരി. നോക്കിപോ."

തീപ്പെട്ടിക്കമ്പനിയുടെ മാനേജര് മേനോന്റെ വീടിനു മുന്നിൽ മൂന്നാലു ആളുകൾ കൂടി നില്പുണ്ട്. തെക്കുനിന്ന് വന്ന അവര് സ്ഥലം വാങ്ങി വീടുവെച്ച് താമസമായവരാണ്. മൂന്നു പെൺമക്കളും ഭാര്യയും. ആരു മായും അത്ര അടുപ്പത്തിലല്ല. വഴിയിൽവെച്ച് കണ്ടാൽ ഒന്നു ചിരിച്ചാ ലായി എന്നാണ് ശാരദേച്ചി പറയുന്നത്. ഉമ്മറത്തെ ചാരുകസേരയിൽ ഒടിഞ്ഞുതൂങ്ങിയപോലെ കിടന്നിരുന്ന മേനോന്റെ അച്ഛൻ കഴിഞ്ഞ ദിവസം മരിച്ചിരുന്നു. അതായിരിക്കാം ആൾക്കൂട്ടത്തിന് കാരണം.

"വലിവിന്റെ സൂക്കേടായിരുന്നു. കുളിക്കാൻ പോണ വഴി അവിടെയും ഒന്ന് കേറി. അവരുടെ നാട്ടീന്ന് ആരൊക്കെയോ വന്നിട്ടുണ്ട്. നമ്മടെ ദേശ ക്കാര് ഒന്നുരണ്ട് പേരെ കണ്ടു. കാര്യായിട്ട് ആരോടും പറഞ്ഞിട്ടില്ലെന്നാ തോന്നണേ. പറമ്പിലെന്ന്യാ ദഹനം."ഇന്നലെ ശാരദേച്ചി പറയുന്നത് കേട്ടിരുന്നു.

പടിക്കലെത്തിയപ്പോൾ പേടികൊണ്ട് നടത്തത്തിനു വേഗം കൂട്ടി.

"എന്താടാ പേട്യാ മരിച്ച വീട്ടിൽ പോകാൻ?" പപ്പൻ ചോദിച്ചു.

"ഏയ്..."

"ഞാനൊരു കാര്യം പറഞ്ഞാ നീ ആരോടെങ്കിലും പറയ്യോ?" പപ്പൻ സ്വകാര്യം ചോദിച്ചു.

"ഇല്ല."

“സത്യം...”

“സത്യം.”

“നമ്മടെ കറപ്പനാ ഇന്നലെ മരിച്ച കാർന്നോരെ ദഹിപ്പിക്കാൻ മാവ് വെട്ട്യർന്നത്. ഞാൻ വെറുതെ പോയതാ. മാവിന്റെ ആദ്യത്തെ മൂന്നാല് പൂള് ആരും കാണാതെ ഞാൻ കൊണ്ടന്നു. ദഹിപ്പിക്കുന്ന മാവിന്റെ ആദ്യത്തെ പൂള് ചോയിച്ച് പാതിരയ്ക്ക് ചുടലകാളി വരുംത്രേ. നമ്മള് ചോയിക്കണതെന്തും തന്ന് അത് തിരിച്ച് വേടിക്കും. അതൊന്നറിയാനാ ഇന്നലെ എടുത്ത പൂള്കൊണ്ട് തലയ്ക്ക് വെച്ച് ഉറങ്ങീത്. ആ പൂളുകള് കണ്ടിട്ടാ അമ്മ കാലത്ത് ബഹളണ്ടാക്കീത്. പപ്പൻ പറഞ്ഞ് നിർത്തി.

“ന്നട്ട് വന്നോ ചുടലക്കാളി?”

“എവടെ. ഒക്കെ പുളൂസ് അടിക്കലാ. നടക്ക് നീയെന്താ നിന്നേ?”

തൊണ്ട വരണ്ടുപോയി. പപ്പന്റെ വർത്തമാനം കേട്ട് പിന്നാലെ നടന്ന് എങ്ങനെയോ കടയിലെത്തി. ചെറിയമ്മ പറഞ്ഞ സാധനങ്ങൾ സഞ്ചിയിലാക്കി. കയ്പട കൊടുത്തപ്പോൾ അന്തോണിമാപ്ല അന്നത്തെ പറ്റ് അതിൽ പതിച്ചു. കുഞ്ഞച്ഛന് ശമ്പളം കിട്ടുമ്പോഴാണ് പറ്റ് തീർക്കുന്നത്. മിഠായി വാങ്ങാൻ വേറെ ചില്ലറ കൈയിൽ കൊടുത്തിട്ടുണ്ടായിരുന്നു. പപ്പൻ മിഠായി വാങ്ങി തന്നതും വായിലിട്ടു. തിരിച്ചുനടക്കുമ്പോഴും മാവിൻപൂളുകളായിരുന്നു മനസ്സിൽ.

ഇടവഴി കേറുന്ന ഭാഗത്തെത്തിയപ്പോൾ “ദേ ആന... ആന വരുന്നു.” പപ്പൻ അലറി. പേടികൊണ്ട് അനങ്ങാൻ വയ്യാതെ നിന്നു. എതിരെ വന്നവർ പിന്നിലേക്കോടി. പപ്പൻ മാത്രം ചിരിച്ചുകൊണ്ട് നടവഴിയിൽ നിന്നു.ഒന്നും കാണാതെ അമ്പരന്നു നോക്കിയപ്പോൾ അയ്യ പപ്പനോട് പറയുന്നത് കേട്ടു.

“ഇദേന്താ ആളോളെ കളിയാക്കണേ. കമ്മള്ക്കുട്ട്യേന്റെ അമ്മേടെ പ്രാംയംല്ലേ? അമ്പ്രാളെ കാണട്ടെ.”

അപ്പോഴാണ് കോരനെക്കൂടി കണ്ടത്. രണ്ടുപേരും മനയ്ക്കലെ പുറംപണിക്കാരാണ്. റോഡിനടുത്തുള്ള മനപ്പറമ്പിൽതന്നെയാണ് താമസം. മൂന്നാലു മക്കളുണ്ട്. അതിൽ തേവനെ മാത്രമേ പതിവായി കാണാറുള്ളൂ. അവനും അച്ഛന്റെ കൂടെ എന്നും പണിക്ക് പോകും. കൂലി കിട്ടിയാൽ അപ്പനും മോനും കള്ള്ഷാപ്പിൽ കേറും. ഒരുമിച്ചിരുന്നു കുടിക്കും. മകന് പെണ്ണാലോചിച്ച് ഒന്നും ശരിയാവാത്തത് മാടത്തിൽ കുടിവെച്ചിട്ടുള്ള തൈവങ്ങളുടെ കോപം കൊണ്ടാണെന്ന് കോരൻ വിശ്വസിക്കുന്നു.ആ കാലങ്ങളിൽ ചില ദിവസങ്ങളിൽ കോരൻ കുടി കഴിഞ്ഞ് മടങ്ങുമ്പോൾ ഒരു കുപ്പിയിൽ കള്ളോ, ചാരായമോ കരുതും. ദൈവങ്ങളെന്ന് സങ്കല്പിച്ചിട്ട് വീട്ടിൽ സ്ഥാപിച്ചിട്ടുള്ള കല്ലുകൾക്ക് മുന്നിൽ അത് വെച്ച് പൂജ നടത്തി പ്രാർത്ഥിക്കും. പ്രസാദമായി വീട്ടിലുള്ളവർക്കൊക്കെ കുറേശ്ശെ മദ്യം ഒഴിച്ച് കൊടുക്കും. ചില പൂജയ്ക്ക് കോഴിക്കുരുതിയും നടത്തും.

അയ്യയ്ക്ക് ആനയെ പേടിയാണെന്ന കാര്യം നാട്ടിൽ എല്ലാവർക്കു മറിയാം. കാരണം ഒരു ദിവസം മനയ്ക്കലെ പടിഞ്ഞാറെ പറമ്പിന്റെ വേലി കെട്ടിക്കൊണ്ടിരിക്കയായിരുന്നു കോരനും അയ്യയും. ഇല്ലിമുള്ള ടുക്കി കമ്പി കെട്ടി മുറുക്കണം. കോരൻ മനപ്പറമ്പിലും അയ്യ ഇടവഴി യിലുമായിരുന്നു. തോട്ടിൽ കുളിപ്പിച്ച് മനയ്ക്കലെ കുട്ടിശ്ശങ്കരനെ ആ വഴിക്ക് കൊണ്ടുവരികയായിരുന്നു. ഇടവഴിയിൽ അടുത്തെത്തിയ പ്പോഴാണ് അയ്യ ആനയെ കണ്ടത്. നീങ്ങാൻ സ്ഥലമില്ല. അയ്യ ഇല്ലി മുള്ളുകൾക്കിടയിൽ പേടിച്ചൊളിച്ചു. കുഞ്ഞൻ പാപ്പാൻ അടുത്തെത്തു മ്പോഴേക്കും വഴിമുടക്കിക്കിടന്ന ഇല്ലിക്കെട്ട് ആന കൊമ്പിൽ പൊക്കി. അയ്യ ഉച്ചത്തിൽ അലറി വിളിച്ചു. ആരേയും ഉപദ്രവിക്കാത്ത കുട്ടിശങ്ക രൻആന അയ്യയുടെ അലർച്ചകേട്ട് പേടിച്ച് ഇല്ലിക്കെട്ട് നിലത്തിട്ട് തിരിഞ്ഞ് ഓടിയെന്നാണ് നാട്ടുകാർ പറയുന്നത്. അന്നുതൊട്ട് അയ്യയ്ക്ക് ആനയെ പേടിയാണ്.ആനയ്ക്ക് അയ്യയേയും. എന്തായാലും പപ്പൻ അയ്യയെ പേടി പ്പിച്ചത് ശരിയായില്ല. അയ്യ ചെറിയമ്മയോട് പരാതി പറയുമോ? പറയു മായിരിക്കാം. ആകെക്കൂടി ഇന്നൊരു ചീത്ത ദിവസമാണ്.

തായി

മഴക്കാലത്ത് അമ്പലക്കുളം നിറഞ്ഞ് വെള്ളം തെക്കുഭാഗത്തെ ഓവിൽ കൂടി പാടത്തേക്കൊഴുകും. തവളകളും പാമ്പുകളും മാത്രമല്ല മീനുകളായ ബ്രാലുകളും മുശുവും കൂട്ടത്തിലുണ്ടാവും. തേവരുടെ കുളത്തിലെ മീനാ യതുകൊണ്ട് പിടിക്കാൻ പലർക്കും മടിയാണ്. റെയിൽപ്പാതയുടെ വക്കത്ത് കുടിലുകെട്ടി താമസിക്കുന്ന തായി മുടങ്ങാതെ മീൻ പിടിച്ചു. ആണുങ്ങളെപ്പോലെ മുണ്ടു മടക്കിക്കുത്തി മുട്ടുവരെ വെള്ളത്തിൽനിന്ന് മൂർച്ചയുള്ളൊരു വെട്ടുകത്തികൊണ്ട് മീനുകളെ വെട്ടിപ്പിടിച്ചു. ഒരിക്കൽ പപ്പന്റെ കൂടെ ആ വഴി പോയപ്പോൾ തായി മീൻ പിടിക്കുന്നത് നോക്കി കുറച്ചുനേരം നിന്നു.

"കമ്മള് കുട്ട്യോള് അണിയത്ത്യേല്ലേ? എന്താ മീൻ വേണോ?' പച്ച വേണ്ടങ്കി ഉച്ചയ്ക്ക് വന്നാ വറത്ത മീൻ തരാം."

ഒന്നും പറയാൻ നിൽക്കാതെ അവിടെനിന്നും പോന്നു. മനയ്ക്കലെ നമ്പൂരിമാർപോലും തായിയെ കണ്ടാൽ കാണാത്തപോലെ വഴിമാറി പ്പോവും. അത്രയ്ക്ക് തന്റേടിയായ സ്ത്രീയായിട്ടാണ് നാട്ടിൽ അവർ അറി യപ്പെടുന്നതുതന്നെ. ഒരു ദിവസം തായിയുടെ വീട്ടിൽ മീൻ വറുത്തു കൊണ്ടിരുന്നപ്പോൾ അതിലെ വന്ന ഏതോ തിരുമേനി മൂക്കു പൊത്തി യത്രെ.

തായി പറഞ്ഞു. "മനസ്സിലായി, മനസ്സിലായി. മൂക്കീ കേറ്യ മീൻ മണം പൊറത്ത് പോവാണ്ടിരിക്കാനുള്ള വിദ്യല്ലേ?" പിന്നെ ഊറിച്ചിരിച്ചു.

തായിയുടെ മകൻ രാമു രാവുണ്ണ്യേട്ടന്റെ ചങ്ങാതിയാണ്. അമ്മൂമ്മ പറയും.

“ആ ചെക്കനായി അത്രയ്ക്കങ്കട് കൂട്ട് വേണ്ട. സ്വന്തം തന്തേ കൈ വെച്ചോനാ.'

രാമൂന്റെ അച്ഛൻ കുടിച്ചുവന്ന് എന്നും തായിയേയും മക്കളേയും തല്ലുമായിരുന്നു. സഹികെട്ട് ഒരു ദിവസം തായീം മക്കളും കൂടി അയാളെ തല്ലി പുറത്താക്കി. അതോടെ അയാൾ ആ നാട്ടീന്ന് തന്നെ പോയി. എന്തിനും പോന്ന തായിയോട് ആരും അക്കാര്യം ചോദിക്കാറില്ല. തായിയെ എല്ലാവർക്കും പേടിയായിരുന്നു. കേളിച്ചിറയിലെ മേൽശാന്തി ഈശ്വരൻ നമ്പൂതിരിയുടെ വേളി ഒരു പട്ടര് സ്ത്രീയാണ്. ധാരാളം കറവപ്പശുക്കളും പാടവും പറമ്പുമൊക്കെ ഉണ്ടായിരുന്നെങ്കിലും നമ്പൂതിരിക്ക് അതിലൊന്നും ഭ്രമം ഉണ്ടായിരുന്നില്ല. അതിരാവിലെ സൈക്കളിൽ ഒരു റാന്തല് കെട്ടിത്തൂക്കി ഭഗവതി ക്ഷേത്രത്തിൽ പൂജയ്ക്കു പുറപ്പെടും. വൈകുന്നേരം അത്താഴപൂജ കഴിഞ്ഞ് നടയടച്ചാൽ സൈക്കിളിൽ ഇല്ലത്തേക്ക് മടങ്ങും.

“ദേ ഈശ്ചരൻ നമ്പൂതിരി മടങ്ങി. സമയം എട്ടായി.”

സൈക്കിളിൽ കിടന്നാടുന്ന റാന്തലിന്റെ വെളിച്ചം കണ്ടാൽ അമ്മൂമ്മ പറയും.

നമ്പൂതിരിയുടെ ഭാര്യ അമ്മ്യാര് സ്വന്തമായി തേങ്ങ വിറ്റും പാല് വിറ്റും പണമുണ്ടാക്കും. ഭയങ്കര പണക്കൊതിയുള്ളരാണെന്നാണ് നാട്ടുകാർ പറയുന്നത്. ആയിടയ്ക്ക് അവരുടെ മൂത്ത മകൾക്ക് ഒരു പെൺകുട്ടി പിറന്നു. വയസ്സെത്തുന്നതിന് മുൻപ് കുട്ടി മരിച്ചുപോയി. കുട്ടിയുടെ അമ്മയുടെ നിർബന്ധം കാരണം കുട്ടിയുടെ ശരീരത്തിലുണ്ടായിരുന്ന പൊന്ന് ഊരിയെടുക്കാതെയാണ് മരണശേഷം വീട്ടുപറമ്പിൽ മറവുചെയ്തത്. ആത്തേമ്മയ്ക്കത് സഹിച്ചില്ല. അവർ അടുത്ത ദിവസം തായിയെ കൂട്ടുപിടിച്ച് കുഴി മാന്തിച്ച് പൊന്നൊക്കെ ഊരിയെടുത്ത് കുഴി മൂടി. തായിക്ക് കൂലിയായി കൊടുത്തത് രണ്ടു രൂപ.

“ഞണ്ടു രൂഫാ.” തായിക്ക് ദേഷ്യം വന്നു. എല്ലാംകൂടി നാലഞ്ചു പവൻ കാണും. പാതി പൊന്നു കിട്ടുമെന്നാണ് തായി കരുതിയിരുന്നത്. വേണ്ടെന്നു പറഞ്ഞെങ്കിലും ആ രണ്ടു രൂപ തായി മടിയിൽ തിരുകി. പിറ്റേന്ന് മുതൽ നാട്ടുകാർ അമ്മ്യാരെ കാണുമ്പോൾ പിറുപിറുക്കാൻ തുടങ്ങി. ചിലർ വേലിക്ക് മുകളിലൂടെ കുട്ടിയെ മറവു ചെയ്ത സ്ഥലത്തേക്ക് എത്തിനോക്കുന്നതും ആത്തേമ്മാർ കണ്ടു. ഇതുകൂടിയായപ്പോൾ ആത്തേമ്മയ്ക്ക് കാര്യം മനസ്സിലായി. കുഴി മാന്തി കുട്ടിയുടെ ശരീരത്തിൽനിന്ന് പൊന്നെടുത്ത കഥ നാട്ടിൽ പാട്ടായിരിക്കുന്നു. തായി പണക്കാരിയായത് പെട്ടെന്നായിരുന്നു. തായിയുടെ ദേഹത്ത് ഏതോ ബാധ കേറിയിരിക്കുണൂ.” ആരോ പറഞ്ഞു. കൊടിയാഴ്ച ദിവസങ്ങളിൽ

തായിയുടെ വീട്ടിൽനിന്ന് പൂജയും മണിക്കിലുക്കവും കേട്ടു തുടങ്ങി. വിശേഷാൽ പൂജയും കല്പന പറയലും പതിവായി. പ്രശ്നപരിഹാരങ്ങൾ തേടി ദൂരസ്ഥലങ്ങളിൽനിന്നും കൂടുതൽ ആളുകൾ എത്തി തുടങ്ങി. ഇഷ്ടംപോലെ ദക്ഷിണയായി കാശ് കിട്ടി മാത്രമല്ല ദൂരസ്ഥലങ്ങളിലേക്ക് പരിഹാരക്രിയയ്ക്കായി തായിയെ കൂട്ടിക്കൊണ്ടുപോകാൻവരെ ആളുകൾ തിരക്കുകൂട്ടി.

ആഴ്ചയിൽ കുറഞ്ഞത് ഒരു തവണയെങ്കിലും തായിയുടെ വീട്ടിൽ കോഴിവെട്ടും കലശവുമുണ്ടാകും. റെയിൽപ്പാതയ്ക്ക് പടിഞ്ഞാറായി ചാന്നാൻകുന്നിന്റെ തെക്ക് കുറച്ചു സ്ഥലം വാങ്ങി ചെറിയൊരു അമ്പലം പണിത് കാളിയുടെ രൂപം അവിടെ പ്രതിഷ്ഠിച്ചു. മകൻ രാമുവും അവന്റെ അനിയത്തി കുമാരിയും അമ്പലക്കാര്യങ്ങളിൽ തായിയെ സഹായിക്കും. സ്വന്തമായി അമ്പലവും പറമ്പും പണവുമൊക്കെ ഉണ്ടായിട്ടും തായി റെയിൽവേ പുറംപോക്കിൽനിന്ന് ഒഴിഞ്ഞുപോയില്ല.

അമ്മൂമ്മയും ചെറിയമ്മയും പതിവുപോലെ ഉച്ചയ്ക്ക് 'കൂട്ടംകൂടു'മ്പോഴാണ് നാട്ടിൽ ഇതുപോലെയുള്ള പലരേയും കുറിച്ചുള്ള കഥകൾ കേൾക്കുക.

ഒരു ദിവസം ആര്യങ്കാവിൽനിന്ന് തൊഴുതു വരുമ്പോൾ തായിയുടെ വീട്ടിൽ ആളുകൾ കൂട്ടമായി നിൽക്കുന്നത് കണ്ടു.

"നമ്മളെന്താ അമ്മൂമ്മേ ഇവടെ തൊഴാൻ പോവാത്തത്?"

"അവടെ ദുഷ്ട ദുഷ്ടമൂർത്ത്യാ. നമ്മള് പോവില്ല." അമ്മൂമ പറഞ്ഞു.

"കാളി ദുഷ്ടമൂർത്തിയാണോ?" വീണ്ടും ചോദിച്ചു.

അതിന് മറുപടി പറഞ്ഞത് പപ്പനാണ്.

"അല്ലടാ പൊട്ടാ. നമ്മള് പായസം കൊടുക്കുമ്പോ, തായി കള്ളും കോഴീം കൊടുക്കും. എന്ന വ്യത്യാസം മാത്രം. എല്ലാം ഒന്നന്ന്യാ." പപ്പൻ ഉറപ്പിച്ചു. എന്തൊരു ശക്തിയാണ് പപ്പന്റെ വാക്കുകൾക്ക്.

ശീവോതിവരവ്

സ്കൂൾ തുറന്ന ദിവസം തന്നെ മഴ തുടങ്ങി. നിർത്താതെ പെയ്യുന്ന മഴ. തോടും കുളവും നിറഞ്ഞു. മുറ്റത്തും പറമ്പിലും വെള്ളം കേറി. പഴയൊരു കാലൻകുടയാണ് വീട്ടിൽ ആകെയുള്ളത്. പുതിയൊരെണ്ണത്തിനു വേണ്ടി കരഞ്ഞുനോക്കി.

"ഇപ്പോ അത് കൊണ്ടുപോ. ഇന്യക്കെ അച്ഛൻ വന്നിട്ട്."

പെൻസിലും സ്ളേറ്റും അന്തോണിമാപ്ലയുടെ കടയിൽനിന്ന് അമ്മൂമ്മ വാങ്ങിക്കൊണ്ടുവന്നു. പാഠപുസ്തകത്തിനുവേണ്ടി സ്കൂളിൽ

അടയ്ക്കേണ്ട കാശ് അമ്മ രാവുണ്ണ്യേട്ടന്റെ സമ്പാദ്യത്തിൽനിന്ന് കടം വാങ്ങി. അച്ഛന്റെ മണിഓർഡർ വന്നിട്ട് കുറച്ചു മാസങ്ങളായി. പട്ടാളത്തിൽനിന്ന് അച്ഛൻ പിരിഞ്ഞുപോരുകയാണത്രെ. അമ്മ എല്ലാ ദിവസവും പോസ്റ്റുമാനെ കാത്ത് പടിക്കൽ നിൽക്കും. ഒന്നുമില്ലെന്ന് കൈകൊണ്ട് കാണിച്ച് അയാൾ സൈക്കിൾ നിർത്താതെ ഓടിച്ചുപോകും. സ്ഥിരം പണിക്കാർ വരാത്ത ദിവസങ്ങളിൽ മരുന്ന് അരയ്ക്കാനും ചേറാനും അമ്മൂമ്മയെ പരിചയക്കാർ വൈദ്യശാലയിലേക്ക് വിളിച്ചുകൊണ്ടുപോകാറുണ്ട്. അതോണ്ട് കാശിന് മുട്ടില്ല. അത്യാവശ്യങ്ങളങ്ങനെ കഴിഞ്ഞുപോന്നു.

അന്ന് -ഓർക്കുന്നു-മാരാത്തെ വിലാസിനിടീച്ചറായിരുന്നു ക്ലാസ് ടീച്ചർ.

"ജയാ, ഇതൊന്നു പോസ്റ്റ് ചെയ്ത് വാ."

"ഈ ബുക്ക് പാറുട്ടിടീച്ചർക്ക് കൊണ്ടുകൊടുക്കാ. പോരുമ്പോ ആഫീസ് റൂമിൽനിന്ന് ചോക്ക് വാങ്ങിക്കോളൂ."

ഇങ്ങനെ ദിവസവും എന്തെങ്കിലുമൊക്കെ ടീച്ചർ പറഞ്ഞു ചെയ്യിക്കും. ക്ലാസിലെ നന്നായി പഠിക്കുന്ന കുട്ടികളിൽ ഒരാളായതുകൊണ്ട് ടീച്ചർക്ക് ഇഷ്ടമാണെന്നറിയാം. അതുകൊണ്ടുതന്നെ ടീച്ചർ പറയുന്നത് അനുസരിക്കുമ്പോൾ ചെറിയൊരു അഹങ്കാരവും തോന്നിയിരുന്നു.

ഒരു ദിവസം ടീച്ചർ ഒരു കുറിപ്പ് തന്ന് വൈദ്യശാലയിൽനിന്ന് എന്തോ മരുന്ന് വാങ്ങാനയച്ചു. ചെറിയ ചാറ്റൽമഴയുണ്ടായിരുന്നു. മഴ നനഞ്ഞത് പരിചയക്കാരാരോ പറഞ്ഞ് വീട്ടിലറിഞ്ഞു. "ഞാനങ്കട് ചെല്ലട്ടെ. അയിനു പേറും പെറപ്പൊന്നൂണ്ടായിട്ടില്ല്യ. അതോണ്ട് കുട്ട്യോള്ക്ക് കഷ്ടപ്പെടുമ്പോ ഒരു ദെണ്ണോം തോന്നില്ല. കുട്ടി മഴ മുഴോനും കൊണ്ടു. വല്ല സൂക്കടും വന്നാലോ? വേറെ കുട്ട്യോളില്ലേ ക്ലാസില്. അവരെ ജോലി ചെയ്യിച്ചാ അപ്പോ അറീം. ഇതൊരു പാവാന്ന്വെച്ച് എന്തും ആവാന്നാ?" അമ്മൂമ ഒച്ചവെച്ചു.

"ന്റെ അമ്മേ... പോട്ടെ. വിലാസിനിടീച്ചറ് അങ്ങനൊന്നും കരുതീട്ടുണ്ടാവില്ല. നമ്മളെ നന്നായി അറിയണതല്ലേ? ഒന്നൂല്ലെങ്കിലും അവനെ നാലക്ഷരം പഠിപ്പിക്കണതല്ലേ? അവരെ അനുസരിച്ചാൽ കുരുത്താ."അമ്മ തിരിച്ചും പറഞ്ഞു.

അമ്മൂമ്മ പിന്നെയും ടീച്ചറെ വഴക്കു പറഞ്ഞുകൊണ്ടിരുന്നു.

സ്കൂളിൽനിന്ന് വന്നാൽ കാലും മുഖവും കഴുകി എന്തെങ്കിലും കഴിച്ച്, പിറ്റേദിവസത്തേക്കുള്ളത് എഴുതിത്തീർത്തിട്ടേ കളിക്കാൻ മുറ്റത്തിറങ്ങാറുള്ളൂ. പപ്പൻ വീട്ടിലെത്തിയതും പുസ്തകസഞ്ചി മൂലയിലിട്ട് അടുക്കളയിൽ കയറും. "അശ്രീകരം. തൊടങ്ങി. എന്തുട്ടാ നീ തപ്പണത്?

ഒള്ളത് ഞാൻ തരില്ലേ? ആ കുട്ട്യേ കണ്ട് പടിക്ക്. എന്തു ചിട്ട്യാ. നോക്കി പേടിപ്പിക്കേണ്ട."

അപ്പോൾ ചെറിയമ്മയുടെ ഒച്ചയേക്കാളും മീതെ പപ്പൻ അലറും.

അന്ന് സ്കൂൾ ഒരു പിരിയഡ് മുമ്പേ വിട്ടു. സംക്രാന്തിയായിരുന്നു. നേരിയ മഴച്ചാറ്റൽ വകവെക്കാതെ ഓടി വീട്ടിലെത്തി. മാറാല തട്ടലും അടിച്ചുതൊടക്കലും രാവിലെ മുതൽ തുടങ്ങിയിരുന്നു. മുറ്റത്തെ അതിരിൽ വക്കുപൊട്ടിയ കലത്തിൽ അടിച്ചുകൂട്ടിയ കുപ്പ നിറച്ചുവെച്ചിട്ടുണ്ട്. കുറ്റിച്ചൂല്, കീറിയ മുറം, പഴന്തുണി, പിന്നെ കറുത്തതും വെളുത്തതുമായ രണ്ടു വലിയ ചോറുരുളകൾ; സന്ധ്യയ്ക്കാണ് ചേട്ടയെ പുറത്താക്കുന്നത്. അമ്മൂമ്മ വലിയൊരു തിരി കത്തിച്ച് കലത്തിന്മേൽ വെച്ചു. "ജനലും വാതിലുമൊക്കെ അടച്ചോ." അമ്മൂമ്മ കലവുമായി മൂന്നുപ്രാവശ്യം വീട് വലംവെച്ചു. അപ്പോഴൊക്കെ ജനലിലും വാതിന്മേലും തട്ടി. അകത്തുള്ളവർ 'പൊട്ടി മക്കളും പുറത്ത് ശീവോതി അകത്ത്' എന്ന് ഉറക്കെ പറഞ്ഞുകൊണ്ടിരുന്നു. അമ്മയുടെ കൂടെ കൂടി. നല്ല രസം. അമ്മൂമ്മ തിരിഞ്ഞുനോക്കാതെ പടി കടന്നുപോവുന്നത് ജനലിലൂടെ കണ്ടു.

"മതീടാ. ഇനി നിർത്തിക്കോ."

ജാഥപോലെ അമ്മൂമ്മയുടെ പിന്നാലെ ചെറിയമ്മയും ശാരദോപ്പോളും പോകുന്നുണ്ട്. കലം തോട്ടിലെറിഞ്ഞ് അമ്പലക്കുളത്തിൽ മുങ്ങിക്കുളിച്ച് അവർ വരുന്നതും കാത്ത് ഉമ്മറത്തുതന്നെ നിന്നു. പപ്പൻ കുളിച്ച് പുതിയ കുപ്പായമിട്ട് എത്തി.

"പൊറപ്പെടടാ. വീതിനു പോണ്ടേ?"

കാർന്നന്മാർക്ക് വീത് വെക്കാൻ തറവാട്ടിലെ എല്ലാവരും വല്ല്യമുത്തശ്ശീടെ അടുത്ത് പോവും. വീട്ടിൽ പോകും.

"അതിനിനി വേണ്ട സമയംണ്ട്. നിങ്ങള് നാമം ചൊല്ലിക്കോ." അമ്മ പറഞ്ഞു.

ഇക്കണ്ടമാന്റെ പാടത്തിനടുത്തുള്ള വീട്ടിൽ ചെറിയൊരു സദ്യതന്നെയുണ്ടാവും. സാമ്പാറും ഓലനും മെഴുക്കുപുരട്ടിയും കൂടാതെ മീൻകൂട്ടാനുമുണ്ടാവും. മുറ്റത്ത് അടുപ്പുകൂട്ടി അതിലാണ് മീൻകൂട്ടാൻ ഉണ്ടാക്കുന്നത്. നടുവിലെ മുറിയിൽ ഇലകൾ നിരത്തി മുതിർന്നവർ വിളമ്പുമ്പോൾ കുട്ടികൾ മുറ്റത്ത് കൂവളത്തിന്റെ ചോട്ടിൽ കായ പെറുക്കി പന്തുപോലെ മുകളിലേക്കിട്ട് കളിച്ചു. മൂന്നാല് ഇലകളിൽ മീൻ വിളമ്പാറില്ല. തറവാട്ടിലെ മീൻ കൂട്ടാത്ത കാരണവന്മാർക്കാണത്. ആരൊക്കെയാണതെന്ന് അമ്മൂമ്മയോട് ചോദിക്കണം. പപ്പുമ്മാൻ മീൻ കൂട്ടുമോ? ആവോ, സംശയം മനസ്സിൽ ഉരുണ്ടുകൂടി.

"പായസംണ്ട്." പപ്പൻ അകത്തുനിന്ന് ഓടിവന്നു. ഉണക്കലരിയിൽ ശർക്കരയും തേങ്ങയും ചേർത്തുണ്ടാക്കുന്ന ഇടിച്ചുപിഴിഞ്ഞ പായസം

നല്ല സ്വാദാണ്. “ചില്ല് ക്ലാസില് കള്ളാടാ.” പപ്പൻ ഒച്ച താഴ്ത്തി പറഞ്ഞു. ഇക്കണ്ടമ്മാൻ കാലും മുഖവും കഴുകി നെറ്റിയിലും നെഞ്ചത്തും ഭസ്മം നനച്ച് നിറയെ പൂശി. രോമം വളർന്നുനിൽക്കുന്ന ചെവിക്കുറ്റിയിൽ പൂ തിരുകി. പൂജിക്കാനിരുന്നു. മണി കൊട്ടി പൂജ കഴിഞ്ഞാൽ പുറത്തേക്കുള്ള വാതിലുകൾ അടയ്ക്കും. എല്ലാവരും നടപ്പുരയിലോ മുറ്റത്തോ പരസ്പരം മിണ്ടാതെ നിൽക്കും. ശബ്ദമുണ്ടാക്കാൻ പാടില്ല. വീതിനു വരുന്ന മരിച്ചവരുടെ ആത്മാക്കൾ ശബ്ദം കേട്ടാൽ ഉണ്ണാതെ പൊയ്ക്കളയും.

“ഇതെന്ത് തീറ്റ്യാ? ഇത്രയ്ക്കൊക്കെ മതി.” പപ്പൻ ഇടയ്ക്കിടെ പിറുപിറുത്തു.

സമയമായപ്പോൾ ഇക്കണ്ടമ്മാൻ കൈകൊട്ടി വാതിൽ തുറക്കും. എല്ലാവരും തൊഴുത് ഓരോരോ ഇലകൾ നീക്കിവെച്ച് അതിലെ പ്രസാദം കഴിക്കും. തീരെ നിലാവില്ലാത്ത ആ രാത്രിയിലെ മടക്കയാത്ര പ്രയാസമായിരുന്നു. ചൂട്ടുവീശി മുതിർന്ന ആൾ മുന്നിൽ. പിന്നാലെ വരിവരിയായി അമ്മമാരും കുട്ടികളും. ഒടുവിൽ ചൂട്ടുമായി രാവുണ്ണേ്യട്ടനും കുമാരേട്ടനും പാടത്തുനിന്ന് റോഡിലേക്കെത്തുന്നതുവരെ മാറി മാറി നടത്തം.

“കള്ള് മുഴോനും ഇക്കണ്ടമ്മാൻ കുടിച്ചു.” പപ്പൻ പറഞ്ഞു.

“മിണ്ടാണ്ട് നേരെ നോക്കി നടക്ക് ചെക്കാ.”ചെറിയമ്മയുടെ ദ്വേഷ്യത്തോടെയുള്ള പറച്ചിൽ.

കുമാരേട്ടൻ പപ്പന്റെ തലയിൽ കിഴുക്കി.

“വീട്ടിലെത്തി ഒന്നു നടു ചായ്ച്ചാ മതി.”

കുട്ടിയെ ഒക്കത്തിരുത്തി പിന്നാലെ വന്ന ചെറിയമ്മ പിറുപിറുത്തു.

രാവിലെ കണ്ണുതുറക്കുന്നതിനു മുമ്പേ ചന്ദനത്തിരിയുടെ വാസന. അകായിൽ ഒരു മൂലയ്ക്ക് ശീവോതിക്ക് വെച്ചിരിക്കുന്നു. ശ്രീരാമസ്വാമിയുടെ പടത്തിനു താഴെ നിറംമങ്ങിയ വാൽക്കണ്ണാടിയും അലക്കിയ മുണ്ടും ആവണപ്പലകയിൽ വെച്ചിട്ടുണ്ട്. അതിനടുത്തായി രാമായണം. നിലവിളക്ക് കത്തിച്ചുവെച്ചിട്ടുണ്ട്. വാഴയിലയിൽ എന്തൊക്കെയോ വള്ളികളും ഇലകളും. അത് ദശപുഷ്പങ്ങളാണത്രെ. തലേദിവസം മില്ലാക്കരേച്ചി പറിച്ചുകൊണ്ടുവന്നു കഴുകുന്നത് കണ്ടതാണ്. മഞ്ഞ പൂവുള്ള ചെടി മുക്കുറ്റിയാണെന്നറിയാം. ഓണത്തിന് കളത്തിലിടാൻ പറിക്കാറുണ്ട്. വയലറ്റു പൂവുള്ളത് പൂവാംകുറുന്നില. പത്മിനിയുടെ കണ്ണെഴുതുന്നത് പൂവാംകുറുന്നില കൊണ്ടുണ്ടാക്കിയ മഷിയാണ്. കറുക പാതവക്കത്തും പാടത്തും കണ്ടിട്ടുണ്ട്.

“എല്ലാം കിട്ടീല്ല്യ. തിരുതാളീം നെല്പന്യേം എവിട്യേം കാണാല്ല്യ. കയ്യുണ്ണീം ഉഴിഞ്ഞ്യേം മഠത്തിൽമുറ്റത്തെവിട്യോ ഉണ്ട്. കൊണ്ടുവന്ന് മ്മടെ മുറ്റത്ത് വെക്കാം. എന്നും മാറ്റണല്ലോ?”

കുളിച്ചുവന്നപ്പോൾ അമ്മ പറഞ്ഞപോലെ വിളക്കിനു മുന്നിൽ ചമ്രം പടിഞ്ഞിരുന്നു. കണ്ണടച്ച് രാമായണം പകുത്തു. 'സ്വയംപ്രഭാഗതി' ഏഴുവരികളും ഏഴക്ഷരവും തള്ളി അമ്മ അടുത്തിരുന്ന് വായിക്കാൻ തുടങ്ങി.

"അന്ധകാരാരണ്യമാശു പൂക്കീടിനാ-

രന്തരാദാഹവും വർദ്ധിച്ചിതേറ്റവും....

മനസ്സിലായില്ലെങ്കിലും ഒന്നാംതീയതിയായിട്ട് അമ്മയെ ദേഷ്യപ്പെടുത്തേണ്ടെന്ന് കരുതി വിളക്കിന്റെ തിരി കാറ്റിലാടുന്നത് നോക്കി കുറച്ചു നേരമിരുന്നു. ഭാഗ്യത്തിന് അമ്മ നിർത്തി. രാമായണം അടച്ചുവെച്ച് തൊട്ടു തൊഴുത് എഴുന്നേറ്റു. ഏഴു ദിവസം ഇങ്ങനെ നിർബന്ധമായും വായിക്കണമത്രെ. ശാരദോപ്പോളും സാവിത്രിടീച്ചറുമൊക്കെ കർക്കിടം കഴിയുമ്പോഴേക്കും രാമായണം മുഴുവനും വായിച്ചുതീർക്കും. അതിലെ പടങ്ങൾ കണ്ടു. രാമലക്ഷ്മണന്മാർ, സീത, താടക, ഹനൂമാൻ, ശബരി, രാവണൻ എന്നൊക്കെ കുറെ പേരുകൾ അറിയാം. തൃപ്രയാർ അമ്പലത്തിലെ നാലമ്പലത്തിൽ ശ്രീരാമപട്ടാഭിഷേകം ചുമരിൽ വലുതായി വരച്ചുവെച്ചിട്ടുള്ളത് അമ്മൂമ്മ കാണിച്ചുതന്നിട്ടുണ്ട്. രാമഭക്തനായ ഹനൂമാനെക്കുറിച്ച് കേശവനാശാൻ ഹരികഥ ഈണത്തിൽ കൊട്ടിപ്പാടുന്നത് കേട്ടിട്ടുണ്ട്. രാമായണം കഥ മുഴുവനും പപ്പനറിയില്ല. അമ്മൂമ്മയ്ക്കറിയാം. കഥ മുഴുവനും ശ്ലോകത്തിലാക്കി ചൊല്ലുന്നത് കേട്ടിട്ടുണ്ട്.

"പൂർവ്വം രാമ
തപോവനാഗമനം
ഹത്വാ മൃഗം കാഞ്ചനം
വൈദേഹി ഹരണം
ജടായുമരണം
സുഗ്രീവസംഭാഷണം
ബാലിനിഗ്രഹണം
സമുദ്രതരണം
ലങ്കാപുരീദഹനം
പശ്ചാത്‌രാവണ
കുംഭകർണ്ണനിധനം
ഹേതദ്ധീ രാമായണം."

രാമായണകഥ പറഞ്ഞുതരുമ്പോൾ മാത്രം അമ്മ വഴക്കുണ്ടാക്കാറില്ല.

"നല്ല കാര്യങ്ങള് പറഞ്ഞുകൊടുത്താ അതിന്റെ ഗുണംണ്ടാവും. നിക്കും രാവുണ്ണിക്കും അമ്മ ഇതൊന്നും പറഞ്ഞ് തന്നിട്ടില്ല്യ. ഒക്കെ മുതിർന്നപ്പൊ ഞങ്ങള് തന്നെ മനസ്സിലാക്കീതാ."

പത്തു തലയുള്ള രാവണൻ പുഷ്പകവിമാനത്തിൽ സീതയെ കട്ടുകൊണ്ടുപോകുന്നത് ഒരിക്കൽ സ്വപ്നം കണ്ടു. മുഖം വ്യക്തമായി കണ്ടില്ല. രാവിലെ പപ്പനോട് പറഞ്ഞപ്പോൾ "ഹഹഹഹ... രാവണന്റെ ഇടിവെട്ട് ചിരി നീ കേട്ടോടാ. രാവണന് ആരടെ ശായാ? നിക്ക് രാവണനെ ഇഷ്ടാ. നമ്മടെ ടാക്കീസിൽ രാമായണം സിനിമ വരുമ്പൊ പോയി കാണ് ട്ടോ. കുമാരേട്ടൻ എറണാകുളത്ത് പോയപ്പോ കണ്ടതാ. രാമറാവുന്നൊരു ആളാണമത്രെ രാമൻ. രാവണൻ വേറൊരു റാവു. പേര് ഓർമ്മ വരിണില്ല. സിനിമേലെ രാമനും സീതയ്ക്കും എരട്ടക്കുട്ട്യോളാ.

അമ്മയ്ക്ക് പത്മിനിയെപ്പോലെ ഒരു പെണ്ണിനെകൂടി ഇരട്ട പെറാമായിരുന്നില്ലേ?

ഇല്ലംനിറ വല്ലംനിറ

"**രാ**വുണ്ണ്യേ നാള്യാത്രെ അമ്പലത്തില് ഇല്ലംനെറ. നെല്ലും പത്തായൊന്നൂല്യെങ്കിലും ചടങ്ങ് മൊടക്കണ്ട." പൂജിച്ച നെൽക്കതിര് അമ്പലത്തീന്ന് കൊണ്ടരാം. ബാക്ക്യൊക്കെ നീ നോക്ക്."

രാവുണ്ണ്യേട്ടൻ മറുപടി പറയാതെ ഇറങ്ങിപ്പോയി. സ്കൂളിൽനിന്ന് വൈകീട്ട് എത്തിയപ്പോൾ കോലായിയിൽ പലതരം മരച്ചില്ലകൾ കണ്ടു.

"ഏതാ അത്തി അമ്മൂമ്മേ?"

"ഒടിച്ചുകളയല്ലേ കുട്ട്യേ."

"അത്തി, ഇത്തി, അരയാല്, പേരാല് തൊടങ്ങീതൊക്കെ വേണ്ടേ. അവൻ വഴിവാട്പോലെ കൊണ്ടോന്നുവെച്ചതിൽ എല്ലാം ഇല്ല്യ. ഇള്ളത് ആവട്ടെ. നാളെ നെറ കഴിഞ്ഞ് പോയാ മതിട്ടോ. അവൻ കേക്കുംന്ന് തോന്നിണില്ല്യ."

രാവിലെ കുളിപ്പിച്ച് ചെറിയൊരു മുണ്ടുകൊണ്ട് തറ്റുടുപ്പിച്ചു. തൂശനിലയിൽ മരക്കമ്പുകളും കതിരും തലയിലേറ്റി തന്നു. കത്തിച്ച വിളക്കുമായി മില്ലാക്കരേച്ചി ഒപ്പം നിന്നു. അരിമാവിൽ കൈപ്പത്തി മുക്കിച്ച് വാതിലിലും കട്ടിളപ്പടിയിലും പതിപ്പിച്ചു. മില്ലാക്കരേച്ചി പരുപരുത്ത ശബ്ദത്തിൽ

"ഇല്ലംനെറ വല്ലം നെറ
പത്തായം നെറ
നെറയോ നെറ."

എന്ന് ഉരുവിട്ടുകൊണ്ടിരുന്നു. ആലിന്റെ ഓരോ ഇല എടുത്ത് ഒരു നെൽക്കതിർവെച്ച് അതിനുമീതെ ചാണകം പൊത്തി വാതിൽപ്പടിമേൽ കതിർ ഉറപ്പിച്ചുനിർത്തി.

“ബാക്കീള്ളത് കോലായില് വെച്ചോ. മുമ്പൊക്കെ പടിപ്പുരേലും പത്തായപ്പെരേലും പതിപ്പിച്ചു വരുമ്പോ തെകയാറില്ല. ഇപ്പൊ ഇത്രേം ബാക്ക്യാ.”

സ്കൂളിലേക്ക് പുറപ്പെട്ട് ഇറങ്ങുമ്പോൾ മില്ലാക്കരേച്ചിയുടെ ഇടറുന്ന ഒച്ച കേട്ടു.അച്ഛച്ചൻ പട്ടാളത്തിൽനിന്ന് പിരിഞ്ഞുപോരികയാണെന്ന് വീട്ടിൽ പറഞ്ഞു കേൾക്കാറുള്ളത് ഓർമ്മ വന്നു.

വൈകീട്ട് വീട്ടിലെത്തിയപ്പോൾ അച്ഛൻ ഉമ്മറത്തിരിക്കുന്നു. പത്മിനി മുറ്റത്തെ വെള്ളത്തിൽ കുളിച്ചുകൊണ്ടിരിക്കുന്നു. അമ്മ അകായിയുടെ വാതിൽക്കൽ ഇരിപ്പുണ്ട്. പടിക്കൽ കണ്ടപ്പോൾതന്നെ ഏട്ടാ, ഏട്ടാ എന്നു വിളിച്ച് പത്മിനി ഓടിവന്നു.

“ഓടല്ലേ വീഴും നീ.” അമ്മ മുറ്റത്തിറങ്ങി.

കളിക്കാൻ അവളെ കൂട്ടാറില്ലെങ്കിലും സ്കൂളിൽനിന്ന് വരുന്നതും കാത്ത് അവൾ മുറ്റത്തുതന്നെയുണ്ടാവും. പഠിക്കുമ്പോൾ ചുറ്റിപ്പറ്റി അടുത്തു നിൽക്കും. മില്ലാക്കരേച്ചി ഇപ്പോൾ മഠത്തിൽനിന്ന് കൊണ്ടു വരുന്ന പലഹാരം അവൾക്കാണ് കൊടുക്കുന്നത്.

“അവളല്ലേ ചെറ്ത്. നെന്റെ അന്യേത്ത്യല്ലേ?” എന്നൊക്കെ ന്യായം പറയും.

“ഇവള് ജയന്റെ പോലല്ല. ഒരു കാര്യം വിചാരിച്ച് സാധിക്കാഞ്ഞാൽ കരഞ്ഞോണ്ട് അത് കിട്ടണവരെ നെലത്ത് കെടന്നുരുളും. ജയൻ പാവാ.”

പപ്പന്റെ അനുജൻ ചന്ദ്രൻ ചിലപ്പോഴൊക്കെ പത്മിനിയുടെ കൂടെ കളിക്കുന്നത് കാണാം. അവന് എന്നും ഓരോ അസുഖങ്ങളാണ്.

“അവനെ പെറ്റ അന്ന് അടുപ്പത്ത് കഷായക്കലം കേറ്റീതാ. ഐക്കാട്ട് നമ്പൂരീടെ സികിത്സാ. ന്നാലും ഒന്ന് മാറ്യാ വേറൊന്ന്.”

“നീ അവനെ ആ സർക്കാരാശുപത്രീലൊന്നു കൊണ്ടുപോ. പുതി യൊരു ഡാക്ടറ് സ്ഥലം മാറി വന്നിട്ടുണ്ടത്രെ. കുട്ട്യോൾടെ ദണ്ണത്തിന് ചികിത്സിക്കാൻ മിടുക്കനാന്നാ കേക്കണേ.”

അമ്മൂമ്മ ചെറിയമ്മയെ ഉപദേശിച്ചു. ഉറങ്ങാൻ കിടക്കുമ്പോൾ അമ്മൂമ്മ പറഞ്ഞു: “നെന്റെ അച്ഛൻ ഒക്കെ മത്യാക്കി വന്നതാ. വണ്ടി ഓടിക്കാൻ അറിയൂലോ. നി നാട്ടിലെന്തെങ്കിലും നോക്കാന്നാ പറേണേ.”

അച്ഛൻ വന്നു. എപ്പോഴും വീട്ടിലുള്ളതുകൊണ്ട് മിക്ക ദിവസവും അന്തോണിമാപ്ലേടെ കടയിലേക്ക് പോകേണ്ടിവരും. പപ്പനും കൂടെയു ണ്ടാവും. പാലപ്പൂവ് ഈർക്കിലിയിൽ കുത്തി പ്ലാവില കോട്ടിയുണ്ടാക്കുന്ന പമ്പരം പപ്പനുണ്ടാക്കാൻ അറിയാം. രണ്ടെണ്ണമുണ്ടാക്കി ഒരെണ്ണം തരും. കാറ്റിനുനേരെ പിടിച്ചാൽ അത് തിരിയാൻ തുടങ്ങും. അതും കറക്കി കട യിലേക്ക് ഓട്ടമായിരിക്കും. നാരങ്ങമിഠായിയോ പൈനാപ്പിൾ മുട്ടായിയോ വാങ്ങാനുള്ള കാശ് അമ്മ തരും.

“എം.ജി.ആറിന്റെ ഒരു സ്റ്റണ്ട് പടം വന്നിട്ടുണ്ട്. ചോദിക്ക് അമ്മയോട് പോട്ടേന്ന്.”

അച്ഛൻ വന്ന സന്തോഷംകൊണ്ട് അമ്മ സമ്മതിച്ചു. പപ്പനുള്ള കാശും തന്നു.

“ശന്യാഴ്ച ഉച്ചപ്പടത്തിനു പോയാ മതി. കഴിഞ്ഞാ കറങ്ങിനടക്കാണ്ട് നേരേ ഇങ്കട് പോന്നോ. അച്ഛനിവിടെ ഇണ്ടെന്ന് മറക്കണ്ട.”

ടാക്കീസിൽ നല്ല തിരക്കുണ്ടായിരുന്നു. ടിക്കറ്റെടുത്ത് ബാക്കിവന്ന കാശുകൊണ്ട് കടല വാങ്ങി. മണലിൽ നിലത്തിരുന്നാണ് സിനിമ കണ്ടത്. കാശ് കൂടുതൽ കൊടുക്കുന്നതനുസരിച്ച് ബഞ്ചിലോ കസേരയിലോ ഇരിക്കാം. സിനിമയിൽ രസംപിടിച്ച് ചില ആളുകൾ ചൂളംവിളിക്കുകയും കൈയടിക്കുകയും ചെയ്തപ്പോൾ പപ്പനും കൂടി.

“ബെസ്റ്റ് സിനിമ.” വീട്ടിലെത്തുന്നതുവരെ കണ്ട കാര്യങ്ങൾതന്നെ പപ്പൻ പറഞ്ഞുകൊണ്ടിരുന്നു. ഉറങ്ങാൻ കിടന്നപ്പോൾ അമ്മൂമ്മയ്ക്ക് കഥ പറഞ്ഞുകൊടുത്തു. രാജകുമാരി വെള്ളപ്പാച്ചിലിൽ വീണപ്പോൾ പടയാളി വെള്ളത്തിൽ ചാടി രക്ഷിക്കുന്നു. എം.ജി.ആർ. ആണ് പടയാളി ആയി വരുന്നത്. ദുഷ്ടനായ മന്ത്രിയും മന്ത്രവാദിനിയും കൂടി ചതിച്ച് രാജകുമാരിയെ തടവിലാക്കുന്നു. പടയാളി ഒറ്റയ്ക്ക് വാൾപയറ്റ് നടത്തി ദുഷ്ടന്മാരെ മുഴുവനും നശിപ്പിച്ച് രാജകുമാരിയേയുംകൊണ്ട് കൊട്ടാരത്തിലെത്തി രാജാവാകുന്നു. അമ്മൂമ്മ എല്ലാം മൂളിക്കേട്ടു.

“മതി ബാക്കി നാളെ പറയാം. നീ ഒറങ്ങാൻ നോക്ക്.”

പതിവുപോലെ രാവിലെ ചെറിയമ്മ പപ്പനെ വഴക്കു പറയുന്ന ശബ്ദം കേട്ടാണ് ഉണർന്നുവന്നത്.

“ടാ കുരുത്തംകെട്ടോനേ, കയ്യ് വെട്ടിപ്പൊളിക്കണ്ട. ആ വെട്ടുകത്തി മുറ്റത്തെ കല്ലിലിട്ട് വെട്ടി വായ്ത്തല പോവൂലോ ന്റെ തേവരേ...”

തുളസിക്ക് വെള്ളമൊഴിച്ചുകൊണ്ടിരുന്ന മില്ലാക്കരേച്ചി

“എന്തൂട്ടാ അവൻ കാണിക്കണേ?”

“വാള് ഇണ്ടാക്കാത്രേ ന്റെ ഏടത്ത്യേ.”

തെങ്ങിന്റെ മടല് നീളത്തിൽ വെട്ടി ഒരറ്റം ചെത്തി കൂർപ്പിക്കുകയായിരുന്നു പപ്പൻ. കഞ്ഞി കുടിച്ചുകൊണ്ടിരുന്നപ്പോൾ മുറ്റത്ത് പപ്പന്റെ നിഴൽ.

“ഇന്നലത്തെ വാൾപയറ്റ് കണ്ടില്ലേടാ. എം.ജി.ആറും നമ്പ്യാരുമായിട്ട്. ഞാൻ രണ്ട് വാള് ശര്യാക്കിവെച്ചിട്ടുണ്ട്. വൈകീട്ട് നമക്ക് വാൾപ്പയറ്റ് കളിക്കാം.”

പപ്പനെപ്പോലെ ചാടാനും വീശാനും അറിയില്ല. പോരാത്തതിന് കൈ പിടിച്ചത് ശരിയായില്ലെന്ന് അവന്റെ കുറ്റപ്പെടുത്തലും. സന്ധ്യയ്ക്ക് കാലും മുഖവും കഴുകുമ്പോൾ നീറ്റലും വേദനയും. പപ്പന്റെ വാൾ കൈയിലും

മുഖത്തും ഉണ്ടാക്കിയ പോറലുകൾ തെളിഞ്ഞുകാണാം. ആരോടും മിണ്ടി യില്ല. അടിയായിരിക്കും മരുന്നിനു പകരം കിട്ടുന്നത്.

പിറ്റേദിവസം ഉച്ചയ്ക്ക് ഊണുകഴിക്കാൻ സ്കൂൾ വിട്ടപ്പോൾ പടി ക്കൽ കാത്തുനിന്നിരുന്ന പപ്പന്റെ അടുത്തേക്കോടി.

“ദേ മനയ്ക്കലെ ഓമനകൾ...” തിരിഞ്ഞുനോക്കി. നല്ല ഉടുപ്പു കളിട്ട് നെറ്റിയിൽ ചന്ദനക്കുറിയൊക്കെ തൊട്ട് ചന്തമുള്ള രണ്ടു പെൺ കുട്ടികൾ.

“എന്താ, രണ്ടുപേർക്കും ഒരു പേര് തന്ന്യാ? ഓമനാന്ന്.”

“ടാ മണ്ടാ, മനയ്ക്കലെ പെങ്കുട്ട്യോളെ ‘ഓമന’ന്നാ വിളിക്ക്യാ. മഞ്ഞ ഉടുപ്പിട്ടത് സാവിത്ര്യോമന. മറ്റത് ലളിതോമന. കൂടെയുള്ളത് ലക്ഷ്മിട്ട്യമ്മ. അവരെ ഇരിക്കണമ്മാന്നാ പറയാ. സത്യത്തില് അവര് ജോലിക്കാര്യാ. മനയ്ക്കലെ കാര്യങ്ങളൊക്കെ വ്യത്യാസാ. നമ്മടെ പോലല്ല. മൂന്നാം ക്ലാസ്സിലെ ആ ഉണ്ണ്യാമൻ നമ്പൂരിക്കുട്ടീല്ല്യേ നാരേണൻ. അവനെ ‘മിടുക്കൻ’ ന്നാ വിളിക്ക്യാ. നാലിലെ നീലകണ്ടൻ വേറൊരു മിടുക്കൻ.”

“ഇതൊക്കെ പപ്പനെങ്ങന്യാ അറിയണേ?”

“അതൊക്കെ നിക്കറ്യാം. നീ വേഗം വാ. അല്ലെങ്കി ഉണ്ട് തിരിച്ചെ ത്തുമ്പോ ബെല്ലടിക്കും. ആ കൊന്ത്രംപല്ലി ദേവകിടീച്ചർ ന്നെ പൊറത്തു നിർത്തും.”

വീട്ടിലെത്തി ഊണുകഴിച്ച് അതേ വേഗത്തിൽ ഓടി സ്കൂളിലെത്തി. സ്കൂൾ വിട്ടുവരുമ്പോഴും ഓമനകളെ കണ്ടു. രണ്ടുപേരുടെയും പുസ്തക സഞ്ചികൾ ഇരിക്കണമ്മ പിടിച്ചിട്ടുണ്ട്. സ്കൂളിൽ ഇപ്പോഴാണവരെ കാണുന്നത്.

“നെനക്ക് ആര്യാ വേണ്ടേ?” പപ്പന്റെ ഗൗരവത്തിലുള്ള ചോദ്യം കേട്ട് ജയൻ അമ്പരന്നു. ഒന്നും മനസ്സിലാവാതെ പപ്പന്റെ മുഖത്തേക്ക് പകച്ചു നോക്കി.

“ലളിത്യോ അതോ സാവിത്ര്യോ? ടാ, ഇന്നലെ സിനിമേല് കണ്ട പോലെ നമ്മക്കും ഇവരെ കട്ടോണ്ട് പോവാം. കുതിരപ്പൊറത്ത്.” പപ്പൻ ചിരിച്ചുകൊണ്ട് പറഞ്ഞു.

“അതിന് എവട്യാ കുതിര?” ജയൻ വീണ്ടും ചോദിച്ചു.

“അയ്യോ! വെറുതെ ആലോചിച്ചാ മതീടാ.” പപ്പൻ ആലോചനയോടെ പറഞ്ഞു.

“ഇപ്പോ ഏതായാലും വേണ്ട. വലുതാവുമ്പോ മതി. അന്ന് എന്തെ ങ്കിലും വണ്ടീല് കൊണ്ടോവാം.” ചിരിക്കാതെത്തന്നെ പറഞ്ഞു.

പപ്പൻ നിർത്താതെ ചിരിച്ചുകൊണ്ടിരുന്നു. പിന്നാലെ വരുന്ന രാജ കുമാരിമാരെ സൂത്രത്തിൽ തിരിഞ്ഞുനോക്കി.

“വല്ല്യമ്പൂരീടെ മഹന്റെ മക്കളാ. പണ്ടൊന്നും പെൺകുട്ട്യോളെ സ്കൂളിൽ വിട്ട്യേർന്നില്ല. ഇപ്പൊ കാലം മാറീലേ. മഹൻ തിരുമേനി പൊറത്ത് പോയി വൈദ്യം ഇംഗ്ലീഷിൽക്കൂടി പടിച്ച ആളാണ്. വേല്യാ ണെങ്കി ഇല്ലത്തിരുന്ന് എഴുതാനും വായിക്കാനും പടിച്ചിട്ടുണ്ട്.”

ഓമനകളെപ്പറ്റി ചോദിച്ചപ്പോൾ അമ്മൂമ്മ പറഞ്ഞു.

“നീ ആ കുഞ്ഞുട്ടൻ തിരുമേന്യേ കണ്ടിട്ടുണ്ടോ? വല്യ തിരുമേനീടെ അനിയൻ. എല്ലാ താവഴീലും പതിര് പോലെ ഓരോരുത്തരുണ്ടാവും. ഓത്തൊക്കെ പടിച്ച് സമാവർത്തം കഴിഞ്ഞ് ഒരു പത്തുപതിനഞ്ച് വയസ്സാവുമ്പോ ചെറിയൊരു ‘നൊസ്’ തൊടങ്ങും. വെറുതെ ചിരിച്ച് പിറു പിറുത്ത് ഇല്ലപ്പറമ്പിലോ കുളപ്പുരയിലോ നടക്കും. ചെലപ്പോ മിണ്ടാട്ട മില്ലാതെ ബ്രഹ്മം കണ്ടപോലെ അങ്ങനെയിരിക്കും.”

അമ്മൂമ്മ ആരോടെന്നില്ലാതെ പറഞ്ഞുകൊണ്ടിരുന്നു.

“ഇന്നാള് തെക്കിന്യേടത്തെ ആത്തേമ്മാര് കാണണംന്ന് പറഞ്ഞ് ഞാൻ ചെന്നപ്പോ പത്തായപ്പെരേടെ കോണിമ്മ്ന്ന് ന്റെ മുമ്പിലേക്ക് ആ കുഞ്ഞുട്ടൻ നമ്പൂരി ഒരൊറ്റ ചാട്ടം, പൊത്തോന്ന് നെലത്തേക്ക്. പേടിച്ച് ന്റെ ശ്വാസം നിന്നു. പണിക്കാരാരോ ഒച്ചണ്ടാക്കീപ്പോ മിണ്ടാണ്ട എണീറ്റ് അകായിലേക്ക് പോണ കണ്ടപ്പോ കഷ്ടം തോന്നി. ഓളം ഇല്ലെങ്കി എങ്ങനെ ഇരിക്കണ്ട ആളാ. വല്യതിരുമേനീടെ രണ്ടാംവേളീലുണ്ടായ ഉണ്ണ്യാ. എത്ര സാരായിട്ടാ അതിനെ വളർത്തീത്. ഒക്കെ കർമ്മഫലം.”

“ന്റെ അമ്മേ ആ ചെക്കന് വേണ്ടാത്തതൊന്നും പറഞ്ഞുകൊടു ക്കല്ലേ.” അമ്മ ഒച്ചയെടുത്തു.

നായാടി

ഓരോ വീടിന്റെയും മുന്നിലെത്തിയാൽ അവിടത്തെ മുതിർന്ന ആളെ അവർ പേര് പറഞ്ഞ് വിളിക്കും.

“കല്ല്യാണമ്പ്രാളേ നായാടി വന്നു.”

സ്കൂളില്ലാത്ത ദിവസമായതുകൊണ്ട് വിളി കേട്ടപ്പോൾ പടിക്കലേക്ക് ചെന്നു. അവർ മൂന്ന് ആണുങ്ങളുണ്ട്. കൂടെ രണ്ടു കുട്ടികളും. ഒരാൾ കുള്ളൻ. അയാളാണ് നേതാവെന്ന് തോന്നുന്നു. എല്ലാവരും സ്ത്രീകളെ പ്പോലെ മുടി വളർത്തി കെട്ടിവെച്ചിട്ടുണ്ട്. മുഖത്ത് കുറ്റിത്താടി വളർത്തീ ട്ടുണ്ട്. ആണുങ്ങളുടെ എല്ലാവരുടെയും തോളിൽ തുണികൊണ്ടുള്ള വലിയ മാറാപ്പുണ്ട്. കഷ്ടിച്ച് മുട്ടിറങ്ങുന്ന തോർത്താണ് ഉടുത്തിരിക്കുന്നത്. പൊക്കത്തിലുള്ള ചെറുപ്പക്കാരന്റെ കൈയിൽ ഒരു ചാട്ടയുണ്ട്. ഇട യ്ക്കിടെ അയാൾ അത് വീശും. അപ്പോൾ പടക്കം പൊട്ടുന്ന ശബ്ദ മുണ്ടാവും. പിന്നെയാണ് കണ്ടത് അവരുടെകൂടെ ഒരു നായയുമുണ്ട്. നായ അവിടെയുമിവിടെയും മണപ്പിച്ച് അതിലൊരു കുട്ടിയോട് ചേർന്നു

നിന്ന് അവന്റെ മുഖത്തേക്ക് നോക്കി നില്പായി. ഇവർ നായാടികളാണത്രെ. കാട്ടിലെവിടെയോ ആണ് താമസം. കൊല്ലത്തിൽ ഒരിക്കൽ നാട്ടിലെറങ്ങും. പതിവുള്ള വീടുകളിൽനിന്ന് ഭിക്ഷ വാങ്ങും. മുറത്തിൽ കുറച്ച് അരിയും കായ്കറിയും തേങ്ങയും മില്ലാക്കരേച്ചിയുടെ വക മുറുക്കാനുമായി അമ്മ പടിക്കലേക്ക് വന്നു. അമ്മൂമ്മ വീട്ടിലുണ്ടായിരുന്നില്ല. മുറം താഴെ വെച്ച് അമ്മ മാറിനിന്നു. നേതാവ് അതെല്ലാമെടുത്ത് ഓരോന്ന് തിരിച്ച് പൊക്കണത്തിലിട്ടു. എന്നിട്ട് അല്പം പിന്നിലേക്ക് മാറിനിന്ന് എല്ലാവരും ഒരുമിച്ച് "ഈ കുടുമ്മം മുടിഞ്ഞുപോകട്ടെ. നശിച്ചു നാറാണക്കല്ലെളകട്ടെ." അവർ നടന്നു നീങ്ങി അടുത്ത വീട്ടിലേക്ക്.

പപ്പന്റെ വീട്ടുപടിക്കലെത്തുന്നതുവരെ ഇതുതന്നെ പറഞ്ഞുകൊണ്ടിരുന്നു. "മാധവ്യമ്രാളേ, നായാടി വന്നു" നായാടികൾ പ്രാകിയാൽ അതിനു വിപരീതമായിട്ടാണ് സംഭവിക്കുക. നശിച്ചുപോകുന്നതിനു പകരം നന്നായി വരും. മറ്റുള്ളവർ പ്രാകിയാൽ ഫലിക്കും. നായാടിയെപ്പോലെ വല്ലപ്പോഴും വീട്ടിലെത്തുന്നവരാണ് പുള്ളോനും പുള്ളോത്തിയും.

"കുട്ടീടെ നാവേറ് പാടട്ടെ അമ്രാളേ. നാവേറ് പാടിയാൽ സർപ്പദോഷവും പക്ഷിപീഡയും നാൾദോഷവും തീരും."

കുമാരന്റെ കൈയിൽ വീണയും പുള്ളോത്തി സരസൂന്റെ കൈയിൽ പുള്ളോർക്കുടവുമാണ്. കൈയിലുള്ള ചെറിയ തടുക്ക് വിരിച്ച് അവർ ഇരുന്നു. പപ്പിയുടെ നാവേറ് പാടി. ദോഷമകറ്റി. പപ്പന്റെ അനിയൻ ചെറുതായതുകൊണ്ട് അവന്റെ നാവേറും പാടി.

"എന്റെ നാവേറും പാടിക്ക്യോ അമ്മൂമ്മേ..." വാശി പിടിച്ചു.

"പിന്നെ ഈ മുത്തന്റെ നാവേറ് പാടല്ലേ?" അമ്മ കളിയാക്കി.

മനയ്ക്കലെ സർപ്പക്കാവിൽ ഒന്നാം തീയതി സർപ്പപ്പാട്ട് പാടി തിരിച്ചു പോവുകയായിരുന്നു പുള്ളുവനും പുള്ള്യാത്തിയും. വീണക്കമ്പിയിൽ വിരല് തൊട്ട് ആദ്യം പാടും. പെണ്ണ് കുടത്തിന്റെ ചരട് മീട്ടി അതുതന്നെ പാടും.

"പത്മിനിക്കുട്ടീടെ നാവേറ് പാടീട്ട്

പാവുമുണ്ട് തന്നമ്മ ദക്ഷിണതന്നച്ഛൻ."

എന്നൊക്കെ പാടുമെങ്കിലും എന്തെങ്കിലും ചില്ലറയും കുറച്ച് അരിയും മാത്രമേ കൊടുക്കാറുള്ളൂ. നാൾദോഷം,പേടി, സർപ്പഭയം ഇതൊക്കെ നാവേറ് പാടിയാൽ നീങ്ങുമെന്നാണ് വിശ്വാസം.

ഓണത്തപ്പൻ

ഓണക്കാലത്ത് ഒരു ദിവസം "ദേ ജയാ, തൊടീലും റോഡിലുമൊക്കെയുള്ള പൂ മതിട്ടോ. ഉച്ചനേരത്ത് പപ്പന്റെ കൂടെ പാതവക്കത്തേക്ക് പോണ്ട." അമ്മ നേരത്തെ മുന്നറിയിപ്പ് തന്നു. പലതരം ചെമ്പരത്തി,

കോളാമ്പി, കാശിത്തുമ്പ, മുക്കുറ്റി, പൂത്തുമ്പ എല്ലാംകൂടി പപ്പന്റെ പൂക്കളം കാണാൻ നല്ല ഭംഗിയാണ്. ഇവിടെ രാവുണ്ണ്യേട്ടന് പൂ പറിക്കാൻ നേരമില്ല. മില്ലാക്കരേച്ചി മഠത്തിൽനിന്നു വരുമ്പോൾ ആരുടെയെങ്കിലും വേലിക്കൽ നിന്നു പറിച്ച പൂച്ചെടി പൂവോ, ചെമ്പരത്തിയോ മാത്രമാണ് കളമിടാൻ കിട്ടുന്നത്. റെയിൽപ്പാതയുടെ രണ്ടു ഭാഗത്തുമുള്ള പറമ്പുകളിൽ ധാരാളം പൂക്കൾ കണ്ടിട്ടുണ്ട്. ഓണത്തിന് അവകാശം കിട്ടാൻ പറയി കാളി മുറവും പായയും കൊണ്ടുവന്നതിന്റെ കൂടെ കൈതോലകൊണ്ട് മെടഞ്ഞ് വള്ളി പിടിപ്പിച്ച ചെറിയൊരു പൂത്തൊട്ടിയുമുണ്ടായിരുന്നു. “ഇപ്പോഴേ അത് കേടാക്കണ്ട.” അമ്മ അതു വാങ്ങി ഉമ്മറത്തെ കഴുക്കോലിൽ ഞാത്തിയിട്ടിരുന്നു. തിണ്ണയിൽ കയറി എത്തിനിന്ന് അത് അഴിച്ചെടുത്തു. ആരും കാണുന്നില്ലെന്ന് ഉറപ്പ് വരുത്തി പപ്പന്റെ കൂടെ വേഗം പടി കടന്നു. നാളെ പൂക്കളം നന്നാവണം.

“നല്ല പൂക്കള് കൊണ്ടന്നാൽ ഞാനിട്ട് തരാം ബസ്റ്റ് കളം.” രാവുണ്ണ്യേട്ടൻ സമ്മതിച്ചിട്ടുണ്ട്.

“കുട്ടപ്പനേം വിളിക്കാം.”

പാതയോരത്താണ് കുട്ടപ്പന്റെ വീട്. പപ്പനേക്കാളും മൂത്ത കുട്ടപ്പൻ കുറച്ച് ദൂരെയുള്ള പള്ളിവക പള്ളിക്കൂടത്തിലാണ്. ക്ലാസിൽ പഠിപ്പിക്കുന്ന ഇംഗ്ലീഷ് കുട്ടപ്പൻ പ്രയോഗിക്കുന്നത് പപ്പന്റേയും തന്റേയും മേലാണ്. ഒരു ദിവസം സന്ധ്യയ്ക്ക് അമ്മയോടൊപ്പം ആര്യങ്കാവിൽനിന്നു മടങ്ങുകയായിരുന്നു. കുട്ടപ്പന്റെ വീടിനു മുന്നിലെത്തിയപ്പോൾ ചാടിവന്ന് ഇരുട്ടിൽ തന്നോട് ‘വാട്ടീസൂർണി’ എന്നു ചോദിച്ചു.

“കുട്ട്യേന്താ ആളെ പേടിപ്പിക്കണേ?”

“സോറി.”

കുട്ടപ്പൻ പോയപ്പോൾ അമ്മയോട് പറഞ്ഞു. “വാട്ടീസൂർണി’ എന്നു വെച്ചാ എന്താ പേര്ന്നാ. സോറി എന്നു പറഞ്ഞാ വെഷമംണ്ട്?”

“നിക്ക് മനസ്സിലായി. രാവുണ്ണീം കുമാരനും ഇംഗ്ലീഷ് പഠിച്ചവരല്ലെ, പക്ഷേ അവർ ഇവനെപ്പോലെ പറഞ്ഞുനടക്കാറില്ലെന്നു മാത്രം.” അമ്മ ചിരിച്ചുകൊണ്ട് പറഞ്ഞു നടന്നുപോയി.

പൂ പറിക്കാനല്ലേ കുട്ടപ്പനും വന്നോട്ടെ. പൂവട്ടി നിറഞ്ഞു. ചേമ്പിലക്കുമ്പിളിലും പൂ നിറച്ചു. റെയിൽപ്പാളം മുറിച്ചുകടക്കുന്നതിനിടയിൽ പപ്പനാണ് പറഞ്ഞത്. “നമുക്ക് ആ കല്ലുകൾ കൊറച്ച് പറക്കി പാളത്തിന്മേ നെരത്തിവെയ്ക്കാം. എന്താ ഇണ്ടാവാന്ന് നോക്കാം.”

“കാര്യല്ല്യ. വണ്ടീടെ കുലുക്കംകൊണ്ട് കല്ല് അതുമ്മേ ഇരിക്കില്ല.” കുട്ടപ്പൻ എതിർത്തു.

അതു കേൾക്കാതെ പപ്പൻ കുറച്ചു വലിയ കരിങ്കല്ലുകൾ പാളത്തിൽ നിരത്തിവെച്ചു. കുട്ടപ്പൻ റെയിൽപ്പാതയിൽ കമിഴ്ന്നുകിടന്ന് ചെവി പാളത്തിൽ വെച്ച് തീവണ്ടി വരുന്നുണ്ടോ എന്ന് പരിശോധിക്കുകയായിരുന്നു. പപ്പൻ പറയുന്നതുപോലെ ചെയ്യുമ്പോഴൊക്കെ അടി കിട്ടിയിട്ടുണ്ട്.

ഒരിക്കൽ പപ്പൻ മുറ്റത്തുനിന്നൊരു തവളയെ പിടിച്ച് അമ്മിക്കല്ലിന്മേൽ വെച്ച് ചാടിപ്പോവാതിരിക്കാൻ പപ്പൻ കൂർത്തൊരു മുളക്കമ്പുകൊണ്ട് കുത്തിപ്പിടിച്ചു തന്നു. ഓപ്പറേഷൻ ചെയ്ത് പഠിക്കണത് കാണിക്കാമെന്ന് പറഞ്ഞു.

"നി നീ അമ്മിക്കുഴകൊണ്ട് നന്നായി കുത്ത്."

കല്ലെടുത്ത് കുത്തിയതും പടക്കം പൊട്ടുന്ന ശബ്ദം. ചതഞ്ഞരഞ്ഞ തവളയുടെ ചോര രണ്ടുപേരുടെയും മുഖത്തും ദേഹത്തും തെറിച്ചു. ശബ്ദംകേട്ട് വന്ന അമ്മ പൊതിരെ തല്ലി. അമ്മൂമ്മ തടസ്സം പറയാൻ വന്നില്ല. "ദുഷ്ടത്തരല്ലേ നീ കാട്ടീത്."

ഇതൊക്കെ ആലോചിച്ച് എന്തു ചെയ്യണമെന്നറിയാതെ നിൽക്കുമ്പോൾ മനസ്സിലായി ഇടതുകൈയിൽ ആരോ പിടിച്ചിരിക്കുന്നു. കാക്കിക്കുപ്പായമിട്ട റെയിൽവേ പണിക്കാരൻ. കൈയിൽ നീണ്ട പിടിയുള്ള ചുറ്റികയും പച്ച, ചുവപ്പു നിറത്തിലുള്ള തൂവാലകളുംകൊണ്ട് റെയിൽപ്പാളത്തിനിടയിൽകൂടി നടക്കുന്ന ഇയാളെ മുമ്പ് പലതവണ കണ്ടിട്ടുണ്ട്.

"എന്തിനാടാ ഈ കല്ലു വെച്ചിരിക്കുന്നത്. തീവണ്ടി മറിച്ചിടാനാ?"

അയാളെ ദയനീയമായി നോക്കി. ഓടി ദൂരെ മാറിനിന്ന് കുട്ടപ്പനും പപ്പനും ആംഗ്യം കാട്ടുന്നുണ്ട്. സർവ്വശക്തിയുമെടുത്ത് കൈ കുടഞ്ഞ് കുതറി ഒരൊറ്റ ഓട്ടം. പൂക്കൾ വഴിയിൽ ചിതറിവീണതൊന്നും സാരമില്ല. "പൂവ് നീം കിട്ടും." വീട്ടിലെത്തിയിട്ടാണ് ശ്വാസം വിട്ടത്. അമ്മ അറിഞ്ഞിട്ടില്ല. അയാൾ പിടിച്ച കൈയിൽ ചുറ്റികയുണ്ടായിരുന്നതുകൊണ്ട് ഒന്നു കുതറിയപ്പോഴേക്കും കൈയയഞ്ഞു. രക്ഷപ്പെടാൻ പറ്റി എന്നുമാത്രം.

ഓണക്കാലത്ത് തൃക്കാക്കരപ്പനെ ഉണ്ടാക്കാൻ അമ്മൂമ്മ കിളച്ച് ഉരുകളാക്കിവെച്ച മണ്ണ് പലതവണ പറഞ്ഞപ്പോഴാണ് രാവുണ്ണ്യേട്ടൻ മണ്ണുരുള ഒരു പലകയിൽവെച്ച് തട്ടിനീട്ടി തൃക്കാക്കരപ്പന്റെ ആകൃതി ശരിപ്പെടുത്തിയത്.

"ജയാ, രാവിലെ മുറ്റത്തെ വെയിലിൽവെച്ച് രാത്രിയാവുമ്പോ മഴ കൊള്ളാണ്ട് എടുത്തുവെക്കണം."

മണ്ണുണങ്ങുന്നതിനു മുമ്പ് പൂക്കൾ കുത്താൻ പാകത്തിൽ ആണികൊണ്ട് തൃക്കാക്കരപ്പനുമേൽ ചെറിയ തുളകൾ ഇട്ടിരുന്നു. മുറ്റത്ത് പൂത്തിണ്ണയുണ്ടാക്കിയത് മില്ലാക്കരേച്ചിയാണ്. ബാക്കി വന്ന മണ്ണുകൊണ്ട് അമ്മൂമ്മ ഉരല്, അമ്മി, ആട്ടുകല്ല് എന്നീ രൂപങ്ങളൊക്കെ ഉണ്ടാക്കിത്തന്നത്. ഉണക്കിയെടുത്തപ്പോൾ അഭിമാനം തോന്നി. ഓണത്തിനുമുമ്പു തന്നെ കുഞ്ഞച്ഛൻ രണ്ടു വീട്ടിലേക്കുമുള്ള കായയും പഴവും വലിയങ്ങാടിയിൽ നിന്നു വാങ്ങിക്കൊണ്ടുവന്നിരുന്നു.

പൊലീസല്ലേ, കാശ് വല്ലതും കൊറച്ച് കിട്ടും. ഉത്രാടത്തുന്നാൾ അത്താഴം കഴിഞ്ഞ് ഏഴു തൃക്കാക്കരപ്പനേയും അരിമാവുകൊണ്ട്

അണിഞ്ഞ് തുമ്പക്കുടം കുത്തി. സ്വർണ്ണാലരിപ്പൂവും ഗോപുരപ്പൂവുമായപ്പോൾ നല്ല ഭംഗി. ഉമ്മറവും തിണ്ണയും അടുക്കളവരെ അണിഞ്ഞു. പൂത്തിണ്ണയിൽ തൂശനില വെച്ച് തൃക്കാക്കരപ്പനെ വെച്ച് "ഇനി ആർപ്പു വിളിച്ചോ." രാവുണ്ണ്യേട്ടന്റെ കൂടെ ചേർന്ന് 'ആർപ്പോ.... ഓ... ഓ..."

ആരും ഉണർത്താതെതന്നെ എണീറ്റു. ഇന്ന് തിരുവോണമാണ്.

"വേഗം വാ.. പപ്പി ഒണരണേന് മുമ്പേ കുളിപ്പിച്ചുതരാം." കുളി കഴിഞ്ഞ് അമ്മ തന്ന ചെറിയൊരു പാവുമുണ്ടുടുത്ത് ഓടി ഉമ്മറത്തെത്തി. രാവുണ്ണ്യേട്ടൻ തറ്റുടുത്ത് പലകയിൽ ഇരുന്നു. കലശത്തിന് ഉപയോഗിക്കാറുള്ള മണി ഇടതുകൈയിൽ പിടിച്ച് കിലുക്കി വലതുകൈകൊണ്ട് ഓരോ പൂവുമെടുത്ത് പ്രാർത്ഥിച്ച് തൃക്കാക്കരപ്പനെ പൂജിച്ചു. നാളികേരം ഉടച്ച് അരിക്കിഴി കത്തിച്ചുവെച്ചു. അഴല് ഉഴിഞ്ഞു. പൂവട നേദിച്ചു. നാളികേരമുടച്ച് പകുത്ത് വെച്ചു. എണീറ്റ് നമസ്കരിച്ചപ്പോൾ അതുപോലെ ചെയ്തു.

"ഒരു തൃക്കാക്കരപ്പനെ പടിക്കലും വേറൊന്ന് കെണറ്റുകരയിലും കൊണ്ടുവെക്കൂ. അവിടെ മെഴുകീട്ടുണ്ടാവും. നെലത്തിടല്ലേട്ടോ."

വേവിച്ച പഴവും അടയും പപ്പടവും വയറുനിറയെ തിന്നു. കായ വറുക്കുമ്പോൾ ചൂടോടെ വാരിത്തിന്ന് വാ പൊള്ളിയ ഓർമ്മകൊണ്ട് ഉപ്പേരി വേണ്ടെന്നുവെച്ചു.

"ഇന്ന് എത്ര കളിച്ചാലും ആരും ഒന്നും പറയില്ല. നമ്മക്ക് ചുട്ടീം കോലും കളിക്കാം."

പപ്പൻ അടുക്കള ഉമ്മറത്തെ കഴുക്കോലിന്റെ ഇടയിൽ കരുതിവെച്ചിരുന്ന ചുട്ടിയും കോലും കൊണ്ടുവന്നു. നീ വെറുക്ക് പറയും."

"വിളിച്ചോ ആരെ വേണെങ്കി."

കുട്ടപ്പനും ദാമൂം പിന്നെ പരിചയക്കാരായ രണ്ടുപേരും. എത്തിയപ്പോളേക്കും കളി തുടങ്ങി. തോണ്ടിയേയേറ്. ഒറ്റക്കയ്യൻ, മുറിയൻ,

പെട്ടെന്ന് കുട്ടപ്പൻ അടിച്ച ചുട്ടി കഴുത്തിൽ കുരിശുകെട്ടിയ കുട്ടിയുടെ ചെന്നിയിൽ കൊണ്ടു. അവൻ കരയാൻ തുടങ്ങി. ഇലക്കീറിൽ ഉപ്പേരിയും പഴവുമെടുത്ത് ഉമ്മറത്തുവന്ന അമ്മൂമ്മ അത് കണ്ട് പറഞ്ഞു. "മതി കുട്ട്യോളേ, നല്ലൊരു ദെവസായിട്ട് അത്യാപത്ത് വരുത്തേണ്ട. ജയാ, കാലും മൊകവും കഴുകി വാ. എല വെക്കാറായി."

"ഊണുകഴിഞ്ഞ് കളിക്കാൻ ഞാൻ ഉണ്ടാവില്ല. വേറൊരു കാര്യംണ്ട്."പപ്പൻ പറഞ്ഞു.

"ഉം... മനസ്സിലായി. കുമ്മാട്ടി കെട്ടാനല്ലേടാ പപ്പാ." ദാമു കളിയാക്കിയപോലെ പറഞ്ഞു.

ദാമു പപ്പനെ നോക്കി മൂളി.

"ഇന്നലെ അമ്പലപ്പറമ്പീന്ന് ഒറ്റ ചാക്ക് കുമ്മാട്ടിപ്പുല്ലാ അവന്മാര് കൊണ്ടോയത്, തെക്കുംകരക്കാര്. നീ അവരടെ കൂടെ പോവ്വാ?"

ദേഹത്തൊക്കെ പുല്ലുവെച്ച് കെട്ടി, മുഖംമൂടി വെച്ച് കൈയിലൊരു വടിയുമായി കുമ്മാട്ടി ഓണക്കാലത്ത് വീട്ടിൽ വരാറുണ്ട്.

"ദേ വരുന്നൂ കുമ്മാട്ടി

പടിക്കലെത്തി കുമ്മാട്ടി

കുണ്ടൻകിണറ്റിൽ കുറുവടിപോയാൽ

കുമ്പിട്ടെടുക്കും കുമ്മാട്ടി."

ദാമു പപ്പനെ നോക്കി മൂളി.

"അവടെ ആള്യോള് പഴവും കാശും കുമ്മാട്ടിക്ക് തരും. ഒരു സിനിമയ്ക്കുള്ളത് കിട്ട്യാലായി."

"ടാ ജയാ, ഞാൻ പോണത് ആരോടും പറയല്ലേ." പപ്പൻ ജയനെ നോക്കി പറഞ്ഞു.

ഊണു കഴിഞ്ഞ് അമ്മയുടെ കൂടെ അച്ഛന്റെ വീട്ടിലേക്ക് നടന്നു. ശംക്രമാന് ഒരു മുണ്ട്, അമ്മായിക്ക് മുറുക്കാൻ. ഒരു സഞ്ചിയിലാക്കി അമ്മ അത് കൈയിൽ തന്നു. "എന്നാ, നിഗോവാലൻ വരേണ? അവൻ മത്യാക്കി വര്വാന്ന് കേട്ടു?"

ചംക്രമൻ അമ്മയുടെ മുഖത്തേക്ക് നോക്കി. "അങ്ങനെ ഒരാലോചനേണ്ട്. ഇവടെ എന്തെങ്കിലും നോക്കാന്ന്." അമ്മ ഒച്ച ഉയർത്തി പറഞ്ഞു.

നിലത്ത് പുൽപ്പായയിൽ കിടന്നിരുന്ന കാള്യമ്മായി ചോദിച്ചു. "എന്തായിരുന്നട കുട്ട്യേ പായസം?"

അമ്മ അച്ഛൻപെങ്ങളോടും അമ്മായിയോടും വിശേഷങ്ങൾ പറഞ്ഞ് അകായിലിരുന്നു. "വാടാ ജയാ... നെനക്ക് കല്ല് കളിക്കാൻ അറിയോ?" രാധേച്ചി വിളിച്ച് ചോദിച്ചു.

"രാധേ, നിന്നോട് എത്ര പ്രാവശ്യം പറഞ്ഞിട്ടുണ്ട്. വടെ കല്ല്കളി പാടില്ല്യാന്ന്. കല്ലാടും മുറ്റത്ത് നെല്ലാടില്ല. വേറെ എന്തെങ്കിലും കളിച്ചൂടേ?" കാള്യേമ്മായി അല്പം ദ്വേഷ്യത്തോടെ ചോദിച്ചു.

"ഈ അമ്മായി വേണ്ടതൊന്നും കേക്കില്ല. വേണ്ടാത്തതൊക്കെ കേക്കും. ചെവി കേക്കില്ല്യാന്ന് വെറുതെ പറയ്യാ." രാധേച്ചി കൊഞ്ഞനെ കുത്തി.

"ജയന് മാവേല്യേപ്പറ്റിയുള്ള ഓണപ്പാട്ടറിയോ? ഞാൻ സ്കൂളീന്ന് പഠിച്ചതാ." രാധേച്ചി പറഞ്ഞു.

"മാവേലി നാടുവാണീടും കാലം

മാനുഷരെല്ലാരുമൊന്നുപോലെ."

രാധേച്ചി പാടുന്നത് കേൾക്കാൻ നല്ല രസമുണ്ട്.

ചായ കൊണ്ടുവെച്ച് അച്ഛോപ്പോൾ: "തിന്നോ അരിമുറുക്കാ. രാധേടച്ഛൻ പാലക്കാട്ട്ന്ന് കൊണ്ടന്നതാ."

വെയിലാറി തിരികെ വീട്ടിലെത്തിയിട്ടും പപ്പനെ അവിടെങ്ങും കണ്ടില്ല. അത്താഴം കഴിഞ്ഞ് ഉമ്മറക്കോലായിൽ വർത്തമാനം പറയാൻ എല്ലാവരും കൂടി. പെണ്ണുങ്ങളുടെ ഇടയിൽ ചെന്ന് അമ്മൂമ്മയുടെ മടിയിൽ കിടന്നു. അമ്മൂമ്മ പതുക്കെ തലയിൽ വിരലോടിച്ചപ്പോൾ ആ സുഖത്തിൽ മയങ്ങിപ്പോയി. സൂര്യനുദിച്ചപോലെ പ്രകാശിക്കുന്ന മുഖത്ത് കൊമ്പൻ മീശ, തലയിൽ തിളങ്ങുന്ന കിരീടം. ദൂരെ എവിടെയോ

"മാവേലീ നാടുവാണീടുംകാലം
മാനുഷരെല്ലാരും ഒന്നുപോലെ."

ആരോ ഈണത്തിൽ പാടുന്നു. മാവേലിത്തമ്പുരാൻ പുഞ്ചിരിക്കുന്നു.

ഒരു സിനിമാക്കഥ

"**ഐ**ശ്വര്യമുള്ളവർ വേണം ഒന്നാന്തി കേറാൻ. മക്കളാണെങ്കിൽ അതിന്റെ ഗുണം കൂടും."

ഈ വിശ്വാസംകൊണ്ടാണ് എല്ലാ മലയാളമാസം ഒന്നാന്തിയുടെ തലേനാൾ വീട്ടിൽ ചെറിയൊരു ഒത്തുചേരൽ ഉണ്ടാകുന്നത്. ചെറിയമ്മയുടെ വീട്ടിൽ ഒന്നാന്തി കേറാൻ കുമാരേട്ടൻ തലേദിവസം രാത്രി കിടക്കാൻ വരും. കൂടെ വാലുപോലെ പപ്പനുണ്ടാവും. അച്ഛന്റെ ഒരകന്ന ശേഷക്കാരനും തന്റെ അടുത്ത കൂട്ടുകാരനുമാണ് മാധവൻ. പകലൂണ് കഴിഞ്ഞ് സന്ധ്യയാവുമ്പോഴക്കും മാധവനെത്തും. ഇറയത്ത് പുൽപ്പായ വിരിച്ച് അതിലാണ് എല്ലാവരും ഉറങ്ങാൻ കിടക്കുക. അന്ന് അവരുടെ കൂട്ടത്തിൽ കിടക്കുന്നതിൽ അമ്മയ്ക്ക് എതിർപ്പില്ല. രാവുണ്ണ്യേട്ടന് ഇതിലൊന്നും വിശ്വാസമില്ലത്രെ. അതുകൊണ്ട് കൂട്ടത്തിൽ കൂടാറില്ല. "നെനക്ക് ഇവടെ കെടക്കണത് ഇന്നൊരു ദിവസം മാതവീടവടെ കെടന്നൂടേ? ന്നട്ട് രാവിലെ ഇവടെ കേറിവന്നാ എന്റെ ബാരം തീർന്നൂലോ? ആരെങ്കിലും വന്നു കേറാതിരിക്കാൻ രാവിലെ ഞാൻ പടിക്കൽ കാവല് നിൽക്കണം. ശാരദേ കണ്ടാ വിളിച്ചുകേറ്റാം. ഗൗരിക്കുട്ട്യായാലും മതി." അമ്മൂമ്മ പറഞ്ഞു നിർത്തി. മലയാളമാസം അവസാനദിവസം ഒന്നാംന്തി കടക്കലിന്നായി ഒത്തുകൂടുന്ന കുട്ടികൾക്കെല്ലാം ഒരുത്സവമാണ്. ചിലപ്പോൾ കൈയിൽ കിട്ടുന്ന ചില്ലറകൊണ്ട് നേരത്തെത്തന്നെ തേങ്ങാപ്പിണ്ണാക്കും ശർക്കരയും വാങ്ങിവെക്കും. അത് തിന്നവസാനിപ്പിച്ചിട്ടേ ഉറങ്ങാറുള്ളൂ. നിലാവുണ്ടെങ്കിൽ ചിലപ്പോൾ അമ്പലപ്പറമ്പ് വരെ നടക്കും. കുമാരേട്ടനും മാധവനും കടംകഥകൾ പറയും.

മുറ്റത്തെ ചെപ്പിനടപ്പില്ല – കിണർ
കാള കിടക്കും കയറോടും – മത്തവള്ളി

മാമ്പഴക്കാലമാണെങ്കിൽ അടുത്തുള്ള വേലിയില്ലാത്ത ഏതെങ്കിലും മാവിന്റെ ചുവട്ടിൽ ചെല്ലും. പപ്പൻ രാത്രിയാണെങ്കിലും പൊത്തിപ്പിടിച്ച് കേറും. കുലുക്കിയിടുന്ന മാമ്പഴം തപ്പിപ്പിടിച്ചെടുത്ത് പങ്കിട്ട് തിന്നും. ചില പ്പോൾ അന്തോണിമാപ്ലേടെ കടവരെ കടയടയ്ക്കുന്നതിനു മുമ്പുതന്നെ പോകും. മിക്കവാറും അന്തോണി മാപ്ലേടെ അപ്പൻ ഔസേപ്പ്മാപ്ലയാവും കടയിലുണ്ടാവുക. കാലണയ്ക്ക് ശർക്കര ചോദിച്ച് അതെടുക്കാൻ അയാൾ അകത്തേക്ക് പോകുന്നതക്കത്തിൽ കടയുടെ മുന്നിലിരിക്കുന്ന ചാക്കിൽനിന്ന് തേങ്ങാപ്പിണ്ണാക്ക് പോക്കറ്റിൽ നിറയ്ക്കും. ഉറങ്ങുന്നതിനു മുമ്പുള്ള സംസാരത്തിന്റെ ശബ്ദം ഉയരുമ്പോൾ ചായ്പിൽ കിടക്കുന്ന മില്ലാക്കരേച്ചി പ്രാകും.

"ഈ നശിപ്പോള്. ഇവറ്റേടെ തൊണ്ട അടേണില്ലല്ലോ ന്റെ തേവരേ...!"

പിണ്ണാക്കും ശർക്കരയും തിന്നുകഴിഞ്ഞാൽ മൺകൂജയിലെ വെള്ളം നേരം വെളുക്കുമ്പോഴേക്കും കുടിച്ചുതീർത്തിട്ടുണ്ടാവും.

ഒരു ഒന്നാംതിയതി കിടപ്പിന് വന്നപ്പോൾ കുമാരേട്ടൻ പറഞ്ഞു. പുതി യൊരു സിനിമ വന്നിട്ടുണ്ട്. അടുത്ത ദിവസം പോകാമെന്ന്. എല്ലാവരും സമ്മതിച്ചു. സിനിമയ്ക്ക് പോകാമെന്ന് പറഞ്ഞുറപ്പിച്ച ദിവസം ഉച്ചയ്ക്ക് വീട്ടിൽ ചോദിച്ച് സമയത്തിന് കാശുമായി വരാമെന്ന് മാധവനും സമ്മ തിച്ചു. അമ്മ തന്ന കാശ് പോക്കറ്റിലിട്ട് നേരമായിട്ടും മാധവനെ കാണാ ത്തതുകൊണ്ട് അവനെ അന്വേഷിച്ച് അവന്റെ വീട്ടിലേക്ക് ചെന്നു. കര ച്ചിൽ കേട്ടപ്പോൾ സംശയിച്ച് പറമ്പിന്റെ ഇല്ലിപ്പടിക്കൽതന്നെ നിന്നു. തൂണോട് ചേർത്ത് കെട്ടിയിട്ട് അമ്മ പുളിവാറ് കൊണ്ട് അവനെ അടി ക്കുന്നതാണ് കണ്ടത്.

"നെനക്ക് നേരത്തിന് തിന്നാൻ തന്നാപ്പോരേടാ നായേ, സിനിമയ്ക്ക് കാശും തരണോ? നിന്റെ തന്ത കൊണ്ടന്നു തരിണുണ്ടോ ഇവിടെ?"

പപ്പൻ ഒപ്പമുണ്ടോ എന്നുപോലും നോക്കാതെ തിരിച്ച് വീട്ടിലേക്കോടി. അമ്മൂമയോട് എല്ലാം പറഞ്ഞു.

"അമ്മുട്ടി എത്ര കഷ്ടപ്പെട്ടാ അതിനെ വളർത്തണേ. അവന്റെ കണ്ണ് തെളിഞ്ഞിട്ട് വേണം അവൾക്ക് ശ്വാസംവിടാൻ. അവനുള്ള കാശ് ഞാൻ തരാം." അമ്മൂമ്മ സമാധാനിപ്പിച്ചു. മാധവന്റെ അമ്മയെക്കൊണ്ട് സമ്മതി പ്പിക്കാനും അമ്മൂമ്മ വേണ്ടിവന്നു.

പിറ്റേ ദിവസം മാറിനിക്കായതുകൊണ്ട് ഉച്ചയൂണ് കഴിഞ്ഞ് കുറച്ചു നേരത്തെതന്നെ പുറപ്പെട്ടു. വീട്ടിൽനിന്ന് രക്ഷപ്പെടാനുള്ള തിരക്കായി രുന്നു. അമ്മയും അമ്മൂമ്മയുമില്ലാതെ ആദ്യമാണ് സിനിമയ്ക്ക് പോവു ന്നത്.

"കുമാരാ, കുട്ട്യേ നോക്കണം ട്ടാ. തെരക്കില് തന്നെ വിടര്ത്."

"പേടിക്കണ്ട വല്ല്യമ്മേ... ഞാൻ ഒപ്പം നിർത്തിക്കോളാം."

ടാക്കീസിനടുത്ത് വഴിയോരത്ത് ആളുകൾ കൂടിനിൽക്കുന്നതു കണ്ടു. 'നാടക്കുത്ത്.' കുമാരേട്ടൻ പറഞ്ഞു. ഒരു തമിഴനാണ്. നാട ചുരുട്ടി മടക്കി വട്ടത്തിലാക്കി വെച്ചിട്ടുണ്ടാവും. കളിക്കാൻ ഇഷ്ടമുള്ള കാശ് വെക്കാം. കളി ജയിച്ചാൽ വെച്ച കാശിന്റെ ഇരട്ടി കിട്ടും. "വെയ് രാജ വെയ്. ഒന്നു വെച്ചാൽ രെണ്ട്. രെണ്ട് വെച്ചാൽ നാല്." അയാൾ ആളുകളെ വിളിക്കുകയാണ്. പപ്പൻ അവിടെ നിന്നു.

"വേണ്ട കാശ് പോവും." കുമാരേട്ടൻ വിലക്കി.

പപ്പൻ കേട്ടഭാവമില്ലാതെ ഒരണ വെച്ചു. തമിഴൻ പപ്പന് പെൻസിൽ പോലൊന്ന് കൊടുത്തു. വട്ടത്തിൽ വെച്ചിട്ടുള്ള നാടയുടെ നടുക്ക് കുത്താൻ പറഞ്ഞു. പപ്പൻ കുത്തി. അയാൾ നാട വലിച്ചു. രണ്ടറ്റവും വലിക്കും. പെൻസിൽ നാടയിൽ കുടുങ്ങിയാൽ പപ്പൻ ജയിച്ചു. ഇരട്ടി കാശ് കിട്ടി. ഒരണയ്ക്ക് പകരം രണ്ടണ കിട്ടി.

"മതീടാ സിനിമ തൊടങ്ങാറായി." കുമാരേട്ടൻ തിരക്കുകൂട്ടി.

"ഒരു പ്രാവശ്യംകൂടി."

ഇത്തവണ പപ്പൻ കൈയിലുള്ള മുഴുവൻ കാശും വെച്ചു. അയാൾ വലിച്ചു. പെൻസിൽ നാടയിൽ കുടുങ്ങിയില്ല. അഴിഞ്ഞുപോന്നു. വെച്ച കാശ് മുഴുവനും പോയി. എല്ലാവരുടെ കൈയിലും ടിക്കറ്റിനുവേണ്ട കാശ് മാത്രമേ ഉണ്ടായിരുന്നുള്ളൂ. ഇനിയെന്തു ചെയ്യും? ഒരു പൊലീസ് ആ ഭാഗത്തേക്ക് വരുന്നതു കണ്ടതോടെ നാടകകളിക്കാരൻ മാഞ്ഞുപോയി.

"ഇവൻ കാരണം ഇന്ന് സിനിമ ഗോപി." കുമാരേട്ടൻ പപ്പന്റെ തലയിൽ കിഴുക്കി.

"വേണ്ടോര് കണ്ടോ... ഞാൻ പറഞ്ഞോ കാണണ്ടാന്ന്."എന്റെ കാശല്ലേ പോയേ... പപ്പൻ സങ്കടത്തോടെയാണെങ്കിലും പറഞ്ഞു.

പപ്പൻ പറഞ്ഞെങ്കിലും ആരും സിനിമയ്ക്ക് പോയില്ല. ഏറ്റവും സങ്കടം മാധവനായിരുന്നു. വീണ്ടുമൊരിക്കൽ അവന്റെ അമ്മ സമ്മതിക്കോ? അവന്റെ കണ്ണു നിറയുന്നതു കണ്ടപ്പോൾ കരച്ചിൽ വന്നു.

ഇടിവണ്ടി

അമ്പലത്തിനടുത്ത് ഇല്ലപ്പറമ്പിന്റെ വേലി ആരോ പൊളിച്ചു. പൊളിച്ചതു കൊണ്ട് അമ്പലത്തിലേക്ക് കടക്കാനുള്ള വഴി അടച്ചു. അരിമാവ് ചീനച്ചട്ടിയിൽ പരത്തി വെളിച്ചെണ്ണയിൽ ചുട്ടെടുത്ത അപ്പവും ചായയും കഴിച്ച് മുറ്റത്തിറങ്ങാൻ നിൽക്കുമ്പോഴാണ് പപ്പൻ ഓടിവന്നത്.

"വാടാ പോയി നോക്കാം."

സ്കൂളിൽ പോയിത്തുടങ്ങിയതിനുശേഷം പപ്പനോടൊപ്പം പുറത്തു പോയി കളിക്കാൻ അമ്മ സമ്മതിക്കാറുണ്ട്.

"ലഹളേടെ എടയിലേക്കൊന്നും പോണ്ട. മാറി നിന്നാ മതി."

കേട്ടപാതി ഓടി റോഡിലെത്തി.

"അവടെ ഒരു ഇടിവണ്ടി നെറയെ പൊലീസാത്രേ."

"വേലി പൊളിച്ചത് കമ്മുക്കളാത്രെ."

"അതാരാ കമ്മുക്കള്?"

"സമരം നടത്തേം വേലി പൊളിക്കേം ഒക്കെ ചെയ്യുന്നോരാ."

"ടൗണിൽ കോളേജി പഠിക്കണ പ്രഭുവേട്ടനാ നേതാവ്. തെക്കേ മന യ്ക്കലെ കണ്ണൻ നമ്പൂരീം പിന്നെ കൊറെ കീഴ്ജാതിക്കാരൂണ്ട്."

ഇടവഴി തിരിഞ്ഞപ്പോൾതന്നെ ആൾക്കൂട്ടം കണ്ടു. പൂരത്തിനു കെട്ടിയ ആനപ്പന്തലിലും ആലിൻചുവട്ടിലും നിറയെ ആളുകൾ. വഴിയുടെ ഓരത്ത് പപ്പൻ പറഞ്ഞ ഇടിവണ്ടിയും പിന്നൊരു ജീപ്പും. തൈച്ചേരി തെക്കു ഭാഗത്തുനിന്ന് വരുന്ന വലിയ സ്കൂളിലേക്ക് പോകുന്ന മുതിർന്ന ചേട്ട ന്മാരെ തിരിച്ചറിഞ്ഞു. വല്യാളരുടെ നേതാവ് പേങ്ങൻ മുന്നിൽതന്നെ നിൽക്കുന്നുണ്ട്.

"പിള്ളേളരൊക്കെ അവടന്ന് മാറിപ്പോ."

ഒരു പൊലീസുകാരൻ തടഞ്ഞു. അയാൾ കാണാതെ മറുഭാഗത്തു കൂടി വണ്ടിയുടെ തുറന്നിട്ട പിൻവാതിലിലെത്തി. സീറ്റിൽ പ്രഭുവേട്ടനും കണ്ണൻ തിരുമേനിയും ഓട്ടുകമ്പനിയിൽ പണിയെടുക്കുന്ന പുരുഷുവും പിന്നെ കണ്ടിട്ടില്ലാത്ത മൂന്നാലുപേരും ഇരിപ്പുണ്ട്. കൂടെ രണ്ടുമൂന്നു പൊലീസുകാരും. ഇല്ലത്തുനിന്ന് ഇറങ്ങിവന്ന പൊലീസിനെ കണ്ടപ്പോൾ 'ഇൻസ്പെക്ട്രറാ" പപ്പൻ പിറുപിറുത്തു. അവിടെ നിന്നിരുന്ന പൊലീസു കാരോട് എന്തോ പറഞ്ഞ് അയാൾ ജീപ്പിൽ കയറി. മുന്നിൽ ജീപ്പും പിന്നിൽ ഇടിവണ്ടിയുമായി നീങ്ങാൻ തുടങ്ങിയപ്പോൾ അതിനകത്തുള്ള വർ കൈ ചുരുട്ടി ഇങ്കിലാബ് സിന്ദാബാദ്, ജന്മിത്തം തുലയട്ടെ എന്നൊക്കെ ഉച്ചത്തിൽ വിളിച്ചുകൊണ്ടിരുന്നു. പുറത്തുനിൽക്കുന്ന ചിലരും അവരോ ടൊപ്പം കൈ ചുരുട്ടി പറയുന്നുണ്ടായിരുന്നു. ചിലർ കൈയിലുണ്ടായി രുന്ന ചുവന്ന കൊടി ഉയർത്തിപ്പിടിച്ചു. രണ്ടു പൊലീസുകാർ അവിടെ ത്തന്നെ നിന്നു.

"എല്ലാവരും പിരിഞ്ഞു പോ."

കുറച്ചുപേർ ഒരു ജാഥയായി ചുവന്ന കൊടി വീശി തെക്കോട്ട് പോയി. തിരിച്ചുപോകുമ്പോൾ പപ്പനോട് ചോദിച്ചു.

"ഇങ്കിലാപ്പ് സിന്ദാബാ എന്ന് പറഞ്ഞാ എന്താ?"

"ആ എനിക്കറീല്ല്യ. ഒറക്കെ പറഞ്ഞാ പൊലീസ് പിടിക്കും."

അത്താഴം കഴിഞ്ഞ് ഉമ്മറത്തിണ്ണയിൽ രാവുണ്ണ്യേട്ടന്റെ അടുത്തുവന്നിരുന്നു. അമ്മ ചോദിക്കുന്നതു കേട്ടു.

"എന്താടാ ഇന്ന് അമ്പലപ്പറമ്പിലുണ്ടായത്?"

അവരുടെ ഇടയിൽ ചെന്നിരുന്നു.

"ഫുട്ബാൾ മത്സരത്തിന്റെ ബാക്ക്യാ ഓപ്പളേ. ഫുട്ബാളിനുവേണ്ടി മനപ്പറമ്പീന്ന് തിരിച്ചിട്ട സ്ഥലംണ്ടല്ലോ അത് കഴിഞ്ഞാഴ്ച തിരുമേനി കെട്ടി അടപ്പിച്ചു.

"അതെന്തിനാടാ?"

"വെള്ളിക്കപ്പിനുവേണ്ടീള്ള മത്സരാണല്ലോ? ഇത്രേം കൊല്ലായിട്ട് ഒരു കശപിശംല്ലാണ്ട് എത്ര നന്നായി നടന്നിരുന്നതാ. എവിടന്നൊക്ക്യാ ടീമോള് വരണത്ന്നാ. കഴിഞ്ഞ രണ്ട് കൊല്ലോം പുല്ലൂര് ടീമാ ജയിച്ചത്. മൂന്നു കൊല്ലം തൊടർച്ചയായീട്ട് ജയിച്ചാ കപ്പ് സ്വന്താവും. ഫൈനലില് എന്ത് വീറും വാശീം ആയിർന്നു. മൂന്നു ഗോളിനാ പുല്ലൂര് ജയിച്ചത്. കപ്പ് കിട്ട്യപ്പോ പുല്ലൂര് ടീമിന് ഹുങ്ക് കേറി. തിരുമേനീടെ മുമ്പി വെച്ചെന്നെ ടീമിലെ ചിലർ കിട്ടിയ കപ്പിൽ കള്ളൊഴിച്ച് കുടിക്കാനും കളിയാക്കാനും തൊടങ്ങി. കണ്ട് നിന്നവരൊക്കെ വല്ലാണ്ടായി. തടയാൻ ചെന്നോരെ തെറി വിളിച്ചു. ലഹരി പിടിച്ച് ഉന്തും തള്ളുമായി. പിറ്റേദെവസംതന്നെ തിരുമേനി പറമ്പിനുചുറ്റും മുള്ളുവേലി കെട്ടി. മനയ്ക്കലെ സ്വകാര്യസ്വത്തല്ലേ? കമ്മ്യൂണിസ്റ്റുകാർക്ക് അത് രസിച്ചില്ല. വേലി പൊളിച്ചതിന്റെ പിന്നിൽ അവരാ. നേതാക്കളെ പൊലീസ് പിടിച്ചുകൊണ്ടുപോയി. നല്ല ചത കിട്ടും. ഇത് ഇവടംകൊണ്ടവസാനിക്കുംന്ന് തോന്നിണില്ല്യാ."

"എന്തെങ്കിലുമാവട്ടെ. നീ വേണ്ടാത്തേനൊന്നും പോണ്ട. മുമ്പ് ഒരു ചോന്ന ഷർട്ടൊക്കെ തുന്നി ഇട്ടോണ്ട് നടന്നതല്ലേ? ഇനി ഒന്നിനും പോണ്ട. അത് പൊറത്ത് കാണിക്കണ്ട."

രാവുണ്ണ്യേട്ടൻ ഒന്നും മിണ്ടിയില്ല.

"നീ അവന്റെ വായീ കേറി ഇരിക്ക്യാ. പോയി കെടക്ക് ചെക്കാ."

അമ്മ അകത്തേക്കും രാവുണ്ണ്യേട്ടൻ പടിക്കലേക്കും നടന്നു. ഒറ്റയ്ക്കായപ്പോൾ പുറത്തെ ഇരുട്ടിലേക്ക് നോക്കി പതുക്കെ പറഞ്ഞു നോക്കി, "ഇങ്കിലാപ്പ് സിന്ദാബാ." ആരും കേട്ടില്ല. പൊലീസ് ഇടിവണ്ടിയിൽ കേറ്റി അവരെ എങ്ങോട്ടാണാവോ കൊണ്ടുപോയത്. പപ്പനോട് നാളെ ചോദിക്കാം. അവന്റെ അച്ഛന് അറിയാമായിരിക്കാം. ജയിലിൽ ചോറിന് പകരം ഒരു നേരം ഗോതമ്പ് ഉണ്ടയാണ് കൊടുക്കുന്നതെന്ന് അവനാണ് പറഞ്ഞത്.

പെട്രോള് വണ്ടി

അച്ഛൻ നാട്ടിലെത്തിയിട്ട് മൂന്നാലു മാസമായി. പിരിഞ്ഞുപോരുമ്പോൾ അനുവദിച്ച കാശും മാസാമാസമുള്ള പെൻഷനും ശരിയാവാൻ സമയമെടുക്കുമത്രെ. അച്ഛന്റെ പേരെഴുതിയ വലിയൊരു ട്രങ്കുപെട്ടി, ചാരനിറത്തിലുള്ള കവറിനകത്ത് കനം കുറഞ്ഞ കിടയ്ക്ക, പിന്നൊരു ബാഗ്. ഇത്രയും സാധനങ്ങൾ വീട്ടിൽ പുതുതായി എത്തി. ട്രങ്ക് അകായിയുടെ മൂലയിലാണ് വെച്ചത്. അതിനകത്ത് അച്ഛന്റെ പഴയ പട്ടാളഉടുപ്പുകളും കമ്പിളിക്കുപ്പായങ്ങളും ഉണ്ട്. രണ്ട് കമ്പിളിപ്പുതപ്പുണ്ടായിരുന്നതിൽ ഒന്ന് അമ്മൂമ്മ വല്യമുത്തശ്ശിക്ക് കൊടുത്തയച്ചു. മൂന്നുനാലുതരത്തിലുള്ള ഷൂസുകൾ പഴയ തുണിയിൽ പൊതിഞ്ഞ് അകത്തെ ഇടച്ചുമരിന്റെ മുകളിൽ രാവുണ്ണ്യേട്ടന്റെ പെട്ടിക്കരികിൽ വെച്ചു. അച്ഛന്റെ കിടക്കയുടെ കവർ രാവുണ്ണ്യേട്ടൻ സ്വന്തമാക്കി. അച്ഛൻ മിക്കവാറും എല്ലാ ദിവസവും യാത്രയിലായിരിക്കും; പട്ടാളത്തിലുണ്ടായിരുന്ന കൂട്ടുകാരെ കാണാൻ, കൊല്ലത്തും കൊച്ചിയിലുമായി യാത്രതന്നെ.

"ഇത്തവണ എന്താത്ര വൈകണത് ആവോ? പോയിട്ട് ഇന്നേക്ക് ദെവസം അഞ്ചായി." അമ്മ അമ്മൂമ്മയോട് സങ്കടം പറയുന്നതു കേട്ടാണ് ഉറങ്ങാൻ കിടന്നത്.

രാവിലെ എണീറ്റ് വന്നപ്പോൾ ഉമ്മറത്ത് അച്ഛനിരിക്കുന്നു. വടക്കേ വീടിന്റെ മുറ്റത്ത് നിന്ന് കുഞ്ഞച്ഛൻ ചോദിച്ചു.

"ശര്യായില്ലേ? അച്ഛനെണീറ്റ് വേലിക്കലേക്ക് പോയി. അച്ഛനോട് സംസാരിക്കാൻ. "കേട്ടിട്ടുണ്ട് ധാരാളം. കൊച്ചീലും കൊല്ലത്തും ഒരുപാട് ബിസിനസ്സുകളുണ്ട്. പെട്രോൾ പമ്പ് കൂടാതെ ബ്രാണ്ടിക്കട ഒക്കെയുള്ള ആളാ. പി.സി. ജോഹർ. വടക്കേ ഇന്ത്യക്കാരനാ. വണ്ടി എത്രണ്ണംണ്ട്.".കുഞ്ഞച്ഛന്റെ മുറിഞ്ഞു മുറിഞ്ഞുള്ള ശബ്ദം.

"അപ്പോ കൊച്ചീലോ കൊല്ലത്തോ കിട്ടും അല്ലേ?" കുഞ്ഞച്ഛൻ ചോദിച്ചു.

"മിക്കവാറും കൊല്ലത്താവും." അച്ഛൻ പറയുന്നത് കേട്ടു.

"എന്നേക്ക് ജോലിക്ക് ചേരണം?" കുഞ്ഞച്ഛൻ വീണ്ടും ചോദിച്ചു.

"നാളെന്നെ." അച്ഛൻ പറഞ്ഞു.

വാതിൽക്കൽനിന്ന അമ്മയുടെ മുഖത്ത് ചിരി.

അമ്മൂമ്മ അടുക്കളയിൽ ചുറ്റിത്തിരിയുന്നു.

"കൊല്ലത്തേക്ക് പോവുമ്പോ എങ്ങള്യേം കൊണ്ട്വോവോ?"

"ഹെവടെ? കൊല്ലം കണ്ടോന് ഇല്ലം വേണ്ടാന്നാ ചൊല്ല്." മഠത്തിലെ പണിക്ക് പുറപ്പെടുന്നതിനിടയിൽ മില്ലാക്കരേച്ചി.

രാവുണ്ണ്യേട്ടൻ തിണ്ണയിൽ ഒടിഞ്ഞുതൂങ്ങിയിരിപ്പാണ്.

"ഈ ചെക്കനെന്താ വസന്തവന്ന കോഴ്യേപോലെ?"

കുറച്ചു ദിവസമായി രാവുണ്ണ്യേട്ടന് വിട്ടുവിട്ട് പനിയും വയറുവേദന യുമാണ്. തലേദിവസം ഛർദ്ദിച്ചു. അമ്മൂമ്മ പുറംതലോടുന്നതും അമ്മ വാ കഴുകാനും കുടിക്കാനും വെള്ളം കൊടുക്കുന്നതും കണ്ടതാണ്. വിറപ്പനി വന്നപ്പോൾ അച്ഛൻ കൊണ്ടുവന്ന കമ്പിളികൊണ്ട് മൂടിപ്പുതപ്പിച്ചു. ദൈവങ്ങളുടെ പടത്തിന് താഴെയുള്ള പലകപ്പുറത്തുനിന്ന് ചന്ദനമുട്ടി എടുത്ത് അമ്മിക്കല്ലിന്റെ അറ്റച്ച് അരച്ച് ഇലക്കീറിലാക്കി അമ്മൂമ്മ നെറ്റി യിൽ കുളിർക്കെ പുരട്ടി. എന്നിട്ടും "തല വെട്ടിപ്പൊളിക്കുന്ന വേതന" എന്ന് രാവുണ്ണ്യേട്ടൻ പറഞ്ഞുകൊണ്ടിരുന്നു.

"തേവരേ, ന്റെ കുട്ട്യേ കാത്തോളണേ..." അമ്മൂമ്മ രാവുണ്ണ്യേട്ടന്റെ അടുത്തുതന്നെയിരുന്നു.

"പനി കൊറഞ്ഞോടാ?" നെറ്റിയിലും കഴുത്തിലും തൊട്ടുനോക്കി ചെറിയമ്മ.

"ഏടത്ത്യേ മഞ്ഞപ്പിത്തോന്ന് നോക്ക്യാ? ഇപ്പൊ എല്ലാടത്തും ഉണ്ടത്രെ. മൂത്രത്തില് ഇത്തിരി ചോറ്വറ്റ് ഇട്ട് നോക്ക്യാ മതി."

ചിരട്ട വൃത്തിയായി കഴുകി മൂത്രം പിടിച്ച് ചോറ് ഇട്ട് ഇറക്കാലിൽ ഒരു കല്ലിനു മുകളിൽ കയറ്റിവെച്ചു.

സ്കൂളിൽ വന്നപ്പോൾ, "അവനെ തൊടാനൊന്നും പോണ്ട. മഞ്ഞ പ്പിത്താ."

ചോറ്വറ്റ് മഞ്ഞനിറമായത്രെ. പിറ്റേന്ന് മുതൽ സ്കൂളിൽ പോവുന്ന തിനു മുമ്പ് ഇക്കാവമ്മയുടെ വീട്ടിൽനിന്ന് പശുവിൻപാൽ വാങ്ങാൻ അമ്മ ഒരു പിച്ചളമൊന്ത തരും. മില്ലാക്കരേച്ചി തലേദിവസം വലിച്ചുകൊണ്ടു വരുന്ന കീഴാർനെല്ലി നന്നായി കഴുകി അരച്ചെടുത്ത് മെന്തയിലിട്ട് വെക്കും. രാവിലെ വെറുംവയറ്റിൽ പാലിൽ കലക്കി അമ്മൂമ്മ രാവുണ്ണ്യേട്ടനെ കുടിപ്പിക്കും. മൂന്നാലു ദിവസംകൊണ്ട് പനി വിട്ടു. കണ്ണിലുണ്ടായിരുന്ന മഞ്ഞപ്പും പോയി. അതോടെ മയിലാഞ്ചിവേര് ചതച്ചിട്ട് കൊടുക്കുന്ന പൊടിയരിക്കഞ്ഞി വേണ്ട, ചോറ് മതിയെന്ന് രാവുണ്ണ്യേട്ടൻ വാശിപിടിച്ചു.

"മൂത്രത്തിലെ മഞ്ഞനെറം മുഴോനും പോയ്യ്യോന്ന് അറിഞ്ഞിട്ട് മതി ചോറും സാമ്പാറും. ചെക്കാ, വന്നത് വന്നപോലങ്ങട് പോട്ടെ."

ക്ഷീണംകൊണ്ടാവണം പതിവുപോലെ തർക്കിക്കാൻ നിൽക്കാതെ രാവുണ്ണ്യേട്ടൻ പോയി കിടന്നു. രാവുണ്ണ്യേട്ടൻ പഴയ അവസ്ഥയിലെത്തു ന്നതുവരെ അമ്മൂമ്മ കാവലിരുന്നു.

ഒരു ദിവസം ഉച്ചയ്ക്കു മുമ്പുള്ള ഇന്റർവെല്ലിന് കുറെ കുട്ടികൾ സ്കൂളിന്റെ പടിക്കലേക്ക് ഓടുന്നത് കണ്ടു. ചുവപ്പും വെള്ളയും ചായ മടിച്ച വണ്ടി. ആദ്യമായിട്ടാണ് അങ്ങനെയുള്ള വണ്ടി കാണുന്നത്. ലോറി യല്ല, ബസ്സുമല്ല. ഡ്രൈവർ ഇരിക്കുന്നതിന്റെ പിന്നിൽ വെളുത്ത് ഉരുണ്ട് കോഴിമുട്ടപോലൊരു ടിന്ന്. അതിന് രണ്ട് അടപ്പുകൾ. ഒരു ഭാഗത്ത് ഒരു

ഏണി പിടിപ്പിച്ചിട്ടുണ്ട്. ആറു ചക്രങ്ങളിലാണ് വണ്ടി ഓടുന്നത്. വശങ്ങളിൽ ചുവന്ന അക്ഷരങ്ങളിൽ ഇംഗ്ലീഷിൽ എഴുതിവെച്ചത് വായിക്കാൻ പറ്റിയില്ല. ഉച്ചയ്ക്ക് ഉണ്ണാൻ പോകുമ്പോൾ പപ്പൻ എല്ലാം പറഞ്ഞുതന്നതാണ്. അവനും ചില കൂട്ടുകാരും വണ്ടിയുടെ പിന്നാലെ കുറച്ചുദൂരം ഓടിയത്രെ. വീട്ടിലെത്തിയപ്പോൾ അമ്മു പറഞ്ഞു, "അച്ഛൻ വന്നിരുന്നെടാ. ജോഹറുടെ പെട്രോൾ വണ്ടീല്. ഉണ്ണാനൊന്നും നിന്നില്ല്യ. രാത്രിയാവുമ്പോഴേക്കും കൊല്ലത്തെത്തണത്രെ."

പപ്പൻ ഓടിവന്നു. "നമ്മള് കണ്ടത് നെന്റെ അച്ഛന്റെ വണ്ട്യാർന്നു. ച്ഛെ... അതിലൊന്നു കേറാൻ പറ്റില്ല്യലോ."

"വാടാ പോവാം. ബെല്ലടിക്കും."

"നിങ്ങള് കൊല്ലത്തേക്ക് പോവാല്ലേ? ന്റെ അമ്മ പറഞ്ഞു."

"നമ്മളെന്നാമ്മേ കൊല്ലത്തേക്ക് പോണത്?"

"അച്ഛൻ നോക്കണുണ്ട്. ആദ്യം ഒരു വീടെടുക്കണം. നെനക്ക് ഇക്കൊല്ലംതന്നെ അവടെ സ്കൂളില് തൊടർന്ന് പടിക്കാൻ പറ്റ്വോന്ന് അറിയണം."

അമ്മയാകെ സന്തോഷത്തിലാണ്. അമ്മൂമ്മ മാത്രം കൊല്ലത്തേക്ക് പോവുന്ന കാര്യം പറയുന്നില്ല. ഉച്ചയ്ക്ക് ചെറിയമ്മയുടെ വീട്ടിലേക്ക് കേറിച്ചെന്നതായിരുന്നു.

"ഏടത്തിക്കെന്താ പ്രാന്തുണ്ടോ? എന്തിനാ വേണ്ടാത്തതൊക്കെ ആലോചിച്ചുകൂട്ടണേ? അവള് അവൾടെ നായരുടെകൂടെ സുകായിട്ട് ഇരിക്കല്ലേ വേണ്ടത്? മദിരാശീം ബോംബെന്നുല്ലല്ലോ? കൊല്ലം അത്ര ദൂരൊന്നുംല്ല."

വാതിൽക്കൽ കണ്ടപ്പോൾ, മടിയിൽ പിടിച്ചിരുത്തി നെറുകയിൽ അമ്മൂമ്മ ഉമ്മവെച്ചു.

"ഏടത്തിക്ക് ഇവനെ പിരിയാനാ ദണ്ണം? ഇവിടെ നിർത്താൻ ഇവന്റെ അച്ഛൻ സമ്മതിക്കോ?"

രാത്രി ഉറങ്ങാൻ കിടക്കുമ്പോൾ അമ്മൂമ്മയുടെ കണ്ണുനീർ മുഖത്തും കൈയിലും വീഴുന്നതിന്റെ കാരണം ഇപ്പോൾ മനസ്സിലായി.

കറപ്പൻ

നരയൻകുന്നിന്റെ പടിഞ്ഞാറ് ഭാഗത്ത് പഴയൊരു കെട്ടിടമുണ്ടായിരുന്നു. 'ബൂത വെള്ളാവ്' എന്നാണ് നാട്ടുകാർ വിളിച്ചിരുന്നത്. കുറെ വർഷങ്ങൾക്കു മുമ്പ് അവിടെ ഒരു സായ്പും മദാമ്മയും താമസിച്ചിരുന്നു. നാട്ടുകാർ സംശയത്തോടെയാണ് അവരോട് ഇടപഴകിയത്. പുറംപണിക്കും മറ്റു സഹായങ്ങൾക്കുമായി കറപ്പൻ മാത്രം സായ്പിന്റെ കൂടെ നിന്നു.

ആ പറമ്പിൽതന്നെയുള്ള ഒരു ചെറിയ കെട്ടിടത്തിലാണ് കറപ്പനും കുടുംബവും താമസം. ബിലാത്തിയിൽനിന്ന് കൊണ്ടുവന്ന മോട്ടോർവണ്ടിയിൽ സായ്പ് ഇടയ്ക്കിടെ കൊച്ചിക്കു പോവും. അവിടെനിന്നാണ് ആവശ്യമുള്ള സാധനങ്ങൾ വാങ്ങുക. കറപ്പനിലൂടെയാണ് നാട്ടുകാരുമായുള്ള ബന്ധം.

നാട്ടിൽ നടപ്പുദീനം വന്നപ്പോൾ സായ്പ് സഹായത്തിനെത്തി. എന്നാൽ സായ്പ് പറയുന്നത് ആളുകൾ ശ്രദ്ധിച്ചില്ല. കറപ്പനും കുടുംബത്തിൽ എല്ലാവർക്കും ദീനം വന്നു. മൂന്നാമത്തെ ചെക്കൻ മരിച്ചു. ഭാര്യ ചക്കിക്കാകട്ടെ ഒരു കണ്ണിന്റെ കാഴ്ചയും പോയി. ഒരാളും തിരിഞ്ഞു നോക്കിയില്ല. എല്ലാവരും ചത്തുകെട്ടുപോയി എന്നാണത്രെ നാട്ടുകാർ കരുതിയത്. പെട്ടെന്നൊരു ദിവസം കറപ്പൻ പ്രത്യക്ഷപ്പെട്ടു. മുഖത്താകെ വസൂരിക്കുത്ത്. നിറം മങ്ങിയ ഷർട്ടും കാൽചട്ടയുമാണ് വേഷം.

കഴുത്തിൽ ഒരു കറുത്ത നൂലിൽ യേശുവിന്റെ പടം.

"ഞങ്ങ മതം മാറി." കറപ്പൻ എല്ലാവരോടും പറഞ്ഞുനടന്നു. "ഞാൻ മത്തായി. അവള് മറിയം."

"സായ്പ് ഏമാനും മദാമ്മ കൊച്ചമ്മേ്യം ഞങ്ങടെ തൈവങ്ങളാ. ചാവാൻ കെടന്നപ്പോ ഒരിറ്റ് വെള്ളം തന്നത് അവരാ. പിള്ളേരെ തൂരെ പള്ളി വക പള്ളിക്കൂടത്തിലാക്കി. ഇപ്പോ മനുസരേപോലെ കഴിയുന്നു."

കാലം കഴിയവേ കറപ്പനേയും മക്കളേയും ആളുകൾ മറന്നു. പിന്നീട് സായ്പും മദാമ്മയും അവരുടെ നാട്ടിലേക്ക് തിരിച്ചുപോയത്രെ. ഇതിനിടയിൽ ദൂരെയുള്ള പള്ളിയിൽനിന്ന് വെള്ള ഉടുപ്പും കൈയിൽ കുരിശുമായി അച്ചന്മാർ വന്ന് അവർ പുലയക്കുടിലുകളിൽ പ്രാർത്ഥന നടത്തുകയും ചെറിയ ചെറിയ സഹായങ്ങൾ ചെയ്തുകൊടുക്കുകയും പതിവായി. നാട്ടുകാരിൽ ചിലർക്ക് അതിൽ എതിർപ്പുണ്ടായിരുന്നു.

അന്തോണിമാപ്ല ആ നാട്ടിൽ വരുമ്പോൾതന്നെ നസ്രാണിയായിരുന്നു. കവലയിൽ കച്ചവടം തുടങ്ങിയപ്പോൾ അയാളുടെ ചില ബന്ധുക്കളും കൂട്ടുകാരും തൈച്ചേരിയിൽ എത്തി. അതോടെ നസ്രാണികളുടെ എണ്ണം കൂടി. ആഴ്ചയിലൊരിക്കൽ ഏതെങ്കിലുമൊരാളുടെ വീട്ടിൽ ഒത്തുകൂടി പ്രാർത്ഥന നടത്തും. ഞായറാഴ്ചകളിൽ ദൂരെയുള്ള പള്ളിയിലേക്ക് കൂട്ടമായി പോകുന്നതും കാണാം.

മരം വെട്ടുകാരൻ കോന്നനാണ് പറഞ്ഞത്. "ബൂതവഗ്ലാവിൽ ആൾത്താമസം തുടങ്ങി. കെട്ടിടം പുതുക്കി പണിയാൻ തുടങ്ങിയപ്പോൾ ഒന്നുരണ്ടു മരം മുറിക്കേണ്ടിവന്നു. പറമ്പിലെ കാടും പടലും വീശി പൂച്ചെടികൾ നട്ടു. വണ്ടി പോകാൻ പാകത്തിൽ നടപ്പാത വലുതാക്കി. കെട്ടിടം വെള്ള പൂശി. പിന്നെ എന്തൊക്കെയോ മരാമത്ത് നടക്കുന്നുണ്ട്. പണിക്കാരെല്ലാം പുറത്തുനിന്ന് വന്നവരാണ്." അന്തോണിമാപ്ല കടയിൽ വരുന്നവരോടും പോകുന്നവരോടും പറഞ്ഞാണ് പിന്നീട് കാര്യങ്ങൾ അറിഞ്ഞത്. മുമ്പ് അവിടെ താമസിച്ചിരുന്ന ബെഞ്ചമിൻ സായ്പിന്റെ മകന്റെ

മകൻ വില്യം സായ്പ് അവിടെ താമസം തുടങ്ങുകയാണ്. കൂർഗിൽ വലിയ ചായത്തോട്ടം സ്വന്തമായുണ്ട്. അവിടെ പണി ഇല്ലാത്ത കാലത്ത് തൈച്ചേരിയിലെ ബംഗ്ലാവിൽ താമസിക്കുമത്രേ.

അന്നൊരു ഞായറാഴ്ചയായിരുന്നു. വെളുപ്പിന് എണീക്കാതെ മടി പിടിച്ച് ഞാൻ വീണ്ടും കിടന്നു. ഉറങ്ങാൻ നല്ല സുഖം. ആരൊക്കെയോ സംസാരിക്കുന്ന ഒച്ച. എല്ലാവരും വഴിയിലേക്ക് നോക്കി മുറ്റത്തുതന്നെ നിൽക്കുന്നു. വെള്ളത്തുണി ഉടുത്ത കുറെ ആളുകൾ ജാഥപോലെ പോകുന്നുണ്ട്. പെണ്ണുങ്ങൾ കുപ്പായവും മുണ്ടും ഉടുത്തിരിക്കുന്നു. പിന്നിൽ വിശറിപോലെ ചുരുട്ടിവെച്ച മുണ്ടുടുക്കൽ മുമ്പ് കണ്ടിട്ടുണ്ട്. ചില ദിവസങ്ങളിൽ അന്തോണി മാപ്ലയുടെ കടയിൽ ചെല്ലുമ്പോൾ ചേട്ടത്ത്യാർ എന്ന് ആളുകൾ വിളിക്കുന്ന അയാളുടെ ഭാര്യയെ കണ്ടിട്ടുണ്ട്. പെൺകുട്ടികൾ പാവാടയും ബ്ലൗസും കൂടാതെ വലപോലുള്ള തുണി പുതച്ചിട്ടുണ്ട്. അന്തോണി മാപ്പിളയും മക്കളായ വർക്കിയും ചാക്കോയും കൂടാതെ അവരുടെ കൂട്ടുകാരായ വേറെയും ആളുകളുണ്ട്. ആൺകുട്ടികൾ വെള്ളമുണ്ടും കൈ നീണ്ട വെള്ള കുപ്പായവുമാണ് ഇട്ടിരിക്കുന്നത്. അമ്മൂമ്മയെ കണ്ടപ്പോൾ അന്തോണിമാപ്ല നടത്തം പതുക്കെയാക്കി. വില്യം സായ്പിന്റെ ക്രിസ്തുവില്ലയിലേക്ക് പോവുകയാണത്രെ.

"ഇന്ന് ഞങ്ങടെ ചാപ്പലിന്റെ വെഞ്ചരിപ്പാണ്. ടൗണീന്ന് വല്യ തിരുമേനീം വേറെ അച്ചന്മാരുമൊക്കെ വരും. ഇനിതൊട്ട് ഞങ്ങൾക്ക് കുർബ്ബാന കൂടാൻ ദൂരെയുള്ള പള്ളീ പോവണ്ട. അച്ചൻ ഞാറാഴ്ചതോറും ഇങ്ങോട്ട് വരും."

മനസ്സിലായില്ലെങ്കിലും അമ്മൂമ്മ തലയാട്ടി. നേരിയ വേഷ്ടികൊണ്ട് തലമൂടിയതുകൊണ്ട് ചിരിച്ചപ്പോഴാണ് ചേടത്ത്യാരെ മനസ്സിലായത്.

"നമ്മടെ അമ്പലം പോല്യാ അവരുടെ ഈ... എന്താ ആ സ്ഥലത്തിന്റെ പേര്?"

"ചാപ്പൽ." രാവുണ്ണ്യേട്ടൻ ഉറക്കെ പറഞ്ഞു.

വില്യം സായ്പ്. സ്കൂളില്ലാത്ത ദിവസം കുട്ടികളെ അങ്ങോട്ട് വിളിപ്പിക്കും. ഇംഗ്ലീഷ് വാക്കുകളും പാട്ടും പഠിപ്പിക്കും. ചില്ലു ഗ്ലാസിൽ മധുരമുള്ള സർവത്തും പിന്നെ നാരങ്ങാമിഠായിയും കൊടുക്കും. കേട്ടറിഞ്ഞ് ദാമുവും കേശവനും നാരേണനും പോവാൻ തുടങ്ങി. പപ്പൻ അവരുടെ കൂടെ കൂടി. എങ്ങനെയോ വീട്ടിൽ അറിഞ്ഞപ്പോൾ ചെറിയമ്മ പറഞ്ഞു.

"ഒന്നൂല്ല്യങ്കി നാല് ഇങ്കിരീസ് വാക്ക് പഠിക്കില്ലേ? പൊട്ട കാര്യങ്ങള് അവടെ പറഞ്ഞുകൊടുക്കില്ല്യാന്നാ കേട്ടത്. കുമാരന്റച്ഛനും എതിരൊന്നും പറഞ്ഞില്ല."

പപ്പൻ വിളിച്ചപ്പോൾ അമ്മയോട് സമ്മതം ചോദിച്ചു.

"എന്നാ അമ്മേ ഞാനും പോട്ടെ..."

അമ്മ സമ്മതിച്ചില്ല. നിർത്താതെ കരയുന്നതു കണ്ടപ്പോൾ അമ്മൂമ്മ ഇടപെട്ടു.

“പൊയ്ക്കോട്ടെടീ. അതോണ്ടൊരു ദോഷോം വരില്ല്യ. പിന്നെ ഇങ്ങനെ വാശിപിടിച്ച് കാര്യം സാധിക്കാംന്ന് വിചാരിക്കണ്ട. ഇപ്പോ പൊയ്ക്കോ.”

“അശ്രീകരങ്ങള്. കണ്ട നസ്രാണികളോട് കൂട്ടംകൂടാൻ പോണൂ. അവറ്റ പിടിച്ച് മദം മാറ്റി കഴുത്തീ കുരിശ് ഇടീച്ച് വിടുമ്പോ പടിക്കും.” മില്ലാക്കരേച്ചി പ്രാകി.

“അങ്ങനൊന്നുണ്ടാവില്ല്യ പാറുട്ട്യേടത്ത്യേ. നമ്മടെ പപ്പൻ പലതവണ പോയിട്ടുണ്ട്.” അവിടേക്ക് വന്ന ചെറിയമ്മ പറഞ്ഞു.

“അയിന് ആ പോത്തിനെപോലാവണോ ഇവൻ?” മില്ലാക്കരേച്ചി പിറു പിറുത്തു.

“നമ്മടെ രാമായണംപോലെ അവരടെ ഒരു പൊസ്തകമുണ്ട്. എന്താ അതിന്റെ പേര്?”

“ബൈബിള്.”

പപ്പൻ കേറിപ്പറഞ്ഞു.

ചെറിയമ്മ പപ്പനെ ദേഷ്യത്തിൽ നോക്കി.

“അതിലെ കതകളും പാട്ടുകളും പറഞ്ഞുകൊടുക്കുമത്രെ. ബംഗീള്ള പടങ്ങൾ കാണിക്കും. പിന്നെ അമർത്തുമ്പോ ശബ്ദം വരണ നമ്മടെ ആർമോണിയംപോലെ കൊറെ കട്ടകളുള്ള ഒരു പാട്ടുപെട്ടി വെച്ച് പാട്ട് വായിക്കും. എന്തായാലും നല്ല കാര്യങ്ങളാ അവടെ പറഞ്ഞുകൊടു ക്കണേ. പിന്നെ ഇവൻ പോണത് സർവത്ത് വെള്ളം കുടിക്കാനാ...”

“കുരുത്തക്കേടൊന്നും കാട്ടണ്ട. അതുപോലെ കണ്ട കുഴീലും കൊള ത്തിലൊന്നും എറങ്ങരുത് ട്ടോ.”

വില്യം സായ്പിനെ ഇത്ര അടുത്ത് ആദ്യമായി കാണുകയാണ്. ചെമ്പൻ നിറത്തിലുള്ള മുടി. മുഖത്ത് ഒറ്റ രോമം പോലുമില്ല. ബനിയനും മുട്ടുവരെ എത്തുന്ന കാൽച്ചട്ടയുമാണ്. മുറിക്കകത്ത് നടക്കുമ്പോഴും കാലിൽ ഷൂസുണ്ട്. മാർഗരറ്റ് മദാമ്മ മുട്ടുവരെ എത്തുന്ന ഉടുപ്പാണ് ഇട്ടി രിക്കുന്നത്. തോൾ വരെ മുടി നീണ്ടുകിടക്കുന്നു. ഉപ്പൂറ്റി പൊന്തിയ ചെരി പ്പിട്ട് എങ്ങനെ നടക്കാൻ പറ്റുന്നു എന്ന് അദ്ഭുതം തോന്നി. രണ്ടുപേർക്കും കുറേശ്ശെ മലയാളം അറിയാമത്രെ. പേര് ചോദിച്ചപ്പോൾ പപ്പനാണ് ഉത്തരം പറഞ്ഞത്. മദാമ്മ അടുത്തുവന്നപ്പോൾ നല്ല വാസന.

“സെന്റാടാ.” പപ്പൻ സ്വകാര്യം പറഞ്ഞു.

നിരന്നു കിടക്കുന്ന ബഞ്ചിൽ എല്ലാവരേയും ഇരുത്തി. തോമസ് മാപ്പിള യുടെ മകൾ ലൂസിച്ചേച്ചിയാണ് കഥ പറഞ്ഞുതന്നത്. ഞായറാഴ്ച നസ്രാണിക്കുട്ടികളെ വേദം പഠിപ്പിക്കുന്ന ടീച്ചറാണത്രെ. ശബരിമലക്കാർ കഴുത്തിലിടുന്നപോലെ ഉരുണ്ട മണികളുള്ള മാല കഴുത്തിലിട്ടിരുന്നു. അറ്റത്തെ കുരിശ് രൂപത്തിൽ പിടിച്ച് ഒരു പ്രാർത്ഥന ചൊല്ലിയപ്പോൾ ക്രിസ്ത്യാനിക്കുട്ടികൾ ഏറ്റു ചൊല്ലി. മുടിയനായ പുത്രന്റെ കഥ കേട്ട്

കഴിഞ്ഞപ്പോൾ ഏതാണ്ട് ഇതുപോലൊരു കഥ അമ്മൂമ്മ പറഞ്ഞുതന്നി ട്ടുള്ളതോർത്തു.

"അതങ്ങനാടാ. നമ്മടെ ഉണ്ണികൃഷ്ണൻ അവരുടെ ഉണ്ണിയേശു. രണ്ടിലും കൃ ഉണ്ട്. ഓണത്തിന് സ്കൂൾ അടയ്ക്കും. ക്രിസ്മസിന് സ്കൂള ടയ്ക്കും. ക്രിസ്മസ് ഉണ്ണിയേശു ജനിച്ച ദിവസാ."

അവിടെയൊക്കെ നടന്നു കാണാമെന്ന് പപ്പൻ പറഞ്ഞപ്പോൾ സമ്മ തിച്ചു. ചാപ്പൽ എന്നു വിളിക്കുന്ന മുറിയിൽ വലിയൊരു കുരിശിൽ തറച്ച ക്രിസ്തുവിന്റെ രൂപം. കൈയിലും കാലിലും തറച്ച ആണികൾ. ചോര ഒഴുകുന്നുണ്ട്. തലയിൽ മുള്ളിന്റെ തൊപ്പിപോലെ എന്തോ ഒന്ന് വെച്ചി ട്ടുണ്ട്. നാരങ്ങാ സർവത്തും മിഠായിയും എല്ലാവർക്കും തന്നു. കൂടെ അച്ച ടിച്ച ഒരു കടലാസും. ഈ പാട്ട് പഠിച്ചുവരണം. അടുത്ത തവണ എല്ലാ വരും ചേർന്ന് പാടണം എന്നൊക്കെ ലൂസിചേച്ചിയാണ് പറഞ്ഞത്. സായ്പിന് മലയാളം കുറച്ചല്ലേ അറിയൂ. വീട്ടിലെത്തിയപ്പോൾ കുമാരേട്ടൻ കടലാസ് വാങ്ങി ഉറക്കെ വായിച്ചു.

"പരമരാജനേശുവേ
അരുമബാലസേനയെ
കരുണയോടെ കാക്കണേ
ധൈര്യമേകീടണമേ
ഭൂവിഭാഗമഖിലവും
യേശുരാജ്യമാവണം
ധീരമായതിന്നു നാം
ക്രൂശുയുദ്ധം ചെയ്യണം."

"മതി മതി. ജയാ നീ വേണ്ടാണ്ട്. അവടെ പോകാൻ വാശി പിടിക്കണ്ട. നേരം പോണില്ലെങ്കിൽ ഒരു കടലാസ്സെത്ത് വല്ല പാടോം എടുത്ത് വര യ്ക്കാൻ നോക്ക്.

അമ്മയുടെ ശബ്ദം കർക്കശമായി. അപ്പോൾ ക്രിസ്തുവില്ലയിലേക്ക് ഇനി പോവാൻ പറ്റില്ല. എന്നാലും കുരിശിൽ കിടക്കുന്ന ജീസസിന്റെ മുഖം മറക്കാൻ പറ്റുന്നില്ല.

കാലണത്തുട്ട്

"തേവരുടെ കാരുണ്യംകൊണ്ട് വിചാരിച്ചപോലൊക്കെ നടന്നു. ബർമ്മാ ഷെല്ലിനടുത്താണത്രെ വാടകവീട്. അടുത്തന്നെള്ള സ്കൂളില് ജയന് സീറ്റും കിട്ടി. മുതലാളി പറഞ്ഞതോണ്ടാ എല്ലാം പെട്ടെന്നു ശര്യായത്." അമ്മയുടെ ശബ്ദത്തിൽ സന്തോഷം. ചെറിയമ്മ അത്യാവശ്യത്തിനു കൊണ്ടുപോകേണ്ട സാധനങ്ങൾ എടുത്തുവെക്കാൻ അമ്മയെ സഹാ യിച്ചു.

"കട്ടിലും മേശേം അവടെ വാങ്ങാംന്നാ."

"പാത്രങ്ങള് എടുത്തോടി. പരിചയല്ല്യാത്ത സ്ഥലല്ലേ?"

"തുണികളും പാത്രങ്ങളും മതീന്നാ ജയൻ്റച്ഛൻ പറഞ്ഞത്. ഒന്നുരണ്ടു തവണയായിട്ട് കൊറച്ചൊക്കെ കൊണ്ടോയി. നി കൈയിൽ പിടിക്കാവുന്നതേയുള്ളൂ."

സ്കൂളിൽനിന്ന് പേര് വെട്ടി വാങ്ങാൻ അമ്മ കൂടെ വന്നു. കണക്ക് പഠിപ്പിക്കുന്ന ഗോമതിട്ടീച്ചറാണ് ക്ലാസ് ടീച്ചർ. ക്ലാസിലേക്ക് ചെന്നപ്പോൾ, "എല്ലാരോടും യാത്ര പറയ് ജയാ."

തിരിഞ്ഞ് അമ്മയോട്, "ജയൻ നല്ല കുട്ട്യാ. എവടെ പോയാലും നന്നാവും. എടയ്ക്കൊക്കെ വരണംട്ടോ."

ഹെഡ്മിസ്ട്രസ് വാരിയത്തെ സുലോചന ടീച്ചറാണ്. എല്ലാം ശരിയാക്കി വെച്ചിട്ടുണ്ടായിരുന്നു. അമ്മയോട് കുറച്ചുനേരം വിശേഷങ്ങൾ അന്വേഷിച്ചു. അറിയുന്ന എല്ലാവരോടും യാത്രപറഞ്ഞ് മുറ്റത്തിറങ്ങിയപ്പോൾ ചെറിയ വിഷമം തോന്നി. അമ്പലത്തിലെ തിരുമേനിയോട് യാത്ര ചെയ്യാൻ പറ്റിയ സമയം ചോദിച്ചുവെച്ചിരുന്നു. അച്ഛൻ തലേദിവസംതന്നെ വണ്ടിയുമായി വന്നിരുന്നു. മരപ്പെട്ടിയിൽ കഴുകിയ തുണികളെല്ലാം മടക്കിവെച്ചു. കൈതപ്പൂവിന്റെ ഇതൾ ഇട്ടുവെച്ചതുകൊണ്ടാകാം തുണികൾക്ക് നല്ല മണം. അമ്മ തുണിപ്പെട്ടിയിൽ ചന്ദനസോപ്പും ഇട്ടുവെക്കും. എന്തോ തപ്പി ചെന്നപ്പോൾ "ഇനി അത് തൊറന്ന് വലിച്ചിടണ്ട ജയാ.."

ചെന്ന ഉടനെ ഉപയോഗിക്കാൻ അരിപ്പൊടി കൊണ്ടാട്ടം, മുളകുപൊടി എന്നൊക്കെ പറഞ്ഞ് കുറെ കടലാസുപൊതികൾ ഒരു ചാക്കുസഞ്ചിയിലാക്കി വെച്ചു. ചെറിയൊരു നിലവിളക്കും ശ്രീരാമസ്വാമിയുടെ ചില്ലിട്ട പടവും രാമായണവും അമ്മ വേറൊരു സഞ്ചിയിലാക്കി വെച്ചിരുന്നു. രാവുണ്ണ്യേട്ടൻ കൊല്ലത്തേക്ക് വരുന്നുണ്ടെന്ന് പെട്ടെന്ന് തീരുമാനിച്ചതാണ്. അച്ഛന് ഒരു സഹായിയെ വെക്കാൻ മുതലാളി സമ്മതിച്ചത്രെ. സ്വന്തം ആളായാൽ അതല്ലേ നല്ലത്. കൂടെനിന്ന് കാര്യങ്ങളൊക്കെ പഠിക്കാലോ?

"ഒന്നൂല്ലെങ്കിലും തെണ്ടല് നിക്കൂലോ?"

അമ്മൂമ്മയ്ക്ക് സമാധാനമായി. വെളുപ്പിന് പോകുന്നതിനു മുമ്പ് അച്ഛൻ രാവുണ്ണ്യേട്ടനെ എല്ലാം പറഞ്ഞേല്പിച്ച് ടിക്കറ്റിനുള്ള കാശും കൊടുത്തു.

"കേറണ്ട വണ്ടി ഇപ്പോ മനസ്സിലായില്ലേ? എർണാകുളത്തുനിന്ന് ബോട്ടിൽ പോകാം. കൊല്ലത്തേക്ക് തീവണ്ടിപ്പാത ആയി മാറീട്ടില്ല. പണി നടക്കണേയയുള്ളൂ. അച്ഛൻ പറഞ്ഞു.

തേവരെ കുളിച്ചുതൊഴാൻ പോയപ്പോൾ പപ്പനും കൂടെ വന്നു.

"നീ പോവുമ്പോ ഞാൻ സ്കൂളിലായിരിക്കും. ഒരൂസം അച്ഛൻ എന്നെ കൊണ്ടരാംന്ന് പറഞ്ഞിട്ടുണ്ട്. ന്നാ നീയെടുത്തോ?" മടക്കിപ്പിടിച്ച

കൈയിൽ ഒരു കാലണത്തുട്ട്. റെയിൽപാളത്തിന്മേൽ വെച്ച് പരത്തിയ താണ്. അന്നത് കിട്ടാൻ കുറെ പിന്നാലെ നടന്നു. മുഖത്തേക്ക് നോക്കി യപ്പോൾ അവന്റെ വെള്ളാരങ്കണ്ണിൽ നനവിന്റെ തിളക്കം. പെട്ടെന്നുള്ള ഒരു തോന്നലിൽ പപ്പന്റെ കയ്യ് പിടിച്ചു.

"ഞാൻ പോണേല് നെനക്ക് നല്ല വെഷമോണ്ടോ?"

പപ്പൻ ഒന്നും മിണ്ടതെ ഓടിപ്പോയി.

"അവന്റെ കൈയീന്ന് പോയതേള്ളൂ കുരുത്തക്കേട്. ന്നാലും ജയൻ പോണ വെഷമം അവനാ. കുറച്ചൂസായിട്ട് ചെക്കന് ഒരു മന്ദത." ചെറി യമ്മ ഉമ്മറത്തുനിന്ന് പറഞ്ഞു.

"കൊറച്ച് നേരത്തെ ആവുന്നേള്ളൂ. ഓപ്പളേ, ഒമ്പതരേടെ ബസ്സിനന്നെ പോവാം."രാവുണ്ണ്യേട്ടൻ ഒരുങ്ങി വന്നു.

"കുന്നത്തുവെച്ച വെളക്കുപോലാവട്ടെ. പോയി വാ." മില്ലാക്കരേച്ചി.

"വല്ല്യമ്മ എന്താ ഒളിച്ചുനിക്കണേ." ശാരദോപ്പോൾ.

അമ്മൂമ്മ കെട്ടിപ്പിടിച്ച് "പോയി വാ..." എന്നു മാത്രം പറഞ്ഞു.

"മതി മതി, ബസ്സ് വരണ്ട നേരായി. എറങ്ങാം ഓപ്പളേ..."

ഇക്കാവമ്മയും ശാരദോപ്പോളും ചെറിയമ്മയും ശംക്രമാനും വഴിയിലേ ക്കിറങ്ങിവന്നു. കൂടുതൽ ആളുകളെ കണ്ടപ്പോൾ ബസ് പടിക്കൽതന്നെ നിർത്തി. ബസ്സിൽ കേറി തിരിഞ്ഞുനോക്കിയപ്പോൾ അമ്മൂമ്മയേയും പപ്പനേയും കണ്ടില്ല. റെയിൽവേസ്റ്റേഷന്റെ മുന്നിലെ റോഡ് മുറിച്ചുകടന്ന് സ്റ്റേഷനിലെത്തിയപ്പോൾ നല്ല തിരക്ക്.

"ജയാ, രാവുണ്ണീടെ കയ്യ് പിടിച്ചോ? കൂട്ടം തെറ്റണ്ട."

രാവുണ്ണ്യേട്ടൻ കാണിച്ചുതന്ന ഒരു സിമന്റ് ബഞ്ചിൽ അമ്മയോടൊപ്പം ഇരുന്നു.

"വണ്ടി വരാൻ നിം സമയംണ്ട്. ഞാൻ ടിക്കറ്റെടുത്ത് വരാം."

പോക്കറ്റിൽ തൊട്ടപ്പോൾ പപ്പൻ തന്ന നാണയം കൈയിൽ തടഞ്ഞു. പപ്പനെക്കുറിച്ചോർത്തപ്പോൾ കരയാൻ തോന്നി. വണ്ടിയിൽ വലിയ തിര ക്കില്ലായിരുന്നു. ജനലിനടുത്തുള്ള സീറ്റിലാണ് രാവുണ്ണ്യേട്ടൻ ഇരുത്തി യത്. എതിരെ രാവുണ്ണ്യേട്ടനും. തീവണ്ടി മുന്നിലേക്കും വഴിയരികിലെ വീടുകളും മരങ്ങളും പിന്നിലേക്കും ഓടുന്നത് രസമായി തോന്നി. പാത വക്കത്തു നിൽക്കുമ്പോൾ കുറച്ചു ദൂരെ കണ്ടിരുന്ന പാലം തിരിച്ചറിഞ്ഞു. ജനലിലൂടെ നോക്കിയപ്പോൾ തീവണ്ടിയുടെ തുടക്കവും ഒടുക്കവും ഒരു മിച്ചു കണ്ടു. അത്രയ്ക്ക് വലിയ വളവ്.

"അമ്മേ ഇതാ പപ്പുമ്മാൻ ഉണ്ടാക്ക്യ വളവ്?"

ചാടിയെണീറ്റ് അമ്മയുടെ സീറ്റിലേക്ക് മറിഞ്ഞു. മറ്റു യാത്രക്കാർ ശ്രദ്ധിക്കുന്നുണ്ടായിരുന്നു.

“ഇവനെന്താ പറേണേ ഓപ്പളേ...?” രാവുണ്ണ്യേട്ടൻ സ്വരം താഴ്ത്തി ചോദിച്ചു.

“നമ്മടെ അമ്മ ഓതിക്കൊടുത്ത കൊറെ പഴംപുരാണങ്ങളാ ഇവന്റെ തലേല് നെറയെ. അതോണ്ടാ വളവും തിരിവുംന്നൊക്കെ തോന്നണേ. അല്ലേടാ...?”

മടിയിൽ പിടിച്ചിരുത്തി മുടി മാടിയൊതുക്കി അമ്മ ചിരിച്ചു. സീറ്റിലിരുന്ന് പത്മിനി എന്തൊക്കെയോ ശബ്ദമുണ്ടാക്കി. ഉറക്കെ കരയാനാണ് തോന്നിയത്. അമ്മൂമ്മയുടെ മുഖം മനസ്സിൽ തെളിഞ്ഞു. സീറ്റിൽ ചെന്ന് പുറത്തേക്ക് നോക്കിയിരുന്നു. സഞ്ചിയിൽനിന്ന് പഴമെടുത്ത് അമ്മ നീട്ടിയപ്പോൾ വാങ്ങിയില്ല.

“നിനക്കെന്താ പറ്റീത്? വയ്യായണ്ടോ? ദാഹിക്കിണില്ലേ?

കാലിന് വയ്യാത്ത ഒരു പിച്ചക്കാരൻ നെരങ്ങിവന്ന് കൈനീട്ടി. പത്മിനി അമ്മയുടെ നെഞ്ചിൽ മുഖം മറച്ചു. ആരൊക്കെയോ അയാൾക്ക് ചില്ലറ കൊടുത്തു. അയാൾ നിരങ്ങിനീങ്ങാൻ തുടങ്ങിയപ്പോൾ പോക്കറ്റിൽനിന്ന് പപ്പൻ തന്ന നാണയമെടുത്ത് നീട്ടി. തിരിച്ചും മറിച്ചും നോക്കി വല്ലാത്തൊരു മുഖഭാവത്തോടെ അയാളത് സീറ്റിന്മേൽ തിരിച്ചുവെച്ചു.

“ഇതെവിടന്നാടാ? വണ്ടിച്ചക്രം കേറി ചമ്മന്തിയായത്? ഇതെടുക്കില്ലടാ. അയാള് തല്ലാഞ്ഞത് ബാഗ്യം.” രാവുണ്ണ്യേട്ടൻ പറഞ്ഞു.

രാവുണ്ണ്യേട്ടൻ അത് പുറത്തേക്കെറിയാൻ തുടങ്ങിയപ്പോൾ വാങ്ങി പോക്കറ്റിലിട്ടു.

മണി പന്ത്രണ്ടായി. നമുക്കുണ്ണാം. രാവുണ്ണ്യേട്ടൻ പറഞ്ഞു.

ഇല വാട്ടി ചോറും പയറ് മെഴുക്കുപുരട്ടിയും കൂടി വിരകി അതിനു മീതെ കടുമാങ്ങ വെച്ച് പൊതിഞ്ഞെടുത്തത് അമ്മയുടെ തുണിസഞ്ചിയിലുണ്ട്. അതാലോചിച്ചപ്പോൾ വിശപ്പ് കൂടി. വണ്ടി വളരെ വേഗത്തിലാണിപ്പോൾ ഓടുന്നത്. നോക്കിയിരുന്ന് അറിയാതെ കണ്ണടഞ്ഞുപോയി.

“പാവം അവനുറങ്ങി.” രാവുണ്ണ്യേട്ടൻ പറയുന്നത് മയക്കത്തിൽ കേട്ടു.

വണ്ടിയുടെ കുലുക്കത്തിനൊപ്പം ഒരു പുതിയ ലോകത്തിലേക്ക് ഉണരാൻ ജയന്റെ മനസ്സപ്പോൾ തയ്യാറെടുക്കുകയായിരുന്നു.

■